Performance Assessment of
Public Water Conservancy Projects

# 水利公共项目
## 绩效评价

主　编　徐家贵

副主编　邬昌进　盖志杰　宋　峰

河海大学出版社
HOHAI UNIVERSITY PRESS

·南京·

# 内容提要

本书介绍了国内外绩效预算管理的相关理论、绩效评价经验,国内水利公共项目绩效评价基本情况,绩效目标管理的设定、审批和监控,项目绩效评价的指标及评价标准,绩效评价的方法和程序,绩效自评价、绩效报告和评价报告的撰写,绩效评价结果的应用等。以实例形式,在水利部 2018 年部门预算一级项目设置中各选取一个二级项目,与工程建设类中的防洪工程、山洪灾害防治两个项目,给出绩效评价的内容、目标、指标,以及绩效报告和评价报告的撰写,并以项目支出为主线介绍了单位整体支出的绩效评价。书后附录了国家及有关部门关于绩效预算管理的法规和政策文件。

**图书在版编目(CIP)数据**

水利公共项目绩效评价 / 徐家贵等编著. — 南京：
河海大学出版社,2019.8
ISBN 978-7-5630-6101-3

Ⅰ. ①水… Ⅱ. ①徐… Ⅲ. ①水利工程-工程项目管理-经济绩效-经济评价-中国 Ⅳ. ①F426.9

中国版本图书馆 CIP 数据核字(2019)第 173376 号

| | | |
|---|---|---|
| 书　　名 | 水利公共项目绩效评价 | |
| 书　　号 | ISBN 978-7-5630-6101-3 | |
| 责任编辑 | 谢业保 | |
| 特约校对 | 陈　进 | |
| 装帧设计 | 黄　煜 | |
| 出版发行 | 河海大学出版社 | |
| 地　　址 | 南京市西康路 1 号(邮编:210098) | |
| 电　　话 | (025)83737852(总编室)　(025)83722833(营销部) | |
| 经　　销 | 江苏省新华发行集团有限公司 | |
| 排　　版 | 南京布克文化发展有限公司 | |
| 印　　刷 | 虎彩印艺股份有限公司 | |
| 开　　本 | 787 毫米×1092 毫米　1/16 | |
| 印　　张 | 44.5 | |
| 字　　数 | 1028 千字 | |
| 版　　次 | 2019 年 8 月第 1 版 | |
| 印　　次 | 2019 年 8 月第 1 次印刷 | |
| 定　　价 | 158.00 元 | |

# 本书编委会

主　编：徐家贵

副主编：邬昌进　盖志杰　宋　峰

编写人员（按姓氏笔画）：

丁前政　马　茵　扶庆宁　孟　娟

杨　静　范　钧　周　普　赵　锐

郭守元　姜海英　徐　磊　黄永刚

熊玉莉

# 前　　言

习近平总书记在党的十九大报告中提出"建立全面规范透明、标准科学、约束有力的预算制度,全面实施绩效管理",将绩效管理提升到了前所未有的高度。经中央全面深化改革委员会第三次会议2018年7月6日审议通过,中共中央、国务院发布了《关于全面实施预算绩效管理的意见》(中发〔2018〕34号),反映了党中央国务院对预算绩效管理的高度重视,这是新时代深化我国预算绩效管理改革的纲领性文献,具有里程碑式的意义。财政部发布了《关于贯彻落实〈中共中央国务院关于全面实施预算绩效管理的意见〉的通知》(财预〔2018〕167号),明确提出,到2020年底,中央部门和省级层面要基本建成全方位、全过程、全覆盖的预算绩效管理体系;到2022年底,市县层面要基本建成全方位、全过程、全覆盖的预算绩效管理体系,做到"花钱必问效、无效必问责",大幅提升预算管理水平和政策实施效果。

早在2001年财政部印发的《中央部门项目支出预算管理试行办法》中就明确"中央部门向财政部申报的项目应当有'明确的项目目标'",提出了绩效管理的理念。2011年财政部印发《财政支出绩效评价管理暂行办法》,首次对绩效管理进行了系统的规定。2015年财政部印发了《中央部门预算绩效目标管理办法》对绩效目标的管理进行了全面系统细致的规定。可以说,从2001年首次提出绩效管理的理念,至2011年全面系统地开始实施绩效评价管理,再到2015年对绩效目标进行明确规定,直至十九大报告提出全面实施绩效管理,绩效管理是始终贯穿于我国预算管理工作的,其形式和内容要求越来越规范,作用越来越重要、越来越有效,而且已经作为重要环节及依据贯穿于财政资金预算管理的全过程。绩效评价主要是针对财政支出的绩效评价,是指财政部门和预算单位根据设定的绩效目标,运用科学、合理的绩效评价指标、评价标准和评价方法,对财政支出的经济性、效率性和效益性进行客观、公正的评价。

由水利部太湖流域管理局和安徽省淮河会计学会联合成立课题组,邀请了中国水利水电科学研究院、南京水利科学研究院、长江水利委员会水文局长江三峡水文水资源勘测局、珠江水利委员会珠江水利科学研究院、国家卫生健康委员会财务司、复旦大学附属眼耳鼻喉科医院(上海市五官科医院)、蚌埠市人力资源和社会保障信息中心等相关单位的专家,对水利部预算项目和单位整体支出绩效评价工作进行了研究。本书是该研究项目的成果汇集,其研究范围主要是以水利部及直属预算单位为主,所称水利单位一般是指水利部及直属预算单位。按照财政部2019年预算编制要求,水利部结合机构改革对一级项目设置进行了调整,部分二级项目名称也进行了调整,例如"水利系统运行维护费"项目的一级项目名称调整为"信息化运行维护",二级项目名称调整为"骨干网运行维护";"水质监测"一级项目名称调整为"水资源节约、管理与调度",二级项目名称调整为"水资源监测"。本书按照水利部2018年部门预算安排的项目对水利公共项目进行分类,考虑到项目名称调整对项目工作内容没有实质性影响,项目名称仍按照调整前撰写,以财政部、水利部预算绩效评价工作实务为基础,对绩效评价理论和实务进行了分析、提炼和总结。

本书共十七章,第一章到第六章为理论部分,其中:第一章总论主要由徐家贵、宋峰撰写,介绍了水利公共项目、绩效评价、国内外绩效评价经验和水利公共项目绩效评价情况;第二章绩效预算理论基础主要由扶庆宁、邬昌进撰写,介绍了绩效预算管理的相关理论;第三章水利公共项目绩效目标管理主要由盖志杰、徐磊撰写,介绍了绩效目标管理的本质、设定、审批和监控;第四章水利公共项目绩效评价指标和标准主要由周普、宋峰撰写,介绍了项目绩效评价的指标及评价标准;第五章水利公共项目绩效评价工作程序和方法主要由周普、徐磊撰写,介绍了绩效评价的方法和程序;第六章水利公共项目绩效评价结果及应用主要由盖志杰、孟娟撰写,介绍了绩效自评价、绩效报告和评价报告、绩效评价结果的应用。第七章到第十五章为水利单位事业类项目绩效评价实例,按照水利部2018年部门预算一级项目设置,各选取其中一个二级项目,主要介绍了项目绩效评价的内容、目标、指标、绩效报告与评价报告。其中第七章水利工程运行管理项目主要由丁前政、扶庆宁撰写,第八章水行政执法监督项目主要由盖志杰、丁前政撰写,第九章水土保持业务项目主要由扶庆宁、姜海英撰写,第十章水质监测项目主要由周普、熊玉莉撰写,第十一章水文测报项目主要由孟娟、熊玉莉撰写,第十二章防汛业务费项目主要由邬昌进、徐家贵撰写,第十三章水利信息系统运行维护费项目主要由姜海英、徐磊撰写,第十四章水利建设管理项目主要由赵锐、黄永刚撰写,第十五章科研机构基本科研业务费项目主要由黄永刚、杨静撰写。第十六章水利工程建设类项目主要由郭守元、宋峰撰写,以基本建设类项目绩效评价实例,主要介绍了防洪工程、山洪灾害防治项目两个项目绩效评价的内容、目标、指标、绩效报告与评价报告。第十七章水利单位整体支出绩效评价主要由熊玉莉撰写,以项目支出为主线介绍单位整体支出绩效评价。徐家贵、邬昌进、盖志杰、宋峰、黄永刚、范钧、徐磊、孟娟、姜海英、马茵、周普、杨静等参加了附录中相关制度办法的收集整理工作。

本书面向的读者主要为水利部及直属预算单位从事绩效评价工作的相关工作人员,全国水利系统从事绩效评价工作的相关工作人员,以及其他有志于推进项目绩效评价的工作者。对于水利部及直属预算单位的相关工作者来说,本书具有一定的指导作用,可以作为工作手册参考使用;本书理论部分对于其他人员从事绩效评价工作也具有指导作用。

总体而言,绩效评价工作将会是预算绩效管理工作的重点,水利公共项目绩效评价工作在制度和实务方面还有很大的提升空间,还需要在更多实践的基础上再提高。本书基于财政部、水利部相关规定,是在水利部及直属预算单位绩效评价实践的基础上分析、提炼和总结。由于编写时间仓促,理论水平有限,书中难免疏漏、错误之处,恳请读者指正。

本书编写组
2019 年 7 月

# 目　　录

# 第一章 总 论

预算绩效管理的核心是绩效评价。水利预算项目绩效评价是实施水利资金预算绩效管理的主要内容和重要手段。本章阐述了水利预算项目概念、发展、特点和分类,并在国内外绩效评价理论和实践基础上,总结水利预算项目开展绩效评价取得的成就和存在的问题,分析水利预算项目开展绩效评价的必要性和发展方向。

## 第一节 水利预算项目

我国水利历史悠久,业绩辉煌。大约在4 000多年前,大禹治水精神已成为了中华民族精神的源头和象征。新中国成立后,水利事业发展取得了伟大的成就。本节主要就水利预算项目相关的几个概念,我国近、现代水利事业发展情况,以及水利预算项目的特点和分类进行阐述。

### 一、水利预算项目的概念

(一)水与水利

地球表面约71%的面积被水覆盖。从人类卫星和航天器发回地球美图中,我们欣赏到最神秘、最吸引人眼球的大片深蓝色板块——就是水的世界。水者($H_2O$,水化学分子式),生命之源也。它是人类生存与发展不可或缺的自然资源,也是人类探索外星球生命存在的主要依据。我国是世界人口第一大国,人均淡水资源较低,约占世界人均淡水资源的25%,水资源是我国重要的战略资源。

"水利"这个词语最早出现战国《吕氏春秋》中,距今约2 300年。西汉《史记·河渠书》记述从大禹治水到汉武帝治黄河这 历史时期内 系列治河防洪、开渠通航和引水灌溉的史实,总结出"甚哉水之为利害也""自是之后,用事者争言水利"。由于社会生产力逐步提高,水利内涵得到不断充实。目前,我们可以将水利概括为:人类社会为了生存和发展的需要,采取因势利导、蓄泄兼筹、兴修养护等措施,对自然界的水和水域进行控制和调配,以实现防洪减灾、综合利用、持续发展的公共水利事业。

(二)相关概念

项目是指一个组织为达到预先设定的目标,在一定时间、空间、人员和资源等约束条件下,通过一系列独有的、相关的、整体的活动,程序化或非程序化完成的一项一次性任务。公共项目是指政府投资为主的项目。

水利项目主要是指水利单位编制和实施的项目,水利单位包括与财政部门直接或间接发生预算缴款、拨款关系的企业和事业单位。目前,在充分发挥中央财政投资的引导作用和放大效应下,财政性资金和社会资本合作模式逐渐成为水利项目投资主流,这也是为社会提供公共产品和公共服务的重要渠道。

(三)水利预算项目概念

水利预算项目是水利单位部门支出预算的组成部分,全部纳入部门预算编制范围,是水利单位为完成其特定的行政工作任务或事业发展目标,在基本支出预算之外,利用财政性资金编制并实施的年度项目支出计划,主要包括基本建设、有关事业发展专项计划、专项业务费、大型修缮、大型购置、大型会议等项目支出。

## 二、水利预算项目的发展

部门预算改革是编制政府预算的一种制度和方法,是我国财政支出管理的一项重大改革。

(一)部门预算改革以前

部门预算改革以前,水利预算项目作为公用经费管理。尽管这些项目经费有相关管理办法,也明确相关开支内容,但是,在实际操作中,各个项目支出范围和界限不够清晰,存在相互挤占情况。

(二)部门预算改革以后

部门预算改革使得基本支出和项目支出界限进一步明确,水利预算项目支出的内容根据单位履行的职能和产出结果得到了细化,专款专用观念深入人心。2005年,财政部开展了政府收支分类改革预算执行模拟试点后,水利工程建设、水利工程运行与维护、防汛等27项水利支出科目正式形成,更加完整、准确地反映水利部门收支活动,也为水利预算项目预算编制、执行、绩效评价奠定了基础。

党的十八大以来,财税体制改革进一步深化。修订后的《预算法》为预算管理制度改革提供了法律保障。财政部关于推进中央部门中期财政规划管理和加强中央部门项目支出预算管理,启动了中央部门三年滚动规划,对预算项目实行分级管理,推进预算评审和绩效管理。

党的十九大报告指出"建立全面规范透明、标准科学、约束有力的预算制度,全面实施绩效管理。"中共中央、国务院发布的《关于全面实施预算绩效管理的意见》(中发〔2018〕34号),反映了党中央国务院对预算绩效管理的高度重视,是新时代深化我国预算绩效管理改革的纲领性文献,具有里程碑的意义。党中央的一系列重要论述和重大部署,完善了我国新时期治水方略,深化了水利工作内涵,拓展了水利发展空间,充分体现我们党对水利工作的高度重视,水利预算项目发展也迎来了新的发展机遇。

## 三、水利预算项目的特点

水利预算项目是支撑社会经济发展和直接拉动经济增长的民生工程,也是贯彻落实新发展理念和中央新时期水利工作方针的重要载体之一。它具有以下几个特点:

（一）基础性

水利预算项目主要特点之一是基础性。水利预算项目基础性体现在成果为人民共享，发展为促进经济增长、增进人民福祉。我国通过科学实施水利项目，把保障民生作为出发点和落脚点，把搞好水利项目基本建设作为重要手段，为社会经济发展提供水资源保障。近年来，水利项目投入不断加大。"十二五"时期全国水利建设投资达到 2 万亿。"十三五"期间，党中央、国务院把水利摆在基础设施网络建设首要位置，部署开展 172 项节水供水重大水利工程建设。全国水利部门紧紧围绕供给侧结构性改革和区域协调发展战略，集中力量加快重大水利工程建设，西江大藤峡、引江济淮、江巷水库、滇中引水、孤山航电枢纽、引绰济辽等 122 项重大水利工程开工建设，在建投资规模超过 9 000 亿元。以上水利预算项目投资建设为推进节水型社会建设、加强江河水源生态保护和流域系统治理、实施江河湖库水系连通，提供了基础性支持。

（二）公益性

水利预算项目公益性是指政府通过财政提供水利公共产品和满足社会公共需求的基本属性，具有排他性。从"十三五"已经开工的重大水利项目来看，多数项目是水利基础设施和基础产业建设，也是社会资本"不能进""不敢进""不愿进"的项目。在我国绝大多数水利公共产品和服务是面向整个社会，全国人民都可以享用政府提供的水利公共产品和公共服务，包括政府购买的水利公共产品和公共服务。在围绕深化供给侧结构性改革中，水利项目公益性概念和界限得到了进一步扩展。政府通过稳步增加公共财政投入来实施水利预算项目，提供水利公共产品和服务同时，敞开大门鼓励社会资本投资水利，更加全面满足社会的公共需求，例如大力推行 PPP 以及 BOT、TOT 等项目融资和经营模式。

（三）非盈利性

水利预算项目不以盈利为目的，而是以产生最大的社会效益为主要目标，即使有极少数收费，也是为了获得少量的后期维护费用和正常运行费用。另一方面，在我国市场经济体制下，绝大多数企业和社会资本进行项目投资首先考虑的是经济利益最大化，他们要生存和发展，只能投资那些高回报、期限短、规模小的项目，几乎不考虑非盈利项目。

在国民经济快速发展和人民生活不断提高的中国，政府和水行政管理部门使用国家财政性资金实施水利预算项目将是必不可少的。从水利预算项目立项依据和目标设定来看，财政部和水利部进行项目储备时，社会效益是第一决策要素，即便社会效益巨大但无经济效益的水利预算项目，也是财政部和水利部积极主导实施的动力，诸如"淮河入海水道""甘肃引洮供水"等工程。

（四）投资相横十

我国大陆地区由于地域的宽广，气候和地形差异极大，境内"七大水系"均为河流构成，为"江河水系"，这就表明我国配套建设的水利工程和项目随之分布较广。另外，我国淡水资源 60％至 80％集中在汛期，80％在长江流域和长江以南，水资源时空和地区分布不均需要我国因地制宜、因势利导地进行治水。

加快重大水利工程建设，完善水利基础设施体系，依靠势单力薄的社会资本或企业进行投资几乎不可能。诸如南水北调工程、三峡大坝工程等大型水利预算项目具有投资大、投资期长的大型公共投资项目，当社会资本和企业不可能承受这样巨大的投资和风险时，政府财政资金的介入尤为必要,这是由政府在国民经济发展所肩负的重任决定的。"十三五"期间,水资源工程、水电专项工程、水土保持及生态工程、防洪工程的公共项目将是投资重点。2017年再开工云南滇中引水等15项工程,使在建重大水利工程投资总规模达到9 000亿元以上。在稳增长、保民生等多重作用下,水利工程建设步入加速期。当然,为了保证水利事业可持续发展,引入社会资本投资必将是发展趋势,政府要适当引导,通过投资补助、价格机制、税费优惠等政策措施,在补短板、破瓶颈、夯基础、增后劲上下功夫。

（五）社会关注度高

由于水利公共投资项目的资金主要来源于国家或地方的财政和税收,这就涉及到纳税人的切实利益,项目投资效果好坏将会引起社会的高度关注。因此,水利预算项目的管理机构要设置专门公共关系部门或人员,负责与媒体的联络或直接与社会公众对话,向社会直接、间接地报告水利预算项目规划、环评、移民拆迁、实施计划等情况,自觉接受社会公众与舆论的监督,争取社会公众与舆论的支持、谅解,这是水利预算项目顺利实施和完成的重要保障条件。

## 四、水利预算项目的分类

水利预算项目所涉及的范围广泛、内容丰富。为了更好开展水利预算项目绩效评价工作,按照财税体制改革的总体方案和深化预算管理制度改革的有关部署,并结合水利预算项目特点,我们按照不同的标准对其进行分类。

（一）按照项目级次划分

水利预算项目按照分级管理原则,划分为一级项目和二级项目两个层次。一级项目明细到支出功能分类的款级科目,按照水利部门主要职责设立,每个一级项目包含若干二级项目,并分为通用项目和专用项目,通用项目由财政部制定下发给水利部,专用项目由水利部提出设置建议,经财政部审核后下发。二级项目包括在原有项目基础上规范整合而成的项目和新设立的项目,立项单位为项目实施主体。二级项目由水利部根据项目支出预算管理的相关规定自主设立。

按照财政部2018年部门预算编制要求,预算项目按照一级、二级进行设置。水利部专用一级项目14个(不含通用一级、部门其他、横向一级、转移支付上划),二级项目56个。通过加强水利预算项目分级管理划分,有利于在项目立项管理、细化项目预算、建立定额体系、强化项目绩效管理等方面建立更加完善的制度体系,保证了水利预算项目管理更加规范和透明。

（二）按照管理模式划分

水利预算项目按照管理模式划分为标准化管理项目和非标准化管理项目。标准化管理项目是指项目活动有明确范围,活动的内容、数量、频率有明确的定性、定量规范,分项支出有明确的定量、定价标准,按照相关规范和标准可直接测算支出需求的项目。非标准化管理项目,是指除标准化管理项目之外的其他项目。

对于纳入标准化管理项目的存量和新增经费需求视情况分别申报。对于非标准化管理项目,由水利基层单位按照审定建议逐级上报。目前,水利预算项目已经纳入标准化管理的项目包括：水利工程维修养护、水利信息系统运行维护费、水文测报、水土保持业务、水质监测等。

**（三）按照项目类别划分**

水利预算项目按照项目类别划分为重大改革发展项目、专项业务费项目、其他项目。重大改革发展项目是指党中央、国务院文件明确规定中央财政给予支持的改革发展项目，以及其他由中央财政保障的重大支出项目等。专项业务费项目是指中央部门为履行职能，开展专项业务而持续、长期发生的支出项目，如：大型设施、大型设备运行费，执法办案费，经常性监管、监测、审查经费，以及国际组织会费、捐款及维和支出等。其他项目是指上述两类项目之外，中央部门为完成特定任务需安排的支出项目。基本建设项目统一列为其他项目。

本书实务部分，主要针对水利预算项目的专项业务费项目和其他项目（基本建设项目）列举案例。

**（四）按照公益属性划分**

水利预算项目按照项目公益属性分为公益性、准公益性和经营性项目。公益性项目是指具有防洪、排涝、抗旱、水土保持和水资源管理等社会公益性管理和服务功能，自身无法得到相应经济回报的水利项目，如堤防工程、河道整治工程、蓄滞洪区安全建设、除涝、水土保持生态建设、水资源保护、贫困地区人畜饮水、防汛通信、水文设施等。准公益性项目是指以社会效益为主，又有经济效益的水利项目，如综合利用的水利枢纽（水库）工程、灌区节水改造工程等。经营性项目是指以经济效益为主的水利项目，如城市供水、水力发电、水库养殖、水上旅游及水利综合经营等。

# 第二节 绩效评价

## 一、绩效评价的概念

绩效评价是一种衡量、评价、影响个体工作表现的正式制度。财政部提出的绩效评价主要是针对财政支出的绩效评价，是指财政部门和水利单位根据设定的绩效目标，运用科学、合理的绩效评价指标、评价标准和评价方法，对财政支出的经济性、效率性和效益性进行客观、公正的评价。

## 二、绩效评价的背景

绩效评价是绩效预算的核心内容。西方国家在实施绩效预算过程中逐渐形成了各具特色的绩效评价体系，并在实践中采取了不同的评价方法。我国当前将绩效评价与预算管理相结合，推进绩效预算相关研究和试点工作逐步深入开展，方向基本明确，理论和实践工作结合更加紧密。水利预算项目开展绩效评价工作背景主要包括以下几个方面：

**（一）财政改革发展到一定阶段的必然选择**

水利预算项目绩效管理更加关注水利单位直接提供服务的效率，项目审查与安排要从"重分配"向"重管理""重绩效"转变。目前,我国从中央到地方开始了许多绩效评价和绩效预算的改革试点,陆续成立了一些绩效评价的组织机构,建立了绩效评价指标体系,还将绩效评价结果应用于预算管理,发挥了绩效评价的实效。从理论和实践相结合来看,开展绩效评价是解决财政资金使用的绩效和支出责任问题的有效手段,是市场经济国家财政管理发展的一般规律,也是我国财政改革发展到一定阶段的必然选择。

(二)深化水利预算管理制度改革的客观要求

党中央、全国人大、国务院高度重视预算绩效管理工作,多次强调要深化预算制度改革,提高财政资金使用效益和政府工作效率。水利预算项目作为民生水利主要组成部分,已经成为社会主义和谐社会建设的基础,要做到发展为了人民,发展成果由人民共享。

(三)科学化、精细化管理的需求

绩效评价作为政府内部管理改革的重要组成部分,注重评价财政支出的经济性、效率性和效益性,是绩效预算的主要支撑。建立水利预算项目预算安排与绩效评价结果有机结合,把绩效理念融入预算编制、执行、监督管理全过程,既可以缓解水利投入总规模与实际需求不匹配之间的矛盾,又可以提高水利存量资金使用效益,进一步提升水利预算项目科学化、精细化管理水平。

自2005年水利部印发《关于进一步加强预算项目成果管理和绩效考评的通知》以来,先后将"节水型社会建设""水土保持业务""水文测报"等项目纳入绩效评价试点。通过绩效评价发挥对决策信息的反馈,使财政部和水利部全面了解项目的实施进展、资金使用、绩效目标完成情况和实际产出等信息,促进了水利单位更科学、更细化的预算编制机制的形成。

## 三、绩效评价的意义

绩效评价是绩效预算管理的重要手段和基础,是依法理财、缓和财政与部门之间供需矛盾的科学武器。绩效评价作为一种管理工具,在改变重分配、轻管理、不问效果的状况方面发挥现实作用,如一剂良方有效推动绩效预算管理深入发展。

(一)发挥政策导向作用

绩效评价的指标体系以及指标权重的设置,都体现着政策的导向和关注点。通过科学的绩效评价,可以发挥评价的指挥棒作用和政策导向作用,督促预算资金的使用者将预算资金的分配逐渐转变到以结果为导向的绩效预算上来,促使预算资金的分配者和使用者更加重视预算资金的绩效目标的设定和资源的有效使用,从而提高预算资金的管理绩效。

(二)促进形成问责机制

长期以来,项目分配由于缺乏绩效评价的管理手段,预算资金使用单位将大量时间和精力用在跑项目、争资金上,而预算资金拿到手后使用非常随意,资金的使用效果无人问津。绩效评价通过一系列科学、合理的指标和标准,从不同侧面对财政支出开展评价,发挥其监督考核作用,加大了责任的落实。特别是通过建立风险防控体系和领导干部"一岗双责"责任追加体系,明确预算管理和绩效管理各个环节中的责任主体,从而促进问责机制的形成和落实。

（三）保障重点民生和重大专项项目落实

预算分配体现政府的战略意图和政策重心，而作为深化财税改革和衡量预算分配科学性的绩效评价工作，也在不断推进，成效在显现。从近年来实践工作开展情况分析，绩效评价涵盖领域是重点民生和重大专项支出项目，比如水污染防治、水利工程维修养护和水利风景区建设等重点民生领域支出。通过评价这些项目效果，让老百姓、纳税人清楚钱产生了哪些效益，从而实现公共利益至上和有效率的公开，树立政府良好的正面形象，提高社会满意度和群众满意程度，实现重大水利预算项目落地开花。

（四）规范水利预算项目管理

绩效评价可以使财政资金分配、资金使用、形成的业绩、存在问题得到真实反映，通过比较分析预算支出绩效优劣产生的原因和影响因素，找出提升预算资金绩效的空间，为提高预算资金使用绩效创造条件。水利预算项目管理环节多，实施内容复杂，不同单位实际预算执行效果不同，只有通过开展绩效评价，在不同单位之间，通过对比年初批复目标、工作内容完成情况等，有针对性地提出规范水利工程项目管理方案，追踪问效，对症下药，从而进一步规范水利预算项目管理。

## 四、绩效评价内容

绩效评价内容主要包括绩效目标设定、绩效目标审核与批复、绩效评价实施、绩效评价结果应用等。

（一）绩效目标设定

绩效目标是水利预算项目预算资金计划在一定期限内达到的产出和效果，包括绩效内容、绩效指标和绩效标准。绩效目标设定是指水利单位按照财政部门要求编制水利预算项目绩效目标，通过各级水利单位逐级汇总，最终向财政部门报送绩效目标额的过程。

1. 绩效内容。绩效内容是指绩效目标包括的基本要素，主要包括预期产出、预期效果、服务对象和项目受益人满意程度、达到预期产出所需要的成本资源等。

2. 绩效指标。绩效指标是绩效目标的细化和量化。绩效指标应与绩效目标密切相关，突出重点，系统全面，便于考核。绩效指标一般包括产出指标和效益指标。

产出指标是反映水利单位根据既定目标计划预期完成的产品和服务情况的指标，可细化为数量指标、质量指标、时效指标和成本指标。效益指标是反映与既定目标相关的、预算支出对预算结果的实现程度和影响的指标，可细化为经济效益指标、社会效益指标、生态效益指标、可持续影响指标以及社会公众满意度指标等。

3. 绩效标准。绩效标准是设定绩效指标具体值时的依据或参考标准，一般包括历史标准、行业标准、计划标准。本书主要采用这三个标准来确定绩效标准。

目前，水利预算项目全部要求编制绩效目标，并分为长期绩效目标和年度绩效目标。编制依据包括国家相关法律法规、水利单位职责及中长期水利事业发展规划等。

（二）绩效目标审核与批复

绩效目标审核，是指财政部门对水利单位报送的绩效目标进行审核，将审核意见反馈该单位，并指导修改完善绩效目标的过程。

部门预算经各级人民代表大会批准后，财政部门逐级批复绩效目标。批复的绩效目标应当清晰、量化,以便在预算执行过程中进行绩效监控和预算完成后实施绩效评价时对照比较。

**(三)绩效评价工作实施**

绩效评价实施是指各级财政部门根据设定的绩效目标,运用科学、合理的绩效评价指标、绩效评价标准和评价方法,对预算支出的经济性、效率性和效益性进行客观、公正地评价的活动,一般包括绩效评价前期准备、绩效评价具体实施、撰写与提交绩效评价报告三个阶段。

在绩效评价实施过程中,财政部门负责组织、指导各级水利单位的绩效评价工作;根据需要对各级水利单位的预算支出实施绩效评价或再评价;提出改进预算支出管理意见并督促落实。各级水利单位负责具体组织实施本部门绩效评价工作;组织编报绩效报告和绩效评价报告;落实财政部门整改意见;根据绩效评价结果改进预算支出管理。

**(四)绩效评价结果应用**

绩效评价结果是指绩效评价组织实施部门在完成绩效评价工作后所形成的、全面反映绩效评价对象实际绩效情况的内容、事项、结论等,主要以绩效评价报告为载体。绩效评价结果应用是指财政部门和水利单位通过多种方式充分运用绩效评价结果,并将其转化为提高预算资金使用绩效具体行为的活动。

## 五、绩效评价的管理框架

绩效评价是由绩效指标、绩效评价指标、绩效评价标准、评价指标权重、绩效评价方法共同组成的综合管理工作。

**(一)绩效指标**

绩效指标是绩效目标的细化和量化,是对绩效目标的进一步分解。绩效指标应与绩效目标密切相关,突出重点,系统全面,便于考核。

**(二)绩效评价指标**

绩效评价指标是指衡量绩效目标实现程度的考核工具。按照绩效评价指标的适用范围,可划分为共性指标和个性指标;根据绩效评价指标的性质不同,可以划分为定量指标和定性指标。

**(三)绩效评价标准**

绩效评价标准是衡量财政支出实现绩效目标程度的尺度。绩效评价标准包括计划标准、行业标准、历史标准等。

**(四)评价指标权重**

绩效评价指标的权重是一个相对的概念,是指某一指标在整个绩效评价指标体系中的占比。从绩效评价涉及环节来看,可以分为投入、过程、产出、效果四个部门,而绩效评价关注的重点是评价对象的实际产出和效果。

**(五)绩效评价方法**

绩效评价方法是指用于分析绩效数据,得出评价结论的各种经济分析、评估和评价方法,主要包括成本效益分析法、比较法、因素分析法、最低成本法、公众评判法等。

# 第三节 国内外绩效评价经验

绩效评价源于欧美,它将市场经济的企业管理理念融入政府公共管理之中,从而降低政府提供公共产品的成本,提高财政支出的效率。我国在借鉴国外经验基础上,形成了具有我国特色的绩效评价模式。

## 一、国外经验

绩效评价对传统的预算管理模式带来很大的冲击。国外在管理企业中逐步形成绩效理念、方法和制度,直接推动了绩效预算改革的进程。

### (一)国际上通用的方法

在政府绩效管理方面,新西兰威廉·菲利普斯(Alban William Phillips)教授提出建立政府绩效模型,该模型分效益、效率和影响三个因素进行评价。另外,也有将政府绩效指标分为内部指标和外部指标两部分,内部指标是指组织的产出,外部指标反映了行政管理的宏观目标,涉及面广,评价有难度。

绩效管理常用的模型有两个。一个是政府绩效六维度模型,包括决定因素和结果因素两个层次。另一个是平衡计分卡,包含财务、顾客、内部过程、创新和学习四个维度。美国兰德拉姆(Landrum)和贝克(Baker)两位教授在对美国公共卫生部门的绩效管理调查中,提出建立包含绩效标准、绩效测量、发展报告和质量改进的四因素模型。

### (二)国外绩效预算经验

绩效预算在不同的国家都取得了良好的成效,它强化了政府部门的绩效观念,改变了支出机构的行动出发点,改善了传统预算决策过程与预算执行过程分离的弊端。各国改革的历程和侧重点虽有不同,但也形成了一些共同的经验。

1. 政府绩效管理是实行绩效预算的重要前提

20世纪70年代经济危机后,西方国家兴起的"新公共管理运动"强调追求政府绩效目标,要求政府对纳税人负责,提高政府支出效率。在这一大背景下,政府绩效管理日益走向成熟和规范,成为评价政府行为的有效方法和改进政府绩效的重要手段。政府绩效管理的核心是绩效预算,追求和强调预算的产出与成效,这对传统的预算管理模式带来很大的冲击,直接推动了"以结果为导向"的绩效预算改革。[①]

2. 立法支持是推进绩效预算的有利保障

西方国家普遍通过立法来完善绩效预算的体系框架,为其有效实施提供强有力的法理支撑。这些法律包括英国的《综合支出审查法案》《政府资源和账目法案》,美国的《政府绩效与结果法案》,法国的《财政组织法》,澳大利亚的《财政管理及问责法案》《审计长法案》等。通过立法,赋予绩效预算稳定性与权威性,保障绩效预算改革按照既定的路线推进,从而较好地减少了改革阻力。

---

① 王海涛.推进我国预算绩效管理的思考和研究[M].经济科学出版社,2014:143.

**3. 健全完善的绩效运行体系是绩效预算落实的基础**

绩效预算的落实需要一套完善的绩效运行体系。大体上一个完整的绩效预算框架体系包括制定年度绩效计划、提交绩效报告、进行绩效评价、反馈评价结果等几部分内容。年度绩效计划是年度预算时明确的工作目标在绩效指标上的反映;年度预算终了,部门提交绩效报告,描述绩效目标完成程度;相关机构对绩效报告进行多维度评价,形成客观的评价结果;评价结果反馈给不同的利益相关者,以评价结果的运用推动预算绩效的提升。不少西方国家建立了完善的绩效运行体系,公众取向的绩效观被越来越多的国家采纳,绩效评价的结果向公众开放。如爱尔兰,重视绩效信息的分析与利用,建立完整的数据资料库,将财政信息与绩效信息同时呈现在同一公开信息中,满足公众对政府绩效的评价需求。①

**4. 形成有效的预算控制机制是建立绩效预算体系的关键**

预算控制机制是预算管理模式的典型特征,形成有效的预算控制机制是建立绩效预算体系的关键。绩效预算通过对支出部门支出项目的产出决策、成果管理和责任控制实现预算资源的有效配置。如澳大利亚实行的整体拨款制度,它在赋予管理者一定的自由裁决量的基础上建立相应的问责机制,保证绩效预算的完成,又如新西兰由部长和部门管理者签订绩效合同,明确对部门管理者的绩效要求及责任。

**5. 广泛接受的绩效文化氛围及各方推动是绩效预算实施的外在动力**

西方发达国家公民的民主参与意识较强,监督政府、考核政府效率的观念深入人心,要求政府提供较好公共产品和服务的思想根深蒂固,绩效文化被广泛接受,有良好的绩效氛围。此外各方力量如社会组织、专业人才的参与等也不同程度上促进了绩效预算的实施,使绩效预算自然成为公众和政府都接受的一种管理模式。

**(三)国外绩效评价效果**

绩效评价是西方国家推动政府改革的重要举措。在这场变革中,绩效评价强调了公共服务质量和服务对象满意度的概念,因而被西方各国提上政府改革日程,纵观西方国家近几十年的绩效评价实践,取得主要经验包括:

1. 通过实施以绩效评价为核心的政府改革,显著提升了公共服务质量和政府办事效率。

2. 绩效评价要求政府拨款与绩效挂钩,有效缓解了政府财政资金分配的困难。

3. 绩效评价结果得到广泛应用,不仅作为预算编制的重要依据,也成为绩效预算管理的基础环节。

4. 西方发达国家经过多年实践和不断发展,形成了各具特色的绩效评价体系,最具代表性的有美国和澳大利亚。目前,全世界已经有近60个国家开展财政资金绩效评价工作。例如:美国在法律制度方面出台《关于行政部门管理的改革和绩效评价工作应用》和《政府绩效与结果法案》;绩效评价的组织实施为国会领导下会计总署直接考评,总统预算与管理办公室协助,各部门设专门评价办公室;评价对象细分为部门绩效评价、专题绩效评价和项目评价;另外还确定了评价内容和评价应用。

---

① 杨鹏.西方国家绩效预算的特点及经验.中国财经报,2013-08-06.

5. 西方发达国家实施绩效评价的动力机制已经建成。这些国家基本是由中央或联邦政府强力推动绩效评价改革，保证了该项工作得到全面实施。

（四）国外绩效评价启示

各国绩效预算的成功经验和做法，提供了丰富的理论内容和实践指导，对于推动我国预算绩效管理具有重要的借鉴和启示意义。

1. 绩效预算是预算改革的发展方向

绩效预算是社会发展过程中政府加强公共支出管理的客观选择，是预算发展的递进规律。我国的预算管理已经初步实现了由投入控制的管理，开始转向重视产出效果的绩效理念和方法上的探索。但同时，绩效预算本身也是一个长期积累并不断完善的过程，西方国家的绩效预算已经经历了 60 多年的发展，仍在不断地优化完善。因此，我国应在明确实行绩效预算目标的基础上，找准适合国情的路径，循序渐进，不断修正，逐步完善以绩效预算为方向的预算管理模式。

2. 建立完善绩效预算相关的法律法规体系

我国的预算绩效理论和实践自 20 世纪 90 年代由学者们引进西方的研究理论开始，至今已有近 20 年历史。2003 年这一预算管理模式引起政府决策层的重视，并在此后逐步开始实践，2014 年《预算法》出台，成为推动绩效预算管理的"尚方宝剑"，我国的绩效预算管理有了基础的法律保障，但《预算法》毕竟不是一部专门的规范预算绩效评价和管理的法律，虽然在原则、预决算编制、审查等方面贯彻了绩效意识和绩效要求，但实操性不强，落实难度较大。因此，我们仍然需要完善包括绩效评价各环节在内的绩效管理方面的专门立法，为绩效信息的权威性及其合理和有效利用提供法律保障。

3. 逐步完善绩效评价体系

完善绩效评价体系是我国现阶段推进预算绩效管理的重要内容。目前的绩效评价虽然建立了从法规性、政策性、制度性、行业性、绩效目标等维度的评价依据，但大部分缺乏操作性和实际参考意义。因此，要充分借鉴和吸收国外绩效评价体系的成熟做法，逐步完善绩效评价的指标体系、评价标准和计量方法等内容，丰富如效果、效率、满意度指标的设立及评价的标准等。

4. 强化完善配套的管理制度

绩效预算实施需要一系列的管理制度作为配套来落实保障，西方国家在推行绩效预算过程中，重点加强和完善了公共资产管理、国库集中收付、政府采购、权责发生制等方面的制度建设，并进一步强化了公共部门报告制度、问责制度、信息系统收集制度等。我国目前已具备部分基础配套制度，因此，要以绩效为目标，在已有的公共资产管理、国库集中收付、政府采购以及正在推进的公共财政权责发生制等方面体现绩效管理的要求。

5. 加强绩效理念宣传，推动绩效信息的运用

我国的绩效预算正在逐步成长，但社会的绩效意识和绩效文化还较为贫瘠，从国外的发展经验看，良好的绩效文化背景是绩效预算改革成功的重要社会基础，因此，要大力宣传绩效文化，树立绩效理念，通过推动社会公众绩效信息运用倒逼绩效预算改革的落实，形成"重绩效、用绩效、讲绩效"的良性循环。

### 二、国内经验

2003 年 10 月召开的十六届三中全会通过了《中共中央关于完善社会主义市场经济体制若干问题的决定》，报告中提出"建立预算绩效评价体系"。2007 年，绩效管理和绩效评价被写入党的十七大报告，提出"完善政府绩效管理体系，建立以公共服务为取向的政府业绩评价体系，建立政府绩效评估机制"。十七届二中全会提出"推行政府绩效管理和行政问责制度"。财务部 2009 年发布的《财政支出绩效评价管理暂行办法》，提出对财政性资金安排的支出进行评价。十七届五中全会提出"完善政府绩效评估制度"。2011 年 3 月，国务院成立政府绩效管理工作部际联席会议，将预算绩效管理作为试点之一；《中华人民共和国国民经济和社会发展第十二个五年规划纲要》提出"建立科学合理的政府绩效评估指标体系和评估机制"；财政部 2012 年发布的《预算绩效管理工作规划（2012—2015 年）》，并根据该规划制定了《县级财政支出管理绩效综合评价方案》和《部门支出管理绩效综合评价方案》两个配套文件。2014 年《国务院关于深化预算管理制度改革的决定》提出"健全预算绩效管理机制。全面推进预算绩效管理工作……逐步将绩效管理范围覆盖各级预算单位和所有财政资金，将绩效评价重点由项目支出拓展到部门整体支出和政策、制度、管理等方面"。党的十九大精神要求，建立全面规范透明、标准科学、约束有力的预算制度，全面实施绩效管理。2018 年 7 月 6 日，中央全面深化改革委员会审议通过《关于全面实施预算绩效管理的意见》，围绕"全面"和"绩效"两个关键点，对全面实施预算绩效管理作出部署。

绩效评价的优越性在世界范围内已经得到证实，在把绩效评价引入我国，进行本土化推广时，有必要对国内外绩效评价实施的基础条件进行比较分析，通过把握我国绩效评价的发展趋势和规律，进而科学谋划我国的绩效评价工作未来发展的路径。

（一）国内研究成果

1. 财政支出绩效评价目标方面。财政支出的经济性是财政活动的基础，效率性是财政有效机制的表现，效益性是财政活动最终效果的反映。有学者认为，财政绩效衡量的是财政政策目标、执行和效果之间的一致性，是政府资金分配效率性、效果性、效益性的统一。

2. 财政支出绩效评价内容方面。财政支出绩效评价是在市场经济条件下为适应财政支出管理需要而产生的，是对政府的公共支出所产生的效果和影响进行评价的行为。有学者按照财政支出效益评价的主客体不同，将评价工作分为三类：财政支出综合效益评价、部门财政支出效益评价、财政支出项目效益评价。也有学者提出以绩效评价导向为标准，将绩效评价分为公平导向型、战略导向型、结果导向型三种类型。

3. 财政支出绩效评价指标体系方面。主要方法：一是从财政支出的规模、结构和效果来建立指标体系；二是从财政支出的经济性、效率性、效果性来建立指标体系；三是从支出的全过程来建立指标；四是按层次进行划分，第一层是投入、过程、产出和结果类指标，第二层是效益性、效率性和有效性指标。

4. 财政支出绩效评价标准方面。在一定量的样本数据基础上测算出标准数据，评价标准要能量化反映评价对象的优劣特征。评价标准按可计量性分为定量标准和定性标准。有学者认为标准取值有三种思路，一是以某项指标在国内的历史发展水平作为历史标准;二是将现有国际通用的某项指标的水平作为通用标准;三是将某项指标的理想值作为理论标准。也有学者认为要建立完整的信息库,储存不同时期、不同地区、不同财政支出类别的数据资料,从而取得兼有纵向比较和横向比较内容的评价标准。

5. 财政支出绩效评价方法方面。有学者将国际上比较通行的评价方法归纳为八种,分别为成本效益分析法、最低成本法、综合指数法、因素分析法、历史动态比较法、公众评判法、费用职能比较法和目标评价法。也有学者认为财政资金绩效评价的基本方法有两种,一是澳大利亚 QQTP 法,从项目所提供服务的数量、质量、期限、价格四个方面进行衡量;另一个是三"E"方法,从项目完成的效果、效率和经济性三方面进行衡量。

（二）国内实践经验

1. 以广东为代表,以"绩效预算导向"为特色,采取部门单位自评、财政重点评价相结合,事前评价、事后评价并重,讲究规范,注重公开。事前评价过程中,广泛开展项目的可行性认证,由专家评审确定项目资金额度和排序。事后评价的结果作为预算安排的重要依据。

2. 以湖北、浙江为代表,以"追踪问效与绩效指标管理相结合"为特点,全面开展项目单位自评、主管部门组织评价和财政部门抽样评价或重点评价相结合的方式。这种模式有利于较快地提升全社会的绩效意识。

3. 以北京、上海为代表,以"绩效评价中心组织管理,坚持第三方评价"为特色,成立专门负责组织管理的绩效评价中心,以事后评价为主,财政部门和业务部门等全面参与,中介具体负责实施,专家评审。

4. 以海关总署为代表,以"预算绩效管理促进财务转型升级"为特点,依托财务绩效管理信息系统,实现从传统的会计核算为重点向管理监督为重点转型,财务管理方式从重资金核算的"橄榄型"（两头小中间大）向重预算和监管的"哑铃型"（两头大中间小）升级。

# 第四节　水利预算项目绩效评价

## 一、水利预算项目绩效评价概念

水利预算项目绩效评价是财政部门和水利单位根据设定的绩效目标,运用科学、合理的绩效评价指标、评价标准和评价方法,对项目支出的经济性、效率性和效益性进行客观、公正的评价,并将评价结果进行科学应用。

水利预算项目的绩效评价作为一种重要的水利项目管理工具,应满足相关的技术标准,即合理的方案设计、适当的数据收集方法、分析方法和评级方法,并据此提出结论和建议,以保证评价结果的客观、公正、权威与可靠。

## 二、开展水利预算项目绩效评价必要性

（一）水利预算项目预算绩效管理政策要求

党的十六届三中全会提出"建立预算绩效评价体系",党的十七届二中、五中全会分别

提出"推行政府绩效管理和行政问责制度""完善政府绩效评估制度",党的十八大提出要推进政府绩效管理,十八届三中全会要求透明预算、提高效率,建立现代财政制度;党的十九大提出要建立全面规范透明、标准科学、约束有力的预算制度,全面实施绩效管理。这些形势及要求,使得推进预算绩效管理已成为当前和今后财政改革与预算管理的重要内容。水利预算项目既是民生工程,又是建设生态文明的重要手段。全国各地、各级水利单位践行绿色发展理念和"节水优先、空间均衡、系统治理、两手发力"的新时期水利工作方针,通过实施一系列重大水利预算项目,开展水污染防治和水生态治理修复,加快完善现代水利基础设施网络等。为了保证这些重大水利预算项目实施效果,追踪问效必不可少。

（二）提高水利预算项目预算管理有效性和透明度的有效举措

以绩效评价为手段,推进水利预算项目绩效管理,在提高项目预算有效性和透明度上下功夫。水利部积极推动绩效评价工作,试点范围不断扩大,2016年部门预算绩效目标管理已经实现全覆盖。水利预算项目率先完成绩效评价改革各阶段进程,是现代财政制度的内在要求,是改进水利预算支出管理、优化财政资源配置、提高水利公共产品和服务质量的重要手段。建设高效、责任、透明政府的有效举措就是要做到"用钱必问效,问效必问责,问责效为先",这已成为各级水利单位的共识和硬约束。

（三）职能转变和政务公开的要求

中央要求强化部门的支出责任意识,履行好经济调节、市场监管、公共服务、社会管理等政府职能,改善决策管理和服务水平,提升水利预算项目社会影响,进一步转变政府职能。2016年,财政部首次将10个中央部门一级项目文本和绩效目标报全国人大审议并向社会公开;首次实现了在下达中央部门预算时将绩效目标和指标同资金一并批复,将"花钱和办事"结合起来,强化了绩效目标的严肃性和约束力。水利工程建设项目也开展绩效运行监控和自评价,绩效评价目标随部门预算公开,评价结果随部门决算公开,促进水利资金的资源配置更加高效、透明。

（四）新形势下水利预算项目绩效管理有待深入

经过十几年探索和实践,部门预算、国库集中收付、政府采购、非税收入管理等领域改革已经取得长足进展,水利资金管理科学化、精细化水平不断提高。但水利预算项目预算编制仍存在产出和效益目标不够明确,大中型水利建设项目预算执行进度较慢、效率较低,特别是预算执行结束后缺乏追踪问效机制,总体上制约了改革向纵深发展。

按照新时期水利工作方针要求,加快水利改革发展面临新形势、新任务,水利单位应把完善公共财政体制的思路融入到水利体制机制创新中来,通过绩效评价的手段推动绩效预算全面、深入开展,提高资金的使用效益和效率。

## 三、水利预算项目绩效评价取得的成效

（一）建立绩效评价制度框架,绩效指标体系建设趋于完善

2006年,财政部开始选择农业部、水利部等部门进行绩效评价试点;至2008年,中央部门开展绩效评价试点的项目已达108个,资金超过20亿元。2011年,财政部相继颁发了《财政支出绩效评价管理暂行办法》（以下简称《绩效评价管理办法》）和《关于推进预算

绩效管理的指导意见》,对绩效管理工作做了进一步的说明和规范,并正式成立政府绩效管理工作部际联席会议,负责指导和推动政府绩效管理工作。2015年1月1日,经十二届全国人大常委会第十次会议修订的《预算法》正式施行。预算法首次以法律形式明确了我国公共财政预算收支中的绩效管理要求,并要求公共财政预算绩效管理要贯穿预算活动整个过程。

2005年,水利部印发《关于进一步加强预算项目成果管理和绩效考评的通知》,标志着水利预算项目绩效评价工作正式开展。近年来,水利部结合水利项目特点,陆续制定颁布了有关制度办法和指标体系的文件,如《关于推进水利预算绩效管理的意见》《水利部部门预算绩效管理暂行办法》《中央水利财政专项资金绩效评价管理办法》等。同时,水利部积极加快水利预算绩效管理制度体系建设,初步形成了水利部门单位整体支出绩效评价指标体系和水利部直属单位整体支出绩效评价指标体系,以及水利部部门18类重大预算项目绩效指标体系等。

(二)绩效评价工作得到重视,绩效理念深入人心

通过10多年实践工作,水利预算项目绩效评价工作得到各级单位和部门重视,绩效管理逐步规范。在项目实施中,人们更加重视项目产出和效益,定期开展项目绩效总结,整理和提交项目成果,并推广项目绩效评价结果的运用。一些水利基层单位围绕绩效目标,强化支出责任,采取双层审查监督,即实行业务和财务审查,项目负责人、单位负责人、财务负责人签字制度,以保障绩效成果。

为了让预算绩效理念更加深入人心,加大政策宣传和业务培训必不可少。水利部下属单位积极贯彻落实关于预算绩效管理的各项制度,完善内部控制制度。通过政策宣传和业务培训,进一步增强支出责任和效率意识,全面加强预算执行过程中的绩效监控管理,优化资源配置,提高财政资金使用绩效和科学化精细化管理水平,提升各级各单位执行力和公信力。

(三)加强全过程管理,提高决策和执行水平

水利单位在编制预算时,能够科学合理编制项目绩效目标,为绩效监控和绩效评价打好基础。在绩效目标申报上,推进项目支出绩效指标体系建设。对可量化支出的项目,核定统一支出标准,推进预算编制的精细化,突出其基础支撑作用,对发展性项目实行一年一梳理、一年一论证审批,既保证了绩效目标具有较为科学的导向性,又避免了绩效目标与实际情况印证性不强的问题,便于在年中执行过程中对绩效指标的监控。

通过细致组织项目实施,严格水利预算项目经费使用,全面收集绩效运行数据信息,广泛开展项目支出绩效目标执行监控工作,对于纳入监控试点项目定期报送监控执行报告,根据基础数据和监控执行报告对绩效目标预计实现程度进行判断。这些做法都可以对绩效目标执行情况进行及时纠偏,保证绩效目标按进度完成。例如:在项目实施阶段,考虑到水利信息系统运行维护和防汛工作与季节性有关,针对汛前、汛期和汛后,合理安排项目实施内容。项目经费支出时,严格按照项目文本、实施方案和细化方案执行,加强经费使用控制,严格按照项目规定支出内容支出。

将绩效评价和财务监督要求渗透到预算管理的各环节,提高预算管理的决策和执行

水平。一是注意收集全面、翔实、质量高、针对性强的绩效运行基础数据;二是财务部门对预算执行情况开展监督审查,每年 4 月份之前完成;三是完成试点项目绩效报告和绩效评价报告编制,以及绩效评价前的准备工作;四是开展绩效评价工作,根据评价结果提升、改进和完善绩效目标的设置,提出水利预算项目下一年预算调整建议等。

### 四、水利预算项目绩效评价存在的问题及原因分析

#### (一)对绩效管理工作认识不足

水利预算项目绩效评价工作开展以来,中央层面多次召开会议,传达试点会议精神和试点工作要求。"十二五"规划明确了"绩效目标逐步覆盖,评价范围明显扩大,重点评价全面开展,结果应用实质突破,支撑体系基本建立"。由于水利单位管理范围广、级次多,政事企并存,一些基层单位绩效管理观念薄弱,对预算资金使用绩效不够重视,尚未树立水利预算项目的绩效评价管理理念,相关制度尚不完善,保障措施没有跟进,成立专门机构和人员配备存在困难,绩效评价工作被动应付,从而制约了绩效评价工作向纵深发展。

#### (二)绩效评价质量不高

目前绩效评价范围偏小,纳入绩效评价试点范围的水利预算项目不多,与全面实施预算绩效管理的要求尚有较大差距。从现行预算管理环节来看,绩效评价工作是最后一个环节。水利单位在执行完水利预算项目后,先要进行验收,可能包括的工作内容有专项审计、合同验收、项目自验、项目终验等,然后组织绩效评价工作。这不仅给基层水利单位增加了工作量,而且项目验收和绩效评价工作还存在重复。同时,由于基层水利单位人员少,预算项目数量较多,项目完成后验收时间和绩效评价时间基本重合,致使部分基层单位准备仓促,工作质量不高。例如个别项目存在还未开展验收,即开始绩效评价,或是验收和绩效评价同步,给项目管理带来被动,工作质量也难以保障。

#### (三)绩效目标与绩效指标分解不够衔接

水利预算项目绩效目标是水利单位建设项目库、编制部门预算、实施绩效监控、开展绩效评价的重要基础和依据。绩效指标是对绩效目标细化和量化的描述。在实际操作中,还存在分解批复的指标与单位职责不匹配,与项目年度预算不匹配,绩效指标分解落实不到位等情况。如:某水文测站仅有报汛业务无预报业务,但是在绩效目标设定时,选取了"水文报汛合格率"指标;某单位"通信新建系统运行维护费"中包含一项重要工作内容为微波设备的维护,但是年度绩效指标表中缺少对应考核指标,项目申报书中的重要内容未能以绩效指标的形式体现出来。

#### (四)绩效评价复杂且缺乏经费保障

在开展水利预算项目绩效评价工作中,发现了制度层面有不适应实际工作的情况。一是水利单位管理项目内容较多,涉及面较广,任务较重,但是有些项目金额较小,对每个项目进行评价或者打捆评价比较繁琐复杂。二是一些项目因资金规模较小等原因无法列支或者不得列支管理费用,如某评审中心提出的维修养护项目列支管理费用,视同公用经费挤占项目经费,造成维修养护项目评价工作无经费支持。这些情况无法解决项目验收管理中资金缺口,特别是当水利基层单位承担的工作任务和责任逐步加大时,很多前期工

作和评价工作无资金来源,如绩效评价前的财务检查和监督工作,组织验收和评价召开的会议费用和聘请专家费用等。

（五）项目绩效产出佐证材料缺乏

普遍存在项目绩效产出缺乏佐证材料的情况（如水利信息系统运维项目未收集日常维护、耗材更换等基础工作记录资料;如平均系统故障响应时间、平均系统故障恢复时间等无具体判定依据,无法确定指标的完成情况）。对产出指标没有达到指标值的,没有准备正式解释材料,效益指标普遍没有绩效佐证材料等。

（六）绩效评价结果应用不够

绩效管理和预算管理尚未有机融合,绩效管理与预算管理仍存在"两张皮"的问题,绩效评价结果应用不够充分,评价结果与预算安排挂钩效果不够明显。绩效的激励机制不够健全,不能有效体现绩效的正向激励作用。行政问责有待加强,没有完全体现"花钱必问效、无效必问责"的要求。绩效信息公开力度不够,绩效评价结果公开的项目较少,还不能全面反映项目的质量、成本、效益等绩效指标,离全面公开还有较大的差距,社会监督的作用尚不明显。

## 五、水利预算项目绩效评价发展方向

伴随绩效管理改革的任务越来越重,责任越来越大,对中央部门的项目绩效评价工作要求也越来越高,水利预算项目绩效评价发展方向随着改革进一步深化也日趋明确。

（一）加快建立健全绩效管理制度

通过理论与实践结合,继续制定和完善相关制度体系。水利部修订了《水利部中央级预算项目验收管理办法》,为绩效评价工作奠定基础。财政部出台了《中央部门预算绩效目标管理办法》（以下简称《绩效目标管理办法》）,推动各部门、各单位构建涵盖绩效目标、绩效监控、绩效评价、结果应用各环节的管理制度体系。目前,水利预算项目指标体系框架初步形成,项目指标库和专家库逐步建立和完善。

（二）完善一级项目文本和绩效目标

水利预算项目分级分类设置后,财政部对水利单位项目支出管理的重点调整为一级项目。今后,全国人大、财政部对中央部门预算审核、绩效跟踪、绩效评价、预算公开等都将以一级项目为主体,因此一级项目文本和绩效目标设定的质量,直接影响部门预算管理的全过程,关系到全国人大对水利预算项目预算的审核结果。水利预算项目需进一步完善部门专用一级项目文本和绩效目标,将这项工作做深、做细、做实。

（三）推动绩效管理与业务管理的融合

通过建立和使用绩效共性指标体系框架,通过信息系统积累各单位业务工作数据,逐步实现绩效管理与业务管理的融合,推动和促进预算管理科学化、精细化。

（四）提高绩效评价结果的应用水平

明确评价重点,关注评价结果应用,强化评价结果挂钩机制。水利部修订《水利部预算执行考核办法》时,增加了预算绩效评价结果的考核分值,将绩效评价结果与单位评先评优和下年度预算安排挂钩。各单位也要探索和强化绩效评价结果应用机制。

（五）逐步扩大绩效评价结果公开范围

随预决算公开后，水利预算项目实施与评价结果直接影响着水利在全社会公众中的形象。按照财政部统一部署，水文测报项目被选作 2016 年报送全国人大审议并向社会公开的一级项目，重点民生项目血吸虫病防控的绩效评价结果随部门决算公开，审议和公开过程总体顺利，社会反映正面积极。通过不断扩大水利预算项目绩效评价结果公开范围，充分利用评价结果，改进预算管理，促进提升政府绩效。

# 第二章　绩效预算理论基础

"绩效"一词并非舶来品，很早就出现在中国古代的选官制度中。《后汉书·荀彧》记载"原其绩效，足享高爵"，即考察官员的绩效以看其是否胜任更高的职位。现代政府预算起源于西方国家，从萌芽至今约三百年，而绩效预算是20世纪50年代兴起的一种预算制度，它引入了评价指标，将政府预算建立在可衡量的绩效基础上，强调的是结果导向。

从绩效预算管理的理论基础看，主要包括委托-代理理论、公共产品理论、新公共管理理论和其他财政理论等。委托-代理理论强调把公民看做社会公共责任的委托人，把政府看作是公共产品的受托方（代理人），通过设计一种合理的激励约束机制，为代理人提供激励和动力，使代理人按照委托人的预期目标努力工作，从而使委托人与代理人在相互博弈的过程中实现双赢。公共产品理论是一种关于研究公共事务的新政治经济学理论，它从公共产品的供求角度对绩效预算管理行为进行解释。新公共管理理论对政府职能及政府与社会的关系进行了重新定位，强调把社会公众看做顾客，要求政府的一切活动都要满足公众需求，主张把私营企业的绩效管理手段引入政府部门，把市场竞争机制引入政府管理，用市场经济的竞争来提高政府效率和提高资源利用率。

## 第一节　绩效预算的基本内涵

### 一、概念

绩效预算是20世纪50年代随着对公共产出和结果关注而出现的一个概念，萌芽于西方发达国家，作为一种结果导向的预算，绩效预算的推行已有较长的时间，但不同国家及不同的专家学者对绩效预算的理解不同，对究竟什么是绩效预算并没有形成一个明确、完整、唯一的定义，但在绩效预算的核心理念的认识上存在共识，一般认为绩效预算是以结果为导向、以目标成本为衡量标准、以业绩评估为核心的一种预算管理方式。

绩效预算的概念是历史的、动态的、多角度和复杂的。对它的理解是多层面的，首先，绩效预算是一种新的预算理念，是现有法律框架和政治程序下，追求财政管理效率、效果和有效性；其次，绩效预算是一种预算管理模式，即以优化财政资源配置、提高财政资源使用效益为导向的预算管理模式；第三，绩效预算是多学科理论创新的制度载体，经济学、管理学、法学、政治学都对绩效预算的产生和发展有重要影响。

可见,绩效预算并不是某个单一学科概念,而是一个涉及多学科范畴的概念:从经济学角度,可以从公共产品理论、委托-代理理论等方面理解绩效预算;从管理学视角看,随着新公共管理运动的兴起,政府预算管理理念发生了重大变化,要求有全新的、有用的管理工具,绩效预算引入了结果导向、分权机制、责任和激励等,对解决传统管理模式存在的问题起到了管理理念与手段上的核心作用;从法学视角看,现代民主社会,政府预算必须通过立法机构审议通过,是纳税人和市场通过立法机构对政府行政权力的约束、限制及授权和委托,公共支出必须为全体纳税人提供最有效的公共服务。

综合各维度对绩效预算理论的研究:绩效预算是一种以目标为导向的预算,它以政府公共部门目标实现程度和公众需求及满意度为依据,进行预算编制、控制以及评价的一种预算管理模式。其过程是政府部门先确定需要履行的职能及为履行职能需要消耗的资源,在此基础上制定绩效目标,并用量化的指标来衡量每项计划在实施过程中取得的成绩和完成工作的情况。其核心是通过制定公共支出绩效目标,建立预算绩效考评体系,逐步实现对财政资金从注重资金投入的管理转向对注重支出效果的管理。具体来讲,绩效预算管理一般过程包括:确定部门战略目标—根据战略目标制定年度绩效计划及年度部门预算—执行预算—提交绩效报告—进行绩效评价—绩效评价结果的运用。

绩效预算能促进公共部门责任、效率、公正目标更好地实现,通过有目的的预算规划和行之有效的评价、激励和约束机制将政府责任、效率和公正以透明的方式表达出来,并加以不断改进。

## 二、特征

从各国的实践来看,可提炼出绩效预算管理不同于传统预算的几个特征。

（一）以结果为导向

传统的预算模式的最大缺陷在于缺乏明确的预算支出目标,对支出结果的考核指标不够明晰,导致公共资金使用效率低下。现代绩效预算将政府预算建立在可衡量的绩效基础上,强调的是"结果",而不仅仅是支出部门的"产出"。"结果"包含政府支出所要实现某种既定目标,"产出"仅涉及政府部门产出了多少公共产品或是提供了多少公共服务。而"产出"再多,但没达到既定目标,都是无效率的。在预算绩效模式下,强调的是预算资源分配与支出结果即绩效之间的有机联系,相对于所提供公共产品和服务的数量,更关注所提供公共产品和服务的质量和效果。对财政支出进行"追踪问效",阐述政府"花了多少钱""花钱办了什么事""办事效果如何"等纳税人最关心的问题。社会公众也更加关注政府部门工作成效以及政府提供公共服务的质量和水平,具有很强的对政府进行监督的意识。

（二）可量化衡量

与传统预算相比,绩效预算更关注预算执行结果,对绩效目标及其完成情况进行分解、衡量及评价是实行绩效预算的重要步骤。绩效预算通过设立完善的绩效评价指标体系,从而将预算建立在可衡量的基础上。在安排预算时要求各单位设立明确的绩效目标,并制定相应量化的指标及标准,预算执行结束后,要对其预算产出与结果进行绩效评价,以评价绩效目标的实现程度,完整、全面反映预算绩效情况,实现对产出和结果的绩效衡量。

（三）强调成本核算

传统预算模式下,政府作为公共产品的提供主体,未必能有效地利用财政资金达到资源利用效率的最大化,以致在经济萧条时期政府不能满足公众的基本生活需要,是公众对政府的信任面临崩溃。绩效预算从强调公共产品核算的角度,在预算中贯穿了成本核算的理念,将公共产品的成本计入政府预算考评的环节,用以更准确、更全面地反映政府在一个时期内提供公共产品和服务所耗费的成本,并更好地将预算成本与预期的绩效成果进行比较,有利于明确管理者对产出和结果的责任,促进科学决策,强化政府内控机制。

（四）放权和问责相结合

传统预算模式侧重于对投入的控制,众多条条框框约束单位的具体活动,这种方式在一定程度上确保了资金使用的安全性,但资金使用效果也往往受到影响。绩效预算本质上更加注重结果而非投入,侧重于为确保目标的实现,有必要赋予单位相应的自主权,促使单位进一步优化资源配置,明确产出目标,增强财政资金有效性。另一方面,在绩效预算中,政府与职能部门是一种事实上的契约关系,在权力下放的基础上,基于"权力与责任对等"的原则,辅以完善的问责机制来强化责任追究和问效,即单位在享有管理灵活性的同时,也要对未实现绩效目标和既定产出的后果承担责任。

（五）政府决策与绩效预算的融合

预算本质是政府职能及其决策意图的反映,而绩效预算进一步加强了预算支出与政府绩效的联系。政府及职能部门通过制定战略规划,明确公共产品和服务产出,促进预算与政府决策有机融合,有利于强化支出效益,使政府决策建立在完备的绩效管理基础上,从而使绩效预算成为政府绩效的主要内容和重要管理手段,并反过来促进政府绩效管理的完善。

## 三、类型

根据绩效信息在预算过程中的地位、作用以及其与预算联系的紧密程度,大致可以将绩效预算分为四类:

（一）报告型绩效预算

绩效评价结果等信息包含在预算文件中,但并不作为分配预算资源的考虑因素。

（二）知晓型绩效预算

确定预算的过程中考虑绩效评价结果等信息,但实际决策中这些信息仅作为次要考虑因素。

（三）决策型绩效预算

在资源分配中,绩效评价结果等信息与其他因素　并发挥着重要作用。

（四）理论型绩效预算

将资源分配直接而明确地与绩效评价结果等信息相联系。

# 第二节　委托-代理理论

委托-代理理论起源于企业理论,20 世纪 30 年代兴起,它是以委托代理关系为研究对象,从信息不对称条件下契约的形成过程出发,探讨委托人如何以最小的成本去设计一种契约或机制,促使代理人努力工作,减少委托代理问题以最大限度增加委托人的效用的理论。委托代理理论有利于激励代理人实现绩效目标,保证委托人的利益,推进了绩效管理。委托代理理论将公共委托代理关系从企业扩展到公共部门,认为公民是社会公共责任的委托人,强调政府作为提供公共产品的受托方,为社会公众提供满意的公共产品和公共服务。为了完成委托责任,政府必须设置部门,将具体公共事务委托部门管理。

## 一、产生与发展

1932年,美国经济学家伯利(Berie)和米恩斯(Means)出版了《现代公司与私有资产》一书,主张"所有权和经营权分离",企业所有者保留剩余索取权,而将经营权让渡,提出"委托-代理"理论,从而使委托-代理理论成为现代公司治理的逻辑起点。1973年美国经济学家罗斯(Ross)将"委托-代理"的概念和理论从企业扩展到各种组织和事项,形成一般化理论,他指出:"如果当事人双方,其中代理人一方代表委托人的利益行使某些决策权,则代理关系就随之产生了。"授权者就是委托人,被授权者就是代理人。[1]

20世纪70年代后,随着美国经济学家威廉姆森(Williamson)等人对交易费用经济学的发展以及激励理论、契约理论、信息经济学等微观经济学基础理论的突破,现代企业理论取得了快速发展,其重要的委托-代理理论迅速发展为经济学中极其重要的一个分支。委托-代理理论之所以能适应当今经济发展,主要源于委托-代理是基于专业化分工以及资产规模发展而产生的一种制度创新。企业制度发展经历了"业主制""合伙制"和"公司制"三个阶段,随着企业规模的扩张,企业的技术和管理工作过程日益复杂化、专业化,企业主不再亲自经营企业,而在保留资产所有权的同时将资产经营权委托给职业经理人,从"自有自营"发展到"自有他营"的委托代理模式。其次,委托-代理产生的实质原因是利益比较优势,由于在一定的生产力条件下,企业主将经营权让渡给职业经理人能取得更大的利益,而职业经理人通过经营不属于他个人的资产也能获得更大的利益所以愿意将自己的经营才能与他人的资本结合。上述意愿促进了委托-代理理论的完善、发展和广泛应用。

在市场经济条件下,政府承担着为公众提供公共产品和服务的职能,但政府行使这样的职能是社会公众(委托人)通过立法机构授权的,以提供私人部门无法或不能通过有效的市场配置而实现的公共产品,政府实际是国家或社会的代理机构,承担着受托责任。同时,政府提供产品和服务并不是利用自己的资金,而是来自公民的税收,即公众预先支付了公共产品的成本。政府作为受托人,提供的公共产品和服务应当符合公众的需求,同时接受公众的监督。

## 二、主要内容

（一）信息不对称问题

在所有权和经营权"两权"分离的情况下,由于委托-代理双方的目标函数不同,相关

① 王海涛.推进我国预算绩效管理的思考和研究[M].经济科学出版社,2014:64.

信息在双方之间的分布及其获得是不对称、不均匀的,于是产生了基于委托人和代理人之间的"信息不对称",在契约关系下的双方当事人都只掌握了一些对自己最为清楚的私人信息,而对另一方当事人的信息则不完全了解。由于双方"信息不对称",则有可能产生一些利己损他的违约和败德行为,如事先的"逆向选择":代理人利用信息不对称蒙蔽委托人,使委托人不能选择到最好的代理人,造成"劣币驱逐良币";事后的"道德风险",代理人利用信息不对称优势"偷懒",或者为增加自身利益而将自己的行为后果的责任转嫁到委托人身上,致使委托人利益受损。

在公共支出过程中,不管是政府部门与社会公众之间,还是政府各部门之间都存在着信息不对称问题。一方面,政府(代理人)与公众(委托人)之间存在着信息不对称。公众对政府支出项目会如何影响他们的信息是不完全的,获得这些相应信息需要付出较高的交易成本,导致了政府支出方案不能有效地反映社会公众的偏好。另一方面,政府各部门之间,特别是上下级之间,同样存在信息不对称情形。即使公众偏好能够通过一定的体制设置呈现出来,由于与委托人联系紧密的下级部门和机构拥有更多的信息,他们倾向于要求尽可能多的资源,以达到部门利益和个人利益最大化,处于信息劣势的上级部门就不能根据战略性的优先顺序分配资源,并最终阻碍将其转变为社会公众所希望的产出和结果,直接影响到政府支出的绩效。[①]

（二）激励与约束机制

在信息不对称的情形下,委托人需要通过对代理人进行适当的激励或承担用以约束代理人越轨活动的监督费用来缩小与代理人的效用偏差,设计满足代理人参与约束和激励兼容的契约关系以最大化自己的期望效用,即建立有效的激励约束机制,一方面使代理人在实现了委托人的绩效目标后得到奖励,另一方面明确代理人在没有完成绩效目标时应受到的相应惩罚,将代理成本控制在最佳水平。

公众与政府之间的委托代理关系中,激励与约束机制较难建立,由于这种委托代理关系具有纯粹的授权属性,无具体的财产所有者和明确的委托人,另外公共部门本质上属于非营利性组织,客观上增加了对公共部门代理人实行业绩考核的难度,从而较难建立有针对性的激励与约束机制。

（三）多层委托代理关系

相对企业而言,公共事务领域更多地表现为多层委托代理关系。一般情况下,社会公众自身无法直接提供社会发展所需要的公共产品和服务,需要把资金(以税收的方式)委托给政府来经营,由政府以政府预算的形式,再委托各职能部门来实现,由此形成了多层多级、多类型的委托代理关系。根据委托代理理论,政府预算也可视为一种契约,是一种建立在公众、政府和政府部门的契约关系。相应的在财政资金分配过程中,就可以分解为多个委托代理关系。

一是"公众—议会—政府"间的委托代理关系。公众通过纳税等成为财政资金的提供者,议会代表公众对预算享有最高决策权,政府作为具体的预算决策和执行机构,三者之间形成了第一层级的委托链条。二是"财政部门—其他职能部门"间的委托代理关系。财

① 王海涛.推进我国预算绩效管理的思考和研究[M].经济科学出版社,2014:68.

政部门具有预算分配过程中的资金分配所有权,处于委托人位置,职能部门作为政府职能的具体执行机关,是财政资金使用的代理人。三是部门内部上下级决策者之间的委托代理关系,在部门预算的编制执行过程中,同样存在内部上下级之间的委托代理关系。

多层委托代理关系必然会产生委托代理问题,如政府为了自身利益损害公众的利益,再如各单位有自身的利益,在财政资金分配和使用过程中会出现损害财政部门利益的行为。多层委托代理关系加大了政府运行成本,由于委托代理链的增长,初始委托人的行为能力趋弱,委托代理者更容易产生"败德"行为,增加政府提供公共产品和服务的成本。这种多层委托代理关系要求,政府预算制度的设计必须对代理人的行为进行有效的激励和必要的监督。

### 三、委托代理理论与绩效预算

委托-代理理论对于政府公共管理和公共产品提供具有较强的指导意义,并为绩效预算提供了较好的理论基础。政府作为公众的受托人,是提供公共产品和服务的供给方,其社会活动应当受到公众的监督,提供的公共产品和服务应当符合社会公众的需求,这就构建了最基本的典型委托代理关系。

在公共支出过程中,政府部门和社会公众之间,政府各部门之间都存在信息不对称问题,必然会影响政府支出的绩效。政府预算中多层级的委托代理的关系加大了政府运行成本。另外政府部门提供的公共产品和服务属于非市场供给,难以用私人部门的标准进行考核。

针对这些问题,政府可以通过建立有效的激励约束机制,以绩效为切入点,强化绩效评价,完善预算管理方式,而绩效预算成为实现这一目的的有效管理制度。绩效预算强调"目标导向",通过"出资人"对"经营者"绩效目标的设定以及分解、执行、考核的过程,实现对政府各层代理人的激励和约束,使得政府部门在实现社会公众(委托人)的绩效目标时得到奖励,而在没有完成绩效目标时受到惩罚。通过绩效预算,实现对支出管理情况的绩效评价,可以反映和控制代理经济责任的具体履行过程,反映受托经济责任履行的最终结果,能够促使代理人在追求自身利益的同时实现委托人利益的最大化,从而确保支出效益最大化。因此,从这个意义来说,绩效预算是政府解决委托代理问题,实现科学管理的先进管理方式。

## 第三节　公共产品理论

公共产品理论是一种关于研究公共事务的新政治经济学理论,它创造性地用"产品"的方法来研究政府的公共事务,从公共产品的供求角度给出了绩效预算制度的行为解释。按照公共经济学理论,社会产品分为公共产品和私人产品。根据萨缪尔森在《公共支出的纯粹理论》中的定义,纯粹的公共产品或服务是指个人消费这种物品或服务不会导致他人对这种物品或服务消费的减少。而凡是可以由个别消费者所占有或享用,具有独占性、排他性和可分性的产品就是私人产品。公共产品理论解决了政府预算管理中注入公共事务是否应当由政府出钱、哪些应当由政府出钱、政府出钱的效果评估等难题,客观上为预算绩效评价公共支出提供了基本的理论依据和衡量标准,是政府预算的基础理论之一。

## 一、产生与发展

公共产品概念最早由意大利学者马尔科(Marco)等在边际效用理论基础上提出,其后,瑞典经济学家林达尔(Lindahl)提出了"林达尔均衡",形成了公共产品理论的雏形和重要基础,美国经济学家萨缪尔森(Samuelson)等人则进一步发展和丰富了公共产品理论的内容。

1919 年,林达尔(Lindahl)提出了著名的公共产品均衡模型,即"林达尔均衡",被视为公共产品理论最早的成果之一。它是指个人对公共产品的供给水平以及它们之间的成本分配进行讨价还价,并实现讨价还价的均衡。林达尔认为公共产品的价格并不是由强制的税收或者某种政治选择决定,而是每个人都存在自己意愿确定的价格,并均可按照某种价格购买公共产品总量。其关键点是消费者按照自己从公共产品消费中获得的边际效用水平真实表达自己对公共产品的需求,从而相应地承担公共产品成本。[①]

20 世纪 50 年代,萨缪尔森(Samuelson)先后发表了《公共支出的纯粹理论》和《公共支出理论的图示探讨》,进一步论述了公共产品理论的核心问题,首次提出了公共产品的经典定义,描述了生产公共产品所需资源的最佳配置特征等。他将公共产品定义为:每个人消费这种产品或服务不会导致他人对该种产品或服务的减少。萨缪尔森(Samuelson)指出,由于公共产品中存在"搭便车"行为,导致事实上每个人都不愿意透露自己对公共产品的偏好和愿意支付的成本,故林达尔均衡不能解释实际发生的公共产品支出行为。他对林达尔均衡做了进一步发展,提出公共产品供给均衡包括局部均衡和一般均衡。

20 世纪 70 年代以后,对公共产品的研究主要集中在机制设计上,以保证公共产品的决策者能够有效提供公共产品。

## 二、主要内容

### (一)公共产品的基本属性

根据公共产品理论,与私人产品相比,公共产品具有明显不同的特征:一是效用的不可分割性,如国防、外交、治安等服务。二是收益的非排他性,个人对公共产品的消费并不能排除任何人对它的消费,也不会减少其他人由此获得的满足;故对公用产品会出现"搭便车"行为,即每个人都想不付出或少付出却享受公共产品,如减少污染带来的收益外部性。三是消费的非竞争性,公用产品不会因为消费者增多而引起边际成本的增加。

### (二)公共产品的税收等价原则

从林达尔(Lindahl)和萨缪尔森(Samuelson)等关于公共产品的理论中可以看出,公共产品同样体现了商品的市场属性和供求关系,政府提供的公共产品和服务由社会公共消费和享受,政府付出的成本也就必须由社会公众通过纳税来补偿,税收是公众为了获得政府提供的公共产品和服务而支付的价格。政府将取得的税收安排使用出去以提供各种

---

① 王海涛.推进我国预算绩效管理的思考和研究[M].经济科学出版社,2014:70.

公共产品和服务,正如私人部门使用"价格-质量"组合迎合顾客一样,公共部门使用"税收-公共产品服务"组合迎合公众的需求,从而税收也就具有了公共产品"价格"的性质。

**(三) 政府公共产品的特殊性**

企业能根据消费者对产品个人偏好的真实表达产出私人产品来满足消费者的需求,但由于现实社会中,政府难以取得每个人对公共产品真实偏好的真实表达,故与个人和企业相比,政府供给公共产品有其不同的特殊性。公共产品的需要与供给具有委托代理关系属性,且这种委托代理存在着社会公众对政府、政府对内部职能部门、政府部门的上下级机构之间多层级委托代理关系。公共产品的生产与垄断市场具有相似性,由于私人不愿意提供公共产品,政府就成为公共产品的唯一供给方,处于垄断市场地位,但公共产品的供给并不完全等同于垄断市场,各政府部门提供公共产品的成本不直接从社会公众手中取得,而是政府财政预算拨款,这种产品的供给与成本的取得相分离的做法强化了职能部门不断追求预算扩大化的动机,导致政府整体支出呈扩大化趋势。

### 三、公共产品理论与绩效预算

在公共产品理论中,首先,明确了公共产品是由公共部门提供用来满足社会公众需要的,具有非竞争性和非排他性的特点,这就明确了政府预算的基本职能和支出范围就是提供公共产品和服务,弥补市场经济缺陷,满足公众需求,这是界定绩效评价对象和范围的基本尺度。其次,强调政府应当对政府产出的绩效进行衡量,并且认为政府应当按照民众的意愿进行资源配置才最有效率。但是现实社会中困难的是公共产品及服务的外部收益强且无法具体量化,因而不存在一个"公共产品市场"通过价格信号来进行资源配置,所以,预算财政支出是政府针对公共产品"市场失灵"的纠正性措施,其目的是通过预算工具提高整个社会的福利水平。为了有效地衡量预算财政支出的效果,就有必要实施绩效预算,建立一套科学合理的预算绩效评价体系,通过具体指标衡量、检验预算的有效性以及与公众需求相吻合的程度,然后不断调整完善,以实现社会公共资源配置的"帕累托最优"。

# 第四节　新公共管理理论

20 世纪 50 年代后,随着经济发展的迟滞、政府债务的居高不下以及政府效率的低下,各种有关促进政府改革、提高政府效率的呼声高涨。20 世纪 70 年代末 80 年代初,西方发达资本主义国家普遍实行了以提高行政效率为目的的政府改革,如英国撒切尔政府实施的民营化与政府改革等,引起了极大的社会反响,并在世界范围内掀起了一场声势浩大的政府行政改革浪潮。这场改革被看做是一场"重塑政府""再造公共部门"的"新公共管理活动"。[①]

新公共管理理论以现代经济学和企业管理理论为基础,是对传统行政层级抗旨管理和官僚行为模式的反思和发展,代表了一种新的公共行政理论和管理模式。它主张在政

---

① 财政部预算司. 中国预算绩效管理探索与实践[M]. 经济科学出版社,2013:29.

府公共部门广泛采用私营部门成功的管理方法和竞争机制来提高行政管理效率、服务质量和水平，重视公共服务的产出，强调在解决公共问题、满足公共需求方面增加有效性和回应力，要求对政府实行更加灵活、富有成效的管理。新公共管理理论是近年西方国家规模空前的行政改革的主体指导思想之一，推动了政府绩效改革，是预算绩效管理的机制支撑和管理基础。

## 一、产生与发展

20世纪70年代末以来，为解决政府机构臃肿、管理成本增长和效率低下等问题，西方发达国家以新公共管理理论为指导，发起了以"重塑政府"为核心内容的政府改革，引入企业管理精神和市场化理念，强调提高政府运作效率和产出绩效。这场席卷西方国家的政府改革运动浪潮推动和丰富了新公共管理理论，是对以往行政理论的重大发展，促使了新兴理论的建立，并使各种新公共管理的理论学说在实践中得到进一步融合。

"小政府理论"：将政府的活动范围限于非市场领域，缩小政府管辖的空间范围，使政府从"万能政府"中解脱出来，减少国家干预主义，提高政府行政服务能力和水平，强调提供具有非排他性、非竞争性的公共产品，解决市场不能提供的服务活动。"流程再造理论"：针对官僚制的种种弊端，强调对现有的工作流程进行根本的再思考和彻底的再设计，以提高政府或组织的效率、效能。"绩效评估管理和全面质量管理论"：以绩效评估为改进绩效的管理手段，设计具体的绩效评估流程，提高公民对政府绩效评估的参与程度，提升政府的绩效，同时引入政府全面质量管理体系，以公民为顾客中心，强调消除官僚制等带来的回应性障碍，建议更具有回应性和以顾客为中心的公共机构。"重塑政府理论"：强调公共产品服务提供者即政府等部门应对顾客负责，提倡顾客至上的价值理念和文化，并在提供服务的过程中不断进行革新，寻求降低成本和提升质量的方法。

英国20世纪80年代末撒切尔政府部分职能的民营化与政府改革，美国1992年奥斯本《改革政府：企业精神如何改革公共部门》一书的出版及克林顿总统倡导的《国家绩效评议》等事件成为新公共管理运动的重要标志。

## 二、主要内容

（一）企业化政府

新公共管理理论认为公共部门与私营部门不存在本质的区别，同时强调市场机制的优越性，认为私营部门在管理方式和效率上更胜公共部门一筹。新公共管理主张政府从众多的公共服务领域退山，寻求更有效的方式来提供这些服务。将私营部门的竞争理念和方式引入政府管理之中，将部门政府职能市场化，将部分公营企业民营化。合同化和民营化成为市场机制发挥作用的主要途径，即将一部分公共服务的生产通过契约形式外包给私人供应商，使提供同类服务的私人部门与公共部门展开竞争，打破公共部门的垄断地位，提高公共资源的利用效率。

（二）结果导向理念

重视结果而非过程，结果导向的理念源自企业管理的目标管理理论，组织以目标来引导管理活动。美国管理大师彼得·德鲁克（Peter Drucker）提出并倡导目标管理的优秀管理模式,根据注重结果的思想,先由组织最高管理者提出组织在一定时期的总目标,然后由组织的各部门和员工根据总目标确定各自的分目标,形成一个完整的目标体系,并把目标完成情况作为考核的依据。新公共管理理论关注的是管理的结果而不是执行,强调管理者的个人责任,管理者不再是循规蹈矩的、中立的、机械的执行者,而是成为公共事务的管理者,要对管理结果负责。结果导向体现在财政管理改革方面,就是放弃了以成本控制为主要目的的投入式预算模式,实行根据绩效拨款的预算模式——绩效预算。

（三）强调分权化

新公共管理理论主张将政府的各项职能重新梳理,在明确其目标的前提下,将政策与规章制度的制定权与服务提供与执行权尽可能分离,突出政府的核心职能,集中并协调政策与规章制度的制定,使决策者可以更有效地把握政策和方向。同时,把具体的服务供给和执行权下放给管理者,使管理者拥有一定的权利以改进公共服务质量,并提高执行水平。服务供给与执行职能还可以进一步分权,如将部分产品和服务的供给采用合同方式外包给私营部门。

（四）为"顾客"服务理念

新公共管理理论借鉴私营部门管理理念,认为政府不再是凌驾于社会之上的、权威的官僚机构,而社会公众也不再是传统管理模式下的当事人,将顾客至上、为顾客服务、对顾客负责的理念引入政府管理中,[①]建立顾客服务标准,给顾客以选择权,将顾客满意度作为绩效评价的重要标准。如评价政府的教育职能效果时,不仅仅是看财政在教育方面投入了多少预算资金,建立了多少学校,还应包括学生和家长对教育的满意程度等。

### 三、新公共管理理论与绩效预算

新公共管理重视公共服务效率,强调政府低成本运作,注重公共服务的质量和效果,从关注投入转到关注效果,直接催生了政府绩效管理,而政府绩效管理则进一步影响了预算管理行为,推动了以绩效管理为主旨的预算管理创新。

新公共管理促进了行政管理理念和方式的转变。一方面,行政管理理念向"市场导向""顾客导向"的服务理念转变,以契约精神明确责任,构建服务型政府,重视对公共产品和服务的提供,因为只有顾客驱动的政府才能满足多样化的社会需求,并促进政府服务质量的提高;另一方面,在行政管理方式中引入市场化、企业化管理方法,完善绩效评估体系,讲求投入和成本的核算理念,开始重视对产出的管理,提高了公共部门直接提供服务的效率和质量,缓解了财政压力,主张对外界情况的变化以及不同的利益需求做出主动、灵活、低成本、富有成效的反应,从而使政府行为更加务实高效。这些提升政府绩效的做法,与建设服务、责任、效率政府的目标是一致的,构成了政府绩效管理的基本框架,为预算绩效管理的实施奠定了基础。

以新公共管理理念改造政府和提升政府绩效的行政管理直接带来了政府预算理念和控制机制的变化,因为预算是政府施政的落脚点,是政府职能的集中表现。预算理念从投入预算转变为产出预算,并由此带来了预算模式的转变。传统的预算理念注重对投入的

---

① 晁毓欣.政府预算绩效评价 TSE 模型及应用[M].社会科学文献出版社,2016:96.

管理,而忽视对产出的管理。新公共管理理论引导各国政府将更多的注意力转移到结果管理,强化政府对公共资金使用效果的关注。预算控制机制也发生了深刻的变化,要求重视绩效衡量和绩效评价,建立问责机制,采取弹性自主的预算执行方式,在预算执行过程中赋予部门自主权,目的在于降低提供公共产品和服务的成本,提高资源配置和使用效率。

# 第五节　其他理论

预算绩效管理的相关理论支持还源于其他一些理论观点,如新公共服务理论、财政支出增长理论、"花钱矩阵"理论、财政效率理论等,这些理论主要围绕为什么要提高支出效率、如何增加支出效益来展开,因而与预算绩效管理有着密切的关系。

## 一、新公共服务理论

20世纪90年代后期到21世纪初,美国学者登哈特(Denhardt)夫妇在新公共管理理论的基础上提出了新公共服务的理念。新公共服务理论认为新公共管理将政府管理者视为企业家,不可避免地淡化了公共责任,而将公民视为顾客也是对公民身份的过度简化,忽视了公民权。新公共服务理论认为政府的职能是服务而不是决策,政府部门和职员不是试图控制或进行决策,而是通过调解、磋商等方式服务公民社会,帮助公民表达并满足其共同的利益需求。政府的目标是维护公共利益,政府的作用在于帮助公民建立集体的、共享的公共利益观念,创造共同利益和公共责任。政府服务的对象是公民,他们不仅是纳税人、顾客,而且是政府的所有者,政府要重视建设与公民之间的信任合作关系,公民权和公共服务比企业家精神更重要。由于公共资源与公共需求之间必然存在错位,对公共服务和产品的供给仍然需要评价,故即使政府与公民之间的信任和合作关系良性循环,对政府的预算绩效进行评价依然是必要的。

## 二、财政支出增长理论

财政支出增长成为很多国家经济发展中的一般规律,面对支出不断增长的现实和趋势,实行绩效预算是最有效的破解之道。在众多财政支出增长的论述中,主要的经典理论包括政府活动扩张法则、梯度渐进增长理论和经济发展阶段增长理论。政府活动扩张法则认为随着人均收入的提高,财政支出的相对规模也随之提高,伴随着工业化进程的推进,社会和经济的发展增加了对政府活动的需求从而导致公共支出增长。梯度渐进增长理论认为正常条件下,政府支出上升与GDP呈线性关系,但一旦发生外部冲突(如战争),公众在危机时期能接受公共支出增加,但危机过后,公共支出并不会退回到先前水平,因而财政支出上升会呈现一个梯度渐进的规律。经济发展阶段增长理论认为随着经济发展和社会成熟,政府投入从基础设施到不断增加的教育、福利等方面的增长会快于GDP的增长速度,导致财政支出规模膨胀。

### 三、"花钱矩阵"理论

"花钱矩阵"理论由美国著名经济学家米尔顿·弗里德曼（Milton Friedman）提出，是关于绩效管理最直接、最形象的表述，概况起来即：花自己的钱办自己的事，既讲节约，又讲效果；花自己的钱办别人的事，只讲节约，不讲效果；花别人的钱，办自己的事，只讲效果不讲节约；花别人的钱办别人的事，既不讲节约，也不讲效果。在公共支出活动中，社会公众是公共财政资金的所有者，政府部门则是典型的"花别人的钱办别人的事"，为避免既不讲节约，也不讲效果的情况，必须要加强对政府的监督约束，并建立有效的激励机制，通过制度设计，促使社会公众和政府的利益一致，做到花钱与办事的主体责任相对应，实现成本低、效率高的最优选择。"花钱矩阵"理论为预算绩效管理提供了较好的思路：首先，无论花谁的钱办谁的事，先要明确目标及实现的效果；其次解决花多少钱如何花的问题，即预算安排与资源配置；最后要有相应的机制来确保实现低成本与高效率的组合，这就需要通过绩效评价来保证资金的使用效率和效益。①

---

① 王海涛.推进我国预算绩效管理的思考和研究[M].经济科学出版社,2014:88.

# 第三章　水利预算项目绩效目标管理

目标管理是预算绩效管理的重要基础。中央部门自 2017 年开始试点项目绩效目标管理，随着部门预算同步公开，水利部以试点为契机，进一步强化了水利预算项目绩效目标管理。以下按照财政部《绩效目标管理办法》规定，结合水利预算项目实际，从项目绩效目标管理的本质、设定、审批和监控展开论述。

## 第一节　绩效目标管理的本质

### 一、目标管理的概念

目标管理是绩效管理最主要的工具手段之一。目标可以理解为某个组织、部门、项目或个人在一定的时间限度内达到的成效。目标管理是以目标为导向，以单位或个人为中心，以达到的成效为具体标准，从而使单位或个人取得最佳业绩的管理方法。

美国管理大师彼得·德鲁克（Peter Drucker）于 1954 年在其名著《管理实践》中最先提出了目标管理的概念，其后他又提出"目标管理和自我控制"的主张。德鲁克认为，并不是有了工作才有目标，而是相反，有了目标才能确定每个人的工作。所以"企业的使命和任务，必须转化为目标"，如果一个领域没有目标，这个领域的工作必然被忽视。因此管理者应该通过目标对下级进行管理，当组织最高层管理者确定了组织目标后，必须对其进行有效分解，转变成各个部门以及各个人的分目标，管理者根据分目标的完成情况对下级进行考核、评价和奖惩。绩效管理与目标管理之间的咬合点是绩效标准与分解目标能够协调统一为一体。①

水利预算项目绩效目标管理与彼得·德鲁克绩效目标管理的比述有很多相似之处，二者都关注目标设立、成本管理、质量管理、效益成效、服务对象满意度等方面，力图用最少的投入带来最大的产出。而二者不同的是，企业绩效目标管理旨在增加利润，实现企业价值最大化，而水利公共绩效目标管理则应更加关注民生，特别是社会效益、生态效益等。因此，预算绩效目标管理在目标确定、过程控制、结果实现等方面都要比企业绩效目标管理困难和复杂得多。

---

① 史笑颜.绩效管理与目标管理的互动效应[J].山西高等学校社会科学学报,2003(11):67.

## 二、绩效目标管理的定义

《预算法》第三十二条第二款规定"各部门、单位应当按照国务院财政部门制定的政府收支分类科目、预算支出标准和要求,以及绩效目标管理等预算编制规定,根据其依法履行职能和事业发展的需要以及存量资产情况,编制本部门、本单位预算草案"。《预算法》首次引入了"绩效目标"概念,明确将绩效目标作为财政部门制定的预算编制规定之一,并作为水利单位编制预算草案的一个有效组成部分,实现预算编制有目标这一预算绩效管理的基本前提条件。目标实际上就是预期结果,将结果前置作为预算编制的内容,本身就是突出绩效预算的核心——"结果导向"的理念,具有鲜明的目标管理特征。

绩效目标是开展水利预算项目绩效评价的前提与关键,绩效目标的质量直接决定着水利预算项目绩效评价的科学性和合理性。通过对绩效目标管理理论的研究和财政部《绩效目标管理办法》等相关文件的规定,绩效目标管理的定义比较明确,其本质也是围绕绩效、目标和管理三个内容来进行理解。

（一）绩效目标划分

根据绩效目标的使用情况,可以将水利预算项目绩效目标按照预算资金使用主体、使用内容、使用期限进行划分。

1. 按照预算资金使用主体划分,包括部门整体支出绩效目标、单位整体支出绩效目标。部门（单位）整体支出绩效目标是指部门及其所属单位按照确定的职责,利用全部部门预算资金在一定期限内预期达到的总体产出和效果。

2. 按照预算资金使用内容划分,包括基本支出绩效目标和项目支出绩效目标。基本支出绩效目标,是指部门预算中安排的基本支出在一定期限内对本部门（单位）正常运转的预期保障程度。项目支出绩效目标是指中央部门依据部门职责和事业发展要求,设立并通过预算安排的项目支出在一定期限内预期达到的产出和效果。

3. 按照预算资金使用期限划分,包括中长期绩效目标和年度绩效目标。中长期绩效目标是指部门预算资金在跨度多年的计划期内预期达到的产出和效果。年度绩效目标是指部门预算资金在一个预算年度内预期达到的产出和效果。

（二）绩效目标管理

水利预算项目绩效目标管理是指水利单位以绩效目标为对象,以绩效目标的设定、审批、批复等为主要内容所开展的预算管理活动。

1. 管理的主体是水利单位。纳入预算编报范围的水利单位,能独立承担法人责任,应作为绩效目标管理的主体,实施绩效目标管理的过程,完成绩效目标。

2. 管理的对象是绩效目标。绩效目标作为被管理的对象应预先设定,加强绩效目标管理与预算编制的有机结合。

3. 管理的过程包括目标设定、审批、批复、监控、评价等。绩效目标管理是全流程的管理,从绩效目标设定、审批、批复、监控、评价等环节进行管理。

4. 管理的结果是目标的实现。绩效目标的实现主要围绕向社会公众提供公共服务的目的进行,需要达到预期的目标,产生实实在在的效益。

### 三、绩效目标管理的内涵

绩效目标是编制部门预算、实施绩效监控、开展事前绩效评估的重要基础和依据，是引导部门活动优先顺序安排、预算资金配置的基础，是建设项目库、实施绩效监控、开展绩效自评价和绩效评价的保障。推进水利预算项目绩效目标管理，促进水利单位预算编制的科学化、精细化，就是要求水利单位依据职能设定具体的绩效目标，明确所申请的资金如何使用及所要达到的预期目标。经过上级主管单位和同级财政部门审核，绩效目标清晰合理、实施条件具备的项目才能获得财政资金支持。要用明确、清晰、可衡量的绩效目标体现项目预期提供的公共产品公共服务的数量和质量、产出和效果，以及项目实施的满意度。

### 四、绩效目标管理的职责分工

水利预算项目绩效目标管理涉及同级财政部门、水利单位。

（一）财政部门

财政部门负责制定绩效目标管理相关制度，审核水利单位提交的绩效目标申报表，并予以批复。

（二）水利单位

按照"谁申请资金，谁设定目标"的原则，绩效目标由各水利单位自行负责编制、设定。

# 第二节 绩效目标的设定

### 一、绩效目标内容

水利预算项目绩效目标设定是指水利单位按照部门预算管理和绩效目标管理的要求，编制水利预算项目绩效目标并向财政部门或上级单位报送绩效目标的过程。

（一）绩效目标

水利预算项目总体绩效目标描述利用该项目全部预算资金在一定期限内预期达到的总体产出和效果。项目支出总体目标分为中期目标和年度目标，其中：

中期目标是概括描述延续项目在一定时期内（一般为 3 年）预期达到的产出和效果。其中，项目的期限，应按一定时期滚动填写，如 2017 年编制 2018 年预算，填写 2018—2020 年；2018 年编制 2019 年预算，填写 2019—2021 年等。在具体填写时，一次性项目和处于项目期最后一年的项目，可以只填写年度目标。

年度目标是概括描述项目在本年度内预期达到的产出和效果，应根据项目立项依据、工作内容和预算安排确定具体目标。

（二）绩效指标

水利预算项目绩效指标是衡量绩效目标实现程度的考核工具，分为产出指标和效果指标。产出指标反映与目标相关的产品和服务的提供情况；效果指标反映与目标相关的预算支出预期结果的实现程度。绩效指标要与绩效目标密切相关,要尽量使用反映最终结果的指标,指标设置应科学合理、量化可考。

1. 产出指标

产出指标反映根据既定目标,相关水利单位预算资金预期提供的公共产品和服务情况,包括提供的公共产品和服务的数量指标、质量指标、时效指标、成本指标等。

数量指标,反映预期提供的公共产品和服务的数量。指标必须明确,便于绩效评价,例如培训不能只列期数,须列明具体培训的班次或学员的次数不低于多少,新增设备数量为多少台(套)等。数量指标应全面反映项目主要工作内容,体现总体目标实现程度的关键指标不能有所缺失。产出数量指标要与预算匹配。

质量指标,反映预期提供的公共产品和服务达到的标准、水平和效果。质量指标应确保重要的产出数量指标均有相应的质量指标与之对应,或有些不方便用数量指标的可以用质量指标表述。例如合同验收通过率、设备应用率等应不低于多少。质量指标内容应明确。

时效指标,反映预期提供公共产品和服务的及时程度和效率情况。时效指标需查看项目实施方案中"项目实施步骤和进度计划"部分内容,逐项说明每项工作任务的计划完成时间,与项目工作进度、年度工作计划相匹配。例如合同完成时间、项目成果完成时间等。

成本指标,反映预期提供公共产品和服务所需成本的控制情况。成本指标不能只写明控制在年度预算额度之内,单位成本如果能确定,可填列"单位成本≤**元/人"、执行政府采购程序等。例如人均培训成本、设备购置成本等应不超过具体的金额。

2. 效益指标

效益指标反映与既定绩效目标相关的、前述相关产出所带来的预期效果的实现程度,包括经济效益、社会效益、生态效益和可持续影响等。

经济效益指标,反映相关产出对经济发展带来的影响和效果,如减少灾害损失、提高水资源开发利用效率效益等。

社会效益指标,反映相关产出对社会发展带来的影响和效果,如提高防汛抗旱决策指挥水平、提高生产建设单位或社会公众的水土保持意识等。

生态效益指标,反映相关产出对自然环境带来的影响和效果,如提高用水效率、促进水土流失综合防治等。

可持续影响指标,反映相关产出带来影响的可持续期限,如促进水资源可持续利用、提高水利工程使用寿命等。

3. 满意度指标

满意度指标属于预期效果的内容,反映服务对象或项目受益人对相关产出及其影响的认可程度。根据实际细化为具体指标,如受训学员满意度、上级主管部门对××工作的满意度、社会公众投诉率/投诉次数等服务对象或项目受益人满意程度指标。

(三)指标值

水利预算项目指标值是指针对绩效指标的内容所设定的目标值,它是反映绩效目标量化程度的具体参数,也是用来衡量绩效指标是否完成的重要依据。

产出指标应根据水利预算项目实施内容尽可能量化,指标值用绝对值或不小于某个绝对值,不要用相对值,明确完成的时间不晚于具体时限或具体时间,或采用什么方式控制成本等。效益指标值可根据水利预算项目预期发挥的作用,对指标值进行定性或定量,定量指标值可参考产出指标的确定方式,定性指标值应简洁明了。如满意度指标值为满意度达到的比例/次数或低于一定的比例/次数。

（四）绩效目标要求

1. 指向明确。绩效目标要符合国民经济和社会发展规划、水利部门职能及事业发展规划,并与相应的财政支出范围、方向、效果紧密相关。

2. 具体细化。绩效目标应当从数量、质量、成本和时效等方面进行细化,尽量进行定量表述,不能以量化形式表述的,可以采用定性的分级分档形式表述。

3. 合理可行。制定绩效目标时要经过调查研究和科学论证,目标要符合水利预算项目的客观实际。

4. 相应匹配。绩效目标要与年度的任务数或计划数相对应,与水利预算项目预算规模相匹配。

## 二、绩效目标设定原则

（一）宏观和微观相结合

水利预算项目绩效目标要符合国民经济和社会发展规划、水利部门职能及事业发展规划,并与相应的财政支出范围、方向、效果紧密相关。绩效目标应符合:国家相关法律、法规和规章制度,以及国民经济和社会发展规划;水利部门职能、中长期发展规划、年度工作计划或项目规划;水利部中期财政规划;财政部中期和年度预算管理要求;相关历史数据、水利行业标准、计划标准等;财政部门要求的其他依据。

（二）定量和定性相结合

水利预算项目绩效目标应当从数量、质量、成本和时效等方面进行细化,尽量进行定量表述,不能以量化形式表述的,可以采用定性的分级分档形式表述,并具有可测量性。

绩效目标设定,要根据水利预算项目的功能进行梳理,包括资金性质、预期投入、支出范围、实施内容、工作任务、受益对象等,明确项目的功能特性;要依据水利预算项目的功能特性,预计项目实施在一定时期内所要达到的总体产出和效果,确定项目所要实现的总体目标,并以定量和定性相结合的方式进行表述;要对水利预算项目支出总体目标进行细化分解,从中概括、提炼出最能反映总体目标预期实现程度的关键性指标,并将其确定为相应的绩效指标;要通过收集相关基准数据,确定绩效标准,并结合项目预期进展、预计投入等情况,确定绩效指标的具体数值。

（三）实际与功能相结合

制定水利预算项目绩效目标是要经过调查研究和科学论证,目标要符合水利行业的客观实际。绩效目标设定时要经过调查研究和科学论证,符合水利行业客观实际,能够在一定期限内如期实现;绩效目标要与计划期内的任务数或计划数相对应,与预算确定的投资额或资金量相匹配。

### （四）上级与下级相结合

绩效目标制定应从基层水利单位开始，自下而上逐级编制、汇总、审核。水利预算项目绩效目标应按照规定程序申报。根据中央级水利单位申报实际，分基层水利单位和水利部两个层次按程序申报。

基层水利单位申请预算资金的按照要求设定绩效目标，随同本单位预算提交上级单位；根据上级单位审核意见，对绩效目标进行修改完善，再按程序逐级上报。

水利部按要求设定本级支出绩效目标，审核、汇总中央级水利单位绩效目标，提交财政部，并根据财政部审核意见对绩效目标进行修改完善，再按程序提交财政部。

## 三、绩效目标表

水利预算项目绩效目标表的设置，根据《绩效评价管理办法》，按照项目基本信息、资金规模、绩效目标期限和绩效指标的分类，格式参考表3-1。

**表 3-1　\*\* 项目绩效目标表**

（\*\* 年度）

| 项目名称 | | | | | |
|---|---|---|---|---|---|
| 主管部门及代码 | | | 实施单位 | | |
| 项目属性 | | | 项目期 | | |
| 项目资金<br>（万元） | 中期资金总额 | | 年度资金总额 | | |
| | 其中：财政拨款 | | 其中：财政拨款 | | |
| | 其他资金 | | 其他资金 | | |

| 总体目标 | 中期目标（20\*\*年—20\*\*年） | | | 年度目标 | | |
|---|---|---|---|---|---|---|
| | | | | | | |

| 绩效指标 | 一级指标 | 二级指标 | 三级指标 | 指标值 | 二级指标 | 三级指标 | 指标值 |
|---|---|---|---|---|---|---|---|
| | 产出指标 | 数量指标 | | | 数量指标 | | |
| | | 质量指标 | | | 质量指标 | | |
| | | 时效指标 | | | 时效指标 | | |
| | | 成本指标 | | | 成本指标 | | |
| | | …… | | | …… | | |

续　表

| 一级指标 | 二级指标 | 三级指标 | 指标值 | 二级指标 | 三级指标 | 指标值 |
|---|---|---|---|---|---|---|
| 绩效指标 | 效益指标 | 经济效益指标 | | | 经济效益指标 | | |
| | | 社会效益指标 | | | 社会效益指标 | | |
| | | 生态效益指标 | | | 生态效益指标 | | |
| | | 可持续影响指标 | | | 可持续影响指标 | | |
| | 满意度指标 | 服务对象满意度指标 | | | 服务对象满意度指标 | | |

注:项目绩效目标首先应写明项目的基本情况,主要包括项目名称、主管部门及代码、实施单位、项目属性、项目期、项目资金等。其中:

项目名称指二级项目的具体名称,应与水利单位编制的部门预算中对应的项目名称保持一致;

主管部门及代码指中央部门的代码及全称,中央级水利单位应为"水利部[126]";

实施单位指项目具体实施的水利单位,应与项目文本中的项目单位保持一致;

项目属性指新增项目或延续项目;

项目期指项目的具体实施期限,其中,一次性项目,填 1 年;有确定项目实施期的项目,填具体的年限,如 3 年等;属于部门经常性业务项目的,填"长期";

项目资金指中期或年度项目资金总额,按资金来源分为财政拨款、其他资金。

# 第三节　绩效目标的审批

## 一、绩效目标的审核

水利预算项目绩效目标审核是部门预算审核的有机组成部分。财政部、水利部或基层水利单位应对绩效目标进行审查核实,并将审核意见反馈相关单位,指导其修改完善绩效目标。基层水利单位的预算部门应负责对单位本级和下级单位的绩效目标进行实质性审核。根据财政部对中央部门绩效目标审核的规定,水利预算项目绩效目标应按照以下要求审核。

1 审核内容

按照"谁分配资金、谁审核目标"的原则,绩效目标审核应按照预算管理级次进行审核。实际工作中,也可根据工作需要委托第三方予以审核。绩效目标审核包括完整性审核、相关性审核、适当性审核和可行性审核等 4 个方面。绩效目标审核应充分参考部门(单位)职能、项目立项依据、项目实施的必要性和可行性、项目实施方案以及以前年度绩效信息等内容,还应充分考虑财政资金支持的方向、范围、方式和水利事业发展方向等。

(1)完整性审核。审核绩效目标内容的完整性,以及绩效目标是否明确、清晰。

(2)相关性审核。审核设定的绩效目标与部门职能、事业发展规划是否相关,申报的绩效目标是否设定了相关联的绩效指标,且绩效指标值是否按规定进行了细化、量化,或进行了定性。

（3）适当性审核。审核项目预算申请资金规模与绩效目标之间的匹配性。在既定项目预算资金规模下，基层水利单位设定的绩效目标是否过高或过低；或者要完成设定绩效目标，现有水利预算项目预算安排的资金规模是否过大或过小。

（4）可行性审核。审核绩效目标是否经过充分论证和合理测算，所采取的措施是否具有可行性，绩效目标是否能如期实现。同时还要综合考虑成本效益，确实是否有必要安排财政资金。

2. 审核要求

绩效目标审核采取定性审核与定量审核相结合的方式。根据《绩效管理暂行办法》的规定，定性审核分为"优""良""中""差"四个等级，其中，填报内容完全符合要求的，定级为"优"；绝大部分内容符合要求、仅需对个别内容进行修改的，定级为"良"；部分内容不符合要求、但通过修改完善后能够符合要求的，定级为"中"；内容为空或大部分内容不符合要求的，定级为"差"。定量审核应按对应等级进行打分。绩效目标审核应按一般项目和重点项目分别审核。一般项目是指项目规模不大，社会关注程度不高，对经济社会发展不具有重要影响，与民生领域关系不密切或专业技术相对简单的项目。重点项目是指项目规模较大，社会关注程度高，对经济社会发展具有重要影响，与民生领域关系重大或专业技术复杂的项目。

（1）一般项目。对一般项目，由财政部或水利部及基层水利单位结合部门预算管理流程进行审核，采取定性审核的方式。审核主体对每一项审核内容逐一提出定性审核意见，并根据各项审核情况，汇总确定"综合评定等级"。确定综合评定等级时，8个审核要点中，有6项及以上为"优"、且其他项无"中""差"级的，方可定级为"优"；有6项及以上为"良"及以上、且其他项无"差"级的，方可定级为"良"；有6项及以上为"中"及以上的，方可定级为"中"。

（2）重点项目。对重点项目，财政部或水利部及基层水利单位结合部门预算管理流程进行审核，也可根据需要将其委托给第三方，组织相关部门、专家学者、科研院所、中介机构、社会公众代表等共同参与审核，提出审核意见，采取定性审核和定量审核相结合的方式。审核主体对每一项审核内容提出定性审核意见，并进行打分。定性审核为"优"的，得该项分值的90%～100%；定性审核为"良"的，得该项分值的80%～89%；定性审核为"中"的，得该项分值的60%～79%；定性审核为"差"的，得该项分值的59%及以下。各项审核内容完成后，根据项目审核总分，确定"综合评定等级"。总得分在90分以上的为"优"；在80分至90分（不含，下同）之间的为"良"；在60分至80分之间的为"中"；低于60分的为"差"。

项目绩效审核确定等级后，负责审核部门应对该项目绩效目标的修改完善、预算安排等提出意见。

3. 审核结果应用

水利预算项目绩效目标审核结果分为"优""良""中""差"四个等级。审核结果为"优"的，直接进入下一步预算安排流程；审核结果为"良"的，可与相关部门或单位进行协商，直接对其绩效目标进行完善后，进入下一步预算安排流程；审核结果为"中"的，由相关部门或单位对其绩效目标进行修改完善，按程序重新报送审核；审核结果为"差"的，不得进入下一步预算安排流程。

4. 审核表

水利预算项目绩效目标按一般项目和重点项目进行审核，审核表格式参考表3-2、表3-3。

表 3-2　项目支出绩效目标审核表（一般项目）

| 审核内容 | 审核要点 | 审核情况 | 审核意见 |
|---|---|---|---|
| 一、完整性审核 | | | |
| 规范完整性 | 绩效目标填报格式是否规范，内容是否完整、准确、详实，是否无缺项、错项 | 绩效目标格式规范，内容完整、准确、详实 | 优☑　良☐<br>中☐　差☐ |
| 明确清晰性 | 绩效目标是否明确、清晰，是否能够反映项目主要情况，是否对项目预期产出和效果进行了充分、恰当的描述 | 绩效目标明确、清晰，反映了项目主要情况，对项目预期产出和效果进行了充分、恰当的描述 | 优☑　良☐<br>中☐　差☐ |
| 二、相关性审核 | | | |
| 目标相关性 | 总体目标是否符合国家法律法规、国民经济和社会发展规划要求，与本部门（单位）职能、发展规划和工作计划是否密切相关 | 总体目标符合要求，与项目单位履行职责密切相关 | 优☑　良☐<br>中☐　差☐ |
| 指标科学性 | 绩效指标是否全面、充分、细化、量化，难以量化的，定性描述是否充分、具体；是否选取了最能体现总体目标实现程度的关键指标并明确了具体指标值 | 绩效指标全面、充分，定量指标偏少，最能体现总体目标实现程度的关键指标的指标值明确 | 优☐　良☑<br>中☐　差☐ |
| 三、适当性审核 | | | |
| 绩效合理性 | 预期绩效是否显著，是否能够体现实际产出和效果明显的改善；是否符合行业正常水平或事业发展规律；与其他同类项目相比，预期绩效是否合理 | 预期绩效显著，实际产出和效果明显；符合水利事业发展规律 | 优☑　良☐<br>中☐　差☐ |
| 资金匹配性 | 绩效目标与项目资金量、使用方向等是否匹配，在既定资金规模下，绩效目标是否过高或过低；或要完成既定绩效目标，资金规模是否过大或过小 | 项目资金规模、使用方向与绩效目标匹配 | 优☑　良☐<br>中☐　差☐ |
| 四、可行性审核 | | | |
| 实现可能性 | 绩效目标是否经过充分调查研究、论证和合理测算，实现的可能性是否充分 | 绩效目标经过调查研究、论证和合理测算，实现的可能性比较充分 | 优☐　良☑<br>中☐　差☐ |
| 条件充分性 | 项目实施方案是否合理，项目实施单位的组织实施能力和条件是否充分，内部控制是否规范，管理制度是否健全 | 项目实施方案合理，项目单位的组织实施能力和条件充分，内部控制规范，管理制度健全 | 优☑　良☐<br>中☐　差☐ |
| 综合评定等级 | 优☑　良☐　　中☐　　差☐ | | |
| 总体意见 | 项目绩效目标8个审核要点中，有6项为"优"，2项为"良"，综合评定等级为"优"。建议：<br>（1）细化、量化绩效指标。可根据项目实施合同成果、购置资产等细化、量化绩效指标。<br>（2）进一步论证项目实现的可能性。从水利行业发展、技术条件和现有绩效评价方法等方面进一步论证项目实现的可能性 | | |

表 3-3　项目支出绩效目标审核表(重点项目)

| 审核内容 | | 审核要点 | | 审核情况 | 审核意见 | 得分 |
|---|---|---|---|---|---|---|
| 具体内容 | 分值 | 具体内容 | 分值 | | | |
| 一、完整性审核(20 分) | | | | | | 17.5 分 |
| 规范完整性 | 10 分 | 绩效目标填报格式是否规范、符合规定要求 | 5 分 | 绩效目标填报格式规范、符合规定要求 | 优☑<br>良☐<br>中☐<br>差☐ | 5 分 |
| | | 绩效目标填报内容是否完整、准确、详实,是否无缺项、错项 | 5 分 | 绩效目标填报内容完整、准确、详实 | 优☑<br>良☐<br>中☐<br>差☐ | 4.5 分 |
| | | | | | 得分小计 | 9.5 分 |
| 明确清晰性 | 10 分 | 绩效目标是否明确,内容是否具体,层次是否分明,表述是否准确 | 5 分 | 绩效目标明确,内容具体,层次分明,表述准确 | 优☑<br>良☐<br>中☐<br>差☐ | 5 分 |
| | | 绩效目标是否清晰,是否能够反映项目的主要内容,是否对项目预期产出和效果进行了充分、恰当的描述 | 5 分 | 绩效目标清晰,未全部包含项目主要内容,对项目预期产出和效果进行适当的描述 | 优☐<br>良☐<br>中☑<br>差☐ | 3 分 |
| | | | | | 得分小计 | 8 分 |
| 二、相关性审核(30 分) | | | | | | 25 分 |
| 目标相关性 | 15 分 | 总体目标是否符合国家法律法规、国民经济和社会发展规划要求 | 7 分 | 总体目标符合要求 | 优☑<br>良☐<br>中☐<br>差☐ | 6.3 分 |
| | | 总体目标与本部门(单位)职能、发展规划和工作计划是否密切相关 | 8 分 | 与项目单位履行职责密切相关 | 优☑<br>良☐<br>中☐<br>差☐ | 7.2 分 |
| | | | | | 得分小计 | 13.5 分 |
| 指标科学性 | 15 分 | 绩效指标是否全面、充分,是否选取了最能体现总体目标实现程度的关键指标并明确了具体指标值 | 8 分 | 绩效指标全面、充分,最能体现总体目标实现程度的关键指标的指标值明确 | 优☐<br>良☑<br>中☐<br>差☐ | 7 分 |
| | | 绩效指标是否细化、量化,便于监控和评价;难以量化的,定性描述是否充分、具体 | 7 分 | 绩效指标细化、量化程度不够,不便于监控和评价;定性描述不够具体 | 优☐<br>良☐<br>中☑<br>差☐ | 4.5 分 |
| | | | | | 得分小计 | 11.5 分 |

续　表

| 审核内容 | | 审核要点 | | 审核情况 | 审核意见 | 得分 |
|---|---|---|---|---|---|---|
| 具体内容 | 分值 | 具体内容 | 分值 | | | |
| 三、适当性审核（30分） | | | | | | 23.4分 |
| 绩效合理性 | 15分 | 预期绩效是否显著，是否能够体现实际产出和效果的明显改善 | 8分 | 预期绩效显著，能够体现实际产出和效果的明显改善 | 优☑良□中□差□ | 7.2分 |
| | | 预期绩效是否符合行业正常水平或事业发展规律；与其他同类项目相比，预期绩效是否合理 | 7分 | 符合水利事业发展规律，预期绩效比较合理 | 优□良☑中□差□ | 6分 |
| | | | | 得分小计 | | 13.2分 |
| 资金匹配性 | 15分 | 绩效目标与项目资金量是否匹配，在既定资金规模下，绩效目标是否过高或过低；或要完成既定绩效目标，资金规模是否过大或过小 | 8分 | 绩效目标与项目资金量匹配性不够，完成既定绩效目标，资金规模过大 | 优□良□中□差☑ | 4分 |
| | | 绩效目标与相应的支出内容、范围、方向、效果等是否匹配 | 7分 | 绩效目标与相应的支出内容、范围、方向匹配，效果与绩效目标匹配性不够 | 优□良☑中□差□ | 6.2分 |
| | | | | 得分小计 | | 10.2分 |
| 四、可行性审核（20分） | | | | | | 19分 |
| 实现可能性 | 10分 | 绩效目标是否经过充分调查研究、论证和合理测算 | 5分 | 绩效目标经过调查研究、论证和合理测算 | 优□良☑中□差□ | 4.4分 |
| | | 绩效目标实现的可能性是否充分，是否考虑了现实条件和可操作性 | 5分 | 绩效目标考虑了现实条件和可操作性，具有实现的可能性充分 | 优☑良□中□差□ | 4.6分 |
| | | | | 得分小计 | | 9分 |
| 条件充分性 | 10分 | 项目实施方案是否合理，项目实施单位的组织实施能力和条件是否充分 | 5分 | 项目实施方案，项目实施单位的组织实施能力和条件充分 | 优☑良□中□差□ | 5分 |
| | | 内部控制是否规范，预算和财务管理制度是否健全并得到有效执行 | 5分 | 内部控制规范，预算和财务管理制度健全并得到有效执行 | 优☑良□中□差□ | 5分 |
| | | | | 得分小计 | | 10分 |
| 总　　分 | | | | | | 84.9分 |

续 表

| 综合评定等级 | 优□　　良　　☑　　中□　　差□ |
|---|---|
| 总体意见 | 项目绩效目标审核得分84.9分,综合评定等级为"良"。建议:<br>(1) 补充绩效指标。绩效指标与项目主要内容不匹配,应根据项目主要内容、对外委托情况、资产购置情况等补充绩效指标。<br>(2) 进一步细化、量化绩效指标。定量指标值不够具体明确,不便于监控和评价;定性指标值描述不够具体,应描述为"显著""明显"等。<br>(3) 核减项目预算规模。绩效目标与项目资金量匹配性不够,完成既定绩效目标,资金规模过大。根据项目预期绩效,建议核减项目规模10% |

## 二、绩效目标的批复

按照"谁批复预算、谁批复目标"的原则,水利单位在批复直属单位年初部门预算或调整预算时,应一并批复绩效目标。原则上,纳入绩效评价范围的项目支出绩效目标和水利部一级项目绩效目标,由财政部批复;水利部及基层水利单位按预算管理级次逐级分解批复二级项目绩效目标。绩效目标表随部门预算一同批复,并作为今后绩效监控和绩效评价的参考依据。

## 三、绩效目标的调整

水利预算项目绩效目标一经确定一般不予调整,确需调整的,需经上级单位同意并按要求报财政部门同意后方可调整。绩效目标需要调整的情况一般包括国家法律法规调整和项目实施条件发生重大变化等客观环境导致项目无法实施或无法按原有方案实施需要进行调整的,以及预算调整导致资金规模变化需相应进行调整的。

# 第四节　绩效目标完成情况的监控

## 一、监控的内涵

绩效监控,又称绩效跟踪,是指运用科学、合理的绩效信息汇总分析方法,对财政支出的预算执行、管理和绩效目标运行等情况进行跟踪管理和监督检查,及时发现问题并采取有效的措施予以纠正。水利预算项目绩效目标监控是在项目执行过程中对绩效目标执行情况进行监控,包括对进度、偏差原因以及目标完成的可能性等进行监控与分析,进而及时采取相应的应对措施,能保证项目绩效目标得以顺利实现,提高资金绩效和管理水平。

目前,水利预算项目在绩效目标与指标的设定方面已有具体实施的环节和相关的标准,在绩效管理的源头上取得了一定的成效,但在绩效目标如何实现的过程控制方面尚有欠缺。通过开展绩效目标监控工作有助于落实不同环节绩效主体责任分工,并取到较好的监督作用;有助于及时发现影响绩效目标执行的问题并采取相应措施进行整改或弥补,从而保障绩效目标执行偏差的及时发现与纠正。通过实施绩效目标监控并将监控结果及时反馈水利单位,有助于完善水利单位全过程预算绩效管理机制。

水利预算项目绩效目标执行监控是水利单位全过程预算绩效管理的重要环节,也是确保水利单位落实绩效主体责任、实现年度绩效目标的重要手段。预算执行中,水利单位应对资金运行状况和绩效目标预期实现程度开展绩效监控,及时发现并纠正绩效运行中存在的问题,力保绩效目标如期实现。

## 二、监控的内容

### (一)监控年初计划完成情况

年初预算批复的绩效目标是项目绩效管理的基础。对项目年初预算批复的绩效目标进行评估是绩效目标监控的重点工作,也是分析绩效目标执行是否存在偏差并提出相关纠正措施的依据。根据年初设定绩效指标的具体内容,监控年初计划完成情况分为产出指标完成情况、效果指标完成情况和满意度指标完成情况 3 个方面。重点是对绩效目标指标完成情况进行监控,主要包括年初预算批复的数量、质量、时效、成本等产出指标的完成值,水利预算项目支出带来的经济效益、社会效益、生态效益等效果的实现程度及趋势,相关满意度指标的实现程度及趋势等。

### (二)绩效目标执行偏差分析

分析绩效目标产生偏差的原因是开展绩效目标执行监控工作并发挥其作用的关键。在收集、分析年初绩效完成情况的基础上,对偏离水利预算项目目标的绩效目标要进行原因分析。可以从经费保障、制度保障、人员保障、硬件条件保障、客观环境、其他等方面分析。

经费保障方面主要分析水利预算项目资金来源(财政拨款、其他资金),用款计划申报金额与时间,以及实际到位金额与时间。制度保障方面主要分析水利单位在执行财政部门、上级单位及本单位制定的业务、财务管理制度方面,在项目具体实施中是否发挥其应有的保障作用。人员保障方面主要分析项目实际实施过程中参与的相关人员是否与实施方案中的人员保障条件相符,且在具体项目执行过程中发挥了其应有作用。硬件条件保障方面主要分析水利预算项目实施所需要的房屋、设备等硬件条件是否得到了充分保障。客观环境方面主要分析水利预算项目实施所需的相关政策、技术水平是否得到支撑,且在加速或延缓项目实施进度方面发挥的作用。其他方面主要分析水利预算项目实施方案中阐述的其他保障条件是否均按照计划发挥其保障作用。

### (三)绩效目标完成情况分析

在对水利预算项目绩效目标执行偏差进行分析后,要对全年绩效目标完成情况进行预计,预计结果包括"确定能""有可能""完全不可能"。其中,预计结果为"有可能"或"完全不可能"的项目需对其原因及拟采取的改进措施等进行分析说明,并提出有针对性的解决措施。

### (四)绩效监控结果应用

绩效目标执行监控的结果要及时进行反馈并应用到项目后续执行过程中,水利单位要根据监控发现的管理漏洞和绩效目标偏差,及时采取有针对性的措施予以纠正,完善项目管理办法,优化绩效目标实现路径,促进绩效目标如期实现。绩效目标执行监控结果应作为以后年度预算编制和政策制定的重要依据。

绩效目标执行监控的结果可用表格的形式向水利单位反馈。其中涉及调整项目预算资金和绩效目标的,应按照财政部门规定的程序报批。

## 三、监控时段

绩效目标监控的时间节点应根据水利预算项目实施内容和特点,一般应为项目执行期过半后着手实施。在期初实施时监控往往无法发现绩效目标执行的偏差,期末实施监控又不能及时纠正偏差,过早或过晚实施监控都不能达到预期目的。绩效目标监控的时段一般应为当年1～7月份。

## 四、监控表及反馈表

水利预算项目绩效目标执行监控的有关信息可以《项目支出绩效目标执行监控表》(表3-4)的形式展现。绩效目标执行监控的结果可用《项目支出绩效目标执行监控反馈表》(表3-5)的形式向水利单位反馈。

### 表 3-4 项目支出绩效目标执行监控表
（**年度）

| 项目名称 | | | | | | | | | | | | | | |
|---|---|---|---|---|---|---|---|---|---|---|---|---|---|---|
| 主管部门及代码 | | | | 实施单位 | | | | | | | | | | |
| 项目资金(万元) | | | | | 年初预算数 | 1～8月执行数 | | 全年预算执行数 | | | | | | |
| | | 年度资金总额 | | | | | | | | | | | | |
| | | 其中:本年一般公共预算拨款 | | | | | | | | | | | | |
| | | 其他资金 | | | | | | | | | | | | |
| 年度总体目标 | | | | | | | | | | | | | | |
| 绩效指标 | 一级指标 | 二级指标 | 三级指标 | 年度指标值 | 1～8月执行情况 | 全年预计完成情况 | 偏差原因分析 | | | | | | 完成目标可能性 | 备注 |
| | | | | | | | 经费保障 | 制度保障 | 人员保障 | 硬件条件保障 | 其他 | 原因说明 | | |
| | 产出指标 | 数量指标 | | | | | | | | | | | | |
| | | 质量指标 | | | | | | | | | | | | |
| | | 时效指标 | | | | | | | | | | | | |
| | | 成本指标 | | | | | | | | | | | | |
| | | …… | | | | | | | | | | | | |

续　表

| 一级指标 | 二级指标 | 三级指标 | 年度指标值 | 1~8月执行情况 | 全年预计完成情况 | 偏差原因分析 | | | | | | 完成目标可能性 | 备注 |
|---|---|---|---|---|---|---|---|---|---|---|---|---|---|
| | | | | | | 经费保障 | 制度保障 | 人员保障 | 硬件条件保障 | 其他 | 原因说明 | | |
| 绩效指标 | 效益指标 | 经济效益指标 | | | | | | | | | | | |
| | | | | | | | | | | | | | |
| | | 可持续影响指标 | | | | | | | | | | | |
| | | | | | | | | | | | | | |
| | | 社会效益指标 | | | | | | | | | | | |
| | | | | | | | | | | | | | |
| | | 生态效益指标 | | | | | | | | | | | |
| | | | | | | | | | | | | | |
| | 满意度指标 | 服务对象满意度指标 | | | | | | | | | | | |
| | | | | | | | | | | | | | |

表 3-5　项目支出绩效目标执行监控反馈表

（\*\* 年度）

| 一级项目（二级项目）名称 | | | | | | | | |
|---|---|---|---|---|---|---|---|---|
| 主管部门及代码 | | | | | | | | |
| 实施单位 | | 监控时段 | 年 | 月 | 日至 | 年 | 月 | 日 |
| 监控中完成较好的目标和指标 | 1.<br>2.<br>3.<br>…… | | | | | | | |
| 存在问题的目标和指标 | 1.<br>2.<br>3.<br>…… | | | | | | | |

续　表

| | | |
|---|---|---|
| 建议 | 1.预算执行方面 | |
| | 2.完善制度保障方面 | |
| | 3.项目管理及实施方面 | |
| | 4.预算资金调整方面 | |
| | 5.绩效目标调整方面 | |
| | 6.绩效结果应用方面 | |
| | 7.其他 | |
| 备注 | | |

# 第四章　水利预算项目绩效评价指标和标准

水利预算项目绩效评价指标及评价标准是水利预算项目绩效预算管理的核心内容，是具体表现水利预算项目绩效状况的载体和客观反映评价结果的手段，也是当前水利预算项目绩效评价工作实践中一个急需解决的难点问题。水利预算项目范围广泛，类别众多，既有资金使用方向与用途不同的分类，又有资金管理主体不同的区别，不同的水利预算项目，其目标和产出都存在很大差异。如何在明确各项水利预算项目分类和评价对象类型的前提下，在一个统一的体系框架基础上，对反映和衡量不同资金和不同支出的绩效评价指标进行分类和组合，形成一套多层次、立体型、分类适用的评价指标体系及具体操作方法，对于做好水利预算项目绩效评价工作具有十分重要的现实指导意义。

## 第一节　评价指标及体系

水利预算项目绩效评价指标及体系是项目实施中投入的财政资金所产生的效益在数量上的直观表现，反映着经济与环境、水利预算项目与社会、各类生产资源之间、投入与产出之间的相互影响关系；也是衡量水利预算项目实施效益的统一标准，据此可以发现整个水利预算项目管理体系中存在的问题，在允许的范围内对出现的问题及时予以纠正及改进，并为下一周期项目的决策提供重要参考依据。构建水利预算项目绩效评价指标及体系，主要包括评价指标构建的依据、评价指标构建的原则、评价指标及指标体系等方面。

### 一、评价指标构建的依据

水利预算项目绩效评价指标及指标体系的合理设置与运用，能全面反映出水利预算项目的整体情况，是客观、准确评价水利预算项目绩效的基础，水利预算项目绩效评价指标体系构建依据主要包括：

（一）国家相关法律、法规和规章制度；

（二）各级政府制定的国民经济与社会发展规划和方针政策；

（三）预算管理制度、资金及财务管理办法、财务会计资料；

（四）预算部门职能职责、中长期发展规划及年度工作计划；

（五）相关行业政策、行业标准及专业技术规范；

（六）申请预算时提出的绩效目标及其他相关材料，财政部门预算批复，财政部门和

预算部门年度预算执行情况,年度决算报告;

（七）人大审查结果报告、审计报告及决定、财政监督检查报告;

（八）其他相关资料。

## 二、评价指标构建的原则

绩效评价指标要具有针对性和可操作性。绩效评价指标的设定对评价结果的客观公正具有重要影响,也在一定程度上决定着评价结果能否在预算编制和执行中得到有效的运用。绩效评价每一项指标的设置选取都必须为一定的目的和需要服务,要有较强的针对性。单项指标的选取要考虑该项指标在整个指标体系中的地位和作用,还要注意指标的兼容性问题,避免对指标进行杂乱无章的罗列。同时为能成功提取指标数据,具体评价指标的选取还要考虑现实性及可操作性。

（一）国际 CREAM 原则

本研究借鉴国际上公认的 CREAM 标准对绩效指标的设计原则进行总结,进而提出水利预算项目绩效评价指标的确定原则。目前,国际上公认的 CREAM 标准主要条款表现在以下方面:

1. 清楚（clear）

指标精确而且无分歧。"精确"并不必然要求定量。一方面,定性的方法可以通过调查、系统的反馈以及其他评价用户的看法等方式转换成定量的方法。另一方面,"精确"也可以通过使用清晰的语言来表述。定性、定量指标各有其优劣,考评中应该按实际情况将两者结合起来加以使用。水利预算项目评价指标的确定要尽量实现"精确",确保绩效评价结果的科学性、合理性、实用性。

2. 相关（relative）

指标适合于可行的目标,而不是仅仅因为其容易获得而使用它。绩效指标应与绩效目标、考评的目的有直接的联系,确保指标体系真正实现其功能。此外,相关性这一原则,还可以在整个指标体系内形成一种内部制约关系,从制度上杜绝数据造假。水利预算项目评价指标的确定应具有较高的相关性,确保绩效评价结果源于事实,足以运用。

3. 经济（economy）

指获取所需资料的成本应控制在合理的成本范围之内,不满足经济性原则的指标都是不可取的。经济性要求简化指标体系的构成,并突出重要指标的作用。水利预算项目评价指标的确定应做到经济简约,确保绩效评价工作符合"成本-效益"观。

4. 充分（abundant）

指标及多个指标组成的指标体系,都必须能为绩效评估提供足够的基础。在复杂的考评中,通常需要建立由多个指标组成的指标体系才能得到准确的绩效信息。水利预算项目评价指标的确定应具有较充分的指标群和数据源,确保绩效评价工作依据充足、令人信服。

5. 可监测（measurable）

指标应具有可监测性,即指标有独立性,能够避免人为因素对指标的修饰,经得起独立调查的检验。水利预算项目评价指标应经得起事实的检验,确保绩效评价过程的可逆性、客观性、公正性。

**（二）国内通用原则**

水利预算项目绩效评价指标按照财政部、水利部及有关部门等规定确定。遵循的原则主要有如下几个方面：

1. 相关性原则

水利预算项目绩效评价应当针对具体支出及其产出绩效进行，评价结果应当清晰反映支出和产出绩效之间的紧密对应关系。因此，设计的绩效评价指标应能综合反映项目绩效目标的完成情况，体现与绩效目标相关。根据评价对象的特点，设置与其绩效目标相符合的指标，在对评价指标进行设置时尽可能细化实化，能够恰当反映绩效目标的实现程度。

2. 重要性原则

水利预算项目绩效评价应当优先使用最具有评价代表性、最能反映评价要求的核心指标。随着预算绩效管理改革的不断深入，水利预算项目绩效评价结果逐步纳入决算公开的范畴，接受社会大众对水利财政资金使用与管理的监督、比较与评判，因此，选择核心的关键指标才能得出客观公正的评价结果，更好地发挥资金使用效益，真正实现资金资源"取之于民，用之于民"双向循环。

3. 可比性原则

对于同类评价对象要设定共性的绩效评价指标，以便于评价结果可以相互比较。主要从以下两个方面进行对比：一是从水利预算项目整体工作任务出发，设定共性的绩效评价指标，便于横向比较；二是从水利预算项目工作开展的具体内容出发，设定个性的绩效评价指标，便于纵向比较。

4. 系统性原则

水利预算项目绩效评价指标应能系统反映水利预算项目财政支出所产生的社会效益、经济效益、环境效益和可持续影响等情况以及服务对象的满意程度。在确定水利预算项目预算绩效指标时，可采用定量与定性分析相结合的方法。原则上尽可能地采用定量指标，适当地补充不能量化的定性指标，通过数据清晰地反映指标值之间的增减变化。

5. 经济性原则

水利预算项目绝大部分均按标准化管理，需每个年度进行绩效评价，应当通俗易懂、简便易行，绩效指标实现程度所需获得的数据应当考虑现实条件和可操作性，符合成本效益原则。影响水利预算项目综合绩效的可选择指标众多，进行指标构建时应筛选出最具有代表性的核心指标，摒弃其余可有可无的指标，对主要信息的评价指标进行设置时应做到内容详实、具体明确，次要信息的评价指标可以简单通过综合指标进行表现，否则将会增加评价工作的困难。

### 三、评价指标构建的内容

水利预算项目的资金使用具有无偿性、使用权公共性、效益公益性，因此其绩效评价工作对资金使用效率及社会公众满意度应重点关注。与其他财政性资金绩效评价相比，水利预算项目绩效评价的内容有其特殊性，兼顾可持续发展绩效、环境绩效、社会绩效、经济绩效、管理绩效等各方面。主管部门在开展绩效评价时,应在明确评价目的、评价原则、评价对象的基础上对绩效评价指标进行确定,主要包括如下几个方面:

(一)绩效目标的设定情况

绩效目标是指财政预算资金计划在一定期限内达到的产出和效果,是建设项目库、编制部门预算、实施绩效监控、开展绩效评价等的重要基础和依据。水利预算项目绩效目标的设定应根据水利预算项目三年滚动规划、年度预算安排以及绩效目标管理等相关要求设定,清晰反映水利预算项目预算资金的预期产出和效果,并以相应的绩效指标予以细化、量化描述。设定的水利预算项目绩效目标应当符合以下要求:

1. 指向明确。水利预算项目绩效目标要符合国民经济和社会发展规划、水利部门职能及事业发展规划等要求,并与相应的预算支出内容、范围、方向、效果等紧密相关。

2. 细化量化。水利预算项目绩效目标应当从数量、质量、成本、时效以及经济效益、社会效益、生态效益、可持续影响、满意度等方面进行细化,尽量进行定量表述。不能以量化形式表述的,可采用定性表述,但应具有可衡量性。

3. 合理可行。设定水利预算项目绩效目标时要经过调查研究和科学论证,符合客观实际,能够在一定期限内如期实现。

4. 相应匹配。水利预算项目绩效目标要与计划期内的任务数或计划数相对应,与预算确定的投资额或资金量相匹配。

(二)资金投入和使用情况

水利预算项目的属性为公益性,其经费需求应由财政保障,资金的来源全部为财政性资金,财政部门应保障水利预算项目资金足额、及时到位。资金的使用应按照财政部、水利部关于财政资金使用管理的有关规定执行,根据预算批复单独核算、专款专用,重大开支需经过评估认证,委托单位的遴选需符合相关法律法规要求,不得截留、挤占、挪用、虚列水利预算项目资金。

(三)制度和措施保障情况

为实现水利预算项目的绩效目标需要制定制度、采取措施,主要包括与水利预算项目实施有关定额标准、操作规范、质量管理要求等,并采取有效的管控措施,建立健全财务管理制度,完善内部控制机制,资金使用合法合规,项目档案资料真实齐全,确保水利预算项目各方面运行顺畅、管理科学、讲求绩效。

(四)实现程度及效果

水利预算项目绩效目标涉及产出指标、效益指标和满意度指标,应对照批复的绩效目标,对项目产生的效益和项目服务对象的满意度情况进行评价。其中:产出指标反映根据既定目标,水利预算项目预期提供的公共产品和服务情况;效益指标反映与既定绩效目标相关的、前述相关产出所带来的预期效果的实现程度;满意度指标属于预期效果的内容,反映服务对象或项目受益人对相关产出及其影响的认可程度,包括社会公众满意度、项目实施后相关的群众增加收入情况、群众满意情况、群众对环境满意情况等。

(五)需要评价的其他内容

水利预算项目支出范围和内容相对固定,一般应符合国家财政资金支持方向、水利事业改革发展方向和重点任务需求,支出标准可能会受到自然条件、科技进步、市场政策及地域等影响较大,评价实际支出过程应结合项目实施期间的情况和水利单位所在地域进行分析,不宜按统一标准确定。

## 四、评价指标的分类

绩效评价指标体现着绩效评价的目的与内容,是构建水利预算项目绩效评价指标体系的关键,既应对工作任务或目标的完成程度加以反映,又应对工作任务或目标完成的过程加以反映,具有很强的行为引导功能,为评价对象的工作要点指明方向,绩效评价指标合理与否将直接影响评价对象的实际绩效水平能否得到真实反映。好的绩效评价指标的设置对水利单位的项目绩效管理具有良好的导向作用,对提高部门绩效具有促进作用。根据绩效评价指标的适用性,可以分为共性指标和个性指标。具体内容如下:

（一）共性指标

水利预算项目绩效评价的共性指标应适用于所有水利单位的评价对象,主要包括预算编制和执行情况、财务管理状况、资产配置、使用、处置及其收益管理情况以及社会效益、经济效益等。

财政部已于 2011 年发布了《项目支出绩效评价共性指标体系框架》,每一类一级指标细分为若干二级指标、三级指标,分别设定具体的评价指标值。项目支出共性评价一级指标包括投入、过程、产出和效果 4 个维度,二级评价指标包括项目立项、资金落实、业务管理、财务管理、项目产出和项目效益 6 个层次。指标值应尽量细化、量化,可量化的用数值描述,不可量化的以定性描述。

1. 投入指标

投入指标包括项目立项、资金落实 2 个二级指标。项目立项包括项目立项规范性、绩效目标合理性、绩效指标明确性 3 个三级指标;资金落实包括资金到位率、到位及时率 2 个三级指标。

（1）项目立项—项目立项规范性

指标解释:水利预算项目的申请、设立过程是否符合相关要求,用以反映和考核项目立项的规范情况。

评价要点:

① 项目是否按照规定的程序申请设立;

② 所提交的文件、材料是否符合相关要求;

③ 事前是否已经过必要的可行性研究、专家论证、风险评估、集体决策等。

（2）项目立项—绩效目标合理性

指标解释:水利预算项目所设定的绩效目标是否依据充分,是否符合客观实际,用以反映和考核项目绩效目标与项目实施的相符情况。

评价要点:

① 是否符合国家相关法律法规、国民经济发展规划和党委政府决策;

② 是否与项目实施单位或委托单位职责密切相关;

③ 项目是否为促进事业发展所必需;

④ 项目预期产出效益和效果是否符合正常的业绩水平。

（3）项目立项—绩效指标明确性

指标解释：依据绩效目标设定的绩效指标是否清晰、细化、可衡量等，用以反映和考核项目绩效目标的明细化情况。

评价要点：

① 是否将项目绩效目标细化分解为具体的绩效指标；

② 是否通过清晰、可衡量的指标值予以体现；

③ 是否与项目年度任务数或计划数相对应；

④ 是否与预算确定的项目投资额或资金量相匹配。

（4）资金落实—资金到位率

指标解释：实际到位资金与计划投入资金的比率，用以反映和考核资金落实情况对项目实施的总体保障程度。

计算公式：

资金到位率＝（实际到位资金/计划投入资金）×100％。

实际到位资金：一定时期（本年度或项目期）内实际落实到具体项目的资金。

计划投入资金：一定时期（本年度或项目期）内计划投入到具体项目的资金。

（5）资金落实—到位及时率

指标解释：及时到位资金与应到位资金的比率，用以反映和考核项目资金落实的及时性程度。

计算公式：

到位及时率＝（及时到位资金/应到位资金）×100％。

及时到位资金：截至规定时点实际落实到具体项目的资金。

应到位资金：按照合同或项目进度要求截至规定时点应落实到具体项目的资金。

2.过程指标

（1）业务管理—管理制度健全性

指标解释：水利单位的业务管理制度是否健全，用以反映和考核业务管理制度对项目顺利实施的保障情况。

评价要点：

① 是否已制定或具有相应的业务管理制度；

② 业务管理制度是否合法、合规、完整。

（2）业务管理—制度执行有效性

指标解释：水利预算项目实施是否符合相关业务管理规定，用以反映和考核业务管理制度的有效执行情况。

评价要点：

① 是否遵守相关法律法规和业务管理规定；

② 项目调整及支出调整手续是否完备；

③ 项目合同书、验收报告、技术鉴定等资料是否齐全并及时归档；

④ 项目实施的人员条件、场地设备、信息支撑等是否落实到位。

（3）业务管理—项目质量可控性

指标解释:水利单位是否为达到项目质量要求而采取了必需的措施,用以反映和考核项目实施单位对项目质量的控制情况。

评价要点:

① 是否已制定或具有相应的项目质量要求或标准;

② 是否采取了相应的项目质量检查、验收等必需的控制措施或手段。

(4)财务管理—管理制度健全性

指标解释:水利单位的财务制度是否健全,用以反映和考核财务管理制度对资金规范、安全运行的保障情况。

评价要点:

① 是否已制定或具有相应的项目资金管理办法;

② 项目资金管理办法是否符合相关财务会计制度的规定。

(5)财务管理—资金使用合规性

指标解释:项目资金使用是否符合相关的财务管理制度规定,用以反映和考核项目资金的规范运行情况。

评价要点:

① 是否符合国家财经法规和财务管理制度以及有关专项资金管理办法的规定;

② 资金的拨付是否有完整的审批程序和手续;

③ 项目的重大开支是否经过评估认证;

④ 是否符合项目预算批复或合同规定的用途;

⑤ 是否存在截留、挤占、挪用、虚列支出等情况。

(6)财务管理—财务监控有效性

指标解释:水利单位是否为保障资金的安全、规范运行而采取了必要的监控措施,用以反映和考核项目实施单位对资金运行的控制情况。

评价要点:

① 是否已制定或具有相应的监控机制;

② 是否采取了相应的财务检查等必要的监控措施或手段。

3.产出指标

(1)项目产出—实际完成率

指标解释:项目实施的实际产出数与计划产出数的比率,用以反映和考核项目产出数量目标的实现程度。

计算公式:

实际完成率=(实际产出数/计划产出数)×100%。

实际产出数:一定时期(本年度或项目期)内项目实际产出的产品或提供的服务数量。

计划产出数:项目绩效目标确定的在一定时期(本年度或项目期)内计划产出的产品或提供的服务数量。

(2)项目产出—完成及时率

指标解释:项目实际提前完成时间与计划完成时间的比率,用以反映和考核项目产出时效目标的实现程度。

计算公式：

完成及时率＝（实际完成时间/计划完成时间）×100％。

实际完成时间：项目实施单位完成该项目实际所耗用的时间。

计划完成时间：按照项目实施计划或相关规定完成该项目所需的时间。

（3）项目产出—质量达标率

指标解释：项目完成的质量达标产出数与实际产出数的比率，用以反映和考核项目产出质量目标的实现程度。

计算公式：

质量达标率＝（质量达标产出数/实际产出数）×100％。

质量达标产出数：一定时期（本年度或项目期）内实际达到既定质量标准的产品或服务数量。

既定质量标准是指项目实施单位设立绩效目标时依据计划标准、行业标准、历史标准或其他标准而设定的绩效指标值。

（4）项目产出—成本节约率

指标解释：完成项目计划工作目标的实际节约成本与计划成本的比率，用以反映和考核项目的成本节约程度。

计算公式：

成本节约率＝［（计划成本－实际成本）/计划成本］×100％。

实际成本：项目实施单位如期、保质、保量完成既定工作目标实际所耗费的支出。

计划成本：项目实施单位为完成工作目标计划安排的支出，一般以项目预算为参考。

4. 效果指标

（1）项目效益—经济/社会/生态效益及可持续影响指标

"经济效益"指标解释：项目实施对经济发展所带来的直接或间接影响情况。

"社会效益"指标解释：项目实施对社会发展所带来的直接或间接影响情况。

"生态效益"指标解释：项目实施对生态环境所带来的直接或间接影响情况。

"可持续影响"指标解释：项目后续运行及成效发挥的可持续影响情况。

此4项指标为设置项目支出绩效评价指标时必须考虑的共性要素，可根据项目实际并结合绩效目标设立情况有选择的进行设置，并将其细化为相应的个性化指标。

（2）项目效益—社会公众或服务对象满意度

指标解释：社会公众或服务对象对项目实施效果的满意程度。

评价要点：社会公众或服务对象是指因该项目实施而受到影响的部门（单位）、群体或个人。一般采取社会调查的方式。

（二）个性指标

水利预算项目个性指标应结合不同类型项目预算支出的特征、单位职能的不同性质，适用于具体水利单位、相关项目等绩效评价需求。例如水利预算项目产出指标设定三级评价指标中的实际完成率（水利预算项目实施后产出的产品或者提供服务的数量）、完成及时率（实际完成时间与计划完成时间的比较情况）、质量达标率（达到既定标准的产品或服务数量）以及成本节约率（反映成本节约程度）等评价指标，需要根据评价对象绩效考核的需要而定,以利于科学合理反映水利预算项目预算绩效的客观性、准确性。

## 五、评价指标体系

水利预算项目绩效评价指标体系的设定应具有一定的政策性、导向性、适用性、科学性等特征,需充分考虑经济、社会等各种因素的影响,根据水利单位的不同性质、预算项目的不同类型和绩效评价工作的需要分别设定。水利预算项目绩效评价指标体系的构建目标是:系统客观地反映体系中各指标在水利预算项目绩效中的地位和作用,综合评价水利预算项目的各方面绩效,尽量做到全面、系统、简明,避免盲目性和片面性,防止主观随意性的发生。

（一）主要概念

水利预算项目绩效评价指标体系是根据水利预算项目绩效评价工作的要求,按照一定的原则（评价指标选取、权重确定以及评价标准选取等）,为体现不同水利预算项目内容和评价对象绩效而形成的一系列指标的集合。水利预算项目的多样性、支出类型的层次性等特点,决定了水利预算项目绩效评价对象的多样性和层次性,同时也决定了水利预算项目绩效评价指标体系设计上的多样性和层次性。

水利预算项目绩效评价指标及其指标体系应与具体的评价内容和评价目标相联系,结合水利预算项目的特点进行设计,综合考虑影响绩效评价结果的各因素,覆盖财务指标与非财务指标、定性指标与定量指标等,使指标体系能全面反映水利预算项目的综合绩效,衡量水利预算项目实施的有效性、效率性和经济性。

（二）构建思路和设计重点

水利预算项目绩效评价指标体系的构建是全面开展水利预算项目绩效评价工作的关键点,对评价工作的顺利实施至关重要。水利预算项目绩效评价指标体系的科学与否将直接影响评价结果的科学性和公正性,进而影响整个评价系统功能的发挥,在满足实际工作需要的基础上,应针对评价对象的特点,设置简便易行、科学合理的水利预算项目绩效评价指标体系。水利预算项目是以满足社会公共需求为前提进行资源配置,为了对资源配置的合理性与有效性进行评价,必须要建立起科学的水利预算项目财政支出绩效评价指标体系,理清构建思路和设计重点。

1. 构建思路

水利预算项目的绩效目标主要是致力于发挥水利部主要公益性职能。因此,水利预算项目绩效评价应权衡于经济效益、环境效益、社会效益三者之间的均衡,在实际操作中,要求绩效评价人员对项目自开始至结束整个过程中的相关信息进行收集,在条件允许的情况下,甚至应进行全过程定期、不定期的跟踪评价监督,以求获得完整的资料,对项目进行全方位的衡量,依据衡量结果实时反馈、及时调整,对项目可能出现的问题防范于未然,发挥出绩效评价的指导与监督管理价值。

2. 设计重点

财政部制定了《预算绩效评价共性指标体系框架》,供各级财政部门和预算部门开展绩效评价工作时参考,单位可在其中灵活选取最能体现绩效评价对象特征的共性指标,也要针对具体绩效评价对象的特点,另行设计具体的个性绩效评价指标,同时,赋予各类评价指标科学合理的权重分值,明确具体的评价标准,从而形成完善的绩效评价指标体系。

构建一套科学可行的水利预算项目绩效评价指标体系,应以水利预算项目财政性资金的公共职能为基础,综合考虑影响绩效评价结果的各因素,对水利预算项目的综合绩效进行科学评价,避免主观随意性、片面性和盲目性。传统的项目评价指标体系通常只包括项目的技术经济评价、社会评价和影响评价,而水利预算项目绩效评价指标体系构建应在此基础上,进一步丰富对水利项目(包括行政事业类项目、科技类项目和基建类项目)管理的评价,以及水利预算项目实施与社会、环境、资源的协调可持续性发展方面的评价,以保证评价工作的科学性、连续性和完整性。

结合财政部预算绩效管理的要求,水利预算项目预算绩效评价关注的要点主要有:一是收集相关信息,对水利预算项目的特点、项目所处的环境、水利预算项目实施的绩效内容等因素进行分析,选取科学适用的共性指标,构建各具特色的个性指标;二是确定绩效评价指标权重,即对各指标相对于项目总体绩效的重要性程度进行量化;三是确定绩效评价指标的评价标准(详见本章第 2 节),做为衡量水利预算项目绩效目标完成程度的尺度;四是采用科学的评价方法(详见第五章),对水利预算项目综合绩效进行全方位的衡量。

(三)评价指标的选取规则

由于水利预算项目的繁杂性和组织实施支出行为主体的多层次性,水利预算项目绩效评价指标的设置与选取应充分考虑到项目类型和财政性资金使用管理部门的具体职责,对不同支出类型和不同使用管理部门的评价所依据的指标体系应有所差别,但这种差别应建立在一个统一的框架体系基础之上。

建立水利预算项目绩效评价体系,还必须有信息体系的支撑。目前,水利部已构建统一的信息系统管理平台,将水利预算项目 18 类(水利工程项目、水利信息系统运维项目、防汛业务费项目、"948"项目、基本科研业务费项目、科技推广项目、水利标准化项目、修缮购置项目、水土保持项目、水文测报项目、水质监测项目、水资源费项目等)构建了不同研究任务类型、不同绩效目标需求的绩效评价指标体系框架,建立了多层次、立体型的指标体系,包括较为完善的共性指标和鲜明特色的个性指标,在此基础上,逐步扩大评价数据信息收集范围,为支出评价指标和标准的设置与测定提供依据。水利预算项目绩效评价指标的选取应遵循如下规则:

1. 社会效益指标优先

水利预算项目的绩效指标必须重社会效益,这是由水利行政主管部门的政府公益性职能决定的。如果水利预算项目过分重视经济效益,容易导致政府财政资金向经济效益好的竞争性、盈利性领域倾斜而忽视经济效益低的公共领域,使得水利预算项目资源结构失衡,或者导致政府利用行政手段提高政府垄断行业的利润,这些不利于政府履行其正常职能,也不利于整个社会公平竞争的环境,不利于社会整体经济发展。在现在的市场经济条件下,水利预算项目主要集中在非盈利性、非竞争性的公共需要领域,这些领域其效益很难直接用经济效益来衡量,如水资源节约保护、防汛抗旱减灾、水利科技推广、水质监测等方面。但这些领域不仅对社会经济产生影响,更对整个社会的全面发展和可持续发展产生影响,其社会效益十分明显。因此,水利预算项目绩效评价指标的制定更多的要从社会效益方面考虑。

2. 绩效评价指标互补

若水利预算项目评价指标太少,评价结果容易出现偏差,评价指标过多,又会造成统计困难、评价困难,适量的指标数量是保证评价活动稳定实施和评价结果符合实际的保障。评价的每一个指标要都能够反映水利预算项目绩效的某个方面且与整个评价结果紧密联系。要抛弃那些与被评价项目绩效毫无关系或关系不大的指标。各指标之间要具有互补性,某一个指标可以从另一方面对另一个指标加以印证或说明,不能出现与评价结果相左的现象。指标之间应是相互关联而不是高度相关,如果两个指标之间完全相关,都是对项目绩效的某一方面进行评价,且评价结果一样,那只需要选择其中一个指标进行评价即可。

3. 生态效益指标合理

水资源是国民经济发展的重要基础性自然禀赋。党的十八届三中全会以来,中央开始从宏观战略高度倡导绿色发展理念,高度重视水利工作,建立生态环境损害责任终身追究制,实行最严格的水资源管理制度,建立用水总量控制、用水效率控制和水功能区限制纳污"三项制度"。因此,水利预算项目绩效目标更应着眼于水资源的生态效益,凸显水利预算项目实施对国家水安全的重要战略意义以及促进水资源可持续发展的关键因素。根据水利预算项目生态建设的绩效目标,设计的"水电能源节约率""水质优良率""严格执行限制纳污红线"等,可反映水利预算项目实现的绩效程度。

(四)权重的确定

水利预算项目绩效评价是利用多指标进行综合评价,评价指标权重的确定直接影响评价结果的科学性、合理性,基于平衡计分卡的平衡思想,也需要科学合理地分配4个维度指标的权重。常用的方法有主观权重法、熵值权重法、主成分权重法。

1. 主观权重法

主观权重法是根据实际工作者和相关专家的专业意见,判别各个指标的重要程度,通过对指标进行打分的方法确定每类指标和每个指标的具体权重,分为不等权重法、重点权重法、平均权重法。其中,德尔菲法(专家意见法)是最经常被采用的方法,该方法由美国道格拉斯公司和兰德公司于20世纪60年代合作研究产生,综合了调查问卷、匿名和反复征求意见等多种形式,由相关专家在结合自身经验的基础上,根据每个指标对评价内容与评价目标的影响程度进行分析判断,使得权重确定的过程更加客观,在一定程度上克服了专家会议法的弊端。尽管主观权重对每个指标的重要性的评价是主观的,但往往是符合实际的,与绩效评价的目标能够紧密结合,因此,实际中较多采用此方法来确定指标权重。

2. 熵值权重法

熵值法是一种客观赋权法,通过计算指标熵值来确定权重,可以有效避免主观随意性。该方法以各指标原始数据所含信息量的大小为衡量标准以确定指标权重:指标数据中所含的信息量越大,对评价的作用就越大,信息熵就越小;指标数据中所含的信息量越小,对评价的作用就越小,信息熵就越大。

3. 主成分权重法

利用多个项目或多个部门、地区的数据作为样本数据,运用统计分析方法来确定各指标的权重。运用统计学中主成分分析法来确定指标权重是一个比较科学的方法,具有应用价值,其特点是"降维"和"综合",即将原绩效评价指标体系组合成一组相互独立的少数几个综合指标,以反映评价指标的主要信息。

由于水利预算项目绩效评价指标体系是由多项指标构成,各自的重要程度不一致,因此在对指标体系进行设计并完善后,需要对所有指标进行权重赋值处理,合理确定各指标的权重,权数大小与指标本身信息的可信赖程度和指标所反映的评价内容的重要性直接相联系。针对指标体系的特点,对权重的确定不能简单地进行平均分配,而应该根据各个层面指标的重要性来确定权重。不同类型的水利预算项目、不同的项目实施单位有着各自的特点,有的水利预算项目对直接经济效益的需求相对比较突出,在权重设置时财务指标的权重就比较大;有的水利预算项目对环境效益和社会公众满意度更为看重,则财务指标的权重就相对较小。因此,在对具体项目进行绩效评价时应结合项目的特点对权重加以确定,各层面指标权重的分配不需要在指标体系构建时固定,针对不同的情况权重的分配可以不同,从实践的角度出发,这样的做法更为科学合理。

由于水利预算项目的类型和具体实施内容不尽相同,事先设计的指标用于具体项目时,可能存在不适用于某一项目或者针对某一项目部分指标信息无法获得等情况,因此,将其运用于具体项目实例进行绩效评价时,应根据项目自身的特点和实际情况,在评价指标设计的基础上对指标进行补充和修正。总之,构建的水利预算项目绩效评价指标体系应是一个开放的系统,作为绩效评价工作开展的重要参考,具有可拓展性。在水利预算项目绩效评价指标体系的构建过程中,一方面需要加强水利预算项目指标库建设,尽量使设计的指标覆盖绩效评价时考虑的各方面影响因素,另一方面采用客观公正的权重确定方法,直接或间接反映权重设计对绩效评价结果的重要性程度。

## 第二节  绩效评价标准及选取

水利预算项目绩效评价标准是以一定量的样本数据为基础,利用数理统计的原理进行测算而得出的标准数据。评价标准能够具体将评价对象的好坏、优劣等特征通过量化的方式进行量度。评价标准是水利预算项目绩效评价体系的核心要素之一,是评价工作的准绳和标尺,它决定了评价目标能否实现以及评价结果是否公平准确。

### 一、主要概念

所谓评价标准(Evaluation Criterion),又称评判标准,是指人们在评价活动中应用于对象的价值尺度和界限,评价的客观性因素是评价标准具有科学性的重要依据。

根据评价标准的释义,水利预算项目绩效评价标准是指衡量水利预算项目绩效目标完成程度的尺度,是设定水利预算项目绩效指标时所依据或参考的标准,是水利预算项目实施的全过程是否科学、合理、客观的评判依据。

### 二、评价标准类型

构建水利预算项目绩效评价指标体系,必须将实际指标值与评价标准进行对比,才能明确水利预算项目的综合绩效情况以及绩效目标完成程度。评价标准作为客观衡量水利预算项目绩效目标完成情况的尺度,用以反映和评价水利预算项目的绩效水平,是整个水利预算项目绩效评价体系的关键因素之一,决定着评价目的能否实现、评价结果是否公平。

按照标准的可计量性,可以将水利预算项目绩效评价标准分为定性标准和定量标准,根据具体的取值基础不同,又可以细分为计划标准、行业标准、历史标准和经验标准。《绩效评价管理办法》明确指出,我国现行绩效评价标准包括计划标准、行业标准、历史标准、其他经财政部门确认的标准。结合水利预算项目绩效目标设定的依据以及管理需要,目前绩效评价标准主要有以下四类:

（一）计划标准

计划标准是指预先制定的目标、计划、预算、定额等数据;计划标准又被称为预算标准,由于是用预先制定的数据或办法作为评价的标准,因此对计划制定的要求较高,需要科学合理的制定计划绩效标准,就能够实现绩效评价的前瞻性。

1. 项目目标

水利预算项目的研究或实施任务是围绕着水利部公益性职能开展的。因此,水利预算项目绩效目标均是根据所属部门（单位）履职情况、经费服务对象的需求等设计,不可能脱离水利公益性的社会服务职能。

2. 项目计划

水利预算项目一般在申报项目时需要制定项目的实施方案,结合客观条件、自然环境、实施内容及进度安排工作计划,按照年初制定的项目目标有计划地开展工作。

3. 项目预算

水利预算项目绝大部分为专项业务费项目,纳入财政三年滚动规划的支持范围,具有稳定的资金来源,项目预算均已纳入年度部门预算范围,随单位部门预算予以取得批复。项目预算一般包括了项目总经费预算、项目支出计划、新增经费的项目支出明细表等,可对水利预算项目经费执行情况予以评判。

4. 项目定额

为贯彻国家财政预算体制改革精神,严格执行国家财政预算政策及水利行业政策法规、规范规程规定等,水利部组织编制了水利预算项目定额标准,科学划分水土保持、水质监测、水文测报、水利信息系统运行维护以及水利工程维修养护5类二级项目定额标准,合理核定业务消耗,提高水利资金使用效益,力求科学规范,使用方便,并以水利部文件公布执行。

综上所述,水利预算项目预先制定了项目目标、计划、预算和定额,计划标准应作为绩效评价标准适用于水利预算项目。

（二）行业标准

行业绩效标准依据数理统计的原理,基于行业内多个被评价对象的相关数据及指标而计算和制定出的绩效标准,一般以国家公布的行业指标数据为准。行业标准是以国家公布的行业指标数据为基础,利用一定的统计方法计算得出的评价标准,具有客观性、权威性和易取得性,由于我国水利预算项目绩效评价工作还处于起步阶段,数据库建设并不完善,因此行业标准的实用性尚不强。

行业绩效标准立足于不同行业的实际情况,反映了一定时期内同行业支出项目应达到的效率或者效果,因此基于横向比较的标准是合理的,反映了被评价对象绩效在同行业内的相对水准。行业绩效标准适用于具有鲜明行业特色的财政支出对象的绩效评价,一部分单位支出和大部分的项目支出符合这一条件。

水利部按照国家信息化发展规划的要求,已发布实施了一些水利行业标准(如《水文自动测报系统技术规范》《江河流域规划编制规程》《堤防工程安全评价导则》《泵站设备安装及验收规范》等),目的是规范水利行业业务行为,提高水利建设能力,增强水利资金科学高效、安全规范,因此,可将行业标准作为水利预算项目的绩效评价标准,在水利行业内统一使用,用以规范水利行业的各个领域实施业绩的评判标准。

(三)历史标准

历史标准是指同类指标的历史数据等,参照同类指标(包括本地区、本部门、同类型项目、相同项目实施单位的其他项目实施情况)的历史数据制定评价标准,客观性强。

历史绩效标准指以被评价对象过去的水利预算项目绩效指标数据为基础,经过统计学处理而得出的绩效标准。历史绩效标准具有和行业绩效标准类似的客观性和科学性,并且更接近评价对象的实际,因而得到了广泛应用。但在应用时需要注意的是水利预算项目所处的环境应当和历史环境差异不大时,历史绩效标准才能够更好地发挥效力。计算历史绩效标准以评价对象或同类评价对象的历史绩效数据作为样本,运用相关的统计技术计算出各项绩效评价指标的平均历史水平。在计算历史绩效标准时还必须注意数据的纵向可比性问题。为了使历史绩效数据能与当下绩效数据能在同等意义上对比,必须要剔除价格变动、数据统计口径不一致和核算方法改变所导致的不可比因素。

从2012年开始,部分水利预算项目逐步作为水利部绩效评价试点项目,绩效目标在逐年完善,已按照经常性专项业务费项目进行管理。2016年根据财政部部门预算改革要求,转化为专项业务费的项目,各类项目各年之间较稳定,相关绩效目标的历史数据保存完整的,可用于水利预算项目绩效评价标准的评判。因此,水利预算项目绩效评价标准应参照同类指标的历史数据制定,历史标准应作为绩效评价标准适用于此类项目,具有较强的可比性、客观性,便于水利预算项目之间可比。

(四)经验标准

经验标准是指通过经验丰富的专家、学者根据积累的水利预算项目实施经验和经济社会的发展规律,在经过严密分析研究后得出的有关水利行业标准,容易得到评价对象和社会公众的认可。经验绩效标准是由水利预算项目管理及相关行业领域具有丰富经验的专家依据其经验得出的水利预算项目绩效评价标准。

为保证评价结果具有公允性和权威性,可聘请水利行业经验丰富的专家、学者或者是实际操作人员根据水利行业实际经验和国民经济、社会的发展规律,在经过严密分析研究后得出的可执行的相关标准,可用于水利预算项目绩效评价标准。

经验绩效标准之所以重要是其制定较为容易,不像历史绩效标准和行业绩效标准的制定需要复杂的数据统计过程。同时,经验绩效标准也具有一定的公允性和权威性。但如果专家经验不足,或者制定标准时没有进行严密分析研究的话,经验绩效标准在客观性上将会比历史绩效标准和行业绩效标准差很多。

（五）其他标准

在实际操作中，受项目特殊性、客观环境以及现有标准实用性不强等因素制约，需要借助其他经财政部门确认的标准予以规范水利预算项目绩效指标的科学评判，如类似相近行业标准值等。此外，国家有关部门颁布的行业标准，以及国际或国内实践中一些公认的标准，其标准值可由国家权威部门每年制定颁布。

## 三、评价标准的确定原则

水利预算项目绩效评价标准是准确衡量评价对象（水利预算项目）绩效的尺度，评价标准的客观性和科学性对水利预算项目绩效评价结果有很大影响。因此，在实施水利预算项目绩效评价时必须正确地选择制定绩效评价标准。

（一）坚持操作性原则

水利预算项目绩效评价应该符合水利预算项目活动本身的规律，要能够反映出水利预算项目的特点，还要能够明确各种计算方法和统计数据的选择等。因此，水利预算项目绩效评价标准的确定要既能实现对各种指标进行相互的横向比较，也可以与历史数据进行纵向比较等，从而使得评价标准的运用具有高度的可操作性，尽可能的避免人为干扰。

（二）坚持系统性原则

水利预算项目绩效评价标准按照分类原则（项目支出投入、过程维度、产出结果和效果维度）系统谋划，兼顾局部利益与整体利益，当前利益与长远利益，直接利益与间接利益，既合理系统、简单适用，又易于操作，尽可能地保障绩效标准满足水利预算项目科学管理的需要。

（三）坚持动态性原则

根据财政部滚动预算管理的要求，水利预算项目管理实施周期滚动规划，滚动期内财政预算是相对确定的，但实施方案、工作内容和研究任务等都会随着国家战略、公益性职能和水资源管理的精细化需求而不同。因此，水利预算项目绩效评价工作也应该是一个动态管理的过程，对绩效评价标准的选取要坚持动态管理理念，使水利预算项目绩效评价结果客观、公正、合理。

## 四、评价标准的确定方法

评价标准直接关系到水利预算项目绩效评价的合理性、科学性与准确性，也体现着评价体系的权威性，其确定受到多方面因素的影响，比如项目所处的区位、水利公共部门的管理体制、项目实施单位类型、项目实施单位所处行业、项目类型、项目持续周期、当地政府对项目绩效的要求、评价工作小组的主观意向等内容都将直接或间接影响标准的制定。

水利预算项目绩效评价涉及面广，情况复杂，实践证明单一标准的选用是不合理的，对于评价标准的选用可以综合运用多种绩效评价标准对不同维度指标进行衡量，合理选取计划标准、行业标准、历史标准以及其他经财政部门确认的标准中的一种或多种来确定标准值。对于每一层次的标准，都应有相应的标准值。标准值的测定是一项技术性非常强的工作。在标准值测定的过程中，既要考虑测算样本选取的有效性，又要考虑测算样本选取的规模性,既要考虑标准值的数学意义,又要考虑标准值的经济意义。

（一）通用方法

在借鉴权威机构认定发布的本地区本行业评价标准的基础上,结合项目自身特点与其他实际情况,通过专家经验、问卷调查、横向比较、一票否决等具体确定方法,综合考虑其他相关评价要素,对水利预算项目评价标准加以修正,得出最终的评价标准。

（二）专用方法

在保障评价结果科学、合理的基础上,本研究认为,对标准值的选取需要大批量的水利预算项目的绩效指标数据。目前,水利预算项目的标准值通常是由水利部根据项目实施进展情况、项目年度决算以及验收资料等相关统计信息,综合运用统计学、数学等大数据运算模型(如回归分析法、模糊计算法、因素分析法等)测算出来的相关数值的集合。为了得到客观公正、科学可比的标准值,在测算过程中必须建立恰当的计算模型,运用计算机批量数据处理技术,借助现代计算机技术构建的水利财务信息系统绩效管理数据库,汇聚各类水利预算项目投入状况、过程控制、产出情况以及实施效果等基础信息,利用先进的统计软件(如 SPSS 等)以剔除不合理数据并保留符合要求的数据,构建科学合理的水利预算项目绩效评价的数据模型,分析比较历史的、横向的指标状况,这样才能够保障水利预算项目评价结果的客观公正。

# 第五章　水利预算项目绩效评价工作程序和方法

　　绩效评价方法和程序是水利预算项目绩效评价体系重要组成部分,适用可行的评价方法和程序决定了评价工作组织实施的科学性、合规性和效率性。目前绩效评价方法主要包括成本效益分析法、比较法、因素分析法、最低成本法以及公众评判法,它们已成为理论研究的热点课题和实务操作的有效手段。在此基础上,还需借助规范有效的组织程序,对绩效评价工作做统筹考虑,确定绩效评价对象、做好前期准备、制定实施方案以及开展评价实施,形成客观合理的绩效报告和绩效评价报告。

## 第一节　绩效评价工作程序

　　绩效评价的工作程序是对绩效评价工作实施统筹考虑,通过做好前期准备、制定实施方案以及开展评价实施,形成规范有序的组织管理流程,为形成客观合理的绩效报告和绩效评价报告提供组织保障。

### 一、绩效评价工作组织管理

（一）职责分工

主管部门:负责拟定绩效评价规章制度和相应的技术规范;组织、指导水利单位开展绩效评价工作;制定年度绩效评价工作方案;制定试点项目和单位整体支出绩效评价指标体系和打分办法;根据需要对水利单位实施绩效评价或再评价;提出改进预算支出管理意见并督促落实。

水利单位:根据绩效评价有关政策制度制定本单位绩效评价实施方案;具体组织实施本单位绩效评价工作;向主管部门报送绩效报告和绩效评价报告;配合中介机构现场复核及专家组抽查复核工作;落实主管部门绩效评价检查及整改意见;根据绩效评价结果改进预算支出管理,进一步增强预算资金使用效益和效果。

（二）运行监控

在水利预算项目预算执行过程中,项目单位应积极开展至今运行状况和绩效目标预期实现程度的绩效监控,及时发现并纠正绩效运行中存在的问题,力保绩效目标如期实现。绩效监控重点对象主要包括:

一是对绩效目标指标完成情况进行考量,主要包括年初批复的数量、质量、时效、成本等产出指标的完成值,水利预算项目支出带来的经济效益、社会效益、生态效益等效果的实现程度及趋势,相关满意度指标的实现程度及趋势等。

二是在收集、分析上述绩效运行信息的基础上,对偏离目标的原因进行分析,对全年绩效目标完成情况进行预计,对预计到年底不能完成目标的原因及拟采取的改进措施等进行说明。

### (三)评价流程

根据财政部绩效评价组织管理和工作程序的有关规定,水利预算项目绩效评价工作一般按照以下程序进行:确定绩效评价对象、下达绩效评价通知、确定绩效评价工作人员、制订绩效评价工作方案、收集绩效评价相关资料、对资料进行审查核实、综合分析并形成评价结论、撰写与提交评价报告、建立绩效评价档案等工作环节。结合绩效评价工作实施的需要,绩效评价工作可委托专家、中介机构等第三方实施,积极稳妥引入第三方参与的竞争管理机制。水利预算项目单位应当对第三方组织参与绩效评价的工作进行规范,并指导其开展工作。具体绩效评价工作流程详见图 5-1。

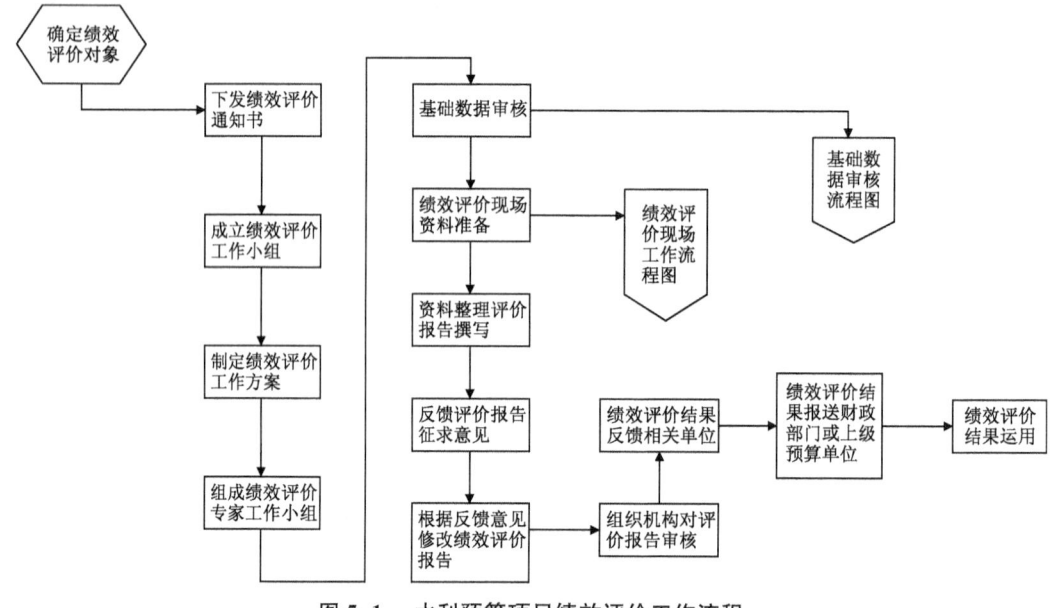

图 5-1　水利预算项目绩效评价工作流程

## 二、绩效评价前期准备

根据上级主管部门绩效评价的工作安排及确定的绩效评价对象,水利预算项目承担单位应组织学习绩效评价的相关文件、政策,制定绩效评价的实施方案,下达绩效评价工作通知,组建绩效自评价工作小组,并提前审阅项目预算申报文本、绩效报告、会计资料等。

### (一)确定评价对象

为深入贯彻财政部积极推进预算绩效管理工作的指导意见,规范水利预算项目绩效评价行为,构建科学、合理的绩效评价管理体系,根据年度批复部门预算文件,纳入年度绩效评价对象主要有如下二级项目:"防汛业务费""水文测报""水质监测""水土保持业务"

"水利信息系统运行维护费""水利技术示范""水利工程建设项目稽查""水利部血吸虫病防控经费"等。

（二）下达评价通知

主管部门根据绩效评价工作要求，制定并下达评价通知，以正式文件下发至项目实施单位，对绩效评价对象、评价工作内容、时间安排和工作要求等方面予以说明，便于水利单位清楚明了开展绩效评价的前期准备工作。

（三）成立评价工作小组

结合绩效评价工作实施的需要，可成立由熟悉水利事业发展的专家、业务人员以及财务人员等成立评价工作小组，围绕绩效评价实施方案和任务要求，开展绩效评价相关工作。

（四）制定评价方案

为加强水利预算绩效管理工作，提高绩效评价工作水平，水利预算项目绩效评价工作应明确任务职责、倒排时间表，制定切实可行的绩效评价实施方案。目前，水利预算项目绩效评价方案提纲内容主要包括以下方面：

1. 评价目标和指导思想：结合评价项目的情况和特点，确定评价工作的实施目标。

2. 评价对象和原则：明确绩效评价工作开展涉及的具体对象、范围及原则。

3. 评价活动的依据：包括法规、政策依据；相关部门和单位提供的基础资料；项目实施单位的自查、自评资料；现场调查、核实的资料等。

4. 评价内容：绩效目标及完成情况；资金安排、使用情况；项目实施后的效益情况；社会公众满意度情况；根据具体情况确定的其他评价内容等。

5. 评价指标体系：根据水利预算项目财政支出绩效评价的对象和内容，建立评价指标体系。

6. 评价标准：对评价标准进行选择研究，确定恰当的评价标准。

7. 评价方法：结合水利预算项目的特点与项目实施具体情况，确定评价方法（可采用一种或多种）。

8. 评价工作程序：评价前准备、绩效评价工作的具体组织安排、分析总结等。

9. 工作进度及时间安排、组织管理及人员分工等。

10. 评价结果应用：公开评价结果，接受公众评判；提出处理意见；结果作为下年度安排预算的依据等。

## 三、绩效评价实施

（一）收集评价资料

根据绩效评价工作总体要求，在绩效评价实施、现场复核、抽查复核等管理过程中，在听取项目执行情况介绍的基础上，一般需要准备如下资料：

1. 水利预算项目单位职责职能文件。

2. 与水利预算项目业务有关的中长期规划。

3. 水利预算项目立项申请材料（项目申报书、项目可行性研究报告、立项评审报告、实施方案）。

4. 上级主管部门关于水利预算项目立项及绩效目标预算批复文件。

5. 水利预算项目绩效报告。

6. 水利预算项目成果资料及验收资料。

7. 水利预算项目管理方面的资料（如项目管理办法、项目实施过程中与业务相关的请示、汇报、批示、会议纪要等材料）。

8. 反映水利预算项目产出的证明资料。包括反映产出数量、质量、时效和成本等情况的证明资料，如有关专业机构的认定证明、项目施工或完工实景图片、发表论文及获得专利文件、采购设备入库记录、获奖或获得表彰文件等。

9. 反映水利预算项目产出效益的证明资料。如反映项目实施效果的有关经济、业务数据、服务对象满意度证明材料、项目实施效益与历史数据对比、成本合理性分析等。

10. 其他能反映水利预算项目绩效的资料等。

（二）核实评价资料

在现场收集绩效评价相关资料基础上，对评价资料真实性、合规性和有效性等进行审查核实，主要包括：

一是查看水利预算项目成果、资金使用管理等其他方面的资料，重点核对量化指标的实际完成情况、产出情况、效果情况及满意度情况等。

二是抽查审阅相关会议记录、分析材料等，开展问卷调查，重点核对定性指标完成情况。

三是结合财务收支资料，抽查相关的原始资料、合同等，重点核对财务管理的规范性、合规性和真实性。

（三）形成评价结论

绩效评价工作小组在评价过程中就有关问题进行质询，通过讨论答疑、查阅核实资料以及第三方参与实施等方式，参照水利预算项目预算绩效评价指标体系、评分标准和评分说明，对项目的投入、过程、产出、效果等进行分析、打分，对水利预算项目的经济性、效率性和效益性进行综合评判并形成评价结论，以之作为绩效报告的撰写依据。

（四）撰写报告

绩效报告和绩效评价报告应当依据充分、真实完整、数据准确、分析透彻、逻辑清晰、客观公正。结合财政部绩效报告和绩效评价报告的撰写规定，组织编写绩效报告和绩效评价报告。

# 第二节 绩效评价方法

水利预算项目绩效评价是非常复杂的过程，在具体工作开展时应选用合适的评价方法，才能得到客观公正的评价结果，实现绩效评价目的。目前全国各地关于绩效评价的文件和理论研究中提出的绩效评价方法有十余种，出于对评价方法的成本效益和操作性、直观性、客观性、有效性的考虑，并综合分析目前各地绩效评价实践中使用的方法，《绩效评价管理办法》只列举了成本效益分析法、比较法、因素分析法、最低成本法、公众评判法等

5种主要方法[①]。评价方法的选用对评价结果的客观公正有很大的影响,总的来说,评价方法应简便有效,在进行选择时,应综合考虑评价对象(水利预算项目)及评价工作实施的具体情况,结合不同领域及项目的特点,如果使用一种方法不能达到评价目的,也可以综合选用多种方法来进行评价。

## 一、成本效益分析法

（一）概念

成本-效益分析法(Cost-Benefit Analysis Approach)是指将一定时期内的支出与效益进行对比分析,以评价绩效目标的实现程度。通过评价内容涉及的成本、效益的对比分析,对绩效目标的实现程度进行评价,以评价绩效目标的实现程度。运用此方法的意义在于:通过成本-效益分析法对某水利预算项目预算支出的各备选方案的绩效评价,可以有效提高水利预算项目财政支出效益。成本-效益分析法还可以对相同类别的不同水利预算项目进行横向比较,包括同地区或不同地区的比较,考核预算支出的绩效水平,分析差异产生的原因,提出改进绩效的方法,促进绩效提升。

（二）主要内容

成本-效益分析法是将私人、企业及部门的支出管理方法引入到水利预算项目的预算支出管理中。该方法的使用需保证水利预算项目的成本与收益均能够准确计量。具体而言,成本-效益分析法的主要思路有:对某水利预算项目预算支出的成本和收益进行计算,当收益大于成本,该项目预算支出净收益为正,则水利预算项目的实施具有正的效益。当收益小于成本,该项目预算支出的净收益为负,则水利预算项目具有负的效益。该方法可用于水利预算项目的各备选方案的比较。通过对各备选方案的成本收益的比较,选出净收益最大或收益率最大的方案。即当成本相同时,选择净收益最大者;当成本不同时,净收益最大者就不一定是最有效益的方案了,这时可选择收益率最大的方案。

在运用成本效益分析法时,应注意将时间因素考虑在内,将发生在若干年内的与所分析项目或方案有关的"成本流"与"效益流"折算成现值。在计算该水利预算项目的成本和效益时,除了应计算与成本支出项目直接相关的直接成本和效益、有形成本和效益外,还应适当考虑计算与本支出项目间接相关的间接成本和效益、无形成本和效益等。

由于公共部门预算支出的特殊性,在私人部门中运行良好的成本效益分析法,在公共部门中却并不适合所有支出项目的评估。成本收益法最适合于成本和收益都能准确计量的水利预算项目评价,对于成本和收益都无法用货币计量的水利预算项目则无能为力。

（三）应用举例

某水利单位计划2018年实施一项水利工程建设,该项目初始投资为400万元,每年的预期收益见表5-1。假设该水利工程建设项目预期收益率为13%。

---

① 财政部预算司.中国预算绩效管理探索与实践[M].经济科学出版社,2013:119.

表 5-1  某水利工程建设项目各年现金流情况　　　　　　　　　万元

| 初始投资 | 2019 年 | 2020 年 | 2021 年 | 2022 年 | 2023 年 |
|---|---|---|---|---|---|
| -400 | 100 | 120 | 150 | 100 | 70 |

净现值＝未来报酬总现值－投资额现值

$$NPV = NCF_t \times (P_A/A, i, n) - NCF_0$$

其中指标解释如下：

$NPV$——净现值

$NCF_0$——初始投资额

$i$——贴现率

$NCF_t$——第 $t$ 年的营业现金净流量

$n$——项目寿命周期

经测算，案例中 $NPV = (100/1.13) + (120/1.13^2) + (150/1.13^3) + (100/1.13^4) + (70/1.13^5) - 400 = -14.24 < 0$

由于净现值小于零，所以与该水利工程建设项目相关的"成本流"与"效益流"折算成现值后，"效益流"小于"成本流"，因此，该水利工程建设项目不可行。

## 二、比较法

（一）概念

比较法（Comparison Approach）是指通过对水利预算项目绩效目标与实施效果、历史与当期情况、不同部门和地区同类支出的比较，综合分析绩效目标的实现程度。

（二）主要内容

由于纳入水利部试点项目绩效评价的范围、规定及要求等，存在年度间的稳定性，因此水利单位可开展各类试点项目之间的相互比较。通过对相同或类似的水利预算项目的实施执行情况，综合考虑立项管理情况以及项目执行过程等因素、项目预定的绩效目标与实施效果、不同地区（流域机构等）和单位（京外基层单位）同类项目的情况、历史与当期情况等进行对比分析判断，综合分析绩效目标的实现程度。

（三）应用举例

某水利单位按规定开展年度项目验收，对 2016 年实施的水资源、管理和节约保护——"水质监测"项目进行评判分析，对绩效目标与实施效果进行比较决策，形成的最终绩效评价结果作为 2017 年是否继续安排该二级项目的依据。

"水质监测"项目绩效评价按照《绩效评价管理办法》和《绩效目标管理办法》要求，参考《预算绩效评价共性指标体系框架》（财预〔2013〕53 号）精神，绩效评价专家以财政部和水利部批复的项目绩效目标表、项目实施方案等文件为基础，对项目的投入、过程、产出和效果做出评价，对项目绩效评价指标逐项进行打分，并提出综合评价意见。绩效评价专家组工作人员应及时对打分情况进行统计，取平均值作为各项指标的绩效评价得分。

根据对"水质监测"项目资料进行审查核实情况、绩效评价分值、绩效评价等级等，形成了基本的评价结论:"水质监测公报编制"项目立项合规,绩效目标明确、量化、符合工作实际,有明确的实施计划和完整的绩效指标体系,资金预算安排合理,能按照实施方案和批复的绩效目标组织实施,措施得力。项目单位财务管理制度健全,资金使用规范,各项预期的绩效目标已经完成,取得了良好的经济、社会和环境效益,较好地完成了年度、长期及效率绩效目标。

采用算数平均法的计算方法,2016 年项目绩效评价得分:96 分,评价结论为:优。对比 2015 年"水质监测"项目绩效评价情况,得分为:96.5 分,评价结论为:优。因此,鉴于水利部试点项目绩效评价情况,该项目实现了绩效目标和预期效果,可予以继续安排下一年度的研究任务和经费需求。

## 三、因素分析法

（一）概念

因素分析法(Factor Analysis Approach)是指通过综合分析影响绩效目标实现、实施效果的内外因素,评价绩效目标的实现程度。

（二）主要内容

因素分析法是利用统计指数体系分析水利预算项目绩效实现程度总变动中各个因素影响程度的一种统计分析方法,包括连环替代法、差额分析法、指标分解法等。使用该方法能够把一组反映水利预算项目绩效实现程度、特点等的变量简化为少数几个能够反映出水利预算项目内在联系的、固有的、决定水利预算项目本质特征的因素。

（三）应用举例

因素分析法适用于多种因素构成的综合指标的分析。以某水利预算项目（如定额管理的二级项目"水利工程维修养护定额"等）成本分析的因素为实例,在成本分析中采用因素分析法,就是将构成成本的各种因素进行分解,测定各个构成因素变动对成本计划完成情况的影响程度,并据此对水利工程维修养护成本计划执行情况进行评价,同时提出进一步的改进措施。具体操作步骤如下:

1. 分析某水利工程维修养护的成本,将其分解为若干个因素的乘积。在分解时应注意经济指标的组成因素应能够反映形成该项指标差异的内在构成原因,否则,计算的结果就不准确。如养护成本之一的耗材费用（水泥、土石等）指标可分解为水利工程数量、单位消耗量与单价的乘积。

2. 计算耗材费用指标的实际数与计划数,从而形成了两个指标体系。这两个指标的差额,即实际指标减计划指标的差额,就是所要分析的对象。各因素变动对耗材费用影响合计数,应与该分析对象相等。

3. 确定各因素的替代顺序。在确定耗材费用的组成时,其先后顺序就是分析时的替代顺序。在确定替代顺序时,应从各个因素相互依存的关系出发,使分析的结果有助于分清水利工程维修养护项目的实施责任。替代的顺序一般是先替代数量指标,后替代质量指标;先替代实物量指标,后替代货币量指标;先替代主要指标,后替代次要指标。

4. 计算替代指标。其方法是以计划数为基础,用实际指标体系中的各个因素,逐步依次替换。每次用实际数替换计划数指标中的一个因素,就可以计算出一个指标。每次替换后,实际数保留下来,有几个因素就替换几次,就可以得出几个指标。在替换时要注意替换顺序,应采取连环的方式,不能间断,否则,计算出来的各因素的影响程度之和,就不能与耗材费用实际数与计划数的差异额(即分析对象)相等。

5. 计算各因素变动对耗材费用的影响程度。其方法是将每次替代所得到的结果与这一因素替代前的结果进行比较,其差额就是这一因素变动对耗材费用的影响程度。

6. 将各因素变动对耗材费用影响程度的数额相加,应与该项经济指标实际数与计划数的差额(即分析对象)相等。

如某水利工程维修养护的有关资料如下,采用因素分析法分析各因素变动对耗材费用的影响见表5-2。

表5-2　某水利工程维修养护项目计划、实际情况

| 分析对象 | 计量单位 | 计划数 | 实际数 |
| --- | --- | --- | --- |
| 1.水利工程 | 座 | 21 | 20 |
| 2.土石单耗 | 吨 | 100 | 120 |
| 3.土石单价 | 万元 | 5 | 4 |
| 4.土石费用 | 万元 | 10 500 | 9 600 |

经计算,实际成本比计划成本节约了900万元,计算为:$9\,600-10\,500=-900$(万元)

(1) 由于水利工程数量变动对耗材(土石)费用的影响$=(20-21)\times100\times5=-500$(万元)

(2) 由于土石单耗变动对耗材(土石)费用的影响$=20\times(120-100)\times5=2\,000$(万元)

(3) 由于土石单价变动对耗材(土石)费用的影响$=20\times120\times(4-5)=-2\,400$(万元)

综上,三个因素变动对耗材(土石)费用的影响为$-900$万元,计算为:$-500+2\,000-2\,400=-900$(万元),可见,该水利工程维修养护项目在实施过程中,落实了项目实施主体责任,加强了成本管理与控制,在保质保量地完成既定工作目标的前提下,节约了成本支出,提高了经济效益。

## 四、最低成本法

(一) 概念

最低成本法(Lowest Cost Approach)指对效益确定却不易计量的多个同类对象的实施成本进行比较,评价绩效目标实现程度。适用于公共管理与服务、社会保障、文化、教育等领域项目支出的绩效评价。在效益既定的条件下对成本费用的高低进行分析,以评价绩效目标的实现程度,也称最低费用选择法。

(二) 主要内容

最低成本法是对成本效益分析法的补充。对某些成本易于计算而效益难以衡量的财政支出项目进行评估时,可以用最低成本法。比如对于一些以社会效益为主的支出项目如国防、社保支出等,其收益很难衡量,但是成本则易于计算。既然各备选方案都能达到

预期的目标,那么简单地选择成本最小的方案就可以了。因此对这类项目的预算决策进行分析时,可以只计算该支出项目的成本,选择成本最低的作为最优支出项目。这种方法简单易用,工作量小,体现了指标设定的经济性原则和可监督性原则,是现实可行的绩效考核方法。

（三）应用举例

以某水土保持业务会议费支出为例,2016 年 A 水利单位水土保持业务会议费 600 元/（人次·天）,B 水利单位水土保持业务会议费 560 元/（人次·天）,上述两家水利单位水土保持业务会议费支出主要用于国家水土保持生态文明工程资格评审、国家水土保持生态文明工程建设评分、国家水土保持科技示范园区评审及建设管理总结等业务工作。根据最低费用选择法比较原则,在绩效目标实现程度基本相同的前提下,应该选择成本最低的 B 单位项目作为最优支出项目。

## 五、公众评判法

（一）概念

公众评判法（Public Evaluation Approach）是通过对社会公众进行问卷调查的方式对项目实施绩效进行综合评价。

（二）主要内容

通过专家评估、公众问卷及抽样调查等对水利预算项目支出效果进行评判,评价绩效目标的实现程度。对于无法直接用指标计量其效益的支出项目,可以选择有关专家进行评估或向社会公众进行问卷调查,以评判其效益。专家评议主要是聘请有关专家,就评价客体的某一方面进行评价、判断,可以采用多种形式,包括"背靠背"或"面对面"评议,或二者结合。对公众的问卷调查是通过设计不同形式的调查问卷,发给一定数量的人填写,最后汇总分析调查问卷,进行评价和判断的方法。公众评判法具有民主性、公开性的特点。

（三）应用举例

以防汛业务费《＊＊公报 20 ＊＊年》为例,通过设计科学合理的调查问卷,对 31 个省区市、7 大流域机构以及新疆生产建设兵团参编人员及社会公众开展满意度评判,累计发放调查问卷 56 份,收回有效问卷 55 份。调查结果显示,政府部门、科研机构、保险公司及社会各界对《＊＊公报 20 ＊＊年》的满意度为 90%,具体调查问卷内容见表 5-3。

表 5-3　《＊＊公报 20 ＊＊年》调查问卷

| 单位 | □□□省级防办地市级水利部门、防办　　　　县级水利部门、防办 | | |
|---|---|---|---|
| **调查内容**（在选择的调查内容前打"√",可以多选） | | | |
| 1. 2006 年以来由国家防总和水利部每年发布一册,您是否看过或听说过《＊＊公报20＊＊年》? | □否 | □是 | |
| 2. 您所在的流域（省、自治区、直辖市）是否编制本地区的《＊＊公报 20 ＊＊年》? | □否 | □是 | 公报名称: |

续 表

| 单位 | □□□省级防办地市级水利部门、防办　　县级水利部门、防办 |
|---|---|
| **调查内容**（在选择的调查内容前打"√"，可以多选。） | |
| 3.＊＊＊公报的编制与发布是政府信息公开的一个重要途径，您认为公报应该包括哪些内容？ | □当年重要洪涝灾害事件<br>□当年重要干旱灾害事件<br>□当年各级防总的重要防汛抗旱减灾行动<br>□当年水旱灾害大事记<br>□当年防洪抗旱减灾效益<br>其他： |
| 4.您认为《＊＊公报20＊＊年》的发布对于防洪抗旱减灾工作可能起到哪些作用？ | □政府信息公开<br>□提升大众防洪抗旱减灾意识<br>□普及水旱灾害常识<br>□提高水旱灾害统计工作水平<br>其他： |
| 5.您是否了解国家防办发布、各地防办统计水旱灾害的《＊＊＊统计报表制度》？ | □否　　　　□是 |
| 6.您认为现行的水旱灾害统计工作还存在哪些问题？ | □统计队伍不足或缺乏培训：<br>□统计手段落后：<br>□相关部门协调难度大：<br>其他： |
| 7.您对水旱灾害统计工作的意见建议 | □加强统计队伍培训：<br>□建立健全相关部门信息协调共享机制：<br>□落实乡镇统计工作：<br>其他： |

## 六、其他评价方法

绩效评价方法的选用应当坚持简便有效的原则，根据评价对象的具体情况，可采用一种或者多种方法进行绩效评价。在上述财政部推荐的绩效评价方法外，综合运用下述方法进行水利预算项目绩效评价，亦可使绩效评价结果更加客观、公正、准确，从而科学合理地反映水利预算项目经济性、效率性和效益性。

（一）专家评价法

利用相关领域专家的长期实践经验，以专家意见的形式对绩效目标的完成程度进行评价。

（二）摊提计算法

通过计算投资回收期或投资风险，以评价水利预算项目绩效目标的实现程度，通常情况下，摊提时间的长短与风险的大小成正比。

（三）历史动态比较法

以水利预算项目的历史数据为基础，通过与历史数据的对比分析，对水利预算项目实施的综合绩效进行评价。

（四）目标评价法

通过将水利预算项目实施的实际结果与预期的绩效目标进行对比分析，对水利预算项目实施的综合绩效进行评价。

（五）综合指数法

对考评水利预算项目的各个考评方面设定不同的指标并配以适当的权重,形成一个完整的指标体系,最后汇总计算考评对象的总成绩。该方法目前被我国多个部门采用,评价的准确度较高、较全面,但在指标选择、标准值确定及权数计算等方面较复杂,参数设定具有一定难度。

# 第六章 水利预算项目绩效评价结果及应用

绩效评价结果展现了项目执行的全貌,反映了项目目标实现程度,是绩效管理成果的主要载体。绩效评价结果的应用是预算绩效管理全部工作的落脚点,水利预算项目绩效评价的结果应作为水利单位政策调整、管理改进和编制以后年度预算的重要依据。本章主要介绍绩效自评价、绩效报告和评价报告、绩效评价结果的应用。

## 第一节 绩效自评价

2017 年财政部首次组织中央部门对所有项目 2016 年预算执行结果开展绩效自评,并最终选择 99 个中央部门 111 个一级项目绩效自评价结果,随同部门决算草案一并提交全国人大常委会审议,此举成为我国预算绩效管理的又一重大突破,也是又一创新。

### 一、绩效自评价意义

绩效自评价是对财政资金使用效果的信息反馈,是绩效预算管理的重要组成部分。预算执行结束后,水利单位应对照确定的绩效目标开展绩效自评,分别填写《项目支出绩效自评表》,形成相应的自评结果,作为部门(单位)预、决算的组成内容和以后年度预算申请、安排的重要基础。

（一）体现执行结果

水利单位对照水利预算项目年初设定的绩效目标及指标,对资金使用情况和项目完成效果进行全面梳理,需对未完成绩效目标的原因进行认真分析,指出项目管理和实施中存在的问题,最终形成项目执行情况的“成绩单”和“体检表”,全面展现水利预算项目执行结果。

（二）提升管理水平

项目绩效自评对水利单位了解项目取得的成效和存在的问题发挥重要作用,是各级水利单位加强资金管理的有力“抓手”。为保证评价质量,提高自评结果的真实性、可靠性、客观性,重点项目自评可引入专家、第三方机构参与数据的汇总和规范性审核,这亦可帮助单位有效提升绩效管理水平。

（三）增强公信力

可选择部分一级项目绩效自评结果向社会公开，不仅可以提升水利部门的公信力，而且也有利于"倒逼"水利单位重视财政资金使用绩效。

## 二、绩效自评价要求

根据财政部项目支出绩效自评价工作要求，水利部及所属水利单位应履行绩效自评价主体责任，实现绩效自评价全覆盖，确保评价真实客观。

（一）准确填报绩效目标完成值

水利预算项目应对照年初预算设定的绩效目标及指标值，对应填报年度实际完成值，确保数据准确、分值合理、结果客观、严禁刻意抬高分数、弄虚作假。通过开展项目支出绩效自评价工作，可以推进全过程预算绩效管理，扩大绩效评价范围，提升财政资金使用效率和政府部门预算管理水平。

（二）设定绩效自评价标准分值

项目绩效自评价采取打分评价的形式，满分为100分。一级指标权重统一设置为：产出指标50分、效益指标30分、服务对象满意度指标10分、预算资金执行率10分。如有特殊情况，上述权重可做适当调整，但加总后应等于100％。各水利单位根据各项指标重要程度确定项目的二级绩效指标和三级绩效指标的权重。

（三）确定绩效自评价分值

项目支出绩效自评价的得分评定方法分为两类。一是定量指标：完成指标值的，记该指标所赋全部分值；未完成的，按照完成值在指标值中所占比例记分。二是定性指标：根据指标完成情况分为达成预期指标、部分达成预期指标并具有一定效果、未达成预期指标且效果较差三档，分别按照该指标对应分值区间100％～80％（含80％）、80％～50％（含50％）、50％～0％合理确定分值。各项绩效指标得分汇总成该项目自评的总分。各部门在收集、分析上述绩效执行信息的基础上，对未完成绩效目标及指标的原因进行逐条分析，研究提出解决措施。

财政部、水利部应当强化绩效自评结果应用，督促水利单位针对自评中发现的问题提出整改措施，并将绩效自评结果作为编制下一年度预算、优化项目支出结构、改进项目管理、调整完善政策的重要依据。同时，也应当将预算绩效自评工作规范化、制度化、常态化，强化水利单位的绩效主体责任，促使其从"要我有绩效"向"我要有绩效"转变。

# 第二节　绩效报告和绩效评价报告

绩效评价是绩效管理的核心。从操作层面讲，水利预算项目绩效评价涉及项目类别多、项目单位广、专业性和技术性强，如何确定评价的主体、内容、标准等都是具有开创性意义的工作。撰写绩效报告、绩效评价报告的主要目的是提供绩效评价结果的基本信息，反映评价主体对财政支出绩效的判断，从而科学建立预算和绩效目标完成程度之间的关系，以促进财政支出效率的提高。[①]

　　水利单位应有针对地选择部分重点项目或部门（单位），在资金使用单位绩效自评价的基础上，开展项目支出绩效评价，并对部分重大专项资金或财政政策开展中期绩效评价试点，形成相应的评价结果。具体使用财政资金的水利单位按照《绩效评价管理办法》的规定提交绩效报告，财政部和水利部预算主管部门开展绩效评价并撰写绩效评价报告。绩效报告是水利单位根据水利预算项目完成情况，对本单位水利预算项目绩效结果的评价。预算绩效评价报告是评价机构根据专家评价意见和结果，做出的带有相关结论的报告文本，是对评价对象绩效实现情况的文字分析和描述。

## 一、绩效报告

　　根据《绩效评价管理办法》中的绩效报告参考格式和水利单位预算管理情况，水利预算项目财政支出绩效报告参考格式如下。

---

（封面）



　　　　　　　（单位名称）20＊＊年度＊＊项目
　　　　　　　　　　财政支出绩效报告



　　　　　　　　　　项目名称：＊＊（20＊＊年）
　　　　　　　　　　项目单位：＊＊

　　　　　　　　　　　20＊＊年＊＊月

---

　　① 财政部预算司.中国预算绩效管理探索与实践[M].经济科学出版社，2013：119.

（一）项目概况

1. 项目单位基本情况

简述项目单位名称、性质，阐述与项目有关的主要工作职能。

2. 项目基本情况

项目类别：专项业务费项目

项目负责人：＊＊　　　　　　联系电话：＊＊

项目总预算：＊＊万元，其中申请财政资金：＊＊万元

项目实际到位金额：＊＊万元，其中申请财政资金：＊＊万元

项目实际支出金额：＊＊万元，其中申请财政资金：＊＊万元

项目起止时间：＊＊年＊＊月—＊＊年＊＊月

（1）项目背景及立项依据

阐述项目立项依据（包括国家政策、相关发展纲要或规划及现实需求），项目申请、设立程序等决策过程、决策结果。

（2）项目主要内容

阐述年初计划完成项目主要内容情况，并说明每项工作计划完成数及预期产生效果。

（二）项目资金使用及管理情况

（1）项目资金情况

结合项目绩效目标，阐述项目预算明细及各部分支出内容的测算依据。

（2）项目实际使用情况

阐述截至项目完成时间的资金（主要是指财政资金）实际支出明细，与预算明细对照并分析差异原因。实际支出与预算相比有调整的，请说明调整理由，以及是否履行了调整手续。

（3）项目资金管理情况

阐述项目财务、资金、资产、核算等管理制度、办法的制订情况，与国家、主管部门或单位相关制度的相符情况，以及财务监控机制的建设情况；阐述对上述制度及机制的执行情况。如对项目进行单独核算，执行项目负责人审批制度，资金拨付有完善的审批程序和手续，重大开支经过评估认证，以及为保障资金安全、规范运行而采取的监控措施等。

（三）项目组织实施情况

1. 项目组织情况

项目组织情况包括组织机构建设情况和项目组织实施程序。其中组织机构建设情况主要阐述项目组织机构情况，包括负责项目组织实施的各部门及其具体职责情况、专家组成情况等；项目组织实施程序，包括前期确定委托项目及承担单位程序，实施中项目招投标情况，项目调整内容及调整程序（如项目名称、负责人、实施单位变更、项目内容变更等），项目结束后验收情况，项目档案资料建设情况等。

2. 项目管理情况

阐述项目管理制度、办法的制订情况，与国家、主管部门或单位相关制度的相符情况，及项目质量要求或标准的建设情况；阐述对上述制度的执行情况，如项目申报论

证、招投标情况、过程监管、验收评价、档案管理及为达到项目质量要求而采取的管控措施等。

（四）项目绩效情况

1. 项目绩效目标完成情况

（1）项目的经济性分析

阐述为控制（不突破）项目成本（预算）或节约项目成本（预算）而采取的相关措施情况。

（2）项目的效率性分析

结合项目绩效目标，简要阐述项目实际产出的产品或提供的服务数量，项目计划完成时间或实施进度、实际完成时间或实施进度，项目产品或服务实际质量达标情况。

（3）项目的有效性分析

结合项目绩效目标，阐述项目实施对经济发展带来的直接或间接的影响情况，项目实施对促进项目单位相关工作、相关事业所带来的直接或间接的影响情况，项目实施对生态环境所带来的直接或间接的影响情况，项目成效发挥的可持续影响情况和社会公众或服务对象对项目实施效果的满意程度。

（4）项目的可持续性分析

对项目完成后，后续政策、资金、人员机构安排和管理措施等影响项目持续发展的因素进行分析。

2. 项目绩效目标未完成原因分析

对没有按照计划完成的项目内容、达到的项目目标，说明原因。

3. 项目绩效目标调整情况（如有）

（五）其他需要说明的问题

1. 后续工作计划

2. 主要经验及做法、存在问题和建议

（1）主要经验及做法

阐述项目执行、资金安排、使用过程中的经验、做法。

（2）存在问题及建议

（3）其他

（六）项目评价工作情况

1. 绩效工作开展情况

阐述绩效工作组织开展情况、绩效报告撰写情况及结果。

2. 项目评价工作情况

3. 阐述绩效目的、绩效评价原则、评价指标体系、评价方法和绩效评价工作过程

## 二、绩效评价报告

根据《绩效评价管理办法》中的绩效评价报告参考格式和水利单位预算管理情况，水利预算项目财政支出绩效报告参考格式如下。

（封面）

（单位名称）20＊＊年度＊＊项目
财政支出绩效评价报告

项目名称：＊＊（20＊＊年）
项目单位：＊＊

20＊＊年＊＊月

（一）项目基本概况

1. 项目概况

项目类别：专项业务费项目

项目负责人：＊＊　　　　　联系电话：＊＊

项目总预算：＊＊万元，其中申请财政资金：＊＊万元

项目实际到位金额：＊＊万元，其中申请财政资金：＊＊万元

项目实际支出金额：＊＊万元，其中申请财政资金：＊＊万元

项目起止时间：＊＊年＊＊月—＊＊年＊＊月

（1）项目单位基本情况

简述项目单位名称、性质，阐述与项目有关的主要工作职能。

（2）项目基本情况

① 项目背景及立项依据

阐述项目立项依据（包括国家政策、相关发展纲要或规划及现实需求），项目申请、设立程序等决策过程、决策结果。

② 项目主要内容

阐述年初计划完成项目主要内容情况,并说明每项工作计划完成数及预期产生效果。

2. 项目绩效目标

根据项目设立依据及单位职能,阐述项目预期总目标及阶段性目标(如果有)、项目年度绩效目标和绩效指标;阐述项目绩效目标调整情况(如有)。

(二)项目单位绩效报告情况

阐述项目单位绩效报告完成情况。

(三)绩效评价工作情况

阐述项目绩效评价工作的开展情况,包括评价基础数据收集、资料来源和依据等佐证材料情况,项目现场勘验检查核实等情况。

1. 绩效评价目的

2. 绩效评价原则、评价指标体系、评价方法

3. 绩效评价工作过程

(1)前期准备

(2)组织实施

(3)分析评价

(四)绩效评价指标分析情况

1. 项目资金情况分析

(1)项目资金到位情况分析

结合项目绩效目标,阐述项目预算明细及各部分支出内容的测算依据及到位情况。

(2)项目使用情况

阐述截至项目完成时间的资金(主要是指财政资金)实际支出明细,与预算明细对照并分析差异原因。实际支出与预算相比有调整的,请说明调整理由,以及是否履行了调整手续。

(3)项目资金管理情况

阐述项目财务、资金、资产、核算等管理制度、办法的制订情况,与国家、主管部门或单位相关制度的相符情况,以及财务监控机制的建设情况;阐述对上述制度及机制的执行情况。如对项目进行单独核算,执行项目负责人审批制度,资金拨付有完善的审批程序和手续,重大开支经过评估认证,以及为保障资金安全、规范运行而采取的监控措施等。

2. 项目实施情况分析

(1)项目组织情况

项目组织情况包括组织机构建设情况和项目组织实施程序。其中组织机构建设情况主要阐述项目组织机构情况,包括负责项目组织实施的各部门及其具体职责情况、专家组成情况等;项目组织实施程序,包括前期确定委托项目及承担单位程序,实施中项目招投标情况,项目调整内容及调整程序(如项目名称、负责人、实施单位变更、项目内容变更等),项目结束后验收情况、项目档案资料建设情况等。

（2）项目管理情况

阐述项目管理制度、办法的制订情况，与国家、主管部门或单位相关制度的相符情况，及项目质量要求或标准的建设情况；阐述对上述制度的执行情况，如项目申报论证、招投标情况、过程监管、验收评价、档案管理及为达到项目质量要求而采取的管控措施等。

3. 项目绩效目标完成情况分析

（1）项目的经济性分析

阐述为控制（不突破）项目成本（预算）或节约项目成本（预算）而采取的相关措施情况。

① 项目成本（预算）控制情况

阐述为控制（不突破）项目成本（预算）而采取的相关措施情况。

② 项目成本（预算）节约情况

阐述为节约项目成本（预算）而采取的相关措施情况。

（2）项目的效率性分析

① 项目产出数量

结合项目绩效目标，简要阐述项目实际产出的产品或提供的服务数量。

② 项目实施进度

结合项目绩效目标，简要阐述项目计划完成时间或实施进度、实际完成时间或实施进度。

③ 项目完成质量

结合项目绩效目标，简要阐述项目产品或服务实际质量达标情况。

（3）项目的效益性分析

① 经济效益实现情况

结合项目绩效目标，阐述项目实施对经济发展带来的直接或间接的影响情况。

② 社会效益实现情况

结合项目绩效目标，阐述项目实施对促进项目单位相关工作、相关事业所带来的直接或间接的影响情况。

③ 生态效益实现情况

结合项目绩效目标，阐述项目实施对生态环境所带来的直接或间接的影响情况。

④ 可持续影响实现情况

结合项目绩效目标，阐述项目成效发挥的可持续影响情况。

⑤ 社会公众或服务对象满意度实现情况

结合项目绩效目标，阐述社会公众或服务对象对项目实施效果的满意程度。

（4）项目的可持续性分析

对项目完成后，后续政策、资金、人员机构安排和管理措施等影响项目持续发展的因素进行分析。

（五）综合评价情况及评价结论

阐述项目评价情况、项目总体评价结论和评分结果。

（六）绩效评价结果应用建议

可从以后年度预算安排、评价结果公开等方面提出建议。

（七）主要经验及做法、存在的问题和建议

1. 主要经验及做法

阐述项目执行、资金安排、使用过程中的经验、做法。

2. 问题和建议

针对总体性的问题或者重点问题进行描述，并结合实际情况提出改进建议。

3. 其他（如有）

（八）其他需要说明的问题（如有）

# 第三节　绩效评价结果的应用

## 一、绩效评价结果

水利预算项目绩效评价按照《绩效评价管理办法》和《绩效目标管理办法》要求，参考《预算绩效评价共性指标体系框架》（财预〔2013〕53 号）精神，绩效评价专家以财政部门和水利单位批复的项目绩效目标表、项目实施方案等文件为基础，对项目的投入、过程、产出和效果做出评价，对项目绩效评价指标逐项进行打分，并提出综合评价意见。绩效评价专家组工作人员应及时对打分情况进行统计，取平均值作为各项指标的绩效评价得分。绩效评价结果应当采取评分与评级相结合的形式，具体分值和等级可根据不同评价内容设定。绩效评价结果实施百分制和四级分类，绩效评价综合绩效级别分为 4 个等级。指标得分与项目绩效评价等级的定级转换关系见表 6-1。

表 6-1　项目绩效评价等级确定表

| 等级 | 分值范围 |
| --- | --- |
| 优秀 | 90～100 |
| 良好 | 75～90（不含） |
| 合格 | 60～75（不含） |
| 不合格 | 0～60（不含） |

## 二、绩效评价结果的公开

根据《中华人民共和国政府信息公开条例》，政府信息是指政府部门在履行职责过程中制作或者获取的，以一定形式记录、保存的信息。绩效评价结果是政府部门在开展绩效评价过程中形成的信息，是政府信息的重要组成部分，也是财政预算、决算报告的重要内容。目前中央部门在公开预算和决算时也公开了部分项目的绩效评价结果。中央部门2015 和 2016 年度部门决算连续公开了绩效评价结果。其中 2016 年 7 月 22 日，中央部门2015年度部门决算陆续开始向社会公开,共有69个中央部门首次公开绩效工作开展情况,24个中央部门公开项目绩效评价报告,受到社会广泛关注。2017年7月21日,中央部门2016年度部门决算陆续开始向社会公开,中央部门首次公开了97个项目的绩效自评结果和《项目支出绩效自评表》。水利预算项目绩效结果的公开既是国家的规定,也是对绩效评价结果的应用,绩效评价结果公开一般应按照以下规定实施。

1. 公开的原则

绩效评价结果公开应按照规定的程序和方式,将评价结果向社会公开。公开的主要原则是全面、及时、准确、便民。

(1)全面原则。应按照公开是常态,不公开是例外的要求,除按规定不能公开的涉密信息外,绩效评价结果的有关内容应全部公开,不应有遗漏,以便于社会公众能全面了解项目开展情况和绩效结果。

(2)及时原则。基于信息的时效性,水利单位在收到上级单位批复的绩效评价结果后应在一定时限内及时公开。

(3)准确原则。应确保绩效评价结果数字和文字信息准确无误,在公开前需认真、仔细核对。

(4)便民原则。绩效结果公开是为了晒出水利事业发展"账单",让社会公众了解水利事业发展成效,因此要求结果公开应本着便民的原则,在单位门户网站显著位置向社会公开,并设置专栏汇总集中公开信息,便于社会公众查询监督。没有门户网站的单位应在其上级单位门户网站上公开或通过报刊等其他方式公开。

2. 公开的主体

水利单位是绩效结果公开的主体,负责本单位的绩效结果公开工作。绩效评价结果作为政府信息,应由评价组织单位制作该政府信息的机关负责公开。水利单位应作为绩效结果公开的责任主体,按照《预算法》《中华人民共和国政府信息公开条例》等法律法规的要求,做好绩效评价结果的公开。

3. 公开的要求

(1)公开的具体内容

公开的具体内容主要有项目的基础信息,包括项目名称、项目责任单位、项目所属年度、项目预算安排、项目实际支出、项目评价单位,以及具体评价结果,包括项目评价结果(优秀、良好、合格、不合格)、目标完成情况、评价意见。

(2)公开的渠道

应当主要通过水利单位门户网站(首页明显位置)向社会公开(建议采用PDF格式文件),并保持长期公开状态。没有门户网站的单位,可在上级单位的门户网站上公开或通过政府公报、报刊等方式公开。

(3)公开的时间

应在上级单位下达评价结果后20日内向社会公开。

(4)舆情反应

对于公开后可能出现的舆情反应,水利单位应当提前制定应对预案,密切关注舆情发展,及时解释说明,回应社会关切;对于舆情中涉及其他部门的问题和一些共性问题,要及时与上级主管单位进行沟通,妥善回应。

(5)公开情况备案

水利单位公开后应及时将公开情况报上级单位备案。

## 三、绩效评价结果的应用

《预算法》第三十二条第一款规定"各级预算应当根据年度经济社会发展目标、国家宏观调控总体要求和跨年度预算平衡的需要,参考上一年预算执行情况、有关支出绩效评价结果和本年度收支预测,按照规定程序征求有关方面意见后进行编制"。预算法强调了绩效评价结果的应用,对有关支出绩效评价结果的应用做出了具体的规定。水利单位要开展绩效评价,评价水利预算项目资金使用结果的有效性,在预算编制、执行和决算中,明确提出资金绩效理念,重点突出资金最终实现的结果以及是否取得应有的效果。

绩效评价结果是开展绩效评价工作的核心和归宿,同时又是绩效评价工作的进一步延伸和落实。财政部门、水利单位应将绩效评价结果作为以后年度编制部门预算和安排资金的重要依据。对于评价结果较差、未达到主要预期绩效目标的预算项目,要收回未支出的预算资金、削减下年度预算资金安排,或取消下年度的项目任务。

(一)内部应用

1. 被评价单位

被评价单位既可以是具体的水利预算项目,也可以是水利单位。被评价单位是水利预算项目资金的使用者和受托者,对于绩效评价结果也应该首先应用。

(1)知情、反馈

被评价单位对完整的绩效评价结果应知情明晰,被评价单位收到上级单位下达的项目绩效评价结果后,可以通过内网公开、内部公示、文件传达等方式将评价结果向有关部门、项目负责人和内部员工等公开,以扩大政务公开面,达到表扬先进、督促落后的效果,为进一步提升预算绩效管理工作创造良好氛围,提供重要支撑。

若对绩效评价结果有质疑,可以采取说明或口头的形式向上级单位提出意见和建议。

(2)分析、整改

在认真学习研究上级单位下达的绩效评价结果基础上,被评价单位应找出自身存在的问题与不足,总结好的做法和经验,明确今后改进和提高的方向,为加强绩效管理打好基础。被评价单位要根据评价意见抓紧整改,完善制度,并向上级单位报送整改情况。同时,应结合单位实际,建立或完善单位内部自评制度与相应的奖惩制度,以提高资金使用绩效。对于水利事业单位来说,可以结合事业单位绩效工资改革要求,将绩效评价结果纳入到单位对部门及个人的绩效考核中,并与绩效奖励相结合,提高部门及个人对绩效管理工作的重视程度,有效发挥其积极性。

2. 被评价单位的上级单位

被评价单位的上级单位是指被评价单位的直接上级管理单位,其对被评价单位起着管理、监督和领导作用。预算管理层级多的被评价单位应逐级确定上级单位。水利预算项目逐级确定上级单位,对于中央级水利单位来说,水利部为最高层级的被评价单位的上级单位。绩效评价结果给了被评价单位的上级单位一个明确的参考和辅助信息,也是上级单位应该关注和了解的基本信息之一,对于促进管理也具有重要作用。

(1)整改提高

被评价单位的上级单位应根据评价结果中发现的问题,认真分析总结相关意见,采取有效措施,提高绩效管理水平。例如水利部绩效主管部门针对水利预算项目绩效指标繁杂、缺乏统一标准、部分指标可测性不高等问题,可通过加强水利预算项目绩效指标体系建设工作,组织编写水利预算项目共性指标体系框架;同时在水利预算项目共性指标体系框架下,要求各基层水利单位结合实际添加个性指标,并在此基础上汇总形成水利预算项目绩效指标库;组织编制水利公共一级项目和二级项目绩效目标编写指南,印发水利预算项目绩效指标体系指南,以推动水利预算绩效标准化、科学化、精细化管理。

(2)加强管理

上级单位对被评价单位的绩效评价结果要充分的重视和了解,可以知晓其过去一年的工作效率和绩效目标的实现情况。对于绩效评价结果中较好的单位,上级单位应对被评价单位或个人给予一定的奖励;对于绩效评价结果中不好的单位,上级单位及时予以指正。上级单位应充分重视绩效评价结果,不能对评价结果置之不理,否则会导致评价结果成为"空中楼阁",致使评价结果与实际工作相脱节,不仅会影响绩效评价双方的积极性,降低对绩效评价工作的重视程度,同时也是对开展绩效评价工作投入人力、物力和财力的浪费。上级单位对被评价单位及其负责人在年度考核时进行考核时,应合理利用绩效评价结果,使被评价单位逐步树立绩效观念和责任意识,通过绩效这个有效抓手加强管理。

(3)强化培训

通过对水利预算项目开展绩效评价工作,上级单位将绩效评价结果及相关建议作为重点内容纳入相关培训。在培训过程中,对绩效评价结果进行通报,对发现的问题进行逐一讲解和提示,确保绩效评价结果得到充分应用。

(二)外部应用

1. 财政部门

财政部门是编制年度财政预决算草案的主管部门,是绩效评价结果应用的重点部门。对于水利预算项目实施单位来说,财政部门应是外部部门,它对促进提升水利预算项目绩效,发挥财政资金效益具有强有力的作用。财政部门应组织各主管部门及时整理、归纳、分析绩效评价结果,将评价结果及时反馈给被评价单位。

(1)预算安排

绩效评价结果是财政部门年度预算安排的重要参考依据。财政部门要根据绩效评价结果及时调整和优化水利单位以后年度的项目支出方向和结构,调整项目资金规模,合理配置资源,加强绩效管理,不断提高财政资金的使用效益。

(2)整改激励

财政部门要根据绩效评价中发现的问题,及时提出改进和加强部门预算支出管理的意见,督促部门整改。各级水利主管部门、水利单位要及时提出整改措施,积极落实整改,并上报财政部门,提高绩效管理水平。

财政部门应根据绩效目标和绩效评价结果,对被评价项目的绩效情况、完成程度和存在的问题与建议进行综合分析,建立评价结果在部门预算安排中的激励和约束机制,逐步发挥绩效评价工作的应有作用。绩效评价结果可分为"优秀、良好、合格、不合格"四档,对评价结果为"优秀"档的项目,若为项目实施周期内的项目,财政部门在安排该项目后续资金时给予优先保障;若为已完成项目,财政部门在安排该部门、单位其他项目资金时给予优先考虑,同时可以采取适当方式在一定范围内予以表扬鼓励,例如授予"绩效管理先进单位"称号等。评价结果为"良好"档的项目不予奖励或惩罚。评价结果为"合格"档的项目,若为项目实施周期内的项目,财政部门要及时提出整改意见,整改期间可暂停申报下达零余额额度或直接支付,未按要求整改落实的,可以提出暂停该项目实施的建议,会同主管部门、单位确定该项目是否继续实施;若为已完成项目,财政部门在安排该部门、单位其他项目资金时,应从紧考虑,加强项目前期论证和综合分析,严格项目储备审查,以确保项目资金使用的安全有效,同时可以在一定范围内予以通报批评并责令限期整改。评价结果为"不合格"档的项目,若为项目实施周期内的项目,次年不再安排预算;若为已完成项目,财政部门在安排该部门、单位其他项目资金时相应核减预算。对不履行或不正确履行职责,预算绩效管理执行不力,并造成不良社会影响的单位或个人,应按规定向有关部门提出建议,追究单位或个人的责任。

由于当前绩效评价指标体系和方法尚不完善,评价的结论有可能与实际存在差距,在绩效评价结果应用中应坚持以正面激励为主,通过树立标杆,引导部门、单位主动对标,积极参与和支持绩效评价工作。

2. 社会公众

在绩效评价结果逐步公开后,社会公众也应作为外部应用的主体。根据《中华人民共和国政府信息公开条例》规定,水利单位应当依照政府信息主动公开的范围,主动公开水利预算项目绩效评价结果,保障人民群众知情权、参与权、表达权、监督权等。

# 第七章 水利工程运行管理项目

## 第一节 绩效评价的内容

本节对水利工程维修养护项目进行概述，分析项目实施内容和重点评价内容。

### 一、项目概述

水利工程是我国国民经济和社会发展的重要基础设施，在抗御水旱灾害、保障人民生命财产安全和国民经济发展、促进水资源的可持续利用和保护生态环境等方面发挥着重要作用。水利工程维修养护项目正是对水利工程进行维修和养护，以维持、恢复或局部改善原有工程面貌。

（一）项目设立背景

随着我国社会经济的发展和市场经济体制的建立和完善，水利工程管理单位存在的体制不顺、机制不活、工程老化失修、效益衰减等问题十分突出，严重影响水利工程的安全运行和效益。

2002 年 9 月 17 日由国务院批准发布了《水利工程管理体制改革实施意见》（以下简称《实施意见》），针对水管单位普遍存在的难点和关键问题，提出了切合实际的目标任务和政策措施，对水利事业长远发展，对促进水资源的可持续利用，保障经济社会的可持续发展具有深远的历史意义。为贯彻《实施意见》，水利部会同财政部组织有关部门和专家，

水利工程维修养护项目是指对纯公益性水管单位及准公益性水管单位中公益性部分水利工程进行维修和养护，以维持、恢复或局部改善原有工程面貌，保持工程的设计功能，保障水利工程安全运行的项目，包括承担防洪、排涝等公益性任务的堤防工程、控导工程、水闸工程、泵站工程、水库工程等。根据《财政部加强和改进中央部门项目支出预算管理的意见》（财预〔2015〕82 号）（以下简称《项目支出预算管理意见》），水利部在中央部门预算中将"水利工程运行管理项目"设置为一级项目，该项目下设置了"水利工程维修养护""水库运行管理督查""中央直管工程确权划界"3 个二级项目。根据项目的复杂性、资金来源、预算规模、实施范围情况，本章选取了中央财政资金安排的二级项目"水利工程维修养护"为例，介绍"水利工程维修养护"项目绩效评价的内容、目标、指标，以及绩效报告与评价报告的编写。

研究编制了《水利工程维修养护定额标准(试点)》(以下简称《定额标准》)和《水利工程管理单位定岗标准(试点)》(以下简称《定岗标准》)实用指南。水利部印发了《水利部关于深化水利改革的指导意见》,提出深化水利改革的总体目标是构建有利于增强水利保障能力、提升水利社会管理水平、加快水生态文明建设的科学完善的水利制度体系。因此进一步加强水利工程维修养护,符合水利事业改革发展方向,将有力促进和保障水利事业科学发展。

水管单位通过实行"管养分离"改革和实施水利工程维修养护项目,提高了水管单位工程管理水平,保证了各类工程正常运行,工程建筑物状况安全和完好。

(二)项目发挥的作用

1. 保障水利工程安全运行,促进经济社会发展。水利工程维修养护项目实施可满足河道行洪、水资源管理保护,有效预防各类水利工程运行事故的发生,促进水利工程规范运行、安全运行、良性运行和管理现代化,发挥工程应有的防洪、除涝、供水和改善水环境等功能,为经济社会发展起到积极的作用。

2. 促进工作深入细致,夯实改革基础。水管单位成立水管体制改革领导小组,实行分工负责和沟通协调机制,开展改革试点工作,为水管体制改革的全面推进打下良好基础。

3. 促进财政投入效率提高。水管体制改革以来,工程维修养护项目的实施逐步规范,维修养护的资金量大大增加,维修养护经费的管理和使用也逐步完善,资金使用效率提高。

4. 构筑新的运行机制,规范管养双方行为。管养分离完成后,水管单位加快建立了管理科学、运作规范的运行机制。按照改革后管理方与维修养护方合同管理关系,对工程管理和维修养护各个环节的工作标准与管理办法进行梳理,制订了一系列管理办法,如:《**单位维修养护管理办法》《**单位维修养护监督检查办法》《**单位维修养护经费使用管理责任制度》《**单位维修养护经费支付办法》《**单位维修养护项目验收管理规定》《**单位维修养护合同示范文本》等,使工程管理和维修养护工作按照新的运行机制规范运行。

5. 为推行河长制奠定了基础。水管单位与直管河湖对应的河长及河长办对接协调、协作配合,全面融入了各级河长制组织体系与工作机制中。水利工程维修养护是保证堤防、水闸等工程健康安全运行的重要举措和资金来源,科学实施该项目将为进一步治河、护河打下基础。

(三)取得的主要效果

1. 科学分类定性,理顺了管理体制。改革后,区分了单位类别、性质,基本支出及工程维修养护经费统一由中央财政拨付,财政经费保障水平大为提高,大大缓解了工程管理与创收的矛盾,水管单位职工从过去繁重的经济创收工作中解脱出来,队伍稳定,职责明确,工程管理逐步向专业化、标准化、规范化迈进。

2. 实施管养分离,激活了运行机制。实施"管养分离",促进了以管理科学、运作规范为目标的新运行机制的形成,既能稳定管理队伍,提高管理水平,又能引入竞争机制,加强维修养护人员的责任心、积极性和主动性。管养双方的有效结合,可以达到发挥事前管理的作用,减少工程损坏,以最少的投入,取得最大的管理效益,促进工程管理现代化水平不断提高,形成了一种较为稳定的、可良性循环的管理模式。

3. 明确岗位职责,提高了管理水平。改革后,结合工程实际,本着精简、高效的原则,人员结构、机构和岗位得到了合理调整,内部岗位责任制进一步落实,建立了有效的激励政策和约束机制,调动了职工的积极性。工程管理主人公意识增强,管理科学化、制度化、规范化建设进一步加强,管理水平明显提高。

4. 畅通经费来源,改善了工程面貌。水管体制改革实施以后,维修养护经费的稳定投入,使水利工程得到了全面、细致的维修养护,工程隐患在萌芽状态就被处理,起到了事半功倍的效果,保持了工程的完整、安全和正常运用,效益得到充分发挥。

## 二、项目主要内容

水利工程维修养护项目是对水利工程年度维修养护,也是财政部门对水利工程管理单位实行"管养分离"后年度工程维修提出财政资金支持的载体。水利工程维修养护项目内容主要包括:堤防工程、控导工程、水闸工程、泵站工程、水库工程、灌区工程。

(一)按照实施内容划分

1. 堤防工程。堤防工程是指沿江、河、湖、海、渠岸修建的一种挡水建筑物。堤体各部分的名称分别有堤顶、堤坡、临水坡、背水坡、堤肩和地脚。堤防工程养护包括堤顶维修养护、堤坡维修养护、附属设施维修养护、堤防隐患探测、防浪林养护、护堤林养护、淤区维修养护、前(后)戗维修养护、土牛维修养护、备防石整修、管理房维修养护、害堤动物防治、防浪(洪)墙维修养护和消力结构维修养护。

2. 控导工程。控导工程是河道内离开堤防修建的河道整治工程,分为丁坝、联坝和护岸。控导工程养护包括坝顶维修养护、坝坡维修养护、根石维修养护、附属设施维修养护。

3. 水闸工程。水闸工程是控制水位调节流量的低水头水工建筑物。水闸工程养护包括水工建筑物维修养护、闸门维修养护、启闭机维修养护、机电设备维修养护、附属设施维修养护和物料动力消耗。

4. 泵站工程。水泵是一种进行能量转换的机械。泵站工程维修养护包括机电设备维修养护、辅助设备维修养护、泵站建筑物维修养护、附属设施维修养护和物料动力消耗。

5. 水库工程。水库是指在河道、山谷、低洼地及地下透水层修建挡水坝或堤堰、隔水墙形成蓄集水的人工湖。水库工程维修养护包括主体工程维修养护、闸门维修养护、启闭机维修养护、机电设备维修养护和附属设施维修养护和物料动力消耗。

6. 灌区工程。灌区工程是指满足灌溉排水及城市供水的需要而修建的工程。灌区工程维修养护包括渠道工程养护、渡槽工程养护、倒虹吸工程养护、涵洞隧洞工程养护、滚水坝工程养护。

(二)按照实施时间划分

1. 中期主要内容

根据水利业务工作要求及国家有关要求,水利工程维修养护项目的中期主要通过实施以下内容,实现水利工程安全运行。

（1）按照国家"十三五"发展规划与水利行业发展规划，进一步深化水管体制改革。

（2）按照财政三年滚动规划，开展水利工程维修养护项目编报和实施，保证各类水利工程正常运行。

（3）确保防洪安全、供水安全、生态安全和水利工程运行安全。

（4）发挥工程应有的防洪、除涝、供水和改善水环境等功能。

（5）促进经济社会发展。

2. 年度主要内容

根据水利业务工作要求，年度项目主要内容包括以下几个方面。

（1）开展水利工程具体维修养护工作。

（2）临时处理水利工程局部、表面、轻微的缺陷和损坏。

（3）开展水利工程的维修养护和安全运行督查工作。

（4）维护设备、设施，预防各类水利工程运行事故的发生。

（5）开展设计、监督、监理等管理工作。

### 三、绩效评价基本内容

水利工程维修养护绩效评价是在市场经济条件下为适应财政支出管理对维修养护专项资金使用产生的效果和影响进行评价的行为。评价的基本内容包括绩效目标设定、资金投入与使用情况、制度与措施保障、实现程度与效果等。

（一）绩效目标设定

绩效目标设定主要依据《中华人民共和国水法》《中华人民共和国防洪法》、中共中央、国务院《实施意见》和《关于加快水利改革发展的决定》等水法规相关规定及工程管理规程规范。深化水利改革的总体目标是构建有利于增强水利保障能力、提升水利社会管理水平、加快水生态文明建设的科学完善的水利制度体系。因此，对于绩效目标设定既要结合深化水利改革总体目标，也要结合水利事业改革发展方向和促进水利事业科学发展目标。

年度具体绩效目标设定可根据项目三年规划和年度预算安排情况，按照财政部绩效目标管理规定、《定额标准》《定岗标准》和水利工程维修养护项目工作内容来编制设定。重点是强化管理、安全运行、良性发展为落脚点，发挥经费支出绩效，实现水管单位"性质明确、经费畅通、队伍精干、管理高效"，保证国家巨资兴建的水利工程发挥效益。

（二）资金投入与使用

水利工程具有公益性特点，水利工程维修养护项目是对纯公益性水管单位及准公益性水管单位中公益性部分的水利工程进行维修和养护。自水管体制改革以来，水利工程维修养护经费一直由财政保障，资金的来源全部为财政性资金，财政部门应保障资金足额、及时到位。项目资金的使用也需按照财政资金管理规定，根据预算批复单独核算，重大开支需经过评估认证，委托单位的遴选需符合相关法律法规要求，不得截留、挤占、挪用、虚列项目资金。

（三）制度与措施保障

水利工程维修养护项目管理和经费使用的制度、措施保障主要依据《实施意见》《中央级水利工程维修养护经费使用管理暂行办法》《关于加快水利改革发展的决定》《定额标准》《定岗标准》。《定额标准》是财政预算管理与工程技术管理的紧密结合，在确定项目质量和工程量标准同时，在资金使用范围、内容和标准方面也做了详细介绍。水管单位需在此基础上，进一步制定水利工程维修养护项目管理制度和经费管理制度，如《维修养护管理办法》《维修养护监督检查办法》《维修养护经费使用管理责任制度》《维修养护经费支付办法》《维修养护项目验收管理规定》《维修养护合同示范文本》。此外，要做到水利工程维修养护项目质量符合要求或标准，档案资料保管齐全，财务管理制度健全，内部控制措施到位，资金按照预算批复使用合法合规，及时组织项目验收。

（四）实现程度与效果

水利工程维修养护项目绩效涉及到的产出指标应基本覆盖维修养护的工作内容，产出指标应尽量通过量化指标实现。在实际工作中，由于指标内容及指标值设置不合理导致的未完成情况，如果工作正常完成，不影响项目整体目标实现，且不涉及预算金额调整的，也可视同产出指标完成。如遇不可抗力或其他合理原因导致指标未完成，理由充分且项目单位采取了有效的应对措施的，可视同产出指标基本完成。

水利工程维修养护项目绩效涉及到的效益指标和满意度指标，应对照批复的绩效目标，对项目产生的效益和项目服务对象的满意度情况进行评价。

（五）其他内容

水利工程维修养护项目支出范围和内容相对固定，但是受工程状况、地域气候、年度降雨量影响较大，在评价实际支出过程中应结合工程概况、项目实施期间的情况和水利单位所在地域进行分析，不宜按统一标准确定。

# 第二节　绩效评价的目标

本节介绍了水利工程维修养护项目绩效评价目标内容，以及中期目标和年度目标主要内容。

## 一、主要内容

水利工程维修养护项目绩效目标是项目计划在规划期或年度达到的产出和效果。

（一）预期产出

水利工程维修养护项目支出主要是为水利工程维修与维护提供经费保障，预期产出提供的公务产品和服务的数量主要应该是覆盖堤防、控导、水闸、泵站、水库和灌区工程。

（二）预期效果

水利工程维修养护项目通过维修与维护水利工程，保障其完整、安全和正常运行间接产生经济效益；通过消除工程隐患，保证安全度汛，减少人民生命和财产损失，促进区域经济社会发展和水生态环境保护；通过防止工程老化，减少主体工程缺陷率，确保水利工程完整及安全运行，保障流域内人民生命财产安全。另外，通过实施该项目，也有利于上下游生态环境保护，保证水资源的可持续利用。

（三）服务对象满意程度

水利工程维修养护项目通过维修养护水利工程，体现水管单位履职责任。同时，上级主管部门通过中央级财政资金安排的该专项，服务对象满意度也要体现上级主管部门满意程度。

（四）达到预期产出所需要的成本资源

水利工程维修养护项目达到预期产出需要实施日常养护项目和少量专项项目，如购置土方、石方等主材和钢丝、油漆等零星辅材，支付人工费用和机械使用费，支付设计、监理、建设管理费用等其他间接费用。以上费用构成了达到预期产出所需要的成本资源。

（五）衡量预期产出、预期效果和服务对象满意程度的绩效指标

1. 预期产出的绩效指标：水利工程维修养护项目中堤防维修养护长度，控导、水闸、泵站、水库、工程维修养护数量，水库、泵站、水闸安全鉴定数量，堤坝等的绿化面积、白蚁防治面积，监控设备、发电机、启闭机等设备维护数量，闸门、启闭机、升船机、监测设备、配电与输变电设施、照明、自动控制设施等机电设施及专用设备故障率，工程施工验收，按期完成率。

2. 预期效果的绩效指标：经济效益指标，主要是消除隐患，保证安全度汛，减少人民生命和财产损失，促进区域经济社会发展。社会效益指标，主要是减少主体工程缺陷率，确保水利工程完整及安全运行，保障流域内人民生命财产安全。生态效益指标，主要是有利于上下游生态环境保护或改善。可持续影响指标，主要是通过工程维修养护，保证工程完整和水资源的可持续利用。

3. 服务对象满意程度的绩效指标：水利工程维修养护项目的服务对象满意度主要是上级主管部门对该项目实施的满意度。

## 二、中期目标

（一）深化水管体制改革

按照国家"十三五"发展规划与生态文明建设总体部署，以及水利行业发展规划，进一步深化水管体制改革，完善制度建设和保障措施，推进"管养分离"和政府购买服务向纵深发展。

（二）深化预算改革、规范项目管理

按照财政三年滚动规划，加强水利工程维修养护项目编报和实施工作，在充分保障各类水利工程正常运行同时，提高财政资金使用效益。

（三）促进水利工程规范化运行

通过开展水利工程的维修养护，促进水利工程规范化运行，保证各类水利工程、设备设施状况安全和完好，有效预防各类水利工程运行事故的发生，从而实现防洪安全、供水安全、生态安全和水利工程运行安全。

（四）发挥水利工程应有功能

发挥工程应有的防洪、除涝、供水和改善水环境等功能，对经济社会发展起到积极的作用。另外，通过做好安全鉴定工作，通过对水库、水闸、泵站等开展安全鉴定，及时掌握工程安全状况。

（五）促进社会经济发展

提升水利工程维修养护整体管理水平，促进经济社会发展。

### 三、年度目标

（一）水利工程正常运行

保证年度水利工程的正常运转。

（二）日常养护

按照年度实施方案和设计方案开展日常维修养护项目。对于主要单项工程量变化幅度应按照管理级次授权批准。

（三）完成工程毁坏修复，保障堤防完整

年度内各种工程毁坏得到及时维修，保持河道堤防工程的完整，确保工程充分发挥工程效益。

（四）维持防洪标准和防止工程退化

立足于工程现状，维护工程的原有规模标准不改变、不扩大，通过维修养护防止工程退化，维持、恢复或局部改善原有工程面貌，以保持工程的设计功能，确保工程安全与正常运行。

（五）做好数据分析和项目后期管理

做好年度水利工程维修养护数据与资料分析、处理工作，为以后年度开展工程设计、监督、管理提供历史数据。

# 第三节　绩效评价的指标

### 一、指标确定原则

作为衡量水利工程维修养护项目绩效目标实现程度的考核工具，绩效评价指标按照《绩效管理办法》规定的原则来确定。

（一）相关性原则

根据水利工程维修养护内容的服务对象，以恰当反映绩效目标的实现程度。

（二）重要性原则

重点围绕维修养护内容、设计监督管理、安全运行三个方面内容确定绩效评价指标。

（三）可比性原则

从基层水管单位实际情况出发，设定共性的绩效评价指标和个性指标。

（四）系统性原则

定量指标与定性指标相结合，根据水利工程维修养护项目的维修养护内容和安全运行环境确定定量指标和定性指标，系统反映水利工程维修养护项目所产生的社会效益、经济效益、环境效益和可持续影响等。

（五）经济性原则

水利工程维修养护项目为专项业务费项目，逐步推进年度绩效评价。绩效指标实现程度所需获得的数据应当考虑现实条件和可操作性，符合成本效益原则。

## 二、共性和个性指标

（一）共性指标的确定

水利工程维修养护项目的共性指标应适用于所有水利单位。

1. 产出指标

（1）数量指标主要包括堤防维修养护长度（\*\*）、控导工程维修养护数量（\*\*处）、水闸工程维修养护数量（\*\*座）、泵站工程维修养护数量（\*\*座）、水库工程维修养护数量（\*\*座）、水库安全鉴定数量（\*\*座）、泵站安全鉴定数量（\*\*座）、水闸安全鉴定数量（\*\*座）、堤坝等的绿化面积（\*\* m²）、白蚁防治面积（\*\* m²）、监控设备、发电机、启闭机等设备维护数量（\*\*台套）。

（2）质量指标主要包括闸门、启闭机、升船机、监测设备、配电与输变电设施、照明、自动控制设施等机电设施及专用设备故障率、工程施工验收合格率。

（3）成本效益指标。

（4）时效指标主要为按期完成率。

2. 效益指标

（1）效益指标中定量指标不具备基础条件的，以定性指标为基础。由于定性指标确定存在难度，目前可供选择的具体指标偏少。

（2）经济效益指标主要为消除隐患、保证安全度汛、减少人民生命和财产损失，促进区域经济社会发展。

（3）社会效益指标主要包括减少主体工程缺陷率，确保水利工程完整及安全运行，保障流域内人民生命财产安全。

（4）生态效益指标主要包括有利于上下游生态环境保护或改善。

（5）可持续影响指标主要包括通过工程维修养护，保证工程完整和水资源的可持续利用。

3. 满意度指标

服务对象满意度指标主要包括上级主管部门满意度（≥\*\*％）。

（二）个性指标的确定

个性指标是针对具体水利单位水利工程维修养护的特点设定的，适用于具体水利单位。例如数量指标设定水利单位需要维护的具体长度或启闭机台套，成本指标设定单位某个地区的实时主材单价，经济效益指标设定某段堤防为堤防创造的经济效益金额，社会效益指标设定水利单位赢得的两岸居民好评率等。

## 三、范例

### 表 7-1 水利工程维修养护项目绩效目标表

（\*\* 年度）

| 项目名称 | | 水利工程维修养护 | | | |
|---|---|---|---|---|---|
| 主管部门及代码 | | 水利部〔126〕 | | 实施单位 | \*\* |
| 项目属性 | | 延续项目 | | 项目期 | 长期 |
| 项目资金（万元） | | 中期资金总额： | \*\* | 年度资金总额： | \*\* |
| | | 其中:财政拨款 | \*\* | 其中:财政拨款 | \*\* |
| | | 其他资金 | \*\* | 其他资金 | \*\* |

| 总体目标 | | | 中期目标(20\*\*年—20\*\*年) | | 年度目标 | | |
|---|---|---|---|---|---|---|---|
| | | | 通过开展水利工程的维修养护,保证各类水利工程正常运行,设备设施状况安全和完好,有效预防各类水利工程运行事故的发生。促进水利工程规范化运行,促进水利工程规范运行、安全运行、良性运行和管理现代化。发挥水利工程应有功能。做好安全鉴定工作,通过对水库、水闸、泵站等开展安全鉴定,及时掌握工程安全状况。提升水利工程维修养护整体管理水平,明确岗位职责,建立有效的激励政策和约束机制,调动职工的积极性,实现内部管理的科学化、制度化、规范化 | | 目标1:保证各类水利工程正常运行,设备设施状况安全和完好;<br>目标2:有效预防各类水利工程运行事故的发生;<br>目标3:促进水利工程规范运行、安全运行、良性运行和管理现代化;<br>目标4:发挥工程应有的防洪、除涝、供水和改善水环境等功能,对经济社会发展起到积极的作用;<br>目标5:年度内各种工程毁坏得到及时维修,保持河道堤防工程的完整,确保工程充分发挥工程效益;<br>目标6:做好数据分析和项目后期管理;<br>…… | | |

| 绩效指标 | 一级指标 | 二级指标 | 三级指标 | 指标值 | 二级指标 | 三级指标 | 指标值 |
|---|---|---|---|---|---|---|---|
| 绩效指标 | 产出指标 | 数量指标 | 堤防维修养护长度（\*\*） | \*\*（填报每年无变动维修养护具体数值） | 数量指标 | 堤防维修养护长度（\*\* 千米） | \*\*（填报每年无变动维修养护具体数值） |
| | | | 控导工程维修养护数量（\*\* 处） | \*\*（填报每年无变动维修养护具体数值） | | 控导工程维修养护数量（\*\* 处） | \*\*（填报每年无变动维修养护具体数值） |
| | | | 水闸工程维修养护数量（\*\* 座） | \*\*（填报每年无变动维修养护具体数值） | | 水闸工程维修养护数量（\*\* 座） | \*\*（填报每年无变动维修养护具体数值） |
| | | | 泵站工程维修养护数量（\*\* 座） | \*\*（填报每年无变动维修养护具体数值） | | 泵站工程维修养护数量（\*\* 座） | \*\*（填报每年无变动维修养护具体数值） |
| | | | 水库工程维修养护数量（\*\* 座） | \*\*（填报每年无变动维修养护具体数值） | | 水库工程维修养护数量（\*\* 座） | \*\*（填报每年无变动维修养护具体数值） |

| 一级指标 | 二级指标 | 三级指标 | 指标值 | 二级指标 | 三级指标 | 指标值 |
|---|---|---|---|---|---|---|
| 绩效指标 | 产出指标 | | | | | |
| | 数量指标 | 水库安全鉴定数量（＊＊座） | ＊＊（填报每年无变动维修养护具体数值） | 数量指标 | 水库安全鉴定数量（＊＊座） | ＊＊（填报每年无变动维修养护具体数值） |
| | | 泵站安全鉴定数量（＊＊座） | ＊＊（填报每年无变动维修养护具体数值） | | 泵站安全鉴定数量（＊＊座） | ＊＊（填报每年无变动维修养护具体数值） |
| | | 水闸安全鉴定数量（＊＊座） | ＊＊（填报每年无变动维修养护具体数值） | | 水闸安全鉴定数量（＊＊座） | ＊＊（填报每年无变动维修养护具体数值） |
| | | 堤坝等绿化面积（≥＊＊ m²） | ＊＊（填报每年无变动维修养护具体数值） | | 堤坝等绿化面积（≥＊＊ m²） | ＊＊（填报每年无变动维修养护具体数值） |
| | | 白蚁防治面积（≥＊＊ m²） | ＊＊（填报每年无变动维修养护具体数值） | | 白蚁防治面积（≥＊＊ m²） | ＊＊（填报每年无变动维修养护具体数值） |
| | | 监控设备、发电机、启闭机等设备维护数量（＊＊台套） | ＊＊（填报每年无变动维修养护具体数值） | | 监控设备、发电机、启闭机等设备维护数量（＊＊台套） | ＊＊（填报每年无变动维修养护具体数值） |
| | 质量指标 | 闸门、启闭机、升船机、监测设备、配电与输变电设施、照明、自动控制设施等机电设施及专用设备故障率 | 故障率≤5％ | 质量指标 | 闸门、启闭机、升船机、监测设备、配电与输变电设施、照明、自动控制设施等机电设施及专用设备故障率 | 故障率≤5％ |
| | | 工程施工验收 | 通过 | | 工程施工验收 | 通过 |
| | | 绩效评价 | 大于90分 | | 绩效评价 | 大于90分 |
| | 时效指标 | 按期完成率 | ≥95％ | 时效指标 | 按期完成率 | ≥95％ |
| | | 预算实施方案与设计方案编制 | 12月之前 | | 预算实施方案与设计方案编制 | 12月之前 |
| | 成本指标 | 人工费、材料、机械租赁费 | 结合定额与所在地市场价格 | 成本指标 | 人工费、材料、机械租赁费 | 结合定额与所在地市场价格 |
| | 效益指标 | 经济效益指标 消除隐患，保证安全度汛，减少人民生命和财产损失 | 显著 | 经济效益指标 | 消除隐患，保证安全度汛，减少人民生命和财产损失 | 显著 |
| | | 促进区域经济社会发展 | 显著 | | 促进区域经济社会发展 | 显著 |
| | | 社会效益指标 减少主体工程缺陷率，确保水利工程完整及安全运行，保障流域内人民生命财产安全 | 显著 | 社会效益指标 | 减少主体工程缺陷率，确保水利工程完整及安全运行，保障流域内人民生命财产安全 | 显著 |

| 一级指标 | 二级指标 | 三级指标 | 指标值 | 二级指标 | 三级指标 | 指标值 |
|---|---|---|---|---|---|---|
| 绩效指标 | 效益指标 | 生态效益指标 | 有利于上下游生态环境保护或改善 | 显著 | 生态效益指标 | 有利于上下游生态环境保护或改善 | 显著 |
| | | 可持续影响指标 | 通过工程维修养护,保证工程完整和水资源的可持续利用 | 显著 | 可持续影响指标 | 通过工程维修养护,保证工程完整和水资源的可持续利用 | 显著 |
| | 满意度指标 | 服务对象满意度指标 | 上级主管部门满意度(≥**%) | ** | 服务对象满意度指标 | 上级主管部门满意度(≥**%) | ** |

# 第四节　绩效评价的标准

根据本书第四章对绩效评价标准论述,适合用于水利工程维修养护项目绩效评价的标准主要是计划标准、行业标准和历史标准。

## 一、计划标准

（一）项目目标

水利工程维修养护项目对象清晰,主要是堤防、控导、水闸、泵站、水库工程维修养护,水库、泵站、水闸安全鉴定,堤坝等的绿化面积,白蚁防治面积,监控设备、发电机、启闭机等设备维护。

（二）项目计划

水利工程维修养护项目制定了设计方案和实施方案,日常维修维护项目工作计划主要按汛前、汛期、汛后三个时间段安排。专项维修养护项目主要按照年初制定的项目目标计划,并结合季节情况实施。

（三）项目预算

水利工程维修养护项目为专项业务费项目,纳入财政三年规划支持范围,具有稳定的资金来源,项目预算均已纳入年度部门预算范围,随单位部门预算一同得到批复。

（四）项目定额

水利部、财政部组织编制了水利工程维修养护项目定额,并以《水利部、财政部关于印发〈水利工程管理单位定岗标准（试点）〉和〈水利工程维修养护定额标准（试点）〉的通知》（水办〔2004〕307号）下发执行。

综上所述,水利工程维修养护项目预先制定了项目目标、计划、预算和定额,计划标准应作为绩效评价标准适用于该项目。

## 二、行业标准

### （一）法规规定

《中华人民共和国水法》就国家对水工程实施保护范围进行了明确。《中华人民共和国防洪法》对水库大坝、堤防、水闸、护岸、抽水站、排水渠系等防洪工程和相关器材、物料提出保护措施。党的十八大报告指出，将水利放在生态文明建设的突出位置，对水利工作给予高度重视，提出新的明确要求。国务院《水利工程管理体制改革实施意见》对水管体制改革提出了明确要求。财政部《水利事业费管理办法》和《中央级防汛岁修经费使用管理办法》规范了经费使用。水利部《水利建筑工程预算定额》为预算编制提供了参考。水利部印发了《水利部关于深化水利改革的指导意见》提出深化水利改革的总体目标是构建有利于增强水利保障能力，提升水利社会管理水平，加快水生态文明建设的科学完善的水利制度体系。《＊＊流域综合规划（2012—2030 年）》提出"规范维修养护工作""提升水利保障能力，强化水利对区域协调发展的重要支撑作用"。

### （二）行业标准

水利工程管理和水利工程维护修理技术标准主要包括：《堤防工程管理设计规范》（SL171—96）、《水闸技术管理规程》（SL75—94）、《水闸工程管理设计规范》（SL170—96）、《泵站技术管理规程》（SL255—2000）、《水库工程管理设计规范》（SL106—96）、《土石坝养护修理规程》（SL210—98）、《混凝土坝养护修理规程》（SL230—98）、《灌溉与排水工程技术管理规程》（SL/T246—1999）、《农田排水工程技术规范》（SL/T4—1999）、《定岗标准》、《定额标准》、《水利工程管理考核标准》等。

## 三、历史标准

2004 年以前，水利工程维修养护经费来源渠道主要是应急度汛、岁修费和防汛费。自水管体制改革后，中央通过水利基金安排下达水利工程维修养护项目资金。2015 年在部门预算的项目支出中列为经常性专项业务费项目。从 2016 年开始，要求水利工程维修养护项目填报绩效目标，并逐步完善。2016 年根据财政部部门预算改革要求，水利工程维修养护项目转化为专项业务费项目，相关绩效目标的历史数据保存完整。水利工程维修养护项目绩效评价标准应参照同类指标的历史数据制定，历史标准应作为绩效评价标准适用于该项目。

# 第五节　绩效报告与评价报告

按照《绩效评价管理办法》要求，水利工程维修养护项目实施单位应在年度项目实施终了及时向上级单位逐级提交项目绩效报告，水利部根据确定的评价原则和方法，下达绩效评价报告。本节介绍项目绩效报告和绩效评价报告编写范例。

## 一、绩效报告范例

```
（封面）




　　　　（单位名称）20 ** 年度水利工程维修养护项目
　　　　　　　　财政支出绩效报告






　　　　　　项目名称：水利工程维修养护（20 ** 年）
　　　　　　　　项目单位：**


　　　　　　　　20 ** 年 ** 月
```

（一）项目概况

项目类别：专项业务费项目

项目负责人：**　　　　　　　联系电话：**

项目总预算：** 万元，其中申请财政资金：** 万元

项目实际到位金额：** 万元，其中申请财政资金：** 万元

项目实际支出金额：** 万元，其中申请财政资金：** 万元

项目起止时间：** 年 ** 月——** 年 ** 月

1. 项目单位基本情况

1999 年 9 月，《关于同意成立 ** 局的批复》（人事〔2001〕** 号），** 局隶属于 ** 水利委员会，为具有行政职能的处级事业单位，根据 ** 局《关于 ** 局机构设置及处级领导职数的批复》（** 局人事〔1999〕** 号），下设办公室、水管处、财务处、水政监察大队、** 堤防管理所、** 闸管理所。批复编制 ** 人，现有在职职工 ** 人，离退休职工 ** 人。

＊＊局主要职责为：（1）负责所辖范围内直管河道、枢纽等工程的统一管理和安全运行；负责所辖范围内直管水域及其岸线的管理和保护。（2）负责所辖范围内水资源的统一管理，负责取用水行为的监督管理，参与所辖范围内水资源调查、评价和论证工作，参加直管河道水量分配方案、年度水资源调度计划的制定，配合开展所辖范围内重要控制站水质监测和水资源保护监督管理工作。（3）负责所辖范围内直管工程防汛抗旱工作，参加审查直管工程的防御洪水方案；负责实施直管防洪工程的调度运用；按规定组织、协调所辖范围内水利突发公共事件的应急管理工作。

2. 项目年度预算绩效目标、绩效指标设定情况

（1）项目背景及立项依据

水利工程是国民经济和社会发展的重要基础设施，在抗御水旱灾害、保障人民生命财产和国民经济发展、促进水资源的可持续利用和保护生态环境等方面发挥着重要作用。党中央、国务院高度重视水利工程运行管理工作，2011 年中央一号文件明确提出"加快水利工程建设和管理体制改革。深化国有水利工程管理体制改革，落实好公益性、准公益性水管单位基本支出和维修养护经费。"根据《中华人民共和国水法》《中华人民共和国防洪法》《中华人民共和国河道管理条例》和《中华人民共和国水库大坝安全管理条例》，按照《国务院办公厅转发国务院体改办关于水利工程管理体制改革实施意见的通知》（国办发〔2002〕45 号）、《中央级水利工程维修养护经费使用管理暂行办法（试点）》（财农〔2004〕269 号）、《关于全面实行水利工程管理体制改革并拨付工程维修养护经费的通知》（水财经〔2006〕449 号）等文件要求，开展水利工程维修养护工作，对于保证各类水利工程稳定运行，设备设施状况安全和完好，有效预防各类水利工程运行事故的发生，促进水利工程规范运行、安全运行、良性运行和管理现代化，充分发挥工程应有的防洪、除涝、供水和改善水环境等功能具有重要意义。

水利工程维修养护任务是对工程进行养护和及时修理，维持、恢复或局部改善原有工程面貌，以保持工程的设计功能，保证工程安全与正常运行。立项与测算的主要法规依据：《中华人民共和国预算法》《水利工程管理体制改革实施意见》《水利工程维修养护定额标准（试点）》（水办〔2004〕307 号）及修订意见、《水利工程维修养护定额标准（试点）实用指南》《中央级水利工程维修养护经费使用管理办法（试点）》（财农〔2004〕269 号）、＊＊局三定方案等相关法律、法规、标准及有关规定。

（2）项目主要内容

为确保工程完整、安全运行，充分发挥工程效益，20＊＊年＊＊局维修养护内容包括堤防长度＊＊、控导＊＊个、水闸＊＊座、穿堤建筑物＊＊座。20＊＊年批复＊＊局维修养护经费为＊＊万元。具体工作内容包括：

① 堤防工程维修养护（＊＊万元），其中：堤顶养护土方＊＊立方米，边埂整修＊＊平方米，堤顶洒水＊＊台时，堤顶行道林养护＊＊株，堤坡养护土方＊＊立方米，排水沟翻修＊＊米，标志牌（碑）维护＊＊个，等等。

② 控导工程维修养护（＊＊万元），其中：坝顶维修养护＊＊立方米，坝顶路沿子石翻修＊＊立方米，备防石整修＊＊工日，草皮养护＊＊平方米，根石加固＊＊立方米，标志牌（碑）维

护 ** 个,勘测设计费需经费 ** 万元,质量监督监理费需经费 ** 万元,等等。

③ 水闸工程维修养护( ** 万元),其中:养护土方 ** 立方米,闸室连接段砌石护坡勾缝修补 ** 平方米,闸室连接段砌石护坡翻修 ** 立方米,防冲设施破坏抛石处理 ** 立方米,反滤排水设施维修养护 ** 米,出水底部构件养护 ** 平方米,混凝土破损修补 ** 平方米,交通桥桥面维护 ** 平方米,启闭机机体表面防腐处理 ** 平方米,钢丝绳维修养护 ** 工日,输变电系统维修养护 ** 工日,机电设备配件更换需经费 ** 万元;管理房维修养护 ** 平方米,管理区绿化 ** 平方米,自动控制设施维修养护需经费 ** 万元,等等。

3. 项目绩效目标

(1) 项目绩效总体目标

通过开展水利工程的维修养护,保证各类水利工程正常运行,设备设施状况安全和完好,有效预防各类水利工程运行事故的发生,促进水利工程规范运行、安全运行、良性运行和管理现代化,发挥工程应有的防洪、除涝、供水和改善水环境等功能,对经济社会发展起到积极的作用。

(2) 年度绩效目标

通过对堤防 **、控导 ** 个、水闸 ** 座、穿堤建筑物 ** 座开展维修养护工作,达到维持、恢复或局部改善原有工程面貌,保持工程的设计功能,保持工程的完整、安全与正常运行,延长工程使用寿命,充分发挥工程效益的目标。

(3) 绩效指标

① 产出指标

本项目产出指标有 ** 个,其中:

数量指标:堤防工程维修养护 ** 千米,控导工程维修养护 ** 处,水闸工程维修养护 2 座等。

质量指标:闸门、启闭机、升船机、监测设备、配电与输变电设施、照明、自动控制设施等机电设施及专用设备故障率≤5%,维修养护项目验收通过率100%等。

时效指标:按期完成率≥95%等。

② 效益指标

本项目产出指标有 ** 个,其中:

经济效益指标:消除隐患,保证安全度汛,减少人民生命和财产损失;促进区域经济社会发展等。

社会效益指标:减少主体工程缺陷率,确保水利工程完整及安全运行,保障流域内人民生命财产安全。

生态效益指标:有利于生态环境保护或改善等。

可持续影响指标:通过工程维修养护,保证工程完整和水资源的可持续利用。

③ 满意度指标

服务对象满意度指标:上级主管部门满意度≥90%。

该项目绩效目标执行过程中未进行调整。

（二）项目资金使用及管理情况

1. 项目资金情况

（1）项目预算编制及资金到位情况分析

① 预算编制情况。项目预算明细及各部分支出内容的测算依据如下：

用于工程实际维护费用，包括：①维修（护）费 ** 万元：堤防工程 ** 万元；控导工程 ** 万元；水闸工程 ** 万元；②电费 ** 万元，等等。

用于勘测设计费用，包括：①办公费 ** 万元，②差旅费 ** 万元，③委托业务费 ** 万元，等等。

用于质量监督监理费用，①包括：办公费 ** 万元，②差旅费 ** 万元，③委托业务费 ** 万元，等等。

② 资金到位情况。20 ** 年 ** 月，** 以《** 关于批复 ** 年预算的通知》( **〔20 **〕** 号)批复水利工程维修养护项目经费 ** 万元，其中财政资金 ** 万元，资金到位率 100%。

2. 项目资金使用情况分析

** 年度水利工程维修养护项目，实际到位预算资金 ** 万元，实际支出预算资金 ** 万元，已序时有效的全部完成了 ** 年度预算执行工作。

① 项目工作内容完成情况。至 20 ** 年 12 月 31 日，** 局水利工程维修养护项目按工作内容的预算执行情况见表 7-2。

表 7-2　项目工作内容完成情况对照表　　　　　　　　　　　　　万元

| 计划内容 | | 实际完成情况 | | 差异分析 | |
|---|---|---|---|---|---|
| 工作内容 | 金额 | 工作内容 | 金额 | 原因 | 金额 |
| 工程维修养护 | | 完成了工程维修养护 | | | |
| 勘测设计费 | | 完成了勘测设计工作 | | | |
| 质量监督监理 | | 完成了质量监督工作 | | | |

从上表可以看出，按照工作内容来分析 ** 局 20 ** 年度维修养护项目已全部完成，各项工作内容完成良好。

② 项目经费预决算对比情况。至 20 ** 年 12 月 31 日，** 局维修养护项目按经济科目的预算执行情况见表 7-3。

表 7-3　项目预算执行情况对照表　　　　　　　　　　　　　　万元

| | 到位项目 | 预算批复数 | 实际到位数 |
|---|---|---|---|
| 资金到位情况 | 合　　计 | | |
| | 当年财政拨款 | | |
| | 使用以前年度结余 | | |
| | 其他资金 | | |

续　表

| | 支出项目 | 预算批复数 | 实际支出数 | 差额 |
|---|---|---|---|---|
| | 合　　计 | | | |
| | 办公费 | ✳✳ | ✳✳ | ≤10% |
| | 印刷费 | ✳✳ | ✳✳ | ≤10% |
| | 咨询费 | ✳✳ | ✳✳ | ≤10% |
| | 电费 | ✳✳ | ✳✳ | ≤10% |
| | 邮电费 | ✳✳ | ✳✳ | ≤10% |
| | 差旅费 | ✳✳ | ✳✳ | ≤10% |
| 资金支出情况 | 维修(护)费 | ✳✳ | ✳✳ | ≤10% |
| | 租赁费 | ✳✳ | ✳✳ | ≤10% |
| | 会议费 | ✳✳ | ✳✳ | ≤10% |
| | 培训费 | ✳✳ | ✳✳ | ≤10% |
| | 专用材料费 | ✳✳ | ✳✳ | ≤10% |
| | 专用燃料费 | ✳✳ | ✳✳ | ≤10% |
| | 劳务费 | ✳✳ | ✳✳ | ≤10% |
| | 委托业务费 | ✳✳ | ✳✳ | ≤10% |
| | 公务用车运行维护费 | ✳✳ | ✳✳ | ≤10% |
| | 其他交通费用 | ✳✳ | ✳✳ | ≤10% |
| | 其他商品和服务支出 | ✳✳ | ✳✳ | ≤10% |
| | 办公设备购置 | ✳✳ | ✳✳ | ≤10% |
| | 专用设备购置 | ✳✳ | ✳✳ | ≤10% |
| 超支或结余情况 | | | | 无 |
| 备注 | | | | |

上表中维修养护项目经费支出预决算差异率建议控制在10%以内。若差异率超过了10%，需要详细说明差异原因，并提供内部审批手续。本表通过经济科目来分析费用支出预决算差异率，评价✳✳局20✳✳年度维修养护项目是否全部完成，各项工作内容是否完成良好。

项目资金月执行进度情况见表7-4。

**表7-4　项目月执行进度情况表**　　　　　　　　　　万元

| 月　　份 | 支付金额 | 支付进度 |
|---|---|---|
| 1月 | | |
| 2月 | | |
| 3月 | | |

| 月 份 | 支付金额 | 支付进度 |
|---|---|---|
| 4 月 | | |
| 5 月 | | |
| 6 月 | | |
| 7 月 | | |
| 8 月 | | |
| 9 月 | | |
| 10 月 | | |
| 11 月 | | |
| 12 月 | | |

3. 项目资金管理情况

（1）财务管理制度制定情况

为切实加强资金管理，＊＊局不断加强财务管理制度建设，严格按照《中央本级项目支出预算管理办法》《绩效评价管理办法》《水利部中央级项目支出预算管理细则（试行）》和《水利部中央级预算项目验收管理暂行办法》等一系列管理办法，加强项目管理和规范项目经费使用。为进一步夯实预算项目管理工作，加强项目的执行监管，全面做好预算项目编制、评审、执行、总结、验收和绩效评价等工作，不断加强财务管理制度建设，单位内控制度逐步健全和完善，项目管理制度得到有效执行。特别是＊＊局近年来出台的差旅费管理办法、车辆管理办法、经济合同管理办法等，其内容不仅符合现行国家有关财经法规制度，更具有操作性，也为预算项目的科学、精细化管理提供依据。

（2）财务制度执行情况

＊＊局 20＊＊年严格按照各项管理制度执行，在财务管理中严格按照有关要求执行，项目资金做到"独立核算、专款专用"，各项支出均按照相关制度要求，由项目执行部门领导确认，分管领导、单位负责人签字后支出。

会计核算与财务信息编报工作。近年来，＊＊局不断提高财务信息编报质量，会计核算与财务信息编报严格执行国家有关规定，各项支出的基础资料、会计原始凭证真实、合法，无伪造、编造会计凭证。

资产管理工作。为提高＊＊局国有资产管理工作水平，加强资产动态监管，逐步实现资产管理与预算管理相结合，20＊＊年，＊＊局继续推动国有资产管理信息系统实施工作，全面清查资产，建立全局国有资产管理数据库。资产管理工作初步实现网络化、动态化管理。项目采购增加的资产，及时入账，不存在将取得的国有资产不登记、擅自占用、使用的问题。

通过各项制度的严格执行，20＊＊年＊＊局维修养护项目执行未出现违法违规现象，资金支出安全有效，财务运行健康有序。

（三）项目组织实施情况

1. 项目组织情况

（1）项目实施保障条件落实情况

经过多年实践与发展，目前，基本已建立了符合 ∗∗ 局实际的水利工程管理体制和管养分离的运行机制，维修养护工作开展有序，工程面貌得到了改善。同时，在维修养护项目管理、实施等工作方面取得了一定的成果，积累了丰富的工作经验，为维修养护工作顺利开展奠定了基础。

项目负责人为 ∗∗ 局分管工程管理工作的局长，项目主要参加人员为 ∗∗ 局水管及管理所人员等。项目负责人多年从事工程管理及维修养护工作，熟悉工程情况，有水利工程建设管理经验，项目参加人员工作经验丰富，业务、工作能力强，能胜任并完成本项工作。项目实施过程中，相关部门通力合作，互相配合，管理人员到位，管理制度健全。

维修养护项目从方案编制、实施、质量控制、监督检查、技术资料管理、验收、经费使用等全过程均有严格的规范、规程、制度办法等。

（2）项目组织实施程序

严格按照有关规定及要求执行。有关合同签订严格履行审批程序，合同签订及支付须经部门负责人、财务部门、分管领导、单位负责人等层层把关审核。 ∗∗ 局在执行该项目过程中未涉及招投标、委托项目及项目内容调整情况。压缩项目预算支出，严格按照批复要求执行。政府采购严格按照有关要求及手续执行。

2. 项目管理情况

项目实施过程中，∗∗ 局严格执行《会计法》《预算法》《水利部中央级预算管理办法》《水利部中央级项目支出预算管理细则（试行）》《水利部中央级预算项目验收管理暂行办法》、项目单位财务管理相关办法、规定以及批准的项目实施方案等规定。单位内部也建立了财务、资金、车辆管理、经济合同管理等制度，优化资源配置，严格控制成本支出，例如《维修养护管理办法》《维修养护监督检查办法》《维修养护经费使用管理责任制度》《维修养护经费支付办法》《维修养护项目验收管理规定》《维修养护合同示范文本》等。

制度执行有效、质量可控。在外委项目的管理上，项目单位均严格执行《∗∗ 项目资金管理办法》《∗∗ 预算管理办法》等规定，规范了项目实施程序，切实加强项目合同全过程的监管。合同订立前均认真审查委托单位的资信情况，以及履行合同应具有的相应资质和业务能力，审核通过后方可签订。合同验收后，经相关领导签字审核方可结算。

（四）项目绩效情况

1. 项目的经济性分析

（1）项目成本（预算）控制情况

项目管理严格执行《会计法》《预算法》《水利部中央级预算管理办法》《水利部中央级项目支出预算管理细则（试行）》、项目单位财务管理相关办法、规定以及批准的项目实施方案等规定。单位内部也建立了财务、资金和车辆管理制度。

项目单位针对项目工作实际，合理确定外委项目，并通过定向委托等方式确定合作单位，通过合同洽谈等工作，进一步明确合同内容，提高了外委资金使用效益。开展日常工作中，尽量通过业务系统、电子邮件、实时通讯工具等传输电子文档，有效减少了纸张及办公耗材等日常办公开支和邮电费用。对于符合政府采购要求的商品和服务,严格按照《政府采购法》《招投标法》等法律法规实施政府采购。维护成本与上年持平。项目预算执行严格按照预算控制数,资金使用安全,无违规使用项目经费情况。项目支出总金额没有突破年度预算,项目预算总体控制较好。

（2）项目成本（预算）节约情况

单位内部建立了财务、资金和车辆管理制度,在项目日常管理运行中优化资源配置,严格控制成本支出,项目经费控制在预算范围内。同时,项目单位厉行节约,多措并举严格控制项目成本。推行无纸化办公、双面打印等,节约办公耗材;通过政府采购进行设备购置,节约资金。

2. 项目的效率性分析

（1）项目的实施进度

根据项目实施方案中的进度安排,该项目按计划全部完成。项目的实施进度基本均衡,其中:日常维修维护项目工作计划主要按汛前、汛期、汛后三个时间段安排。汛前（1—4月）提早部署检查、做好度汛准备,汛期（5—9月）强化运维工作、保障系统安全,汛后（10—12月）做好汛后巡检,总结交流,提升服务水平。专项维修养护项目主要按照年初制定的项目目标计划,并结合季节情况实施。

项目单位水利工程维护养护工作有序开展、及时有效,全部完成了项目预期目标。其中本项目产出指标有 ＊＊ 个,其中:堤防工程维修养护 ＊＊ 千米,控导工程维修养护 ＊＊ 处,水闸工程维修养护 ＊＊ 座,闸门、启闭机、升船机、监测设备、配电与输变电设施、照明、自动控制设施等机电设施及专用设备故障率≤5％,维修养护项目验收通过率100％,按期完成率≥95％,消除隐患,保证安全度汛,减少人民生命和财产损失;促进区域经济社会发展,减少主体工程缺陷率,确保水利工程完整及安全运行,保障流域内人民生命财产安全,有利于生态环境保护或改善,通过工程维修养护,保证工程完整和水资源的可持续利用,服务对象满意度指标等。

（2）项目完成质量

根据项目实施方案,水管单位结合自身工作特点、专业技术人员配置及当年维修养护项目安排情况,合理确定维修养护设计（监理）工作。日常维修养护及一般专项维修养护项目,主要依靠工程普查及日常管理情况确定维修养护工作量,一般应由管理单位自行组织勘测设计。专业性强、技术含量高或采用新材料、新工艺的重要专项维修养护项目,可委托具有相应资质的单位进行设计。同时,加强对维修养护设计（监理）单位和人员资质审查,择优选择具备相应资质、信誉好、服务到位的单位和人员承担维修养护的设计（监理）任务,并加强监督检查和协调力度,充分发挥设计（监理）单位的作用。

项目资金的投入保障了机构的组织、指导、协调、监督职能正常发挥;通过对工程的日常养护和及时修理,达到了维持、恢复和局部改善工程原有面貌的目的,确保了维修养护资金使用安全有效和工程的安全完整及正常运行,充分发挥了维修养护资金使用效益,保障了水行政管理各项工作的正常开展。＊＊ 年全年养护堤防工程 ＊＊ 千米,控导 ＊＊ 处,水闸 ＊＊ 座,顺利通过年度工程验收、经费审计和项目验收。上级主管部门满意度达到＊＊ ％。

3. 项目的有效性分析

通过实施水利工程维修养护项目,有效防止了水利工程的老化、退化,对水利工程进行经常保养和防护,及时处理局部、表面、轻微的缺陷和损坏,并对工程出现的较大损坏和问题进行必要的整修和局部改善,保持工程的完整、安全与正常运用,充分发挥工程效益,促进了地区经济社会全面协调可持续发展,维护了社会稳定。∗∗年度水利工程维修养护项目绩效目标完成情况见表 7-5。

表 7-5　∗∗ 年水利工程维修养护项目支出绩效目标完成情况对照表

| 批复绩效目标 | 目标1:保证各类水利工程正常运行,设备设施状况安全和完好 | | | 绩效目标完成情况 | 目标1:保证各类水利工程正常运行,设备设施状况安全和完好 |
|---|---|---|---|---|---|
| | 目标2:有效预防各类水利工程运行事故的发生 | | | | 目标2:有效预防各类水利工程运行事故的发生 |
| | 目标3:促进水利工程规范运行、安全运行、良性运行和管理现代化 | | | | 目标3:促进水利工程规范运行、安全运行、良性运行和管理现代化 |
| | 目标4:发挥工程应有的防洪、除涝、供水和改善水环境等功能,对经济社会发展起到积极的作用 | | | | 目标4:发挥工程应有的防洪、除涝、供水和改善水环境等功能,对经济社会发展起到积极的作用 |

| 绩效指标批复情况 | | | | | 绩效指标完成情况 |
|---|---|---|---|---|---|
| 序号 | 一级指标 | 二级指标 | 指标内容 | 指标值 | 已完成指标值 |
| 1 | 产出指标 | 数量指标 | 堤防工程维修养护 | ∗∗ 千米 | ∗∗ 千米 |
| 2 | | | 控导工程维修养护 | ∗∗ 处 | ∗∗ 处 |
| 3 | | | 水闸工程维修养护 | ∗∗ 座 | ∗∗ 座 |
| 4 | | 质量指标 | 闸门、启闭机、升船机、监测设备、配电与输变电设施、照明、自动控制设施等机电设施及专用设备故障率 | 故障率≤5% | 故障率≤5% |
| 5 | | | 工程施工验收 | 通过 | 通过 |
| 6 | | 时效指标 | 按期完成率 | ≥95% | ≥95% |
| 7 | | | 收集、整理维修养护相关竣工资料时间 | 20∗∗ 年 6 月 30 日之前 | 20∗∗ 年 5 月 8 日 |
| 8 | | | 各基层局结合工程实际及财务支付进度要求,每月安排组织实施维修养护项目时间 | 每月 25 日之前 | 每月 25 日之前 |

续 表

| 绩效指标批复情况 | | | | | 绩效指标完成情况 |
|---|---|---|---|---|---|
| 序号 | 一级指标 | 二级指标 | 指标内容 | 指标值 | 已完成指标值 |
| 9 | 效益指标 | 成本指标 | …… | | |
| 10 | | 经济效益指标 | 消除隐患,保证安全度汛,减少人民生命和财产损失 | 显著 | 显著 |
| 11 | | | 促进区域经济社会发展 | 显著 | 显著 |
| 12 | | 社会效益指标 | 减少主体工程缺陷率,确保水利工程完整及安全运行,保障流域内人民生命财产安全 | 显著 | 显著 |
| 13 | | 生态效益指标 | 有利于生态环境保护或改善 | 显著 | 显著 |
| 14 | | 可持续影响指标 | 通过工程维修养护,保证工程完整和水资源的可持续利用 | 显著 | 显著 |
| 15 | 满意度指标 | 服务对象满意度指标 | 上级主管部门满意度(≥**%) | 95 | 96.5 |

通过项目月执行进度情况表和年度项目支出绩效目标完成情况对照表分析,项目已全部完成,完成时间及实施进度符合规定。

(4)项目的可持续性分析

水利工程维修养护项目相关政策具有可持续性,资金来源为财政拨款,有专门人员从事该项工作,人员安排稳定,管理措施持续有效。依据《中华人民共和国水法》《中华人民共和国防洪法》等法律法规以及单位职责,以人为本,周密部署,全面做好各项工作。水利工程本身的公益性,决定了维护好水利工程需要一定财政拨款经费保证。

20**年度水利工程维修养护项目立项过程合规,绩效目标明确、量化,资金预算分配合理,能按照实施方案和批复的绩效目标组织实施。各承担单位责任分工明确,各项管理制度较为健全,项目管理较为完善、规范,资金使用规范有效。项目实施完成了预期的绩效目标并达到了预期结果。

4.项目绩效目标未完成原因分析

至20**年12月31日,**局20**年度维修养护项目目标已全部完成,各项绩效目标完成良好。

(五)其他需要说明的问题

1.后期工作计划

水利工程维修养护是流域机构的一项重要职责。做好维修养护工作,关系到流域防洪安全,关系到流域经济社会平稳运行。为保障我局直管工程防洪安全,**局将继续加强对维修养护经费的使用管理,制定周详的实施方案,节约成本、提高效率。同时,水利工程维修养护项目为专项业务费项目，根据下一年度预算安排，项目单位将继续做好水利工程维修养护工作。

2. 主要经验和做法

（1）在项目实施与管理过程中，严格遵守各项政策、法规及相关管理制度，确保各项工作合法有序开展。

（2）细化分解任务，各部门按照职责分工各司其职，保障了项目的顺利实施。细致组织项目实施。在项目实施阶段，要求严格按照项目实施方案中的项目内容，细化量化项目任务和指标，按时完成项目任务，及时支付项目款项。考虑到维修养护项目季节性很强，＊＊局根据实际雨情汛情，科学统筹安排项目实施，针对汛前、汛期和汛后，合理安排项目实施内容。

（3）科学编制项目预算。在预算编制前＊＊局全力抓好预算编制基础性工作，增强预算编报的规范性、准确性和完整性，切实把预算细化到具体项目，科学合理地制定了项目实施方案。

同时，重视项目绩效管理，合理申报绩效目标。＊＊局在项目实施中，重视项目产出和效益。要求局部门及时开展项目总结和验收，整理和提交项目成果，并推广项目成果运用。在深入研究绩效评价有关制度、广泛征求意见的基础上，申报了绩效目标，既保证了绩效目标具有较为科学的导向性，又避免了绩效目标与实际情况印证性不强的问题。

（4）严格合同管理，保证资金使用规范，严格项目经费使用。项目经费支出时，＊＊局严格按照项目实施方案和细化方案执行，加强经费使用控制，严格按项目规定支出内容支出。对不符合经费使用的，坚决不准报销，保证了项目资金的安全。同时坚持厉行节约、反对铺张浪费，有效地对项目成本进行了控制。

3. 存在问题和建议

（1）水利工程维修养护项目预算主要根据《水利工程维修养护定额标准（试点）》（水办〔2004〕307号）及修订意见、《水利工程维修养护定额标准（试点）实用指南》测算，由于水利管理单位地域不同、主材年度间波动、工程水毁程度不同等因素，在实际执行时无法完全按照测算依据实施。建议对项目具体实施内容要求与定额规定有所区别。

（2）近年来水管单位新增了一些水利工程，未能相应增加维护经费。建议能够按照定额标准，适时增加水管单位维修养护经费。

（3）绩效评价业务知识需加强培训。财政部、水利部十分重视绩效管理，但是绩效管理的培训尤其是面向基层单位的绩效管理培训较少。建议加强绩效管理的培训工作，尤其是面向基层财务和业务人员的培训。

4. 其他需说明的问题

（1）适时调整水利工程维修养护定额标准

随着水生态文明建设逐步加强，河长制全面推行，水利工程维修养护内容和标准也在发生变化，相关人工费用和主材成本也发生了一定调整，建议能根据经济和社会发展程度，定期对水利工程维修养护定额标准进行调整。

（2）绩效报告使用建议

本评价报告可作为下一年度及以后年度项目预算安排的参考，作为改进预算管理的重要依据。评价结果应在一定范围内公开，以充分发挥项目单位开展绩效管理的积极性，不断提高预算绩效管理工作水平。

（六）项目评价工作情况

根据《绩效评价管理办法》和水利部有关要求，项目单位及时组织开展了项目绩效自评，收集整理了项目决策文件、预算批复以及各绩效指标值支撑材料，配合做好中期绩效监控和年终绩效评价工作。依据本项目绩效评价指标体系及打分方法，组织开展了自评价工作，并在自评价基础上，撰写了项目绩效报告。

1. 绩效工作开展情况

（1）积极组织编写项目绩效报告

按照水利部整体部署和要求，及时组织开展了项目绩效评价工作，根据项目绩效目标，对照项目实施方案，梳理核实有关绩效证明材料，在此基础上，参照《绩效评价管理办法》附件3"财政支出绩效报告（参考提纲）"，从项目概况、项目资金使用及管理情况、组织实施情况、项目绩效情况、需说明的问题等方面认真编制了水利工程维修养护项目绩效报告。

（2）绩效得分

项目单位根据《绩效评价管理办法》和水利部有关规定，开展了水利工程维修养护项目预算绩效自评价工作，并按照项目预算绩效评价指标体系、评分标准和评分说明对项目绩效进行打分，绩效得分为＊＊分。

（3）项目绩效报告

项目单位编制的水利工程维修养护项目绩效报告介绍了项目单位基本情况及主要职责、项目背景、项目立项依据及立项情况、项目主要工作内容、绩效目标、项目资金使用及管理情况、组织实施情况，从项目的经济性、效率性、有效性和可持续性四个方面对项目产出指标、效益指标、服务对象满意度指标等绩效情况进行了分析，总结了＊＊年度主要经验及做法、存在问题和建议。

2. 项目绩评价工作情况

（1）项目绩效目的

通过绩效自评价，对＊＊年度水利工程维修养护项目的投入、过程、产出、效果等涉及的项目立项、业务管理、财务管理、项目产出、项目效益等进行全方位的总结分析，对项目财政支出的经济性、效率性、有效性和可持续性进行客观、公正的评价，增强绩效意识，促进财政支出绩效管理，强化支出责任和效率，提高了财政资金使用效率；总结经验，进一步加强预算管理改革，不断提高预算绩效管理工作水平。

（2）绩效评价原则、评价指标体系、评价方法

① 绩效评价原则

绩效评价工作组根据《绩效评价管理办法》，结合水利工程维修养护项目实际情况，在绩效评价工作过程中，遵循科学规范、公正公开原则、绩效相关原则。

② 绩效指标体系

根据绩效评价的要求，在上级主管部门制定的水利工程维修养护项目预算绩效评价指标体系基础上，项目单位制定了项目自评价绩效指标体系。

③ 绩效评价方法

绩效评价工作中，坚持简便有效的原则，选用多种方法进行绩效评价。本项目绩效评价工作采用了成本效益分析法、比较法、因素分析法等评价方法。

通过对 20 ** 年度项目的支出与效益进行对比分析,评价绩效目标实现程度;通过对项目的绩效目标与实施效果、项目实际支出与产生效益对比分析,综合分析绩效目标实现程度;通过综合分析影响绩效目标实现、实施效果的内外因素,评价绩效目标实现程度。

（3）绩效评价工作过程

① 前期准备

根据上级主管部门绩效评价的工作安排,项目单位制定了实施方案,组建了绩效自评价工作组,并组织学习了相关文件、政策,提前审阅了项目预算申报文本、绩效报告等材料。

② 组织实施

绩效自评价工作中,绩效自评价工作组听取了项目单位对项目执行情况的介绍,就有关问题进行了质询,现场收集绩效评价相关资料,对资料进行审查核实;查看项目成果、资金使用管理等其他方面的资料,如检查档案资料和成果资料,重点核对可量化指标的实际完成情况;抽查审阅相关会议记录、分析材料等,结合调查问卷等核对定性指标完成情况;结合财务支出资料,核对并分析对应经费支出的合理性、真实性。在讨论答疑、查看核对资料的基础上,绩效自评价工作组参照项目预算绩效评价指标体系、评分标准和评分说明,对项目进行打分、统计,最后得出该项目绩效评价分值。

根据资料审查核实情况、绩效评价分值、绩效评价等级和被评价单位的答疑、初步反馈意见,绩效评价工作组集体起草、讨论、综合分析并形成评价结论。

在绩效自评价工作中,充分利用了项目绩效目标运行情况中期检查报告的成果。

③ 分析评价

对项目的投入、过程、产出、效果等进行分析,与绩效评价指标体系对比并进行打分。对项目的经济性、效率性和效益性进行分析,结合指标体系打分情况做出项目的综合评价情况和评价结论,最终形成绩效报告。

通过算术平均方法,计算得到项目绩效评价得分:96.5 分,评价结论为:优秀。详见水利工程维修养护项目支出绩效自评情况见表 7-6。

表 7-6　水利工程维修养护项目支出绩效自评表

| 项目名称 | 水利工程维修养护项目 | | | | | | |
|---|---|---|---|---|---|---|---|
| 主管部门及代码 | 水利部[126] | | | 实施单位:** 局 | | | |
| 项目资金（万元） | | 年初预算数（A） | 全年执行数（B） | 分值（10 分） | 执行率（B/A） | 得分 | 得分计算方法 |
| | 年度资金总额 | ** | ** | 10 | 100% | 10 | 执行率×该指标分值,最高不得超过分值上限。 |
| | 其中:本年一般公共预算拨款 | ** | ** | 10 | 100% | 10 | |
| | 其他资金 | ** | ** | | | | |
| 年度总体目标 | 目标1:保证各类水利工程正常运行,设备设施状况安全和完好;<br>目标2:有效预防各类水利工程运行事故的发生;<br>目标3:促进水利工程规范运行、安全运行、良性运行和管理现代化;<br>目标4:发挥工程应有的防洪、除涝、供水和改善水环境等功能,对经济社会发展起到积极的作用。 | | | 目标1:保证各类水利工程正常运行,设备设施状况安全和完好;<br>目标2:有效预防各类水利工程运行事故的发生;<br>目标3:促进水利工程规范运行、安全运行、良性运行和管理现代化;<br>目标4:发挥工程应有的防洪、除涝、供水和改善水环境等功能,对经济社会发展起到积极的作用 | | | |

| 一级指标 | 二级指标 | 三级指标 | 分值 | 年度指标值(A) | 全年实际值(B) | 得分计算方法 | 得分 | 未完成原因分析 |
|---|---|---|---|---|---|---|---|---|
| 绩效指标 | 产出指标(50分) | 数量指标 | 堤防工程维修养护 | 10 | ** 千米 | ** 千米 | 完成值达到指标值,记满分;未达到指标值,按(B/A)或(A/B)×该指标分值记分 | 10 | |
| | | | 控导工程维修养护 | 8 | ** 处 | ** 处 | | 8 | |
| | | | 水闸工程维修养护 | 8 | ** 座 | ** 座 | | 8 | |
| | | 质量指标 | 闸门、启闭机、升船机、监测设备、配电与输变电设施、照明、自动控制设施等机电设施及专用设备故障率 | 8 | 故障率≤5% | 故障率≤5% | 1.若为定性指标,则根据"三档"原则分别按照指标分值的100%～**%(含**%)、**%～50%(含50%)、50%～0%来记分。2.若为定量指标,完成值达到指标值,记满分;未达到指标值,按(B/A)或(A/B)×该指标分值记分 | 7.5 | |
| | | | 工程施工验收 | 3 | 通过 | 通过 | | 3 | |
| | | 时效指标 | 按期完成率 | 4 | ≥95% | ≥95% | 1.若为定性指标,则根据"三档"原则分别按照指标分值的100%～**%(含**%)、**%～50%(含50%)、50%～0%来记分。2.若为定量指标,完成值达到指标值,记满分;未达到指标值,按(B/A)或(A/B)×该指标分值记分 | 4 | |
| | | | 收集、整理维修养护相关竣工资料时间 | 4 | 20**年6月30日之前 | 20**年5月8日 | | 3.5 | |
| | | | 各基层局结合工程实际及财务支付进度要求,每月安排组织实施维修养护项目时间 | 5 | 每月25日之前 | 每月25日之前 | | 4.5 | |
| | | 成本指标 | …… | | | | | | |
| | 效益指标(30分) | 经济效益指标 | 消除隐患,保证安全度汛,减少人民生命和财产损失 | 10 | 显著 | 显著 | | 10 | 佐证和支撑材料难以量化,酌情扣减 |
| | | | 促进区域经济社会发展 | 5 | 显著 | 显著 | | 4.5 | |
| | | 社会效益指标 | 减少主体工程缺陷率,确保水利工程完整及安全运行,保障流域内人民生命财产安全 | 5 | 显著 | 显著 | | 5 | |

| 一级指标 | 二级指标 | 三级指标 | 分值 | 年度指标值(A) | 全年实际值(B) | 得分计算方法 | 得分 | 未完成原因分析 |
|---|---|---|---|---|---|---|---|---|
| 绩效指标 | 效益指标(30分) 生态效益指标 | 有利于生态环境保护或改善 | 5 | 显著 | 显著 | | 5 | 佐证和支撑材料难以量化,酌情扣减 |
| | 可持续影响指标 | 通过工程维修养护,保证工程完整和水资源的可持续利用 | 5 | 显著 | 显著 | | 4.5 | |
| | 满意度指标(10分) 服务对象满意指标 | 上级主管部门满意度(≥**％) | 10 | 显著 | 显著 | 同效益指标得分计算方式 | 9.5 | |
| 总分 | | | | | | | 96.5 | |

## 二、绩效评价报告范例

（封面）

（单位名称）20＊＊年度水利工程维修养护项目
财政支出绩效评价报告

项目名称:水利工程维修养护项目(20＊＊年)
项目单位:＊＊

20＊＊年＊＊月

（一）项目基本情况

1. 项目概况

项目名称:水利工程维修养护

项目类别:专项业务费项目

项目负责人:**　　　　　　联系电话:**

项目总预算:**万元,其中申请财政资金:**万元

项目实际到位金额:**万元,其中申请财政资金:**万元

项目实际支出金额:**万元,其中申请财政资金:**万元

项目起止时间:**年**月—**年**月

2. 项目单位基本情况

1999年7月,《关于同意成立**局的批复》(人事〔1999〕**号),**局隶属于**局,为具有行政职能的处级事业单位,根据**局《关于**局机构设置及科级领导职数的批复》(**局人事〔1999〕**号),下设办公室、水管处、财务处、**堤防管理所、**闸管理所。批复编制**人,现有在职职工**人,离退休职工**人。

**局主要职责为:(1)负责所辖范围内直管河道、枢纽等工程的统一管理和安全运行;负责所辖范围内直管水域及其岸线的管理和保护。(2)负责所辖范围内水资源的统一管理,负责取用水行为的监督管理,参与所辖范围内水资源调查、评价和论证工作,参加直管河道水量分配方案、年度水资源调度计划的制定,配合开展所辖范围内重要控制站水质监测和水资源保护监督管理工作。(3)负责所辖范围内直管工程防汛抗旱工作,参加审查直管工程的防御洪水方案;负责实施直管防洪工程的调度运用;按规定组织、协调所辖范围内水利突发公共事件的应急管理工作。

3. 项目基本情况

（1）项目背景及立项依据

水利工程是国民经济和社会发展的重要基础设施,在抗御水旱灾害、保障人民生命财产和国民经济发展、促进水资源的可持续利用和保护生态环境等方面发挥着重要作用。党中央、国务院高度重视水利工程运行管理工作,2011年中央一号文件明确提出"加快水利工程建设和管理体制改革。深化国有水利工程管理体制改革,落实好公益性、准公益性水管单位基本支出和维修养护经费。"根据《中华人民共和国水法》《中华人民共和国防洪法》《中华人民共和国河道管理条例》和《中华人民共和国水库大坝安全管理条例》,按照《国务院办公厅转发国务院体改办关于水利工程管理体制改革实施意见的通知》(国办发〔2002〕45号)、《中央级水利工程维修养护经费使用管理暂行办法(试点)》(财农〔2004〕269号)、《关于全面实行水利工程管理体制改革并拨付工程维修养护经费的通知》(水财经〔2006〕449号)等文件要求,开展水利工程维修养护工作,对于保证各类水利工程稳定运行,设备设施状况安全和完好,有效预防各类水利工程运行事故的发生,促进水利工程规范运行、安全运行、良性运行和管理现代化,充分发挥工程应有的防洪、除涝、供水和改善水环境等功能具有重要意义。

水利工程维修养护任务是对工程进行养护和及时修理,维持、恢复或局部改善原有工程面貌,以保持工程的设计功能,保证工程安全与正常运行。立项与测算的主要法规依

据:《中华人民共和国预算法》《水利工程管理体制改革实施意见》《水利工程维修养护定额标准(试点)》(水办〔2004〕307 号)及修订意见,《水利工程维修养护定额标准(试点)实用指南》《中央级水利工程维修养护经费使用管理办法(试点)》(财农〔2004〕269 号)、＊＊ 局三定方案等相关法律、法规、标准及有关规定。

(2) 项目主要内容

为确保工程完整、安全运行,充分发挥工程效益,20＊＊ 年 ＊＊ 局维修养护内容包括堤防长度 ＊＊ km、控导 ＊＊ 个、水闸 2 座、穿堤建筑物 ＊＊ 座。20＊＊ 年批复 ＊＊ 局维修养护经费为 ＊＊ 万元。具体工作内容包括:

① 堤防工程维修养护(＊＊ 万元),其中:堤顶养护土方 ＊＊ 立方米,边埝整修 ＊＊ 平方米,堤顶洒水 ＊＊ 台时,堤顶行道林养护 ＊＊ 株,堤坡养护土方 ＊＊ 立方米,排水沟翻修 ＊＊ 米,标志牌(碑)维护 ＊＊ 个,等等。

② 控导工程维修养护(＊＊ 万元),其中:坝顶维修养护 ＊＊ 立方米,坝顶路沿子石翻修 ＊＊ 立方米,备防石整修 ＊＊ 工日,草皮养护 ＊＊ 平方米,根石加固 ＊＊ 立方米,标志牌(碑)维护 ＊＊ 个,勘测设计费需经费 ＊＊ 万元,质量监督监理费需经费 ＊＊ 万元,等等。

③ 水闸工程维修养护(＊＊ 万元),其中:养护土方 ＊＊ 立方米,闸室连接段砌石护坡勾缝修补 ＊＊ 平方米,闸室连接段砌石护坡翻修 ＊＊ 立方米,防冲设施破坏抛石处理 ＊＊ 立方米,反滤排水设施维修养护 ＊＊ 米,出水底部构件养护 ＊＊ 平方米,混凝土破损修补 ＊＊ 平方米,交通桥桥面维护 ＊＊ 平方米,启闭机机体表面防腐处理 ＊＊ 平方米,钢丝绳维修养护 ＊＊ 工日,输变电系统维修养护 ＊＊ 工日,机电设备配件更换需经费 ＊＊ 万元;管理房维修养护 ＊＊ 平方米,管理区绿化 ＊＊ 平方米,自动控制设施维修养护需经费 ＊＊ 万元,等等。

4. 项目绩效目标

(1) 项目绩效总目标

通过开展水利工程的维修养护,保证各类水利工程正常运行,设备设施状况安全和完好,有效预防各类水利工程运行事故的发生。促进水利工程规范化运行,促进水利工程规范运行、安全运行、良性运行和管理现代化。发挥水利工程应有功能。做好安全鉴定工作,通过对水库、水闸、泵站等开展安全鉴定,及时掌握工程安全状况。提升水利工程维修养护整体管理水平,明确岗位职责,建立了有效的激励政策和约束机制,调动职工的积极性,实现内部管理的科学化、制度化、规范化。

(2) 年度绩效目标及指标

保证 ＊＊ 年度水利工程的正常运转。按照年度实施方案和设计方案开展日常维修养护项目和专项维修养护项目。年度内各种工程毁坏得到及时维修,保持河道堤防工程的完整,确保工程充分发挥工程效益。立足于工程现状,维护工程的原有规模标准不改变、不扩大,通过维修养护防止工程退化,维持、恢复或局部改善原有工程面貌,以保持工程的设计功能,确保工程安全与正常运行。做好数据分析和项目后期管理。保证水利维修养护项目达到年度预设绩效目标。

① 产出指标

本项目产出指标有 ＊＊ 个,其中:

数量指标:堤防维修养护长度(＊＊ 千米)、控导工程维修养护数量(＊＊ 处)、水闸工程维修养护数量(＊＊座)、水闸安全鉴定数量(＊＊座)、堤坝等的绿化面积(＊＊ $m^2$)、白蚁防治面积(＊＊ $m^2$)、监控设备、发电机、启闭机等设备维护数量(＊＊台套)。

质量指标:闸门、启闭机、升船机、监测设备、配电与输变电设施、照明、自动控制设施等机电设施及专用设备故障率,工程施工验收,绩效评价。

时效指标:按期完成率,预算实施方案与设计方案编制。

成本指标:人工费、材料、机械租赁费。

② 效益指标

本项目效益指标有 ＊＊ 个,其中:

经济效益指标:消除隐患,保证安全度汛,减少人民生命和财产损失。促进区域经济社会发展。

社会效益指标:减少主体工程缺陷率,确保水利工程完整及安全运行,保障流域内人民生命财产安全。

生态效益指标:有利于生态环境保护或改善。

可持续影响指标:通过工程维修养护,保证工程完整和水资源的可持续利用。

③ 满意度指标

服务对象满意度指标:用户满意度抽样调查(≥ ＊＊ ％)。

(二)项目单位绩效报告情况

依据本项目绩效评价指标体系及打分方法,＊＊ 局组织开展了自评价工作,并在自评价基础上,撰写了项目绩效自评价报告。

1. 积极组织编写项目绩效自评价报告

按照水利部整体部署和要求,及时组织开展了项目绩效自评价工作,根据项目绩效目标,对照项目实施方案,梳理核实有关绩效证明材料,在此基础上,参照《绩效评价管理办法》"财政支出绩效报告(参考提纲)",从项目概况、项目资金使用及管理情况、组织实施情况、项目绩效情况、需说明的问题等方面认真编制了水利工程维护养护项目绩效自评价报告。

2. 自评价得分

项目单位根据《绩效评价管理办法》和水利部有关规定,开展了水利工程维修养护项目预算绩效自评价工作,并按照项目预算绩效评价指标体系、评分标准和评分说明对项目绩效进行打分,自评价打分为 ＊＊ 分。

3. 项目绩效报告

项目单位编制的水利工程维护养护项目绩效报告介绍了项目单位基本情况及水利工程维修养护项目主要职责、项目背景、项目立项依据及立项情况、项目主要工作内容、绩效目标、项目资金使用及管理情况、组织实施情况,从项目的经济性、效率性、有效性和可持续性四个方面对项目产出指标、效益指标、服务对象满意度指标等绩效情况进行了分析,总结了 20＊＊ 年度主要经验及做法、存在问题和建议。

项目绩效自评价报告认为,20＊＊ 年水利工程维修养护项目按程序履行申报、立项手续;具有明确的项目实施方案;绩效目标经水利部批复;各级承担单位责任主体明确,财务管理制度健全,项目的管理能够确保项目的顺利完成;项目的组织实施达到了预期的总目标和年度绩效目标,项目支出控制在预算范围之内,按项目实施方案中的进度安排全部完成,质量指标达到要求,项目的经济效益、社会效益、服务对象满意度均达到了绩效目标指标要求。通过开展水利工程的维修养护,保证了各类水利工程正常运行,设备设施状况安全和完好,有效预防各类水利工程运行事故的发生。促进水利工程规范化运行,促进水利工程规范运行、安全运行、良性运行和管理现代化,发挥水利工程应有功能。做好安全鉴定工作,通过对水库、水闸、泵站等开展安全鉴定,及时掌握工程安全状况。提升水利工程维修养护整体管理水平,明确岗位职责,建立了有效的激励政策和约束机制,调动了职工的积极性,实现内部管理的科学化、制度化、规范化。基本完成了年度预设绩效目标。

（三）项目绩效资评价工作情况

1. 绩效评价目的

通过绩效自评价,对 ∗∗ 年度水利工程维修养护项目的投入、过程、产出、效果等涉及的项目立项、业务管理、财务管理、项目产出、项目效益等进行全方位的总结分析,对项目财政支出的经济性、效率性、有效性和可持续性进行客观、公正的评价,增强绩效意识,促进财政支出绩效管理,强化支出责任和效率,提高财政资金使用效率;总结经验,进一步加强预算管理改革,不断提高预算绩效管理工作水平。

2. 绩效评价原则、评价指标体系、评价方法

（1）绩效评价原则

绩效评价工作组根据《绩效评价管理办法》,结合水利工程维修养护项目实际情况,在绩效评价工作过程中,遵循科学规范、公正公开原则、绩效相关原则。

（2）绩效指标体系

根据绩效评价的要求,在上级主管部门制定的水利工程维修养护项目预算绩效评价指标体系基础上,项目单位制定了项目自评价绩效指标体系。

（3）绩效评价方法

绩效评价工作,选用多种方法进行绩效评价,坚持简便有效的原则。本项目绩效评价工作采用了成本效益分析法、比较法、因素分析法等评价方法。

通过对 ∗∗ 年度项目的支出与效益进行对比分析,以评价绩效目标实现程度;通过对项目的绩效目标与实施效果、项目实际支出与产生效益对比分析,综合分析绩效目标实现程度;通过综合分析影响绩效目标实现、实施效果的内外因素,评价绩效目标实现程度。

3. 绩效评价工作过程

（1）前期准备

根据上级主管部门绩效评价的工作安排,项目单位制定了实施方案,组建了绩效自评价工作组,并组织学习了相关文件、政策,提前审阅了项目预算申报文本、绩效报告等材料。

（2）组织实施

绩效自评价工作中,绩效自评价工作组听取了项目单位对项目执行情况的介绍,就有关问题进行了质询,现场收集绩效评价相关资料,对资料进行审查核实;查看项目成果、资金使用管理等其他方面的资料,如检查档案资料和成果资料,重点核对可量化指标的实际

完成情况；抽查审阅相关会议记录、分析材料等，结合调查问卷等核对定性指标完成情况；结合财务支出资料，核对并分析对应经费支出的合理性、真实性。在讨论答疑、查看核对资料的基础上，绩效自评价工作组参照项目预算绩效评价指标体系、评分标准和评分说明，对项目进行打分、统计，最后得出该项目绩效评价分值。

根据资料审查核实情况、绩效评价分值、绩效评价等级和被评价单位的答疑、初步反馈意见，绩效评价工作组集体起草、讨论、综合分析并形成评价结论。在绩效自评价工作中，充分利用了项目绩效目标运行情况中期检查报告的成果。

（3）分析评价

对项目的投入、过程、产出、效果等进行分析，与绩效评价指标体系对比并进行打分。对项目的经济性、效率性和效益性进行分析，结合指标体系打分情况做出项目的综合评价情况和评价结论，最终形成绩效自评价报告。

（四）绩效评价指标分析情况

1. 项目资金情况分析

（1）项目资金到位情况分析

① 预算编制情况。项目预算明细及各部分支出内容的测算依据如下：

维修（护）费 ** 万元，电费 ** 万元，差旅费 ** 万元，租赁费 ** 万元，办公设备购置 ** 万元、专用设备购置 ** 万元。

② 资金到位情况。20** 年 ** 月，** 以《 ** 关于批复 ** 年预算的通知》( **〔20 ** 〕** 号）批复水利工程维护养护项目经费 ** 万元，其中财政资金 ** 万元，资金到位率 ** ％。

（2）项目资金使用情况分析

20** 年度水利工程维修养护项目，实际到位预算资金 ** 万元，实际支出预算资金 ** 万元，已序时有效的全部完成了 ** 年度预算执行工作（项目经费预决算对比情况见表 7-7）。

表 7-7　项目预算执行情况对照表　　　　　　　　　　　　万元

| | 科　目 | 预　算 | 执　行 | 差　额 |
|---|---|---|---|---|
| 资金来源 | 合　计 | ** | ** | ** |
| | 财政拨款 | ** | ** | ** |
| | 其他资金 | ** | ** | ** |
| 支出明细 | 合　计 | ** | ** | ** |
| | 办公费 | ** | ** | ** |
| | 印刷费 | ** | ** | ** |
| | …… | …… | …… | …… |
| 项目经费结转（结余） | | ** | | |

项目单位会计核算规范，预算控制有效，未发现支出依据不合规、虚列项目支出的情况，未发现截留、挤占、挪用项目资金的情况，未发现超标准开支情况。项目执行进度科学合理，达到预算执行进度目标要求。

（3）项目资金管理情况分析

① 财务管理制度制定情况

项目单位认真贯彻国家相关制度办法，同时结合工作实际，先后制订了《维修养护管理办法》《维修养护监督检查办法》《维修养护经费使用管理责任制度》《维修养护经费支付办法》《维修养护项目验收管理规定》《维修养护合同示范文本》等规章制度，从资金管理、预算管理、资产管理、合同管理等方面不断完善水利工程维护养护项目的管理制度体系，健全财务管理制度。

② 财务制度执行情况

\*\* 年水利工程维修养护项目实行专项管理，在经费使用上，严格按照《中央本级项目支出预算管理办法》等财政部有关规定执行，预算经费独立核算、专款专用，各项支出均按照财务管理各项规章制度要求，做到经费支出合理，经常核查项目具体实施进度，确保项目按进度计划实施，做好水利工程维护养护资金的管理和财务核算，切实有效保证各项水利工程维护养护工作的顺利完成，预算执行情况良好。

通过各项制度的严格执行，\*\* 年项目执行中未出现违法违规现象，资金支出安全有效，财务运行健康有序。

2. 项目实施情况分析

（1）项目组织情况分析

水利工程维修养护项目由 \*\* 单位统一管理，由 \*\*、\*\* 等单位共同承担。水利工程维修养护项目组织机构健全，项目目标与责任分工明确，组织实施程序符合业务规范要求，项目主要参与人员经验丰富，技术力量雄厚，基础设施设备条件完备，能够确保项目顺利、高效、高质量的完成。

\*\* 单位作为项目主管部门切实履行项目管理职责，指导、督促各单位扎实开展业务工作；\*\* 单位财务主管部门及时批复项目预算和绩效目标，监督、指导资金管理和使用。各承担单位任务分工明确，切实可行，根据编制的《水利工程维修养护项目项目 \*\* 年度实施方案》，细化梳理年度工作任务，主要业务工作制定详细的工作计划、工作方案，同时，把工作责任落实到班子成员、部门和个人，做到有计划、有安排、有检查、有督促，充分利用现有人员、技术、设备等支撑条件，加强质量控制和服务保障，合理安排开展水利工程维护养护业务。项目完成后，各预算执行单位按照规定分别组织完成了项目自验工作。

根据目前项目单位的职能及技术力量，本着管养分离的原则，充分利用社会资源，委托有经验、能力的社会企业承担的维修养护工作。目前各项工作均已按照计划进度实施完成，截至 \*\* 年 \*\* 月，全部外委项目均已通过合同验收。在项目实施过程中，项目单位注重档案资料的归纳与管理，按资料清单要求完成项目实施过程中资料收集和管理工作，工作及时，资料基本完整。

（2）项目管理情况分析

① 水利工程维修养护项目管理制度健全

水利工程维修养护项目由 \*\*、\*\* 共同承担。水利工程维修养护项目承担单位机构健全，项目目标与责任分工明确，组织实施程序符合业务规范要求，项目主要参与人员经验丰富,技术力量雄厚,基础设施设备条件完备,能够确保项目的顺利、高效、高质量完成。

② 制度执行有效、质量可控

在外委项目的管理上,项目单位均严格执行《\*\*》等规定,规范了项目实施程序,切实加强项目合同全过程的监管。合同订立前均认真审查委托单位的资信情况,以及履行合同应具有的相应资质和业务能力,审核通过后方可签订。合同验收后,经相关领导签字审核方可结算(项目委托业务实施情况见表7-8)。

表 7-8 项目委托业务费实际支出与计划对照表

| 序号 | 合同名称 | 被委托单位 | 预算金额(万元) | 实际金额(万元) |
|---|---|---|---|---|
| 1 | \*\* | \*\* | \*\* | \*\* |
| 2 | \*\* | \*\* | \*\* | \*\* |
| … | … | … | … | … |
| 合　计 | | | \*\* | \*\* |

3. 项目绩效情况分析

(1) 项目经济性分析

① 项目成本(预算)控制情况

项目单位针对项目工作实际,合理确定外委项目,并通过定向委托等方式确定合作单位,通过合同洽谈等工作,进一步明确合同内容,提高了外委资金使用效益。开展日常工作中,尽量通过业务系统、电子邮件、实时通讯工具等传输电子文档,有效减少了纸张及办公耗材等日常办公开支和邮电费用。对于符合政府采购要求的商品和服务,严格按照《政府采购法》《招投标法》等法律法规实施政府采购,\*\*年度水利工程维修养护项目通过政府采购确定施工单位,目前均已通过政府采购实施完成。项目预算执行严格按照预算控制数,资金使用安全,无违规使用项目经费情况。项目支出总金额没有突破年度预算,项目预算总体控制较好。

② 项目成本(预算)节约情况

项目单位厉行节约,多措并举严格控制项目成本。推行无纸化办公、双面打印等,节约办公耗材;通过政府采购进行设备购置,节约资金。

(2) 项目的效率性分析

① 项目的实施进度

根据项目实施方案中的进度安排,该项目按计划全部完成。项目的实施进度基本均衡,其中:日常维修维护项目工作计划主要按汛前、汛期、汛后三个时间段安排。汛前(1—4月)提早部署检查、做好度汛准备,汛期(5—9月)强化运维工作、保障系统安全,汛后(10—12月)做好汛后巡检,总结交流、提升服务水平。专项维修养护项目主要按照年初制定的项目目标计划,并结合季节情况实施。

项目单位水利工程维修养护工作有序开展、及时有效,全部完成了项目预期目标。

② 项目完成质量

　　水管单位结合自身工作特点、专业技术人员配置及当年维修养护项目安排情况,合理确定维修养护设计(监理)工作。日常维修养护及一般专项维修养护项目,主要依靠工程普查及日常管理情况确定维修养护工作量,一般应由管理单位自行组织勘测设计。专业性强、技术含量高或采用新材料、新工艺的重要专项维修养护项目,可委托具有相应资质的单位进行设计。日常维修养护项目一般应由管理单位自行组织进行施工质量监督检查,专项维修养护项目可委托具有相应资质的单位进行监理。

　　加强对维修养护设计(监理)单位和人员资质审查,择优选择具备相应资质、信誉好、服务到位的单位和人员承担维修养护的设计(监理)任务,并加强监督检查和协调力度,充分发挥设计(监理)单位的作用。

　　(3)项目的效益性分析

　　① 项目预期目标完成程度

　　根据《关于批复 2017 年预算的通知》( ∗∗ 局财务〔2017〕∗∗ 号),批复项目总预算 ∗∗ 万元和项目绩效目标表,该单位能够认真按照批复金额和内容实施 20 ∗∗ 年维修养护项目。项目绩效指标已经完成,达到预期目标。

　　② 项目实施对经济和社会的影响

　　维修养护项目实施防止水利工程的老化、退化,对水利工程进行经常保养和防护,及时处理局部、表面、轻微的缺陷和损坏,并对工程出现的较大损坏和问题进行必要的整修和局部改善,保持工程的完整、安全与正常运用,充分发挥工程效益,促进地区经济社会全面协调可持续发展,维护社会稳定。

　　(4)项目的可持续性分析

　　水利工程维修养护项目自实施以来,对于保障水利工程正常运行起到了重要作用。由于水利管理单位地域不同、主材年度间波动、工程水毁程度不同等因素影响,水利工程维修养护的内容和定额标准也将会进行调整,该项目资金也有所增加,对项目单位机构人员的要求也会更加严格,相关管理措施也需进一步完善。该项目为专项业务费项目,项目实施单位人员安排基本稳定,各项管理措施全面有效,项目资金来源稳定,具备了未来一段时间内持续实施的条件(绩效目标完成情况详见表 7-9)。

表 7-9　∗∗ 年水利工程维修养护项目支出绩效目标完成情况对照表

| 批复绩效目标 | 目标 1:保证各类水利工程正常运行,设备设施状况安全和完好;<br>目标 2:有效预防各类水利工程运行事故的发生;<br>目标 3:促进水利工程规范运行、安全运行、良性运行和管理现代化;<br>目标 4:发挥工程应有的防洪、除涝、供水和改善水环境等功能,对经济社会发展起到积极的作用 | 绩效目标完成情况 | 目标 1:保证各类水利工程正常运行,设备设施状况安全和完好;<br>目标 2:有效预防各类水利工程运行事故的发生;<br>目标 3:促进水利工程规范运行、安全运行、良性运行和管理现代化;<br>目标 4:发挥工程应有的防洪、除涝、供水和改善水环境等功能,对经济社会发展起到积极的作用 |
| --- | --- | --- | --- |

| 序号 | 一级指标 | 二级指标 | 指标内容 | 指标值 | 已完成指标值 |
|---|---|---|---|---|---|
| | | | 绩效指标批复情况 | | 绩效指标完成情况 |
| 1 | 产出指标 | 数量指标 | 堤防工程维修养护 | ** 千米 | ** 千米 |
| 2 | | | 控导工程维修养护 | ** 处 | ** 处 |
| 3 | | | 水闸工程维修养护 | 2 座 | 2 座 |
| 4 | | 质量指标 | 闸门、启闭机、升船机、监测设备、配电与输变电设施、照明、自动控制设施等机电设施及专用设备故障率 | 故障率≤5% | 故障率≤5% |
| 5 | | | 工程施工验收 | 通过 | 通过 |
| 6 | | 时效指标 | 按期完成率 | ≥95% | ≥95% |
| 7 | | | 收集、整理维修养护相关竣工资料时间 | 20** 年 6 月 30 日之前 | 20** 年 5 月 8 日 |
| 8 | | | 各基层局结合工程实际及财务支付进度要求,每月安排组织实施维修养护项目时间 | 每月 25 日之前 | 每月 25 日之前 |
| 9 | | 成本指标 | …… | | |
| 10 | 效益指标 | 经济效益指标 | 消除隐患,保证安全度汛,减少人民生命和财产损失 | 显著 | 显著 |
| 11 | | | 促进区域经济社会发展 | 显著 | 显著 |
| 12 | | 社会效益指标 | 减少主体工程缺陷率,确保水利工程完整及安全运行,保障流域内人民生命财产安全 | 显著 | 显著 |
| 13 | | 生态效益指标 | 有利于生态环境保护或改善 | 显著 | 显著 |
| 14 | | 可持续影响指标 | 通过工程维修养护,保证工程完整和水资源的可持续利用 | 显著 | 显著 |
| 15 | 满意度指标 | 服务对象满意度指标 | 上级主管部门满意度(≥** %) | 95 | 96 |

(五)综合评价工作情况及评价结论

1. 评价工作开展情况

项目绩效评价工作组通过听取项目执行情况的介绍,查阅了项目自评价报告,现场收集了项目绩效评价相关资料,并对资料进行了审查核实;查看了项目成果、资金使用管理等其他方面的资料,如检查档案资料和成果资料,重点核对可量化指标的实际完成情况;结合财务支出资料,核对并分析对应经费支出的合理性、真实性并抽查至相关的原始资料、合同;就发现的有关问题进行了质询,并进行了记录。

在讨论答疑、查看核对资料的基础上,项目绩效评价工作组依据水利工程维修养护项目的评价体系、评分标准、评分说明,对项目进行打分、统计,最后得出该项目绩效评价分值。

2. 评价结论

项目绩效评价工作组认为 ** 单位 ** 年度水利工程维修养护项目立项过程合规,绩效目标明确、量化,资金预算分配合理,能按照实施方案和批复的绩效目标组织实施。各承担单位责任分工明确,各项管理制度较为健全,项目管理较为完善、规范,资金使用规范有效。项目实施完成了预期的绩效目标并达到了预期结果。

** 年度水利工程维修养护项目综合评价得分为 96 分,其中项目投入得分 ** 分、项目过程得分 ** 分、项目产出得分 ** 分、项目效果得分 ** 分,绩效评定级别为" ** "。整体上,该项目投入、过程、产出及效果 4 个方面完成情况均较好,从前期项目立项及内容设计,到中间项目过程管理,以及最后项目产出、效果实现,均未出现较为薄弱管控环节或执行风险,项目总体执行情况较好,完成质量较高(项目绩效评价指标体系及评分情况见表7-10)。

表 7-10　20 ** 年度水利工程维修养护项目绩效评价指标体系及评分标准

| 一级指标 | 分值 | 二级指标 | 分值 | 三级指标 | 分值 | 四级指标 | 分值 | 指标解释 | 计划指标值 | 实际完成值 | 评价标准 | 得分 |
|---|---|---|---|---|---|---|---|---|---|---|---|---|
| 投入 | 20 | 项目立项 | 18 | 项目立项规范性 | 2 | 立项程序规范完整性 | 1 | 项目申请、设立的程序及相关资料是否符合相关要求,如"是否经过专家可行性研究(实施方案)、专家论证、风险评估、集体决策"等。用以反映和考核项目立项程序的规范完整性 | —— | | 预算申报材料(申报文本、绩效目标、实施方案),共3项材料,每缺少一项扣0.5分,扣至0分为止 | 1 |
| | | | | | | 立项论证的充分性 | 1 | 项目申请、设立的论证是否充分。用以反映和考核项目立项论证的充分性 | —— | | 1.项目申请、设立的论证充分,1分;2.项目申请、设立的论证较充分,0.5分;3.项目申请、设立的论证充分性不够,0分 | 1 |

| 一级指标 | 分值 | 二级指标 | 分值 | 三级指标 | 分值 | 四级指标 | 分值 | 指标解释 | 计划指标值 | 实际完成值 | 评价标准 | 得分 |
|---|---|---|---|---|---|---|---|---|---|---|---|---|
| 投入 | 20 | 项目立项 | 18 | 绩效目标合理性 | 8 | 目标与职能的相符性 | 2 | 项目所设定的绩效目标与项目单位职能是否相符。用以反映和考核项目绩效目标与单位职能相符情况 | —— | —— | 1.绩效目标符合项目单位职能，2分；2.绩效目标较符合项目单位职能，1~2分；3.绩效目标与项目单位职能不够相符，0~1分 | 2 |
| | | | | | | 目标政策依据的充分性 | 2 | 项目所设定的绩效目标与项目单位职能是否相符。用以反映和考核项目绩效目标与单位职能相符情况 | —— | —— | 1.绩效目标符合项目单位职能，2分；2.绩效目标较符合项目单位职能，1~2分；3.绩效目标与项目单位职能不够相符，0~1分 | 2 |
| | | | | | | 目标与现实需求相符性 | 2 | 项目所设定的绩效目标是否符合客观实际、现实需求。用以反映和考核项目绩效目标与现实需求的相符情况 | —— | —— | 1.绩效目标符合现实需求，2分；2.绩效目标较符合现实需求，1~2分；3.绩效目标与现实需求不够相符，0~1分 | 1.8 |
| | | | | | | 关键目标的明确合理性 | 2 | 项目绩效目标的关键目标是否明确、合理，指标值是否经过调查研究和科学论证，符合客观实际，能够在一定期限内如期实现。用以反映绩效目标的明确性以及指标值的合理性 | —— | —— | 1.包含关键目标且指标值设置合理，2分；2.包含关键目标，但指标值设置不够合理，1~2分；3.没有关键目标，0~1分 | 2 |

| 一级指标 | 分值 | 二级指标 | 分值 | 三级指标 | 分值 | 四级指标 | 分值 | 指标解释 | 计划指标值 | 实际完成值 | 评价标准 | 得分 |
|---|---|---|---|---|---|---|---|---|---|---|---|---|
| 投入 | 20 | 项目立项 | 18 | 绩效指标明确性 | 8 | 绩效指标细化、量化程度 | 2 | 绩效指标(产出指标,效果指标)是否清晰、细化、量化,不能以量化形式表述的是否可衡量。用以反映和考核项目绩效目标的明细化及量化情况 | —— | —— | 1.绩效指标清晰、细化、量化,2分;2.绩效指标较清晰、细化、量化,1~2分;3.绩效指标不够清晰、细化、量化,0~1分 | 1.8 |
| | | | | | | 绩效指标与绩效目标的匹配性 | 3 | 项目绩效指标是否与绩效目标关联,绩效指标是否充分体现绩效目标。用以反映绩效指标与绩效目标的匹配情况 | —— | —— | 1.绩效指标与绩效目标匹配,3分;2.绩效指标与绩效目标较匹配,1.5~3分;3.绩效指标与绩效目标不够匹配,0~1.5分 | 3 |
| | | | | | | 绩效指标与预算的匹配性 | 3 | 绩效指标与预算是否匹配。用以反映和考核项目绩效指标与项目预算的对应情况 | —— | —— | 1.绩效指标与项目预算匹配,3分;2.绩效指标与项目预算较匹配,1.5~3分;3.绩效指标与项目预算不够匹配,0~1.5分 | 2.5 |
| | | 资金落实 | 2 | 资金足额到位性 | 1 | 资金到位率 | 1 | 实际到达最末级单位的资金金额与计划投入资金的比率,用以反映和考核资金落实情况对项目实施的总体保障程度。资金到位率=(实际到位资金/预算金额)×100%。实际到位资金:一定时期内实际落实到具体项目的资金。预算资金:一定时期内计划投入到具体项目的资金 | —— | —— | 得分=资金到位率×1分 | 1 |
| | | | | 资金及时到位性 | 1 | 资金到位及时率 | 1 | 考核资金到达各级单位的及时性,预算批复后资金是否在15个工作日内下达 | —— | —— | 1.预算批复后资金在15个工作日内下达,1分;2.预算批复后资金在20个工作日内下达,0.5分;3.预算批复后资金超过20个工作日下达,0分 | 1 |

| 一级指标 | 分值 | 二级指标 | 分值 | 三级指标 | 分值 | 四级指标 | 分值 | 指标解释 | 计划指标值 | 实际完成值 | 评价标准 | 得分 |
|---|---|---|---|---|---|---|---|---|---|---|---|---|
| 过程 | 25 | 业务管理 | 13 | 业务管理制度健全性 | 3 | 业务管理制度健全性 | 3 | 项目实施单位针对项目相关业务内容,所适用的业务管理制度是否明确,自身制定的业务管理制度是否健全,包括项目的设立、质量管理、安全管理、项目验收等流程管理制度。用以反映管理制度的健全性 | —— | —— | 1.业务管理制度健全,3分;<br>2.业务管理制度较健全,1.5~3分;<br>3.业务管理制度不够健全,0~1.5分 | 2.8 |
| | | | | 制度执行有效性 | 6 | 业务执行与制度相符性 | 2 | 业务执行(如立项、实施、政府采购、质量安全管理、项目验收等)是否符合相关的法律、法规,是否符合相关业务管理制度要求。用以反映业务执行与法律法规、业务管理制度的相符性 | —— | —— | 1.业务执行符合相关法律法规、业务管理制度的要求,2分;<br>2.业务执行较符合相关法律法规、业务管理制度的要求,1~2分;<br>3.业务执行不够符合相关法律法规、业务管理制度的要求,0~1分 | 2 |
| | | | | | | 项目档案的完备性和正确性 | 2 | 项目档案是否能完整反映业务流程的各个环节,档案资料内容是否正确、不矛盾冲突。用以反映和考核项目档案的质量 | —— | —— | 1.项目档案完备且资料内容正确,2分;<br>2.项目档案较完备且资料内容较正确,1~2分;<br>3.项目档案不够完备且资料内容不够正确,0~1分 | 2 |
| | | | | | | 调整手续履行情况 | 2 | 业务工作内容调整手续是否按制度履行。用以反映调整手续的执行情况 | —— | —— | 1.严格按照制度履行调整手续,2分;<br>2.较严格按照制度履行调整手续,1~2分;<br>3.未能严格按照制度履行调整手续,0~1分 | 2 |

| 一级指标 | 分值 | 二级指标 | 分值 | 三级指标 | 分值 | 四级指标 | 分值 | 指标解释 | 计划指标值 | 实际完成值 | 评价标准 | 得分 |
|---|---|---|---|---|---|---|---|---|---|---|---|---|
| 过程 | 25 | 业务管理 | 13 | 项目质量可控性 | 4 | 质量标准健全性 | 2 | 项目实施单位是否已制定或具有相应的项目质量要求或标准。用以反映和考核项目质量标准建设情况 | —— | —— | 1.制定的项目质量要求或标准健全,2分;2.制定的项目质量要求或标准较健全,1～2分;3.制定的项目质量要求或标准不够健全,0～1分 | 2 |
| | | | | | | 管控措施有效性 | 2 | 项目实施单位是否为达到项目质量要求而采取了必需且有效的措施。用以反映和考核项目实施单位对项目质量的控制情况 | —— | —— | 1.为达到项目质量要求而采取的管控措施有效,2分;2.为达到项目质量要求而采取的管控措施较有效,1～2分;3.未采取必需且有效的管控措施,项目完成质量较差,0～1分 | 2 |
| | | 财务管理 | 12 | 财务管理制度健全性 | 3 | 财务管理制度健全性 | 3 | 项目实施单位的财务管理制度是否全面、完整、合理。用以反映和考核财务管理制度对资金规范、安全运行的保障情况 | | | 1.财务管理制度全面、完整、合理,3分;2.财务管理制度较全面、完整、合理,1.5～3分;3.财务管理制度不够全面、完整、合理,0～1.5分 | 3 |
| | | | | 资金使用合规性 | 6 | 资金使用合法合规性 | 3 | 资金使用是否单独核算、符合会计核算制度、有完整的审批手续,项目的重大开支是否经过评估认证;委托单位的遴选程序是否符合相关法律法规要求,如招投标、多家方案比选等;项目资金使用是否存在截留、挤占、挪用、虚列支出等情况。用以反映和考核项目资金使用的合法合规情况 | —— | —— | 1.资金使用合法合规,3分;2.资金使用较合法合规,1.5分;3.资金使用不够合法合规,0分 | 2.5 |

| 一级指标 | 分值 | 二级指标 | 分值 | 三级指标 | 分值 | 四级指标 | 分值 | 指标解释 | 计划指标值 | 实际完成值 | 评价标准 | 得分 |
|---|---|---|---|---|---|---|---|---|---|---|---|---|
| 过程 | 25 | 财务管理 | 12 | 资金使用合规性 | 6 | 资金使用与预算的一致性 | 3 | 项目资金使用是否符合项目预算批复用途。用以反映和考核项目资金使用与预算的一致性 | —— | —— | 1.资金使用与预算批复一致,3分; 2.资金使用与预算批复较一致, 1.5~3分; 3.资金使用与预算批复不够一致, 0~1.5分 | 2.5 |
| | | | | 财务监控有效性 | 3 | 财务监控有效性 | 3 | 项目实施单位是否为保障资金的安全、规范运行而建立了内控管理制度,是否采用了必要的监控措施,如不相容岗位相互分离、内部授权审批控制、预算控制、会计控制、单据控制、信息内部公开等,是否做到会计核算规范、信息真实。用以反映和考核项目实施单位对资金运行的控制情况 | —— | —— | 1.财务监控机制健全,管控措施有效,3分; 2.财务监控机制较健全,管控措施较有效,1.5~3分; 3.财务监控机制不够健全,管控措施不够有效,0~1.5分 | 3 |
| 产出 | 25 | 项目产出 | 25 | 数量指标 | 12 | 堤防工程维修养护 | 3 | 定量指标若为正向指标(即指标值为≥),则得分计算方法应用[全年实际值(B)/年度指标值(A)]×该指标分值;若定量指标为反向指标(即指标值为≤*),则得分计算方法应用[年度指标值(A)/全年实际值(B)]×该指标分值 | **千米 | **千米 | 实际完成率得分=实际完成率×3分(超过3分的按3分计) | 3 |
| | | | | | | 控导工程维修养护 | 3 | | **处 | **处 | 实际完成率得分=实际完成率×3分(超过3分的按3分计) | 3 |
| | | | | | | 水闸工程维修养护 | 3 | | 2座 | 2座 | 实际完成率得分=实际完成率×3分(超过3分的按3分计) | 3 |
| | | | | | | 编制设计方案数量 | 3 | | 1个 | 1个 | 实际完成率得分=实际完成率×3分(超过3分的按3分计) | 3 |

| 一级指标 | 分值 | 二级指标 | 分值 | 三级指标 | 分值 | 四级指标 | 分值 | 指标解释 | 计划指标值 | 实际完成值 | 评价标准 | 得分 |
|---|---|---|---|---|---|---|---|---|---|---|---|---|
| 产出 | 25 | 项目产出 | 25 | 质量指标 | 5 | 维修养护项目施工质量是否符合有关标准 | 2.5 | 对照实际批复的绩效目标,对项目质量达标情况进行评价 | 合格 | 合格 | 1.项目达到既定标准,2.5分;<br>2.项目较好达到既定标准,1.25分;<br>3.项目未达到既定标准,0分 | 2.5 |
| | | | | | | 维修养护项目验收通过率 | 2.5 | | 100% | 100% | 1.项目达到既定标准,2.5分;<br>2.项目较好达到既定标准,1.25分;<br>3.项目未达到既定标准,0分 | 2.5 |
| | | | | 时效指标 | 4 | 组织编制详细的工程年度维修养护设计方案、签订相关合同时间 | 1 | 项目产出时效是否符合项目绩效目标及实施方案的进度要求,用以考核和反映项目完成的及时性 | 20＊＊年12月31日前 | 20＊＊年12月31日前 | 1.项目完成及时,1分;<br>2.项目完成较及时,0.5分;<br>3.项目完成不够及时,0分 | 1 |
| | | | | | | 收集、整理维修养护相关竣工资料时间 | 1 | | 20＊＊年12月31日前 | 20＊＊年12月31日前 | 1.项目完成及时,1分;<br>2.项目完成较及时,0.5分;<br>3.项目完成不够及时,0分 | 1 |
| | | | | | | 各基层局结合工程实际及财务支付进度要求,每月安排组织实施维修养护项目时间 | 1 | | 每月25日之前 | 每月25日之前 | 1.项目完成及时,1分;<br>2.项目完成较及时,0.5分;<br>3.项目完成不够及时,0分 | 1 |
| | | | | | | 进行维修养护项目验收工作时间 | 1 | | 2018年3月31日前 | 2018年3月31日前 | 1.项目完成及时,1分;<br>2.项目完成较及时,0.5分;<br>3.项目完成不够及时,0分 | 1 |

续 表

| 一级指标 | 分值 | 二级指标 | 分值 | 三级指标 | 分值 | 四级指标 | 分值 | 指标解释 | 计划指标值 | 实际完成值 | 评价标准 | 得分 |
|---|---|---|---|---|---|---|---|---|---|---|---|---|
| 产出 | 25 | 项目产出 | 25 | 成本指标 | 4 | 文件印刷费用成本控制 | 1 | 对项目总成本控制及成本节约情况进行评价 | ≤**元/本 | ≤**元/本 | 1.项目成本不超预算,且按照财务规定执行,1分;<br>2.项目成本不超预算,未按照财务规定执行,每出现1次扣0.25分,扣至0分为止 | 1 |
| | | | | | | 电费标准 | 1 | | ≤0.83元/kwh | ≤0.83元/kwh | 1.项目成本不超预算,且按照财务规定执行,1分;<br>2.项目成本不超预算,未按照财务规定执行,每出现1次扣0.25分,扣至0分为止 | 1 |
| | | | | | | 差旅费控制标准 | 1 | | ≤510元/人·天 | ≤510元/人·天 | 1.项目成本不超预算,且按照财务规定执行,1分;<br>2.项目成本不超预算,未按照财务规定执行,每出现1次扣0.25分,扣至0分为止 | 1 |
| | | | | | | 咨询费控制标准 | 1 | | ≤**0元/人·次 | ≤**0元/人·次 | 1.项目成本不超预算,且按照财务规定执行,1分;<br>2.项目成本不超预算,未按照财务规定执行,每出现1次扣0.25分,扣至0分为止 | 1 |

| 一级指标 | 分值 | 二级指标 | 分值 | 三级指标 | 分值 | 四级指标 | 分值 | 指标解释 | 计划指标值 | 实际完成值 | 评价标准 | 得分 |
|---|---|---|---|---|---|---|---|---|---|---|---|---|
| 效果 | 30 | 项目效益 | 30 | 效益情况 | 24 | 减少地方洪涝灾害损失 | 4 | 对照绩效目标,对项目产生的效益进行评价 | 效果显著 | 效果显著 | 1.效益较好,4分;<br>2.效益一般,2～4分;<br>3.效益不够显著,0～2分 | 4 |
| | | | | | | 通过对水利工程开展维修养护保护当地人民群众防洪安全 | 4 | | 效果显著 | 效果显著 | 1.效益较好,4分;<br>2.效益一般,2～4分;<br>3.效益不够显著,0～2分 | 4 |
| | | | | | | 是否促进流域生态和谐发展 | 4 | | 效果显著 | 效果显著 | 1.效益较好,4分;<br>2.效益一般,2～4分;<br>3.效益不够显著,0～2分 | 3.1 |
| | | | | | | 美化当地卫生环境 | 4 | | 效果显著 | 效果显著 | 1.效益较好,4分;<br>2.效益一般,2～4分;<br>3.效益不够显著,0～2分 | 3 |
| | | | | | | 延长水利工程使用寿命 | 4 | | 效果显著 | 效果显著 | 1.效益较好,4分;<br>2.效益一般,2～4分;<br>3.效益不够显著,0～2分 | 4 |
| | | | | | | 对防洪安保的有力保障 | 4 | | 效果显著 | 效果显著 | 1.效益较好,4分;<br>2.效益一般,2～4分;<br>3.效益不够显著,0～2分 | 4 |
| | | | | 服务对象满意度 | 6 | 工程管理单位满意度 | 2 | 对项目服务对象的满意度情况进行评价 | ≥90% | ≥90% | 1.满意度≥90%,2分;<br>2.其他情况,得分=(满意度/90%)×2分 | 2 |
| | | | | | | 社会公众投诉率 | 2 | | 0 | 0 | 1.0次,2分;<br>2.其他情况,得分=每增加1次,扣1分 | 2 |
| | | | | | | 地方管理单位对维修养护工作满意度 | 2 | | ≥90% | ≥90% | 1.满意度≥90%,2分;<br>2.其他情况,得分=(满意度/90%)×2分 | 2 |
| 得分合计 | | | | | | | | | | | | 96 |

131

（六）绩效评价结果应用建议

1. 预算安排

该项目绩效评价结果为"优秀"，项目预算发挥良好效果，达到预期效益，建议安排下一年度预算时应优先安排。

2. 评价结果公开

建议以合适方式在项目单位及上级主管单位政务网站予以公开。

（七）主要经验及做法、存在的问题和建议

1. 主要经验、做法

从水利工程维修养护项目实施情况看，整个项目从资金安排、项目管理等方面均有充分考虑，顺利完成了各项预定的绩效指标。主要经验及做法有：一是在项目实施与管理过程中，严格遵守各项政策、法规及相关管理制度，确保了各项工作合法有序开展。二是细化分解任务，各部门按照职责分工各司其职，保障了项目的顺利实施。三是强化项目过程控制，及时指导各部门按照进度做好项目管理。四是严格合同管理，保证了资金使用规范。

2. 存在问题和建议

（1）水利工程维修养护项目预算主要根据《水利工程维修养护定额标准（试点）》（水办〔2004〕307 号）及修订意见、《水利工程维修养护定额标准（试点）实用指南》测算，由于水利管理单位地域不同、主材年度间波动、工程水毁程度不同等因素，在实际执行时无法完全按照测算依据实施。建议对项目具体实施内容要求与定额规定有所区别。

（2）近年来水管单位新增了一些水利工程，未能相应增加维护经费。建议能够按照定额标准，适时增加水管单位维修养护经费。

（3）绩效评价业务知识需加强培训。财政部、水利部十分重视绩效管理，但是绩效管理的培训尤其是面向基层单位的绩效管理培训较少。建议加强绩效管理的培训工作，尤其是面向基层财务和业务人员的培训。

（八）其他需要说明的问题

无。

# 第八章 水行政执法监督项目

水行政执法是指水行政主管部门、流域管理机构和法律、法规授权的其他组织，按照法律、法规和规章的规定，在水事管理领域里，依法对水行政管理的相对人采取的直接影响其权利义务，或者对相对人的权利义务的行使和履行情况直接进行监督检查的具体行政行为。水行政执法监督工作是贯彻水法律法规的重要组成部分，对促进水利法制体系建设和推动水利改革与发展具有重要意义，是全面贯彻实施《水法》《防洪法》等水利法律法规的需要，也是加强社会主义法治建设的需要。根据《项目支出预算管理意见》规定，水利部在中央部门预算中将"水行政执法监督"设置为部门专用一级项目，目前该项目下设置了"水行政执法监督"1个二级项目。本章介绍的二级项目仅指水行政执法监督项目。

## 第一节 绩效评价的内容

### 一、项目概述

目前全国省际水事矛盾敏感河流共有 200 多处，水行政执法和省际水事纠纷调处任务十分繁重。水行政执法监督是一项长期的、持续的、艰巨的工作。为贯彻落实《中共中央关于全面推进依法治国若干重大问题的决定》和中共中央国务院《法治政府建设实施纲要(2015—2020 年)》的各项要求，切实履行《水法》等法律法规赋予的行政执法监管职能，贯彻执行党中央新时期治水方针和水利部党组治水新部署，全面推进依法治水管水，必须强化水行政执法监督，真正担负起保障水法律法规有效实施的重任，维护良好水事秩序，保障流域管理机构开展水行政执法、省际水事纠纷预防与调处、立法与普法等工作以及加强执法能力建设。

### 二、项目主要内容

水行政执法监督项目主要用于流域管理机构和其他单位开展流域立法，流域普法，流域执法，省际水事纠纷预防与调处，行政许可及管理，水政监察队伍建设与管理等方面的支出，项目年度间工作内容基本一致。主要工作内容如下：

1. 流域立法。流域立法工作内容主要包括立法规划，水法规及流域规范性文件制订与修订等。

2. 流域普法。流域普法工作内容工作主要包括普法规划制定、中期督查与验收、水法规汇编等常规宣传；世界水日、中国水周、国家宪法日暨全国法制宣传日和新法规及规范性文件宣贯、法规纪念日宣传等专题宣传。

3. 流域执法。流域执法主要工作内容包括巡查；水事案件调查、取证与处置，行政处罚执行，行政强制，听证、行政复议与诉讼等案件查处；采砂执法，涉河建设项目执法，联合执法，非法采砂整治，涉砂规费征收，跟踪督办等专项与综合执法活动；执法统计文书归档；法律顾问等。

4. 省际水事纠纷预防与调处。省际水事纠纷预防与调处工作内容主要包括排查化解活动、现场调查、技术论证、协调与处理、跟踪监督等。

5. 行政许可及管理。行政许可及管理工作内容主要包括许可窗口服务，许可考核及监督管理，许可业务培训等行政许可归口管理；前期准备与采砂规划编制，采砂年度实施方案编制与审批，采砂许可受理、审查和审批，监督管理，采砂验收与后评估等河道采砂许可与监督管理；涉河建设项目的审查审批，监督管理，专项验收；河道内水事活动的审查审批，监督管理，专项验收；吹填（整治）工程审查审批与监督管理等。

6. 水政监察队伍建设与管理。水政监察队伍建设与管理工作内容主要包括人员培训，人员考核与考评，监督检查等能力建设；执法人员保障、基本设备（设施）运行维护等执法保障。

### 三、绩效评价基本内容

水行政执法监督项目主要是为了完善水法律法规，保障其有效实施，维护流域良好水事秩序，保障流域管理机构开展水行政执法、省际水事纠纷预防与调处，规范行政许可，加强水政监察队伍建设与管理。项目绩效评价的基本内容应包括绩效目标设定、资金投入和使用、制度和措施保障、实现程度及效果等几个方面。

（一）绩效目标的设定情况

做好水行政执法工作对立法与普法，维护良好水事秩序，保障流域管理机构开展水行政执法、省际水事纠纷预防与调处、行政许可等工作以及加强执法能力建设具有重要的意义。因此绩效目标设定应包含：组织起草评估水法律、法规、规章、规范性文件，及时回复法律法规、规章、规范性文件修订意见，完善水法律法规；需开展执法巡查、检查，现场发现并及时处理水事违法行为，排查省际水事敏感地区，预防纠纷，以维护水事秩序；需通过常规普法宣传、专题与专项普法宣传相结合，做好普法宣传；对全国水政监察人员水政监察证件审核、制发，规范水政监察人员管理；聘请法律顾问提供法律咨询，保证水行政执法合法性；开展采砂管理检查、监督和现场执法巡查，保障水利工程安全运行；审查涉河建设项目和河道采砂许可，做到依法行政。通过规范立法、普法宣传、水政巡查检查、水事纠纷调处、依法行政、规范水政监察人员管理等一系列水行政执法监督工作，挽回直接经济损失，提升公众水法治意识，降低水事重大案件发生率，提高水政监察队伍执法能力和依法行政水平，确保河道湖泊防洪安全、供水安全和水生态安全，促进砂石、河道岸线等实现可持续利用，减少水污染事件以促进水生态环境健康发展。根据项目三年规划和年度预算安排，水利单位水行政执法监督项目绩效目标的设定应依据财政部绩效目标管理规定和水行政执法监督项目工作内容,以有效提升依法行政能力,维护良好水事秩序落脚点,充分发挥水行政执法监督项目的绩效,提高资金使用效益。

（二）资金的投入和使用情况

水行政执法监督业务的属性为公益性,项目所需经费应由财政保障,资金的来源全部为财政性资金,财政部门应保障水行政执法监督业务资金足额、及时到位。资金的使用也需按照财政资金管理规定,根据预算批复单独核算,重大开支需经过评估认证,水行政执法装备购置依法实施政府采购,委托单位的遴选需符合相关法律法规要求,不得截留、挤占、挪用、虚列项目资金。

（三）制度和措施保障情况

水行政执法监督项目支出主要依据水行政工作的范围和内容,以依法行政,维护良好水事秩序为质量标准。水利单位需制定水行政执法监督工作规范、质量要求或标准,档案资料管理齐全,为实现项目绩效目标采取有效的管控措施,及时组织项目验收。财务管理制度健全,内部控制措施到位,资金使用按照预算批复,支出合法合规。

（四）实现程度及效果

水行政执法监督绩效涉及到的产出指标应覆盖水行政执法监督工作的主要工作内容,产出指标应全部实现,对由于指标内容及指标值设置不合理导致的未完成情况,如果工作正常完成,不影响项目整体目标实现,且不涉及预算金额调整的,也可视同产出指标全部完成。如遇不可抗力或其他合理原因导致的指标未完成,理由充分且项目单位采取了有效的应对措施的,可视同产出指标基本完成。

水行政执法监督项目绩效涉及到的效益指标和满意度指标,应对照批复的绩效目标,对项目产生的效益和项目服务对象的满意度情况进行评价。

（五）其他内容

水行政执法监督工作涉及的服务对象较多,工作环境复杂,具有法律约束力,在开展绩效评价工作中,应按统一标准确定。

# 第二节　绩效评价的目标

## 一、主要内容

水行政执法监督项目绩效目标是指水行政执法监督业务工作计划在规划和年度内达到的产出和效果。

（一）预期产出

水行政执法监督项目资金主要是为水行政执法监督业务工作提供经费保障,预期产出提供的公务产品和服务的数量主要目标应是覆盖水行政执法监督业务工作的主要内容,为保障水行政执法监督工作开展提供基础的保障。

（二）预期效果

水行政执法监督项目通过排查省际水事敏感地区及预防水事纠纷,进行水政执法巡查、检查,及时处理水事违法行为,直接产生经济效益;通过普法宣传、专项与综合执法、水法规执行情况检查,提升水政监察人员能力,直接或间接产生社会效益;通过水政执法巡查、检查,及时处理水事违法行为,减少水污染事件,直接产生生态效益;通过全面提升依法行政能力,产生可持续影响。

（三）服务对象满意程度

水行政执法监督项目通过执行上级主管部门统一工作安排和行政许可对象发挥作用,上级主管部门和行政许可对象作为服务对象,其满意程度可以作为评价该项目的满意度指标。

（四）达到预期产出所需要的成本资源

水行政执法监督项目需要的执法人员保障、基本设备(设施)运行维护等构成了达到预期产出所需要的成本资源。

（五）衡量预期产出、预期效果和服务对象满意程度的绩效指标

1. 预期产出的绩效指标:日常执法巡查、检查人次,日常巡查、检查河道累计长度,日常巡查、检查累计水域面积,日常巡查、检查监管累计对象个数,专项与综合执法、水法规执行情况检查次数,现场处理水事违法行为累计个数,省际水事敏感地区排查及纠纷预防次数,常规普法宣传、专题与专项普法宣传次数,全国水政监察人员水政监察证件审核、制发人次,聘请法律顾问提供法律咨询人次,培训次数、人次,普法教育片、光盘、教育品,普法教育普及率,采砂管理检查、监督、现场执法巡查等次数,组织起草评估水法律、法规、规章、规范性文件等次数,涉河建设项目审查率,河道采砂许可审查率;法律法规、规章、规范性文件征求意见回复率,水事违法行为查处率,省际水事纠纷调处率;案件、纠纷发现后响应时间,行政许可事项按时办结率;执法人员保障、基本设备(设施)运行维护成本控制方式等。

2. 预期效果的绩效指标:经济效益,主要从通过行政执法挽回直接经济损失产生经济效益的角度进行衡量;社会效益,主要从提升公众水法治意识,降低水事重大案件发生率,提高水政监察队伍执法能力和依法行政水平产生的社会效益进行衡量;生态效益,主要是从确保河道湖泊防洪安全、供水安全和水生态安全,减少水污染事件促进水生态环境健康发展产生生态效益的角度进行衡量;可持续影响,主要从促进砂石、河道岸线等实现可持续利用产生可持续影响的角度进行衡量。

3. 服务对象满意程度的绩效指标:水行政执法监督业务的服务对象主要是上级主管部门、水行政许可对象等,服务对象满意程度就是对服务对象的满意度进行抽样调查,得出满意率。

## 二、中期目标

（一）逐步健全完善流域管理水法规

扎实推进流域管理水法规立法前期工作,做好流域管理水法规的立法、修订,逐步健全完善流域管理水法规。

（二）水法治意识和法治观念明显增强

常规普法宣传、专题与专项普法宣传相结合,制作普法教育片、光盘、教育品,提高普

法教育普及率,提升公众水法治意识。

(三)执法巡查监管网络基本形成,查处水事违法行为的能力得到有力保障

加强执法巡查、检查,开展专项与综合执法、水法规执行情况检查,现场监管水事活动,提高水事违法行为查处率。

(四)省际水事矛盾纠纷敏感地区水事秩序稳定

做好省际水事敏感地区排查,有效预防水事纠纷,提高省际水事纠纷调处率。

(五)河道采砂、涉河建设项目、河道内水事活动规范有序

开展采砂管理检查、监督、现场执法巡查,提高涉河建设项目审查率、河道采砂许可审查率和行政许可事项按时办结率,规范河道内水事活动。

(六)水法、防洪法等水法律法规及国家的治水方略得到较好地贯彻实施

(七)通过提高水政监察队伍执法能力和依法行政水平,提升公众水法治意识,较好地贯彻实施水法、防洪法等水法律法规及国家的治水方略。

### 三、年度目标

(一)完善流域水法规建设

通过强化重点管理领域建章立制,完成年度流域水法规建设相关工作,为河湖水域有序管理提供制度支撑。

(二)完成年度普法宣传任务

深入开展水法治宣传教育,制作普法教育片、光盘、教育品,提高普法教育普及率,完成年度普法宣传任务。

(三)维护流域水事秩序

开展执法巡查、检查,严格执法,维护流域水事秩序稳定。

(四)提升执法人员能力

完成年度水政监察基础设施建设及队伍建设、人员培训、考核等工作,强化水行政执法队伍管理,进一步提升执法人员执法能力和法律素养。

(五)调解省际水事矛盾

开展年度省际水事纠纷排查化解、预防调处活动,维护流域正常水事秩序和社会稳定。

(六)完成涉河建设项目审批和监督管理

完成年度涉河建设项目审批和监督管理工作,维护正常管理秩序。

(七)确保直管河道采砂管理有序

开展管理范围内河道执法巡查和检查,确保直管河道采砂管理有序。

## 第三节　绩效评价的指标

### 一、指标确定原则

作为衡量水行政执法监督项目绩效目标实现程度的考核工具,绩效评价指标按照《绩

效管理办法》规定的原则来确定。

（一）相关性原则

根据水行政执法监督业务内容的服务对象，以恰当反映绩效目标的实现程度。

（二）重要性原则

重点围绕水行政执法、普法宣传、水行政许可、水行政执法能力建设四个方面内容确定绩效评价指标。

（三）可比性原则

水利部从水行政执法监督业务整体内容出发设定共性的绩效评价指标，水利单位根据需要水行政执法监督业务的具体内容设定个性的绩效评价指标。

（四）系统性原则

定量指标与定性指标相结合，根据水行政执法工作、维护水事秩序、依法行政确定定量指标和定性指标，系统反映水行政执法监督项目所产生的社会效益、经济效益、环境效益和可持续影响等。

（五）经济性原则

水行政执法监督项目为专项业务费项目，需每个年度进行绩效评价，应当通俗易懂、简便易行，绩效指标实现程度所需获得的数据应当考虑现实条件和可操作性，符合成本效益原则。

## 二、共性和个性指标

（一）共性指标的确定

水行政执法监督项目的共性指标应适用于所有水利单位。

1. 产出指标。数量指标主要包括：日常执法巡查、检查人次，日常巡查、检查河道累计长度，日常巡查、检查累计水域面积，执法巡查、检查堤防长度，日常巡查、检查监管累计对象个数，专项与综合执法、水法规执行情况检查次数，现场处理水事违法行为累计个数，省际水事敏感地区排查及纠纷预防次数，常规普法宣传、专题与专项普法宣传次数，全国水政监察人员水政监察证件审核、制发人次，聘请法律顾问提供法律咨询人次，培训次数，培训人次，普法教育片，普法教育光盘，教育品，普法教育普及率，采砂管理检查、监督、现场执法巡查等次数，组织起草评估水法律、法规、规章、规范性文件等次数，涉河建设项目审查率，河道采砂许可审查率等。质量指标主要包括：法律法规、规章、规范性文件征求意见回复率，水事违法行为查处率，省际水事纠纷调处率等。时效指标主要包括：案件、纠纷发现后响应时间，行政许可事项按时办结率等。成本效益指标主要包括：年度单项水行政许可平均成本增长率、水政监察装备采购成本等。

2. 效益指标。效益指标中定量指标目前基础条件尚不充分，以定性指标为基础。经济效益指标主要是水行政执法挽回的直接经济损失。社会效益指标主要是提升公众水法治意识，降低水事重大案件发生率，提高水政监察队伍执法能力，提高依法行政水平等。生态效益指标主要是确保河道湖泊防洪安全、供水安全和水生态安全，水污染事件减少，促进水生态环境健康发展等。可持续影响指标主要是促进砂石、河道岸线等实现可持续利用。

3. 满意度指标。服务对象满意度指标主要是上级主管部门和水行政许可对象的满意率。

（二）个性指标的确定

个性指标是针对具体水利单位水行政执法监督工作的特点设定的，适用于具体水利单位。例如数量指标设定水利单位水行政执法基地运行个数，成本指标设定水政监察证件制作成本。

## 三、范例

### 表 8-1 水行政执法监督项目绩效目标表
（20＊＊年度）

| 项目名称 | 水行政执法监督 | | |
|---|---|---|---|
| 主管部门及代码 | 水利部［126］ | 实施单位 | ＊＊ |
| 项目属性 | 延续项目 | 项目期 | 长期 |
| 项目资金<br>（万元） | 中期资金总额： | ＊＊ | 年度资金总额： | ＊＊ |
| | 其中:财政拨款 | ＊＊ | 其中:财政拨款 | ＊＊ |
| | 其他资金 | ＊＊ | 其他资金 | ＊＊ |

| | 中期目标（20＊＊年—20＊＊年） | 年度目标 |
|---|---|---|
| 总体目标 | 流域管理水法规逐步健全完善；水法治意识和法治观念明显增强；执法巡查监管网络基本形成，查处水事违法行为的能力得到有力保障；省际水事矛盾纠纷敏感地区水事秩序稳定；河道采砂、涉河建设项目、河道内水事活动规范有序；水法、防洪法等水法律法规及国家的治水方略得到较好的贯彻实施 | 目标1:通过强化重点管理领域建章立制，完成年度流域水法规建设相关工作，为河湖水域有序管理提供制度支撑；<br>目标2:深入开展水法治宣传教育，完成年度普法任务，确保"法律六进"工作有重点有实效；<br>目标3:严格执法，维护流域水事秩序稳定；<br>目标4:完成年度水政监察基础设施建设及队伍建设、人员培训、考核等工作，强化水行政执法队伍管理，进一步提升执法人员执法能力和法律素养；<br>目标5:开展年度省际水事纠纷排查化解、预防调处活动，维护流域正常水事秩序和社会稳定；<br>目标6:完成年度涉河建设项目审批和监督管理工作，维护正常管理秩序；<br>目标7:开展管理范围内河道执法巡查和检查，确保直管河道采砂管理有序 |

| 一级指标 | 二级指标 | 二级指标 | 三级指标 | 指标值 | 二级指标 | 三级指标 | 指标值 |
|---|---|---|---|---|---|---|---|
| 绩效指标 | 产出指标 | 数量指标 | 执法巡查、检查人次(≥**人次) | **(三年) | 数量指标 | 执法巡查、检查人次(≥**人次) | ** |
| | | | 执法巡查、检查河道(水库岸线)长度(≥**千米) | **(三年) | | 执法巡查、检查河道(水库岸线)长度(≥**千米) | ** |
| | | | 执法巡查、检查水库、湖泊及河道滩区面积(≥平方千米) | **(三年) | | 执法巡查、检查水库、湖泊及河道滩区面积(≥平方千米) | ** |
| | | | 执法巡查、检查堤防长度(≥**千米) | **(三年) | | 执法巡查、检查堤防长度(≥**千米) | ** |
| | | | 日常巡查、检查监管累计对象个数(≥**个) | **(三年) | | 日常巡查、检查监管累计对象个数(≥**个) | ** |
| | | | 专项与综合执法、水法规执行情况检查次数(≥**次) | **(三年) | | 专项与综合执法、水法规执行情况检查次数(≥**次) | ** |
| | | | 现场处理水事违法行为累计个数(≥**个) | **(三年) | | 现场处理水事违法行为累计个数(≥**个) | ** |
| | | | 省际水事敏感地区排查及纠纷预防次数(≥**次) | **(三年) | | 省际水事敏感地区排查及纠纷预防次数(≥**次) | ** |
| | | | 常规普法宣传、专题与专项普法宣传次数(≥**次) | **(三年) | | 常规普法宣传、专题与专项普法宣传次数(≥**次) | ** |
| | | | 全国水政监察人员水政监察证件审核、制发人次(≥**人次) | **(三年) | | 全国水政监察人员水政监察证件审核、制发人次(≥**人次) | ** |
| | | | 聘请法律顾问提供法律咨询人次(≥**人次) | **(三年) | | 聘请法律顾问提供法律咨询人次(≥**人次) | ** |
| | | | 培训次数(≥**次) | **(三年) | | 培训次数(≥**次) | ** |
| | | | 培训人次(≥**人次) | **(三年) | | 培训人次(≥**人次) | ** |
| | | | 普法教育片(≥**部) | **(三年) | | 普法教育片(**部) | ** |
| | | | 普法教育光盘(≥**套) | **(三年) | | 普法教育光盘(**套) | ** |
| | | | 教育品(≥**件) | **(三年) | | 教育品(**件) | ** |
| | | | 普法教育普及率(≥**%) | ** | | 普法教育普及率(≥**%) | ** |
| | | | 采砂管理检查、监督、现场执法巡查等次数(≥**次) | **(三年) | | 采砂管理检查、监督、现场执法巡查等次数(≥**次) | ** |
| | | | 组织起草评估水法律、法规、规章、规范性文件等次数(≥**次) | **(三年) | | 组织起草评估水法律、法规、规章、规范性文件等次数(≥**次) | ** |

| 一级指标 | 二级指标 | 三级指标 | 指标值 | 二级指标 | 三级指标 | 指标值 |
|---|---|---|---|---|---|---|
| 绩效指标 | 产出指标 | | | | | |
| | 数量指标 | 涉河建设项目审查率(≥**%) | ** | 数量指标 | 涉河建设项目审查率(≥**%) | ** |
| | | 河道采砂许可审查率(≥**%) | ** | | 河道采砂许可审查率(≥**%) | ** |
| | 质量指标 | 法律法规、规章、规范性文件征求意见回复率(≥**%) | 99.5 | 质量指标 | 法律法规、规章、规范性文件征求意见回复率(≥**%) | 99.5 |
| | | 水事违法行为查处率(≥**%) | 90 | | 水事违法行为查处率(≥**%) | 90 |
| | | 省际水事纠纷调处率(≥**%) | 90 | | 省际水事纠纷调处率(≥**%) | 90 |
| | 时效指标 | 案件、纠纷发现后响应时间(≤**日) | ** | 时效指标 | 案件、纠纷发现后响应时间(≤**日) | ** |
| | | 行政许可事项按时办结率(≥**%) | 90 | | 行政许可事项按时办结率(≥**%) | 90 |
| | 成本指标 | 单项水行政许可平均成本增长率(≤**%) | 5 | 成本指标 | 年度单项水行政许可平均成本增长率(≤**%) | 5 |
| | | 水政监察装备采购成本 | 不超过市场价 | | 水政监察装备采购成本 | 不超过市场价 |
| 效益指标 | 经济效益指标 | 水行政执法挽回的直接经济损失 | 显著 | 经济效益指标 | 水行政执法挽回的直接经济损失 | 显著 |
| | 社会效益指标 | 提升公众水法治意识 | 有效 | 社会效益指标 | 提升公众水法治意识 | 有效 |
| | | 降低水事重大案件发生率 | 显著 | | 降低水事重大案件发生率 | 显著 |
| | | 提高水政监察队伍执法能力 | 明显 | | 提高水政监察队伍执法能力 | 明显 |
| | | 提高依法行政水平 | 明显 | | 提高依法行政水平 | 明显 |
| | 生态效益指标 | 确保河道湖泊防洪安全、供水安全和水生态安全 | 有效 | 生态效益指标 | 确保河道湖泊防洪安全、供水安全和水生态安全 | 有效 |
| | | 水污染事件减少促进水生态环境健康发展 | 显著 | | 水污染事件减少促进水生态环境健康发展 | 显著 |
| | 可持续影响指标 | 促进砂石、河道岸线等实现可持续利用 | 显著 | 可持续影响指标 | 促进砂石、河道岸线等实现可持续利用 | 显著 |
| 满意度指标 | 服务对象满意度指标 | 上级主管部门满意率(≥**%) | 90 | 服务对象满意度指标 | 上级主管部门满意率(≥**%) | 90 |
| | | 水行政许可对象满意率(≥**%) | 90 | | 水行政许可对象满意率(≥**%) | 90 |

# 第四节　绩效评价的标准

根据本书第四章对绩效评价标准论述,适合用于水行政执法监督项目绩效评价的标准主要是计划标准、行业标准和历史标准。

## 一、计划标准

### (一)项目目标

水行政执法监督项目对象清晰,主要是完善水法律法规,保障其有效实施,维护流域良好水事秩序,保障流域管理机构开展水行政执法、省际水事纠纷预防与调处,规范行政许可,加强水政监察队伍建设与管理。

### (二)项目计划

水行政执法监督项目制定了实施方案,项目工作按照巡查、检查,普法宣传,省际水事纠纷预防与调处,水行政许可,采砂管理等工作内容安排工作计划,按照年初制定的项目目标有计划的开展工作。

### (三)项目预算

水行政执法监督项目为专项业务费项目,纳入财政三年规划支持范围,具有稳定的资金来源,项目预算均已纳入年度部门预算范围,随单位部门预算一同得到批复。

综上所述,水行政执法监督项目预先制定了项目目标、计划、预算,计划标准应作为绩效评价标准适用于该项目。

## 二、行业标准

### (一)法律法规

《中华人民共和国水法》《取水许可和水资源费征收管理条例》《长江河道采砂管理条例》等法律法规,从法律上明确了水利单位的水行政执法监督职责,规定了水行政执法监督工作任务。

### (二)管理制度

水利部制定的《取水许可管理办法》《水行政许可实施办法》《水行政许可听证规定》《水政监察工作章程》《水利部行政复议工作暂行规定》《水行政处罚实施办法》等管理制度,为水行政执法监督工作制定了规范。

水行政执法监督业务工作的评价标准应参照国家法律法规和相关管理制度。行业标准应作为绩效评价标准适用于该项目。

## 三、历史标准

从 2017 年开始,水行政执法监督项目成为水利部绩效评价试点项目,绩效目标在逐年完善。水行政执法监督项目在 2016 年及以前在部门预算的项目支出中为经常性专项业务费项目,2017 年根据财政部部门预算改革要求,转化为专项业务费项目,相关绩效目标的历史数据保存完整。水行政执法监督项目绩效评价标准应参照同类指标的历史数据制定,历史标准应作为绩效评价标准适用于该项目。

# 第五节　绩效报告与评价报告

按照《绩效评价管理办法》要求,水行政执法监督项目实施单位应在年度项目实施终了及时向上级单位逐级提交项目绩效报告,水利部根据确定的评价原则和方法,下达绩效评价报告。本节介绍水行政执法监督项目绩效报告和绩效评价报告编写范例。

## 一、绩效报告范例

（封面）

（单位名称)20＊＊年度水行政执法监督项目
财政支出绩效报告

项目名称:水行政执法监督(20＊＊年)
项目单位:＊＊

20＊＊年＊＊月

（一）项目概况

项目类别:专项业务费项目

项目负责人:＊＊　　　　　　联系电话:＊＊

项目总预算:＊＊万元,其中申请财政资金:＊＊万元

项目实际到位金额：**万元，其中申请财政资金：**万元

项目实际支出金额：**万元，其中申请财政资金：**万元

项目起止时间：**年**月——**年**月

## 1. 项目单位基本情况

根据水利部《关于印发〈**局主要职责机构设置和人员编制规定〉的通知》（水人事〔20**〕**号）精神，**局为水利部**局直属事业单位，批复编制**人，现有在职职工**人，离退休职工**人。主要职责包括负责重大涉水违法事件的查处，协调、仲裁**流域水事纠纷，指导水政监察和水行政执法等。

## 2. 项目基本情况

### （1）项目背景及立项依据

水法、防洪法、水土保持法、水污染防治法等4部法律和河道管理条例、取水许可和水资源费征收管理条例等19部行政法规授予其河湖管理、采砂管理、水资源管理、水土保持管理、水利工程管理与保护和省际水事纠纷调处等多项执法职责。

**单位为水利部派出流域管理机构。根据"三定"方案，**单位在所管辖的区域内依法行使水行政管理职责。其主要职责是：组织拟订流域性的水利政策法规；组织协调依法行政工作；负责职权范围内水政监察和水行政执法工作，查处违法行为；组织指导法制宣传教育工作；负责省际水事矛盾纠纷调处；负责授权范围内河道范围内建设项目的审查许可及监督管理，归口管理水行政许可等。

**流域省际水事矛盾敏感河流共有**处，水行政执法和省际水事纠纷调处任务十分繁重。流域水行政执法监督是一项长期的、持续的、艰巨的工作，为贯彻落实《中共中央关于全面推进依法治国若干重大问题的决定》和中共中央国务院《法治政府建设实施纲要（2015—2020年）》的各项要求，切实履行《水法》等法律法规赋予的行政执法监管职能，贯彻执行党中央新时期治水方针和水利部党组治水新部署，全面推进依法治水管水，必须强化水行政执法监督，真正担负起保障水法律法规有效实施的重任，维护流域良好水事秩序，保障流域管理机构开展水行政执法、省际水事纠纷预防与调处、立法与普法等工作以及加强执法能力建设是十分必要的。

### （2）项目主要内容

根据**单位水行政执法监督工作职责，年度项目主要内容包括以下几个方面。

① 流域水法规建设。开展流域规范性文件的制订、审定、发布、备案和清理等工作；开展《**法》《**水量调度条例》等流域水法规立法前期研究、起草、修改完善工作和流域规范性文件的制订；代部或地方人大、政府起草有关流域机构职权的法律、行政法规和地方性法规规章；制订和审查流域规范性文件；编印水法规汇编等。

② 水法规宣传和教育。以水法、防洪法、水土保持法等法律法规为重点，结合各级水政执法监督部门水行政管理实际和执法实践，组织实施年度普法计划，利用媒体向社会广泛宣传水法规；日常宣传和集中宣传相结合，以"世界水日"、"中国水周"和"12.4国家宪法日暨全国法制宣传日"为契机，举办普法专题宣传活动；组织水行政管理及执法部门与人员的依法行政能力教育培训等；拍摄制作《人·水·法》普法宣传片，更新维护水利法治图片音像资料库、水利法治知识题库等。

③ 水行政执法。按照执法巡查制度的规定,对所管辖河湖、水库开展执法巡查;查处水事违法行为,开展水事违法案件调查、取证与处置,组织听证,实施行政处罚,组织实施行政强制,办理行政复议和行政应诉等;组织开展水资源管理、河湖管理等专项与综合执法活动;推进水行政执法"双随机"抽查试点工作;协调地方开展联合执法活动;水行政执法信息管理系统运行维护及统计等工作。

④ 省际水事纠纷预防与调处。建立健全省际水事协商通报机制,组织开展流域省际边界河流基本情况调查,组织开展有关重大省际边界水事纠纷调处相关基础理论和对策研究,跟踪水事热点地区水事矛盾,汇总分析纠纷调处资料,组织开展水事矛盾纠纷排查化解活动,建立省际边界水事协调和纠纷预防机制;开展现场调查和技术论证,掌握纠纷起因及事态发展的相关情况,制定纠纷预防与处理方案,主动预防、积极协调省际水事纠纷,促使矛盾纠纷各方达成协议并组织实施,切实维护省际边界水事稳定和社会和谐。

⑤ 水政监察队伍管理与能力建设。组织开展水政监察人员培训、考核与考评,水政监察制度建设与修订等;加强对水政监察队伍的指导和监督,规范基层执法行为;完善执法人员保障(包括水政监察人员人身意外伤害险),执法设备保障,执法设备(设施)运行维护保障等;根据《全国水政监察队伍执法能力建设规划(2013—2020 年)》,开展水行政执法能力建设,为水政监察队伍和水政监察人员配备调查取证执法装备等。

⑥ 涉河建设项目管理。在流域管理范围内开展河道建设项目管理、建设项目技术论证、项目审查和许可证发放;对流域管理机构管辖范围内的涉河建设项目许可执行情况进行监督、检查,依法对未经审查同意或者未按照审查批准的位置、界限内从事工程设施建设活动的依法实施行政处罚或采取其他行政措施;组织重大项目技术论证、专项课题研究或管理制度制订等。

⑦ 河道采砂管理。在所管辖范围内监督管理采砂活动,包括组织开展管辖范围内重点河段的河道采砂可行性论证工作;组织开展规划可开采区许可前期准备,采砂年度实施方案编制与审批,采砂许可受理、审查和审批,监督管理,采砂验收与后评估等;组织开展省际边界重点河段采砂许可、协调和采砂经营管理模式探讨等;建立采砂管理执法保障制度,对非法采砂频发或严重的区域适时开展专项打击活动等。

3. 项目绩效目标

(1)项目绩效总体目标

流域管理水法规逐步健全完善;水法治意识和法治观念明显增强;执法巡查监管网络基本形成,查处水事违法行为的能力得到有力保障;省际水事矛盾纠纷敏感地区水事秩序稳定;河道采砂、涉河建设项目、河道内水事活动规范有序;水法、防洪法等水法律法规及国家的治水方略得到较好的贯彻实施。

(2)年度绩效目标

通过强化重点管理领域建章立制,完成年度流域水法规建设相关工作,为河湖水域有序管理提供制度支撑;深入开展水法治宣传教育,完成年度普法任务,确保"法律六进"工作有重点有实效;严格执法,维护流域水事秩序稳定;完成年度水政监察基础设施建设及队伍建设、人员培训、考核等工作,强化水行政执法队伍管理,进一步提升执法人员执法能力和法律素养;开展年度省际水事纠纷排查化解、预防调处活动,维护流域正常水事秩序和社会稳定;完成年度涉河建设项目审批和监督管理工作,维护正常管理秩序;开展管理范围内河道执法巡查和检查,确保直管河道采砂管理有序。

(3)绩效指标

① 产出指标

本项目产出指标有 ** 个,其中:

数量指标:日常执法巡查、检查人次,日常巡查、检查河道累计长度,日常巡查、检查累计水域面积,日常巡查、检查监管累计对象个数,专项与综合执法、水法规执行情况检查次数,现场处理水事违法行为累计个数,省际水事敏感地区排查及纠纷预防次数,常规普法宣传、专题与专项普法宣传次数,全国水政监察人员水政监察证件审核、制发人次,聘请法律顾问提供法律咨询人次,培训次数,培训人次,普法教育片,普法教育光盘,教育品,普法教育普及率,采砂管理检查、监督、现场执法巡查等次数,组织起草评估水法律、法规、规章、规范性文件等次数,涉河建设项目审查率,河道采砂许可审查率。

质量指标:法律法规、规章、规范性文件征求意见回复率,水事违法行为查处率,省际水事纠纷调处率。

时效指标:案件、纠纷发现后响应时间,行政许可事项按时办结率。

成本指标:年度单项水行政许可平均成本增长率、水政监察装备采购成本。

② 效益指标

本项目效益指标有 ** 个,其中:

经济效益指标:水行政执法挽回的直接经济损失。

社会效益指标:提升公众水法治意识,降低水事重大案件发生率,提高水政监察队伍执法能力,提高依法行政水平。

生态效益指标:确保河道湖泊防洪安全、供水安全和水生态安全,水污染事件减少,促进水生态环境健康发展。

可持续影响指标:促进砂石、河道岸线等实现可持续利用。

③ 满意度指标

服务对象满意度指标:上级主管部门和水行政许可对象满意率。

该项目绩效指标在执行过程中未进行调整。

(二)项目资金使用及管理情况

1. 项目资金情况

(1)项目预算编制及资金到位情况分析

① 预算编制情况。项目预算明细及各部分支出内容的测算依据如下:

办公费 ** 万元、电费 ** 万元、维修(护)费 ** 万元,培训费 ** 万元,差旅费 ** 万元,租赁费 ** 万元,专用材料 ** 万元,办公设备购置 ** 万元、专用设备购置 ** 万元。

② 资金到位情况。20 ** 年 ** 月, ** 以《 ** 关于批复 ** 年预算的通知》( ** 〔20 ** 〕 ** 号)批复水行政执法监督项目经费 ** 万元,其中财政资金 ** 万元,资金到位率 100%。

（2）项目资金使用情况分析

20∗∗年度水行政执法监督项目实际到位预算资金∗∗万元，实际支出预算资金∗∗万元，已序时有效地全部完成了∗∗年度预算执行工作。

① 项目工作内容完成情况。至20∗∗年12月31日，∗∗单位水行政执法监督项目按工作内容的预算执行情况如下：

表8-2 项目工作内容完成情况对照表　　　　　　　　　万元

| 计划内容 | | 实际完成情况 | | 差异分析 | |
| --- | --- | --- | --- | --- | --- |
| 工作内容 | 金额 | 工作内容 | 金额 | 原因 | 金额 |
| 流域水法规建设 | | 代部起草有关流域管理法律、行政法规及流域规范性文件制订、修订稿，负责局规范性文件的合法性审查和备案工作；继续开展法律咨询工作 | | | |
| 水法规宣传和教育 | | 归口管理普法宣传教育工作，开展∗∗局20∗∗年常规宣传活动及《∗∗》专题宣传；印发"世界水日""中国水周"宣传方案并组织完成法治专题讲座、∗∗项目水利报社专访等活动 | | | |
| 水行政执法 | | 印发《∗∗局20∗∗年水政执法行动计划》《∗∗局20∗∗年河湖执法检查活动实施计划》；组织拉网式排查及流域与区域联合巡查；完成∗∗整改方案审查、批复并推动实施；完成∗∗项目处罚并持续跟踪限期补办手续；组织∗∗及相关市区县完成流域重要饮用水源地∗∗河联合巡查；召开流域联合巡查联席会议、重点违法项目会商会、水事案例研讨会 | | | |
| 省际水事纠纷预防与调处 | | 组织开展流域省际边界河流基本情况调查∗∗次；组织开展∗∗水事矛盾纠纷排查化解活动；高频次、全覆盖的拉网式排查，使∗∗局较全面地掌握了∗∗区水事违法项目情况及查处现状，及时制止、有效预防了水事违法行为 | | | |
| 水政监察队伍管理与能力建设 | | 购买水政监察人员人身意外保险和水政监察专用设备；组织培训∗∗人次，水政监察队伍执法能力明显提高 | | | |
| 涉河建设项目管理 | | 在流域管理范围内开展建设项目技术论证、项目审查∗∗次，发放许可证∗∗份；对流域管理机构管辖范围内的涉河建设项目许可执行情况进行监督、检查∗∗次 | | | |
| 河道采砂管理 | | 组织开展管辖范围内重点河段的河道采砂可行性论证∗∗次，审批采砂许可证∗∗份，对非法采砂频发或严重的区域适时开展专项打击活动∗∗次 | | | |

从上表可以看出,按照工作内容来分析 ** 局 20** 年度水行政执法监督项目已全部完成,各项工作内容完成良好。

② 项目经费预决算对比情况。至 20** 年 12 月 31 日, ** 局水行政执法监督项目按经济科目的预算执行情况如表 8-3。

表 8-3　项目预算执行情况对照表　　　　　　　　　　　　　　　　　万元

| | 到位项目 | 预算批复数 | | 实际到位数 | |
|---|---|---|---|---|---|
| 资金到位情况 | 合　计 | ** | | ** | |
| | 当年财政拨款 | ** | | ** | |
| | 使用以前年度结余 | | | | |
| | 其他资金 | | | | |
| | 支出项目 | 预算批复数 | 实际支出数 | 差额 | |
| 资金支出情况 | 合　计 | ** | ** | | |
| | 办公费 | ** | ** | ≤10% | |
| | 电费 | ** | ** | ≤10% | |
| | 差旅费 | ** | ** | ≤10% | |
| | 维修(护)费 | ** | ** | ≤10% | |
| | 培训费 | ** | ** | ≤10% | |
| | 租赁费 | ** | ** | ≤10% | |
| | 公务用车运行维护费 | ** | ** | ≤10% | |
| | 办公设备购置 | ** | ** | ≤10% | |
| | 专用设备购置 | ** | ** | ≤10% | |
| | ** | ** | ** | ≤10% | |
| 超支或结余情况 | | | | 无 | |
| 备注 | | | | | |

项目资金月执行进度情况(见表 8-4)。

表 8-4　 ** 局项目月执行进度情况表　　　　　　　　　　　　　　　　万元

| 月　份 | 支付金额 | 支付进度 |
|---|---|---|
| 1 月 | ** | ** % |
| 2 月 | ** | ** % |
| 3 月 | ** | ** % |
| 4 月 | ** | ** % |
| 5 月 | ** | ** % |
| 6 月 | ** | ** % |

| 月 份 | 支付金额 | 支付进度 |
| --- | --- | --- |
| 7月 | ** | **％ |
| 8月 | ** | **％ |
| 9月 | ** | **％ |
| 10月 | ** | **％ |
| 11月 | ** | **％ |
| 12月 | ** | **％ |

项目单位会计核算规范,预算控制有效,未发现支出依据不合规、虚列项目支出的情况,未发现截留、挤占、挪用项目资金的情况,未发现超标准开支情况。差旅费支出超年初预算较多,主要是因为加大了水政执法巡查力度,增加了差旅费支出。项目执行进度科学合理,达到预算执行进度目标要求。

(3)项目资金管理情况

① 财务管理制度制定情况。项目单位认真贯彻国家相关制度办法,同时结合工作实际,先后制订了《**局预算项目资金管理办法》等规章制度,从资金管理、预算管理、资产管理、合同管理等方面不断完善项目的管理制度体系,健全财务管理制度。

② 财务制度执行情况。20**年水行政执法监督项目实行专项管理,在经费使用上,严格执行水利部《水利部中央级预算管理办法(试行)》《水利部中央级项目支出预算管理细则(试行)》《水利部直属预算单位政府集中采购管理实施办法》等制度办法,预算经费独立核算、专款专用,各项支出均按照财务管理各项规章制度要求,做到经费支出合理,经常核查项目具体实施进度,确保项目按进度计划实施,做好水行政执法监督项目资金的管理和财务核算,切实有效保证水行政执法监督工作的顺利完成,预算执行情况良好。

通过各项制度的严格执行,20**年项目执行中未出现违法违规现象,资金支出安全有效,财务运行健康有序。

(三)项目组织实施情况

1. 项目组织情况

水行政执法监督项目由**单位统一管理,由**、**等单位共同承担。水行政执法监督项目组织机构健全,项目目标与责任分工明确,组织实施程序符合业务规范要求,项目主要参与人员经验丰富,技术力量雄厚,人力资源储备充足,基础设施设备条件完备,能够确保项目顺利、高效、高质的完成。

2. 项目管理情况

**单位作为项目主管部门切实履行项目管理职责,指导、督促各单位扎实开展业务工作;**单位财务主管部门及时批复项目预算和绩效目标,监督、指导资金管理和使用。各承担单位任务分工明确,切实可行,各预算执行单位落实项目分管领导、项目负责人、财务负责人等责任主体,制定了详细的工作计划和任务分解方案,充分利用现有人员、技术、设备等支撑条件,加强质量控制和服务保障,合理安排开展水行政执法监督业务。目前各项工作均已按照计划进度实施完成,截至 20** 年 ** 月,全部外委项目均已通过合同验收。在设备管理上,项目单位通过政府采购网批量集中采购方式采购,固定资产已验收入账。在项目实施过程中,项目单位注重档案资料的归纳与管理,按资料清单要求完成项目实施过程中资料收集和管理工作,工作及时,资料基本完整。项目完成后,各预算执行单位按照 ** 局出台的《** 局中央级预算项目验收管理实施细则》分别组织了自验收工作。

制度执行有效、质量可控。在外委项目的管理上,项目单位均严格执行《** 局预算管理办法》等规定,规范了项目实施程序,切实加强项目合同全过程的监管。合同订立前均认真审查委托单位的资信情况,以及履行合同应具有的相应资质和业务能力,审核通过后方可签订。合同验收后,经相关领导签字审核方可结算。

(四)项目绩效情况

1. 项目经济性分析

(1)项目成本(预算)控制情况

项目单位预算编制合理,项目经费基本按照批复的预算执行,项目支出总金额没有突破年度预算,项目预算控制较好。针对项目工作实际,合理确定外委项目,并通过定向委托等方式确定合作单位,通过合同洽谈等工作,进一步明确合同内容,提高了外委资金使用效益。开展日常工作中,尽量通过业务系统、电子邮件、实时通讯工具等传输电子文档,有效减少了纸张及办公耗材等日常办公开支和邮电费用;加强车辆日常运行保养维修,节能减耗,减少交通费。对于符合政府采购要求的水政执法装备,严格按照《政府采购法》《招投标法》等法律法规实施政府采购,20** 年通过政府采购水政执法装备 ** 套,目前均已通过政府采购实施完成。项目预算执行严格按照预算控制数,资金使用安全,无违规使用项目经费情况。项目支出总金额没有突破年度预算,项目预算总体控制较好。

(2)项目成本(预算)节约情况

项目单位厉行节约,多措并举严格控制项目成本。推行无纸化办公、双面打印等,节约办公耗材;严格公务用车管理,控制水政执法车辆运行成本;通过政府采购水政执法装备,节约了资金。

2. 项目的效率性分析

(1)项目的实施进度

项目严格按照年度实施方案要求完成,进度安排合理。3—4 月,以宣传《**》为重点印发"世界水日""中国水周"宣传方案并组织完成法治专题讲座、** 项目水利报社专访等活动;印发《** 局 20** 年水政执法行动计划》和《** 局 20** 年河湖执法检查活动实施计划》。4—9 月,组织拉网式排查及流域与区域联合巡查;完成 ** 整改方案审查、批复并推动实施;完成 ** 项目处罚并持续跟踪限期补办手续;组织 ** 及相关市区县完成流域重要饮用水源地 ** 河联合巡查。11—12 月,召开流域联合巡查联席会议、重点违法项目会商会、水事案例研讨会;购买水政监察人员人身意外保险和和水政监察专用设备;组织培训 ** 人次,水政监察队伍执法能力明显提高;完成水政监察工作考核。全年组织开展流域立法、案件查处与督办、省际水事纠纷预防与调处、行政许可与管理、日常巡查及专项巡查、执法设备保障与维护、法律顾问咨询、太湖水政执法基地日常运行维护等工作,共组织 ** 次联合巡查。

项目单位水行政执法监督工作有序开展、及时有效,全部完成了项目预期目标。其中日常执法巡查、检查 ** 人次,日常巡查、检查河道累计 ** 千米,日常巡查、检查累计水域面积 ** 平方米,执法巡查、检查堤防长度 ** 千米,日常巡查、检查监管累计对象 ** 个,专项与综合执法、水法规执行情况检查 ** 次,现场处理水事违法行为累计 ** 个,省际水事敏感地区排查及纠纷预防 ** 次,常规普法宣传、专题与专项普法宣传 ** 次,全国水政监察人员水政监察证件审核、制发 ** 人次,聘请法律顾问提供法律咨询 ** 人次,培训 ** 次、 ** 人次,普法教育片 ** 部,普法教育光盘 ** 个,教育品 ** 份,普法教育普及率 ** %,采砂管理检查、监督、现场执法巡查 ** 次,组织起草评估水法律、法规、规章、规范性文件 ** 次,涉河建设项目审查率 ** %,河道采砂许可审查率 ** %。

(2)项目完成质量

全年各项工作全面完成,成果质量得到了水利部、流域片各省市等单位好评。法律法规、规章、规范性文件征求意见回复率100%,水事违法行为查处率100%,省际水事纠纷调处率90%。案件、纠纷发现后响应时间不超过 ** 日,行政许可事项按时办结率100%,单项水行政许可平均成本与上年持平,水政监察装备采购实施政府采购,低于市场价。上级主管部门和水行政许可对象满意率达到95%。

3. 项目的有效性分析

经济效益方面,高频次、全覆盖的拉网式排查,使 ** 局较全面地掌握了 ** 水事违法项目情况及查处现状,及时制止、有效预防了水事违法行为,水行政执法挽回的直接经济损失显著。社会效益方面,20 ** 年,先后在全国水行政执法工作座谈会、全国水利系统司局级领导干部法治专题培训班上介绍 ** 局河湖执法经验。 ** 案查处经验被水利部政法司推荐为水利报"以案说法"栏目典型题材,产生了很好社会效果和法律效果,提升公众水法治意识。流域区域共同努力,有力维护了流域河湖正常水事秩序,降低水事重大案件发生率。直接查处与督办查处相结合的执法方式取得显著效果,提高水政监察队伍执法能力和依法行政水平。生态效益方面,水行政执法作为流域河湖依法管理的重要手段,以点带面形成"倒逼"机制,大大促进了流域涉水项目的依法报批,有力维护了流域河湖正常水事秩序,有效确保河道湖泊防洪安全、供水安全和水生态安全,水污染事件减少促进水生态环境健康发展显著。可持续影响方面,保证了 ** 水域面积不减少、岸线开发利用率控制在 ** %以内,显著促进砂石、河道岸线等实现可持续利用。

4. 项目的可持续性分析

可持续影响方面,水行政执法监督工作持续稳定发挥效益,水事秩序持续稳定,依法行政水平持续提高(20 ** 年度水行政执法监督项目绩效目标完成情况见表8-5)。

表8-5 20＊＊年度水行政执法监督项目绩效目标完成情况对照表

| 批复绩效目标 | 目标1：通过强化重点管理领域建章立制，完成年度流域水法规建设相关工作，为河湖水域有序管理提供制度支撑；<br>目标2：深入开展水法治宣传教育，完成年度普法任务，确保"法律六进"工作有重点有实效；<br>目标3：严格执法，维护流域水事秩序稳定；<br>目标4：完成年度水政监察基础设施建设及队伍建设、人员培训、考核等工作，强化水行政执法队伍管理，进一步提升执法人员执法能力和法律素养；<br>目标5：开展年度省际水事纠纷排查化解、预防调处活动，维护流域正常水事秩序和社会稳定；<br>目标6：完成年度涉河建设项目审批和监督管理工作，维护正常管理秩序；<br>目标7：开展管理范围内河道执法巡查和检查，确保直管河道采砂管理有序 | 绩效目标完成情况 | 目标1：强化重点管理领域建章立制，完成年度流域《＊＊法规》建设工作，为河湖水域有序管理提供制度支撑；<br>目标2：开展水法常规和专项宣传教育，完成年度普法任务；<br>目标3：严格开展水行政执法，流域水事秩序稳定；<br>目标4：完成年度水政监察基础设施建设及队伍建设、人员培训、考核等工作，强化水行政执法队伍管理，执法人员执法能力和法律素养得到进一步提升；<br>目标5：开展年度省际水事纠纷排查化解、预防调处活动，流域正常水事秩序和社会稳定；<br>目标6：完成年度涉河建设项目审批和监督管理工作，管理秩序正常；<br>目标7：开展管理范围内河道执法巡查和检查，直管河道采砂管理有序 |
|---|---|---|---|

| 绩效指标批复情况 | | | | | 绩效指标完成情况 |
|---|---|---|---|---|---|
| 序号 | 一级指标 | 二级指标 | 指标内容 | 指标值 | 已完成指标值 |
| 1 | 产出指标 | 数量指标 | 执法巡查、检查人次（≥＊＊人次） | ＊＊ | ＊＊ |
| 2 | | | 执法巡查、检查河道（水库岸线）长度（≥＊＊千米） | ＊＊ | ＊＊ |
| 3 | | | 执法巡查、检查水库、湖泊及河道滩区面积（≥平方千米） | ＊＊ | ＊＊ |
| 4 | | | 执法巡查、检查堤防长度（≥＊＊千米） | ＊＊ | ＊＊ |
| 5 | | | 日常巡查、检查监管累计对象个数（≥＊＊个） | ＊＊ | ＊＊ |
| 6 | | | 专项与综合执法、水法规执行情况检查次数（≥＊＊次） | ＊＊ | ＊＊ |
| 7 | | | 现场处理水事违法行为累计个数（≥＊＊个） | ＊＊ | ＊＊ |
| 8 | | | 省际水事敏感地区排查及纠纷预防次数（≥＊＊次） | ＊＊ | ＊＊ |
| 9 | | | 常规普法宣传、专题与专项普法宣传次数（≥＊＊次） | ＊＊ | ＊＊ |
| 10 | | | 全国水政监察人员水政监察证件审核、制发人次（≥＊＊人次） | ＊＊ | ＊＊ |
| 11 | | | 聘请法律顾问提供法律咨询人次（≥＊＊人次） | ＊＊ | ＊＊ |
| 12 | | | 培训次数（≥＊＊次） | ＊＊ | ＊＊ |

| 序号 | 一级指标 | 二级指标 | 指标内容 | 指标值 | 已完成指标值 |
|---|---|---|---|---|---|
| 13 | 产出指标 | 数量指标 | 培训人次(≥\*\*人次) | \*\* | \*\* |
| 14 | | | 普法教育片(≥\*\*部) | \*\* | \*\* |
| 15 | | | 普法教育光盘(≥\*\*套) | \*\* | \*\* |
| 16 | | | 教育品(≥\*\*件) | \*\* | \*\* |
| 17 | | | 普法教育普及率(≥\*\*%) | \*\* | \*\* |
| 18 | | | 采砂管理检查、监督、现场执法巡查等次数(≥\*\*次) | \*\* | \*\* |
| 19 | | | 组织起草评估水法律、法规、规章、规范性文件等次数(≥\*\*次) | \*\* | \*\* |
| 20 | | | 涉河建设项目审查率(≥\*\*%) | \*\* | \*\* |
| 21 | | | 河道采砂许可审查率(≥\*\*%) | \*\* | \*\* |
| 22 | | 质量指标 | 法律法规、规章、规范性文件征求意见回复率(≥\*\*%) | 99.5 | 100 |
| 23 | | | 水事违法行为查处率(≥\*\*%) | 90 | 100 |
| 24 | | | 省际水事纠纷调处率(≥\*\*%) | 90 | 90 |
| 25 | | 时效指标 | 案件、纠纷发现后响应时间(≤\*\*日) | \*\* | \*\* |
| 26 | | | 行政许可事项按时办结率(≥\*\*%) | 90 | 100 |
| 27 | | 成本指标 | 年度单项水行政许可平均成本增长率(≤\*\*%) | 5 | 与上年持平 |
| 28 | | | 水政监察装备采购成本 | 不超过市场价 | 低于市场价 |
| 29 | 效益指标 | 经济效益指标 | 水行政执法挽回的直接经济损失 | 显著 | 显著 |
| 30 | | 社会效益指标 | 提升公众水法治意识 | 有效 | 有效 |
| 31 | | | 降低水事重大案件发生率 | 显著 | 显著 |
| 32 | | | 提高水政监察队伍执法能力 | 明显 | 明显 |
| 33 | | | 提高依法行政水平 | 明显 | 明显 |
| 34 | | 生态效益指标 | 确保河道湖泊防洪安全、供水安全和水生态安全 | 有效 | 有效 |
| 35 | | | 水污染事件减少促进水生态环境健康发展 | 显著 | 显著 |
| 36 | | 可持续影响指标 | 促进砂石、河道岸线等实现可持续利用 | 显著 | 显著 |
| 37 | 满意度指标 | 服务对象满意度指标 | 上级主管部门满意率(≥\*\*%) | 90 | 95 |
| 38 | | | 水行政许可对象满意率(≥\*\*%) | 90 | 95 |

（五）其他需要说明的问题

1. 后续工作计划

水行政执法监督项目为专项业务费项目，根据下一年度预算安排，项目单位将继续做好水行政执法监督工作。

2. 主要经验及做法

（1）在项目实施与管理过程中，严格遵守各项政策、法规及相关管理制度，确保各项工作合法有序开展。

（2）细化分解任务，各部门按照职责分工各司其职，保障了项目的顺利实施。

（3）强化项目过程控制，及时指导各部门按照进度做好项目管理。

（4）严格合同管理，保证资金使用规范。

3. 存在问题和建议

（1）水行政执法工作事关流域社会生态文明建设，责任重大，但项目预算较为有限。随着社会经济的快速发展和涉水违法行为的日益频繁，水行政执法工作日益繁重，要求越来越高，建议适当增加水行政执法监督业务项目预算经费，以加强基层执法能力建设，推进执法信息化建设，支撑流域管理机构水行政执法职能的履行，保障流域水行政执法工作正常有序的开展。

（2）进一步完善项目绩效目标，提高指标设置科学合理性。项目绩效指标设置不够全面合理，未能全部反映项目实施内容，个性指标缺乏，成本指标和满意度指标较少，效益指标不够清晰且缺乏量化指标。如水行政执法工作有其特殊性，涉河建设项目许可是依申请开展的工作，年初无法预计当年会收到多少件许可申请，建议取消"水事活动审批"数量指标。

4. 其他需说明的问题（如有）

（六）项目评价工作情况

根据《绩效评价管理办法》和水利部有关要求，项目单位及时组织开展了项目绩效中期自评，收集整理了项目决策文件、预算批复以及各绩效指标值支撑材料，配合做好中期检查工作，并编制了项目中期绩效检查报告；根据中期绩效监控报告的反馈，绩效监控结论为"＊＊"，同时对中期检查问题进行了认真研究，积极对有关情况进行了整改落实。依据本项目绩效评价指标体系及打分方法，组织开展了自评价工作，并在自评价基础上，撰写了项目绩效报告。

1. 绩效工作开展情况

（1）积极组织编写项目绩效报告

按照水利部整体部署和要求，及时组织开展了项目绩效自评价工作，根据项目绩效目标，对照项目实施方案，梳理核实有关绩效证明材料，在此基础上，参照《绩效评价管理办法》附件3"财政支出绩效报告（参考提纲）"，从项目概况、项目资金使用及管理情况、组织实施情况、项目绩效情况、需说明的问题等方面认真编制了水行政执法监督项目绩效报告。

（2）绩效得分

项目单位根据《绩效评价管理办法》和水利部有关规定，开展了水行政执法监督项目预算绩效自评价工作,并按照项目预算绩效评价指标体系、评分标准和评分说明对项目绩效进行打分,绩效得分为 98 分。

(3) 项目绩效报告

项目单位编制的水行政执法监督项目绩效报告介绍了项目单位基本情况及水行政执法监督工作的主要职责、项目背景、项目立项依据及立项情况、项目主要工作内容、绩效目标、项目资金使用及管理情况、组织实施情况,从项目的经济性、效率性、有效性和可持续性四个方面对项目产出指标、效益指标、服务对象满意度指标等绩效情况进行了分析,总结了 20 ** 年度主要经验及做法、存在问题和建议。

2. 项目绩评价工作情况

(1) 项目绩效目的

通过绩效自评价,对 20 ** 年度水行政执法监督项目的投入、过程、产出、效果等涉及的项目立项、业务管理、财务管理、项目产出、项目效益等进行全方位的总结分析,对项目财政支出的经济性、效率性、有效性和可持续性进行客观、公正的评价,增强绩效意识,促进财政支出绩效管理,强化支出责任和效率,提高财政资金使用效率;总结经验,进一步加强预算管理改革,不断提高预算绩效管理工作水平。

(2) 绩效评价原则、评价指标体系、评价方法

① 绩效评价原则

绩效评价工作组根据《绩效评价管理办法》,结合水行政执法监督项目实际情况,在绩效评价工作过程中,遵循科学规范、公正公开原则、绩效相关原则。

② 绩效指标体系

根据绩效评价的要求,在上级主管部门制定的水行政执法监督项目预算绩效评价指标体系基础上,项目单位制定了项目自评价绩效指标体系。

③ 绩效评价方法

绩效评价工作,选用多种方法进行绩效评价,坚持简便有效的原则。本项目绩效评价工作采用了成本效益分析法、比较法、因素分析法等评价方法。

通过对 20 ** 年度项目的支出与效益进行对比分析,以评价绩效目标实现程度;通过对项目的绩效目标与实施效果、项目实际支出与产生效益对比分析,综合分析绩效目标实现程度;通过综合分析影响绩效目标实现、实施效果的内外因素,评价绩效目标实现程度。

(3) 绩效评价工作过程

① 前期准备

根据上级主管部门绩效评价的工作安排,项目单位制定了实施方案,组建了绩效自评价工作组,并组织学习了相关文件、政策,提前审阅了项目预算申报文本、绩效报告等材料。

② 组织实施

绩效自评价工作中,绩效自评价工作组听取了项目单位对项目执行情况的介绍,就有关问题进行了质询,现场收集绩效评价相关资料,对资料进行审查核实;查看项目成果、资金使用管理等其他方面的资料,如检查绩效档案资料和成果资料,重点核对可量化指标的

实际完成情况；抽查审阅相关会议记录、巡查、检查记录、行政许可审批文件等，结合调查问卷等核对定性指标完成情况；结合财务支出资料，核对并分析对应经费支出的合理性、真实性。在讨论答疑、查看核对资料的基础上，绩效自评价工作组参照项目预算绩效评价指标体系、评分标准和评分说明，对项目进行打分、统计，最后得出该项目绩效评价分值。

根据资料审查核实情况、绩效评价分值、绩效评价等级和被评价单位的答疑、初步反馈意见，绩效评价工作组集体起草、讨论、综合分析并形成评价结论。

在绩效自评价工作中，充分利用了项目绩效目标运行情况中期检查报告的成果。

③ 分析评价

对项目的投入、过程、产出、效果等进行分析，与绩效评价指标体系对比并进行打分。对项目的经济性、效率性和效益性进行分析，结合指标体系打分情况做出项目的综合评价情况和评价结论，最终形成绩效报告。

通过算术平均方法，计算得到项目绩效评价得分：98 分，评价结论为：优。

### 表 8-6 项目支出绩效自评表

（20＊＊ 年度）

| 项目名称 | | 水行政执法监督项目 | | | | | |
|---|---|---|---|---|---|---|---|
| 主管部门及代码 | | 水利部[126] | | | 实施单位：＊＊局 | | |
| 项目资金（万元） | | 年初预算数（A） | 全年执行数（B） | 分值（10分） | 执行率（B/A） | 得分 | 得分计算方法 |
| | 年度资金总额 | ＊＊ | ＊＊ | 10 | ＊＊% | ＊＊ | 执行率×该指标分值，最高不得超过分值上限 |
| | 其中：本年一般公共预算拨款 | ＊＊ | ＊＊ | | ＊＊% | ＊＊ | |
| | 其他资金 | ＊＊ | ＊＊ | | | | |
| 年度总体目标 | 目标1：通过强化重点管理领域建章立制，完成年度流域水法规建设相关工作，为河湖水域有序管理提供制度支撑；<br>目标2：深入开展水法治宣传教育，完成年度普法任务，确保"法律六进"工作有重点有实效；<br>目标3：严格执法，维护流域水事秩序稳定；<br>目标4：完成年度水政监察基础设施建设及队伍建设、人员培训、考核等工作，强化水行政执法队伍管理，进一步提升执法人员执法能力和法律素养；<br>目标5：开展年度省际水事纠纷排查化解、预防调处活动，维护流域正常水事秩序和社会稳定；<br>目标6：完成年度涉河建设项目审批和监督管理工作，维护正常管理秩序；<br>目标7：开展管理范围内河道执法巡查和检查，确保直管河道采砂管理有序 | | | 目标1：强化重点管理领域建章立制，完成年度流域《＊＊法规》建设工作，为河湖水域有序管理提供制度支撑；<br>目标2：开展水法常规和专项宣传教育，完成年度普法任务；<br>目标3：严格开展水行政执法，流域水事秩序稳定；<br>目标4：完成年度水政监察基础设施建设及队伍建设、人员培训、考核等工作，强化水行政执法队伍管理，执法人员执法能力和法律素养得到进一步提升；<br>目标5：开展年度省际水事纠纷排查化解、预防调处活动，流域正常水事秩序和社会稳定；<br>目标6：完成年度涉河建设项目审批和监督管理工作，管理秩序正常；<br>目标7：开展管理范围内河道执法巡查和检查，直管河道采砂管理有序 | | | |

| 一级指标 | 二级指标 | | 三级指标 | 分值 | 年度指标值(A) | 全年实际值(B) | 得分计算方法 | 得分 | 未完成原因分析 |
|---|---|---|---|---|---|---|---|---|---|
| 绩效指标 | 产出指标(50分) | 数量指标 | 执法巡查、检查人次(≥** 人次) | 2 | ** | ** | 完成值达到指标值,记满分;未达到指标值,按(B/A)或(A/B)×该指标分值记分 | 2 | |
| | | | 执法巡查、检查河道(水库岸线)长度(≥** 千米) | 2 | ** | ** | | 2 | |
| | | | 执法巡查、检查水库、湖泊及河道滩区面积(≥平方千米) | 2 | ** | ** | | 2 | |
| | | | 执法巡查、检查堤防长度(≥** 千米) | 2 | ** | ** | | 2 | |
| | | | 日常巡查、检查监管累计对象个数(≥** 个) | 2 | ** | ** | | 2 | |
| | | | 专项与综合执法、水法规执行情况检查次数(≥** 次) | 2 | ** | ** | | 2 | |
| | | | 现场处理水事违法行为累计个数(≥** 个) | 2 | ** | ** | | 2 | |
| | | | 省际水事敏感地区排查及纠纷预防次数(≥** 次) | 2 | ** | ** | | 2 | |
| | | | 常规普法宣传、专题与专项普法宣传次数(≥** 次) | 1 | ** | ** | | 1 | |
| | | | 全国水政监察人员水政监察证件审核、制发人次(≥** 人次) | 1 | ** | ** | | 1 | |
| | | | 聘请法律顾问提供法律咨询人次(≥** 人次) | 1 | ** | ** | | 1 | |
| | | | 培训次数(≥** 次) | 1 | ** | ** | | 1 | |
| | | | 培训人次(≥** 人次) | 1 | ** | ** | | 1 | |
| | | | 普法教育片(≥** 部) | 1 | ** | ** | | 1 | |
| | | | 普法教育光盘(≥** 套) | 1 | ** | ** | | 1 | |
| | | | 教育品(≥** 件) | 1 | ** | ** | | 1 | |
| | | | 普法教育普及率(≥** %) | 1 | ** | ** | | 1 | |
| | | | 采砂管理检查、监督、现场执法巡查等次数(≥** 次) | 1 | ** | ** | | 1 | |
| | | | 组织起草评估水法律、法规、规章、规范性文件等次数(≥** 次) | 1 | ** | ** | | 1 | |
| | | | 涉河建设项目审查率(≥** %) | 2 | ** | ** | | 2 | |
| | | | 河道采砂许可审查率(≥** %) | 2 | ** | ** | | 2 | |

| 一级指标 | 二级指标 | 三级指标 | 分值 | 年度指标值(A) | 全年实际值(B) | 得分计算方法 | 得分 | 未完成原因分析 |
|---|---|---|---|---|---|---|---|---|
| 绩效指标 | 产出指标（50分） 质量指标 | 法律法规、规章、规范性文件征求意见回复率(≥**%) | 2 | 99.5 | 100 | 1.若为定性指标，则根据"三档"原则分别按照指标分值的100%～80%(含80%)、80%～50%(含50%)、50%～0%来记分。2.若为定量指标，完成值达到指标值，记满分；未达到指标值，按(B/A)或(A/B)×该指标分值记分 | 2 | 佐证和支撑材料难以量化，酌情扣减 |
| | | 水事违法行为查处率(≥**%) | 2 | 90 | 100 | | 2 | |
| | | 省际水事纠纷调处率(≥**%) | 2 | 90 | 90 | | 2 | |
| | 时效指标 | 案件、纠纷发现后响应时间(≤**日) | 2 | ** | ** | | 2 | |
| | | 行政许可事项按时办结率(≥**%) | 2 | 90 | 100 | | 2 | |
| | 成本指标 | 单项水行政许可平均成本增长率(≤**%) | 3 | 5 | 0.1% | | 3 | |
| | | 水政监察装备采购成本 | 3 | 不超过市场价 | 低于市场价 | | 3 | |
| | 效益指标（30分） 经济效益指标 | 水行政执法挽回的直接经济损失 | 7 | 显著 | 显著 | | 6.5 | |
| | 社会效益指标 | 提升公众水法治意识 | 3 | 有效 | 有效 | | 3 | |
| | | 降低水事重大案件发生率 | 3 | 显著 | 显著 | | 3 | |
| | | 提高水政监察队伍执法能力 | 3 | 明显 | 明显 | | 3 | |
| | | 提高依法行政水平 | 3 | 明显 | 明显 | | 3 | |
| | 生态效益指标 | 确保河道湖泊防洪安全、供水安全和水生态安全 | 3 | 有效 | 有效 | | 2.5 | |
| | | 水污染事件减少促进水生态环境健康发展 | 3 | 显著 | 显著 | | 2.5 | |
| | 可持续影响指标 | 促进砂石、河道岸线等实现可持续利用 | 5 | 显著 | 显著 | | 4.5 | |
| | 满意度指标（10分） 服务对象满意度指标 | 上级主管部门满意率(≥**%) | 5 | 90 | 95 | | 5 | |
| | | 水行政许可对象满意率(≥**%) | 5 | 90 | 95 | 同效益指标得分计算方式 | 5 | |
| 总分 | | | | | | | 98 | |

## 二、绩效评价报告范例

（封面）

（单位名称)20✳✳年度水行政执法监督项目
财政支出绩效评价报告

项目名称：水行政执法监督(20✳✳年)
项目单位：✳✳

20✳✳年✳✳月

（一）项目概况

项目类别：专项业务费项目

项目负责人：✳✳　　　　　联系电话：✳✳

项目总预算：✳✳万元,其中申请财政资金：✳✳万元

项目实际到位金额：✳✳万元,其中申请财政资金：✳✳万元

项目实际支出金额：✳✳万元,其中申请财政资金：✳✳万元

项目起止时间：✳✳年✳✳月—✳✳年✳✳月

1. 项目单位基本情况

根据水利部《关于印发〈✳✳局主要职责机构设置和人员编制规定〉的通知》(水人事〔20✳✳〕✳✳号)精神,✳✳局为水利部✳✳局直属事业单位,批复编制✳✳人,现有在职职工✳✳人,离退休职工✳✳人。主要职责包括负责重大涉水违法事件的查处,协调、仲裁✳✳流域水事纠纷,指导水政监察和水行政执法等。

2. 项目基本情况

(1)项目背景及立项依据

水法、防洪法、水土保持法、水污染防治法等4部法律和河道管理条例、取水许可和水资源费征收管理条例等19部行政法规授予其河湖管理、采砂管理、水资源管理、水土保持管理、水利工程管理与保护和省际水事纠纷调处等多项执法职责。

\*\* 单位为水利部派出流域管理机构。根据国务院办公厅《关于印发水利部主要职责内设机构和人员编制规定的通知》(国办发〔2008〕75号)和中央机构编制委员会办公室《关于印发水利部派出的流域机构的主要职责机构设置和人员编制调整方案的通知》(中央编办发〔2002〕39号)精神,\*\* 单位在所管辖的区域内依法行使水行政管理职责。其主要职责是:组织拟订流域性的水利政策法规;组织协调依法行政工作;负责职权范围内水政监察和水行政执法工作,查处违法行为;组织指导法制宣传教育工作;负责省际水事矛盾纠纷调处;负责授权范围内河道范围内建设项目的审查许可及监督管理,归口管理水行政许可等。

\*\* 流域省际水事矛盾敏感河流共有 \*\* 处,水行政执法和省际水事纠纷调处任务十分繁重。流域水行政执法监督是一项长期的、持续的、艰巨的工作,为贯彻落实《中共中央关于全面推进依法治国若干重大问题的决定》和中共中央国务院《法治政府建设实施纲要(2015—2020年)》的各项要求,切实履行《水法》等法律法规赋予的行政执法监管职能,贯彻执行党中央新时期治水方针和水利部党组治水新部署,全面推进依法治水管水,必须强化水行政执法监督,真正担负起保障水法律法规有效实施的重任,维护流域良好水事秩序,保障流域管理机构开展水行政执法、省际水事纠纷预防与调处、立法与普法等工作以及加强执法能力建设是十分必要的。

(2)项目主要内容

根据 \*\* 单位水行政执法监督工作职责,年度项目主要内容包括以下几个方面。

① 流域水法规建设。开展流域规范性文件的制订、审定、发布、备案和清理等工作;开展《\*\* 法》《\*\* 水量调度条例》等流域水法规立法前期研究、起草、修改完善工作和流域规范性文件的制订;代部或地方人大、政府起草有关流域机构职权的法律、行政法规和地方性法规规章;制订和审查流域规范性文件;编印水法规汇编等。

② 水法规宣传和教育。以水法、防洪法、水土保持法等法律法规为重点,结合各级水政执法监督部门水行政管理实际和执法实践,组织实施年度普法计划,利用媒体向社会广泛宣传水法规;日常宣传和集中宣传相结合,以"世界水日、中国水周"和"12.4国家宪法日暨全国法制宣传日"为契机,举办普法专题宣传活动;组织水行政管理及执法部门与人员的依法行政能力教育培训等;拍摄制作《人·水·法》普法宣传片,更新维护水利法治图片音像资料库、水利法治知识题库等。

③ 水行政执法。按照执法巡查制度的规定,对所管辖河湖、水库开展执法巡查;查处水事违法行为,开展水事违法案件调查、取证与处置,组织听证,实施行政处罚,组织实施行政强制,办理行政复议和行政应诉等;组织开展水资源管理、河湖管理等专项与综合执法活动;推进水行政执法"双随机"抽查试点工作;协调地方开展联合执法活动;水行政执

法信息管理系统运行维护及统计等工作。

④ 省际水事纠纷预防与调处。建立健全省际水事协商通报机制,组织开展流域省际边界河流基本情况调查,组织开展有关重大省际边界水事纠纷调处相关基础理论和对策研究,跟踪水事热点地区水事矛盾,汇总分析纠纷调处资料,组织开展水事矛盾纠纷排查化解活动,建立省际边界水事协调和纠纷预防机制;开展现场调查和技术论证,掌握纠纷起因及事态发展的相关情况,制定纠纷预防与处理方案,主动预防、积极协调省际水事纠纷,促使矛盾纠纷各方达成协议并组织实施,切实维护省际边界水事稳定和社会和谐。

⑤ 水政监察队伍管理与能力建设。组织开展水政监察人员培训、考核与考评,水政监察制度建设与修订等;加强对水政监察队伍的指导和监督,规范基层执法行为;完善执法人员保障(包括水政监察人员人身意外伤害险),执法设备保障,执法设备(设施)运行维护保障等;根据《全国水政监察队伍执法能力建设规划(2013—2020 年)》,开展水行政执法能力建设,为水政监察队伍和水政监察人员配备调查取证执法装备等。

⑥ 涉河建设项目管理。在流域管理范围内开展河道建设项目管理、建设项目技术论证、项目审查和许可发放;对流域管理机构管辖范围内的涉河建设项目许可执行情况进行监督、检查,依法对未经审查同意或者未按照审查批准的位置、界限内从事工程设施建设活动的依法实施行政处罚或采取其他行政措施;组织重大项目技术论证、专项课题研究或管理制度制订等。

⑦ 河道采砂管理。在所管辖范围内监督管理采砂活动,包括组织开展管辖范围内重点河段的河道采砂可行性论证工作;组织开展规划可开采区许可前期准备,采砂年度实施方案编制与审批,采砂许可受理、审查和审批,监督管理,采砂验收与后评估等;组织开展省际边界重点河段采砂许可、协调和采砂经营管理模式探讨等;建立采砂管理执法保障制度,对非法采砂频发或严重的区域适时开展专项打击活动等。

3. 项目绩效目标

(1) 项目绩效总体目标

流域管理水法规逐步健全完善;水法治意识和法治观念明显增强;执法巡查监管网络基本形成,查处水事违法行为的能力得到有力保障;省际水事矛盾纠纷敏感地区水事秩序稳定;河道采砂、涉河建设项目、河道内水事活动规范有序;水法、防洪法等水法律法规及国家的治水方略得到较好的贯彻实施。

(2) 年度绩效目标

通过强化重点管理领域建章立制,完成年度流域水法规建设相关工作,为河湖水域有序管理提供制度支撑;深入开展水法治宣传教育,完成年度普法任务,确保"法律六进"工作有重点有实效;严格执法,维护流域水事秩序稳定;完成年度水政监察基础设施建设及队伍建设、人员培训、考核等工作,强化水行政执法队伍管理,进一步提升执法人员执法能力和法律素养;开展年度省际水事纠纷排查化解、预防调处活动,维护流域正常水事秩序和社会稳定;完成年度涉河建设项目审批和监督管理工作,维护正常管理秩序;开展管理范围内河道执法巡查和检查,确保直管河道采砂管理有序。

（3）绩效指标

① 产出指标

本项目产出指标有 ＊＊ 个，其中：

数量指标：日常执法巡查、检查人次，日常巡查、检查河道累计长度，日常巡查、检查累计水域面积，日常巡查、检查监管累计对象个数，专项与综合执法、水法规执行情况检查次数，现场处理水事违法行为累计个数，省际水事敏感地区排查及纠纷预防次数，常规普法宣传、专题与专项普法宣传次数，全国水政监察人员水政监察证件审核、制发人次，聘请法律顾问提供法律咨询人次，培训次数，培训人次，普法教育片，普法教育光盘，教育品，普法教育普及率，采砂管理检查、监督、现场执法巡查等次数，组织起草评估水法律、法规、规章、规范性文件等次数，涉河建设项目审查率，河道采砂许可审查率。

质量指标：法律法规、规章、规范性文件征求意见回复率，水事违法行为查处率，省际水事纠纷调处率。

时效指标：案件、纠纷发现后响应时间，行政许可事项按时办结率。

成本指标：年度单项水行政许可平均成本增长率、水政监察装备采购成本。

② 效益指标

本项目效益指标有 ＊＊ 个，其中：

经济效益指标：水行政执法挽回的直接经济损失。

社会效益指标：提升公众水法治意识，降低水事重大案件发生率，提高水政监察队伍执法能力，提高依法行政水平。

生态效益指标：确保河道湖泊防洪安全、供水安全和水生态安全，水污染事件减少促进水生态环境健康发展。

可持续影响指标：促进砂石、河道岸线等实现可持续利用。

③ 满意度指标

服务对象满意度指标：上级主管部门和水行政许可对象满意率。

该项目绩效指标在执行过程中未进行调整。

（二）项目单位绩效报告情况

根据《绩效评价管理办法》和水利部有关要求，项目单位及时组织开展了项目绩效中期自评，收集整理了项目决策文件、预算批复以及各绩效指标值支撑材料，配合做好中期检查工作，并编制了项目中期绩效检查报告；根据中期绩效监控报告的反馈，绩效监控结论为"＊＊"，同时对中期检查问题进行了认真研究，积极对有关情况进行了整改落实。依据本项目绩效评价指标体系及打分方法，组织开展了自评价工作，并在自评价基础上，撰写了项目绩效报告。

项目绩效报告认为，20＊＊ 年水行政执法监督项目按程序履行申报、立项手续；具有明确的项目实施方案；绩效目标经财政部、水利部批复；各级承担单位责任主体明确，财务管理制度健全，项目的管理能够确保项目的顺利完成；项目的组织实施达到了预期的总目标和年度绩效目标，项目支出控制在预算范围之内，按项目实施方案中的进度安排全部完成，质量指标达到要求，项目的经济效益、社会效益、生态效益、可持续影响和服务对象满意度均达到了绩效目标指标要求。通过强化重点管理领域建章立制，完成了年度流域

《∗∗》等水法规建设相关工作,为河湖水域有序管理提供了制度支撑;深入开展水法治宣传教育,以宣传《∗∗》为重点印发"世界水日""中国水周"宣传方案并组织完成法治专题讲座、∗∗项目水利报社专访等活动,完成年度普法任务;开展水行政执法巡查、检查等,严格执法,维护了流域水事秩序稳定;完成了年度水政监察基础设施建设及队伍建设、人员培训、考核等工作,强化水行政执法队伍管理,进一步提升执法人员执法能力和法律素养;联合∗∗单位,组织开展年度省际水事纠纷排查化解、预防调处活动,维护了流域正常水事秩序和社会稳定;完成年度涉河建设项目审批和监督管理工作,维护了正常管理秩序;组织开展管理范围内河道执法巡查和检查,确保直管河道采砂管理有序。基本完成了年度预设绩效目标。

（三）绩效评价工作情况

1. 绩效评价目的

通过绩效评价,对20∗∗年度水行政执法监督项目的投入、过程、产出、效果等涉及的项目立项、业务管理、财务管理、项目产出、项目效益等进行全方位的总结分析,对项目财政支出的经济性、效率性、有效性和可持续性进行客观、公正的评价,增强绩效意识,促进财政支出绩效管理,强化支出责任和效率,提高财政资金使用效率;总结经验,进一步加强预算管理改革,不断提高预算绩效管理工作水平。

2. 绩效评价原则、评价指标体系、评价方法

（1）绩效评价原则

绩效评价工作组根据《绩效评价管理办法》,结合水行政执法监督项目实际情况,在绩效评价工作过程中,遵循科学规范、公正公开原则、绩效相关原则。

（2）绩效评价指标体系

根据绩效评价的要求,参考《20∗∗年度水利部水行政执法监督项目绩效评价指标体系及评分标准》和《20∗∗年度水行政执法监督项目绩效评价专家评分说明》,制定并完善了绩效评价指标体系。

（3）绩效评价方法

绩效评价工作,选用多种方法进行绩效评价,坚持简便有效的原则。本项目绩效评价工作采用了成本效益分析法、比较法、因素分析法等评价方法。

通过对20∗∗年度项目的支出与效益进行对比分析,以评价绩效目标实现程度;通过对项目的绩效目标与实施效果、项目实际支出与产生效益对比分析,综合分析绩效目标实现程度;通过综合分析影响绩效目标实现、实施效果的内外因素,评价绩效目标实现程度。

3. 绩效评价工作过程

（1）前期准备

根据上级主管部门绩效评价的工作安排,∗∗单位制定了水行政执法监督项目绩效评价实施方案,组建了绩效评价工作组,并组织学习了相关文件、政策,提前审阅了项目预算申报文本、绩效报告等材料。

（2）组织实施

绩效评价工作中,绩效评价工作组听取了项目单位对项目执行情况的介绍,就有关问题进行了质询,现场收集绩效评价相关资料,对资料进行审查核实;查看项目成果、资金使

用管理等其他方面的资料,如检查绩效档案资料和成果资料,重点核对可量化指标的实际完成情况;抽查审阅相关会议记录、水行政执法巡查、检查记录、水行政许可审批文件等,结合调查问卷等核对定性指标完成情况;结合财务支出资料,核对并分析对应经费支出的合理性、真实性。在讨论答疑、查看核对资料的基础上,绩效自评价工作组参照项目预算绩效评价指标体系、评分标准和评分说明,对项目进行打分、统计,最后得出该项目绩效评价分值。

根据资料审查核实情况、绩效评价分值、绩效评价等级和被评价单位的答疑、初步反馈意见,绩效评价工作组集体起草、讨论、综合分析并形成评价结论。在绩效评价工作中,充分利用了项目绩效目标运行情况中期检查报告的成果。

(3)分析评价

对项目的投入、过程、产出、效果等进行分析,与绩效评价指标体系对比并进行打分。对项目的经济性、效率性和效益性进行分析,结合指标体系打分情况做出项目的综合评价情况和评价结论,最终形成绩效评价报告。

(四)绩效评价指标分析情况

1.项目资金情况分析

(1)项目预算编制及资金到位情况分析

① 预算编制情况。项目预算明细及各部分支出内容的测算依据如下:

办公费 \*\* 万元、电费 \*\* 万元、维修(护)费 \*\* 万元,培训费 \*\* 万元,差旅费 \*\* 万元,租赁费 \*\* 万元,公务用车运行维护费 \*\* 万元、办公设备购置 \*\* 万元、专用设备购置 \*\* 万元。

② 资金到位情况。20 \*\* 年 \*\* 月,\*\* 以《 \*\* 关于批复 \*\* 年预算的通知》( \*\*〔20 \*\*〕\*\* 号)批复水行政执法监督项目经费 \*\* 万元,其中财政资金 \*\* 万元,资金到位率100%。

(2)项目资金使用情况分析

20 \*\* 年度水行政执法监督项目,实际到位预算资金 \*\* 万元,实际支出预算资金 \*\* 万元,已序时有效的全部完成了 \*\* 年度预算执行工作(项目经费预决算对比情况见表8-7)。

表 8-7　项目预算执行情况对照表　　　　　　　　　　　　　　万元

| | 科　目 | 预　算 | 执　行 | 差　额 |
|---|---|---|---|---|
| 资金来源 | 合　计 | \*\* | \*\* | \*\* |
| | 财政拨款 | \*\* | \*\* | \*\* |
| | 其他资金 | \*\* | \*\* | \*\* |
| 支出明细 | 合　计 | \*\* | \*\* | \*\* |
| | 办公费 | \*\* | \*\* | \*\* |
| | 电　费 | \*\* | \*\* | \*\* |
| | …… | …… | …… | …… |
| 项目经费结转(结余) | | \*\* | | |

项目单位会计核算规范,预算控制有效,未发现支出依据不合规、虚列项目支出的情况,未发现截留、挤占、挪用项目资金的情况,未发现超标准开支情况。项目执行进度科学合理,达到预算执行进度目标要求。

(3)项目资金管理情况分析

① 财务管理制度制定情况。项目单位认真贯彻国家相关制度办法,同时结合工作实际,先后制订了《\*\*单位预算项目资金管理办法》《\*\*局预算管理办法》等规章制度,从资金管理、预算管理、资产管理、合同管理等方面不断完善项目的管理制度体系,健全财务管理制度。

② 财务制度执行情况。20\*\*年水行政执法监督项目实行专项管理,在经费使用上,严格按照《中央本级项目支出预算管理办法》等财政部有关规定执行,预算经费独立核算、专款专用,各项支出均按照财务管理各项规章制度要求,做到经费支出合理,经常核查项目具体实施进度,确保项目按进度计划实施,做好项目资金的管理和财务核算,切实有效保证水行政执法监督工作的顺利完成,预算执行情况良好。

通过各项制度的严格执行,20\*\*年项目执行中未出现违法违规现象,资金支出安全有效,财务运行健康有序。

2. 项目实施情况分析

(1)项目组织情况分析

水行政执法监督项目由\*\*单位统一管理,由\*\*、\*\*等单位共同承担。水行政执法监督项目组织机构健全,项目目标与责任分工明确,组织实施程序符合业务规范要求,项目主要参与人员经验丰富,技术力量雄厚,人力资源储备充足,基础设施设备条件完备,能够确保项目顺利、高效、高质的完成。

(2)项目管理情况分析

\*\*单位作为项目主管部门切实履行项目管理职责,指导、督促各单位扎实开展业务工作;\*\*单位财务主管部门及时批复项目预算和绩效目标,监督、指导资金管理和使用。各承担单位任务分工明确,切实可行,根据编制的《水行政执法监督项目\*\*年度实施方案》,细化梳理年度工作任务,主要业务工作制定详细的工作计划、工作方案,同时,把工作责任落实到班子成员、部门和个人,做到有计划、有安排、有检查、有督促,充分利用现有人员、技术、设备等支撑条件,加强质量控制和服务保障,合理安排开展水行政执法监督工作。截至20\*\*年\*\*月,全部外委项目均已通过合同验收。在设备管理上,项目单位通过政府采购网批量集中采购方式采购,固定资产已验收入账。在项目实施过程中,项目单位注重档案资料的归纳与管理,按资料清单要求完成项目实施过程中资料收集和管理工作,工作及时,资料基本完整。项目完成后,各预算执行单位按照\*\*局出台的《\*\*局中央级预算项目验收管理实施细则》分别组织了自验工作。在外委项目的管理上,项目单位均严格执行《\*\*局预算项目资金管理办法》《\*\*局预算管理办法》等规定,规范了项目实施程序,切实加强项目合同全过程的监管。(项目委托业务实施情况见表8-8)。

表 8-8　项目委托业务费实际支出与计划对照表

| 序号 | 合同名称 | 被委托单位 | 预算金额(万元) | 实际金额(万元) |
|:---:|:---:|:---:|:---:|:---:|
| 1 | ** | ** | ** | ** |
| 2 | ** | ** | ** | ** |
| … | … | … | … | … |
| 合　计 | | | ** | ** |

(3) 项目绩效情况分析

① 项目的经济性分析

项目单位预算编制合理,项目经费基本按照批复的预算执行,项目支出总金额没有突破年度预算,项目预算控制较好。针对项目工作实际,合理确定外委项目,并通过定向委托等方式确定合作单位,通过合同洽谈等工作,进一步明确合同内容,提高了外委资金使用效益。开展日常工作中,尽量通过业务系统、电子邮件、实时通讯工具等传输电子文档,有效减少了纸张及办公耗材等日常办公开支和邮电费用;加强车辆日常运行保养维修,节能减耗,减少交通费。对于符合政府采购要求的水政执法装备,严格按照《政府采购法》《招投标法》等法律法规实施政府采购,20**年通过政府采购水政执法装备**套,目前均已通过政府采购实施完成。项目预算执行严格按照预算控制数,资金使用安全,无违规使用项目经费情况。项目支出总金额没有突破年度预算,项目预算总体控制较好。项目单位厉行节约,多措并举严格控制项目成本。推行无纸化办公、双面打印等,节约办公耗材;严格公务用车管理,控制水政执法车辆运行成本;通过政府采购水政执法装备,节约了资金。

② 项目的效率性分析

项目严格按照水行政执法监督项目 20 ** 年度实施方案要求完成,进度安排合理。3—4 月,以宣传《**》为重点印发"世界水日""中国水周"宣传方案并组织完成法治专题讲座、**项目水利报社专访等活动;印发《**局 20 ** 年水政执法行动计划》和《**局 20 ** 年河湖执法检查活动实施计划》。4—9 月,组织拉网式排查及流域与区域联合巡查;完成 ** 整改方案审查、批复并推动实施;完成 ** 项目处罚并持续跟踪限期补办手续;组织 ** 及相关市区县完成流域重要饮用水源地 ** 河联合巡查。11—12 月,召开流域联合巡查联席会议、重点违法项目会商会、水事案例研讨会;购买水政监察人员人身意外保险和水政监察专用设备;组织培训 ** 人次,水政监察队伍执法能力明显提高;完成水政监察工作考核。全年组织开展流域立法、案件查处与督办、省际水事纠纷预防与调处、行政许可与管理、日常巡查及专项巡查、执法设备保障与维护、法律顾问咨询、太湖水政执法基地日常运行维护等工作,共组织 ** 次联合巡查。

项目单位水行政执法监督工作有序开展、及时有效,全部完成了项目预期目标。其中日常执法巡查、检查 ** 人次,日常巡查、检查河道累计 **,日常巡查、检查累计水域面积 ** 平方米,日常巡查、检查监管累计对象 ** 个,专项与综合执法、水法规执行情况检查 ** 次,现场处理水事违法行为累计 ** 个,省际水事敏感地区排查及纠纷预防 ** 次,常规普法宣传、专题与专项普法宣传 ** 次,全国水政监察人员水政监察证件审核、制发 ** 人次,聘请法律顾问提供法律咨询 ** 人次,培训 ** 次、** 人次,普法教育片 ** 部,普法教育光

盘 ** 个,教育品 ** 份,普法教育普及率 ** ％,采砂管理检查、监督、现场执法巡查 ** 次,组织起草评估水法律、法规、规章、规范性文件 ** 次,涉河建设项目审查率 ** ％,河道采砂许可审查率 ** ％。

全年各项工作全面完成,成果质量得到了水利部、流域片各省市等单位好评。法律法规、规章、规范性文件征求意见回复率 100％,水事违法行为查处率 100％,省际水事纠纷调处率 90％。案件、纠纷发现后响应时间不超过 ** 日,行政许可事项按时办结率 100％,单项水行政许可平均成本与上年持平,水政监察装备采购实施政府采购,低于市场价。上级主管部门和水行政许可对象满意率达到 95％。

③ 项目的效益性分析

经济效益方面,高频次、全覆盖的拉网式排查,使 ** 局较全面地掌握了 ** 水事违法项目情况及查处现状,及时制止、有效预防了水事违法行为,水行政执法挽回的直接经济损失显著。社会效益方面,20 ** 年,先后在全国水行政执法工作座谈会、全国水利系统司局级领导干部法治专题培训班上介绍 ** 局河湖执法经验。 ** 案查处经验被水利部政法司推荐为水利报"以案说法"栏目典型题材,产生了很好社会效果和法律效果,提升公众水法治意识。流域区域共同努力,有力维护了流域河湖正常水事秩序,降低水事重大案件发生率。直接查处与督办查处相结合的执法方式取得显著效果,提高水政监察队伍执法能力和依法行政水平。生态效益方面,水行政执法作为流域河湖依法管理的重要手段,以点带面形成"倒逼"机制,大大促进了流域涉水项目的依法报批,有力维护了流域河湖正常水事秩序,有效确保河道湖泊防洪安全、供水安全和水生态安全,水污染事件减少促进水生态环境健康发展显著。可持续影响方面,保证了 ** 水域面积不减少、岸线开发利用率控制在 ** ％以内,显著促进砂石、河道岸线等实现可持续利用。

④ 项目的可持续性分析

可持续影响方面,水行政执法监督工作持续稳定发挥效益,水事秩序持续稳定,社会公众水法治意识普遍提高,依法行政水平持续提高(绩效目标完成情况详见表 8-9)。

表 8-9　水行政执法监督项目支出绩效目标完成情况对照表

| 序号 | 一级指标 | 二级指标 | 指标内容 | 指标值 | 已完成指标值 |
|---|---|---|---|---|---|
| | | | **绩效指标批复情况** | | **绩效指标完成情况** |
| 1 | 产出指标 | 数量指标 | 执法巡查、检查人次(≥ ** 人次) | ** | ** |
| 2 | | | 执法巡查、检查河道(水库岸线)长度(≥ ** 千米) | ** | ** |
| 3 | | | 执法巡查、检查水库、湖泊及河道滩区面积(≥平方千米) | ** | ** |
| 4 | | | 执法巡查、检查堤防长度 | ** | ** |
| 5 | | | 日常巡查、检查监管累计对象个数(≥ ** 个) | ** | ** |

续 表

| | | | 绩效指标批复情况 | | 绩效指标完成情况 |
|---|---|---|---|---|---|
| 序号 | 一级指标 | 二级指标 | 指标内容 | 指标值 | 已完成指标值 |
| 6 | | | 专项与综合执法、水法规执行情况检查次数(≥＊＊次) | ＊＊ | ＊＊ |
| 7 | | | 现场处理水事违法行为累计个数(≥＊＊个) | ＊＊ | ＊＊ |
| 8 | | | 省际水事敏感地区排查及纠纷预防次数(≥＊＊次) | ＊＊ | ＊＊ |
| 9 | | | 常规普法宣传、专题与专项普法宣传次数(≥＊＊次) | ＊＊ | ＊＊ |
| 10 | | | 全国水政监察人员水政监察证件审核、制发人次(≥＊＊人次) | ＊＊ | ＊＊ |
| 11 | | | 聘请法律顾问提供法律咨询人次(≥＊＊人次) | ＊＊ | ＊＊ |
| 12 | | 数量指标 | 培训次数(≥＊＊次) | ＊＊ | ＊＊ |
| 13 | | | 培训人次(≥＊＊人次) | ＊＊ | ＊＊ |
| 14 | | | 普法教育片(≥＊＊部) | ＊＊ | ＊＊ |
| 15 | 产出指标 | | 普法教育光盘(≥＊＊套) | ＊＊ | ＊＊ |
| 16 | | | 教育品(≥＊＊件) | ＊＊ | ＊＊ |
| 17 | | | 普法教育普及率(≥＊＊％) | ＊＊ | ＊＊ |
| 18 | | | 采砂管理检查、监督、现场执法巡查等次数(≥＊＊次) | ＊＊ | ＊＊ |
| 19 | | | 组织起草评估水法律、法规、规章、规范性文件等次数(≥＊＊次) | ＊＊ | ＊＊ |
| 20 | | | 涉河建设项目审查率(≥＊＊％) | ＊＊ | ＊＊ |
| 21 | | | 河道采砂许可审查率(≥＊＊％) | ＊＊ | ＊＊ |
| 22 | | 质量指标 | 法律法规、规章、规范性文件征求意见回复率(≥＊＊％) | 99.5 | 100 |
| 23 | | | 水事违法行为查处率(≥＊＊％) | 90 | 100 |
| 24 | | | 省际水事纠纷调处率(≥＊＊％) | 90 | 90 |
| 25 | | 时效指标 | 案件、纠纷发现后响应时间(≤＊＊日) | ＊＊ | ＊＊ |
| 26 | | | 行政许可事项按时办结率(≥＊＊％) | 90 | 100 |
| 27 | | 成本指标 | 年度单项水行政许可平均成本增长率(≤＊＊％) | 5 | 与上年持平 |
| 28 | | | 水政监察装备采购成本 | 不超过市场价 | 低于市场价 |

| 序号 | 一级指标 | 二级指标 | 指标内容 | 指标值 | 已完成指标值 |
|---|---|---|---|---|---|
| | | | 绩效指标批复情况 | | 绩效指标完成情况 |
| 29 | 效益指标 | 经济效益指标 | 水行政执法挽回的直接经济损失 | 显著 | 显著 |
| 30 | | 社会效益指标 | 提升公众水法治意识 | 有效 | 有效 |
| 31 | | | 降低水事重大案件发生率 | 显著 | 显著 |
| 32 | | | 提高水政监察队伍执法能力 | 明显 | 明显 |
| 33 | | | 提高依法行政水平 | 明显 | 明显 |
| 34 | | 生态效益指标 | 确保河道湖泊防洪安全、供水安全和水生态安全 | 有效 | 有效 |
| 35 | | | 水污染事件减少促进水生态环境健康发展 | 显著 | 显著 |
| 36 | | 可持续影响指标 | 促进砂石、河道岸线等实现可持续利用 | 显著 | 显著 |
| 37 | 满意度指标 | 服务对象满意度指标 | 上级主管部门满意率(≥∗∗％) | 90 | 95 |
| 38 | | | 水行政许可对象满意率(≥∗∗％) | 90 | 95 |

（五）综合评价工作情况及评价结论

1. 评价工作开展情况

项目绩效评价工作组通过听取项目执行情况的介绍,查阅了项目绩效报告,现场收集绩效评价相关资料,对资料进行审查核实;查看项目成果、资金使用管理等其他方面的资料,如检查绩效档案资料和成果资料,重点核对可量化指标的实际完成情况;抽查审阅相关会议记录、水行政执法巡查、检查记录、水行政许可审批文件等,结合调查问卷等核对定性指标完成情况;结合财务支出资料,核对并分析对应经费支出的合理性、真实性并抽查相关的原始资料、合同;就发现的有关问题进行了质询,并进行了记录。

在讨论答疑、查看核对资料的基础上,项目绩效评价工作组依据水行政执法监督项目的评价体系、评分标准、评分说明,对项目进行打分、统计,最后得出该项目绩效评价分值。

2. 评价结论

项目绩效评价工作组认为∗∗局20∗∗年度水行政执法监督项目立项过程合规,绩效目标明确、量化,资金预算分配合理,能按照实施方案和批复的绩效目标组织实施。各承担单位责任分工明确,各项管理制度较为健全,项目管理较为完善、规范,资金使用规范有效。项目实施完成了预期的绩效目标并达到了预期结果。

20∗∗年度水行政执法监督项目绩效评价得分为∗∗分,其中项目投入得分∗∗分、项目过程得分∗∗分、项目产出得分∗∗分、项目效果得分∗∗分,绩效评定级别为"∗∗"。整体上,该项目投入、过程、产出及效果4个方面完成情况均较好,从前期项目立项及内容设计,到中间项目过程管理,以及最后项目产出、效果实现,均未出现较为薄弱管控环节或执行风险,项目总体执行情况较好,完成质量较高(项目绩效评价指标体系及评分情况详见表 8-10)。

表 8-10　20 ** 年度水行政执法监督项目绩效评价指标体系及评分标准

| 一级指标 | 分值 | 二级指标 | 分值 | 三级指标 | 分值 | 四级指标 | 分值 | 指标解释 | 计划指标值 | 实际完成值 | 评价标准 | 得分 |
|---|---|---|---|---|---|---|---|---|---|---|---|---|
| 投入 | 20 | 项目立项 | 18 | 项目立项规范性 | 2 | 立项程序规范完整性 | 1 | 项目申请、设立的程序及相关资料是否符合相关要求,如"是否经过专家可行性研究(实施方案)、专家论证、风险评估、集体决策"等。用以反映和考核项目立项程序的规范完整性 | — | — | 预算申报材料(申报文本、绩效目标、实施方案),共3项材料,每缺少一项扣0.5分,扣至0分为止 | ** |
| | | | | | | 立项论证的充分性 | 1 | 项目申请、设立的论证是否充分。用以反映和考核项目立项论证的充分性 | — | — | 1.项目申请、设立的论证充分,1分;2.项目申请、设立的论证较充分,0.5分;3.项目申请、设立的论证充分性不够,0分 | ** |
| | | | | 绩效目标合理性 | 8 | 目标与职能的相符性 | 2 | 项目所设定的绩效目标与项目单位职能是否相符。用以反映和考核项目绩效目标与单位职能相符情况 | — | — | 1.绩效目标符合项目单位职能,2分;2.绩效目标较符合项目单位职能,1~2分;3.绩效目标与项目单位职能不够相符,0~1分 | ** |
| | | | | | | 目标政策依据的充分性 | 2 | 项目所设定的绩效目标是否依据充分。用以反映和考核项目绩效目标与国家政策、部门事业发展纲要(规划)的相符情况 | — | — | 1.项目目标与政策文件、行业规划、部门事业总体规划的相符性,满分为1分,专家根据相符情况酌情给分。2.目标与项目规划的相符性,满分为1分,专家酌情给分。一般情况,项目自身应制定中长期规划或者有明确的事业规划为基础,且年度目标与项目中长期规划相符 | ** |

| 一级指标 | 分值 | 二级指标 | 分值 | 三级指标 | 分值 | 四级指标 | 分值 | 指标解释 | 计划指标值 | 实际完成值 | 评价标准 | 得分 |
|---|---|---|---|---|---|---|---|---|---|---|---|---|
| 投入 | 20 | 项目立项 | 18 | 绩效目标合理性 | 8 | 目标与现实需求相符性 | 2 | 项目所设定的绩效目标是否符合现实需求。用以反映和考核项目绩效目标与现实需求的相符情况 | —— | —— | 1.绩效目标符合现实需求,2分;<br>2.绩效目标较符合现实需求,1～2分;<br>3.绩效目标与现实需求不够相符,0～1分 | ** |
| | | | | | | 关键目标的明确合理性 | 2 | 项目绩效目标的关键目标是否明确、合理,指标值是否经过调查研究和科学论证,符合客观实际,能够在一定期限内如期实现。用以反映绩效目标的明确性以及指标值的合理性 | —— | —— | 1.包含关键目标且指标值设置合理,2分;<br>2.包含关键目标,但指标值设置不够合理,1～2分;<br>3.没有关键目标,0～1分 | ** |
| | | | | 绩效指标明确性 | 8 | 绩效指标细化、量化程度 | 2 | 绩效指标(产出指标,效果指标)是否清晰、细化、量化,不能以量化形式表述的是否可衡量。用以反映和考核项目绩效目标的明细化及量化情况 | —— | —— | 1.绩效指标清晰、细化、量化,2分;<br>2.绩效指标较清晰、细化、量化,1～2分;<br>3.绩效指标不够清晰、细化、量化,0～1分 | ** |
| | | | | | | 绩效指标分解批复的合理性(选用) | 2 | 项目绩效指标是否进行合理分解批复。用以反映打捆项目绩效目标的向下分解情况 | —— | —— | 1.绩效指标分解批复合理,2分;2.绩效指标分解批复较合理,1～2分;3.绩效指标分解批复不够合理,0～1分 | ** |
| | | | | | | 绩效指标与绩效目标的匹配性 | 2 | 项目绩效指标是否与绩效目标关联,绩效指标是否充分体现绩效目标。用以反映绩效指标与绩效目标的匹配情况 | —— | —— | 1.绩效指标与绩效目标匹配,2分;<br>2.绩效指标与绩效目标较匹配,1～2分;<br>3.绩效指标与绩效目标不够匹配,0～1分 | ** |
| | | | | | | 绩效指标与预算的匹配性 | 2 | 绩效指标与预算是否匹配。用以反映和考核项目绩效指标与项目预算的对应情况 | —— | —— | 1.绩效指标与项目预算匹配,2分;<br>2.绩效指标与项目预算较匹配,1～2分;<br>3.绩效指标与项目预算不够匹配,0～1分 | ** |

| 一级指标 | 分值 | 二级指标 | 分值 | 三级指标 | 分值 | 四级指标 | 分值 | 指标解释 | 计划指标值 | 实际完成值 | 评价标准 | 得分 |
|---|---|---|---|---|---|---|---|---|---|---|---|---|
| 投入 | 20 | 资金落实 | 2 | 资金足额到位性 | 1 | 资金到位率 | 1 | 实际到达最末级单位的资金金额与计划投入资金的比率,用以反映和考核资金落实情况对项目实施的总体保障程度。资金到位率=(实际到位资金/预算金额)×100%。实际到位资金:一定时期内实际落实到具体项目的资金。预算资金:一定时期内计划投入到具体项目的资金 | —— | —— | 得分=资金到位率×1分 | ** |
| | | | | 资金及时到位性 | 1 | 资金到位及时率 | 1 | 考核资金到达各级单位的及时性,预算批复后资金是否在15个工作日内下达 | —— | —— | 1.预算批复后资金在15个工作日内下达,1分;2.预算批复后资金在20个工作日内下达,0.5分;3.预算批复后资金超过20个工作日下达,0分 | ** |
| 过程 | 25 | 业务管理 | 13 | 业务管理制度健全性 | 3 | 业务管理制度健全性 | 3 | 项目实施单位针对项目相关业务内容,所适用的业务管理制度是否明确,自身制定的业务管理制度是否健全,包括项目的设立、质量管理、安全管理、项目验收等流程管理制度。用以反映管理制度的健全性 | —— | —— | 1.业务管理制度健全,3分;2.业务管理制度较健全,1.5~3分;3.业务管理制度不够健全,0~1.5分 | ** |
| | | | | 制度执行有效性 | 6 | 业务执行与制度相符性 | 2 | 业务执行(如立项、实施、政府采购、质量安全管理、项目验收等)是否符合相关的法律、法规,是否符合相关业务管理制度要求。用以反映业务执行与法律法规、业务管理制度的相符性 | —— | —— | 1.业务执行符合相关法律法规、业务管理制度的要求,2分;2.业务执行较符合相关法律法规、业务管理制度的要求,1~2分;3.业务执行不够符合相关法律法规、业务管理制度的要求,0~1分 | ** |

| 一级指标 | 分值 | 二级指标 | 分值 | 三级指标 | 分值 | 四级指标 | 分值 | 指标解释 | 计划指标值 | 实际完成值 | 评价标准 | 得分 |
|---|---|---|---|---|---|---|---|---|---|---|---|---|
| 过程 | 25 | 业务管理 | 13 | 制度执行有效性 | 6 | 项目档案的完备性和正确性 | 3 | 项目档案是否能完整反映业务流程的各个环节,档案资料内容是否正确、不矛盾冲突。用以反映和考核项目档案的质量 | —— | —— | 1.项目档案完备且资料内容正确,3分;<br>2.项目档案较完备且资料内容较正确,1.5～3分;<br>3.项目档案不够完备且资料内容不够正确,0～1.5分 | ** |
| | | | | | | 调整手续履行情况 | 1 | 业务工作内容调整手续是否按制度履行。用以反映调整手续的执行情况 | —— | —— | 1.严格按照制度履行调整手续,1分;<br>2.较严格按照制度履行调整手续,0.5分;<br>3.未能严格按照制度履行调整手续,0分 | ** |
| | | | | 项目质量可控性 | 4 | 质量标准健全性 | 2 | 项目实施单位是否已制定或具有相应的项目质量要求或标准。用以反映和考核项目质量标准建设情况 | —— | —— | 1.制定的项目质量要求或标准健全,2分;<br>2.制定的项目质量要求或标准较健全,1～2分;<br>3.制定的项目质量要求或标准不够健全,0～1分 | ** |
| | | | | | | 管控措施有效性 | 2 | 项目实施单位是否为达到项目质量要求而采取了必需且有效的措施。用以反映和考核项目实施单位对项目质量的控制情况 | —— | —— | 1.为达到项目质量要求而采取的管控措施有效,2分;<br>2.为达到项目质量要求而采取的管控措施较有效,1～2分;<br>3.未采取必需且有效的管控措施,项目完成质量较差,0～1分 | ** |

| 一级指标 | 分值 | 二级指标 | 分值 | 三级指标 | 分值 | 四级指标 | 分值 | 指标解释 | 计划指标值 | 实际完成值 | 评价标准 | 得分 |
|---|---|---|---|---|---|---|---|---|---|---|---|---|
| 过程 | 25 | 财务管理 | 12 | 财务管理制度健全性 | 3 | 财务管理制度健全性 | 3 | 项目实施单位的财务管理制度是否全面、完整、合理。用以反映和考核财务管理制度对资金规范、安全运行的保障情况 | —— | —— | 1.财务管理制度全面、完整、合理，3分；2.财务管理制度较全面、完整、合理，1.5～3分；3.财务管理制度不够全面、完整、合理，0～1.5分 | ** |
| | | | | 资金使用合规性 | 6 | 资金使用合法合规性 | 3 | 资金使用是否单独核算、符合会计核算制度、有完整的审批手续，项目的重大开支是否经过评估认证；委托单位的遴选程序是否符合相关法律法规要求，如招投标、多家方案比选等；项目资金使用是否存在截留、挤占、挪用、虚列支出等情况。用以反映和考核项目资金使用的合法合规情况 | —— | —— | 1.资金使用合法合规，3分；2.资金使用较合法合规，1.5分；3.资金使用不够合法合规，0分 | ** |
| | | | | | | 资金使用与预算的一致性 | 3 | 项目资金使用是否符合项目预算批复用途。用以反映和考核项目资金使用与预算的一致性 | —— | —— | 1.资金使用与预算批复一致，3分；2.资金使用与预算批复较一致，1.5～3分；3.资金使用与预算批复不够一致，0～1.5分 | ** |
| | | | | 财务监控有效性 | 3 | 财务监控有效性 | 3 | 项目实施单位是否为保障资金的安全、规范运行而建立了内控管理制度，是否采用了必要的监控措施，如不相容岗位相互分离、内部授权审批控制、预算控制、会计控制、单据控制、信息内部公开等，是否做到会计核算规范、信息真实。用以反映和考核项目实施单位对资金运行的控制情况 | —— | —— | 1.财务监控机制健全，管控措施有效，3分；2.财务监控机制较健全，管控措施较有效，1.5～3分；3.财务监控机制不够健全，管控措施不够有效，0～1.5分 | ** |

| 一级指标 | 分值 | 二级指标 | 分值 | 三级指标 | 分值 | 四级指标 | 分值 | 指标解释 | 计划指标值 | 实际完成值 | 评价标准 | 得分 |
|---|---|---|---|---|---|---|---|---|---|---|---|---|
| 产出 | 25 | 项目产出 | 25 | 实际完成率 | 12 | 执法巡查、检查人次（≥**人次） | 1 | 项目实施的实际产出数与计划产出数的比率,用以反映和考核项目产出数量目标的实现程度。实际完成率＝(实际产出数/计划产出数)×100%。实际产出数:一定时期(本年度或项目期)内项目实际产出的产品或提供的服务数量。计划产出数:项目绩效目标确定的在一定时期(本年度或项目期)内计划产出的产品或提供的服务数量 | ** | ** | 得分＝实际完成率×1分,超过1分的按1分计 | ** |
| | | | | | | 执法巡查、检查河道（水库岸线）长度（≥**千米） | 1 | | ** | ** | 得分＝实际完成率×1分,超过1分的按1分计 | ** |
| | | | | | | 执法巡查、检查水库、湖泊及河道滩区面积（≥平方千米） | 1 | | ** | ** | 得分＝实际完成率×1分,超过1分的按1分计 | ** |
| | | | | | | 执法巡查、检查堤防长度（≥**千米） | 0.5 | | ** | ** | 得分＝实际完成率×0.5分,超过0.5分的按0.5分计 | ** |
| | | | | | | 日常巡查、检查监管累计对象个数（≥**个） | 0.5 | | ** | ** | 得分＝实际完成率×0.5分,超过0.5分的按0.5分计 | ** |
| | | | | | | 专项与综合执法、水法规执行情况检查次数（≥**次） | 0.5 | | ** | ** | 得分＝实际完成率×0.5分,超过0.5分的按0.5分计 | ** |
| | | | | | | 现场处理水事违法行为累计个数（≥**个） | 0.5 | | ** | ** | 得分＝实际完成率×0.5分,超过0.5分的按0.5分计 | ** |

| 一级指标 | 分值 | 二级指标 | 分值 | 三级指标 | 分值 | 四级指标 | 分值 | 指标解释 | 计划指标值 | 实际完成值 | 评价标准 | 得分 |
|---|---|---|---|---|---|---|---|---|---|---|---|---|
| 产出 | 25 | 项目产出 | 25 | 实际完成率 | 12 | 省际水事敏感地区排查及纠纷预防次数（≥**次） | 0.5 | 项目实施的实际产出数与计划产出数的比率，用以反映和考核项目产出数量目标的实现程度。<br>实际完成率＝（实际产出数/计划产出数）×100%。<br>实际产出数：一定时期（本年度或项目期）内项目实际产出的产品或提供的服务数量。<br>计划产出数：项目绩效目标确定的在一定时期（本年度或项目期）内计划产出的产品或提供的服务数量 | ** | ** | 得分＝实际完成率×0.5分，超过0.5分的按0.5分计 | ** |
| | | | | | | 常规普法宣传、专题与专项普法宣传次数（≥**次） | 0.5 | | ** | ** | 得分＝实际完成率×0.5分，超过0.5分的按0.5分计 | ** |
| | | | | | | 全国水政监察人员水政监察证件审核、制发人次（≥**人次） | 0.5 | | ** | ** | 得分＝实际完成率×0.5分，超过0.5分的按0.5分计 | ** |
| | | | | | | 聘请法律顾问提供法律咨询人次（≥**人次） | 0.5 | | ** | ** | 得得分＝实际完成率×0.5分，超过0.5分的按0.5分计 | ** |
| | | | | | | 培训次数（≥**次） | 0.5 | | ** | ** | 得分＝实际完成率×0.5分，超过0.5分的按0.5分计 | ** |
| | | | | | | 培训人次（≥**人次） | 0.5 | | ** | ** | 得分＝实际完成率×0.5分，超过0.5分的按0.5分计 | ** |
| | | | | | | 普法教育片（≥**部） | 0.5 | | ** | ** | 得分＝实际完成率×0.5分，超过0.5分的按0.5分计 | ** |
| | | | | | | 普法教育光盘（≥**套） | 0.5 | | ** | ** | 得分＝实际完成率×0.5分，超过0.5分的按0.5分计 | ** |

| 一级指标 | 分值 | 二级指标 | 分值 | 三级指标 | 分值 | 四级指标 | 分值 | 指标解释 | 计划指标值 | 实际完成值 | 评价标准 | 得分 |
|---|---|---|---|---|---|---|---|---|---|---|---|---|
| 产出 | 25 | 项目产出 | 25 | 实际完成率 | 12 | 教育品（≥**件） | 0.5 | 项目实施的实际产出数与计划产出数的比率，用以反映和考核项目产出数量目标的实现程度。<br>实际完成率＝（实际产出数/计划产出数）×100％。<br>实际产出数：一定时期（本年度或项目期）内项目实际产出的产品或提供的服务数量。<br>计划产出数：项目绩效目标确定的在一定时期（本年度或项目期）内计划产出的产品或提供的服务数量 | ** | ** | 得分＝实际完成率×0.5分，超过0.5分的按0.5分计 | ** |
| | | | | | | 普法教育普及率（≥**％） | 0.5 | | ** | ** | 得分＝实际完成率×0.5分，超过0.5分的按0.5分计 | ** |
| | | | | | | 采砂管理检查、监督、现场执法巡查等次数（≥**次） | 0.5 | | ** | ** | 得分＝实际完成率×0.5分，超过0.5分的按0.5分计 | ** |
| | | | | | | 组织起草评估水法律、法规、规章、规范性文件等次数（≥**次） | 0.5 | | ** | ** | 得分＝实际完成率×0.5分，超过0.5分的按0.5分计 | ** |
| | | | | | | 涉河建设项目审查率（≥**％） | 0.5 | | ** | ** | 得分＝实际完成率×0.5分，超过0.5分的按0.5分计 | ** |
| | | | | | | 河道采砂许可审查率（≥**％） | 0.5 | | ** | ** | 得分＝实际完成率×0.5分，超过0.5分的按0.5分计 | ** |

| 一级指标 | 分值 | 二级指标 | 分值 | 三级指标 | 分值 | 四级指标 | 分值 | 指标解释 | 计划指标值 | 实际完成值 | 评价标准 | 得分 |
|---|---|---|---|---|---|---|---|---|---|---|---|---|
| 产出 | 25 | 项目产出 | 25 | 质量达标情况 | 6 | 法律法规、规章、规范性文件征求意见回复率（≥**%） | 2 | 对照实际批复的绩效目标,对项目质量达标情况进行评价 | 99.5 | 100 | 1.达到既定标准,2分;<br>2.未达到既定标准,偏差5%以内,1分;<br>3.未达到既定标准,偏差5%以上,0分 | ** |
| | | | | | | 水事违法行为查处率（≥**%） | 2 | | 90 | 100 | 1.达到既定标准,2分;<br>2.未达到既定标准,偏差5%以内,1分;<br>3.未达到既定标准,偏差5%以上,0分 | ** |
| | | | | | | 省际水事纠纷调处率（≥**%） | 2 | | 90 | 90 | 1.达到既定标准,2分;<br>2.未达到既定标准,偏差5%以内,1分;<br>3.未达到既定标准,偏差5%以上,0分 | ** |
| | | | | 完成及时情况 | 4 | 案件、纠纷发现后响应时间（≤**日） | 2 | 项目产出时效是否符合项目绩效目标及实施方案的进度要求,用以考核和反映项目完成的及时性。 | ** | ** | 1.项目完成及时,2分;<br>2.项目完成较及时,1~2分;<br>3.项目完成不够及时,0~1分 | ** |
| | | | | | | 行政许可事项按时办结率（≥**%） | 2 | | 90 | 100 | 1.项目完成及时,2分;<br>2.项目完成较及时,1~2分;<br>3.项目完成不够及时,0~1分 | ** |
| | | | | 成本节约情况 | 3 | 年度单项水行政许可平均成本增长率（≤***%） | 1 | 对项目成本控制及节约情况进行评价,重点为是否按要求采取政府采购措施控制成本 | 5 | 0.1 | 1.防汛车船维护运行成本较上年增长≤5%,得1分;<br>2.防汛车船维护运行成本较上年增长超过5%,得0分 | ** |
| | | | | | | 水政监察装备采购成本 | 2 | | 不超过市场价 | 低于市场价 | 1.防汛物资采购成本不超过市场价,得1分;<br>2.防汛物资采购成本超过市场价,得0分 | ** |

| 一级指标 | 分值 | 二级指标 | 分值 | 三级指标 | 分值 | 四级指标 | 分值 | 指标解释 | 计划指标值 | 实际完成值 | 评价标准 | 得分 |
|---|---|---|---|---|---|---|---|---|---|---|---|---|
| 效果 | 30 | 项目效益 | 30 | 效益情况 | 24 | 水行政执法挽回的直接经济损失 | 3 | 对照绩效目标,对项目产生的效益进行评价 | 显著 | 显著 | 1. 效益显著,3分;<br>2. 效益较显著,1~3分;<br>3. 效益不够显著,0~1分 | ** |
| | | | | | | 提升公众水法治意识 | 3 | | 有效 | 有效 | 1. 效益有效,3分;<br>2. 效益较有效,1~3分;<br>3. 效益不够有效,0~1分 | ** |
| | | | | | | 降低水事重大案件发生率 | 3 | | 显著 | 显著 | 1. 效益显著,3分;<br>2. 效益较显著,1~3分;<br>3. 效益不够显著,0~1分 | ** |
| | | | | | | 提高水政监察队伍执法能力 | 3 | | 明显 | 明显 | 1. 效益明显,3分;<br>2. 效益较明显,1~3分;<br>3. 效益不够明显,0~1分 | ** |
| | | | | | | 提高依法行政水平 | 3 | | 明显 | 明显 | 1. 效益明显,3分;<br>2. 效益较明显,1~3分;<br>3. 效益不够明显,0~1分 | ** |
| | | | | | | 确保河道湖泊防洪安全、供水安全和水生态安全 | 3 | | 有效 | 有效 | 1. 效益有效,3分;<br>2. 效益较有效,1~3分;<br>3. 效益不够有效,0~1分 | ** |
| | | | | | | 水污染事件减少促进水生态环境健康发展 | 3 | | 显著 | 显著 | 1. 效益显著,3分;<br>2. 效益较显著,1~3分;<br>3. 效益不够显著,0~1分 | ** |
| | | | | | | 促进砂石、河道岸线等实现可持续利用 | 3 | | 显著 | 显著 | 1. 效益显著,3分;<br>2. 效益较显著,1~3分;<br>3. 效益不够显著,0~1分 | ** |

续　表

| 一级指标 | 分值 | 二级指标 | 分值 | 三级指标 | 分值 | 四级指标 | 分值 | 指标解释 | 计划指标值 | 实际完成值 | 评价标准 | 得分 |
|---|---|---|---|---|---|---|---|---|---|---|---|---|
| 效果 | 30 | 项目效益 | 30 | 服务对象满意度 | 6 | 上级主管部门满意率（≥**％） | 3 | 对项目服务对象的满意度情况进行评价 | 90 | 95 | 1.满意率≥90％，3分；2.其他情况，得分＝（满意率/90％）×3分 | ** |
|  |  |  |  |  |  | 水行政许可对象满意率（≥**％） | 3 |  | 90 | 95 | 1.满意率≥90％，3分；2.其他情况，得分＝（满意率/90％）×3分 | ** |
| 得分合计 |  |  |  |  |  |  |  |  |  |  |  | ** |

说明：产出、效果指标中，三级、四级指标需根据上级批复的绩效目标表修改指标内容，分值根据修改后的指标进行合理赋分，保持一级指标总分25、30分不变。

（六）绩效评价结果应用建议

1.预算安排

水行政执法工作事关流域社会生态文明建设，责任重大，但项目预算较为有限。随着流域社会经济的快速发展和流域涉水违法行为的日益频繁，水行政执法工作日益繁重，要求越来越高，建议适当增加水行政执法监督业务项目预算经费，以加强基层执法能力建设，推进执法信息化建设，支撑流域管理机构水行政执法职能的履行，保障＊＊流域水行政执法工作正常有序地开展。

2.评价结果公开

建议以合适方式在项目单位及上级主管单位政务网站予以公开。

（七）主要经验及做法、存在的问题和建议

1.主要经验、做法

＊＊局认真谋划、及时总结，不断提高预算项目管理水平，加强预算项目绩效管理。近年来，预算项目绩效管理已成为＊＊局最重要的工作之一，＊＊局把预算绩效管理作为推动重点工作、加强基础建设和提升自身能力的重要手段，在抓业务工作的同时，狠抓预算绩效管理。一是把抓预算绩效管理作为预算管理工作重中之重，始终将预算绩效管理与业务工作同谋划、同布置、同推进、同检查，定期召开会议与专题会议相结合推动预算绩效管理，逐项分析项目绩效进展，研究完成绩效目标的具体措施，落实具体责任人。二是项目牵头单位全力做好预算项目的归口管理工作，在做好本单位预算编制的同时，指导有关单位做好预算编制工作，统筹协调预算经费，既做到工作任务合理分解，又兼顾了支持有关单位与部门事业发展的需要。

细化分解，落实责任，全力抓好年度预算项目管理。一是为确保实现绩效目标，完成各项绩效指标，＊＊局按照各项目实施单位职能与任务，合理分解了年度绩效指标，并批复了各实施单位绩效目标申报表；预算项目实施严格按照预算批复内容使用，专款专用，各项目负责人由分管领导或业务骨干担任;在各单位认真梳理部门年度工作任务、讨论布置工作任务的同时,项目牵头单位专门召开会议部署落实预算实施,按照序时进度要求和各项工作的轻重缓急分别安排年度、季度预算执行工作计划。二是按照水利部政府采购设备的要求,严格按照采购预算,签订相关合同;外委项目严格执行 ** 局合同管理"五制",从严遴选合作单位,20 万元以上的金额较大的重要外委项目都要求编制工作大纲,合理安排支付进度,定期督促合同履行,确保成果质量。三是项目牵头单位做好预算实施归口管理工作,多次与预算实施单位重点单位协调座谈沟通,密切配合,采取多种措施提升预算执行的质量与进度。四是指定专人登记经费使用情况,实时掌握项目预算实施进度。

2. 存在问题和建议

(1) 水行政执法项目预算主要根据以前年度经费测算,在实际执行时无法完全按照测算依据实施。近年来项目单位购置了水行政执法船只和车辆,新建了水行政执法基地等设施,新增经费需求较大。水行政执法工作事关流域社会生态文明建设,责任重大,但项目预算较为有限。随着流域社会经济的快速发展和流域涉水违法行为的日益频繁,水行政执法工作日益繁重,要求越来越高,建议适当增加水行政执法监督业务项目预算经费,以加强基层执法能力建设,推进执法信息化建设,支撑流域管理机构水行政执法职能的履行,保障 ** 流域水行政执法工作正常有序地开展。

(2) 建议固定绩效评价相关工作要求,规范统一有关表式,加强对绩效评价工作的专项培训,提高绩效评价工作效能。

(八) 其他需要说明的问题(如有)

# 第九章 水土保持业务项目

水土保持业务项目是为了保护我国水土资源、改善生态环境而设立的专项业务费项目，该项目的设立和实施对保障生态安全、防洪安全、饮水安全和粮食安全，促进小康社会和生态文明建设等具有十分重要的作用，是促进经济社会发展的重要措施。根据财政部《项目支出预算管理意见》，水利部在中央部门预算中将"水土保持业务"设置为一级项目，目前该项目下设置了"水土保持业务"一个二级项目。本章以二级项目"水土保持业务"项目为例，介绍"水土保持业务"项目绩效评价的内容、目标、指标，以及绩效评价报告的编写。

## 第一节　绩效评价的内容

### 一、项目概述

近年来，水土流失是我国的重大生态环境问题。大规模、高强度生产建设活动和人为扰动引发的水土流失十分严重，水土流失面广，影响到了经济社会发展。为使水土资源的可持续利用支持经济社会的可持续发展，《中华人民共和国水土保持法》确定了水土保持工作实行"预防为主、保护优先、全面规划、综合治理、因地制宜、突出重点、科学管理、注重效益"的方针，要求在加强水土流失治理的同时，全面加强水土保持预防保护、监测监督、科学研究、技术推广和宣传教育等工作。党的十八届三中全会提出，紧紧围绕建设美丽中国，深化生态文明体制改革，加快建立生态文明制度，健全国土空间开发、资源节约利用、生态环境保护的体制机制；十八届四中全会明确要求推进依法治国，做到严格规范公正文明执法；十八届五中全会提出，贯彻"创新、协调、绿色、开放、共享"的发展理念，筑牢生态安全屏障，坚持保护优先、自然恢复为主，实施山水林田湖生态保护和修复工程，这些都对全方位加强水土保持工作提出了新的要求。

水土保持业务的实施，要求全面提升水土保持工作管理水平，客观公正高效履行行政许可职能，加强监测预警和综合监管，提高水土保持信息化水平，有效开展水土保持法律法规及生态文明宣传，加快建立起与党中央国务院生态文明建设和深化改革要求相适应的水土保持政策机制，开展水土流失规律试验与科技示范，保证水土保持各项管理工作深入开展，为全面推进水土流失综合防治、促进国家生态文明建设提供有力保障。

为确保水土保持工作发挥实效,规范水土保持业务经费使用管理,科学合理编报水土保持业务经费预算,水利部组织编制了水土保持业务经费定额,并以《关于印发水土保持业务经费定额标准(试行)的通知》(水财务〔2014〕253 号)下发执行。

## 二、项目主要内容

水土保持业务项目主要内容包括水土保持预防监督管理、水土保持综合治理工程监管、水土保持监测、流域综合管理、水土保持试验与示范及水土保持设备运行维护。

（一）按实施内容划分

按照水土保持业务的实施内容划分,项目主要内容包括水土保持预防监督管理、水土保持综合治理工程监管、水土保持监测、流域综合管理、水土保持试验与示范及水土保持设备运行维护。

1. 水土保持预防监督管理。包括水土保持重点地区监督管理、生产建设项目水土保持监督管理、违法案件和水土流失纠纷调查取证等 3 个方面,12 项工作内容:水土保持法律法规落实情况检查、水土保持重点预防区和治理区年度巡查、开展重点地区功能评价、组织开展重点城市水土保持生态环境检查、组织开展城市水土保持试点的检查指导验收等、重要水源区水土流失动态检查、生产建设项目水土保持工作督查、生产建设项目水土保持汛期检查、生产建设项目水土保持设施验收、生产建设项目水土保持方案审查、生产建设项目水土保持工作公告、违法案件和水土流失纠纷调查取证等。

2. 水土保持综合治理工程监管。包括国家重点工程监管、地方和社会工程监管 2 个方面,3 项工作内容:组织国家重点工程年度实施方案技术审查与论证、实施情况检查指导、地方和社会工程监管等。

3. 水土保持监测包括水土流失动态监测、监测组织管理等 2 个方面,10 项工作内容:重点地区水土流失监测、重点支流水土流失监测、国家水土保持重点工程水土流失监测、重点小流域水土流失定位监测、跨省际对生态环境有重要影响生产建设项目监测、常规监测点定位观测、普查点年度定位调查、流域水土保持监测成果管理与审核、流域水土保持监测成果纠纷事件审核与认证以及流域水土保持站网监测工作检查与指导。

4. 流域综合管理包括法律法规及成果宣传、水土保持科技示范园等试点工程检查、流域水土保持资质单位审核、水土保持公告流域资料整编与上报、流域水土保持公报(公告)编制与发布、技术资料管理等工作内容。

5. 土保持试验与示范包括水土保持试验基础设施维护、水土保持试验管理设施及设备运行维护、水土流失规律试验观测、水土保持新技术试验和新技术示范、水土保持试点示范等 5 个方面,48 项工作内容。其中水土保持试验基础设施维护包括作为试验示范用途的梯田、骨干坝拦沙坝、谷坊、水库、塘坝、自流灌渠、水窖、径流泥沙小区、经济林、乔木林、灌木林、人工草地、苗圃、径流泥沙观测典型测桥等设施维护。水土保持试验管理设施及设备运行维护包括建筑物维修、护栏、围网、实验易损材料维修更新、水土保持测量与实验设备维护与检定等。水土流失规律试验观测包括降水观测、气象观测、土壤含水量观测、地下水位观测、重力侵蚀观测、坝库淤积观测、径流小区观测、下垫面调查(人工)、下垫面调查(遥感)、水土流失泥沙定位观测、固定式人工模拟降雨试验、移动式人工模拟降雨试验、效益观测(梯田、经济林、骨干坝、谷坊等)。水土保持试点示范包括试点示范实施方案编制、试点示范工程实施与组织管理。水土保持设备及信息系统运行维护包括计算机网络设备、投影仪、复印机等设备的运行维护。

**(二)按实施时间划分**

**1. 中期主要内容**

根据水利业务工作要求,中期项目主要实施以下内容。

组织开展流域内水土保持预防监督管理,开展生产建设项目水土保持监督检查,对国家水土保持重点治理工程建设情况进行督查。完善水土保持监测网络及设施设备,开展水土流失动态监测并定期公告。提升水土保持信息化水平,开展水土保持监管信息系统升级改造。开展水土保持监控能力建设。开展水土保持法律法规及生态文明宣传,加强水土保持科技示范园区、水土保持生态文明工程管理,编制水土保持科技示范园区建设规划。为建立与党中央国务院生态文明建设和深化改革要求相适应的水土保持政策机制,开展必要的研究论证与政策制定工作。开展高效水土保持植物示范园区建设。开展水土保持规划编制及前期相关调查研究工作。开展水土保持试验与科技示范。支撑流域机构正常履行水土保持综合管理职能所需开展的其他工作。

**2. 年度主要内容**

根据水利业务工作要求,年度项目主要内容包括以下几个方面。

**(1)水土保持预防监督管理**

组织开展流域内水土保持重点地区监督管理、水土保持法律法规落实情况检查、水土保持重点预防区和治理区年度巡查、生产建设项目水土保持监督检查、违法案件和水土流失纠纷调查取证等工作。开展重点地区生产建设项目水土保持数字调查、水土保持执法能力建设等。

**(2)水土保持综合治理工程监管**

组织开展流域内国家水土保持重点工程建设项目的督查与技术指导。根据水利部的要求,组织开展水土流失重点治理工程、国家农业综合开发水土保持项目、坡耕地水土流失综合治理工程、国家水土保持重点建设工程、砂漠化综合治理工程水利水保项目以及中央直属项目等国家水土保持重点工程的年度督查工作。配合开展有关政策调研,为制定有关重点工程管理制度提供技术支持。指导流域内各省开展有关专项规划编制,开展流域内工程建设管理培训;配合开展有关示范性工程建设。

**(3)水土保持监测**

开展水土流失动态监测。通过国家级水土流失重点防治区、生产建设项目集中区、典型小流域和监测点动态监测等多层次监测,掌握流域水土流失动态变化,预测预报其发展趋势,为国家制定水土保持政策和生态建设宏观决策提供及时、可靠的综合信息,保障水土保持数据库的及时更新和维护。定期发布水土保持公报,公开水土流失状况和满足社会知情权。

（4）水土保持设备及信息系统运行维护

开展水土保持监管信息化系统建设，构架水土保持信息管理服务平台，监管信息系统升级改造、运行维护，实现生产建设项目位置、范围上图和"图表一体化"管理，综合治理措施"图斑"上图，监测信息的快捷有效服务等，为逐步实现水土保持预防监督的"天地一体化"监管、水土保持重点工程的精细化管理、监测动态分析与评价提供支撑，提升水土保持信息化和现代化水平。开展水土保持重要监测点升级改造试点示范，开展监测设施标准化改造、仪器设备自动化升级改造等，实现监测设施标准化、信息采集、传输、存储的自动化，基本实现站点监测信息实时传输。开展国家水土保持监控能力建设项目实施方案编制和国家水土保持综合监管与服务平台建设。

（5）高效水土保持植物示范园区建设

在南方红壤区开展高效水土保持植物示范园区建设，遴选兼具高效水土保持生态效益和经济效益的适生乡土树种，进行种植示范，推广高效水土保持植物种植的组合配置、布局方式等；推广高效水土保持植物优良品种培育和示范的先进技术，带动当地群众增收致富。

（6）水土保持政策机制建设

为建立与党中央国务院生态文明建设和深化改革要求相适应的水土保持政策机制，开展必要的研究论证与政策制定工作。

（7）水土保持规划编制及前期相关调查研究

开展重点水土保持区域综合治理专项规划编制工作。开展重要江河源头区、水蚀风蚀交错区水土流失综合防治关键技术调查分析。

（8）水土保持工程评估及技术服务体系评价

开展国家水土保持生态文明工程和水土保持科技示范园评估及管理。开展水土保持技术服务单位信用评价、工作质量后评价、从业人员及专家管理等工作。

（9）流域综合管理

为保障流域水土保持工作正常有序开展需要进行的监督检查、审查论证、技术培训、调查研究、技术资料管理以及流域管理机构日常管理等工作。

### 三、绩效评价基本内容

水土保持业务项目是为了保证水土保持工作有效开展，使得水土资源的可持续利用支持经济社会的可持续发展。项目绩效评价的基本内容应包括绩效目标设定、资金投入和使用、制度和措施保障、实现程度及效果等几个方面进行评价。

（一）绩效目标的设定情况

做好水土保持工作是保护我国水土资源、改善生态环境、促进经济社会发展的重要措施。多年实践证明，做好水土保持工作，以水土资源的可持续利用支持经济社会的可持续发展，对保障生态安全、防洪安全、饮水安全和粮食安全，促进小康社会和生态文明建设等，具有十分重要的作用。根据项目三年规划和年度预算安排，水利单位水土保持业务项目绩效目标的设定应依据财政部绩效目标管理规定、水土保持业务经费定额和水土保持业务项目工作内容，以如何有效保障水土保持工作高效开展为目标，充分发挥水土保持业务项目的绩效,提高资金使用效益。

（二）资金的投入和使用情况

水土保持工作的属性为公益性,水土保持业务项目应由财政保障,资金的来源全部为财政性资金,财政部门应保障水土保持工作资金足额、及时到位。资金的使用也需按照财政资金管理规定,根据预算批复单独核算,重大开支需经过评估认证,委托单位的遴选需符合相关法律法规要求,不得截留、挤占、挪用、虚列项目资金。

（三）制度和措施保障情况

水土保持业务项目支出主要依据水土保持业务经费定额确定的范围、内容和标准,以高效完成水土保持业务工作内容为质量标准。水利单位需制定水土保持业务项目质量要求或标准,为实现项目绩效目标采取了有效措施,档案资料管理齐全,及时组织项目验收。财务管理制度健全,内部控制措施到位,资金按照预算批复,使用合法合规。

（四）实现程度及效果

水土保持业务项目绩效涉及到的产出指标应覆盖全部工作内容,产出指标应全部实现,对由于指标内容及指标值设置不合理导致的未完成情况,如果工作正常完成,不影响项目整体目标实现,且不涉及预算金额调整的,也可视同产出指标全部完成。如遇不可抗力或其他合理原因导致的指标未完成,理由充分且项目单位采取了有效的应对措施,可视同产出指标基本完成。

水土保持业务项目绩效涉及到的效益指标和满意度指标,应对照批复的绩效目标,对项目产生的效益和项目服务对象的满意度情况进行评价。

（五）其他内容

水土保持业务项目支出范围和内容相对固定,支出标准受自然环境及地域的影响较大,在评价实际支出过程应结合项目实施期间的情况和水利单位所在地域进行分析。

# 第二节　绩效评价的目标

## 一、主要内容

水土保持业务项目绩效目标是水土保持业务工作计划在规划期或年度达到的产出和效果。

（一）预期产出

水土保持业务项目预期产出提供的公务产品和服务的数量主要是各项水土保持业务工作内容,如水土保持预防保护、监测监督、科学研究、技术推广和宣传教育等。

（二）预期效果

通过水土保持业务项目业务开展,保护了我国水土资源,改善了生态环境,保障了生态安全、防洪安全、饮水安全和粮食安全、促进小康社会和生态文明建设,促进了经济社会发展,直接或间接的实现了生态效益、经济效益及社会效益。

（三）服务对象满意程度

水土保持业务项目成果主要服务于主管部门及辖区内水土保持部门,这些用户的满意情况决定了服务对象的满意程度。

（四）达到预期产出所需要的成本资源

水土保持业务项目达到预期产出需要投入各项业务工作开展所需经费,用于各流域机构组织开展流域内水土保持预防监督管理,开展生产建设项目水土保持监督检查。对国家水土保持重点治理工程建设情况进行监管和督查。开展流域水土保持设备及信息系统运行维护。开展流域片区不同流失类型区水土流失规律和综合治理技术试验观测及科技示范。开展流域监测工作日常管理及示范。组织实施全国水土流失动态监测项目,通过遥感解译、抽样调查等掌握重点防治区水土流失动态情况,定期发布年度水土保持公报。完善全国水土保持监测网络及设施设备。开展水土保持信息化建设。开展国家水土保持综合监管与服务平台建设。开展与生态文明建设相适应的制度建设前期研究。开展水土保持规划编制及前期相关调查研究。组织开展水土保持法宣传、培训、调研、交流、考察,加强水土保持宣传,普及生态文明意识。加强水土保持网站建设与宣传。组织国家水土保持生态文明工程和水土保持科技示范园评估及管理。开展高效水土保持植物资源优良品系收集与筛选,高效水土保持植物示范园区建设,进行高效水土保持植物资源开发关键技术遴选。

（五）衡量预期产出、预期效果和服务对象满意程度的绩效指标

1. 预期产出的绩效指标:水利部批复的在建大中型生产建设项目现场监督检查率、国家水土保持重点工程治理县/涉及省监督检查率、不同土壤侵蚀类型典型（试验）小流域和典型监测站点年度计划检查完成率、计划监测区域工作范围及完成率、国家重点治理区野外抽样调查单元调查个数及完成率、水土流失动态监测项目成果报告数量、年度监测成果整编数量、编制中国水土保持公报、部批在建大中型生产建设项目监督检查意见出具率、流域水土保持预防监督管理数据入库率、不同土壤侵蚀类型典型小流域和典型监测站点稳定率、监测成果整编入库率、部批在建大中型生产建设项目水土保持督查意见印发时限、国家水土保持重点工程监督检查意见出具时限、中国水土保持公报流域资料上报期限、编制完成中国水土保持公报上报时间、生产建设项目监管示范工作完成时间、监测点升级改造完成时间。

2. 预期效果的绩效指标:社会效益指标,主要是从是否促进生产建设单位、社会公众的水土保持意识,提高国家水土保持重点工程建设管理规范性的程度进行衡量;生态效益指标主要是从是否促进水土流失综合防治程度进行衡量;可持续影响指标主要从是否促进监测、研究及工作成果对政府决策及完善政策机制制定的角度衡量。

3. 服务对象满意程度的绩效指标:水土保持业务项目服务对象主要是主管部门及辖区内水土保持部门,对用户的满意度进行评价,得出满意率。

## 二、中期目标

**（一）水土保持预防监督管理**

组织开展流域内水土保持预防监督管理，对流域内一定比例的部批在建生产建设项目开展水土保持现场监督检查。

**（二）水土保持综合治理工程监管**

组织开展流域内国家水土保持重点工程建设项目的督查与技术指导，对流域内一定比例的国家水土保持重点工程治理县开展检查与技术指导。

**（三）水土保持监测**

开展水土流失动态监测，年度监测成果整编、入库，形成水土流失动态监测成果报告，定期发布水土保持公报，公开水土流失状况和满足社会知情权，监测成果、研究及工作成果对政府决策及完善政策机制的作用明显。

## 三、年度目标

**（一）水土保持预防监督管理**

组织开展流域内水土保持预防监督管理，对流域内不少于20%的部批在建生产建设项目开展水土保持现场监督检查。

**（二）水土保持综合治理工程监管**

组织开展流域内国家水土保持重点工程建设项目的督查与技术指导，对流域内不少于10%的国家水土保持重点工程治理县开展检查与技术指导。

**（三）水土保持监测**

开展水土流失动态监测，年度监测成果整编数量不少于8份，整编入库率达到95%，形成水土流失动态监测成果报告不少于8份，按时定期发布水土保持公报1份，公开水土流失状况和满足社会知情权，监测成果、研究及工作成果对政府决策及完善政策机制的作用明显。

**（四）达到绩效目标**

保证水土保持业务项目达到年度预设绩效目标。

# 第三节　绩效评价的指标

## 一、指标确定原则

作为衡量水土保持业务项目绩效目标实现程度的考核工具，绩效评价指标按照《绩效评价管理办法》规定的原则来确定。

**（一）相关性原则**

根据水土保持业务项目的服务对象，以恰当反映绩效目标的实现程度。

（二）重要性原则

重点围绕水土保持预防监督管理、水土保持综合治理工程监管、水土保持监测等方面内容确定绩效评价指标。

（三）可比性原则

水利部从水土保持业务项目整体内容出发设定共性的绩效评价指标，水利单位根据水土保持业务项目具体内容设定个性的绩效评价指标。

（四）系统性原则

定量指标与定性指标相结合，根据水土保持业务项目工作内容确定定量指标和定性指标，系统反映水土保持业务项目所产生的社会效益、经济效益、环境效益和可持续影响等。

（五）经济性原则

水土保持业务项目为专项业务费项目，需每个年度进行绩效评价，应当通俗易懂、简便易行，绩效指标实现程度所需获得的数据应当考虑现实条件和可操作性，符合成本效益原则。

## 二、共性和个性指标

（一）共性指标的确定

水土保持业务项目的共性指标应适用于所有水利单位。

1．产出指标。数量指标主要包括水利部批复在建大中型生产建设项目现场监督检查率、国家水土保持重点工程治理县/涉及省监督检查率、不同土壤侵蚀类型典型（试验）小流域和典型监测站点年度计划检查完成率、计划监测区域工作范围及完成率、国家重点治理区野外抽样调查单元调查个数及完成率、水土流失动态监测项目成果报告数量、年度监测成果整编数量、编制中国水土保持公报。质量指标主要包括水利部批复在建大中型生产建设项目监督检查意见出具率、流域水土保持预防监督管理数据入库率、不同土壤侵蚀类型典型小流域和典型监测站点稳定率、监测成果整编入库率等。时效指标主要包括水利部批复在建大中型生产建设项目水土保持督查意见印发时限、国家水土保持重点工程监督检查意见出具时限、中国水土保持公报流域资料上报期限、编制完成中国水土保持公报上报时间等。

2．效益指标。效益指标中定量指标不具备基础条件，以定性指标为基础。由于定性指标确定存在难度，目前可供选择的具体指标偏少。社会效益指标主要是促进生产建设单位、社会公众的水土保持意识，提高国家水土保持重点工程建设管理规范性；生态效益指标主要是促进促进水土流失综合防治；可持续影响指标主要是监测、研究及工作成果对政府决策及完善政策机制的长期促进作用。

3．满意度指标。水土保持业务项目服务对象主要是主管部门及辖区内水土保持部门，对用户的满意度进行评价，得出满意率。

（二）个性指标的确定

个性指标是针对具体水利单位水土保持业务项目的特点设定的，适用于具体水利单位。例如黄土高原病险淤地坝项目核查数量，南方红壤区水土保持植物示范园区植物种植推广面积等。

## 三、范例

### 表 9-1 水土保持业务项目绩效目标表

（\*\* 年度）

| 项目名称 | 水土保持业务 | | | |
|---|---|---|---|---|
| 主管部门及代码 | 水利部［126］ | | 实施单位 | \*\* |
| 项目属性 | 延续项目 | | 项目期 | 长期 |
| 项目资金（万元） | 中期资金总额： | \*\* | 年度资金总额： | \*\* |
| | 其中:财政拨款 | \*\* | 其中:财政拨款 | \*\* |
| | 其他资金 | \*\* | 其他资金 | \*\* |

| | 中期目标(20\*\*年—20\*\*年) | 年度目标 |
|---|---|---|
| 总体目标 | 目标1:对流域内不少于\*\*％的部批在建生产建设项目开展水土保持现场监督检查;<br>目标2:对流域内不少于\*\*％的国家水土保持重点工程治理县开展检查与技术指导;<br>目标3:按时发布《中国水土保持公报》;<br>目标4:水土流失动态监测成果报告;<br>目标5:年度监测成果整编;<br>目标6:监测成果整编入库;<br>目标7:各流域机构按时上报中国水土保持公报资料;<br>目标8:监测成果、研究及工作成果对政府决策及完善政策机制的作用明显 | 目标1:对流域内不少于\*\*％的部批在建生产建设项目开展水土保持现场监督检查;<br>目标2:对流域内不少于\*\*％的国家水土保持重点工程治理县开展检查与技术指导;<br>目标3:按时发布《中国水土保持公报》\*\*份;<br>目标4:水土流失动态监测成果报告不少于\*\*份;<br>目标5:年度监测成果整编数量不少于\*\*份;<br>目标6:监测成果整编入库率达到\*\*％;<br>目标7:各流域机构按时上报中国水土保持公报资料;<br>目标8:监测成果、研究及工作成果对政府决策及完善政策机制的作用明显 |

| 一级指标 | 二级指标 | 三级指标 | 指标值 | 二级指标 | 三级指标 | 指标值 |
|---|---|---|---|---|---|---|
| 绩效指标 / 产出指标 | 数量指标 | 部批在建生产建设项目现场监督检查率(≥\*\*％) | \*\* | 数量指标 | 部批在建生产建设项目现场监督检查率(≥\*\*％) | \*\* |
| | | 国家水土保持重点工程治理县监督检查率(≥\*\*％) | \*\* | | 国家水土保持重点工程治理县监督检查率(≥\*\*％) | \*\* |
| | | 不同土壤侵蚀类型典型(试验)小流域年度检查个数(≥\*\*个) | \*\* | | 不同土壤侵蚀类型典型(试验)小流域年度检查个数(≥\*\*个) | \*\* |
| | | 典型监测站点年度检查个数(≥\*\*个) | \*\* | | 典型监测站点年度检查个数(≥\*\*个) | \*\* |

| 一级指标 | 二级指标 | 三级指标 | 指标值 | 二级指标 | 三级指标 | 指标值 |
|---|---|---|---|---|---|---|
| 绩效指标 | 产出指标 | 数量指标 | 不同土壤侵蚀类型典型(试验)小流域和典型监测站点年度计划检查完成率(≥＊＊％) | ＊＊ | 数量指标 | 不同土壤侵蚀类型典型(试验)小流域和典型监测站点年度计划检查完成率(≥＊＊％) | ＊＊ |
| | | | 计划监测区域工作范围(≥万 km²) | ＊＊ | | 计划监测区域工作范围(≥万 km²) | ＊＊ |
| | | | 计划监测区域完成率(≥＊＊％) | ＊＊ | | 计划监测区域完成率(≥＊＊％) | ＊＊ |
| | | | 国家重点治理区野外抽样调查单元个数(≥＊＊个) | ＊＊ | | 国家重点治理区野外抽样调查单元个数(≥＊＊个) | ＊＊ |
| | | | 国家重点治理区野外抽样调查完成率(≥＊＊％) | ＊＊ | | 国家重点治理区野外抽样调查完成率(≥＊＊％) | ＊＊ |
| | | | 水土流失动态监测成果报告数量(≥＊＊份) | ＊＊ | | 水土流失动态监测成果报告数量(≥＊＊份) | ＊＊ |
| | | | 年度监测成果整编数量(≥＊＊份) | ＊＊ | | 年度监测成果整编数量(≥＊＊份) | ＊＊ |
| | | | 编制中国水土保持公报(＊＊份) | ＊＊ | | 编制中国水土保持公报(＊＊份) | ＊＊ |
| | | | 黄土高原病险淤地坝核查数量(≥＊＊个) | ＊＊ | | 黄土高原病险淤地坝核查数量(≥＊＊个) | ＊＊ |
| | | 质量指标 | 部批在建生产建设项目监督检查意见出具率(≥＊＊％) | ＊＊ | 质量指标 | 部批在建生产建设项目监督检查意见出具率(≥＊＊％) | ＊＊ |
| | | | 流域水土保持预防监督管理数据入库率(≥＊＊％) | ＊＊ | | 流域水土保持预防监督管理数据入库率(≥＊＊％) | ＊＊ |
| | | | 不同土壤侵蚀类型典型小流域和典型监测站点稳定率(≥＊＊％) | ＊＊ | | 不同土壤侵蚀类型典型小流域和典型监测站点稳定率(≥＊＊％) | ＊＊ |
| | | | 监测成果整编入库率(≥＊＊％) | ＊＊ | | 监测成果整编入库率(≥＊＊％) | ＊＊ |

| 一级指标 | 二级指标 | 三级指标 | 指标值 | 二级指标 | 三级指标 | 指标值 |
|---|---|---|---|---|---|---|
| 绩效指标 | 产出指标 | 时效指标 | 部批在建生产建设项目水土保持督查意见印发时限（≤ ** 个工作日） | ** | 时效指标 | 部批在建生产建设项目水土保持督查意见印发时限（≤ ** 个工作日） | ** |
| | | | 国家水土保持重点工程监督检查意见出具时限（≤ ** 个工作日） | ** | | 国家水土保持重点工程监督检查意见出具时限（≤ ** 个工作日） | ** |
| | | | 中国水土保持公报流域资料按时上报 | 是 | | 中国水土保持公报流域资料按时上报 | 是 |
| | | | 编制完成中国水土保持公报 | ** 月底前 | | 编制完成中国水土保持公报 | ** 月底前 |
| | | 社会效益指标 | 生产建设单位/社会公众的水土保持意识 | 提高 | 社会效益指标 | 生产建设单位/社会公众的水土保持意识 | 提高 |
| | | | 提高国家水土保持重点工程建设管理规范性 | 明显 | | 提高国家水土保持重点工程建设管理规范性 | 明显 |
| | | 生态效益指标 | 促进水土流失综合防治 | 显著 | 生态效益指标 | 促进水土流失综合防治 | 显著 |
| | | 可持续影响指标 | 监测、研究及工作成果对政府决策及完善政策机制的长期促进作用 | 明显 | 可持续影响指标 | 监测、研究及工作成果对政府决策及完善政策机制的长期促进作用 | 明显 |
| | 满意度指标 | 服务对象满意度指标 | 上级主管部门满意度（≥ ** ％） | ** | 服务对象满意度指标 | 上级主管部门满意度（≥ ** ％） | ** |

# 第四节　绩效评价的标准

根据本书第四章对绩效评价标准论述，适合用于水土保持业务项目绩效评价的标准主要是计划标准、行业标准和历史标准。

## 一、计划标准

（一）项目目标

水土保持业务项目对象清晰，主要是水土保持预防监督管理、水土保持综合治理工程监管、水土保持监测、流域综合管理、水土保持试验与示范及水土保持设备运行维护。

（二）项目计划

水土保持业务项目制定了实施方案，全年不间断的开展水土保持业务工作，按照年初制定的项目目标有计划的开展工作。

（三）项目预算

水土保持业务项目为专项业务费项目，纳入财政三年规划支持范围，具有稳定的资金来源，项目预算均已纳入年度部门预算范围，随单位部门预算一同得到批复。

（四）项目定额

水利部组织编制了水土保持业务定额，并以《关于印发水土保持业务经费定额标准（试行）的通知》（水财务〔2014〕253 号）下发执行。

综上所述，水土保持业务项目预先制定了项目目标、计划、预算和定额，计划标准应作为绩效评价标准适用于该项目。

## 二、行业标准

（一）政策依据

《中华人民共和国水土保持法》第四条、第五条"县级以上人民政府应当加强对水土保持工作的统一领导""国务院水行政主管部门主管全国的水土保持工作。国务院水行政主管部门在国家确定的重要江河、湖泊设立的流域管理机构（以下简称流域管理机构），在所管辖范围内依法承担水土保持监督管理职责。"第六条" 各级人民政府及其有关部门应当加强水土保持宣传和教育工作，普及水土保持科学知识，增强公众的水土保持意识。"第七条"国家鼓励和支持水土保持科学技术研究"、"推广先进的水土保持技术"。第二十九条"县级以上人民政府水行政主管部门、流域管理机构，应当对生产建设项目水土保持方案的实施情况进行跟踪检查，发现问题及时处理。"第四十条"县级以上人民政府水行政主管部门应当加强水土保持监测工作，发挥水土保持监测工作在政府决策、经济社会发展和社会公众服务中的作用。县级以上人民政府应当保障水土保持监测工作经费。国务院水行政主管部门应当完善全国水土保持监测网络，对全国水土流失进行动态监测。"第四十二条"国务院水行政主管部门和省、自治区、直辖市人民政府水行政主管部门应当根据水土保持监测情况，定期对下列事项进行公告"。第四十三条"流域管理机构在其管辖范围内可以行使国务院水行政主管部门的监督检查职权。"

（二）水利行业标准

水土保持工作技术标准主要包括：《水土保持法》、省市颁布的《水土保持条例》、部颁《水坠坝技术规范》（SL302—2004）、水利部 2015 年颁布的《生产建设项目水土保持监测规程（试行）》等。

### 三、历史标准

从 2014 年开始,水土保持业务项目作为水利部绩效评价试点项目,绩效目标在逐年完善。水土保持业务项目在 2016 年以前在部门预算的项目支出中为经常性专项业务费项目,2017 年根据财政部部门预算改革要求,转化为专项业务费项目,相关绩效目标的历史数据保存完整。水土保持业务项目绩效评价标准应参照同类指标的历史数据制定,历史标准应作为绩效评价标准适用于该项目。

# 第五节　绩效报告与评价报告

按照《绩效评价管理办法》要求,水土保持业务项目实施单位应在年度项目实施终了及时向上级单位逐级提交项目绩效报告,水利部根据确定的评价原则和方法,下达绩效评价报告。本节介绍项目绩效报告和绩效评价报告编写范例。

## 一、绩效报告范例

---

（封面）

(单位名称)20 ** 年度水土保持业务项目
财政支出绩效报告

项目名称:水土保持业务(20 ** 年)
项目单位:**

20 ** 年 ** 月

---

（一）项目概况

项目单位：**

主管部门：水利部

项目属性：延续项目

项目负责人：**　　　　　　　　联系电话：**

项目总预算：** 万元　　其中申请财政资金：** 万元

项目实际到位金额：** 万元　　其中申请财政资金：** 万元

项目实际支出金额：** 万元　　其中申请财政资金：** 万元。

项目起止时间：** 年 ** 月—** 年 ** 月

1. 项目单位基本情况

根据中编办《关于印发〈水利部派出的流域机构的主要职责、机构设置和人员编制调整方案〉的通知》（中央编办发〔2002〕39 号）以及水利部《关于印发〈** 单位主要职责机构设置和人员编制规定〉的通知》（水人事〔20**〕** 号）精神，** 在 ** 区域内行使水行政主管职责，指导、协调流域内水土流失防治工作。组织有关重点防治区水土流失预防、监督与管理。按规定负责有关水土保持中央投资建设项目的实施，指导并监督流域内国家重点水土保持建设项目的实施。受部委托组织编制流域水土保持规划并监督实施，承担国家立项审批的大中型生产建设项目水土保持方案实施的监督检查。组织开展流域水土流失监测、预报和公告。

** 包括 ** 、** 等下级机构。该项目由 ** 本级牵头负责，** 、** 等共同实施。批复编制 ** 人，现有在职职工 ** 人，离退休职工 ** 人。

2. 项目基本情况

（1）项目背景及立项依据

水土流失是严重的环境恶化问题，** 流域片人多地少，少部分地区水土流失仍较为严重，增大了洪涝及干旱灾害的发生频率，植被破坏、土地退化，而不合理的经济活动又加剧了生态环境的恶化，影响经济社会的可持续发展。防治水土流失、改善生态环境已受到政府和全社会的普遍关注，近年来流域片各省市都提出了建设生态省的目标，水土保持生态建设和环境保护力度不断加大；水土保持法赋予流域机构水土保持监督管理职责，工作任务不断增加。

水土保持是国土整治和江河治理的根本措施，预防和治理水土流失是新《水土保持法》赋予流域机构的职责。根据新《水土保持法》和中编办中央编办发水利部水人事〔**〕** 号、**《关于印发〈** 主要职责、机构设置和人员编制规定〉的通知》（**〔**〕** 号），** 在 ** 流域区域内行使水行政主管职责，指导、协调流域内水土流失防治工作。流域片人多地少，少部分地区水土流失仍很严重，且开发建设项目引起的水土流失成为流域片水土流失的重要形式。通过项目实施，开展以预防监督为主的水土保持工作，可以尽量减少由于人为活动造成的水土流失，开展水土流失监测，可以了解和掌握流域片水土流失变化情况，为国家水土保持生态建设决策等提供科学依据，积极开展宣传、水土保持生态修复和综合治理及其他日常工作，为水土保持创造良好的舆论环境和推进生态环境改善。水土保持经费是 ** 开展水土保持业务工作的主要资金来源，故申请设立水土保持项目，目前已实施十余年。期间,2007 年财政部、水利部批准实施全国水土流失动态监测与公告项目,由水利部水土保持监测中心组织实施;2008 年,全国水土流失动态监测与公告项目被列为水土保持经常性业务经费项目,由水利部水土保持监测中心和七大流域机构水土保持监测中心站共同实施;2012 年 6 月,水利部水土保持监测中心牵头、会同七大流域机构水土保持监测中心站编制的《全国水土流失动态监测与公告项目规划(20 ＊＊ —20 ＊＊年)》通过了水利部审查,从 2013 年起已经开始实施。

＊＊ 按照水利部统一部署和 ＊＊ 水土保持工作发展目标,认真思考谋划,编制完成《＊＊流域水土保持规划》、《＊＊ 水土保持规划》,提出了 ＊＊ 20 ＊＊ —20 ＊＊ 年的水土保持监督管理、监测等能力建设规划;紧紧围绕 ＊＊ 中心工作和流域片水土保持监测工作需求,结合 ＊＊ 发展需要,制定了《＊＊ 事业发展规划 20 ＊＊ —20 ＊＊ 年》,明确了水土保持监测业务发展方向、机构能力建设、经费保障等。

(2) 项目主要内容

水土保持预防监督管理:开展流域片水土保持重点地区监督管理、水土保持法律法规落实情况检查,受水利部委托主持流域片大型生产建设项目水土保持验收,开展流域片 ＊＊ ％( ＊＊ 个左右)在建大型生产建设项目水土保持监督检查,参加水土保持方案审查,开展生产建设项目监管示范。

水土保持综合治理工程监管:组织开展流域片内国家水土保持重点工程建设项目的督查与技术指导,根据水利部统一部署组织开展水土流失重点治理工程、坡耕地水土流失综合治理工程、国家水土保持重点建设工程等年度督查工作。指导流域内各省开展有关专项规划编制。配合开展有关示范性工程建设。

水土保持监测:负责流域片有关水土保持监测工作的组织、指导及预报工作,开展水土流失动态监测,主要包括 ＊＊(总面积 ＊＊ m²,含水域面积)和 ＊＊ 流域不同土壤侵蚀类型区的水土流失监测,选择 ＊＊ 个典型监测点和 ＊＊ 个典型小流域进行水土流失监测。维护全国水土保持监测信息系统 ＊＊ 流域节点的安全运行,对生产及收集的数据进行整理、分析及入库管理。对数据进行整理与分析,参与编制年度中国水土保持公报。

流域综合管理:组织开展水土保持法宣传、水土保持培训,进行水土保持工作调研、交流、考察,参加国家水土保持生态文明工程和水土保持科技示范园及教育基地评估等。

3. 项目绩效目标

(1) 项目绩效总体目标

预期总目标:通过项目实施,促进流域片水土保持和生态文明建设,水土流失治理度 ＊＊ ％以上,人为水土流失基本得到控制,建设项目实施率 ＊＊ ％、验收率 ＊＊ ％以上,生态环境良性发展。完成和流域内不同土壤侵蚀类型区的水土流失动态监测,保障全国水土保持监测信息系统 ＊＊ 流域节点的安全运行。

年度阶段目标:20 ＊＊ 年,通过大力开展预防监督,落实水土保持"三同时"制度,遏制人为水土流失的发生发展;推进流域和地方监测站点的水土保持监测网络体系的建立和逐步完善;通过生态自然修复为主治理水土流失,严重水土流失地区生态环境有改善,流域片生态环境向良性发展。开展 ＊＊(总面积 ＊＊ m²,含水域面积)和 ＊＊ 流域不同土壤侵蚀类型区的水土流失监测;完成 ∗∗ 流域不同土壤侵蚀类型区水土流失监测,选择 ∗∗ 个典型监测点和 ∗∗ 个典型小流域进行水土流失监测;完成 ∗∗ 流域监测信息系统维护与数据管理;整编流域年度公报资料,参与完成本年度国家水土保持公报编制。

（2）年度绩效目标

年度绩效目标:流域水土保持机构组织、协调、指导、监督职能的正常开展;部批项目水土保持监督检查工作不断加强,遏制人为水土流失;推进水土流失重点治理工程发挥效益;开展 ∗∗（总面积 ∗∗ m$^2$,含水域面积)和 ∗∗ 流域不同土壤侵蚀类型区水土流失动态监测,选择 ∗∗ 个典型监测点和 ∗∗ 个典型小流域进行水土流失监测,完成 ∗∗ 流域监测信息系统维护与数据管理。

（3）绩效指标

项目绩效指标详见下表。同时,为确保实现绩效目标,完成各项绩效指标,∗∗ 按照各项目实施单位职能与任务,合理分解了年度绩效指标,并批复了 ∗∗ 本级、∗∗ 、∗∗ 、∗∗ 的绩效目标申报表,见表 9-2。

表 9-2　20 ∗∗ 年度水土保持业务预算项目绩效指标表

| 指　标 | 指标内容 | 指标值 |
|---|---|---|
| 产出指标 | 部批在建大中型生产建设项目监督检查数量 | ≥ ∗∗ 个 |
| | 部批在建大中型生产建设项目监督检查率 | ≥ ∗∗ ％ |
| | 国家水土保持重点工程治理县/涉及省监督检查数量 | ≥ ∗ 个 / ∗ 个 |
| | 国家水土保持重点工程治理县/涉及省监督检查率 | ≥ ∗∗ ％ / ∗∗ ％ |
| | 不同土壤侵蚀类型典型(试验)小流域和典型监测站点年度计划检查数量 | ∗ ～ ∗ 个 |
| | 不同土壤侵蚀类型典型(试验)小流域和典型监测站点年度计划检查完成率 | ∗∗ ％ |
| | 计划监测区域工作范围面积 | ∗∗ km$^2$ |
| | 计划监测区域工作范围完成率 | ∗∗ ％ |
| | 年度水土流失动态监测项目成果报告数量 | ≥ ∗ 份 |
| | 年度监测成果整编数量 | ≥ ∗ 份 |
| | 水土保持国策宣传教育活动次数 | ≥ ∗ 次 |
| | 验收与审查建设项目水保方案数量 | ≥ ∗∗ 个 |
| | 培训次数、人次 | ∗ 次、∗∗ 人 |
| | 加强水土保持管理的合理化建议及报告 | ≥ ∗ 份 |
| | 部批在建大中型生产建设项目监督检查意见出具率 | ≥ ∗∗ ％ |
| | 流域水土保持预防监督管理数据入库率 | ≥ ∗∗ ％ |
| | 不同土壤侵蚀类型典型小流域和典型监测站点年度稳定率 | ∗∗ ％ |
| | 监测合规和成果的可信性 | 可信 |

| 指　标 | 指标内容 | 指标值 |
|---|---|---|
| 产出指标 | 监测成果入库率 | ≥＊＊％ |
| | 培训合格率 | ≥＊＊％ |
| | 部批在建大中型生产建设项目水土保持督查意见印发时限 | ≤＊＊个工作日 |
| | 国家水土保持重点工程监督检查意见出具时限 | ≤＊＊个工作日 |
| | 中国水土保持公报流域资料上报期限 | ＊月底前 |
| 效益指标 | 提高国家水土保持重点工程建设管理规范性 | 明显提高 |
| | 提高生产建设单位水土保持意识 | 明显提高 |
| | 监测成果对政府决策和经济社会发展的作用 | 效果显著 |
| | 促进生态环境信息的共享 | 效果显著 |
| 满意度指标 | 上级主管部门满意度 | ≥＊＊％ |
| | 辖区内省级水土保持部门满意度 | ≥＊＊％ |

（二）项目资金使用及管理情况

1. 项目预算情况

（1）预算编制情况

结合年度绩效指标，根据科学合理、客观真实、统筹兼顾的预算编制原则，依据各单位职能、工作任务、水土保持定额测算结果以及《全国水土流失动态监测与公告项目规划（2013—2017年）》确定的动态监测经费，参考历年来各单位工作量及支出，合理确定＊＊本级、＊＊、＊＊的经费需求，20＊＊年水土保持业务项目预算申请经费为＊＊万元，根据各实施单位水土保持职能、工作内容、任务量以及《全国水土流失动态监测与公告项目规划（20＊＊—20＊＊年）》，＊＊本级为＊＊万元，＊＊为＊＊万元，＊＊中心为＊＊万元。从业务内容上分，水土保持预防监督＊＊万元，水土保持综合治理工程监管批复＊＊万元，水土保持监测＊＊万元，流域综合管理批复＊＊万元。预算编制科学合理。

（2）资金到位情况

20＊＊年＊＊月，水利部以《水利部关于批复20＊＊年预算的通知》（水财务〔20＊＊〕＊＊号）批复同意＊＊水土保持业务项目，批复预算＊＊万元。

20＊＊年＊＊月，＊＊以《＊＊关于批复20＊＊年预算的通知》（＊＊财务〔20＊＊〕＊＊号）批复了各单位水土保持业务项目经费。资金到位率和到位及时率均为100%。

2. 项目预算执行情况

＊＊年度水土保持业务项目，实际到位预算资金＊＊万元，实际支出预算资金＊＊万元，已序时有效的全部完成了＊＊年度预算执行工作。

项目工作内容完成情况。至20＊＊年12月31日，＊＊水土保持业务项目按工作内容的预算执行情况，见表9-3。

表 9-3 项目工作内容完成情况对照表 万元

| 计划内容 | | 实际完成情况 | | 差异分析 | |
|---|---|---|---|---|---|
| 工作内容 | 金额 | 工作内容 | 金额 | 原因 | 金额 |
| 水土保持预防监督 | | 组织开展流域内水土保持重点地区监督管理、水土保持法律法规落实情况检查、水土保持重点预防区和治理区年度巡查、生产建设项目水土保持监督检查、违法案件和水土流失纠纷调查取证等工作。开展重点地区生产建设项目水土保持数字调查、水土保持执法能力建设等 | ** | | |
| 水土保持综合治理工程监管批复 | | 组织开展流域内国家水土保持重点工程建设项目的督查与技术指导。根据水利部的要求,组织开展重点工程的年度督查工作。配合开展有关政策调研,为制定有关重点工程管理制度提供技术支持 | ** | | |
| 水土保持监测 | | 开展水土流失动态监测。通过国家级水土流失重点防治区、生产建设项目集中区、典型小流域和监测点动态监测等多层次监测,掌握流域水土流失动态变化,预测预报其发展趋势,为国家制定水土保持政策和生态建设宏观决策提供及时、可靠的综合信息,保障全国水土保持数据库的及时更新和维护。定期发布水土保持公报,公开水土流失状况和满足社会知情权 | ** | | |
| 流域综合管理批复 | | 为保障流域水土保持工作正常有序开展需要进行的监督检查、审查论证、技术培训、调查研究、技术资料管理以及流域机构日常管理等工作 | ** | | |
| ** | | ** | | | |

从上表可以看出,按照工作内容来分析 ** 20 ** 年度水土保持业务项目已全部完成,各项工作内容完成良好。

项目经费预决算对比情况。至 20 ** 年 12 月 31 日,** 水土保持业务项目按经济科目的预算执行情况,见表 9-4。

**表 9-4 项目预算执行情况对照表**

万元

<table>
<tr><td rowspan="5">资金到位情况</td><td>到位项目</td><td colspan="2">预算批复数</td><td colspan="2">实际到位数</td></tr>
<tr><td>合　计</td><td colspan="2">**</td><td colspan="2">**</td></tr>
<tr><td>当年财政拨款</td><td colspan="2">**</td><td colspan="2">**</td></tr>
<tr><td>使用以前年度结余</td><td colspan="2"></td><td colspan="2"></td></tr>
<tr><td>其他资金</td><td colspan="2"></td><td colspan="2"></td></tr>
<tr><td rowspan="9">资金支出情况</td><td>支出项目</td><td>预算批复数</td><td colspan="2">实际支出数</td><td>差额</td></tr>
<tr><td>合　计</td><td></td><td colspan="2"></td><td></td></tr>
<tr><td>办公费</td><td>**</td><td colspan="2">**</td><td>≤10%</td></tr>
<tr><td>差旅费</td><td>**</td><td colspan="2">**</td><td>≤10%</td></tr>
<tr><td>维修(护)费</td><td>**</td><td colspan="2">**</td><td>≤10%</td></tr>
<tr><td>租赁费</td><td>**</td><td colspan="2">**</td><td>≤10%</td></tr>
<tr><td>会议费</td><td>**</td><td colspan="2">**</td><td>≤10%</td></tr>
<tr><td>培训费</td><td>**</td><td colspan="2">**</td><td>≤10%</td></tr>
<tr><td>**</td><td>**</td><td colspan="2">**</td><td>**</td></tr>
<tr><td colspan="2">超支或结余情况</td><td></td><td colspan="2"></td><td></td></tr>
<tr><td>备注</td><td colspan="5"></td></tr>
</table>

3. 项目资金管理情况

财务管理制度制定情况。项目单位认真贯彻国家相关制度办法,同时结合工作实际,先后制订了《 ** 项目资金管理办法》《 ** 预算管理办法》等规章制度,从资金管理、预算管理、资产管理、合同管理等方面不断完善水土保持业务项目的管理制度体系,健全财务管理制度。

财务制度执行情况。 ** 年水土保持业务项目实行专项管理,在经费使用上,严格按照《中央本级项目支出预算管理办法》等财政部有关规定执行,预算经费独立核算、专款专用,各项支出均按照财务管理各项规章制度要求,做到经费支出合理,经常核查项目具体实施进度,确保项目按进度计划实施,做好水土保持业务资金的管理和财务核算,切实有效保证各项水土保持业务工作的顺利完成,预算执行情况良好。

通过各项制度的严格执行, ** 年项目执行中未出现违法违规现象,资金支出安全有效,财务运行健康有序。

(三) 项目组织实施情况

1. 项目组织情况

水土保持业务项目由 ** 单位统一管理,由 ** 、** 等单位共同承担。组织机构健全,项目目标与责任分工明确,组织实施程序符合业务规范要求,项目主要参与人员经验丰富,技术力量雄厚,基础设施设备条件完备,能够确保项目顺利、高效、高质的完成。

** 单位作为项目主管部门切实履行项目管理职责,指导、督促各单位扎实开展业务工作; ** 单位财务主管部门及时批复项目预算和绩效目标,监督、指导资金管理和使用。

各承担单位任务分工明确,切实可行,根据编制的《水土保持业务项目＊＊年度实施方案》,细化梳理年度工作任务,主要业务工作制定详细的工作计划、工作方案,同时,把工作责任落实到班子成员、部门和个人,做到有计划、有安排、有检查、有督促,充分利用现有人员、技术、设备等支撑条件,加强质量控制和服务保障,合理安排开展水土保持业务。项目完成后,各预算执行单位按照规定分别组织完成了项目自验工作。

2. 项目管理情况

水土保持业务管理制度健全。水土保持业务项目由＊＊、＊＊共同承担。项目承担单位机构健全,项目目标与责任分工明确,组织实施程序符合业务规范要求,项目主要参与人员经验丰富,技术力量雄厚,基础设施设备条件完备,能够确保项目的顺利、高效、高质完成。制度执行有效、质量可控。在外委项目的管理上,项目单位均严格执行《＊＊项目资金管理办法》《＊＊预算管理办法》等规定,规范了项目实施程序,切实加强项目合同全过程的监管。合同订立前均认真审查委托单位的资信情况,以及履行合同应具有的相应资质和业务能力,审核通过后方可签订。合同验收后,经相关领导签字审核方可结算。

(四)项目绩效情况

1. 项目的经济性分析

各承担单位按照年度实施方案,精心组织安排,不断提高项目资金使用效率,经费按照批复的预算执行,各经济科目决算与预算没有较大的差异,总金额没有突破,项目成本控制情况良好。

2. 项目的效率性分析

(1)项目产出数量

截至年底,各项指标工作内容均按照实施方案开展,达到序时进度要求。

部批在建大中型生产建设项目监督检查数量、部批在建大中型生产建设项目监督检查率、国家水土保持重点工程治理县/涉及省监督检查数量、国家水土保持重点工程治理县/涉及省监督检查率、不同土壤侵蚀类型典型(试验)小流域和典型监测站点年度计划检查数量、不同土壤侵蚀类型典型(试验)小流域和典型监测站点年度计划检查完成率、计划监测区域工作范围面积、计划监测区域工作范围完成率、年度水土流失动态监测项目成果报告数量、年度监测成果整编数量、水土保持国策宣传教育活动次数、验收与审查建设项目水保方案数量、培训次数、人次、加强水土保持管理的合理化建议及报告、部批在建大中型生产建设项目监督检查意见出具率、流域水土保持预防监督管理数据入库率、不同土壤侵蚀类型典型小流域和典型监测站点年度稳定率、监测合规和成果的可信性、监测成果入库率、培训合格率、部批在建大中型生产建设项目水土保持督查意见印发时限、国家水土保持重点工程监督检查意见出具时限、中国水土保持公报流域资料上报期限。

(2)项目实施进度

本项目按照年度实施方案要求完成,进度安排合理。各项工作任务按照实施方案要求进度完成。

(3)项目完成质量

全年各项工作全面完成,成果质量得到了水利部、流域片各省市和建设、监测等单位好评。水土保持监督检查程序严格按照《水土保持法》《行政许可法》要求开展,检查前印发通知,检查时对照水土保持方案进行重点部位核查,检查后及时印发检查整改意见,切实落实整改成效,有效规范了建设项目水土流失防治工作。水土保持动态监测与公告工作严格遵守《水土保持监测技术规程》《水土保持信息管理技术规程》《水土保持监测设施通用技术条件》和遥感解译有关标准规范,获得水利部检查组好评,考核排名居流域机构前列。

3. 项目的有效性分析

（1）经济效益实现情况

通过大中型生产建设项目水土保持监督检查,规范了建设项目水土流失防治工作,减少了弃土、弃渣、泥浆以及其他水土流失形式对农田、林草地、河道、灌排设施的侵占、扰动和破坏,直接和间接减少了经济损失;通过国家水土保持重点工程督查等工作,规范了水土流失治理工作,增加了坡耕地、梯田面积,改善了立地条件,提高了土地生产力,直接增加了经济效益。

（2）社会效益实现情况

通过水土流失动态监测,有效掌控了 ** 地区的水土流失动态变化情况,为流域片、国家水土流失防治及治理措施的布局及实施提供基础数据支撑,水土流失动态监测成果对政府决策和经济社会发展发挥了重要作用;通过水土保持监测数据发布上报和部批建设项目水土保持监督管理系统应用等工作,促进了生态环境信息的共享;通过水土保持宣传、国家水土保持重点工程督查等工作,提高了社会各界的水土保持意识和对流域片水土保持生态文明建设的重视程度,水土流失治理投入不断加大,流域片 ** 等地被水利部评为水土保持生态文明县,社会效益显著。

（3）生态效益实现情况

通过大中型生产建设项目水土保持监督检查、水土保持方案审查和验收工作,严格规范和推动了建设项目水土流失防治,对建设活动侵占、破坏的地表地貌、植被、水域等进行了最大可能的治理和恢复,在局部地方还改善与提高了林草覆盖条件、进行了绿化美化,实现了生态效益最大化,流域片有多个项目被水利部评为水土保持生态文明示范工程;通过国家水土保持重点工程督查等工作,规范了水土流失治理工作,增加了林草覆盖率,改善了林相结构和立地条件,促进了流域片水土保持生态文明建设。

（4）可持续影响实现情况

通过开展大型生产建设项目水土保持监督检查、印发监督检查意见、验收和水土保持宣传等工作,生产建设单位和社会公众的水土保持意识越来越强,特别是越来越多的建设单位主动联系,咨询有关问题,积极反馈整改报告,报送监测季报,水土保持方案实施率不断提高,各项水土保持措施落实越来越到位,效果良好。通过国家水土保持重点工程督查,不断规范地方坡耕地综合治理等国家水土保持重点工程的前期工作、资金使用、项目实施、运行管理等,提高了流域片水土流失治理率和建设管理效益,可持续影响明显。

（5）社会公众或服务对象满意度实现情况

** 各省市开展大型生产建设项目跨地区联合监督检查,加强水土保持监督管理信息系统和现场检查系统应用,开展国家水土保持重点工程督查以及在中国水利报与水利部等网站积极宣传流域片水土保持工作等,严格、高效、专业、合理的工作获得水保司和地方好评,特别是有关建设单位和业主均按督查或检查的要求进行了整改。通过不断的指导督查服务,**各省监督管理工作,监测工作,以及国家水土保持重点工程进度、资金使用、建设管理等各方面均位列全国前几名。

**年度水土保持项目支出绩效目标完成情况见表9-5。

表9-5　**年度水土保持项目绩效目标完成情况对照表

| 批复绩效目标 | 目标1:流域水土保持机构组织、协调、指导、监督职能的正常开展。<br>目标2:通过对流域片约17个在建大型生产建设项目水土保持进行监督检查,减少由于人为活动造成的水土流失,能够明显保持和改善生态环境。<br>目标3:通过对约3省4个县治理项目检查,推进水土流失重点治理工程发挥效益。<br>目标4:完成**预防区总面积**km²水土流失动态监测,完成**流域不同土壤侵蚀类型区6个典型监测点和3个典型小流域的水土流失动态监测等,保障全国水土保持监测系统**流域节点正常运行 | 绩效目标完成情况 | 完成:1:流域水土保持机构组织、协调、指导、监督职能的正常开展。<br>2:通过对流域片18个在建大型生产建设项目水土保持进行监督检查,减少由于人为活动造成的水土流失,能够明显保持和改善生态环境。<br>3:通过对3省4个县治理项目检查,推进水土流失重点治理工程发挥效益。<br>4:完成**预防区总面积**km²水土流失动态监测,完成**流域不同土壤侵蚀类型区6个典型监测点和3个典型小流域的水土流失动态监测等,保障全国水土保持监测系统**流域节点正常运行 |
|---|---|---|---|

| 项目绩效指标 | 指标 | | 指标内容 | 批复指标值 | 指标完成值 | 备注 |
|---|---|---|---|---|---|---|
| | 产出指标 | | 部批在建大中型生产建设项目监督检查数量 | ≥17个 | 18个 | |
| | | | 部批在建大中型生产建设项目监督检查率 | ≥20% | 24% | |
| | | | 国家水土保持重点工程治理县/涉及省监督检查数量 | ≥4/3个 | 4个/3个 | |
| | | | 国家水土保持重点工程治理县/涉及省监督检查率 | ≥10%/100% | 10%/100% | |
| | | | 不同土壤侵蚀类型典型(试验)小流域和典型监测站点年度计划检查数量 | 6~9个 | 9个 | |
| | | | 不同土壤侵蚀类型典型(试验)小流域和典型监测站点年度计划检查完成率 | 100% | 100% | |
| | | | 计划监测区域工作范围面积 | 12 292 km² | 12 292 km² | |
| | | | 计划监测区域工作范围完成率 | 100% | 100% | |
| | | | 年度水土流失动态监测项目成果报告数量 | ≥1份 | 1份 | |
| | | | 年度监测成果整编数量 | ≥1份 | 1份 | |
| | | | 水土保持国策宣传教育活动次数 | ≥1次 | ≥1次 | |

| 指标 | 指标 | 指标内容 | 批复指标值 | 指标完成值 | 备注 |
|---|---|---|---|---|---|
| 项目绩效指标 | 产出指标 | 验收与审查建设项目水保方案数量 | ≥15 个 | 15 个 | |
| | | 培训次数、人次 | 3 次、48 人 | 3 次、142 人 | |
| | | 加强水土保持管理的合理化建议及报告 | ≥1 份 | 1 份 | |
| | | 部批在建大中型生产建设项目监督检查意见出具率 | ≥90% | 100% | |
| | | 流域水土保持预防监督管理数据入库率 | ≥95% | 100% | |
| | | 不同土壤侵蚀类型典型小流域和典型监测站点年度稳定率 | 100% | 100% | |
| | | 监测合规和成果的可信性 | 可信 | 可信 | |
| | | 监测成果入库率 | ≥95% | 100% | |
| | | 培训合格率 | ≥95% | 100% | |
| | | 部批在建大中型生产建设项目水土保持督查意见印发时限 | ≤15 个工作日 | ≤15 个工作日 | |
| | | 国家水土保持重点工程监督检查意见出具时限 | ≤15 个工作日 | ≤15 个工作日 | |
| | | 中国水土保持公报流域资料上报期限 | 9 月底前 | 9 月底前 | |
| | 效益指标 | 提高国家水土保持重点工程建设管理规范性 | 明显提高 | 明显提高 | |
| | | 提高生产建设单位水土保持意识 | 明显提高 | 明显提高 | |
| | | 监测成果对政府决策和经济社会发展的作用 | 效果显著 | 效果显著 | |
| | | 促进生态环境信息的共享 | 效果显著 | 效果显著 | |
| | 服务对象满意度指标 | 上级主管部门满意度 | ≥80% | ≥80% | |
| | | 辖区内省级水土保持部门满意度 | ≥80% | ≥80% | |

4. 项目的可持续性分析

水土保持项目是一项长期开展的工作,随着依法治国和流域经济社会持续发展,流域水土保持生态文明建设的重要性将进一步提高,流域水土保持工作将会持续对经济社会发展起到重要支撑保障作用。该项目为延续性项目,经费有保障,项目实施单位人员安排稳定,各项管理措施持续有效,在水利部支持下项目资金来源十分稳定,具备未来一段时间内持续实施的条件。

（五）其他需要说明的问题

1. 后续工作计划

水土保持业务项目为专项业务费项目,根据下一年度预算安排,项目单位将继续做好水土保持业务项目工作。

2. 主要经验及做法

（1）在项目实施与管理过程中,严格遵守各项政策、法规及相关管理制度,确保各项工作合法有序开展。

（2）细化分解任务,各部门按照职责分工各司其职,保障了项目的顺利实施。

（3）强化项目过程控制,及时指导各部门按照进度做好项目管理。

（4）严格合同管理,保证资金使用规范。

3. 存在问题和建议

（1）水土保持业务预算主要根据水土保持业务经费定额标准测算,但由于水土保持业务具有一定的特殊性,在实际执行时无法完全按照测算依据实施。建议对项目具体实施内容要求与定额规定有所区别。

（2）部分工作根据工作安排集中在某个别月份,存在工作开展与资金支出序时要求不匹配问题。

4. 其他需说明的问题

（1）适时调整水土保持业务经费定额标准

随着流域社会经济的快速发展,根据依法治国要求,水土保持预防监督、治理工程监管、综合监管等业务工作日益繁重,要求越来越高,现有经费安排已难以满足工作开展需要,建议能根据经济和社会发展程度,定期对水土保持业务经费定额标准进行调整。

（2）绩效报告使用建议

本评价报告可作为下一年度及以后年度项目预算安排的参考,作为改进预算管理的重要依据。评价结果应在一定范围内公开,以充分发挥项目单位开展绩效管理的积极性,不断提高预算绩效管理工作水平。

（六）项目评价工作情况

根据《绩效评价管理办法》和水利部有关要求,项目单位及时组织开展了项目绩效中期自评,收集整理了项目决策文件、预算批复以及各绩效指标值支撑材料,配合做好中期检查工作,并编制了中期检查报告;根据中期绩效监控报告的反馈,绩效监控结论为"\*\*",同时对中期检查问题进行了认真研究,积极对有关情况进行了整改落实。依据本项目绩效评价指标体系及打分方法,组织开展了自评价工作,并在自评价基础上,撰写了项目绩效报告。

项目支出绩效自评表见表9-6。

表 9-6　项目支出绩效自评表

(20＊＊ 年度)

| 项目名称 | | 水土保持业务 | | | | | | |
|---|---|---|---|---|---|---|---|---|
| 主管部门及代码 | | 水利部 | | | 实施单位:＊＊ | | | |
| 项目资金<br>(万元) | | | 年初预算数(A) | 全年执行数(B) | 分值(10分) | 执行率(B/A) | 得分 | 得分计算方法 |
| | | 年度资金总额 | ＊＊ | ＊＊ | 10 | ＊＊ | ＊＊ | 执行率×该指标分值,最高不得超过分值上限 |
| | | 其中:本年一般公共预算拨款 | ＊＊ | ＊＊ | 10 | ＊＊ | ＊＊ | |
| | | 其他资金 | ＊＊ | ＊＊ | 0 | ＊＊ | ＊＊ | |
| 年度总体目标 | | 目标1:流域水土保持机构组织、协调、指导、监督职能的正常开展。<br>目标2:通过对流域片约＊＊个在建大型生产建设项目水土保持进行监督检查,减少由于人为活动造成的水土流失,能够明显保持和改善生态环境。<br>目标3:通过对约＊＊省＊＊个县治理项目检查,推进水土流失重点治理工程发挥效益。<br>目标4:完成＊＊预防区总面积＊＊km²水土流失动态监测,完成＊＊流域不同土壤侵蚀类型区＊个典型监测点和＊个典型小流域的水土流失动态监测等,保障全国水土保持监测系统＊＊流域节点正常运行 | | | 完成了年度目标。保障了流域水土保持机构组织、协调、指导、监督职能的正常开展。完成对流域片＊＊个在建大型生产建设项目水土保持进行监督检查,减少由于人为活动造成的水土流失,能够明显保持和改善生态环境。完成＊省＊个县治理项目检查,推进水土流失重点治理工程发挥效益。完成＊＊预防区总面积＊＊km²水土流失动态监测,完成＊＊流域不同土壤侵蚀类型区＊＊个典型监测点和＊＊个典型小流域的水土流失动态监测等,保障全国水土保持监测系统＊＊流域节点正常运行 | | | |
| 绩效指标 | 一级指标 | 二级指标 | 三级指标 | 分值 | 年度指标值(A) | 全年实际值(B) | 得分计算方法 | 得分 | 未完成原因分析 |

| 一级指标 | 二级指标 | 三级指标 | 分值 | 年度指标值（A） | 全年实际值（B） | 得分计算方法 | 得分 | 未完成原因分析 |
|---|---|---|---|---|---|---|---|---|
| 绩效指标 | 产出指标（50分） | 不同土壤侵蚀类型典型（试验）小流域和典型监测站点年度计划检查完成率 | 2 | ＊＊ % | ＊＊ % | 完成值达到指标值，记满分；未达到指标值，按（B/A）或（A/B）×该指标分值记分 | 2 | |
| | | 计划监测区域工作范围面积 | 2 | ＊＊ km² | ＊＊ km² | | 2 | |
| | | 计划监测区域工作范围完成率 | 2 | ＊＊ % | ＊＊ % | | 2 | |
| | | 年度水土流失动态监测项目成果报告数量 | 2 | ≥＊＊ 份 | ＊＊ 份 | | 2 | |
| | | 年度监测成果整编数量 | 2 | ≥＊＊ 份 | ＊＊ 份 | | 2 | |
| | | 水土保持国策宣传教育活动次数 | 2 | ≥＊＊ 次 | ≥＊＊ 次 | | 2 | |
| | | 验收与审查建设项目水保方案数量 | 2 | ≥＊＊ 个 | ＊＊ 个 | | 2 | |
| | | 培训次数、人次 | 2 | ＊＊ 次、＊＊ 人 | ＊＊ 次、＊＊ 人 | | 2 | |
| | | 加强水土保持管理的合理化建议及报告 | 2 | ≥＊＊ 份 | ＊＊ 份 | | 2 | |
| | | 部批在建大中型生产建设项目监督检查意见出具率 | 3 | ≥＊＊ % | ＊＊ % | 1.若为定性指标，则根据"三档"原则分别按照指标分值的100%～80%（含80%）、80%～50%（含50%）、50%～0%来记分。2.若为定量指标，完成值达到指标值，记满分；未达到指标值，按（B/A）或（A/B）×该指标分值记分 | 3 | |
| | | 流域水土保持预防监督管理数据入库率 | 2 | ≥＊＊ % | ＊＊ % | | 2 | |
| | | 不同土壤侵蚀类型典型小流域和典型监测站点年度稳定率 | 3 | ＊＊ | 1 | | 3 | |
| | | 监测合规和成果的可信性 | 3 | 可信 | 可信 | | 3 | |
| | | 监测成果入库率 | 2 | ≥＊＊ % | ＊＊ % | | 2 | |
| | | 培训合格率 | 2 | ≥＊＊ % | ＊＊ % | | 2 | |

（二级指标列：数量指标 对应前九行；质量指标 对应后六行）

| 一级指标 | 二级指标 | 三级指标 | 分值 | 年度指标值(A) | 全年实际值(B) | 得分计算方法 | 得分 | 未完成原因分析 |
|---|---|---|---|---|---|---|---|---|
| 绩效指标 | 产出指标(50分) | 时效指标 | 部批在建大中型生产建设项目水土保持督查意见印发时限 | 3 | ≤**个工作日 | ≤**个工作日 | | 3 | |
| | | 国家水土保持重点工程监督检查意见出具时限 | 2 | ≤**个工作日 | ≤**个工作日 | | 2 | |
| | | 中国水土保持公报流域资料上报期限 | 2 | **月底前 | 次年**月 | | 2 | |
| | 效益指标(30分) | 社会效益指标 | 提高国家水土保持重点工程建设管理规范性 | 7 | 明显提高 | 明显提高 | 1.若为定性指标,则根据"三档"原则分别按照指标分值的100%~80%(含80%)、80%~50%(含50%)、50%~0%来记分 2.若为定量指标,完成值达到指标值,记满分;未达到指标值,按(B/A)或(A/B)×该指标分值记分 | 7 | |
| | | | 提高生产建设单位水土保持意识 | 7 | 明显提高 | 明显提高 | | 7 | |
| | | | 监测成果对政府决策和经济社会发展的作用 | 6 | 效果显著 | 效果显著 | | 5 | |
| | | 可持续影响指标 | 促进生态环境信息的共享 | 10 | 效果显著 | 效果显著 | | 8 | |
| | 满意度指标(10分) | 服务对象满意度指标 | 上级主管部门满意度 | 5 | ≥**% | ≥**% | 同效益指标得分计算方式 | 5 | |
| | | | 辖区内省级水土保持部门满意度 | 5 | ≥**% | ≥**% | | 5 | |
| 总分 | | | | | | | ** | |

1. 绩效工作开展情况

（1）积极组织编写项目绩效报告

按照水利部整体部署和要求,及时组织开展了项目绩效评价工作,根据项目绩效目标,对照项目实施方案,梳理核实有关绩效证明材料,在此基础上,参照《绩效评价管理办法》附件3"财政支出绩效报告（参考提纲）",从项目概况、项目资金使用及管理情况、组织实施情况、项目绩效情况、需说明的问题等方面认真编制了水土保持业务绩效报告。

（2）绩效得分

项目单位根据《绩效评价管理办法》和水利部有关规定，开展了水土保持业务项目预算绩效自评价工作，并按照项目预算绩效评价指标体系、评分标准和评分说明对项目绩效进行打分，绩效得分 ** 分。

（3）项目绩效报告

项目单位编制的水土保持业务项目绩效报告介绍了项目单位基本情况及水土保持业务主要职责、项目背景、项目立项依据及立项情况、项目主要工作内容、绩效目标、项目资金使用及管理情况、组织实施情况，从项目的经济性、效率性、有效性和可持续性四个方面对项目产出指标、效益指标、服务对象满意度指标等绩效情况进行了分析，总结了 ** 年度主要经验及做法、存在问题和建议。

2. 项目绩效评价工作情况

（1）项目绩效目的

通过绩效自评价，对 ** 年度水土保持业务项目的投入、过程、产出、效果等涉及的项目立项、业务管理、财务管理、项目产出、项目效益等进行全方位的总结分析，对项目财政支出的经济性、效率性、有效性和可持续性进行客观、公正的评价，增强绩效意识，促进财政支出绩效管理，强化支出责任和效率，提高财政资金使用效率；总结经验，进一步加强预算管理改革，不断提高预算绩效管理工作水平。

（2）绩效评价原则、评价指标体系、评价方法

① 绩效评价原则

绩效评价工作组根据《绩效评价管理办法》，结合水土保持业务项目实际情况，在绩效评价工作过程中，遵循科学规范、公正公开原则、绩效相关原则。

②绩效指标体系

根据绩效评价的要求，在上级主管部门制定的水土保持业务项目预算绩效评价指标体系基础上，项目单位制定了项目自评价绩效指标体系。

③ 绩效评价方法

绩效评价工作，选用多种方法进行绩效评价，坚持简便有效的原则。本项目绩效评价工作采用了成本效益分析法、比较法、因素分析法等评价方法。

通过对 20 ** 年度项目的支出与效益进行对比分析，以评价绩效目标实现程度；通过对项目的绩效目标与实施效果、项目实际支出与产生效益对比分析，综合分析绩效目标实现程度；通过综合分析影响绩效目标实现、实施效果的内外因素，评价绩效目标实现程度。

（3）绩效评价工作过程

① 前期准备

根据上级主管部门绩效评价的工作安排，项目单位制定了实施方案，组建了绩效自评价工作组，并组织学习了相关文件、政策，提前审阅了项目预算申报文本、绩效报告等材料。

② 组织实施

绩效自评价工作中，绩效自评价工作组听取了项目单位对项目执行情况的介绍，就有

关问题进行了质询,现场收集绩效评价相关资料,对资料进行审查核实;查看项目成果、资金使用管理等其他方面的资料,如检查档案资料和成果资料,重点核对可量化指标的实际完成情况;抽查审阅相关会议记录、分析材料等,结合调查问卷等核对定性指标完成情况;结合财务支出资料,核对并分析对应经费支出的合理性、真实性。在讨论答疑、查看核对资料的基础上,绩效自评价工作组参照项目预算绩效评价指标体系、评分标准和评分说明,对项目进行打分、统计,最后得出该项目绩效评价分值。

根据资料审查核实情况、绩效评价分值、绩效评价等级和被评价单位的答疑、初步反馈意见,绩效评价工作组集体起草、讨论、综合分析并形成评价结论。

在绩效自评价工作中,充分利用了项目绩效目标运行情况中期检查报告的成果。

③ 分析评价

对项目的投入、过程、产出、效果等进行分析,与绩效评价指标体系对比并进行打分。对项目的经济性、效率性和效益性进行分析,结合指标体系打分情况做出项目的综合评价情况和评价结论,最终形成绩效报告。

## 二、绩效评价报告范例

---

（封面）

（单位名称）20**年度水土保持业务项目
财政支出绩效评价报告

项目名称:水土保持业务(20**年)
项目单位:**

20**年**月

---

（一）项目概况

项目单位：**

主管部门：水利部

项目属性：延续项目

项目负责人：**　　　　　　　联系电话：**

项目总预算：**万元　　其中申请财政资金：**万元

项目实际到位金额：**万元　　其中申请财政资金：**万元

项目实际支出金额：**万元　　其中申请财政资金：**万元。

项目起止时间：**年**月—**年**月

1. 项目单位基本情况

根据中编办《关于印发〈水利部派出的流域机构的主要职责、机构设置和人员编制调整方案〉的通知》（中央编办发〔2002〕39号）以及水利部《关于印发〈**主要职责机构设置和人员编制规定〉的通知》（水人事〔20**〕**号）精神，**在**区域内行使水行政主管职责，指导、协调流域内水土流失防治工作。组织有关重点防治区水土流失预防、监督与管理。按规定负责有关水土保持中央投资建设项目的实施，指导并监督流域内国家重点水土保持建设项目的实施。受部委托组织编制流域水土保持规划并监督实施，承担国家立项审批的大中型生产建设项目水土保持方案实施的监督检查。组织开展流域水土流失监测、预报和公告。

**包括**、**等下级机构。该项目由**本级牵头负责，**、**等共同实施。批复编制**人，现有在职职工**人，离退休职工**人。

2. 项目基本情况

（1）项目概况

① 项目背景

水土流失是严重的环境恶化问题，**流域片人多地少，少部分地区水土流失仍较为严重，增大了洪涝及干旱灾害的发生频率，植被破坏、土地退化，而不合理的经济活动又加剧了生态环境的恶化，影响经济社会的可持续发展。防治水土流失、改善生态环境已受到政府和全社会的普遍关注，近年来流域片各省市都提出了建设生态省的目标，水土保持生态建设和环境保护力度不断加大；水土保持法赋予流域机构水土保持监督管理职责，工作任务不断增加。

② 立项依据

水土保持是国土整治和江河治理的根本措施，预防和治理水土流失是新《水土保持法》赋予流域机构的职责。根据新《水土保持法》和中编办中央编办发〔2002〕39号以及水利部水人事〔**〕**号、《关于印发〈**主要职责、机构设置和人员编制规定〉的通知》（**〔**〕**号），**在**流域区域内行使水行政主管职责，指导、协调流域内水土流失防治工作。流域片人多地少，少部分地区水土流失仍很严重，且开发建设项目引起的水土流失成为流域片水土流失的重要形式。通过项目实施，开展以预防监督为主的水土保持工作，可以尽量减少由于人为活动造成的水土流失，开展水土流失监测，可以了解和掌握流域片水土流失变化情况，为国家水土保持生态建设决策等提供科学依据，积极开展宣传、水土保持生态修复和综合治理及其他日常工作,为水土保持创造良好的舆论环境和推进生态环境改善。水土保持经费是 ** 开展水土保持业务工作的主要资金来源,故申请设立水土保持项目,目前已实施十余年。期间,2007 年财政部、水利部批准实施全国水土流失动态监测与公告项目,由水利部水土保持监测中心组织实施;2008 年,全国水土流失动态监测与公告项目被列为水土保持经常性业务经费项目,由水利部水土保持监测中心和七大流域机构水土保持监测中心站共同实施;2012 年 6 月,水利部水土保持监测中心牵头、会同七大流域机构水土保持监测中心站编制的《全国水土流失动态监测与公告项目规划(20 ** —20 ** 年)》通过了水利部审查,从 2013 年起经开始实施。

** 按照水利部统一部署和 ** 水土保持工作发展目标,认真思考谋划,编制完成《 ** 流域水土保持规划》《 ** 水土保持规划》,提出了 ** 20 ** —20 ** 年的水土保持监督管理、监测等能力建设规划;紧紧围绕 ** 中心工作和流域片水土保持监测工作需求,结合 ** 发展需要,制定了《 ** 事业发展规划 20 ** —20 ** 年》,明确了水土保持监测业务发展方向、机构能力建设、经费保障等。

③ 工作内容

水土保持预防监督管理:开展流域片水土保持重点地区监督管理、水土保持法律法规落实情况检查,受水利部委托主持流域片大型生产建设项目水土保持验收,开展流域片 ** %( ** 个左右)在建大型生产建设项目水土保持监督检查,参加水土保持方案审查,开展生产建设项目监管示范。

水土保持综合治理工程监管:组织开展流域片内国家水土保持重点工程建设项目的督查与技术指导,根据水利部统一部署组织开展水土流失重点治理工程、坡耕地水土流失综合治理工程、国家水土保持重点建设工程等年度督查工作。指导流域内各省开展有关专项规划编制。配合开展有关示范性工程建设。

水土保持监测:负责流域片有关水土保持监测工作的组织、指导及预报工作,开展水土流失动态监测,主要包括 ** (总面积 ** m², 含水域面积)和 ** 流域不同土壤侵蚀类型区的水土流失监测,选择 ** 个典型监测点和 ** 个典型小流域进行水土流失监测。维护全国水土保持监测信息系统 ** 流域节点的安全运行,对生产及收集的数据进行整理、分析及入库管理。对数据进行整理与分析,参与编制年度中国水土保持公报。

流域综合管理:组织开展水土保持法宣传、水土保持培训,进行水土保持工作调研、交流、考察,参加国家水土保持生态文明工程和水土保持科技示范园及教育基地评估等。

(2)项目绩效目标

① 项目绩效总目标

预期总目标:通过项目实施,促进流域片水土保持和生态文明建设,水土流失治理度 ** % 以上,人为水土流失基本得到控制,建设项目实施率 ** %、验收率 ** % 以上,生态环境良性发展。完成流域内不同土壤侵蚀类型区的水土流失动态监测,保障全国水土保持监测信息系统 ** 流域节点的安全运行。

年度阶段目标:20 ** 年,通过大力开展预防监督,落实水土保持"三同时"制度,遏制人为水土流失的发生发展;推进流域和地方监测站点的水土保持监测网络体系的建立和逐步完善;通过生态自然修复为主治理水土流失,严重水土流失地区生态环境有改善,流域片生态环境向良性发展。开展 ** (总面积 ** m² ,含水域面积)和 ** 流域不同土壤侵蚀类型区的水土流失监测,;完成 ** 流域不同土壤侵蚀类型区水土流失监测,选择 ** 个典型监测点和 ** 个典型小流域进行水土流失监测;完成 ** 流域监测信息系统维护与数据管理;整编流域年度公报资料,参与完成本年度国家水土保持公报编制。

② 项目年度绩效目标

年度绩效目标:流域水土保持机构组织、协调、指导、监督职能的正常开展;部批项目水土保持监督检查工作不断加强,遏制人为水土流失;推进水土流失重点治理工程发挥效益;开展 ** (总面积 ** m² ,含水域面积)和 ** 流域不同土壤侵蚀类型区水土流失动态监测,选择 ** 个典型监测点和 ** 个典型小流域进行水土流失监测,完成 ** 流域监测信息系统维护与数据管理。

③ 绩效指标

同时,为确保实现绩效目标,完成各项绩效指标,** 按照各项目实施单位职能与任务,合理分解了年度绩效指标,并批复了 ** 本级、** 、** 、** 的绩效目标申报表。项目绩效指标详见表 9-7。

表 9-7　20 ** 年度水土保持业务预算项目绩效指标表

| 指　　标 | 指标内容 | 指标值 |
|---|---|---|
| 产出指标 | 部批在建大中型生产建设项目监督检查数量 | ≥17 个 |
| | 部批在建大中型生产建设项目监督检查率 | ≥20% |
| | 国家水土保持重点工程治理县/涉及省监督检查数量 | ≥4 个/3 个 |
| | 国家水土保持重点工程治理县/涉及省监督检查率 | ≥10%/100% |
| | 不同土壤侵蚀类型典型(试验)小流域和典型监测站点年度计划检查数量 | 6~9 个 |
| | 不同土壤侵蚀类型典型(试验)小流域和典型监测站点年度计划检查完成率 | 100% |
| | 计划监测区域工作范围面积 | 12 292 km² |
| | 计划监测区域工作范围完成率 | 100% |
| | 年度水土流失动态监测项目成果报告数量 | ≥1 份 |
| | 年度监测成果整编数量 | ≥1 份 |
| | 水土保持国策宣传教育活动次数 | ≥1 次 |
| | 验收与审查建设项目水保方案数量 | ≥15 个 |
| | 培训次数、人次 | 3 次、48 人 |
| | 加强水土保持管理的合理化建议及报告 | ≥1 份 |
| | 部批在建大中型生产建设项目监督检查意见出具率 | ≥90% |
| | 流域水土保持预防监督管理数据入库率 | ≥95% |
| | 不同土壤侵蚀类型典型小流域和典型监测站点年度稳定率 | 100% |

| 指　标 | 指标内容 | 指标值 |
|---|---|---|
| 产出指标 | 监测合规和成果的可信性 | 可信 |
| | 监测成果入库率 | ≥95％ |
| | 培训合格率 | ≥95％ |
| | 部批在建大中型生产建设项目水土保持督查意见印发时限 | ≤15 个工作日 |
| | 国家水土保持重点工程监督检查意见出具时限 | ≤15 个工作日 |
| | 中国水土保持公报流域资料上报期限 | 5 月底前 |
| 效益指标 | 提高国家水土保持重点工程建设管理规范性 | 明显提高 |
| | 提高生产建设单位水土保持意识 | 明显提高 |
| | 监测成果对政府决策和经济社会发展的作用 | 效果显著 |
| | 促进生态环境信息的共享 | 效果显著 |
| 满意度指标 | 上级主管部门满意度 | ≥80％ |
| | 辖区内省级水土保持部门满意度 | ≥80％ |

（二）项目单位绩效报告情况

根据《绩效评价管理办法》和水利部有关要求，项目单位及时组织开展了项目绩效中期自评，收集整理了项目决策文件、预算批复以及各绩效指标值支撑材料，配合做好中期检查工作，并编制了中期检查报告；根据中期绩效监控报告的反馈，绩效监控结论为"＊＊"，同时对中期检查问题进行了认真研究，积极对有关情况进行了整改落实。依据本项目绩效评价指标体系及打分方法，组织开展了自评价工作，并在自评价基础上，撰写了项目绩效报告。

项目绩效报告认为，＊＊年水土保持业务项目按程序履行申报、立项手续；具有明确的项目实施方案；绩效目标经水利部批复；各级承担单位责任主体明确，财务管理制度健全，项目的管理能够确保项目的顺利完成；项目的组织实施达到了预期的总目标和年度绩效目标，项目支出控制在预算范围之内，按项目实施方案中的进度安排全部完成，质量指标达到要求，项目的经济效益、社会效益、服务对象满意度均达到了绩效目标指标要求，对保障生态安全、防洪安全、饮水安全和粮食安全、促进小康社会和生态文明建设等具有十分重要的作用，基本完成了年度预设绩效目标。

（三）绩效评价工作情况

1. 绩效评价目的

通过绩效评价，对＊＊年度水土保持业务项目的投入、过程、产出、效果等涉及的项目立项、业务管理、财务管理、项目产出、项目效益等进行全方位的总结分析，对项目财政支出的经济性、效率性、有效性和可持续性进行客观、公正的评价，增强绩效意识，促进财政支出绩效管理，强化支出责任和效率，提高财政资金使用效率；总结经验，进一步加强预算管理改革，不断提高预算绩效管理工作水平。

2. 绩效评价原则、评价指标体系、评价方法

（1）绩效评价原则

绩效评价工作组根据《绩效评价管理办法》，结合水土保持业务项目实际情况，在绩效评价工作过程中，遵循科学规范、公正公开原则、绩效相关原则。

（2）绩效指标体系

根据绩效评价的要求，在上级主管部门制定的水土保持业务项目预算绩效评价指标体系基础上，项目单位制定了项目自评价绩效指标体系。

（3）绩效评价方法

绩效评价工作，选用多种方法进行绩效评价，坚持简便有效的原则。本项目绩效评价工作采用了成本效益分析法、比较法、因素分析法等评价方法。

通过对 20 ** 年度项目的支出与效益进行对比分析，以评价绩效目标实现程度；通过对项目的绩效目标与实施效果、项目实际支出与产生效益对比分析，综合分析绩效目标实现程度；通过综合分析影响绩效目标实现、实施效果的内外因素，评价绩效目标实现程度。

3. 绩效评价工作过程

（1）前期准备

根据上级主管部门绩效评价的工作安排，项目单位制定了实施方案，组建了绩效自评价工作组，并组织学习了相关文件、政策，提前审阅了项目预算申报文本、绩效报告等材料。

（2）组织实施

绩效自评价工作中，绩效自评价工作组听取了项目单位对项目执行情况的介绍，就有关问题进行了质询，现场收集绩效评价相关资料，对资料进行审查核实；查看项目成果、资金使用管理等其他方面的资料，如检查档案资料和成果资料，重点核对可量化指标的实际完成情况；抽查审阅相关会议记录、分析材料等，结合调查问卷等核对定性指标完成情况；结合财务支出资料，核对并分析对应经费支出的合理性、真实性。在讨论答疑、查看核对资料的基础上，绩效自评价工作组参照项目预算绩效评价指标体系、评分标准和评分说明，对项目进行打分、统计，最后得出该项目绩效评价分值。

根据资料审查核实情况、绩效评价分值、绩效评价等级和被评价单位的答疑、初步反馈意见，绩效评价工作组集体起草、讨论、综合分析并形成评价结论。

在绩效自评价工作中，充分利用了项目绩效目标运行情况中期检查报告的成果。

（3）分析评价

对项目的投入、过程、产出、效果等进行分析，与绩效评价指标体系对比并进行打分。对项目的经济性、效率性和效益性进行分析，结合指标体系打分情况做出项目的综合评价情况和评价结论，最终形成绩效报告。

（四）绩效评价指标分析情况

1. 项目资金情况分析

（1）预算编制情况

结合年度绩效指标，根据科学合理、客观真实、统筹兼顾的预算编制原则，依据各单位

职能、工作任务、水土保持定额测算结果以及《全国水土流失动态监测与公告项目规划（20＊＊—20＊＊年）》确定的动态监测经费，参考历年来各单位工作量及支出，合理确定＊＊本级、＊＊、＊＊的经费需求，20＊＊年水土保持业务项目预算申请经费为＊＊万元，根据各实施单位水土保持职能、工作内容、任务量以及《全国水土流失动态监测与公告项目规划（20＊＊—20＊＊年）》，＊＊本级为＊＊万元，＊＊为＊＊万元，＊＊中心为＊＊万元。从业务内容上分，水土保持预防监督＊＊万元，水土保持综合治理工程监管批复＊＊万元，水土保持监测＊＊万元，流域综合管理批复＊＊万元。预算编制科学合理。

（2）资金到位情况

20＊＊年＊＊月，水利部以《水利部关于批复20＊＊年预算的通知》（水财务〔20＊＊〕＊＊号）批复同意＊＊水土保持业务项目，批复预算＊＊万元。

20＊＊年＊＊月，＊＊以《＊＊关于批复20＊＊年预算的通知》（＊＊财务〔20＊＊〕＊＊号）批复了各单位水土保持业务项目经费。资金到位率和到位及时率均为100％。（项目经费预决算对比情况见表9-8）。

表 9-8  项目预算执行情况对照表
万元

| | 科 目 | 预 算 | 执 行 | 差 额 |
|---|---|---|---|---|
| 资金来源 | 合 计 | ＊＊ | ＊＊ | ＊＊ |
| | 财政拨款 | ＊＊ | ＊＊ | ＊＊ |
| | 其他资金 | ＊＊ | ＊＊ | ＊＊ |
| 支出明细 | 合 计 | ＊＊ | ＊＊ | ＊＊ |
| | 办公费 | ＊＊ | ＊＊ | ＊＊ |
| | 印刷费 | ＊＊ | ＊＊ | ＊＊ |
| | …… | …… | …… | …… |
| 项目经费结转（结余） | | ＊＊ | | |

项目单位会计核算规范，预算控制有效，未发现支出依据不合规、虚列项目支出的情况，未发现截留、挤占、挪用项目资金的情况，未发现超标准开支情况。项目执行进度科学合理，达到预算执行进度目标要求。

（3）项目资金管理情况分析

① 财务管理制度制定情况

项目单位认真贯彻国家相关制度办法，同时结合工作实际，先后制订了《＊＊项目资金管理办法》《＊＊预算管理办法》等规章制度，从资金管理、预算管理、资产管理、合同管理等方面不断完善水土保持业务项目的管理制度体系，健全财务管理制度。

② 财务制度执行情况

＊＊年水土保持业务项目实行专项管理，在经费使用上，严格按照《中央本级项目支出预算管理办法》等财政部有关规定执行，预算经费独立核算、专款专用，各项支出均按照财务管理各项规章制度要求，做到经费支出合理，经常核查项目具体实施进度，确保项目按进度计划实施，做好水土保持业务资金的管理和财务核算，切实有效保证各项水土保持业

务工作的顺利完成,预算执行情况良好。

通过各项制度的严格执行,** 年项目执行中未出现违法违规现象,资金支出安全有效,财务运行健康有序。

2. 项目实施情况分析

(1) 项目组织情况分析

水土保持业务项目由 ** 单位统一管理,由 ** 、** 等单位共同承担。组织机构健全,项目目标与责任分工明确,组织实施程序符合业务规范要求,项目主要参与人员经验丰富,技术力量雄厚,基础设施设备条件完备,能够确保项目顺利、高效、高质的完成。

** 单位作为项目主管部门切实履行项目管理职责,指导、督促各单位扎实开展业务工作;** 单位财务主管部门及时批复项目预算和绩效目标,监督、指导资金管理和使用。各承担单位任务分工明确,切实可行,根据编制的《水土保持业务项目 ** 年度实施方案》,细化梳理年度工作任务,主要业务工作制定详细的工作计划、工作方案,同时,把工作责任落实到班子成员、部门和个人,做到有计划、有安排、有检查、有督促,充分利用现有人员、技术、设备等支撑条件,加强质量控制和服务保障,合理安排开展水土保持业务。项目完成后,各预算执行单位按照规定分别组织完成了项目自验工作。

(2) 项目管理情况分析

水土保持业务管理制度健全。水土保持业务项目由 ** 、** 共同承担。项目承担单位机构健全,项目目标与责任分工明确,组织实施程序符合业务规范要求,项目主要参与人员经验丰富,技术力量雄厚,基础设施设备条件完备,能够确保项目的顺利、高效、高质完成。

制度执行有效、质量可控。在外委项目的管理上,项目单位均严格执行《 ** 》等规定,规范了项目实施程序,切实加强项目合同全过程的监管。合同订立前均认真审查委托单位的资信情况,以及履行合同应具有的相应资质和业务能力,审核通过后方可签订。合同验收后,经相关领导签字审核方可结算(项目委托业务实施完成情况见表9-9)。

表9-9 项目委托业务费实际支出与计划对照表

| 序号 | 合同名称 | 被委托单位 | 预算金额(万元) | 实际金额(万元) |
|---|---|---|---|---|
| 1 | ** | ** | ** | ** |
| 2 | ** | ** | ** | ** |
| ... | ... | ... | ... | ... |
| 合　计 | | | ** | ** |

3. 项目绩效情况分析

(1) 项目绩效目标完成情况分析

① 项目的经济性分析

各承担单位按照年度实施方案,精心组织安排,不断提高项目资金使用效率,经费按照批复的预算执行,各经济科目决算与预算没有较大的差异,总金额没有突破,项目成本控制情况良好。

② 项目的效率性分析

项目产出数量:截至年底,各项指标工作内容均按照实施方案开展,达到序时进度要求。部批在建大中型生产建设项目监督检查数量、部批在建大中型生产建设项目监督检查率、国家水土保持重点工程治理县/涉及省监督检查数量、国家水土保持重点工程治理县/涉及省监督检查率、不同土壤侵蚀类型典型(试验)小流域和典型监测站点年度计划检查数量、不同土壤侵蚀类型典型(试验)小流域和典型监测站点年度计划检查完成率、计划监测区域工作范围面积、计划监测区域工作范围完成率、年度水土流失动态监测项目成果报告数量、年度监测成果整编数量、水土保持国策宣传教育活动次数、验收与审查建设项目水保方案数量、培训次数、人次、加强水土保持管理的合理化建议及报告、部批在建大中型生产建设项目监督检查意见出具率、流域水土保持预防监督管理数据入库率、不同土壤侵蚀类型典型小流域和典型监测站点年度稳定率、监测合规和成果的可信性、监测成果入库率、培训合格率、部批在建大中型生产建设项目水土保持督查意见印发时限、国家水土保持重点工程监督检查意见出具时限、中国水土保持公报流域资料上报期限。

项目实施进度:本项目按照年度实施方案要求完成,进度安排合理。各项工作任务按照实施方案要求进度完成。

项目完成质量:全年各项工作全面完成,成果质量得到了水利部、流域片各省市和建设、监测等单位好评。水土保持监督检查程序严格按照《水土保持法》《行政许可法》要求开展,检查前印发通知,检查时对照水土保持方案进行重点部位核查,检查后及时印发检查整改意见,切实落实整改成效,有效规范了建设项目水土流失防治工作。水土保持动态监测与公告工作严格遵守《水土保持监测技术规程》《水土保持信息管理技术规程》《水土保持监测设施通用技术条件》和遥感解译有关标准规范,获得水利部检查组好评,考核排名居流域机构前列。

③ 项目的效益性分析

通过大中型生产建设项目水土保持监督检查,规范了建设项目水土流失防治工作,减少了弃土、弃渣、泥浆以及其他水土流失形式对农田、林草地、河道、灌排设施的侵占、扰动和破坏,直接和间接减少了经济损失;通过国家水土保持重点工程督查等工作,规范了水土流失治理工作,增加了坡耕地、梯田面积,改善了立地条件,提高了土地生产力,直接增加了经济效益。

通过水土流失动态监测,有效掌控了 ** 地区的水土流失动态变化情况,为流域片、国家水土流失防治及治理措施的布局及实施提供基础数据支撑,水土流失动态监测成果对政府决策和经济社会发展发挥了重要作用;通过水土保持监测数据发布上报和部批建设项目水土保持监督管理系统应用等工作,促进了生态环境信息的共享;通过水土保持宣传、国家水土保持重点工程督查等工作,提高了社会各界的水土保持意识和对流域片水土保持生态文明建设的重视程度,水土流失治理投入不断加大,流域片 ** 等地被水利部评为水土保持生态文明县,社会效益显著。

通过大中型生产建设项目水土保持监督检查、水土保持方案审查和验收工作,严格规范和推动了建设项目水土流失防治,对建设活动侵占、破坏的地表地貌、植被、水域等进行了最大可能的治理和恢复,在局部地方还改善与提高了林草覆盖条件、进行了绿化美化,实现了生态效益最大化,流域片有多个项目被水利部评为水土保持生态文明示范工程;通过国家水土保持重点工程督查等工作,规范了水土流失治理工作,增加了林草覆盖率,改善了林相结构和立地条件,促进了流域片水土保持生态文明建设。

④ 项目的可持续性分析

通过开展大型生产建设项目水土保持监督检查、印发监督检查意见、验收和水土保持宣传等工作,生产建设单位和社会公众的水土保持意识越来越强,特别是越来越多的建设单位主动联系,咨询有关问题,积极反馈整改报告,报送监测季报,水土保持方案实施率不断提高,各项水土保持措施落实越来越到位,效果良好。通过国家水土保持重点工程督查,不断规范地方坡耕地综合治理等国家水土保持重点工程的前期工作、资金使用、项目实施、运行管理等,提高了流域片水土流失治理率和建设管理效益,可持续影响明显。

⑤ 社会公众或服务对象满意度分析

\*\* 各省市开展大型生产建设项目跨地区联合监督检查,加强水土保持监督管理信息系统和现场检查系统应用,开展国家水土保持重点工程督查以及在中国水利报与水利部等网站积极宣传流域片水土保持工作等,严格、高效、专业、合理的工作获得水保司和地方好评,特别是有关建设单位和业主均按督查或检查的要求进行了整改。通过不断的指导督查服务,\*\* 各省监督管理工作,监测工作,以及国家水土保持重点工程进度、资金使用、建设管理等各方面均位列全国前几名(绩效目标完成情况见表9-10)。

表 9-10　水土保持业务项目支出绩效目标完成情况对照表

| 批复绩效目标 | 目标1:流域水土保持机构组织、协调、指导、监督职能的正常开展。<br>目标2:通过对流域片约17个在建大型生产建设项目水土保持进行监督检查,减少由于人为活动造成的水土流失,能够明显保持和改善生态环境。<br>目标3:通过对约3省4个县治理项目检查,推进水土流失重点治理工程发挥效益。<br>目标4:完成 \*\* 预防区总面积 \*\* km² 水土流失动态监测,完成 \*\* 流域不同土壤侵蚀类型区6个典型监测点和3个典型小流域的水土流失动态监测等,保障全国水土保持监测系统 \*\* 流域节点正常运行 | 绩效目标完成情况 | 完成:1:流域水土保持机构组织、协调、指导、监督职能的正常开展。<br>2:通过对流域片18个在建大型生产建设项目水土保持进行监督检查,减少由于人为活动造成的水土流失,能够明显保持和改善生态环境。<br>3:通过对3省4个县治理项目检查,推进水土流失重点治理工程发挥效益。<br>4:完成 \*\* 预防区总面积 \*\* km² 水土流失动态监测,完成 \*\* 流域不同土壤侵蚀类型区6个典型监测点和3个典型小流域的水土流失动态监测等,保障全国水土保持监测系统 \*\* 流域节点正常运行 | |

| 项目绩效指标 | 指标 | 指标内容 | 批复指标值 | 指标完成值 | 备注 |
| --- | --- | --- | --- | --- | --- |
| | 产出指标 | 部批在建大中型生产建设项目监督检查数量 | ≥17 个 | 18 个 | |
| | | 部批在建大中型生产建设项目监督检查率 | ≥20% | 24% | |
| | | 国家水土保持重点工程治理县/涉及省监督检查数量 | ≥4/3 个 | 4 个/3 个 | |

| 指标 | | 指标内容 | 批复指标值 | 指标完成值 | 备注 |
|---|---|---|---|---|---|
| 项目绩效指标 | 产出指标 | 国家水土保持重点工程治理县/涉及省监督检查率 | ≥10%/100% | 10%/100% | |
| | | 不同土壤侵蚀类型典型(试验)小流域和典型监测站点年度计划检查数量 | 6～9个 | 9个 | |
| | | 不同土壤侵蚀类型典型(试验)小流域和典型监测站点年度计划检查完成率 | 100% | 100% | |
| | | 计划监测区域工作范围面积 | 12 292 km² | 12 292 km² | |
| | | 计划监测区域工作范围完成率 | 100% | 100% | |
| | | 年度水土流失动态监测项目成果报告数量 | ≥1份 | 1份 | |
| | | 年度监测成果整编数量 | ≥1份 | 1份 | |
| | | 水土保持国策宣传教育活动次数 | ≥1次 | ≥1次 | |
| | | 验收与审查建设项目水保方案数量 | ≥15个 | 15个 | |
| | | 培训次数、人次 | 3次、48人次 | 3次、142人次 | |
| | | 加强水土保持管理的合理化建议及报告 | ≥1份 | 1份 | |
| | | 部批在建大中型生产建设项目监督检查意见出具率 | ≥90% | 100% | |
| | | 流域水土保持预防监督管理数据入库率 | ≥95% | 100% | |
| | | 不同土壤侵蚀类型典型小流域和典型监测站点年度稳定率 | 100% | 100% | |
| | | 监测合规和成果的可信性 | 可信 | 可信 | |
| | | 监测成果入库率 | ≥95% | 100% | |
| | | 培训合格率 | ≥95% | 100% | |
| | | 部批在建大中型生产建设项目水土保持督查意见印发时限 | ≤15个工作日 | ≤15个工作日 | |

| 指标 | 指标内容 | 批复指标值 | 指标完成值 | 备注 |
|---|---|---|---|---|
| 产出指标 | 国家水土保持重点工程监督检查意见出具时限 | ≤15 个工作日 | ≤15 个工作日 | |
| | 中国水土保持公报流域资料上报期限 | 9 月底前 | 9 月底前 | |
| 效益指标 | 提高国家水土保持重点工程建设管理规范性 | 明显提高 | 明显提高 | |
| | 提高生产建设单位水土保持意识 | 明显提高 | 明显提高 | |
| | 监测成果对政府决策和经济社会发展的作用 | 效果显著 | 效果显著 | |
| | 促进生态环境信息的共享 | 效果显著 | 效果显著 | |
| 服务对象满意度指标 | 上级主管部门满意度 | ≥80％ | ≥80％ | |
| | 辖区内省级水土保持部门满意度 | ≥80％ | ≥80％ | |

（注：左侧第一列为"项目绩效指标"，跨全部行）

（五）综合评价工作情况及评价结论

1. 评价工作开展情况

项目绩效评价工作组通过听取项目执行情况的介绍,查阅了项目自评价报告,现场收集了项目绩效评价相关资料,并对资料进行了审查核实;查看了项目成果、资金使用管理等其他方面的资料,如检查档案资料和成果资料,重点核对可量化指标的实际完成情况;结合财务支出资料,核对并分析对应经费支出的合理性、真实性并抽查至相关的原始资料、合同;就发现的有关问题进行了质询,并进行了记录。

在讨论答疑、查看核对资料的基础上,项目绩效评价工作组依据水土保持业务项目的评价体系、评分标准、评分说明,对项目进行打分、统计,最后得出该项目绩效评价分值。

2. 评价结论

项目绩效评价工作组认为 ** 单位 ** 年度水土保持业务项目立项过程合规,绩效目标明确、量化,资金预算分配合理,能按照实施方案和批复的绩效目标组织实施。各承担单位责任分工明确,各项管理制度较为健全,项目管理较为完善、规范,资金使用规范有效。项目实施完成了预期的绩效目标并达到了预期结果。

** 年度水土保持业务综合评价得分为 ** 分,其中项目投入得分 ** 分、项目过程得分 ** 分、项目产出得分 ** 分、项目效果得分 ** 分,绩效评定级别为" ** "。整体上,该项目投入、过程、产出及效果 4 个方面完成情况均较好,从前期项目立项及内容设计,到中间项目过程管理,以及最后项目产出、效果实现,均未出现较为薄弱管控环节或执行风险,项目总体执行情况较好,完成质量较高(项目绩效评价指标体系及评分情况见表 9-11)。

表 9-11　20＊＊年度水利部水土保持业务项目绩效评价指标体系及评分标准

| 一级指标 | 分值 | 二级指标 | 分值 | 三级指标 | 分值 | 四级指标 | 分值 | 指标解释 | 计划指标值 | 实际完成值 | 评价标准 | 得分 |
|---|---|---|---|---|---|---|---|---|---|---|---|---|
| 投入 | 20 | 项目立项 | 18 | 项目立项规范性 | 2 | 立项程序规范完整性 | 1 | 项目申请、设立的程序及相关资料是否符合相关要求,如"是否经过专家可行性研究(实施方案)、专家论证、风险评估、集体决策"等。用以反映和考核项目立项程序的规范完整性 | —— | —— | 预算申报材料(申报文本、绩效目标、实施方案),共3项材料,每缺少一项扣0.5分,扣至0分为止 | |
| | | | | | | 立项论证的充分性 | 1 | 项目申请、设立的论证是否充分。用以反映和考核项目立项论证的充分性 | —— | —— | 1.项目申请、设立的论证充分,1分;2.项目申请、设立的论证较充分,0.5分;3.项目申请、设立的论证充分性不够,0分 | |
| | | | | 绩效目标合理性 | 8 | 目标与职能的相符性 | 2 | 项目所设定的绩效目标与项目单位职能是否相符。用以反映和考核项目绩效目标与单位职能相符情况 | —— | —— | 1.绩效目标符合项目单位职能,2分;2.绩效目标较符合项目单位职能,1~2分;3.绩效目标与项目单位职能不够相符,0~1分 | |
| | | | | | | 目标政策依据的充分性 | 2 | 项目所设定的绩效目标是否依据充分。用以反映和考核项目绩效目标与国家政策、部门事业发展纲要(规划)的相符情况 | —— | —— | 1.项目目标与政策文件、行业规划、部门事业总体规划的相符性,满分为1分,专家根据相符情况酌情给分。2.目标与项目规划的相符性,满分为1分,专家酌情给分。一般情况,项目自身应制定中长期规划或者有明确的事业规划为基础,且年度目标与项目中长期规划相符 | |
| | | | | | | 目标与现实需求相符性 | 2 | 项目所设定的绩效目标是否符合客观实际、现实需求。用以反映和考核项目绩效目标与现实需求的相符情况 | —— | —— | 1.绩效目标符合现实需求,2分;2.绩效目标较符合现实需求,1~2分;3.绩效目标与现实需求不够相符,0~1分 | |

| 一级指标 | 分值 | 二级指标 | 分值 | 三级指标 | 分值 | 四级指标 | 分值 | 指标解释 | 计划指标值 | 实际完成值 | 评价标准 | 得分 |
|---|---|---|---|---|---|---|---|---|---|---|---|---|
| 投入 | 20 | 项目立项 | 18 | 绩效目标合理性 | 8 | 关键目标的明确合理性 | 2 | 项目绩效目标的关键目标是否明确、合理,指标值是否经过调查研究和科学论证,符合客观实际,能够在一定期限内如期实现。用以反映绩效目标的明确性以及指标值的合理性 | —— | —— | 1.包含关键目标且指标值设置合理,2分;<br>2.包含关键目标,但指标值设置不够合理,1~2分;<br>3.没有关键目标,0~1分 | |
| | | | | 绩效指标明确性 | 8 | 绩效指标细化、量化程度 | 2 | 绩效指标(产出指标,效果指标)是否清晰、细化、量化,不能以量化形式表述的是否可衡量。用以反映和考核项目绩效目标的明细化及量化情况 | —— | —— | 1.绩效指标清晰、细化、量化,2分;<br>2.绩效指标较清晰、细化、量化,1~2分;<br>3.绩效指标不够清晰、细化、量化,0~1分 | |
| | | | | | | 绩效指标分解批复的合理性(选用) | 2 | 项目绩效指标是否进行合理分解批复。用以反映打捆项目绩效目标的向下分解情况 | —— | —— | 1.绩效指标分解批复合理,2分;<br>2.绩效指标分解批复较合理,1~2分;<br>3.绩效指标分解批复不够合理,0~1分 | |
| | | | | | | 绩效指标与绩效目标的匹配性 | 2 | 项目绩效指标是否与绩效目标关联,绩效指标是否充分体现绩效目标。用以反映绩效指标与绩效目标的匹配情况 | —— | —— | 1.绩效指标与绩效目标匹配,2分;<br>2.绩效指标与绩效目标较匹配,1~2分;<br>3.绩效指标与绩效目标不够匹配,0~1分 | |
| | | | | | | 绩效指标与预算的匹配性 | 2 | 绩效指标与预算是否匹配。用以反映和考核项目绩效指标与项目预算的对应情况 | —— | —— | 1.绩效指标与项目预算匹配,2分;<br>2.绩效指标与项目预算较匹配,1~2分;<br>3.绩效指标与项目预算不够匹配,0~1分 | |

| 一级指标 | 分值 | 二级指标 | 分值 | 三级指标 | 分值 | 四级指标 | 分值 | 指标解释 | 计划指标值 | 实际完成值 | 评价标准 | 得分 |
|---|---|---|---|---|---|---|---|---|---|---|---|---|
| 投入 | 20 | 资金落实 | 2 | 资金足额到位性 | 1 | 资金到位率 | 1 | 实际到达最末级单位的资金金额与计划投入资金的比率,用以反映和考核资金落实情况对项目实施的总体保障程度。资金到位率=(实际到位资金/预算金额)×100%。实际到位资金:一定时期内实际落实到具体项目的资金。预算资金:一定时期内计划投入到具体项目的资金 | —— | —— | 得分=资金到位率×1分 | |
| | | | | 资金及时到位性 | 1 | 资金到位及时率 | 1 | 考核资金到达各级单位的及时性,预算批复后资金是否在15个工作日内下达 | —— | —— | 1. 预算批复后资金在15个工作日内下达,1分;<br>2. 预算批复后资金在20个工作日内下达,0.5分;<br>3. 预算批复后资金超过20个工作日下达,0分 | |
| 过程 | 25 | 业务管理 | 13 | 业务管理制度健全性 | 3 | 业务管理制度健全性 | 3 | 项目实施单位针对项目相关业务内容,所适用的业务管理制度是否明确,自身制定的业务管理制度是否健全,包括项目的设立、质量管理、安全管理、项目验收等流程管理制度。用以反映管理制度的健全性 | —— | —— | 1. 业务管理制度健全,3分;<br>2. 业务管理制度较健全,1.5～3分;<br>3. 业务管理制度不够健全,0～1.5分 | |
| | | | | 制度执行有效性 | 6 | 业务执行与制度相符性 | 2 | 业务执行(如立项、实施、政府采购、质量安全管理、项目验收等)是否符合相关的法律、法规,是否符合相关业务管理制度要求。用以反映业务执行与法律法规、业务管理制度的相符性 | —— | —— | 1. 业务执行符合相关法律法规、业务管理制度的要求,2分;<br>2. 业务执行较符合相关法律法规、业务管理制度的要求,1～2分;<br>3. 业务执行不够符合相关法律法规、业务管理制度的要求,0～1分 | |

| 一级指标 | 分值 | 二级指标 | 分值 | 三级指标 | 分值 | 四级指标 | 分值 | 指标解释 | 计划指标值 | 实际完成值 | 评价标准 | 得分 |
|---|---|---|---|---|---|---|---|---|---|---|---|---|
| 过程 | 25 | 业务管理 | 13 | 制度执行有效性 | 6 | 项目档案的完备性和正确性 | 2 | 项目档案是否能完整反映业务流程的各个环节,档案资料内容是否正确、不矛盾冲突。用以反映和考核项目档案的质量 | —— | —— | 1.项目档案完备且资料内容正确,2分;<br>2.项目档案较完备且资料内容较正确,1~2分;<br>3.项目档案不够完备且资料内容不够正确,0~1分 | |
| | | | | | | 调整手续履行情况 | 2 | 业务工作内容调整手续是否按制度履行。用以反映调整手续的执行情况 | —— | —— | 1.严格按照制度履行调整手续,2分;<br>2.较严格按照制度履行调整手续,1~2分;<br>3.未能严格按照制度履行调整手续,0~1分 | |
| | | | | 项目质量可控性 | 4 | 质量标准健全性 | 2 | 项目实施单位是否已制定或具有相应的项目质量要求或标准。用以反映和考核项目质量标准建设情况 | —— | —— | 1.制定的项目质量要求或标准健全,2分;<br>2.制定的项目质量要求或标准较健全,1~2分;<br>3.制定的项目质量要求或标准不够健全,0~1分 | |
| | | | | | | 管控措施有效性 | 2 | 项目实施单位是否为达到项目质量要求而采取了必需且有效的措施。用以反映和考核项目实施单位对项目质量的控制情况 | —— | —— | 1.为达到项目质量要求而采取的管控措施有效,2分;<br>2.为达到项目质量要求而采取的管控措施较有效,1~2分;<br>3.未采取必需且有效的管控措施,项目完成质量较差,0~1分 | |
| | | 财务管理 | 12 | 财务管理制度健全性 | 3 | 财务管理制度健全性 | 3 | 项目实施单位的财务管理制度是否全面、完整、合理。用以反映和考核财务管理制度对资金规范、安全运行的保障情况 | —— | —— | 1.财务管理制度全面、完整、合理,3分;<br>2.财务管理制度较全面、完整、合理,1.5~3分;<br>3.财务管理制度不够全面、完整、合理,0~1.5分 | |

| 一级指标 | 分值 | 二级指标 | 分值 | 三级指标 | 分值 | 四级指标 | 分值 | 指标解释 | 计划指标值 | 实际完成值 | 评价标准 | 得分 |
|---|---|---|---|---|---|---|---|---|---|---|---|---|
| 过程 | 25 | 财务管理 | 12 | 资金使用合法合规性 | 6 | 资金使用合法合规性 | 3 | 资金使用是否单独核算、符合会计核算制度、有完整的审批手续,项目的重大开支是否经过评估认证;委托单位的遴选程序是否符合相关法律法规要求,如招投标、多家方案比选等;项目资金使用是否存在截留、挤占、挪用、虚列支出等情况。用以反映和考核项目资金使用的合法合规情况 | —— | —— | 1.资金使用合法合规,3分;<br>2.资金使用较合法合规,1.5分;<br>3.资金使用不够合法合规,0分 | |
| | | | | | | 资金使用与预算的一致性 | 3 | 项目资金使用是否符合项目预算批复用途。用以反映和考核项目资金使用与预算的一致性 | —— | —— | 1.资金使用与预算批复一致,3分;<br>2.资金使用与预算批复较一致,1.5~3分;<br>3.资金使用与预算批复不够一致,0~1.5分 | |
| | | | | 财务监控有效性 | 3 | 财务监控有效性 | 3 | 项目实施单位是否为保障资金的安全、规范运行而建立了内控管理制度,是否采用了必要的监控措施,如不相容岗位相互分离、内部授权审批控制、预算控制、会计控制、单据控制、信息内部公开等,是否做到会计核算规范、信息真实。用以反映和考核项目实施单位对资金运行的控制情况 | —— | —— | 1.财务监控机制健全,管控措施有效,3分;<br>2.财务监控机制较健全,管控措施较有效,1.5~3分;<br>3.财务监控机制不够健全,管控措施不够有效,0~1.5分 | |

| 一级指标 | 分值 | 二级指标 | 分值 | 三级指标 | 分值 | 四级指标 | 分值 | 指标解释 | 计划指标值 | 实际完成值 | 评价标准 | 得分 |
|---|---|---|---|---|---|---|---|---|---|---|---|---|
| 产出 | 25 | 项目产出 | 25 | 实际完成率 | 15 | 部批在建大中型生产建设项目现场监督检查率 | 2 | 项目实施的实际产出数与计划产出数的比率,用以反映和考核项目产出数量目标的实现程度。实际完成率=(实际产出数/计划产出数)×100%。实际产出数:一定时间(本年度或项目期)内项目实际产出的产品或提供的服务数量。计划产出数:项目绩效目标确定的在一定时期(本年度或项目期)内计划产出的产品或提供的服务数量 | ≥20% | | 得分=实际完成率×2分,超过2分的按2分计 | |
| | | | | | | 国家水土保持重点工程治理县/涉及省监督检查率 | 2 | | ≥10%/100% | | 1.国家水土保持重点工程治理县监督检查实际完成率得分=实际完成率×1分,超过1分的按1分计。2.国家水土保持重点工程所属流域任务省监督检查实际完成率得分=实际完成率×1分,超过1分的按1分计。 | |
| | | | | | | 不同土壤侵蚀类型典型(试验)小流域和典型监测站点年度计划检查完成率 | 2 | | 100% | | 得分=实际完成率×2分,超过2分的按2分计 | |
| | | | | | | 计划监测区域工作范围完成率 | 2 | | 100% | | 得分=实际完成率×2分,超过2分的按2分计 | |
| | | | | | | 国家重点治理区野外抽样调查单元调查完成率 | 2 | | ≥95% | | 得分=实际完成率×2分,超过2分的按2分计 | |
| | | | | | | 水土流失动态监测项目成果报告数量 | 2 | | ≥8份 | | 得分=实际完成率×2分,超过2分的按2分计 | |
| | | | | | | 年度监测成果整编数量 | 2 | | ≥8份 | | 得分=实际完成率×2分,超过2分的按2分计 | |
| | | | | | | 编制中国水土保持公报 | 1 | | 1份 | | 得分=实际完成率×1分,超过1分的按1分计 | |

| 一级指标 | 分值 | 二级指标 | 分值 | 三级指标 | 分值 | 四级指标 | 分值 | 指标解释 | 计划指标值 | 实际完成值 | 评价标准 | 得分 |
|---|---|---|---|---|---|---|---|---|---|---|---|---|
| 产出 | 25 | 项目产出 | 25 | 质量达标情况 | 4 | 部批在建大中型生产建设项目监督检查意见出具率 | 1 | 对照实际批复的绩效目标,对项目质量达标情况进行评价 | ≥90% | | 1.达到既定标准,1分;<br>2.未达到既定标准,偏差5%以内,0.5分;<br>3.未达到既定标准,偏差5%以上,0分 | |
| | | | | | | 流域水土保持预防监督管理数据入库率 | 1 | | ≥95% | | 1.达到既定标准,1分;<br>2.未达到既定标准,偏差5%以内,0.5分;<br>3.未达到既定标准,偏差5%以上,0分 | |
| | | | | | | 不同土壤侵蚀类型典型小流域和典型监测站点稳定率 | 1 | | 100% | | 1.达到既定标准,1分;<br>2.未达到既定标准,偏差5%以内,0.5分;<br>3.未达到既定标准,偏差5%以上,0分 | |
| | | | | | | 监测成果入库率 | 1 | | ≥95% | | 1.达到既定标准,1分;<br>2.未达到既定标准,偏差5%以内,0.5分;<br>3.未达到既定标准,偏差5%以上,0分 | |
| | | | | 完成及时情况 | 6 | 部批在建大中型生产建设项目水土保持督查意见印发时限 | 1 | 项目产出时效是否符合项目绩效目标及实施方案的进度要求,用以考核和反映项目完成的及时性 | ≤15个工作日 | | 1.按规定时限完成,1分;<br>2.每出现一次不按规定期限完成,扣0.5分,扣至0分为止 | |
| | | | | | | 国家水土保持重点工程监督检查意见出具时限 | 1 | | ≤15个工作日 | | 1.按规定时限完成,1分;<br>2.每出现一次不按规定期限完成,扣0.5分为止 | |

| 一级指标 | 分值 | 二级指标 | 分值 | 三级指标 | 分值 | 四级指标 | 分值 | 指标解释 | 计划指标值 | 实际完成值 | 评价标准 | 得分 |
|---|---|---|---|---|---|---|---|---|---|---|---|---|
| 产出 | 25 | 项目产出 | 25 | 完成及时情况 | 6 | 中国水土保持公报流域资料上报期限 | 1 | 项目产出时效是否符合项目绩效目标及实施方案的进度要求,用以考核和反映项目完成的及时性 | 5月底前 | | 1.5月底前,1分;<br>2.6月底前,0.5分;<br>3.超过6月,0分 | |
| | | | | | | 编制完成中国水土保持公报 | 1 | | 9月底前 | | 1.9月底前,1分;<br>2.10月底前,0.5分;<br>3.超过10月,0分 | |
| | | | | | | 生产建设项目监管示范工作完成时间 | 1 | | 12月底前 | | 1.12月底前,1分;<br>2.次年1月底前,0.5分;<br>3.超过次年1月,0分 | |
| | | | | | | 监测点升级改造完成时间 | 1 | | 12月底前 | | 1.12月底前,1分;<br>2.次年1月底前,0.5分;<br>3.超过次年1月,0分 | |
| 效果 | 30 | 项目效益 | 30 | 效益情况 | 18 | 是否提高生产建设单位水土保持意识 | 6 | 对照绩效目标,对项目产生的效益进行评价 | 提高 | | 1.效益显著,6分;<br>2.效益较显著,3～6分;<br>3.效益不够显著,0～3分 | |
| | | | | | | 是否提高国家水土保持重点工程建设管理规范性 | 6 | | 提高 | | 1.效益显著,6分;<br>2.效益较显著,3～6分;<br>3.效益不够显著,0～3分 | |
| | | | | | | 监测成果、研究及工作成果对政府决策及完善政策机制的作用 | 6 | | 明显 | | 1.效益显著,6分;<br>2.效益较显著,3～6分;<br>3.效益不够显著,0～3分 | |
| | | | | 服务对象满意度 | 12 | 上级主管部门满意度 | 12 | 对项目服务对象的满意度情况进行评价 | ≥90% | | 1.满意度≥90%,12分;<br>2.其他情况,得分=(满意度/90%)×12分 | |
| 得分合计 | | | | | | | | | | | | |

说明:产出、效果指标中,三级、四级指标需根据上级批复的绩效目标表修改指标内容,分值根据修改后的指标进行合理赋分,保持一级指标总分不变。

（六）绩效评价结果应用建议

1. 预算安排

该项目绩效评价结果为"优秀"，项目预算发挥良好效果，达到预期效益，建议安排下一年度预算时应优先安排。

2. 评价结果公开

建议以合适方式在项目单位及上级主管单位政务网站予以公开。

（七）主要经验及做法、存在的问题和建议

1. 主要经验、做法

从水土保持业务项目实施情况看，整个项目从资金安排、项目管理等方面均有充分考虑，顺利完成了各项预定的绩效指标。主要经验及做法：一是在项目实施与管理过程中，严格遵守各项政策、法规及相关管理制度，确保各项工作合法有序开展。二是细化分解任务，各部门按照职责分工各司其职，保障了项目的顺利实施。三是强化项目过程控制，及时指导各部门按照进度做好项目管理。四是严格合同管理，保证资金使用规范。

2. 存在问题和建议

（1）适时调整水土保持业务经费定额标准

随着流域社会经济的快速发展，根据依法治国要求，水土保持预防监督、治理工程监管、综合监管等业务工作日益繁重，要求越来越高，现有经费安排已难以满足工作开展需要，建议能根据经济和社会发展程度，定期对水土保持业务经费定额标准进行调整。

（2）进一步完善项目绩效目标，提高指标设置科学合理性。项目绩效指标设置不够全面合理，未能全部反映项目实施内容，个性指标缺乏，成本指标和满意度指标较少，效益指标不够清晰且缺乏量化指标。建议项目单位结合项目实际情况，研究制定更为科学合理、重点体现项目产出及效果的绩效指标。在社会效益指标中，重点增加对水利事业发展影响的指标；在可持续影响指标中，着重从项目实施对水利事业产生后续影响等方面进行考虑、设置。

（八）其他需要说明的问题

无。

# 第十章　水质监测项目

水质监测是水资源保护和管理,实施最严格水资源管理制度的一项重要基础工作,能及时、准确、全面地反映水资源质量时空分布与变化规律,为国家合理开发利用和保护水资源提供系统水质资料,对保障人民生命健康、实现社会经济可持续发展具有十分重要的意义。根据财政部《项目支出预算管理意见》,水利部在中央部门预算中将"水质监测"设置为二级项目,其一级项目为"水资源管理、节约与保护"。本章以二级项目"水质监测"项目为例,介绍"水质监测"项目绩效评价的内容、目标、指标以及绩效评价报告的编写。

## 第一节　绩效评价的内容

### 一、项目概述

为促进流域水环境治理,合理开发利用水资源,20** 年,国务院批复了《流域水环境综合治理总体方案》,20** 年国务院批复《** 流域水功能区划》,党中央明确要求实行最严格的水资源管理制度,建立水功能区限制纳污红线制度。20** 年 ** 月,第 * 部流域性综合法规《** 流域管理条例》正式施行。

按照《水法》《水污染防治法》《** 流域管理条例》等法律法规和流域机构"三定"职责要求,** 流域机构负责流域省界水体、水功能区、入湖河道等方面的水质监测和信息发布。为贯彻落实法律法规要求,切实履行"三定"职责,必须要做好流域水质监测工作,及时掌握重要水功能区、省界水体、入湖河道及水源地水质、水生态的动态变化,并及时将流域水质状况及时通报地方相关部门,推进地方政府进一步保护水资源,不断改善流域水环境。

** 流域经济发达、人口众多,环境压力大。20** 年蓝藻大面积暴发,引发 ** 供水危机。目前流域依然存在边治理、边污染的现象,入湖河道污染负荷不断增加并累积,湖泊、河道水质污染严重,富营养化问题尚未得到根本好转,流域水资源保护工作仍面临着严峻的形势。** 流域机构多年来一直开展水质监测工作,为流域辖区水资源保护和管理工作提供了大量坚实可靠的基础数据,充分发挥了耳目与哨兵的作用。

## 二、项目主要内容

按照《水质监测业务经费定额标准》,20**年流域水质监测项目主要内容包括样品采集、样品分析、资料整编、信息编报、质量保障、维修维护等。

（一）按实施内容划分

主要开展省界河段水质水量监测,水功能区监测,饮用水水源地监测,湖泊、水库富营养化监测,水质资料整编与信息发布,监测中心计量认证,水质监测仪器设备检定及运行维护,水质自动监测站运行维护,水质监测车、监测船运行维护等。

（二）按实施时间划分

1. 中期主要内容

以科学发展观为指导,贯彻落实水利部党组治水新思路,落实最严格水资源管理制度,按照流域水资源管理和保护职责,组织开展各种类型断面水质、水量监测工作;开展水质自动监测站运行维护工作,实时监控水质状况;按时编报各类水质信息报告,及时反映水体水质状况;整理监测数据及报告,提高监测水平和数据质量;开展监测质量控制的技术指导工作,对监测机构进行质量监督和培训考核,促进监测能力的提升。通过开展流域水质监测基础保障工作,为上级部门的决策部署和流域水环境综合治理提供基础信息支撑。

2. 年度主要内容

根据水利业务工作要求,年度项目主要内容包括以下几个方面。

（1）开展流域片省界水体水质监测工作。

（2）开展流域片水功能区监测,获取监测数据。

（3）每月开展富营养化和藻类生物量监测,获得监测数据。

（4）开展水质自动监测站维护,获取数据。

（5）按要求频次开展省界（国界）断面、饮用水源地和国家重要基本监测断面的监测。

（6）每月开展的省界水体、重点水功能区、入湖河道控制断面、富营养化监测,均编制为监测报告。

（7）每月按时编制发布报送流域片省界水体、重要水功能区水资源质量状况通报;完成流域片水资源质量年报。

（8）现使用的各项水质设备中强检设备、水质监测车、监测船及交通保障工具均能及时保养,正常运行,仪器设备完好情况满足绩效目标要求。

## 三、绩效评价基本内容

水质监测项目是为了全面、及时、有效地掌握并反映流域省界水体、重点水功能区、重要水源地的水质状况,掌握流域水体水质动态变化信息,加强水资源质量监测管理,为推进流域水资源管理、做好水资源保护工作提供基础资料和决策依据。项目绩效评价的基本内容应包括绩效目标设定、资金投入和使用、制度和措施保障、实现程度及效果等以下几个方面进行评价。

（一）绩效目标的设定情况

以贯彻落实国家和水利部有关部署为指导,按照流域水资源管理和保护职责,实施流域片省际边界水体、水功能区、入湖河道控制断面、饮用水水源地、湖库富营养化等监测工作，开展蓝藻调查和水生态监测，并做好仪器、设备、自动监测站、监测车船的运行维护，加强质量监督管理，保证成果质量，且对监测资料进行整编分析，有关成果进行通报发布，为流域水资源保护提供及时有效的基础数据，为上级部门的决策部署和流域水环境综合治理提供基础信息支撑。通过流域水质监测基础保障工作，确保该项工作正常开展，并发挥国家财政资金的最大效益。根据项目三年规划和年度预算安排，水利单位水质监测项目绩效目标的设定应依据财政部绩效目标管理规定、水质监测项目工作内容为落脚点，充分发挥水质监测项目的绩效，提高资金使用效益。

（二）资金的投入和使用情况

水质监测项目的职能为公益性，水质监测项目应由财政保障，资金的来源全部为财政性资金，财政部门应保障水质监测资金足额、及时到位。资金的使用也需按照财政资金预算项目管理规定，项目资金单独建账，做到"独立核算、专款专用"，明确了经费使用与管理的责任，规范资金使用审批程序和职责，在执行中重大事项实行集体研究决策制度、财政预算收支实行公开同名原则，接收职工群众监督。根据预算批复单独核算，重大开支需经过评估认证，委托单位的遴选需符合相关法律法规要求，不得截留、挤占、挪用、虚列项目资金。

（三）制度和措施保障情况

为严肃财经纪律、规范项目资金的使用、确保项目顺利实施，把建立健全各项财经规章制度作为做好基础工作的切入点，不断完善项目资金管理、资产管理、会计核算，实施精细化管理，促进各项工作健康发展。根据《20＊＊年水质监测项目实施方案》，进一步细化梳理年度工作任务，制定详细的工作计划，严格按照年度工作计划以及《政府采购法》《招投标法》《水利部部门集中采购管理实施细则（试行）》《固定资产管理办法》等开展工作，明确了固定资产的归口管理部门、使用部门和财务部门职责，保护了国家财产的安全与完整无缺。项目实施过程中，承担单位严格按照国家相关规定，规范项目实施程序，认真做好合同履行的督促、检查以及验收等工作。

（四）实现程度及效果

水质监测项目绩效涉及到的产出指标应覆盖维护的全部工作内容，产出指标应全部实现，对由于指标内容及指标值设置不合理导致的未完成情况，如果工作正常完成，不影响项目整体目标实现，且不涉及预算金额调整的，也可视同产出指标全部完成。如遇不可抗力或其他合理原因导致的指标未完成，理由充分且项目单位采取了有效的应对措施，可视同产出指标基本完成。

水质监测项目绩效涉及到的效益指标和满意度指标，应对照批复的绩效目标，对项目产生的效益和项目服务对象的满意度情况进行评价。

（五）其他内容

水质监测项目支出范围和内容相对固定，支出标准受科技进步、市场波动及地域的影响较大，在评价实际支出过程应结合项目实施期间的情况和水利单位所在地域进行分析，不宜按统一标准确定。

# 第二节 绩效评价的目标

## 一、主要内容

项目绩效目标是建设项目库、编制部门预算、实施绩效监控、开展绩效评价等的重要基础和依据。水质监测项目绩效目标是水质监测项目经费在规划和年度内达到的产出和效果。

（一）预期产出

水质监测项目主要是为提供经费保障，严格遵守有关标准、规范、规程、技术大纲等要求，保证监测信息和评价结果的真实性、及时性，为各项水资源保护工作的开展提供可靠的基础数据支撑。预期产出提供的公共产品和服务的数量主要是断面监测数（如国界河、省界河、主要大型饮用水水源地、江河湖泊水功能区、湖泊及水库富营养化监测断面等）、自动站运行个数、监测报告份数、监测信息发布份数等。

（二）预期效果

水质监测项目通过加强省界水体、水功能区、入河道、饮用水水源地的水质监测，为流域水资源保护和水资源管理提供基础资料和决策依据间接产生的经济效益；通过富营养化监测、蓝藻调查和水生态监测，为进行有关保护措施和水资源调度提供决策依据直接产生的生态效益；通过水功能区水质监测资料整编，并及时做好水质数据分析工作，科学研判流域片水质变化趋势，做好基础信息服务间接产生的社会效益；通过水质监测信息分析，有效推进了流域水环境综合治理，流域水功能区达标率有了较大提高，保障了水资源持续有效利用和社会经济的可持续发展。

（三）服务对象满意程度

水质监测项目通过定期向社会公众发布省界水体水资源状况通报等方式，加强流域水资源保护宣传，及时向社会发布流域省界水体水资源质量状况，促进公众关注流域水环境状况，提高公众水环境保护意识，得到各级水资源管理部门的认可。

（四）达到预期产出所需要的成本资源

水质监测项目达到预期产出（推进流域水资源管理、做好水资源保护工作提供基础资料和决策依据）需要采集样品、科学调研考察、座谈咨询、采购专用仪器设备、测试化验加工分析、数据收集与分析等技术支撑构成了达到预期产出所需要的成本资源。

（五）衡量预期产出、预期效果和服务对象满意程度的绩效指标

1. 预期产出的绩效指标：水质监测项目主要是开展省界水体断面监测、富营养化和藻类生物量监测、水质自动监测站数据采集与维护、发布重要水功能区水资源质量状况通报、出具水质监测报告等。

2. 预期效果的绩效指标：经济效益主要是及时有效掌握水流域重要水体水质、水生态变化，发现突发性水污染事故，启动应急预案、减少经济损失；社会效益主要是为流域水资源调度、水环境综合治理、水生态文明建设等工作提供了基础信息服务和技术数据支

撑,维护人民群众的用水安全和生态环境安全,有利于流域经济发展和社会稳定;生态效益主要是实现蓝藻预警和富营养化监测,促进水质改善,保障水资源持续有效利用;可持续影响主要是推进流域水环境综合治理,流域水功能区达标率较大提高,保障水资源持续有效利用和社会经济的可持续发展。

3. 服务对象满意程度的绩效指标:水质监测的服务对象指标主要反映的是通过定期向社会公众发布省界水体水资源状况通报等方式,加强流域水资源保护宣传,提高公众水环境保护意识,流域水质监测工作得到各级水资源管理部门认可的情况。

## 二、中期目标

（一）组织开展水质及水量监测

按照流域水资源管理和保护职责,实施流域诸河省际边界水体、水功能区、入湖河道控制断面、饮用水水源地、湖库富营养化等水质、水量监测工作。

（二）做好监测数据整编分析

加强质量监督管理,保证成果质量,并对省界水体、重点水功能区、入湖河道控制断面、富营养化等监测资料进行整理入库并汇编分析。

（三）通报发布监测数据及成果

将流域省界水体、水功能区、入湖河道等有关监测成果进行通报发布,主要包括按时编制发布报送流域片省界水体、重要水功能区水资源质量状况通报、河道控制断面信息,为流域水资源保护提供及时有效的基础数据,为上级部门的决策部署和流域水环境综合治理提供基础信息支撑。

（四）提供水环境质量决策的有效信息

以贯彻落实国家和水利部有关部署为指导,为流域水资源保护提供及时有效的基础数据,为上级部门的决策部署和流域水环境综合治理提供基础信息支撑,并发挥国家财政资金的最大效益。

## 三、年度目标

（一）组织开展水质水量监测

组织开展省界河段水质水量监测,水功能区监测,饮用水水源地监测,湖泊、水库富营养化、藻类生物量等水质、水量监测工作。

（二）开展水质自动监测站运行维护工作

开展水质自动监测站运行维护工作,获取相关监测数据,频次频率符合国家规定标准,实时监控水质及水量状况。

（三）按时编报各类水质信息报告

按时编报省界水体、重点水功能区、入湖河道控制断面、富营养化等水质信息报告,及时反映水体水质状况。

（四）整编分析监测数据

整理监测数据及报告并纳入数据库管理,完善现有质量管控体系,提高监测水平和数据质量。

（五）开展监测质量控制的技术指导工作

适时开展监测质量控制的技术指导工作，对监测机构进行质量监督和培训考核，促进监测能力的提升。

# 第三节　绩效评价的指标

绩效评价是指财政部门和预算部门（单位）根据设定的绩效目标，运用科学、合理的绩效评价指标、评价标准和评价方法，对财政支出的经济性、效率性和效益性进行客观、公正的评价。水质监测预算项目绩效评价的目的是通过对项目实施单位的绩效目标进行综合考评，合理配置资源，优化支出结构，规范预算资金分配，提高财政资金的使用效益和效率。

## 一、指标确定原则

作为衡量水质监测项目绩效目标实现程度的考核工具，绩效评价指标按照《绩效评价管理办法》规定的原则来确定。

（一）相关性原则

根据水质监测内容的服务对象，恰当反映绩效目标的实现程度。水质监测项目绩效评价能够清晰反映支出和产出绩效之间的紧密对应关系。根据最终确定的绩效指标开展绩效自评，对项目年度产出情况及产生的社会效益、环境效益、可持续影响、公众满意程度等方面的效果进行评判，评价绩效目标实现程度，保证评价结果的科学性和准确性。

（二）重要性原则

重点围绕水质监测工作业务流程，主要包括样品采样、样品分析、资料整编、信息编报、质量保障、维修维护等六个方面内容确定绩效评价指标。

（三）可比性原则

水利部从水质监测整体内容出发设定共性的绩效评价指标，便于横向比较；水利单位根据水质监测工作开展的具体内容设定个性的绩效评价指标，便于纵向比较。

（四）系统性原则

绩效评价严格执行规定的程序，按照科学可行的要求，以定量评价为主，部分无法定量的指标采用定性评价，根据水质监测项目的实施内容确定定量指标和定性指标，系统反映水质监测项目所产生的社会效益、经济效益、环境效益和可持续影响等。

（五）经济性原则

水质监测项目为专项业务费项目，需每个年度进行绩效评价，应当通俗易懂、简便易行，绩效指标实现程度所需获得的数据应当考虑现实条件和可操作性，符合成本效益原则。

（六）公开公正的原则

项目绩效评价按照真实、客观、公正的要求，依法公开并接受监督。

## 二、共性和个性指标

绩效评价指标体系是反映财政支出绩效总体现象的特定概念和具体数值,是衡量、监测和评价财政支出经济性、效率性和有效性,揭示财政支出存在问题的重要量化手段;它是根据绩效评价工作的要求,按照一定的分类标准,对财政支出内容和评价对象进行科学合理、层次清晰、实用可行的分类形成的指标体系。

水质监测项目绩效评价按照《绩效评价管理办法》和《绩效目标管理办法》要求,参考《预算绩效评价共性指标体系框架》(财预〔2013〕53号)精神,绩效评价专家以财政部和水利部批复的项目绩效目标表、项目实施方案等文件为基础,水利部制定了20∗∗年试点项目绩效评价指标体系及评分说明和20∗∗年度水利部水质监测业务项目绩效评价指标体系及评分标准。为了进一步提高水质监测项目绩效评价的针对性和可操作性,水利部在遵循财政部绩效评价指标总体框架体系的前提下,结合该项目的特点,对部分指标进行了细化,并明确了每个细化指标的评分标准。

（一）共性指标的确定

水质监测项目的共性指标应适用于所有单位。

1. 产出指标。数量指标主要包括国界河断面、省界河断面、主要湖泊功能区、主要大型饮用水水源地、跨流域调水断面、富营养化断面、水生态断面监测个数,获取蓝藻视频图像数量,水功能区水质资料整编数据,样品采集运输距离,自动站运行个数,形成监测报告的数量,监测信息发布数量,水环境状况通报期数等。质量指标主要包括质量控制合格率,水资源监测监控设施、系统、仪器等完好运行天数,水质监测分析重新检测比例等。时效指标主要包括水质监测水样送检时效,水环境状况通报时效,《中国地表水资源质量年报》时效等。成本效益指标主要包括测次监测单位成本控制,成本消耗控制在预算之内等。

2. 效益指标。效益指标是对预期效果的描述,包括经济效益指标、社会效益指标、生态效益指标、可持续影响指标等。通过开展水质监测及其相关工作,及时有效地掌握了流域省界水体、重点水功能区水质状况以及蓝藻分布状况,实现项目实施预期绩效目标:(1)经济效益指标主要是及时监测发现突发性水污染事故以减少经济损失等;(2)社会效益指标主要是提高水质监控能力等;(3)生态效益指标主要是严格执行限制纳污红线、促进水生态文明建设及治理工作等;(4)可持续影响指标主要是及时了解水质情况以促进水资源可持续利用等。

3. 满意度指标。服务对象满意度指标主要是上级管理部门满意度,由于水质监测项目任务主要是完成政府社会公益职能,为流域省市协调、水污染防治考核、水环境综合治理提供重要参考依据,因此,需要得到各级水资源管理部门的认可。

（二）个性指标的确定

个性指标是针对具体水利单位水质监测实施内容而设定,如流域、湖泊水质水量等状况等不同因素,适用于具体水利单位,例如数量指标、质量指标、生态效益指标、经济效益指标等。

## 三、范例

### 表13-1 水质监测项目绩效目标表

（∗∗年度）

| 项目名称 | | 水质监测 | | | |
|---|---|---|---|---|---|
| 主管部门及代码 | | 水利部〔126〕 | | 实施单位 | ∗∗ |
| 项目属性 | | 延续项目 | | 项目期 | ∗∗年 |
| 项目资金（万元） | 中期资金总额： | ∗∗ | 年度资金总额： | | ∗∗ |
| | 其中:财政拨款 | ∗∗ | 其中:财政拨款 | | ∗∗ |
| | 其他资金 | ∗∗ | 其他资金 | | ∗∗ |

| | 中期目标(20∗∗年—20∗∗年) | 年度目标 |
|---|---|---|
| 总体目标 | 目标1:组织开展各种类型断面水质、水量监测工作,包括∗∗流域片水功能区、省界水体、∗∗条主要入∗∗河道控制断面等,履行流域管理职能,有效推动流域水环境综合治理;<br>目标2:开展水质自动监测站运行维护工作,实时监控水质状况;开展水质监测车和监测仪器设备的运行维护工作,保障水质监测的时效性;<br>目标3:按时编报各类水质信息报告,及时反映水体水质状况,包括∗∗流域片区省界水体水质通报、重点水功能区水质通报以及入∗∗河道控制断面水质信息;<br>目标4:整理监测数据及报告,提高监测水平和数据质量;开展20∗∗年度∗∗流域片水功能区水质资料整编工作,为水资源管理保护提供基础信息和决策依据;<br>目标5:开展监测质量控制的技术指导工作,对监测机构进行质量监督和培训考核,促进监测能力的提升;<br>目标6:通过连续实施∗年水质监测项目,逐步推进∗∗流域片区水质监测全面开展,依据职责通报流域水体水质,切实履行流域管理职能,为流域水资源管理保护提供基础信息和决策依据,并有效推动流域水环境综合治理 | 目标1:组织开展各种类型断面水质、水量监测工作,包括∗∗流域片水功能区、省界水体、∗∗条主要入∗∗河道控制断面、饮用水水源地、湖库富营养化等,履行流域管理职能,有效推动流域水环境综合治理;<br>目标2:开展水质自动监测站运行维护工作,实时监控水质状况;开展水质监测车、船和监测仪器设备的运行维护工作,保障水质监测的时效性;<br>目标3:按时编报各类水质信息报告,及时反映水体水质状况,包括∗∗流域片区省界水体水质通报、重点水功能区水质通报以及入∗∗河道控制断面水质信息;<br>目标4:整理监测数据及报告,提高监测水平和数据质量;开展20∗∗年度∗∗流域片水功能区水质资料整编工作,为水资源管理保护提供基础信息和决策依据;<br>目标5:开展监测质量控制的技术指导工作,对监测机构进行质量监督和培训考核,促进监测能力的提升 |

| | 一级指标 | 二级指标 | 三级指标 | 指标值 | 二级指标 | 三级指标 | 指标值 |
|---|---|---|---|---|---|---|---|
| 绩效指标 | 产出指标 | 数量指标 | 监测断面数量(省界河断面) | ∗∗个 | 数量指标 | 监测断面数量(省界河断面) | ∗∗个 |
| | | | 监测断面数量(江河湖泊水功能区) | ∗∗个 | | 监测断面数量(江河湖泊水功能区) | ∗∗个 |
| | | | 监测断面数量(主要大型饮用水水源地) | ∗∗个 | | 监测断面数量(主要大型饮用水水源地) | ∗∗个 |

| 一级指标 | 二级指标 | 三级指标 | 指标值 | 二级指标 | 三级指标 | 指标值 |
|---|---|---|---|---|---|---|
| 绩效指标 | 产出指标 | 数量指标 | 监测断面数量(湖泊、水库富营养化监测断面) | ** 个 | 数量指标 | 监测断面数量(湖泊、水库富营养化监测断面) | ** 个 |
| | | | 监测断面数量(水生态监测断面) | ** 个 | | 监测断面数量(水生态监测断面) | ** 个 |
| | | | 监测断面数量(省界河断面) | ** 断面·次 | | 监测断面数量(省界河断面) | ** 断面·次 |
| | | | 监测断面数量(江河湖泊水功能区) | ** 断面·次 | | 监测断面数量(江河湖泊水功能区) | ** 断面·次 |
| | | | 监测断面数量(湖泊、水库富营养化监测断面) | ** 断面·次 | | 监测断面数量(湖泊、水库富营养化监测断面) | ** 断面·次 |
| | | | 监测断面数量(水生态监测断面) | ** 断面·次 | | 监测断面数量(水生态监测断面) | ** 断面·次 |
| | | | 样品采集运输距离(km) | ≥ ** km | | 样品采集运输距离(km) | ≥ ** km |
| | | | 自动站运行个数 | ** 个 | | 自动站运行个数 | ** 个 |
| | | | 形成监测报告的数量 | ** 份 | | 形成监测报告的数量 | ** 份 |
| | | | 测试样品个数 | ≥ ** 个 | | 测试样品个数 | ≥ ** 个 |
| | | | 形成监测数据并整理入库的数据 | ≥ ** 个 | | 形成监测数据并整理入库的数据 | ≥ ** 个 |
| | | | 监测信息发布数量 | ≥ ** 份 | | 监测信息发布数量 | ≥ ** 份 |
| | | | 水功能区水质资料整编水功能区个数 | ≥ ** 个 | | 水功能区水质资料整编水功能区个数 | ≥ ** 个 |
| | | | 系统运行维护个数 | ** 个 | | 系统运行维护个数 | ** 个 |
| | | | ** 蓝藻图像监视站、浮台站运行个数 | ** 个 | | ** 蓝藻图像监视站、浮台站运行个数 | ** 个 |
| | | | 形成维护报告的数量 | ** 份 | | 形成维护报告的数量 | ** 份 |
| | | 质量指标 | 是否按相关规定开展监测工作 | 按监测规范开展工作 | 质量指标 | 是否按相关规定开展监测工作 | 达标 |
| | | | 质量控制合格率 | ≥ ** % | | 质量控制合格率 | ≥ ** % |

| 一级指标 | 二级指标 | 三级指标 | 指标值 | 二级指标 | 三级指标 | 指标值 |
|---|---|---|---|---|---|---|
| 绩效指标 | 产出指标 | 质量指标 | 水资源监测监控设施、系统、仪器等完好运行情况 | ≥ ** 天 | 质量指标 | 水资源监测监控设施、系统、仪器等完好运行情况 | ≥ ** 天 |
| | | | 车辆设施设备维护与管理完好率 | ** % | | 车辆设施设备维护与管理完好率 | ** % |
| | | 时效指标 | 监测任务和信息汇总编制 | 每月 ** 日前完成上月信息汇总编制 | 时效指标 | 监测任务和信息汇总编制 | 每月 ** 日前完成上月信息汇总编制 |
| | | | 水质监测水样送检时效 | 按照水环境监测规范执行(不包括浙闽边界水样) | | 水质监测水样送检时效 | 达标 |
| | | | 资料整编工作完成时限 | 当年 ** 月前完成上一年度整编工作 | | 20 ** 年度资料整编工作完成时限 | 当年 ** 月前完成上一年度整编工作 |
| | 效益指标 | 经济效益指标 | 及时监测发现突发性水污染事故以减少经济损失 | 有效 | 经济效益指标 | 及时监测发现突发性水污染事故以减少经济损失 | 达标 |
| | | 社会效益指标 | 提高水质监控能力 | 明显 | 社会效益指标 | 提高水质监控能力 | 达标 |
| | | 生态效益指标 | 严格执行限制纳污红线 | 有效 | 生态效益指标 | 严格执行限制纳污红线 | 达标 |
| | | | 促进水生态文明建设及治理工作 | 显著 | | 促进水生态文明建设及治理工作 | 达标 |
| | | 可持续影响指标 | 及时了解水质情况以促进水资源可持续利用 | 明显 | 可持续影响指标 | 及时了解水质情况以促进水资源可持续利用 | 达标 |
| | 满意度指标 | 服务对象满意度指标 | 上级管理部门满意度 | ≥ ** % | 服务对象满意度指标 | 上级管理部门满意度 | ≥ ** % |

# 第四节　绩效评价的标准

根据本书第四章对绩效评价标准论述,适合用于水质监测项目绩效评价的标准主要是计划标准、行业标准和历史标准。

## 一、计划标准

### (一)项目目标

水质监测项目对象清晰,主要是实施省际边界水体、水功能区、入湖河道控制断面、饮用水水源地、湖库富营养化等监测工作,并对监测资料进行整编分析,有关成果进行通报发布,为流域水资源保护提供及时有效的基础数据,发挥国家财政资金的最大效益。

### (二)项目计划

水质监测项目总体按照预算项目实施方案确定的进度计划开展,按时完成各类监测任务,发布相关信息,并及时落实外委合同的签订并督促合同执行。在预算经费执行方面,严格按照财务要求,分月落实执行进度。

### (三)项目预算

水质监测项目为专项业务费项目,纳入财政三年规划支持范围,具有稳定的资金来源,项目预算均已纳入年度部门预算范围,随单位部门预算由财政部批复执行。

### (四)项目定额

为进一步深化部门预算改革,规范水质监测项目经费的预算编制和使用管理,水利部组织编制了水质监测业务经费定额标准,并以《关于印发水质监测定额标准(试行)的通知》(水财务〔2014〕253 号)下发执行。

综上所述,水质监测项目预先制定了项目目标、计划、预算和定额,计划标准应作为绩效评价标准适用于该项目。

## 二、行业标准

### (一)国家标准

为防治水污染,保护水资源,保障人体健康,维护良好的生态系统,制定了水质监测标准,该标准按照水质监测的目标,规定了水资源、水环境、水生态的质量应控制的项目与限值以及水质评价、水质项目的分析方法和标准的实施与监督,适用于国土领域内江河、湖泊、运河、渠道、水库等具有使用功能的地表水水域。具有特定功能的水域,应执行相应的专业用水水质标准。

### (二)水利行业标准

每项监测工作均有监测工作方案,明确了监测指标、监测频次。在水质监测质量控制方面,监测单位有完善的质量控制管理体系,数据的采集、录入,报表的填报审核均有专人把关负责。项目执行过程的各环节严格按照质量体系文件实施,达到了《水环境监测规范》(SL219—98)、《水文巡测规范》(SL195—97)、《水质采样技术规范》(SL187—96)以及《水质监测质量管理监督检查考评评定办法》等规范和办法要求。

水质监测的评价标准应参照国家公布的相应行业标准。行业标准应作为绩效评价标准适用于该项目。

## 三、历史标准

水质监测项目作为水利部绩效评价试点项目管理,绩效目标不断修改完善,已形成操作可行的共性框架体系。水质监测项目在 20 ** 年以前在部门预算的项目支出为经常性专项业务费项目，20 ** 年根据财政部部门预算改革要求，转化为专项业务费项目，相关绩效目标的历史数据保存完整。水质监测项目绩效评价标准应参照同类指标的历史数据制定，历史标准应作为绩效评价标准适用于该项目。

# 第五节　绩效报告与评价报告

按照《绩效评价管理办法》要求，水质监测项目实施单位应在年度项目实施终了及时向上级单位逐级提交项目绩效报告，水利部根据确定的评价原则和方法，下达绩效评价报告。本节介绍项目绩效报告和绩效评价报告编写范例。

## 一、绩效报告范例

（封面）

（单位名称）20 ** 年度水质监测项目

财政支出绩效报告

项目名称：水质监测（20 ** 年）

项目单位：**

20 ** 年 ** 月

（一）项目概况

1. 项目单位基本情况

根据水利部《关于印发〈**局主要职责机构设置和人员编制规定〉的通知》（水人事〔20**〕**号）精神，**局是在**流域、**流域和**省、**省范围内的派出机构，代表行使所在流域内的水行政主要职责，为具有行政职能的事业单位。按照《水法》、《水污染防治法》及"三定"职责等相关要求，**局负责省界水体、重要水功能区和重要入河排污口水质状况监测；负责流域重要水域、直管江河湖库及跨流域调水的水量水质监测工作，组织协调流域地下水监测工作；发布流域水文水资源信息、情报预报和流域水资源公报。

2. 项目基本情况

项目类别：专项业务费项目

项目负责人：**　　　　　　联系电话：**

项目总预算：**万元，其中申请财政资金：**万元

项目实际到位金额：**万元，其中申请财政资金：**万元

项目实际支出金额：**万元，其中申请财政资金：**万元

项目起止时间：**年**月—**年**月

（1）项目背景及立项依据

① 立项背景

**流域经济发达、人口众多，环境压力大。20**年**蓝藻大面积暴发，引发**供水危机。目前**流域依然存在边治理、边污染的现象，入湖河道污染负荷不断增加并累积，湖泊、河道水质污染严重，**富营养化问题尚未得到根本好转，流域水资源保护工作仍面临着严峻的形势。**局多年来一直开展水质监测工作，为**流域片水资源保护和管理工作提供了大量坚实可靠的基础数据，充分发挥了耳目与哨兵的作用。

为促进流域水环境治理，合理开发利用水资源，20**年，国务院批复了《**流域水环境综合治理总体方案》，20**年国务院批复《**流域水功能区划》，2011年中央一号文件明确要求实行最严格的水资源管理制度，建立水功能区限制纳污红线制度。20**年**月，第*部流域性综合法规《**流域管理条例》正式施行。

② 立项依据

水质监测是水资源保护和管理，实施最严格水资源管理制度的一项重要基础工作，能及时、准确、全面地反映水资源质量时空分布与变化规律，为国家合理开发利用和保护水资源提供系统水质资料，对保障人民生命健康、实现社会经济可持续发展具有十分重要的意义。

按照《水法》《水污染防治法》《**流域管理条例》等法律法规和流域机构"三定"职责要求，**局负责流域省界水体、水功能区、入湖河道等方面的水质监测和信息发布。为贯彻落实法律法规要求，切实履行"三定"职责，必须要做好**流域水质监测工作，及时掌握重要水功能区、省界水体、入湖河道及水源地水质、水生态的动态变化，并及时将流域水质状况及时通报地方相关部门，推进地方政府进一步保护水资源，不断改善流域水环境。

为加强水质监测项目经费管理与使用，科学合理编报水质监测经费预算，水利部组织编制了水质监测业务经费定额标准，并以《关于印发水质监测定额标准（试行）的通知》〔20**〕**号下发执行。

（2）项目主要内容

按照《水质监测业务经费定额标准》，20＊＊年＊＊流域水质监测项目主要内容包括样品采集、样品分析、资料整编、信息编报、质量保障、维修维护等，主要开展省界河段水质水量监测，水功能区监测，饮用水水源地监测，湖泊、水库富营养化监测，水质资料整编与信息发布，监测中心计量认证，水质监测仪器设备检定及运行维护，水质自动监测站运行维护，水质监测车、监测船运行维护等。年度项目主要内容包括以下几个方面：

① 开展流域片省界水体水质监测工作，符合绩效目标要求。

② 开展流域片水功能区监测工作，符合绩效目标要求。

③ 每月富营养化和藻类生物量监测，获取监测数据，符合绩效目标要求。

④ 开展水质自动监测站维护，获取监测数据，产出符合绩效目标要求。

⑤ 省界（国界）断面、饮用水源地和国家重要基本监测断面的监测频次均实现每月1次，监测次数符合绩效目标要求。

⑥ 每月开展的省界水体、重点水功能区、入湖河道控制断面、富营养化监测，均编制监测报告。

⑦ 每月按时编制发布报送流域片省界水体、重要水功能区水资源质量状况通报；同时，完成流域片水资源质量年报。

⑧ 现使用的各项水质设备中强检设备、水质监测车、监测船及交通保障工具均能及时保养，正常运行，仪器设备完好情况满足绩效目标要求。

（二）绩效目标及其设立依据和调整情况

1. 项目绩效总体目标

以贯彻落实国家和水利部有关部署为指导，按照流域水资源管理和保护职责，实施＊＊流域片省际边界水体、水功能区、入湖河道控制断面、饮用水水源地、湖库富营养化等监测工作，开展蓝藻调查和水生态监测，并做好仪器、设备、自动监测站、监测车船的运行维护，加强质量监督管理，保证成果质量，并对监测资料进行整编分析，有关成果进行通报发布，为流域水资源保护提供及时有效的基础数据，为上级部门的决策部署和流域水环境综合治理提供基础信息支撑。通过＊＊流域水质监测基础保障工作，确保该项工作正常开展，并发挥国家财政资金的最大效益。

2. 年度绩效目标

每月加强省界水体、水功能区、入湖河道、饮用水水源地的水质监测，全面、及时地反映年度＊＊流域片区水质状况，每月发布省界水体、重点水功能区水资源质量通报和入＊＊河道水质信息，为流域水资源保护和水资源管理提供基础资料和决策依据；通过富营养化监测、蓝藻调查和水生态监测，为进行有关保护措施和水资源调度提供决策依据；完成年度水功能区水质监测资料整编，并及时做好水质数据分析工作，科学研判流域片水质变化趋势，做好基础信息服务；做好仪器、设备、自动监测站、监测车船运行维护，保障水质监测工作时效性；配合相关部门和单位做好设备购置管理及相关的资料保存、储存和复印等后勤保障工作。

3. 绩效指标

（1）产出指标

本项目产出指标有＊＊个，其中：

数量指标:监测断面数量(国界河断面)(＊＊个),监测断面数量(省界河断面)(＊＊个),监测断面数量(江河湖泊水功能区)(＊＊个),监测断面数量(主要大型饮用水水源地)(＊＊个),监测断面数量(跨流域调水断面)(＊＊个),监测断面数量(悬移质监测断面)(＊＊个),监测断面数量(湖泊、水库富营养化监测断面)(＊＊个),监测断面数量(水生态监测断面)(＊＊个),监测断面次数(国界河断面)(＊＊断面·次),监测断面次数(省界河断面)(＊＊断面·次),监测断面次数(江河湖泊水功能区)(＊＊断面·次),监测断面次数(主要大型饮用水水源地)(＊＊断面·次),监测断面次数(跨流域调水断面)(＊＊断面·次),监测断面次数(悬移质监测断面)(＊＊断面·次),监测断面次数(湖泊、水库富营养化监测断面)(＊＊断面·次),监测断面次数(水生态监测断面)(＊＊断面·次),样品采集运输距离(km)(≥＊＊km),自动站运行个数(＊＊个),形成监测报告的数量(≥＊＊份)测试样品个数(≥＊＊个),形成监测数据并整理入库的数据(≥＊＊个)监测信息发布数量(≥＊＊份),《水环境状况通报》(＊＊期),《重点城市主要供水水源地水资源质量旬报》(＊＊期),《中国地表水资源质量年报》(＊＊期)。

质量指标:是否按相关规定开展监测工作,质量控制合格率,水资源监测监控设施、系统、仪器等完好运行情况(≥＊＊天)。

时效指标:水质监测水样送检时效(＊＊小时),《全国水环境状况通报》时效,《重点城市主要供水水源地水资源质量旬报》时效,《中国地表水资源质量年报》时效等。

成本指标:测次监测单位成本控制(＊＊万元),成本消耗控制在预算之内(＊＊万元)。

(2)效益指标

本项目效益指标有＊＊个,其中:

经济效益指标:及时监测发现突发性水污染事故以减少经济损失(有效)。

社会效益指标:提高水质监控能力(明显)。

生态效益指标:严格执行限制纳污红线(有效)、促进水生态文明建设及治理工作(显著)。

可持续影响指标:及时了解水质情况以促进水资源可持续利用(明显)。

(3)满意度指标

服务对象满意度指标:各级水资源管理部门满意度(≥＊＊%)。

该项目绩效目标执行过程中未进行调整。

(三)管理措施及组织实施情况

根据《绩效评价管理办法》和水利部有关要求,项目单位及时组织开展了项目绩效中期自评,收集整理了项目决策文件、预算批复以及各绩效指标值支撑材料,配合做好中期检查工作,并编制了中期检查报告。根据中期绩效监控报告的反馈,绩效监控结论为"＊＊",同时对中期检查问题进行了认真研究,积极对有关情况进行了整改落实。依据本项目绩效评价指标体系及打分方法,组织开展了自评价工作,并在自评价基础上,撰写了项目绩效报告。

1.绩效工作开展情况

(1)积极组织编写项目绩效报告

按照水利部整体部署和要求,及时组织开展了项目绩效评价工作,根据项目绩效目标,对照项目实施方案,梳理核实有关绩效证明材料,在此基础上,参照《绩效评价管理办法》附件 3"财政支出绩效报告（参考提纲）"，从项目概况、项目资金使用及管理情况、组织实施情况、项目绩效情况、需说明的问题等方面认真编制了水质监测项目绩效报告。

（2）绩效得分

项目单位根据《绩效评价管理办法》和水利部有关规定，开展了水质监测项目预算绩效自评价工作，并按照项目预算绩效评价指标体系、评分标准和评分说明对项目绩效进行打分，绩效得分 ** 分。

（3）项目绩效报告

项目单位编制的水质监测项目绩效报告介绍了项目单位基本情况及主要职责、项目背景、项目立项依据及立项情况、项目主要工作内容、绩效目标、项目资金使用及管理情况、组织实施情况，从项目的经济性、效率性、有效性和可持续性四个方面对项目产出指标、效益指标、服务对象满意度指标等绩效情况进行了分析，总结了 ** 年度主要经验及做法、存在问题和建议。

项目绩效报告结论是：** 年水质监测项目水质监测预算项目目标明确，符合工作实际，有明确的实施计划和完整的绩效指标体系，预算安排合理；项目单位财务管理制度健全，责任分工明确；各项年度任务已经全面完成，取得了良好的社会和环境效益，为以后的工作积累了可靠的基础资料，较好地完成了年度、长期及效率绩效目标。

2. 项目绩效自评价工作情况

（1）项目绩效目的

通过绩效自评价，对 ** 年度水质监测项目的投入、过程、产出、效果等涉及的项目立项、业务管理、财务管理、项目产出、项目效益等进行全方位的总结分析，对项目财政支出的经济性、效率性、有效性和可持续性进行客观、公正的评价，增强绩效意识，促进财政支出绩效管理，强化支出责任和效率，提高财政资金使用效率；总结经验，进一步加强预算管理改革，不断提高预算绩效管理工作水平。

（2）绩效评价原则、评价指标体系、评价方法

① 绩效评价原则

绩效评价工作组根据《绩效评价管理办法》，结合水质监测项目实际情况，在绩效评价工作过程中，遵循科学规范、公正公开、分级分类、绩效相关原则。一是科学规范原则，绩效评价严格执行规定的程序，按照科学可行的要求，以定量评价为主，部分无法定量的指标采用定性评价；二是公开公正的原则，项目绩效评价按照真实、客观、公正的要求，依法公开并接受监督；三是分级分类原则，项目绩效评价由水利部根据评价对象的特点分类组织实施，本项目根据水质监测项目自评表进行绩效评价；四是绩效相关原则，项目绩效评价能够清晰反映支出和产出绩效之间的紧密对应关系。根据最终确定的绩效指标开展绩效自评，对项目年度产出情况及产生的社会效益、环境效益、可持续影响、公众满意程度等方面的效果进行评判，评价绩效目标实现程度，保证了评价结果的科学性和准确性。

② 绩效指标体系

绩效评价指标体系是反映财政支出绩效总体现象的特定概念和具体数值，是衡量、监

测和评价财政支出经济性、效率性和有效性，揭示财政支出存在问题的重要量化手段；是根据绩效评价工作的要求，按照一定的分类标准，对财政支出内容和评价对象进行科学合理、层次清晰、实用可行的分类形成的指标体系。

水质监测项目绩效评价按照《绩效评价管理办法》和《绩效目标管理办法》要求，参考《预算绩效评价共性指标体系框架》（财预〔2013〕53 号）精神，绩效评价专家以财政部和水利部批复的项目绩效目标表、项目实施方案等文件为基础，水利部制定了 20＊＊ 年试点项目绩效评价指标体系及评分说明和 20＊＊ 年度水利部水质监测业务项目绩效评价指标体系及评分标准。为了进一步提高水质监测项目绩效评价的针对性和可操作性，水利部在遵循财政部绩效评价指标总体框架体系的前提下，结合该项目的特点，对部分指标进行了细化，并明确了每个细化指标的评分标准。

③ 绩效评价方法

项目单位按照 20＊＊ 年试点项目绩效评价指标体系及评分说明和 20＊＊ 年度水利部水质监测业务项目绩效评价指标体系及评分标准，坚持简便有效的原则，采用了成本效益分析法、比较法、因素分析法等评价方法，对 ＊＊ 流域水质监测预算项目预算编制内容和执行情况、财务管理状况、资产配置使用情况以及项目产生的社会效益、环境效益、可持续影响、公众满意程度等方面的效果进行评判，评价绩效目标实现程度，保证了评价结果的科学性和准确性。

（3）绩效评价工作过程

① 前期准备

根据上级主管部门绩效评价的工作安排及确定的绩效评价对象，水利预算项目承担单位应组织学习绩效评价的相关文件、政策，制定绩效评价的实施方案，下达绩效评价工作通知，组建绩效自评价工作小组，并提前审阅项目预算申报文本、绩效报告、会计资料等。

② 组织实施

绩效自评价工作中，绩效自评价工作组听取了项目单位对项目执行情况的介绍，就有关问题进行了质询，现场收集绩效评价相关资料，对资料进行审查核实；查看项目成果、资金使用管理等其他方面的资料，如检查档案资料和成果资料，重点核对可量化指标的实际完成情况；抽查审阅相关会议记录、分析材料等，结合调查问卷等核对定性指标完成情况；结合财务支出资料，核对并分析对应经费支出的合理性、真实性。在讨论答疑、查看核对资料的基础上，绩效自评价工作组参照项目预算绩效评价指标体系、评分标准和评分说明，对项目进行打分、统计，最后得出该项目绩效评价分值。

根据资料审查核实情况、绩效评价分值、绩效评价等级和被评价单位的答疑、初步反馈意见，绩效评价工作组集体起草、讨论、综合分析并形成评价结论。在绩效自评价工作中，充分利用了项目绩效目标运行情况执行监控报告的成果。

③ 分析评价

对项目的投入、过程、产出、效果等进行分析，与绩效评价指标体系对比并进行打分。对项目的经济性、效率性和效益性进行分析，结合指标体系打分情况做出项目的综合评价情况和评价结论，最终形成绩效报告。

3. 项目资金使用及管理情况

（1）项目资金情况

① 项目预算编制及资金到位情况分析

预算编制情况。项目预算明细及各部分支出内容的测算依据如下：

维修维护经费 ** 万元、样品分析经费 ** 万元、资料整编经费 ** 万元、信息编报经费 ** 万元、质量保障经费 ** 万元、样品采集经费 ** 万元。

资金到位情况。20 ** 年 ** 月，** 以《 ** 关于批复 ** 年预算的通知》( ** 〔20 ** 〕** 号)批复水质监测项目经费 ** 万元,其中财政资金 ** 万元,资金到位率 ** ％。

② 项目资金使用情况

** 年度水质监测项目,实际到位预算资金 ** 万元,实际支出预算资金 ** 万元,已序时有效的全部完成了 ** 年度预算执行工作。

项目工作内容完成情况。至 20 ** 年 12 月 31 日,** 局水质监测项目按工作内容的预算执行情况见表 10-2。

表 10-2　项目工作内容完成情况对照表　　　　　　　　　　万元

| 计划内容 | | 调整情况 | | 实际完成情况 | | 差异分析 | |
|---|---|---|---|---|---|---|---|
| 工作内容 | 金额 | 工作内容 | 金额 | 工作内容 | 金额 | 原因 | 金额 |
| 样品采集 | | | | 样品采集 | | | |
| 样品分析 | | | | 样品分析 | | | |
| 资料整编 | | | | 资料整编 | | | |
| 信息编报 | | | | 信息编报 | | | |
| 质量保障 | | | | 质量保障 | | | |
| 维修维护 | | | | 维修维护 | | | |

从上表可以看出,按照工作内容来分析 ** 局 20 ** 年度水质监测项目已全部完成,各项工作内容完成良好。

项目经费预决算对比情况。至 20 ** 年 12 月 31 日,** 局水质监测项目按经济科目的预算执行情况见表 10-3。

表 10-3　项目预算执行情况对照表　　　　　　　　　　万元

| 资金到位情况 | 到位项目 | 预算批复数 | | 实际到位数 |
|---|---|---|---|---|
| | 合　　计 | | | |
| | 当年财政拨款 | | | |
| | 使用以前年度结余 | | | |
| | 其他资金 | | | |
| 资金支出情况 | 支出项目 | 预算批复数 | 调整后预算数 | 实际支出数 |
| | 合　　计 | | | |
| | 办公费 | | | |

| | 支出项目 | 预算批复数 | 调整后预算数 | 实际支出数 |
|---|---|---|---|---|
| 资金支出情况 | 印刷费 | | | |
| | 咨询费 | | | |
| | 水费 | | | |
| | 电费 | | | |
| | 邮电费 | | | |
| | 差旅费 | | | |
| | 维修(护)费 | | | |
| | 租赁费 | | | |
| | 会议费 | | | |
| | 培训费 | | | |
| | 专用材料费 | | | |
| | 劳务费 | | | |
| | 委托业务费 | | | |
| | 其他交通费用 | | | |
| | 其他商品和服务支出 | | | |
| | 办公设备购置 | | | |
| | 专用设备购置 | | | |
| 超支或结余情况 | | | | |
| 备注 | | | | |

水质监测项目资金月执行进度情况见表 10-4。

**表 10-4　\*\*局水质监测项目资金月执行进度情况表**　　　　万元

| 月　份 | 支付金额 | 支付进度 |
|---|---|---|
| 1 月 | \*\* | \*\* ％ |
| 2 月 | \*\* | \*\* ％ |
| 3 月 | \*\* | \*\* ％ |
| 4 月 | \*\* | \*\* ％ |
| 5 月 | \*\* | \*\* ％ |
| 6 月 | \*\* | \*\* ％ |
| 7 月 | \*\* | \*\* ％ |
| 8 月 | \*\* | \*\* ％ |
| 9 月 | \*\* | \*\* ％ |

续　表

| 月　份 | 支付金额 | 支付进度 |
|--------|----------|----------|
| 10 月 | ** | ** ％ |
| 11 月 | ** | ** ％ |
| 12 月 | ** | ** ％ |

项目单位会计核算规范,预算控制有效,未发现支出依据不合规、虚列项目支出的情况,未发现截留、挤占、挪用项目资金的情况,未发现超标准开支情况。项目执行进度科学合理,达到预算执行进度目标要求。

③ 项目资金管理情况

财务管理制度制定情况。为严肃财经纪律、规范项目资金的使用,项目单位认真贯彻国家相关制度办法,同时结合工作实际,先后制订了《＊＊项目资金管理办法》《＊＊预算管理办法》等规章制度,从资金管理、预算管理、资产管理、合同管理等方面不断完善水质监测项目的管理制度体系,健全财务管理制度。

财务制度执行情况。＊＊年水质监测项目实行专项管理,在经费使用上,严格按照《中央本级项目支出预算管理办法》等财政部有关规定执行,预算经费独立核算、专款专用,各项支出均按照财务管理各项规章制度要求,做到经费支出合理,经常核查项目具体实施进度,确保项目按进度计划实施,做好水质监测资金的管理和财务核算,切实有效保证各项水质监测工作的顺利完成,预算执行情况良好。

通过各项制度的严格执行,＊＊年项目执行中未出现违法违规现象,资金支出安全有效,财务运行健康有序。

4. 项目组织实施情况

(1) 项目组织情况

水质监测项目由＊＊单位统一管理,由＊＊、＊＊等单位共同承担。水质监测项目组织机构健全,项目目标与责任分工明确,组织实施程序符合业务规范要求,项目主要参与人员经验丰富,技术力量雄厚,基础设施设备条件完备,能够确保项目顺利、高效、高质的完成。

＊＊单位作为项目主管部门切实履行项目管理职责,指导、督促各单位扎实开展业务工作;＊＊单位财务主管部门及时批复项目预算和绩效目标,监督、指导资金管理和使用。各承担单位任务分工明确,切实可行,根据编制的《水质监测项目＊＊年度实施方案》,细化梳理年度工作任务,主要业务工作制定详细的工作计划、工作方案,同时,把工作责任落实到班子成员、部门和个人,做到有计划、有安排、有检查、有督促,充分利用现有人员、技术、设备等支撑条件,加强质量控制和服务保障,合理安排开展水质监测业务。项目完成后,各预算执行单位按照规定分别组织完成了项目自验工作。

目前各项工作均已按照计划进度实施完成,截至＊＊年＊＊月,全部对外委托项目均已通过合同验收。在设备管理上,项目单位通过政府采购网批量集中采购方式采购,固定资产已验收入账。在项目实施过程中,项目单位注重档案资料的归纳与管理,按资料清单要求完成项目实施过程中资料收集和管理工作,工作及时,资料基本完整。

（2）项目管理情况

项目管理制度建设情况。水质监测项目由 ** 、** 共同承担。水质监测项目承担单位机构健全，制度建设良好。项目承担单位根据编制的《20 ** 年水质监测项目实施方案》，进一步细化梳理年度工作任务，制定详细的工作计划，严格按照年度工作计划、《政府采购法》《招投标法》《 ** 局经济合同管理办法》以及实验室仪器设备管理办法制度等开展工作，项目目标与责任分工明确，组织实施程序符合业务规范要求，项目主要参与人员经验丰富，技术力量雄厚，基础设施设备条件完备，能够确保项目的顺利、高效、高质完成。

项目管理制度执行情况。项目执行过程中，各承担单位严格按照国家相关规定，各项委托合同的管理严格按照财经制度执行，规范了项目实施程序，认真做好合同履行的督促、检查以及验收等工作。在对外委托项目的管理上，项目单位均严格执行《 ** 项目资金管理办法》《 ** 预算管理办法》等规定，规范了项目实施程序，切实加强项目合同全过程的监管。合同订立前均认真审查委托单位的资信情况以及履行合同应具有的相应资质和业务能力，审核通过后方可签订。合同验收后，经相关领导签字审核方可结算。对于符合政府采购要求的商品和服务，严格按照《政府采购法》《招投标法》《水利部部门集中采购管理实施细则（试行）》等要求实施政府采购。

（四）绩效目标完成情况

1. 项目经济性分析

（1）项目成本（预算）控制情况

项目单位针对项目工作实际，合理确定对外委托项目，并通过定向委托等方式确定合作单位，通过合同洽谈等工作，进一步明确合同内容，提高了外委资金使用效益。各承担单位认真按照项目实施方案，精心组织安排项目实施工作，经费基本按照批复的预算执行，各经济科目决算金额与预算没有较大的差异，项目总金额没有突破预算，项目成本控制情况良好。项目预算执行严格按照预算控制数，资金使用安全，无违规使用项目经费情况。项目支出总金额没有突破年度预算，项目预算总体控制较好。

（2）项目成本（预算）节约情况

在预算执行过程中采取了多种措施节约成本，如通过政府采购等方式进行相关采购，以较为合理的价格购置相关货物或服务；通过加强车船的日常运行保养，加强维修监管，减少油箱跑冒滴漏，力求节能减耗，提高运行维护费效率；出差、监测调查等工作中采用拼车、合理规划路线、乘坐经济型公共交通工具等方式节约交通成本，同时严格按照差旅费管理要求，住宿不超标；通过信息化的办公方式，节约纸张、流转成本，提高办公效率；寄送文件材料时多用平信、尽量少用或不用快递等方式节约通讯成本；在召开会议前，多通过电话、网络通讯等方式进行事先沟通，减少会议召开时间，严格控制会议费标准，节约会议费支出；日常注意办公室、实验室水电等资源节约；实验室检测分析工作批量开展，减少药品、仪器、人工的不必要浪费。

2. 项目的效率性分析

（1）项目的实施进度

本项目的水质监测和信息发布工作均按月开展，每月 1—13 日完成现场人工监测及采样，每月 25 日前完成当月监测分析任务，每月月底前完成上月信息汇总编制和发布工作。年底前完成了全年工作任务。

项目单位水质监测工作有序开展、及时有效，全部完成了项目预期目标。其中监测断面数量（国界河断面）（\*\* 个），监测断面数量（省界河断面）（\*\* 个），监测断面数量（江河湖泊水功能区）（\*\* 个），监测断面数量（主要大型饮用水水源地）（\*\* 个），监测断面数量（跨流域调水断面）（\*\* 个），监测断面数量（悬移质监测断面）（\*\* 个），监测断面数量（湖泊、水库富营养化监测断面）（\*\* 个），监测断面数量（水生态监测断面）（\*\* 个），监测断面次数（国界河断面）（\*\* 断面·次），监测断面次数（省界河断面）（\*\* 断面·次），监测断面次数（江河湖泊水功能区）（\*\* 断面·次），监测断面次数（主要大型饮用水水源地）（\*\* 断面·次），监测断面次数（跨流域调水断面）（\*\* 断面·次），监测断面次数（悬移质监测断面）（\*\* 断面·次），监测断面次数（湖泊、水库富营养化监测断面）（\*\* 断面·次），监测断面次数（水生态监测断面）（\*\* 断面·次），样品采集运输距离（km）（≥ \*\* km），自动站运行个数（\*\* 个），形成监测报告的数量（≥ \*\* 份）测试样品个数（≥ \*\* 个），形成监测数据并整理入库的数据（≥ \*\* 个）监测信息发布数量（≥ \*\* 份）等指标数据优于上一年；样品监测设备、专用仪器等固定资产采购根据政府采购有关规定执行。

（2）项目完成质量

每项监测工作均有监测工作方案，明确了监测指标、监测频次。在水质监测质量控制方面，监测单位有完善的质量控制管理体系，数据的采集、录入，报表的填报审核均有专人把关负责。项目执行过程的各环境严格按照质量体系文件实施，达到了《水环境监测规范》（SL219—98）、《水文巡测规范》（SL195—97）、《水质采样技术规范》（SL187—96）以及《水质监测质量管理监督检查考评评定办法》等规范和办法要求。

截止 20\*\* 年 \*\* 月 \*\* 日，单批监测分析质量合格率 \*\* ％，错报率 \*\* ％，水质监测分析重新检测比例 \*\* ％，重新采样比例 \*\* ％，均符合有关技术规范，满足绩效目标要求；现使用的各项水质设备中，新增的仪器设备维护率 \*\* ％，易损易耗材料更换率大于 \*\* ％，定期检定工作比例大于 \*\* ％，维修质量合格率 \*\* ％，设备总体完好；各水质监测车、监测船及交通保障工具均能及时保养，正常运行；自动站正常运行 \*\* 天。仪器设备完好情况满足绩效目标要求。

成本消耗是否控制在预算之内；资金使用是否安全，无违规。截至 20\*\* 年 \*\* 月 \*\* 日，本项目财政拨款实际支出 \*\* 万元，占预算批复数的 \*\* ％，项目资金使用按批复的预算和实施方案执行，支付进度满足序时进度要求，资金使用安全，无违规。

3. 项目的有效性分析

通过本项目的实施，及时有效地掌握了流域省界水体、重点水功能区水质状况，以及蓝藻分布状况，为加强流域水资源保护管理、推进流域水环境综合治理、科学实施流域水资源调度提供了准确、及时的技术支撑和决策依据。

（1）经济效益实现情况

开展水质监测工作，及时有效掌握了水流域重要水体水质、水生态变化，尤其是蓝藻情况变化，促进流域省市及时开展蓝藻打捞和局部水体水质恶化应急处置，避免发生突发水污染事件；及时监测发现突发性水污染事故，启动应急预案、开展应急监测、组织应急会商、实施应急调度、通报相关部门,减少经济损失。

（2）社会效益实现情况

水质监测工作为流域水资源调度、水环境综合治理、水生态文明建设等工作提供了基础信息服务和技术数据支撑,推动最严格水资源管理制度的进一步落实,保障流域水资源合理有序的开发利用,促进水功能区水质改善和水源地供水水质安全,维护人民群众的用水安全和生态环境安全,有利于流域经济发展和社会稳定。

（3）生态效益实现情况

通过开展水质监测工作,实现蓝藻预警和富营养化监测,获取了大量监测数据,为流域水资源调度、水质变化趋势预测等工作提供基础信息服务和技术数据支撑,最大程度地保障了流域饮用水安全,有利于流域经济发展和社会稳定;同时,也全面、客观地反映出流域水环境综合治理的效果,进一步推进各项综合治理措施的有效实施,促进水质改善,保障水资源持续有效利用。

（4）可持续影响实现情况

通过开展本项目,有效推进了流域水环境综合治理,水质持续好转,流域水功能区达标率有了较大提高,保障了水资源持续有效利用和社会经济的可持续发展。

（5）社会公众或服务对象满意度实现情况

通过定期向社会公众发布省界水体水资源状况通报,如流域省界水体、重要水源地水质状况、富营养化等内容,加强流域水资源保护宣传,及时向社会发布流域省界水体水资源质量状况,促进了公众关注流域水环境状况,提高了公众水环境保护意识。

\*\* 年度水质监测项目绩效目标完成情况见表 10-5。

表 10-5　20 \*\* 年度水质监测项目支出绩效目标完成情况对照表

| 批复绩效目标 | 1. 完成 20 \*\* 年度 \*\* 流域片省界水体、水功能区、主要入 \*\* 河道、重要水源地水质监测以及富营养化和水生态监测工作,为水资源管理保护提供基础信息和决策依据。<br>2. 完成流域水质监测质量管理、保障与监督工作,做好监测仪器设备、自动监测站、监测车船的运行维护工作,完成 20 \*\* 年度 \*\* 流域片水功能区水质资料整编工作,推动省市监测工作,提高监测水平,保证水质监测数据质量。<br>3. 完成 20 \*\* 年月度水功能区水质通报、省界水体水质通报、\*\* 条主要入 \*\* 控制断面水质信息的编发工作,履行流域管理职能,有效推动流域水环境综合治理 | 绩效目标完成情况 | 各项工作均已完成,达到预期目标 |
|---|---|---|---|

续　表

| | 指标 | 指标内容 | 批复指标值 | 指标完成值 | 备注 |
|---|---|---|---|---|---|
| 项目绩效指标 | 产出指标 | 水功能区断面水质监测 | ** 个 | ** 个 | |
| | | 省、国界断面水质监测 | ** 个省界断面 | ** 个省界断面 | |
| | | 饮用水源地水质监测 | ** 个 | ** 个 | |
| | | 大型湖库富营养化监测 | ** 个 | ** 个 | |
| | | 水生态断面监测 | ** 个 | ** 个 | |
| | | 入 ** 河道控制断面数 | ** 个 | ** 个 | |
| | | 实验室安全保障的个数 | ** 个 | ** 个 | |
| | | 监测站、监视站个数 | ** 个 | ** 个 | |
| | | 运维信息系统 | ** 套 | ** 套 | |
| | | 运维监测船 | ** 艘 | ** 艘 | |
| | | 获取监测数据量 | ≥** 万个 | ** 万个 | |
| | | 获取蓝藻视频图像数量 | ** 万个 | ** 万个 | |
| | | 水功能区水质资料整编数据量 | ≥** 万个 | ** 万个 | |
| | | 形成监测报告数量 | ** 份 | ** 份 | |
| | | 通报编发数量 | ** 份 | ** 份 | |
| | | 水功能区、省界、入 ** 河道、富营养化、水生态监测频次达到每月一次 | ** 次/年 | ** 次/年 | |
| | | 单批监测分析质量合格率 | ≥** % | ** % | |
| | | 水质监测分析重新检测比例低 | ≤** % | ** % | |
| | | 仪器设备完好率、维护率、维修质量合格率 | 均不小于 ** % | ** % | |
| | | 监测车、船安全保障率 | ** % | ** % | |
| | | 整编数据抽检合格率 | ** % | ** % | |
| | | 浮台式水质自动站比测准确率 | ≥** % | ** % | |
| | | 监测报告通过专家组验收 | ** 局内部专家组 | ** 局内部专家组 | |
| | | 自动站运维工作通过专家组验收 | ** 局内部专家组 | ** 局内部专家组 | |
| | | 监测任务进度完成率 | ** % | ** % | |
| | | 现场人工监测完成时间 | 当月 ** 号 | 当月 ** 号 | |
| | | 资料整编完成时间 | ** 月底前 | ** 月底前 | |
| | | 总支出控制在预算之内 | ≤** 万元 | ** 万元 | |
| | | 咨询费 | ≤** 元/人次 | ** 元/人次 | |
| | | 会议费、培训费 | ≤** 元/人天 | ** 元/人天 | |

续　表

| | 指标 | 指标内容 | 批复指标值 | 指标完成值 | 备注 |
|---|---|---|---|---|---|
| 项目绩效指标 | 效益指标 | 通过监测,及时发现水质变化,促进地方加强水环境治理,降低经济发展所需的水资源成本 | 显著 | 达标 | |
| | | 通报提供相关单位次数 | ≥ ** 次 | ** 次 | |
| | | 提高突发水污染事件的响应速度 | ** 小时 | ** 小时 | |
| | | 推进各项综合治理措施的有效实施,对流域重要河湖的生态健康有重要的促进作用 | 明显 | 达标 | |
| | | 推动水环境质量改善,促进水资源持续有效利用 | 明显 | 达标 | |
| | 服务对象满意度指标 | 水质监测数据使用部门满意程度 | ≥ ** ％ | ** ％ | |
| | | 数据使用单位投诉次数 | ≤ ** 次 | ** 次 | |

（四）项目的可持续性分析

水质监测是流域开展各项水利工作的基础性工作,也是一项需要长期开展的工作。本项目依据《水法》《 ** 流域管理条例》以及 ** 局"三定"方案赋予的职责而申报开展的,相关政策具有连续性。项目资金来源为财政预算二级项目,经费有保障,各承担单位人员固定、层次结构相对合理,监测仪器设备配置齐全,实验室管理体系完善,满足监测工作长期开展的需要,并建立了相应的项目财务和业务管理制度。同时对往年工作开展、预算执行和绩效考评中发现的问题也逐步纠正,在今后工作中不断降低风险、提高资金使用安全性和效率。

20 ** 年度水质监测预算项目目标明确,符合工作实际,有明确的实施计划和完整的绩效指标体系,预算安排合理;项目单位财务管理制度健全,责任分工明确;各项年度任务已经全面完成,取得了良好的社会和环境效益,为以后的工作积累了可靠的基础资料,较好地完成了年度、长期及效率绩效目标。通过算术平均方法,计算得到项目绩效评价得分: ** 分,评价结论为:有效。

（五）下一步改进工作的意见及建议

1. 主要经验及做法

（1）在国家大政方针和水利部相关规定框架内,项目单位立足于实际情况,结合水质监测业务工作需求,进一步完善项目管理制度,落实责任,加强项目各环节中的管理,保证项目正常开展和资金安全。

（2）业务部门与财务部门沟通与合作良好,保证了项目的顺利完成;合同管理制度健全,保障了外委业务工作正常开展和资金安全。

**2. 存在问题和建议**

（1）本项目在资金使用上，能严格执行国家有关财经制度，按照项目预算管理的有关规定实行专款专用，预算执行与批复基本相符，实际支出内容与批复的预算存在少许偏差，此外，水质监测业务定额的分解与现行的预算支出项目不相对应，在编制预算时难以兼顾。建议今后需进一步提高预算编制的准确性和强化预算的执行管理。

（2）随着流域水资源保护管理工作内涵的不断丰富，水质监测任务也在逐步拓展，部分监测设施设备老化，不能完全满足水质监测、水环境预测预警要求及事业发展的需要，建议根据工作的实际需求，进一步加大水质监测资金投入力度，更好地为流域管理工作提供保障。

（3）20**年**发生超标准洪水，水位高风浪大，为水质监测采样、测站现场维护等工作带来了一定困难。

（六）其他需说明的问题

**1. 适时调整水质监测业务经费定额标准**

随着经济和社会发展，科技进步日新月异，水质监测业务内容也在发生变化，相关样品、实验室仪器设备价格也发生了一定调整，建议能根据经济和社会发展程度，定期对水质监测业务经费定额标准进行调整。

**2. 自评价报告使用建议**

本评价报告可作为下一年度及以后年度项目预算安排的参考，作为改进预算管理的重要依据。评价结果应在一定范围内公开，以充分发挥项目单位开展绩效管理的积极性，不断提高预算绩效管理工作水平。

通过算术平均方法，计算得到项目绩效评价得分：**分，评价结论为：优。项目支出绩效自评情况见表10-6。

**表 10-6　水质监测项目支出绩效自评表**

（20**年度）

| 项目名称 | | 水质监测 | | | | | |
|---|---|---|---|---|---|---|---|
| 主管部门及代码 | | ［**］** | | 实施单位 | | | |
| 项目资金（万元） | | 年初预算数（A） | 全年执行数（B） | 分值（10分） | 执行率（B/A） | 得分 | 得分计算方法 |
| | 年度资金总额 | ** | ** | 10 | **% | ** | 执行率×该指标分值，最高不得超过分值上限 |
| | 其中：本年一般公共预算拨款 | ** | ** | 10 | **% | ** | |
| | 其他资金 | | | | | | |

| 年度总体目标 | 1. 组织完成 20＊＊ 年度流域片水质监测和 20＊＊ 年度水功能区水质资料整编工作,为水资源管理保护提供基础信息和决策依据。<br>2. 组织完成流域水质监测质量管理、保障与监督工作,推动省市监测工作,提高监测水平,保证水质监测数据质量。<br>3. 完成 20＊＊ 年度月度水功能区水质通报、省界水体水质通报、＊＊ 条主要入控制断面水质信息的编发工作,履行流域管理职能,有效推动流域水环境综合治理 | 1. 组织完成 20＊＊ 年度流域片水质监测和 20＊＊ 年度水功能区水质资料整编工作,指导监测部门按质按量完成年度水质监测任务,为水资源管理保护提供基础信息和决策依据。<br>2. 组织完成流域水质监测质量管理、保障与监督工作,推动省市监测工作,提高监测水平,保证水质监测数据质量,最大程度地保障了流域饮用水安全,有利于流域经济发展和社会稳定。<br>3. 完成 20＊＊ 年度月度水功能区水质通报、省界水体水质通报、＊＊ 条主要入控制断面水质信息的编发工作,履行流域管理职能,有效推动流域水环境综合治理,促进水质改善,保障水资源持续有效利用 |
|---|---|---|

| 一级指标 | 二级指标 | 三级指标 | 分值 | 年度指标值(A) | 全年实际值(B) | 得分计算方法 | 得分 | 未完成原因分析 |
|---|---|---|---|---|---|---|---|---|
| 绩效指标 | 产出指标(50分) 数量指标 | 水功能区断面水质监测 | ＊＊ | ＊＊个 | ＊＊个 | 完成值达到指标值,记满分;未达到指标值,按(B/A)或(A/B)×该指标分值记分 | ＊＊ | |
| | | 省、国界断面水质监测 | ＊＊ | ＊＊个省界断面 | ＊＊个省界断面 | | ＊＊ | |
| | | 饮用水源地水质监测 | ＊＊ | ＊＊个 | ＊＊个 | | ＊＊ | |
| | | 大型湖库富营养化监测 | ＊＊ | ＊＊个 | ＊＊个 | 1.若为定性指标,则根据"三档"原则分别按照指标分值的100%～80%(含80%)、80%～50%(含50%)、50%～0%来记分。<br>2.若为定量指标,完成值达到指标值,记满分;未达到指标值,按(B/A)或(A/B)×该指标分值记分 | ＊＊ | |
| | | 水生态断面监测 | ＊＊ | ＊＊个 | ＊＊个 | | ＊＊ | |
| | | 入＊＊河道控制断面数 | ＊＊ | ＊＊个 | ＊＊个 | | ＊＊ | |
| | | 实验室安全保障的个数 | ＊＊ | ＊＊个 | ＊＊个 | | ＊＊ | |
| | | 监测站、监视站个数 | ＊＊ | ＊＊个 | ＊＊个 | | ＊＊ | |
| | | 运维信息系统 | ＊＊ | ＊＊套 | ＊＊套 | | ＊＊ | |
| | | 运维监测船 | ＊＊ | ＊＊艘 | ＊＊艘 | | ＊＊ | |
| | | 获取监测数据量 | ＊＊ | ≥＊＊万个 | ＊＊万个 | | ＊＊ | |
| | | 获取蓝藻视频图像数量 | ＊＊ | ＊＊万个 | ＊＊万个 | | ＊＊ | |
| | | 水功能区水质资料整编数据量 | ＊＊ | ≥＊＊万个 | ＊＊万个 | | ＊＊ | |
| | | 形成监测报告数量 | ＊＊ | ＊＊份 | ＊＊份 | | ＊＊ | |

| 一级指标 | 二级指标 | | 三级指标 | 分值 | 年度指标值(A) | 全年实际值(B) | 得分计算方法 | 得分 | 未完成原因分析 |
|---|---|---|---|---|---|---|---|---|---|
| 绩效指标 | 产出指标(50分) | 数量指标 | 通报编发数量 | ** | ** 份 | ** 份 | | ** | |
| | | | 水功能区、省界、入 ** 河道、富营养化、水生态监测频次达到每月一次 | ** | ** 次/年 | ** 次/年 | 1.若为定性指标,则根据"三档"原则分别按照指标分值的100%~80%(含80%)、80%~50%(含50%)、50%~0%来记分<br>2.若为定量指标,完成值达到指标值,记满分;未达到指标值,按(B/A)或(A/B)×该指标分值记分 | ** | |
| | | 质量指标 | 单批监测分析质量合格率 | ** | ≥ ** % | ** % | | ** | |
| | | | 水质监测分析重新检测比例低 | ** | ≤ ** % | ** % | | ** | |
| | | | 仪器设备完好率、维护率、维修质量合格率 | ** | 均不小于 ** % | ** % | | ** | |
| | | | 监测车、船安全保障率 | ** | ** % | ** % | | ** | |
| | | | 整编数据抽检合格率 | ** | ** % | ** % | | ** | |
| | | | 浮台式水质自动站比测准确率 | ** | ≥ ** % | ** % | | ** | |
| | | | 监测报告通过专家组验收 | ** | ** 局内部专家组 | ** 组 | | ** | |
| | | | 自动站运维工作通过专家组验收 | ** | ** 局内部专家组 | ** 组 | | ** | |
| | | 时效指标 | 监测任务进度完成率 | ** | ** % | ** % | | ** | |
| | | | 现场人工监测完成时间 | ** | 当月 ** 号 | 当月 ** 号 | | ** | |
| | | | 资料整编完成时间 | ** | ** 月底前 | ** 月底前 | | ** | |
| | | 成本指标 | 总支出控制在预算之内 | ** | ≤ ** 万元 | ** 万元 | | ** | |
| | | | 咨询费 | ** | ≤ ** 元/人次 | ** 元/人次 | | ** | |
| | | | 会议费、培训费 | ** | ≤ ** 元/人天 | ** 元/人天 | | ** | |

| 一级指标 | 二级指标 | 三级指标 | 分值 | 年度指标值(A) | 全年实际值(B) | 得分计算方法 | 得分 | 未完成原因分析 |
|---|---|---|---|---|---|---|---|---|
| 绩效指标 | 效益指标(30分) 经济效益指标 | 通过监测,及时发现水质变化,促进地方加强水环境治理,降低经济发展所需的水资源成本 | ** | 显著 | 达标 | 1. 若为定性指标,则根据"三档"原则分别按照指标分值的100%～80%(含80%)、80%～50%(含50%)、50%～0%来记分。<br>2. 若为定量指标,完成值达到指标值,记满分;未达到指标值,按(B/A)或(A/B)×该指标分值记分 | ** | |
| | 社会效益指标 | 通报提供相关单位次数 | ** | ≥**次 | **次 | | ** | |
| | | 提高突发水污染事件的响应速度 | ** | **小时 | **小时 | | ** | |
| | 生态效益指标 | 推进各项综合治理措施的有效实施,对流域重要河湖的生态健康有重要的促进作用 | ** | 明显 | 达标 | | ** | |
| | 可持续影响指标 | 推动水环境质量改善,促进水资源持续有效利用 | ** | 明显 | 达标 | | ** | |
| | 服务对象满意度指标(20分) 服务对象满意度指标 | 水质监测数据使用部门满意程度 | ** | ≥**% | **% | | ** | |
| | | 数据使用单位投诉次数 | ** | ≤**次 | **次 | | ** | |
| 总分 | | | | | | | ** | |

注:1. 得分一档最高不能超过该指标分值上限。

2. 定性指标根据指标完成情况分为:达成预期指标、部分达成预期指标并具有一定效果、未达成预期指标且效果较差三档,分别按照该指标对应分值区间100%～80%(含80%)、80%～50%(含50%)、50%～0%合理确定分值。

3. 定量指标若为正向指标(即指标值为≥),则得分计算方法应用[全年实际值(B)/年度指标值(A)]×该指标分值;若定量指标为反向指标(即指标值为≤*),则得分计算方法应用[年度指标值(A)/全年实际值(B)]×该指标分值。

4. 请在"未完成原因分析"中说明偏离目标、不能完成目标的原因及拟采取的措施。

## 二、绩效评价报告范例

（封面）

（单位名称）20**年度水质监测项目
财政支出绩效评价报告

项目名称：水质监测（20**年）
项目单位：**

20**年**月

（一）项目概况

项目名称：水质监测

项目类别：专项业务费项目

项目负责人：**　　　　　　联系电话：**

项目总预算：**万元,其中申请财政资金：**万元

项目实际到位金额：**万元,其中申请财政资金：**万元

项目实际支出金额：**万元,其中申请财政资金：**万元

项目起止时间：**年**月—**年**月

1. 项目单位基本情况

根据"三定方案"，**单位主要职责是**。**单位编制总数**名，截至**年**月，在职职工**人。**单位包括**等下级机构，该项目由**牵头，**等单位共同实施。**年主要承担负责省界水体、重要水功能区和重要入河排污口水质状况监测；负责流域重要水域、直管江河湖库及跨流域调水的水量水质监测工作，组织协调流域地下水监

测工作;发布流域水文水资源信息、情报预报和流域水资源公报。

2. 项目基本情况

\*\* 流域经济发达、人口众多,环境压力大。20 \*\* 年 \*\* 蓝藻大面积暴发,引发 \*\* 供水危机。目前 \*\* 流域依然存在边治理、边污染的现象,入湖河道污染负荷不断增加并累积,湖泊、河道水质污染严重,\*\* 富营养化问题尚未得到根本好转,流域水资源保护工作仍面临着严峻的形势。\*\* 局多年来一直开展水质监测工作,为 \*\* 流域片水资源保护和管理工作提供了大量坚实可靠的基础数据,充分发挥了耳目与哨兵的作用。

为促进流域水环境治理,合理开发利用水资源,20 \*\* 年,国务院批复了《\*\* 流域水环境综合治理总体方案》,20 \*\* 年国务院批复《\*\* 流域水功能区划》,2011 年中央一号文件明确要求实行最严格的水资源管理制度,建立水功能区限制纳污红线制度。20 \*\* 年 \*\* 月,第 \* 部流域性综合法规《\*\* 流域管理条例》正式施行。

水质监测是水资源保护和管理,实施最严格水资源管理制度的一项重要基础工作,能及时、准确、全面地反映水资源质量时空分布与变化规律,为国家合理开发利用和保护水资源提供系统水质资料,对保障人民生命健康、实现社会经济可持续发展具有十分重要的意义。

按照《水法》《水污染防治法》《\*\* 流域管理条例》等法律法规和流域机构"三定"职责要求,\*\* 局负责流域省界水体、水功能区、入湖河道等方面的水质监测和信息发布。为贯彻落实法律法规要求,切实履行"三定"职责,必须要做好 \*\* 流域水质监测工作,及时掌握重要水功能区、省界水体、入湖河道及水源地水质、水生态的动态变化,并及时将流域水质状况及时通报地方相关部门,推进地方政府进一步保护水资源,不断改善流域水环境。

为加强水质监测项目经费管理与使用,科学合理编报水质监测经费预算,水利部组织编制了水质监测业务经费定额标准,并以《关于印发水质监测定额标准(试行)的通知》〔20 \*\* 〕\*\* 号下发执行。

3. 项目绩效目标设定情况

(1) 项目绩效总目标

以贯彻落实国家和水利部有关部署为指导,按照流域水资源管理和保护职责,实施 \*\* 流域片省际边界水体、水功能区、入湖河道控制断面、饮用水水源地、湖库富营养化等监测工作,开展蓝藻调查和水生态监测,并做好仪器、设备、自动监测站、监测车船的运行维护,加强质量监督管理,保证成果质量,并对监测资料进行整编分析,有关成果进行通报发布,为流域水资源保护提供及时有效的基础数据,为上级部门的决策部署和流域水环境综合治理提供基础信息支撑;通过 \*\* 流域水质监测基础保障工作,确保该项工作正常开展,并发挥国家财政资金的最大效益。

(2) 年度绩效目标及指标

每月加强省界水体、水功能区、入河道、饮用水水源地的水质监测,全面、及时地反映年度 \*\* 流域片区水质状况,每月发布省界水体、重点水功能区水资源质量通报和入 \*\* 河道水质信息,为流域水资源保护和水资源管理提供基础资料和决策依据;通过对富营养化监测、蓝藻调查和水生态监测,为进行有关保护措施和水资源调度提供决策依据;完成年度水功能区水质监测资料整编,并及时做好水质数据分析工作,科学研判流域片水质变化趋势,做好基础信息服务;做好仪器、设备、自动监测站、监测车船运行维护,保障水质监测工作时效性;配合相关部门和单位做好设备购置管理及相关的资料保存、储存和复印等后勤保障工作。

（3）绩效指标

① 产出指标

本项目产出指标有 ** 个,其中:

数量指标:监测断面数量(国界河断面)( ** 个),监测断面数量(省界河断面)( ** 个),监测断面数量(江河湖泊水功能区)( ** 个),监测断面数量(主要大型饮用水水源地)( ** 个),监测断面数量(跨流域调水断面)( ** 个),监测断面数量(悬移质监测断面)( ** 个),监测断面数量(湖泊、水库富营养化监测断面)( ** 个),监测断面数量(水生态监测断面)( ** 个),监测断面次数(国界河断面)( ** 断面·次),监测断面次数(省界河断面)( ** 断面·次),监测断面次数(江河湖泊水功能区)( ** 断面·次),监测断面次数(主要大型饮用水水源地)( ** 断面·次),监测断面次数(跨流域调水断面)( ** 断面·次),监测断面次数(悬移质监测断面)( ** 断面·次),监测断面次数(湖泊、水库富营养化监测断面)( ** 断面·次),监测断面次数(水生态监测断面)( ** 断面·次),样品采集运输距离(km)($\geqslant$ ** km),自动站运行个数( ** 个),形成监测报告的数量($\geqslant$ ** 份)测试样品个数($\geqslant$ ** 个),形成监测数据并整理入库的数据($\geqslant$ ** 个)监测信息发布数量($\geqslant$ ** 份),《水环境状况通报》( ** 期),《重点城市主要供水水源地水资源质量旬报》( ** 期),《中国地表水资源质量年报》( ** 期)。

质量指标:是否按相关规定开展监测工作,质量控制合格率,水资源监测监控设施、系统、仪器等完好运行情况($\geqslant$ ** 天)。

时效指标:水质监测水样送检时效( ** 小时),《全国水环境状况通报》时效,《重点城市主要供水水源地水资源质量旬报》时效,《中国地表水资源质量年报》时效等。

成本指标:测次监测单位成本控制( ** 万元),成本消耗控制在预算之内( ** 万元)。

② 效益指标

本项目效益指标有 ** 个,其中:

经济效益指标:及时监测发现突发性水污染事故以减少经济损失(有效)。

社会效益指标:提高水质监控能力(明显)。

生态效益指标:严格执行限制纳污红线(有效)、促进水生态文明建设及治理工作(显著)。

可持续影响指标:及时了解水质情况以促进水资源可持续利用(明显)。

③ 满意度指标

服务对象满意度指标:各级水资源管理部门满意度($\geqslant$ ** %)。

该项目绩效目标执行过程中未进行调整。

（3）项目主要内容

按照《水质监测业务经费定额标准》,20＊＊年＊＊流域水质监测项目主要内容包括样品采集、样品分析、资料整编、信息编报、质量保障、维修维护等,主要开展省界河段水质水量监测,水功能区监测,饮用水水源地监测,湖泊、水库富营养化监测,水质资料整编与信息发布,监测中心计量认证,水质监测仪器设备检定及运行维护,水质自动监测站运行维护,水质监测车、监测船运行维护等。年度项目主要内容包括以下几个方面:

① 开展流域片省界水体水质监测工作,符合绩效目标要求。

② 开展流域片水功能区监测工作,符合绩效目标要求。

③ 每月富营养化和藻类生物量监测,获取监测数据,符合绩效目标要求。

④ 开展水质自动监测站维护,获取监测数据,产出符合绩效目标要求。

⑤ 省界（国界）断面、饮用水源地和国家重要基本监测断面的监测频次均实现每月1次,监测次数符合绩效目标要求。

⑥ 每月开展的省界水体、重点水功能区、入湖河道控制断面、富营养化监测,均编制监测报告。

⑦ 每月按时编制发布报送流域片省界水体、重要水功能区水资源质量状况通报;同时,完成流域片水资源质量年报。

⑧ 现使用的各项水质设备中强检设备、水质监测车、监测船及交通保障工具均能及时保养,正常运行,仪器设备完好情况满足绩效目标要求。

（二）项目资金使用及管理情况

1. 项目预算及资金到位情况分析

（1）预算编制情况。项目预算明细及各部分支出内容的测算依据如下:

维修维护经费＊＊万元、样品分析经费＊＊万元、资料整编经费＊＊万元、信息编报经费＊＊万元、质量保障经费＊＊万元、样品采集经费＊＊万元。

（2）资金到位情况。20＊＊年＊＊月,＊＊以《＊＊关于批复＊＊年预算的通知》(＊＊〔20＊＊〕＊＊号)批复水质监测项目经费＊＊万元,其中财政资金＊＊万元,资金到位率＊＊％。

2. 项目资金使用情况分析

＊＊年度水质监测项目,实际到位预算资金＊＊万元,实际支出预算资金＊＊万元,已序时有效的全部完成了＊＊年度预算执行工作。（项目经费预决算对比情况见表10-7）。

表 10-7　项目预算执行情况对照表　　　　　　　　　　　　　万元

| | 科　目 | 预　算 | 执　行 | 差　额 |
|---|---|---|---|---|
| 资金来源 | 合　计 | ＊＊ | ＊＊ | ＊＊ |
| | 财政拨款 | ＊＊ | ＊＊ | ＊＊ |
| | 其他资金 | ＊＊ | ＊＊ | ＊＊ |

续 表

| | 科 目 | 预 算 | 执 行 | 差 额 |
|---|---|---|---|---|
| | 合 计 | ** | ** | ** |
| | 专用材料费 | ** | ** | ** |
| 支出明细 | 委托业务费 | ** | ** | ** |
| | 劳务费 | ** | ** | ** |
| | 专用设备购置费 | ** | ** | ** |
| | …… | …… | …… | …… |
| 项目经费结转(结余) | | ** | | |

项目单位会计核算规范,预算控制有效,未发现支出依据不合规、虚列项目支出的情况,未发现截留、挤占、挪用项目资金的情况,未发现超标准开支情况。项目执行进度科学合理,达到预算执行进度目标要求。

3. 项目资金管理情况分析

(1) 财务管理制度制定情况

项目单位认真贯彻国家相关制度办法,同时结合工作实际,先后制订了《 ** 项目资金管理办法》《 ** 预算管理办法》等规章制度,从资金管理、预算管理、资产管理、合同管理等方面不断完善水质监测项目的管理制度体系,健全财务管理制度。

(2) 财务制度执行情况

** 年水质监测项目实行专项管理,在经费使用上,严格按照《中央本级项目支出预算管理办法》等财政部有关规定执行,预算经费独立核算、专款专用,各项支出均按照财务管理各项规章制度要求,做到经费支出合理,经常核查项目具体实施进度,确保项目按进度计划实施,做好水质监测资金的管理和财务核算,切实有效保证各项水质监测工作的顺利完成,预算执行情况良好。

通过各项制度的严格执行, ** 年项目执行中未出现违法违规现象,资金支出安全有效,财务运行健康有序。

(三) 项目组织实施情况

(1) 项目组织情况分析

水质监测项目由 ** 单位统一管理,由 ** 、 ** 等单位共同承担。水质监测项目组织机构健全,项目目标与责任分工明确,组织实施程序符合业务规范要求,项目主要参与人员经验丰富,技术力量雄厚,基础设施设备条件完备,能够确保项目顺利、高效、高质的完成。

** 单位作为项目主管部门切实履行项目管理职责,指导、督促各单位扎实开展业务工作; ** 单位财务主管部门及时批复项目预算和绩效目标,监督、指导资金管理和使用。各承担单位任务分工明确,切实可行,根据编制的《水质监测项目 ** 年度实施方案》,细化梳理年度工作任务,主要业务工作制定详细的工作计划、工作方案,同时,把工作责任落实到班子成员、部门和个人,做到有计划、有安排、有检查、有督促,充分利用现有人员、技术、设备等支撑条件,加强质量控制和服务保障,合理安排开展水质监测业务。项目完成后,各预算执行单位按照规定分别组织完成了项目自验工作。

目前各项工作均已按照计划进度实施完成,截至＊＊年＊＊月,全部对外委托项目均已通过合同验收。在设备管理上,项目单位通过政府采购网批量集中采购方式采购,固定资产已验收入账。在项目实施过程中,项目单位注重档案资料的归纳与管理,按资料清单要求完成项目实施过程中资料收集和管理工作,工作及时,资料基本完整。

(2) 项目管理情况分析

① 水质监测业务管理制度健全

水质监测项目承担单位机构健全,制度建设良好。项目承担单位根据编制的《20＊＊年水质监测项目实施方案》,进一步细化梳理年度工作任务,制定详细的工作计划,严格按照年度工作计划、《政府采购法》《招投标法》《＊＊经济合同管理办法》以及实验室仪器设备管理办法制度等开展工作,项目目标与责任分工明确,组织实施程序符合业务规范要求,项目主要参与人员经验丰富,技术力量雄厚,基础设施设备条件完备,能够确保项目的顺利、高效、高质完成。

② 制度执行有效、质量可控

项目执行过程中,各承担单位严格按照国家相关规定,各项委托合同的管理严格按照财经制度执行,规范了项目实施程序,认真做好合同履行的督促、检查以及验收等工作。在对外委托项目的管理上,项目单位均严格执行《＊＊项目资金管理办法》《＊＊预算管理办法》等规定,规范了项目实施程序,切实加强项目合同全过程的监管。合同订立前均认真审查委托单位的资信情况,以及履行合同应具有的相应资质和业务能力,审核通过后方可签订。合同验收后,经相关领导签字审核方可结算(项目委托业务实施情况见表10-8)。

表10-8　项目委托业务费实际支出与计划对照表　　　　　　　万元

| 序号 | 合同名称 | 被委托单位 | 预算金额 | 实际金额 |
|---|---|---|---|---|
| 1 | ＊＊ | ＊＊ | ＊＊ | ＊＊ |
| 2 | ＊＊ | ＊＊ | ＊＊ | ＊＊ |
| … | … | … | … | … |
| … | … | … | … | … |
| … | … | … | … | … |
| 合　计 | | | ＊＊ | ＊＊ |

对于符合政府采购要求的商品和服务,严格按照《政府采购法》《招投标法》《水利部部门集中采购管理实施细则(试行)》等要求实施政府采购。

(四) 项目绩效情况

1. 项目绩效目标完成情况分析

(1) 项目的经济性分析

① 项目成本(预算)控制情况

项目单位针对项目工作实际,合理确定对外委托项目,并通过定向委托等方式确定合作单位,通过合同洽谈等工作,进一步明确合同内容,提高了外委资金使用效益。各承担单位认真按照项目实施方案,精心组织安排项目实施工作,经费基本按照批复的预算执行,各经济科目决算金额与预算没有较大的差异,项目总金额没有突破预算,项目成本控制情况良好。项目预算执行严格按照预算控制数,资金使用安全,无违规使用项目经费情况。项目支出总金额没有突破年度预算,项目预算总体控制较好。

② 项目成本(预算)节约情况

在预算执行过程中采取了多种措施节约成本,如通过政府采购等方式进行相关采购,以较为合理的价格购置相关货物或服务;通过加强车船的日常运行保养,加强维修监管,减少油箱跑冒滴漏,力求节能减耗,提高运行维护费效率;出差、监测调查等工作中采用拼车、合理规划路线、乘坐经济型公共交通工具等方式节约交通成本,同时严格按照差旅费管理要求,住宿不超标;通过信息化的办公方式,节约纸张、流转成本,提高办公效率;寄送文件材料时多用平信、尽量少用或不用快递等方式节约通讯成本;在召开会议前,多通过电话、网络通讯等方式进行事先沟通,减少会议召开时间,严格控制会议费标准,节约会议费支出;日常注意办公室、实验室水电等资源节约;实验室检测分析工作批量开展,减少药品、仪器、人工的不必要浪费。

(2) 项目的效率性分析

① 项目的实施进度

本项目的水质监测和信息发布工作均按月开展,每月 1—13 日完成现场人工监测及采样,每月 25 日前完成当月监测分析任务,每月月底前完成上月信息汇总编制和发布工作。年底前完成了全年工作任务。

项目单位水质监测工作有序开展、及时有效,全部完成了项目预期目标。其中监测断面数量(国界河断面)(＊＊ 个),监测断面数量(省界河断面)(＊＊ 个),监测断面数量(江河湖泊水功能区)(＊＊ 个),监测断面数量(主要大型饮用水水源地)(＊＊ 个),监测断面数量(跨流域调水断面)(＊＊ 个),监测断面数量(悬移质监测断面)(＊＊ 个),监测断面数量(湖泊、水库富营养化监测断面)(＊＊ 个),监测断面数量(水生态监测断面)(＊＊ 个),监测断面次数(国界河断面)(＊＊ 断面·次),监测断面次数(省界河断面)(＊＊ 断面·次),监测断面次数(江河湖泊水功能区)(＊＊ 断面·次),监测断面次数(主要大型饮用水水源地)(＊＊ 断面·次),监测断面次数(跨流域调水断面)(＊＊ 断面·次),监测断面次数(悬移质监测断面)(＊＊ 断面·次),监测断面次数(湖泊、水库富营养化监测断面)(＊＊ 断面·次),监测断面次数(水生态监测断面)(＊＊ 断面·次),样品采集运输距离(km)(≥ ＊＊ km),自动站运行个数(＊＊ 个),形成监测报告的数量(≥ ＊＊ 份)测试样品个数(≥ ＊＊ 个),形成监测数据并整理入库的数据(≥ ＊＊ 个)监测信息发布数量(≥ ＊＊ 份)等指标数据优于上一年;样品监测设备、专用仪器等固定资产采购根据政府采购有关规定执行。

② 项目完成质量

每项监测工作均有监测工作方案,明确了监测指标、监测频次。在水质监测质量控制方面,监测单位有完善的质量控制管理体系,数据的采集、录入,报表的填报审核均有专人把关负责。项目执行过程的各环境严格按照质量体系文件实施,达到了《水环境监测规范》(SL219—98)、《水文巡测规范》(SL195—97)、《水质采样技术规范》(SL187—96)以及《水质监测质量管理监督检查考评评定办法》等规范和办法要求。

截止 20\*\* 年 \*\* 月 \*\* 日,单批监测分析质量合格率 \*\* ％,错报率 \*\* ％,水质监测分析重新检测比例 \*\* ％,重新采样比例 \*\* ％,均符合有关技术规范,满足绩效目标要求;现使用的各项水质设备中,新增的仪器设备维护率 \*\* ％,易损易耗材料更换率大于\*\* ％,定期检定工作比例大于 \*\* ％,维修质量合格率 \*\* ％,设备总体完好;各水质监测车、监测船及交通保障工具均能及时保养,正常运行;自动站正常运行 \*\* 天。仪器设备完好情况满足绩效目标要求。

成本消耗是否控制在预算之内;资金使用是否安全,无违规。截至 20\*\* 年 \*\* 月 \*\*日,本项目财政拨款实际支出 \*\* 万元,占预算批复数的 \*\* ％,项目资金使用按批复的预算和实施方案执行,支付进度满足序时进度要求,资金使用安全,无违规。

(3) 项目的有效性分析

通过本项目的实施,及时有效地掌握了流域省界水体、重点水功能区水质状况,以及蓝藻分布状况,为加强流域水资源保护管理、推进流域水环境综合治理、科学实施流域水资源调度提供了准确、及时的技术支撑和决策依据。

① 经济效益实现情况

开展水质监测工作,及时有效掌握了水流域重要水体水质、水生态变化,尤其是蓝藻情况变化,促进流域省市及时开展蓝藻打捞和局部水体水质恶化应急处置,避免发生突发水污染事件;及时监测发现突发性水污染事故,启动应急预案、开展应急监测、组织应急会商、实施应急调度、通报相关部门,减少经济损失。

② 社会效益实现情况

水质监测工作为流域水资源调度、水环境综合治理、水生态文明建设等工作提供了基础信息服务和技术数据支撑,推动最严格水资源管理制度的进一步落实,保障流域水资源合理有序的开发利用,促进水功能区水质改善和水源地供水水质安全,维护人民群众的用水安全和生态环境安全,有利于流域经济发展和社会稳定。

③ 生态效益实现情况

通过开展水质监测工作,实现蓝藻预警和富营养化监测,获取了大量监测数据,为流域水资源调度、水质变化趋势预测等工作提供基础信息服务和技术数据支撑,最大程度地保障了流域饮用水安全,有利于流域经济发展和社会稳定;同时,也全面、客观地反映出流域水环境综合治理的效果,进一步推进各项综合治理措施的有效实施,促进水质改善,保障水资源持续有效利用。

④ 可持续影响实现情况

通过开展本项目,有效推进了流域水环境综合治理,水质持续好转,流域水功能区达标率有了较大提高,保障了水资源持续有效利用和社会经济的可持续发展。

⑤ 社会公众或服务对象满意度实现情况

通过定期向社会公众发布省界水体水资源状况通报,如流域省界水体、重要水源地水质状况、富营养化等内容,加强流域水资源保护宣传,及时向社会发布流域省界水体水资源质量状况,促进了公众关注流域水环境状况,提高了公众水环境保护意识。

（4）项目的可持续性分析

水质监测是流域开展各项水利工作的基础性工作，也是一项需要长期开展的工作。本项目依据《水法》《**流域管理条例》以及**局"三定"方案赋予的职责而申报开展的，相关政策具有连续性。项目资金来源为财政预算二级项目，经费有保障，各承担单位人员固定、层次结构相对合理，监测仪器设备配置齐全，实验室管理体系完善，满足监测工作长期开展的需要，并建立了相应的项目财务和业务管理制度。同时对往年工作开展、预算执行和绩效考评中发现的问题也逐步纠正，在今后工作中不断降低风险、提高资金使用安全性和效率。（绩效目标完成情况详见表 10-9）。

**表 10-9 水质监测项目支出绩效目标完成情况对照表**

| 批复绩效目标 | 1：完成 20**年度**流域片省界水体、水功能区、主要入**河道、重要水源地水质监测以及**、富营养化和水生态监测工作，为水资源管理保护提供基础信息和决策依据。<br>2：完成流域水质监测质量管理、保障与监督工作，做好监测仪器设备、自动监测站、监测车船的运行维护工作，完成 20**年度**流域片水功能区水质资料整编工作，推动省市监测工作，提高监测水平，保证水质监测数据质量。<br>3：完成 20**年月度水功能区水质通报、省界水体水质通报、**条主要入**控制断面水质信息的编发工作，履行流域管理职能，有效推动流域水环境综合治理 | | 绩效目标完成情况 | 各项工作均已完成，达到预期目标 | |
|---|---|---|---|---|---|
| 项目绩效指标 | 指标 | 指标内容 | 批复指标值 | 指标完成值 | 备注 |
| | 产出指标 | 水功能区断面水质监测 | **个 | **个 | |
| | | 省、国界断面水质监测 | **个省界断面 | **个省界断面 | |
| | | 饮用水源地水质监测 | **个 | **个 | |
| | | 大型湖库富营养化监测 | **个 | **个 | |
| | | 水生态断面监测 | **个 | **个 | |
| | | 入**河道控制断面数 | **个 | **个 | |
| | | 实验室安全保障的个数 | **个 | **个 | |
| | | 监测站、监视站个数 | **个 | **个 | |
| | | 运维信息系统 | **套 | **套 | |
| | | 运维监测船 | **艘 | **艘 | |
| | | 获取监测数据量 | ≥**万个 | **万个 | |
| | | 获取蓝藻视频图像数量 | **万个 | **万个 | |
| | | 水功能区水质资料整编数据量 | ≥**万个 | **万个 | |
| | | 形成监测报告数量 | **份 | **份 | |

| | 指标 | 指标内容 | 批复<br>指标值 | 指标<br>完成值 | 备注 |
|---|---|---|---|---|---|
| 项目绩效指标 | 产出指标 | 通报编发数量 | ** 份 | ** 份 | |
| | | 水功能区、省界、入 ** 河道、富营养化、水生态监测频次达到每月一次 | ** 次/年 | ** 次/年 | |
| | | 单批监测分析质量合格率 | ≥ ** % | ** % | |
| | | 水质监测分析重新检测比例低 | ≤ ** % | ** % | |
| | | 仪器设备完好率、维护率、维修质量合格率 | 均不小于<br>** % | ≤ ** % | |
| | | 监测车、船安全保障率 | ** % | ** % | |
| | | 整编数据抽检合格率 | ** % | ** % | |
| | | 浮台式水质自动站比测准确率 | ≥ ** % | ** % | |
| | | 监测报告通过专家组验收 | ** 局内部<br>专家组 | ** 局内部<br>专家组 | |
| | | 自动站运维工作通过专家组验收 | ** 局内部<br>专家组 | ** 局内部<br>专家组 | |
| | | 监测任务进度完成率 | ** % | 100% | |
| | | 现场人工监测完成时间 | 当月 ** 号 | 当月 ** 号 | |
| | | 资料整编完成时间 | ** 月底前 | ** 月 | |
| | | 总支出控制在预算之内 | ** 万元 | ** 万元 | |
| | | 咨询费 | ** 元/人次 | ** 元/人次 | |
| | | 会议费、培训费 | ** 元/人天 | ** 元/人天 | |
| | 效益指标 | 通过监测,及时发现水质变化,促进地方加强水环境治理,降低经济发展所需的水资源成本 | 显著 | 达标 | |
| | | 通报提供相关单位次数 | ≥ ** 次 | ** 次 | |
| | | 提高突发水污染事件的响应速度 | ** | ** 小时 | |
| | | 推进各项综合治理措施的有效实施,对流域重要河湖的生态健康有重要的促进作用 | 明显 | 达标 | |
| | | 推动水环境质量改善,促进水资源持续有效利用 | 明显 | 达标 | |
| | 服务对象满意度指标 | 水质监测数据使用部门满意程度 | ≥ ** % | ≥ ** % | |
| | | 数据使用单位投诉次数 | ≤ ** 次 | ** 次 | |

（五）其他需要说明的问题

1. 后期工作计划

本项目后续将按照档案管理要求，完善项目管理目录，收集整理项目资料，做好归档工作。

按照 20** 年 ** 流域水质监测预算项目确定的各项工作，依据实施方案认真组织开展 20** 年水质监测工作，确保各项任务按质按量完成；同时严格执行各项财经制度，保障项目资金合法、有序、高效、安全使用。

2. 主要经验、做法、存在问题及建议等

（1）主要经验及做法

① 在国家大政方针和水利部相关规定框架内，项目单位立足于实际情况，结合水质监测业务工作需求，进一步完善项目管理制度，落实责任，加强项目各环节中的管理，保证项目正常开展和资金安全。

② 业务部门与财务部门沟通与合作良好，保证了项目的顺利完成；合同管理制度健全，保障了外委业务工作正常开展和资金安全。

（2）存在问题和建议

① 本项目在资金使用上，能严格执行国家有关财经制度，按照项目预算管理的有关规定实行专款专用，预算执行与批复基本相符，实际支出内容与批复的预算存在少许偏差，此外，水质监测业务定额的分解与现行的预算支出项目不相对应，在编制预算时难以兼顾。建议今后需进一步提高预算编制的准确性和强化预算的执行管理。

② 随着流域水资源保护管理工作内涵的不断丰富，水质监测任务也在逐步拓展，部分监测设施设备老化，不能完全满足水质监测、水环境预测预警要求及事业发展的需要，建议根据工作的实际需求，进一步加大水质监测资金投入力度，更好地为流域管理工作提供保障。

③ 20** 年 ** 发生超标准洪水，水位高风浪大，为水质监测采样、测站现场维护等工作带来了一定困难。

（六）项目评价工作情况

1. 评价工作开展情况

根据《水利部财务司关于开展 20** 年度部门试点项目和单位整体支出绩效评价工作的通知》（财务预〔20**〕** 号）文件要求，及时组织各承担单位开展水质监测绩效评价的各项工作，并认真组织，整理相关资料，并严格按照绩效考评评价指标体系，逐项进行对照分析，对有关记录、财务账目、成果资料和相关材料进行认真核查，逐项进行评价打分，得出评价结论。在上述工作的基础上，汇总编制完成了 20** 年水质监测预算项目绩效报告和绩效自评价报告；同时按照绩效评价资料准备清单，准备好上级机构评价所需的绩效材料。

2. 评价结论

20** 年度水质监测预算项目目标明确，符合工作实际，有明确的实施计划和完整的绩效指标体系，预算安排合理；项目单位财务管理制度健全，责任分工明确；各项年度任务已经全面完成，取得了良好的社会和环境效益，为以后的工作积累了可靠的基础资料，较好地完成了年度、长期及效率绩效目标。

通过算术平均方法，\*\* 年度水质监测综合评价得分为 \*\* 分，绩效评定级别为"\*\*"。其中项目投入得分 \*\* 分、项目过程得分 \*\* 分、项目产出得分 \*\* 分、项目效果得分 \*\* 分。整体上，该项目投入、过程、产出及效果 4 个方面完成情况均较好，从前期项目立项及内容设计，到中间项目过程管理以及最后项目产出、效果实现，均未出现较为薄弱管控环节或执行风险，项目总体执行情况较好，完成质量较高（项目绩效评价指标体系及评分情况详见表 10-10）。

**表 10-10 20\*\* 年度水利部 \*\* 局水质监测项目绩效评价指标体系及评分标准**

| 一级指标 | 分值 | 二级指标 | 分值 | 三级指标 | 分值 | 四级指标 | 分值 | 指标解释 | 计划指标值 | 实际完成值 | 评价标准 | 得分 |
|---|---|---|---|---|---|---|---|---|---|---|---|---|
| 投入 | 20 | 项目立项 | 18 | 项目立项规范性 | 2 | 立项程序规范完整性 | 1 | 项目申请、设立的程序及相关资料是否符合相关要求，如"是否经过专家可行性研究（实施方案）、专家论证、风险评估、集体决策"等。用以反映和考核项目立项程序的规范完整性 | —— | —— | 预算申报材料（申报文本、绩效目标、实施方案），共 3 项材料，每缺少一项扣 0.5 分，扣至 0 分为止 | \*\* |
| | | | | | | 立项论证的充分性 | 1 | 项目申请、设立的论证是否充分。用以反映和考核项目立项论证的充分性 | —— | —— | 1.项目申请、设立的论证充分，1 分；2.项目申请、设立的论证较充分，0.5 分；3.项目申请、设立的论证充分性不够，0 分 | \*\* |
| | | | | 绩效目标合理性 | 8 | 目标与职能的相符性 | 2 | 项目所设定的绩效目标与项目单位职能是否相符。用以反映和考核项目绩效目标与单位职能相符情况 | —— | —— | 1.绩效目标符合项目单位职能，2 分；2.绩效目标较符合项目单位职能，1~2 分；3.绩效目标与项目单位职能不够相符，0~1 分 | \*\* |
| | | | | | | 目标政策依据的充分性 | 2 | 项目所设定的绩效目标与项目单位职能是否相符。用以反映和考核项目绩效目标与单位职能相符情况 | —— | —— | 1.绩效目标符合项目单位职能，2 分；2.绩效目标较符合项目单位职能，1~2 分；3.绩效目标与项目单位职能不够相符，0~1 分 | \*\* |

| 一级指标 | 分值 | 二级指标 | 分值 | 三级指标 | 分值 | 四级指标 | 分值 | 指标解释 | 计划指标值 | 实际完成值 | 评价标准 | 得分 |
|---|---|---|---|---|---|---|---|---|---|---|---|---|
| 投入 | 20 | 项目立项 | 18 | 绩效目标合理性 | 8 | 目标与现实需求相符性 | 2 | 项目所设定的绩效目标是否符合客观实际、现实需求。用以反映和考核项目绩效目标与现实需求的相符情况 | —— | —— | 1.绩效目标符合现实需求,2分;2.绩效目标较符合现实需求,1~2分;3.绩效目标与现实需求不够相符,0~1分 | ** |
| | | | | | | 关键目标的明确合理性 | 2 | 项目绩效目标的关键目标是否明确、合理,指标值是否经过调查研究和科学论证,符合客观实际,能够在一定期限内如期实现。用以反映绩效目标的明确性以及指标值的合理性 | —— | —— | 1.包含关键目标且指标值设置合理,2分;2.包含关键目标,但指标值设置不够合理,1~2分;3.没有关键目标,0~1分 | ** |
| | | | | 绩效指标明确性 | 8 | 绩效指标细化、量化程度 | 2 | 绩效指标(产出指标,效果指标)是否清晰、细化、量化,不能以量化形式表述的是否可衡量。用以反映和考核项目绩效目标的明细化及量化情况 | —— | —— | 1.绩效指标清晰、细化、量化,2分;2.绩效指标较清晰、细化、量化,1~2分;3.绩效指标不够清晰、细化、量化,0~1分 | ** |
| | | | | | | 绩效指标分解批复的合理性(选用) | 2 | 项目绩效指标是否进行合理分解批复。用以反映打捆项目绩效目标的向下分解情况 | —— | —— | 1.绩效指标分解批复合理,2分;2.绩效指标分解批复较合理,1~2分;3.绩效指标分解批复不够合理,0~1分 | ** |
| | | | | | | 绩效指标与绩效目标的匹配性 | 2 | 项目绩效指标是否与绩效目标关联,绩效指标是否充分体现绩效目标。用以反映绩效指标与绩效目标的匹配情况 | —— | —— | 1.绩效指标与绩效目标匹配,2分;2.绩效指标与绩效目标较匹配,1~2分;3.绩效指标与绩效目标不够匹配,0~1分 | ** |
| | | | | | | 绩效指标与预算的匹配性 | 2 | 绩效指标与预算是否匹配。用以反映和考核项目绩效指标与项目预算的对应情况 | —— | —— | 1.绩效指标与项目预算匹配,2分;2.绩效指标与项目预算较匹配,1~2分;3.绩效指标与项目预算不够匹配,0~1分 | ** |

| 一级指标 | 分值 | 二级指标 | 分值 | 三级指标 | 分值 | 四级指标 | 分值 | 指标解释 | 计划指标值 | 实际完成值 | 评价标准 | 得分 |
|---|---|---|---|---|---|---|---|---|---|---|---|---|
| 投入 | 20 | 资金落实 | 18 | 资金足额到位性 | 1 | 资金到位率 | 1 | 实际到达最末级单位的资金金额与计划投入资金的比率,用以反映和考核资金落实情况对项目实施的总体保障程度。资金到位率=(实际到位资金/预算金额)×100%。实际到位资金:一定时期内实际落实到具体项目的资金。预算资金:一定时期内计划投入到具体项目资金 | —— | —— | 得分=资金到位率×1分 | ** |
| | | | | 资金及时到位性 | 1 | 资金到位及时率 | 1 | 考核资金到达各级单位的及时性,预算批复后资金是否在15个工作日内下达 | —— | —— | 1.预算批复后资金在15个工作日内下达,1分; 2.预算批复后资金在20个工作日内下达,0.5分; 3.预算批复后资金超过20个工作日下达,0分 | ** |
| 过程 | 25 | 业务管理 | 13 | 业务管理制度健全性 | 3 | 业务管理制度健全性 | 3 | 项目实施单位针对项目相关业务内容,所适用的业务管理制度是否明确,自身制定的业务管理制度是否健全,包括项目的设立、质量管理、安全管理、项目验收等流程管理制度。用以反映管理制度的健全性 | —— | —— | 1.业务管理制度健全,3分; 2.业务管理制度较健全,1.5~3分; 3.业务管理制度不够健全,0~1.5分 | ** |
| | | | | 制度执行有效性 | 6 | 业务执行与制度相符性 | 2 | 业务执行(如立项、实施、政府采购、质量安全管理、项目验收等)是否符合相关的法律、法规,是否符合相关业务管理制度要求。用以反映业务执行与法律法规、业务管理制度的相符性 | —— | —— | 1.业务执行符合相关法律法规、业务管理制度的要求,2分; 2.业务执行较符合相关法律法规、业务管理制度的要求,1~2分; 3.业务执行不够符合相关法律法规、业务管理制度的要求,0~1分 | ** |

| 一级指标 | 分值 | 二级指标 | 分值 | 三级指标 | 分值 | 四级指标 | 分值 | 指标解释 | 计划指标值 | 实际完成值 | 评价标准 | 得分 |
|---|---|---|---|---|---|---|---|---|---|---|---|---|
| 过程 | 25 | 业务管理 | 13 | 制度执行有效性 | 6 | 项目档案的完备性和正确性 | 2 | 项目档案是否能完整反映业务流程的各个环节,档案资料内容是否正确、不矛盾冲突。用以反映和考核项目档案的质量 | —— | —— | 1.项目档案完备且资料内容正确,2分;<br>2.项目档案较完备且资料内容较正确,1~2分;<br>3.项目档案不够完备且资料内容不够正确,0~1分 | ** |
| | | | | | | 调整手续履行情况 | 2 | 业务工作内容调整手续是否按制度履行。用以反映调整手续的执行情况 | —— | —— | 1.严格按照制度履行调整手续,2分;<br>2.较严格按照制度履行调整手续,1~2分;<br>3.未能严格按照制度履行调整手续,0~1分 | ** |
| | | | | 项目质量可控性 | 4 | 质量标准健全性 | 2 | 项目实施单位是否已制定或具有相应的项目质量要求或标准。用以反映和考核项目质量标准建设情况 | —— | —— | 1.制定的项目质量要求或标准健全,2分;<br>2.制定的项目质量要求或标准较健全,1~2分;<br>3.制定的项目质量要求或标准不够健全,0~1分 | ** |
| | | | | | | 管控措施有效性 | 2 | 项目实施单位是否为达到项目质量要求而采取了必需且有效的措施。用以反映和考核项目实施单位对项目质量的控制情况 | —— | —— | 1.为达到项目质量要求而采取的管控措施有效,2分;<br>2.为达到项目质量要求而采取的管控措施较有效,1~2分;<br>3.未采取必需且有效的管控措施,项目完成质量较差,0~1分 | ** |

| 一级指标 | 分值 | 二级指标 | 分值 | 三级指标 | 分值 | 四级指标 | 分值 | 指标解释 | 计划指标值 | 实际完成值 | 评价标准 | 得分 |
|---|---|---|---|---|---|---|---|---|---|---|---|---|
| 过程 | 25 | 财务管理 | 12 | 财务管理制度健全性 | 3 | 财务管理制度健全性 | 3 | 项目实施单位的财务管理制度是否全面、完整、合理。用以反映和考核财务管理制度对资金规范、安全运行的保障情况 | —— | —— | 1. 财务管理制度全面、完整、合理，3分；2. 财务管理制度较全面、完整、合理，1.5～3分；3. 财务管理制度不够全面、完整、合理，0～1.5分 | ** |
| | | | | 资金使用合规性 | 6 | 资金使用合法合规性 | 3 | 资金使用是否单独核算、符合会计核算制度、有完整的审批手续，项目的重大开支是否经过评估认证；委托单位的遴选程序是否符合相关法律法规要求，如招投标、多家方案比选等；项目资金使用是否存在截留、挤占、挪用、虚列支出等情况。用以反映和考核项目资金使用的合法合规情况 | —— | —— | 1.资金使用合法合规，3分；2.资金使用较合法合规，1.5分；3.资金使用不够合法合规，0分 | ** |
| | | | | | | 资金使用与预算的一致性 | 3 | 项目资金使用是否符合项目预算批复用途。用以反映和考核项目资金使用与预算的一致性 | —— | —— | 1.资金使用与预算批复一致，3分；2.资金使用与预算批复较一致，1.5～3分；3.资金使用与预算批复不够一致，0～1.5分 | ** |
| | | | | 财务监控有效性 | 3 | 财务监控有效性 | 3 | 项目实施单位是否为保障资金的安全、规范运行而建立了内控管理制度，是否采用了必要的监控措施，如不相容岗位相互分离、内部授权审批控制、预算控制、会计控制、单据控制、信息内部公开等，是否做到会计核算规范、信息真实。用以反映和考核项目实施单位对资金运行的控制情况 | —— | —— | 1.财务监控机制健全，管控措施有效，3分；2.财务监控机制较健全，管控措施较有效，1.5～3分；3.财务监控机制不够健全，管控措施不够有效，0～1.5分 | ** |

续 表

| 一级<br>指标 | 分<br>值 | 二级<br>指标 | 分<br>值 | 三级<br>指标 | 分<br>值 | 四级<br>指标 | 分<br>值 | 指标解释 | 计划<br>指标<br>值 | 实际<br>完成<br>值 | 评价标准 | 得<br>分 |
|---|---|---|---|---|---|---|---|---|---|---|---|---|
| 产出 | 25 | 项目<br>产出 | 25 | 实际<br>完成<br>率 | 18 | 监测断面<br>数量(国<br>际界河断<br>面/省际<br>界河断<br>面/其他<br>断面) | 3 | 项目实施的实际<br>产出数与计划产<br>出数的比率,用以<br>反映和考核项目<br>产出数量目标的<br>实现程度。<br>实际完成率=(实<br>际产出数/计划产<br>出数)×100%。<br>实际产出数:一定<br>时期(本年度或项<br>目期)内项目实际<br>产出的产品或提<br>供的服务数量。<br>计划产出数:项目<br>绩效目标确定的<br>在一定时期(本年<br>度或项目期)内计<br>划产出的产品或<br>提供的服务数量 | —— | —— | 1.监测国际界河断<br>面数量实际完成率<br>得分=实际完成率<br>×1分,超过1分<br>的按1分计。<br>2.监测省际界河断<br>面数量实际完成率<br>得分=实际完成率<br>×1分,超过1分<br>的按1分计。<br>3.监测其他断面数<br>量实际完成率得分<br>=实际完成率×1<br>分,超过1分的按<br>1分计 | ** |
| | | | | | | 监测断面<br>数量(江<br>河湖泊水<br>功能区/<br>主要大型<br>饮用水水<br>源地/跨<br>流域调水<br>断面) | 3 | | —— | —— | 1.监测江河湖泊<br>水功能区断面数<br>量实际完成率得<br>分=实际完成率<br>×1分,超过1分<br>的按1分计。<br>2.监测主要大型<br>饮用水水源地断<br>面数量实际完成<br>率得分=实际完<br>成率×1分,超过<br>1分的按1分计。<br>3.监测跨流域调<br>水断面数量实际<br>完成率得分=实<br>际完成率×1分,<br>超过1分的按1<br>分计 | ** |
| | | | | | | 监测断面<br>数量(湖<br>泊、水库<br>富营养化<br>监测断<br>面/水生<br>态监测断<br>面) | 2 | | —— | —— | 1.监测湖泊、水库<br>富营养化监测断<br>面数量实际完成<br>率得分=实际完<br>成率×1分,超过<br>1分的按1分计。<br>2.监测水生态监<br>测断面数量实际<br>完成率得分=实<br>际完成率×1分,<br>超过1分的按1<br>分计 | ** |

| 一级指标 | 分值 | 二级指标 | 分值 | 三级指标 | 分值 | 四级指标 | 分值 | 指标解释 | 计划指标值 | 实际完成值 | 评价标准 | 得分 |
|---|---|---|---|---|---|---|---|---|---|---|---|---|
| 产出 | 25 | 项目产出 | 25 | 实际完成率 | 18 | 监测断面数量(饮用水源地站点/重点地区一般地下水站点/污染严重的控制井) | 3 | 项目实施的实际产出数与计划产出数的比率,用以反映和考核项目产出数量目标的实现程度。<br>实际完成率=(实际产出数/计划产出数)×100%。<br>实际产出:一定时期(本年度或项目期)内项目实际产出的产品或提供的服务数量。<br>计划产出:项目绩效目标确定的在一定时期(本年度或项目期)内计划产出的产品或提供的服务数量 | —— | —— | 1. 监测饮用水源地站点断面数量实际完成率得分=实际完成率×1分,超过1分的按1分计。<br>2. 监测重点地区一般地下水站点断面数量实际完成率得分=实际完成率×1分,超过1分的按1分计。<br>3. 监测污染严重的控制井断面数量实际完成率得分=实际完成率×1分,超过1分的按1分计 | |
| | | | | | | 对省界(国界)断面、饮用水源地和国家重要基本监测断面监测次数 | 1 | | —— | —— | 得分=实际完成率×1分,超过1分的按1分计 | ** |
| | | | | | | 对国家一般监测断面应在丰、平、枯水期监测次数 | 1 | | —— | —— | 得分=实际完成率×1分,超过1分的按1分计 | ** |
| | | | | | | 地下水检测频次 | 1 | | —— | —— | 得分=实际完成率×1分,超过1分的按1分计 | ** |
| | | | | | | 自动监测站运行维护站点个数 | 1 | | —— | —— | 得分=实际完成率×1分,超过1分的按1分计 | ** |
| | | | | | | 形成监测报告的数量 | 1 | | —— | —— | 得分=实际完成率×1分,超过1分的按1分计 | ** |
| | | | | | | 形成监测数据并整理入库的数 | 1 | | —— | —— | 得分=实际完成率×1分,超过1分的按1分计 | ** |

| 一级指标 | 分值 | 二级指标 | 分值 | 三级指标 | 分值 | 四级指标 | 分值 | 指标解释 | 计划指标值 | 实际完成值 | 评价标准 | 得分 |
|---|---|---|---|---|---|---|---|---|---|---|---|---|
| 产出 | 25 | 项目产出 | 25 | 实际完成率 | 18 | 监测信息报送(发布)数量 | 1 | | —— | —— | 得分＝实际完成率×1分,超过1分的按1分计 | ** |
| | | | | 质量达标情况 | 3 | 按相关规定开展监测工作 | 1 | 对照实际批复的绩效目标,对项目质量达标情况进行评价 | 是 | 是 | 1.达到既定标准,1分;2.较好达到既定标准,0.5分;3.未达到既定标准,0分 | ** |
| | | | | | | 重新检测率 | 1 | | —— | —— | 1.达到既定标准,1分;2.未达到既定标准,偏差2%以内,0.5分;3.未达到既定标准,偏差2%以上,0分 | ** |
| | | | | | | 仪器设备完好情况 | 1 | | —— | —— | 1.仪器设备正常运行天数大于180天,1分;2.仪器设备正常运行天数大于等于160天,0.5分;3.仪器设备正常运行天数小于160天,0分 | ** |
| | | | | 完成及时情况 | 2 | —— | 2 | 项目产出时效是否符合项目绩效目标及实施方案的进度要求,用以考核和反映项目完成的及时性 | —— | —— | 1.项目完成及时,2分;2.项目完成较及时,1~2分;3.项目完成不够及时,0~1分 | ** |
| | | | | 成本控制及节约情况 | 2 | 成本消耗控制在预算之内;资金使用安全,无违规 | 2 | 对项目成本控制及节约情况进行评价,重点为是否按要求采取政府采购措施控制成本 | 是 | 是 | 1.项目成本不超预算,且按要求执行政府采购,得2分;2.未执行政府采购,每出现1次扣除0.5分,扣至0分为止 | ** |

| 一级指标 | 分值 | 二级指标 | 分值 | 三级指标 | 分值 | 四级指标 | 分值 | 指标解释 | 计划指标值 | 实际完成值 | 评价标准 | 得分 |
|---|---|---|---|---|---|---|---|---|---|---|---|---|
| 效果 | 30 | 项目效益 | 30 | 效益情况 | 20 | 及时监测发现突发性水污染事故,减少经济损失 | 5 | 对照绩效目标,对项目产生的效益进行评价 | 显著 | 显著 | 1.效益显著,5分;<br>2.效益较显著,2.5~5分;<br>3.效益不够显著,0~2.5分 | ** |
| | | | | | | 是否有利于提高公众水环境保护意识 | 5 | | 有利于 | 有利于 | 1.效益显著,5分;<br>2.效益较显著,2.5~5分;<br>3.效益不够显著,0~2.5分 | ** |
| | | | | | | 通过水质监测,及时了解水质状况,预测水质变化趋势,促进持续有效利用 | 5 | | 有效 | 有效 | 1.效益显著,5分;<br>2.效益较显著,2.5~5分;<br>3.效益不够显著,0~2.5分 | ** |
| | | | | | | 监测数据成果供相关单位使用 | 5 | | —— | —— | 1.≥2625次,5分;<br>2.其他情况,得分=(实际使用次数/2625)×100%×5分 | ** |
| | | | | 服务对象满意度 | 10 | 水质监测数据使用部门满意程度 | 10 | 对项目服务对象的满意度情况进行评价 | —— | —— | 1.满意度≥90%,10分;<br>2.其他情况,得分=(满意度/90%)×10分 | ** |
| 得分合计 | | | | | | | | | | | | |

说明:产出、效果指标中,三级、四级指标需根据上级批复的绩效目标表修改指标内容,分值根据修改后的指标进行合理赋分,保持一级指标总分 25、30 分不变。

# 第十一章　水文测报项目

　　水文测报是水文工作的基础,是服务经济社会发展和生态文明建设的重要基础工作,包括水文测验、水文情报预报、水文资料整编及水文设施设备维修养护。根据《项目支出预算管理意见》,水利部在中央部门预算中将"水文测报"设置为一级项目,目前该项目下设置了"水文测报"一个二级项目。本章以二级项目"水文测报"项目为例,介绍"水文测报"项目绩效评价的内容、目标、指标、标准,以及绩效评价报告的编写。

## 第一节　绩效评价的内容

### 一、项目概述

　　水文是通过对洪水和旱情的预测、监测、研究、分析和预报,以及对水资源内在规律和变化趋势的研究、评价,为防洪减灾和工农业生产,水资源的配置、利用和保护,以及经济社会发展与产业结构调整等提供全面服务。一切与水资源有关的社会事业和国民经济建设都有赖于水文提供科学依据。水文测报是防汛抗旱的耳目和参谋,是进行水资源调度管理的必要条件和前提。水文测报是为政府决策、经济社会发展和社会公众生产生活服务的公益性事业。

　　为做好水利工作,推动水利事业发展,保障国家水利建设宏观决策需要,设立了水文测报项目,用于开展水文测验、水文情报预报、水文资料整编、水文设施设备维修养护等工作。2014 年,为科学合理编制水文业务经费预算,加强水文业务经费管理,提高资金使用效益,结合水文业务工作实际,水利部编制修订了《水文业务经费定额标准》(2014 版)。该定额标准适用于在一般洪水情况下开展水文业务工作的业务经费预算的编制和核定,对于出现一般洪水以上洪水发生的水毁修复、洪水测报费用及承担业务工作发生的费用,应另行申请经费。

### 二、项目主要内容

　　水文测报项目内容主要包括水文测验、水文情报预报、水文资料整编及水文设施设备维修养护。

（一）按照实施内容划分

1. 水文测验。组织并具体实施水文测验工作。按统一的技术标准和技术要求,对国家基本水文站、水位站等各类水文测站进行水位观测,流量测验,泥沙测验和水质、水温、冰情、降水量、蒸发量、土壤含水量、地下水位等观测,以获取实测资料;同时根据法规和水利部授权对国家基本水文站、国家水位站等各类水文站实施技术指导和监督;对巡测水文断面,实施定期巡回测验;制定跨区域调水水量监测方案,在调水过程中实施水量水质的监测和协测。

2. 水文情报预报。组织并具体实施水文情报预报工作。按统一的技术标准和技术要求,负责雨情、水情、旱(墒)情、冰情、沙情、水质、风暴潮等各项水文情报信息的采集和传输;发布各种不同预见期的水情、旱(墒)情、冰情及其他水文现象的预报或展望;应用各类水文情报预报信息,通过分析、计算,为水资源管理、防汛、抗旱提供依据;提供旱涝形势的分析报告。

3. 水文资料整编。组织并具体实施水文资料整编工作。按统一的技术标准和技术要求,负责组织和实施将水文测站测验得到的水位、流量、蒸发等水文资料按照统一的方法和格式,进行在站整理整编;负责组织完成全国水文年鉴汇编工作;组织专家对各汇编卷册进行审查,刊印成水文年鉴;将跨区域调水水量、水质监测资料,按水文年鉴刊印的方法和规格,汇编、刊印成册。

4. 水文设施设备维修养护。组织并具体实施水文设施运行维护。定期对水文测验缆道、水文测船、过河吊船索、专用测桥等大型设施和常规流速仪等测验测绘设备进行维修养护,对自管通信线路和自动测报系统等测报设施设备进行维修养护,对监测、巡测车和水质监测车运行和维修养护;对水文测验仪器进行检定;对达到使用年限的水文测验仪器设备按规定进行报废与更新;保障雨水情传输系统、水情广域网、局域网、气象卫星云图接收处理系统的正常运行与维护;做好水文自动测报系统和水文遥测系统的运行、维护,提高水文为防汛、抗旱等服务的能力。

（二）按照实施时间划分

1. 中期主要内容

根据水利业务工作要求及国家有关要求,水文测报项目的中期主要通过实施以下内容,实现为区域管理、治理规划、水资源利用和开发、防洪减灾等工作提供实时或长系列水文资料。

（1）保证年度水文测报工作按照测报整修等环节的质量管理要求正常开展。

（2）提升监测和预报能力。

（3）为防汛抗旱减灾、综合治理以及可持续发展等提供及时可靠的决策依据。

（4）有序开展水文测报、水文情报预报、水文资料整编以及水文设施设备运行维护等工作。

2. 年度主要内容

根据水利业务工作要求,年度项目主要内容包括以下几个方面。

（1）水文测验:负责所属各类水文站点的水文测验和分析,根据水文测验规范的要求,结合水情势态,全年不间断实施水文测验,并开展水文测报质量评定。

（2）水文情报预报：开展水文站点的水情报汛，根据水文情报预报规范的要求，结合水情势态，全年不间断实施，并完成各类水文要素的预测预报和研究分析工作。

（3）水文资料整编：组织开展水文资料整汇编和刊印；一季度完成上一年度水文资料整编、审查；二季度完成上一年度水文资料复审；三季度完成上一年度水文资料成果汇编、成果验收；四季度完成本年度水文资料初步整编。

（4）水文设施设备运行维护，开展所属站点各类设施设备的运行维护，为全年性工作。

### 三、绩效评价基本内容

水文测报是水文工作的基础，是服务经济社会发展和生态文明建设的重要基础性工作，所生产的水文资料是规划管理、水利工程建设、工业用水、农业灌溉、交通设施、城市建设、水生态修复等各类经济活动的基本依据，为实行严格的水资源管理提供可靠支撑，为江河治理提供全面服务，为各类规划、水工程建设及运行管理提供优质服务。项目绩效评价的基本内容应包括绩效目标设定、资金投入和使用、制度和措施保障、实现程度及效果等以下几个方面进行评价。

（一）绩效目标的设定情况

《中华人民共和国水文条例》（国务院令第 496 号）、《中共中央国务院关于加快水利改革发展的决定》（2011 年中央 1 号文件）等相关规定提出要强化水文气象和水利科技支撑，加强水文气象基础设施建设，扩大覆盖范围，优化站网布局，着力增强重点地区、重要城市、地下水超采区水文测报能力，加快应急机动监测能力建设，实现资料共享，全面提高服务水平；加强监测预警能力建设，加大投入，整合资源，提高雨情汛情旱情预报水平。近年来国家在水文站网建设方面加大投入，扩大水文站网的覆盖范围，增强重点地区、重要城市水超采区监测能力，提高防汛抗旱预测预报水平，加快应急监测能力建设。因此，保障水文测报工作的正常开展、保障水文测报项目的财政资金支持，符合水利及经济社会服务需求。水文测报项目符合国家法律法规和有关政策。根据项目三年规划和年度预算安排，水利单位水文测报项目绩效目标的设定应依据财政部绩效目标管理规定、《水文业务经费定额标准》（2014 版）和水文测报项目工作内容，以为防洪减灾和工农业生产，水资源的配置、利用和保护，以及经济社会发展与产业结构调整等提供全面服务为落脚点，充分发挥水文测报项目经费支出的绩效，正在实现水文测报作为水文工作基础，为防汛抗旱、水资源调度管理提供科学依据，为政府决策、经济社会发展和社会公众服务发挥效益。

（二）资金的投入和使用情况

水文测报具有公益性特点，水文测报经费一直由财政保障，资金的来源全部为财政性资金，财政部门应保障资金足额、及时到位。项目资金的使用也需按照财政资金管理规定，根据预算批复单独核算，重大开支需经过评估认证，委托单位的遴选需符合相关法律法规要求，不得截留、挤占、挪用、虚列项目资金。

（三）制度、措施保障情况

水文测报项目管理和经费使用的制度、措施保障主要依据《中华人民共和国水文条例》（国务院令第 496 号）、《中共中央国务院关于加快水利改革发展的决定》（2011 年中央

1号文件)、《水文业务经费定额标准》(2014版)等。《水文业务经费定额标准》(2014版)体现了财政预算管理与水文工作管理的紧密结合,兼顾了现行开支标准和实际开支情况,兼顾了长期发展趋势,在确定水文测报项目标准同时,在资金使用范围、内容和标准方面也做了详细介绍。水利单位要在此基础上,进一步制定水文测报经费管理制度和项目管理制度。水利单位要做到财务管理制度健全,内部控制措施到位,资金按照预算批复,使用合法合规,及时组织项目验收,档案资料管理齐全。水文业务工作规范齐全,为实现项目绩效评价提供了制度保障和管控措施。

**（四）实现程度及效果**

水文测报项目绩效涉及到的产出指标应基本覆盖水文测报的工作内容,产出指标应尽量通过量化指标实现。在实际工作中,由于指标内容及指标值设置不合理导致的未完成情况,如果工作正常完成,不影响项目整体目标实现,且不涉及预算金额调整的,也可视同产出指标完成。如遇不可抗力或其他合理原因导致的指标未完成,理由充分且项目单位采取了有效的应对措施,可视同产出指标基本完成。

水文测报项目绩效涉及到的效益指标和满意度指标,应对照批复的绩效目标,对项目产生的效益和项目服务对象的满意度情况进行评价。

**（五）其他内容**

水文测报工作量具有年度不确定性。受洪水时空分布不均和突发的暴雨洪水等不确定性因素影响,在水文测验频次、水文信息报送数量、水文预报次数等方面都具有一定的不确定性。为此,在编制水文测报项目经费时,主要依据每年年初开展的气象和水资源中长期预测预报结果,编制突发雨水情和突发水事件编制应急预案,对水文测验、水文信息报送工作项目、内容、持续时间等进行尽可能的细致测算,尽量减少不确定因素。

# 第二节　绩效评价的目标

## 一、主要内容

水文测报项目绩效目标是项目计划在规划的期限或年度达到的产出和效果。

**（一）预期产出**

水文测报项目主要是实现为区域管理、治理规划、水资源利用和开发、防洪减灾等工作提供实时或长系列水文资料提供经费保障。预期产出主要应该覆盖水文测验、水文情报预报、水文资料整编以及水文设施设备运行维护。

**（二）预期效果**

水文测报项目通过水文测验数据、水文情报预报等为区域管理、治理规划、水资源利用和开发、防洪减灾等工作提供实时或长系列水文资料,提供宏观决策依据,促进经济社会发展,拓展公共服务,间接产生经济效益。通过提高水文测验、水文情报预报水平,提高国家水文站网水文测验大江大河洪水监测控制率,为综合治理、开发和防洪对策研究提供重要的基础信息和决策依据,间接产生社会效益。通过实施该项目,促进综合治理开发以及水资源可持续利用,逐步促进了解河势变化及对防洪、河道整治的开发利用。

（三）服务对象满意程度

水文测报项目通过开展水文测验、水文情报预报、水文资料整编、水文设施设备维修养护,体现水利单位履职责任,数据使用单位、人员满意程度。同时,上级主管部门通过中央级财政资金安排的该专项,服务对象满意度也要体现上级主管部门满意程度。

（四）达到预期产出所需要的成本资源

水文测报项目达到预期产出需要实施水文测验、水文情报预报、水文资料整编的人工成本以及水文设施设备运行维护成本。以上费用构成了达到预期产出所需要的成本资源。

（五）衡量预期产出、预期效果和服务对象满意程度的绩效指标

1. 预期产出的绩效指标:水文测报中的设施设备养护率/设施设备完好率、水文测验合格率、水文资料整编成果系统错误/特征值错误/数字错误率、水情报汛漏、错报率、水文预报合格率,上年度水文年鉴刊印周期、设施设备检查汛前完成率、水情报汛时效、部署防汛水情气象工作完成时效。

2. 预期效果的绩效指标:经济效益指标,主要从是否能及时提供宏观决策依据,和拓展公共服务产生经济效益的角度进行衡量;社会效益指标,主要从是否提高国家水文站网水文测验大江大河洪水监测控制率、为综合治理、开发和防洪对策研究提供重要的基础信息和决策依据的角度进行衡量;可持续影响指标,主要从是否能够促进综合治理开发以及水资源可持续利用、逐步促进了解河势变化及对防洪、河道整治的开发利用的角度进行衡量。

3. 服务对象满意程度的绩效指标:水文测报项目的服务对象满意度主要是数据使用单位、人员满意度、上级主管部门对该项目实施的满意度。

## 二、中期目标

（一）根据水文站网布设要求和目的,加强水文测报管理,全面收集降雨、水位、流量、泥沙、气象等基本水文信息。

（二）及时开展水雨情情报和预报工作,为防洪减灾服务。

（三）加强水文设施设备的维修维护,确保水文测报工作的正常开展,加强质量管理,不断提高技术手段,全面完成水文资料整编和水文数据库建设任务。

（四）通过全面、准确、及时的水文测报、水文资料整编,为区域管理、治理规划、水资源利用和开发、防洪减灾等工作提供实时或长系列水文资料。

## 三、年度目标

（一）加强全国水文测报业务管理,组织指导水文测验工作,提高水文测验质量,搜集各类水文监测要素,深入分析国家重要江河的水文规律,为社会经济发展提供服务。

（二）组织指导水、雨情报收集和委托管理工作,开展水情分析与预报、水资源评价的

质与量及空间动态变化规律等,为防汛抗旱和水资源管理服务。

(三)组织全国水文资料整编汇编,组织整理汇编全国水文监测数据,刊印发布,为防汛抗旱,水资源的统一开发、利用、管理和水资源环境保护提供水文信息和水文服务,为经济社会可持续发展提供科学依据。

(四)做好水文设施设备运行维护,保障水文测验、水文情报预报作业、行业管理等水文工作的正常开展。

# 第三节　绩效评价的指标

## 一、指标确定原则

作为衡量水文测报项目绩效目标实现程度的考核工具,绩效评价指标按照《绩效评价管理办法》规定的原则来确定。

(一)相关性原则

根据水文测报工作的服务对象,恰当反映绩效目标的实现程度。

(二)重要性原则

重点围绕水文测验、水文预报、水情报讯等方面内容确定绩效评价指标。

(三)可比性原则

水利部从水文测报整体内容出发设定共性的绩效评价指标,水利单位根据需要从水利单位实际情况及项目具体内容出发,设定个性的绩效指标。

(四)系统性原则

定量指标与定性指标相结合,根据水文测验数据、水文预报情况、水情报讯情况、水文资料整编成果、水文测报设施设备维修养护等确定定量指标和定性指标,系统反映水文测报项目所产生的社会效益、经济效益、环境效益和可持续影响等。

(五)经济性原则

水文测报项目为专项业务费项目,需每个年度进行绩效评价,应当通俗易懂、简便易行,绩效指标实现程度所需获得的数据应当考虑现实条件和可操作性,符合成本效益原则。

## 二、共性和个性指标

(一)共性指标的确定

水文测报项目的共性指标应适用于所有水利单位。

1. 产出指标

(1)数量指标主要包括水文测报国家基本水文站/国家专用水文站站点数量(＊＊处)、国家基本水文站相关水文要素整编(＊＊处/年)、水文年鉴的汇编、审查及印刷刊印(＊＊套,册)、水情报讯站点(报讯站、预报站)(＊＊个)、水文测报设施设备维修养护频次(≥＊＊次/年)、水位监测断面数量/观测次数(＊＊处/次)、流量监测断面数量/观测次数

（**处/次）、降水监测站数量/观测次数（**处/次）、在站整编审查站数/审查整编成果图表数（**站/个）、气象预报/洪水预报站点[**处(个)]、水文测报技术装备维护鉴定（**台(套)）、举办培训/培训人次（**次/人次）、水情信息收集量（≥**万条）、河流泥沙监测断面/观测次数（**处/次）、中国河流泥沙公报编写、审查及出版（**册/年）、水情、气象业务系统功能完善（**个/年）。

（2）质量指标主要包括水文测报设施设备养护率/设施设备完好率（≥**%/≥**%）、水文测验合格率（≥**%）、水文资料整编成果系统错误/特征值错误/数字错误率（无系统错误/无特征值错误/其他数字错≤1/10 000）、水情报汛漏、错报率（≤**%）、水文预报合格率（≥**%）。

（3）成本指标主要包括维护维修总成本控制（≤设施设备造价或价格的**%）。

（4）时效指标主要包括上年度水文年鉴刊印周期（≤**个月）、设施设备检查汛前完成率（≥**%）、水情报汛时效（水雨情信息**分钟内报水情分中心≥**%）、部署防汛水情气象工作完成时效（及时）。

2. 效益指标

效益指标中定量指标不具备基础条件的，以定性指标为基础。由于定性指标确定存在难度，目前可供选择的具体指标偏少。

（1）经济效益指标主要包括提供宏观决策依据，促进经济社会发展，拓展公共服务。

（2）社会效益指标主要包括提高国家水文站网水文测验大江大河洪水监测控制率（≥**%）、为综合治理、开发和防洪对策研究提供重要的基础信息和决策依据。

（3）可持续影响指标主要包括促进综合治理开发以及水资源可持续利用、逐步促进了解河势变化及对防洪、河道整治的开发利用。

3. 满意度指标

服务对象满意度指标主要包括数据使用单位、人员满意度、上级主管部门满意度（≥**%）。

（二）个性指标的确定

个性指标是针对各个水利单位实施水文测报项目的特点设定的，适用于具体水利单位。

## 三、范例

表 11-1  水文测报项目绩效目标表

（**年度）

| 项目名称 | 水文测报 | | | |
|---|---|---|---|---|
| 主管部门及代码 | 水利部[126] | | 实施单位 | ** |
| 项目属性 | 延续项目 | | 项目期 | 长期 |
| 项目资金<br>（万元） | 中期资金总额： | ** | 年度资金总额： | ** |
| | 其中：财政拨款 | ** | 其中：财政拨款 | ** |
| | 其他资金 | ** | 其他资金 | ** |

| | 中期目标(＊＊年—＊＊年) | | | 年度目标 | |
|---|---|---|---|---|---|
| 总<br>体<br>目<br>标 | 每年做到:目标1:加强全国水文测报业务管理,组织指导水文测验工作,提高水文测验质量,搜集各类水文监测要素,深入分析国家重要江河的水文规律,为社会经济发展提供服务;<br>目标2:组织指导水、雨情报收集和委托管理工作,开展水情分析与预报、水资源评价的质与量及空间动态变化规律等,为防汛抗旱和水资源管理服务;<br>目标3:组织全国水文资料整编汇编,组织整理汇编全国水文监测数据,刊印发布,为防汛抗旱,水资源的统一开发、利用、管理和水资源环境保护提供水文信息和水文服务,为经济社会可持续发展提供科学依据;<br>目标4:做好水文设施设备运行维护,保障水文测验、水文情报预报作业、行业管理等水文工作的正常开展 | | | 目标1:加强全国水文测报业务管理,组织指导水文测验工作,提高水文测验质量,搜集各类水文监测要素,深入分析国家重要江河的水文规律,为社会经济发展提供服务;<br>目标2:组织指导水、雨情报收集和委托管理工作,开展水情分析与预报、水资源评价的质与量及空间动态变化规律等,为防汛抗旱和水资源管理服务;<br>目标3:组织全国水文资料整编汇编,组织整理汇编全国水文监测数据,刊印发布,为防汛抗旱,水资源的统一开发、利用、管理和水资源环境保护提供水文信息和水文服务,为经济社会可持续发展提供科学依据;<br>目标4:做好水文设施设备运行维护,保障水文测验、水文情报预报作业、行业管理等水文工作的正常开展 | |

| 一级<br>指标 | 二级<br>指标 | 三级指标 | 指标值 | 二级<br>指标 | 三级指标 | 指标值 |
|---|---|---|---|---|---|---|
| 绩效指标 | 产出指标 | 数量指标 | 水文测报国家基本水文站/国家专用水文站站点数量(＊＊处) | ＊＊ | 数量指标 | 水文测报国家基本水文站/国家专用水文站站点数量(＊＊处) | ＊＊ |
| | | | 国家基本水文站相关水文要素整编(＊＊处/年) | ＊＊ | | 国家基本水文站相关水文要素整编(＊＊处/年) | ＊＊ |
| | | | 水文年鉴的汇编、审查及印刷刊印(＊＊套,册) | ＊＊ | | 水文年鉴的汇编、审查及印刷刊印(＊＊套,册) | ＊＊ |
| | | | 水情报讯站点(报讯站、预报站)(＊＊个) | ＊＊ | | 水情报讯站点(报讯站、预报站)(＊＊个) | ＊＊ |
| | | | 水文测报设施设备维修养护频次(≥＊＊次/年) | ＊＊ | | 水文测报设施设备维修养护频次(≥＊＊次/年) | ＊＊ |
| | | | 水位监测断面数量/观测次数(＊＊处/次) | ＊＊ | | 水位监测断面数量/观测次数(＊＊处/次) | ＊＊ |
| | | | 流量监测断面数量/观测次数(＊＊处/次) | ＊＊ | | 流量监测断面数量/观测次数(＊＊处/次) | ＊＊ |
| | | | 降水监测站数量/观测次数(＊＊处/次) | ＊＊ | | 降水监测站数量/观测次数(＊＊处/次) | ＊＊ |

| 一级指标 | 二级指标 | 三级指标 | 指标值 | 二级指标 | 三级指标 | 指标值 |
|---|---|---|---|---|---|---|
| 绩效指标 | 产出指标 | 数量指标 | 在站整编审查站数/审查整编成果图表数(\*\*站/个) | \*\* | 数量指标 | 在站整编审查站数/审查整编成果图表数(\*\*站/个) | \*\* |
| | | 质量指标 | 气象预报/洪水预报站点(\*\*处(个)) | \*\* | 质量指标 | 气象预报/洪水预报站点(\*\*处(个)) | \*\* |
| | | | 水文测报技术装备维护鉴定(\*\*台(套)) | \*\* | | 水文测报技术装备维护鉴定(\*\*台(套)) | \*\* |
| | | | 举办培训/培训人次(\*\*次/人次) | \*\* | | 举办培训/培训人次(\*\*次/人次) | \*\* |
| | | | 水情信息收集量(≥\*\*万条) | \*\* | | 水情信息收集量(≥\*\*万条) | \*\* |
| | | | 河流泥沙监测断面/观测次数(\*\*处/次) | \*\* | | 河流泥沙监测断面/观测次数(\*\*处/次) | \*\* |
| | | | 中国河流泥沙公报编写、审查及出版(\*\*册/年) | \*\* | | 中国河流泥沙公报编写、审查及出版(\*\*册/年) | \*\* |
| | | | 水文测报设施设备养护率/设施设备完好率(≥\*\*%) | \*\* | | 水文测报设施设备养护率/设施设备完好率(≥\*\*%) | \*\* |
| | | | 水文测验合格率(≥\*\*%) | \*\* | | 水文测验合格率(≥\*\*%) | \*\* |
| | | | 水文资料整编成果系统错误/特征值错误/数字错误率 | 无系统错误/无特征值错误/其他数字错误率≤1/10 000 | | 水文资料整编成果系统错误/特征值错误/数字错误率 | 无系统错误/无特征值错误/其他数字错误率≤1/10 000 |
| | | | 水情报汛漏、错报率(≤\*\*%) | \*\* | | 水情报汛漏、错报率(≤\*\*%) | \*\* |
| | | | 水文预报合格率(≥\*\*%) | \*\* | | 水文预报合格率(≥\*\*%) | \*\* |
| | | 时效指标 | 上年度水文年鉴刊印周期(≤\*\*个月) | \*\* | 时效指标 | 上年度水文年鉴刊印周期(≤\*\*个月) | \*\* |
| | | | 设施设备检查汛前完成率(≥\*\*%) | \*\* | | 设施设备检查汛前完成率(≥\*\*%) | \*\* |

| 一级指标 | 二级指标 | 三级指标 | 指标值 | 二级指标 | 三级指标 | 指标值 |
|---|---|---|---|---|---|---|
| 绩效指标 | 产出指标 | 时效指标 | 水情报汛时效（水雨情信息 ** min 内报水情分中心≥** %） | ** | 时效指标 | 水情报汛时效（水雨情信息 ** min 内报水情分中心≥** %） | ** |
| | | | 部署防汛水情气象工作完成时效 | 及时 | | 部署防汛水情气象工作完成时效 | 及时 |
| | | 成本指标 | 维护维修总成本控制（≤设施设备造价或价格的 ** %） | ** | 成本指标 | 维护维修总成本控制（≤设施设备造价或价格的 ** %） | ** |
| | 效益指标 | 社会效益指标 | 提高国家水文站网水文测验大江大河洪水监测控制率 | ≥95% | 社会效益指标 | 提高国家水文站网水文测验大江大河洪水监测控制率 | ≥95% |
| | | | 为综合治理、开发和防洪对策研究提供重要的基础信息和决策依据 | 有效 | | 为综合治理、开发和防洪对策研究提供重要的基础信息和决策依据 | 有效 |
| | | 可持续影响指标 | 促进流域综合治理开发以及水资源可持续利用 | 显著 | 可持续影响指标 | 促进流域综合治理开发以及水资源可持续利用 | 显著 |
| | | | 逐步促进了解河势变化及对防洪、河道整治的开发利用 | 有效 | | 逐步促进了解河势变化及对防洪、河道整治的开发利用 | 有效 |
| | 服务对象满意度指标 | 满意度指标 | 数据使用单位、人员满意度（≥** %） | ** | 满意度指标 | 数据使用单位、人员满意度（≥** %） | ** |

# 第四节　绩效评价的标准

　　绩效评价的标准是实施项目评价工作的基本依据，有别于财政支出标准，绩效评价标准需要在一定量的样本数据基础上测算出标准数据，通过量化反映评价对象的优劣特征。水文测报项目绩效评价标准按标准取值基础和时效性划分为计划标准、行业标准和历史标准。

## 一、计划标准

### （一）项目目标

水文测报项目对象清晰，主要是水文测验、水文情报预报、水文资料整编刊印、水文设施运行维护。

### （二）项目计划

水文测报项目制定了实施方案，结合水情势态，全年不间断实施水文测验，结合水情势态，全年不间断实施水文情报预报。全年实施水文设施设备运行维护。一季度完成上一年度水文资料整编、审查；二季度完成上一年度水文资料复审；三季度完成上一年度水文资料成果汇编、成果验收；四季度完成当年度水文资料初步整编。

### （三）项目预算

水文测报项目为专项业务费项目，纳入财政三年规划支持范围，具有稳定的资金来源，项目预算均已纳入年度部门预算范围，随单位部门预算一同得到批复。

### （四）项目定额

水利部组织修订了水文测报项目定额《水文业务经费定额标准》（2014版）。

综上所述，水文测报项目预先制定了项目目标、计划、预算和定额，计划标准应作为绩效评价标准适用于该项目。

## 二、行业标准

### （一）政策依据

《中华人民共和国水文条例》（国务院令第496号）第三条"县级以上人民政府应当将水文事业纳入本级国民经济和社会发展规划，所需经费纳入本级财政预算"；第四条"流域管理机构，在所管辖范围内按照法律、本条例规定和国务院水行政主管部门规定的权限，组织实施管理有关水文工作"；第二条规定"在中华人民共和国领域内从事水文站网规划与建设，水文监测与预报，水资源调查评价，水文监测资料汇交、保管与使用，水文设施与水文监测环境的保护等活动，应当遵守本条例"，明确了开展水文测报工作的具体内容。根据《中共中央国务院关于加快水利改革发展的决定》（2011年中央1号文件）的文件要求，要强化水文气象和水利科技支撑，加强水文气象基础设施建设，扩大覆盖范围，优化站网布局，着力增强重点地区、重要城市、地下水超采区水文测报能力，加快应急机动监测能力建设，实现资料共享，全面提高服务水平；加强监测预警能力建设，加大投入，整合资源，提高雨情汛情旱情预报水平。

### （二）技术标准

水文工作技术标准主要包括：《水文站网规划技术导则》（SL34—2013）、《水位观测标准》（GB/T 50 138—2010）、《河流流量测验规范》（GB50 179—2015）、《降水量观测规范》（SL21—2015）、《水面蒸发观测规范》（SL630—2013）、《水文巡测规范》（SL195—2015）、《水文缆道测验规范》（SL443—2009）、《河流悬移质泥沙测验规范》（GB/T 50 159—2015）、《水文普通测量规范》（SL58—2014）、《水文调查规范》（SL196—2015）、《河流泥沙颗粒分析规程》（SL42—2010）、《水文测船测验规范》（SL338—2006）、《水文业务经费定额标准》（2014版）等。

### 三、历史标准

从 2015 年开始,水文测报项目作为水利部绩效评价试点项目,绩效目标在逐年完善。2017 年作为重点项目列入中央部门预算草案报全国人民代表大会审查,相关绩效目标的历史数据保存完整。水文测报项目绩效评价标准应参照同类指标的历史数据制定,历史标准应作为绩效评价标准适用于该项目。

## 第五节 绩效报告与评价报告

按照《绩效评价管理办法》要求,水文测报项目实施单位应在年度项目实施终了及时向上级单位逐级提交项目绩效报告,水利部根据确定的评价原则和方法,下达绩效评价报告。本节介绍项目绩效报告和绩效评价报告编写范例。

### 一、绩效报告范例

(封面)

(单位名称)20**年度水文测报项目
财政支出绩效报告

项目名称:水文测报(20**年)
项目单位:**

20**年**月

（一）项目概况

项目单位：**

主管部门：**

项目属性：**

项目负责人：**　　　　　　　联系电话：**

项目总预算：**万元，其中申请财政资金：**万元

项目实际到位金额：**万元，其中申请财政资金：**万元

项目实际支出金额：**万元，其中申请财政资金：**万元

项目起止时间：**年**月—**年**月

1. 项目单位基本情况

根据"三定方案"，**水利单位主要职责是**。编制总数**名，截至**年**月，在职职工**人。包括**等下级机构，该项目由**水利单位牵头，**等单位共同实施。**年主要承担负责做好水情测报工作，完成所属水文测站在站整编、集中审查和复审等工作，参加水量监测及资料整编与分析、水情年报编制、汛情分析等工作。

2. 项目基本情况

（1）项目背景及立项依据

水文是国民经济建设和社会发展的一项重要基础工作。目前，**已形成布局比较合理、项目齐全的水文站网；各级水文部门按照统一的技术标准，持续地对**区域的地表水、地下水的水量和水质进行观测，并对资料进行整编，已经积累了大量宝贵的水文资料，在水利规划、水资源开发利用和保护等工作中起了重要作用。

水文事业是国民经济建设和社会发展的基础性公益事业，更是水利工作的基础。按照《中华人民共和国水文条例》（国务院令第496号）规定，水文部门按照水利部授权，组织实施管理本区域的水文工作。

随着**区域经济社会的高速发展，防灾减灾及水资源管理对水文工作的要求越来越高，根据加强水文工作相关精神，**水利单位结合区域水文工作特点，进一步加强了水文测报工作。为贯彻落实最严格水资源管理制度要求，需要持续性开展水文测报工作，全面加强水文测验、水文情报预报、水文设施设备维修维护等工作，同时做好水文资料整编，积累长系列的水文基础数据，从而深入分析水文规律，给防汛调度、水资源管理、水环境评价提供水文服务，满足防汛抗旱和水资源精细调度对水文工作的新要求。水文测报经费是**水利单位开展水文测报业务工作的主要资金来源，故申请设立水文测报专项项目。

（2）项目主要内容

根据水利业务工作要求，年度项目主要内容包括以下几个方面。

① 水文测验：负责所属各类水文站点的水文测验和分析，根据水文测验规范的要求，结合水情势态，全年不间断实施水文测验，并开展水文测报质量评定。

② 水文情报预报：开展水文站点的水情报汛，根据水文情报预报规范的要求，结合水情势态，全年不间断实施，并完成各类水文要素的预测预报和研究分析工作。

③ 水文资料整编：组织开展水文资料整汇编和刊印；一季度完成上一年度水文资料整编、审查；二季度完成上一年度水文资料复审；三季度完成上一年度水文资料成果汇编、

成果验收;四季度完成本年度水文资料初步整编。

④ 水文设施设备运行维护,开展所属站点各类设施设备的运行维护,为全年性工作。

3. 项目绩效目标

(1) 项目绩效总体目标

通过水文测报项目的实施,保障水文业务工作的正常开展,完成 ** 机构的水文行业管理,做好各项水文基础工作。主要目标有:组织开展重要河流、河段的水文测验工作,深入分析 ** 区域的水文规律,提高水文服务水平。组织指导 ** 区域水文工作,做好情报收集和委托工作,开展水情分析与预报,为防汛抗旱和水资源调度服务。整理汇编 ** 区域水文监测数据,并刊印发布。做好水文设施设备运行维护,保障水文测验、行业管理等水文业务的正常开展。

(2) 年度绩效目标

在平水年,本项目划分为三个阶段实施,各阶段目标如下:

汛前(1—4 月):开展水文汛前检查,下达测报任务,完成水文测站在站整编、审核和复审工作,召开水文工作会议,做好水文测报设施设备、修订各项预案等工作。

汛期(5—9 月):组织开展气象、水情等资料收集;组织有关水文部门进行水文监测,开展情报预报和水文分析工作,为防汛抗旱和水资源调度提供服务;组织开展水文资料整汇编,做好系统运行维护工作。

汛后(10—12 月):开展水文资料收集、汛情分析、年报编制等工作;完成水文年鉴汇编、成果验收及刊印等;召开水情工作会议,总结年度水情工作。

(3) 绩效指标

① 产出指标

本项目产出指标有 ** 个,其中:

数量指标:水文测报相关站点数量 ** 处;** 个水文站水文要素资料整编,水功能区 ** 条河流、** 条主要入湖河流水文巡测相关水文要素整编;水文年鉴 ** 册的汇编、审查、验收、审查及印刷刊印;水情报汛站点 ** 处;水文测报设施设备维修养护大于等于 ** 次。

质量指标:水文测报设施设备维修养护,保证设施设备完好率大于等于 ** %;水文测验合格率大于等于 ** %;水文资料整编成果无系统错误、特征值错误,数字错误小于等于 **;水情报汛漏、错报率小于等于 ** %;水情预报合格率大于等于 ** %。

时效指标:上年度整编的水文年鉴刊印周期小于等于 ** 个月;水文测报项目执行按年度工作计划进度完成率 ** %;设施设备检查汛前完成率大于等于 ** %。

成本指标:维护维修总成本控制在设施设备造价或价格的 ** %以内。

② 效益指标

本项目效益指标有 ** 个,其中:

经济效益指标:水文信息为全国减少经济损失提供支撑效果显著。

社会效益指标:国家基本站网水文测验骨干河道洪水监测控制率大于等于 ** %。

可持续影响指标:积累长期水文资料,研究水沙规律、促进综合治理开发,以及水资源可持续利用效果显著。

③ 服务对象满意度指标分析:服务对象投诉率小于等于 ** %,数据使用单位、人员满意度大于等于 ** %。

（二）项目资金使用及管理情况

1. 项目资金情况

（1）项目预算编制及资金到位情况分析

① 预算编制情况。项目预算明细及各部分支出内容的测算依据如下：

② 资金到位情况。20 ∗∗ 年 ∗∗ 月，∗∗ 以《∗∗ 关于批复 ∗∗ 年预算的通知》(∗∗〔20 ∗∗〕∗∗ 号)批复水文测报项目经费 ∗∗ 万元,其中财政资金 ∗∗ 万元,资金到位率 ∗∗ ％。

（2）项目资金使用情况分析

∗∗ 年度水文测报项目,实际到位预算资金 ∗∗ 万元,实际支出预算资金 ∗∗ 万元,已序时有效地全部完成了 ∗∗ 年度预算执行工作。

① 项目工作内容完成情况。至 20 ∗∗ 年 12 月 31 日，∗∗ 水利单位水文测报项目按工作内容的预算执行情况见表 11-2。

表 11-2　项目工作内容完成情况对照表　　　　单位:万元

| 计划内容 | | 调整情况 | | 实际完成情况 | | 差异分析 | |
|---|---|---|---|---|---|---|---|
| 工作内容 | 金额 | 工作内容 | 金额 | 工作内容 | 金额 | 原因 | 金额 |
| 水文测验 | ∗∗ | | ∗∗ | | ∗∗ | | ∗∗ |
| 水文情报预报 | | | | | | | |
| 水文资料整编 | | | | | | | |
| 水文设施设备维修养护 | | | | | | | |
| ∗∗ | | | | | | | |

从上表可以看出,按照工作内容来分析 ∗∗ 水利单位 20 ∗∗ 年度水文测报项目已全部完成,各项工作内容完成良好。

② 项目经费预决算对比情况。至 20 ∗∗ 年 12 月 31 日，∗∗ 水利单位水文测报项目按经济科目的预算执行情况见表 11-3。

表 11-3　项目预算执行情况对照表　　　　单位:万元

| | 科　目 | 预　算 | 执　行 | 差　额 |
|---|---|---|---|---|
| 资金来源 | 合　计 | ∗∗ | ∗∗ | ∗∗ |
| | 财政拨款 | ∗∗ | ∗∗ | ∗∗ |
| | 其他资金 | ∗∗ | ∗∗ | ∗∗ |
| 支出明细 | 合　计 | ∗∗ | ∗∗ | ∗∗ |
| | 办公费 | ∗∗ | ∗∗ | ∗∗ |
| | 印刷费 | ∗∗ | ∗∗ | ∗∗ |
| | …… | …… | …… | …… |
| 项目经费结转(结余) | | ∗∗ | | |
| 备注 | | | | |

项目资金月执行进度情况见表 11-4：

表 11-4 ** 水利单位水文测报项目月执行进度情况表　　　　单位:万元

| 月　份 | 支付金额 | 支付进度 |
|---|---|---|
| 1 月 | ** | ** % |
| 2 月 | ** | ** % |
| 3 月 | ** | ** % |
| 4 月 | ** | ** % |
| 5 月 | ** | ** % |
| 6 月 | ** | ** % |
| 7 月 | ** | ** % |
| 8 月 | ** | ** % |
| 9 月 | ** | ** % |
| 10 月 | ** | ** % |
| 11 月 | ** | ** % |
| 12 月 | ** | ** % |

项目单位会计核算规范,预算控制有效,未发现支出依据不合规、虚列项目支出的情况,未发现截留、挤占、挪用项目资金的情况,未发现超标准开支情况。项目执行进度科学合理,达到预算执行进度目标要求。

(3) 项目资金管理情况分析

① 财务管理制度制定情况

项目单位认真贯彻国家相关制度办法,同时结合工作实际,先后制订了《 ** 项目资金管理办法》《 ** 预算管理办法》等规章制度,从资金管理、预算管理、资产管理、合同管理等方面不断完善水文测报项目的管理制度体系,健全财务管理制度。

② 财务制度执行情况

** 年 ** 水利单位水文测报项目实行专项管理,在经费使用上,严格按照《中央本级项目支出预算管理办法》(财预〔2007〕38 号)等水利部、财政部及项目实施单位等有关规定执行,预算经费独立核算、专款专用,各项支出均按照财务管理各项规章制度要求,由项目执行部门领导确认,根据金额大小,由分管局领导或局长审批后支出,做到经费支出合理合规,经常核查项目具体实施进度,确保项目按进度计划实施,做好水文测报资金的管理和财务核算,切实有效保证各项水文测报工作的顺利完成,预算执行情况良好。

通过各项制度的严格执行, ** 年水文测报项目执行中未出现违法违规现象,资金支出安全有效,财务运行健康有序。

(三) 项目组织实施情况

1. 项目组织情况

水文测报项目由 ** 水利单位统一管理,由 ** 、 ** 等共同承担。

水文测报项目组织机构健全,项目目标与责任分工明确,组织实施程序符合业务规范要求,项目主要参与人员经验丰富,技术力量雄厚,基础设施设备条件完备,能够确保项目顺利、高效、高质地完成。为了水文测报工作的需要,经过多年的水文达标化建设,目前已建成了一批基础设施,具备了一定的物质基础。

　　** 水利单位作为项目主管部门切实履行项目管理职责,指导、督促各单位扎实开展业务工作;** 水利单位财务部门及时批复项目预算和绩效目标,监督、指导资金管理和使用。各承担单位任务分工明确,切实可行,根据编制的《** 水文测报项目 ** 年度实施方案》,细化梳理年度工作任务,主要业务工作制定详细的工作计划、工作方案,同时,把工作责任落实到班子成员、部门和个人,做到有计划、有安排、有检查、有督促,充分利用现有人员、技术、设备等支撑条件,加强质量控制和服务保障,合理安排开展水文测报业务。项目完成后,各水利单位按照 ** 水利单位出台的《** 水利单位中央级预算项目验收管理实施细则》分别组织了验收工作。

　　** 水文测报项目协作单位包括 ** 内各省市水文部门及 ** 水利单位下属有关水文部门,主要负责做好水情测报工作,完成所属水文测站在站整编、集中审查和复审等工作,参加水量监测及资料整编与分析、水情年报编制、流域汛情分析等工作。在外委项目的管理上,外委项目设立优先考虑延续性项目、业务工作急需项目,择优选择承担单位,严格执行《** 水利单位合同管理办法》,认真做好合同履行的督促、检查、验收等工作。** 年度 ** 水文测报项目共包含 * 项外委项目,外委项目均已通过验收。在办公设备购置的管理上,** 水利单位通过政府采购网批量集中采购方式采购,固定资产已验收入账。在项目实施过程中,** 水利单位注重档案资料的归纳与管理,按资料清单要求完成项目实施过程中资料收集和管理工作,工作及时,资料基本完整。

　　2. 项目管理情况

　　(1) 水文测报项目管理制度健全

　　** 水利单位根据实际工作需要制定了有效的业务和财务管理制度,对项目工作要求、质量管理、安全管理、项目验收等进行了明确规定。针对水文测报工作,制定了相关水文预案,并严格遵守国家防办印发的《全国主要江河洪水编号规定》等,充分发挥水文测报、情报预报、运行维护等方面的应急响应能力,真正做到水文服务的耳目、尖兵作用。为进一步提高综合防灾减灾能力和水平,本着"优势互补、注重实效、资源共享、合作共赢"的原则,加强战略合作,促进水利、气象事业全面协调可持续发展,** 水利单位和 ** 气象中心签订了合作框架、建立了应急响应联动机制。

　　同时,为加强财务内控制度建设,提高财务内控制度执行力,按照财政部、水利部等有关财务制度规定,结合工作实际,** 水利单位出台了 ** 一系列财务制度,细化制定了资金管理、财务管理、资产管理等制度,进一步规范了基层财务管理。

　　(2) 制度执行有效、质量可控

　　** 水利单位在水文测报工作中严格执行《全国主要江河洪水编号规定》《** 水利单位水情预警发布规定》《** 水利单位防汛抗旱值班工作制度》《** 水利单位水文遥测系统运行维护办法》《** 水利单位 ** 年水情值班工作手册》等;在水文报汛工作中认真执行《** 防总办关于下达 ** 年报汛任务的通知》;在应急响应工作中认真执行《** 防总防汛抗旱应急响应工作制度》《** 水利单位防汛抗旱应急预案》等。

项目单位业务流程记录完备。汛前检查、召开会议等都有明确通知；有完整的值班报告、会商记录、遥测巡检记录、业务系统维护记录等；有明确的应急响应启动和取消通知。

项目单位管控措施有效。**水利单位所有的外部委托合同均开展合同验收，根据委托金额大小、内容复杂性不同，适时开展阶段成果讨论、咨询、合同验收等。年度工作结束后，及时组织开展预算项目验收，并出具验收报告。

（四）项目绩效情况

1. 项目经济性分析

（1）项目成本（预算）控制情况

**水利单位各预算执行单位预算编制合理，项目经费基本按照批复的预算执行，但因**年汛情严峻，因此监测频次、预测预报次数有所增加，印刷费、差旅费、电费和设备维修（护）费用增加。为保证项目总体支出不超预算，对部分科目的支出进行了适当调整，如减少了水费、会议费培训费和咨询费等的支出。项目支出总金额没有突破年度预算，项目预算总体控制较好。

（2）项目成本（预算）节约情况

**水利单位厉行节约，多措并举严格控制项目成本。推行无纸化办公、双面打印、手册打印等，节约办公耗材；通过水文水质拼车采样，减少交通费；通过政府采购进行设备购置，节约资金。

2. 项目的效率性分析

（1）项目的实施进度

根据项目实施方案中的进度安排，该项目按计划全部完成。项目的实施进度基本均衡，项目进度安排分三个时段：汛前（1—4月）提早部署检查、做好度汛准备，汛期（5—9月）强化监测预报、保障防洪安全，汛后（10—12月）加强总结交流、提升服务水平。**水利单位水文测报工作有序开展、及时有效，全部完成了项目预期目标。

（2）项目完成质量

在水文测报工作中严格执行项目实施方案，在做好常规性水文测报业务工作的同时，面对**年严峻的防汛形势，提早部署检查，做好度汛准备，完成既定的各项水文基础性研究；完成了上一年度水文资料的整编工作，**水利单位资料零差错，满足精度要求，为防汛安全及国民经济发展积累了宝贵的基础资料；起草汛情分析、梅雨期分析等各类水情分析总结报告并及时报送。水情紧张时，相关领导和技术人员24小时驻守，提供情报预报信息服务和系统、设备技术保障服务，保证了数据的及时性和稳定性。**发生大洪水期间，进一步强化预测预报，加密监测频次，加强水情监视，做好预警预报工作。组织开展了水文测报项目以外的应急监测，为汛情分析提供数据支持。为了提高水情预报精度，**水利单位在中国、日本、欧洲等多家气象预报信息的基础上，结合实际调度情况，滚动开展水雨情预测预报，为**年度超标准洪水防御提供了决策支持。项目执行过程中，通过各类预案等综合措施，避免重大安全事件的发生。

3. 项目的有效性分析

**年**地区遭受多次强降雨袭击，**地域发生流域性特大洪水，**水利单位及**流域**各省市水文部门切实加强组织领导，强化水文测报工作的组织、协调、监督和指导,水利工作基础得到进一步夯实,水文测报能力有所提高,积累了大量水文基础资料,测报信息覆盖面得到增强,洪水预报精度进一步提高,满足了防汛和水资源精细化调度的新要求,保障了防洪、供水、水生态的安全,可持续的经济效益和社会效益显著。

4. 项目的可持续性分析

可持续影响方面,水文测报项目的实施对于防洪、水资源安全,促进流域经济社会发展起到了重要作用。

20**年度水文测报项目立项过程合规,绩效目标明确、量化,资金预算分配合理,能按照实施方案和批复的绩效目标组织实施。各承担单位责任分工明确,各项管理制度较为健全,项目管理较为完善、规范,资金使用规范有效。项目实施完成了预期的绩效目标并达到了预期结果。(绩效目标完成情况见表11-5)。

表 11-5　**年度水文测报项目绩效目标完成情况对照表

| 批复绩效目标 | 目标1:加强全国水文测报业务管理,组织指导水文测验工作,提高水文测验质量,搜集各类水文监测要素,深入分析国家重要江河流域的水文规律,为社会经济发展提供服务;<br>目标2:组织指导流域水、雨情报收集和委托管理工作,开展水情分析与预报、水资源评价的质与量及空间动态变化规律等,为防汛抗旱和水资源管理服务;<br>目标3:组织全国水文资料整编汇编,组织整理汇编全国水文监测数据,刊印发布,为防汛抗旱,水资源的统一开发、利用、管理和水资源环境保护提供水文信息和水文服务,为经济社会可持续发展提供科学依据;<br>目标4:做好水文设施设备运行维护,保障水文测验、水文情报预报作业、行业管理等水文工作的正常开展 | 绩效目标完成情况 | 目标1:加强全国水文测报业务管理,组织指导水文测验工作,提高水文测验质量,搜集各类水文监测要素,深入分析国家重要江河流域的水文规律,为社会经济发展提供服务;<br>目标2:组织指导流域水、雨情报收集和委托管理工作,开展水情分析与预报、水资源评价的质与量及空间动态变化规律等,为防汛抗旱和水资源管理服务;<br>目标3:组织全国水文资料整编汇编,组织整理汇编全国水文监测数据,刊印发布,为防汛抗旱,水资源的统一开发、利用、管理和水资源环境保护提供水文信息和水文服务,为经济社会可持续发展提供科学依据;<br>目标4:做好水文设施设备运行维护,保障水文测验、水文情报预报作业、行业管理等水文工作的正常开展 |
|---|---|---|---|

| 绩效指标批复情况 | | | | | 绩效指标完成情况 |
|---|---|---|---|---|---|
| 序号 | 一级指标 | 二级指标 | 三级指标 | 指标值 | 已完成指标值 |
| 1 | 产出指标 | 数量指标 | 水文测报国家基本水文站/国家专用水文站站点数量(**处) | ** | ** |
| 2 | | | 国家基本水文站相关水文要素整编(**处/年) | ** | ** |
| 3 | | | 水文年鉴的汇编、审查及印刷刊印(**套,册) | ** | ** |
| 4 | | | 水情报讯站点(报讯站、预报站)(**个) | ** | ** |
| 5 | | | 水文测报设施设备维修养护频次(≥**次/年) | ** | ** |

| 序号 | 一级指标 | 二级指标 | 三级指标 | 指标值 | 已完成指标值 |
|---|---|---|---|---|---|
| 6 | 产出指标 | 数量指标 | 水位监测断面数量/观测次数（∗∗处/次） | ∗∗ | ∗∗ |
| 7 | | | 流量监测断面数量/观测次数（∗∗处/次） | ∗∗ | ∗∗ |
| 8 | | | 降水监测站数量/观测次数（∗∗处/次） | ∗∗ | ∗∗ |
| 9 | | | 在站整编审查站数/审查整编成果图表数（∗∗站/个） | ∗∗ | ∗∗ |
| 10 | | | 气象预报/洪水预报站点［∗∗处（个）］ | ∗∗ | ∗∗ |
| 11 | | | 水文测报技术装备维护鉴定［∗∗台（套）］ | ∗∗ | ∗∗ |
| 12 | | | 举办培训/培训人次（∗∗次/人次） | ∗∗ | ∗∗ |
| 13 | | | 水情信息收集量（≥∗∗万条） | ∗∗ | ∗∗ |
| 14 | | | 河流泥沙监测断面/观测次数（∗∗处/次） | ∗∗ | ∗∗ |
| 15 | | | 中国河流泥沙公报编写、审查及出版（∗∗册/年） | ∗∗ | ∗∗ |
| 16 | | 质量指标 | 水文测报设施设备养护率/设施设备完好率（≥∗∗%） | ∗∗ | ∗∗ |
| 17 | | | 水文测验合格率（≥∗∗%） | ∗∗ | ∗∗ |
| 18 | | | 水文资料整编成果系统错误/特征值错误/其他数字错误率 | 无系统错误/无特征值错误/其他数字错误率≤1/10 000 | 无系统错误/无特征值错误/其他数字错误率≤1/10 000 |
| 19 | | | 水情报汛漏、错报率（≤∗∗%） | ∗∗ | ∗∗ |
| 20 | | | 水文预报合格率（≥∗∗%） | ∗∗ | ∗∗ |
| 21 | | 时效指标 | 上年度水文年鉴刊印周期（≤∗∗个月） | ∗∗ | ∗∗ |
| 22 | | | 设施设备检查汛前完成率（≥∗∗%） | ∗∗ | ∗∗ |
| 23 | | | 水情报汛时效（水雨情信息∗∗分钟内报水情分中心≥∗∗%） | ∗∗ | ∗∗ |
| 24 | | | 部署防汛水情气象工作完成时效 | 及时 | 及时 |
| 25 | | 成本指标 | 维护维修总成本控制（≤设施设备造价或价格的∗∗%） | ∗∗ | ∗∗ |

续　表

| 序号 | 一级指标 | 二级指标 | 三级指标 | 指标值 | 已完成指标值 |
|---|---|---|---|---|---|
| 26 | 效益指标 | 社会效益指标 | 提高国家水文站网水文测验大江大河洪水监测控制率 | ≥95% | ≥95% |
| 27 | | | 为综合治理、开发和防洪对策研究提供重要的基础信息和决策依据 | 有效 | 有效 |
| 28 | | 可持续影响指标 | 促进流域综合治理开发以及水资源可持续利用 | 显著 | 显著 |
| 29 | | | 逐步促进了解河势变化及对防洪、河道整治的开发利用 | 有效 | 有效 |
| 30 | 服务对象满意度指标 | 满意度指标 | 数据使用单位、人员满意度(≥**%) | ** | ** |

（五）其他需要说明的问题

1. 后续工作计划

水文测报项目为专项业务费项目,根据下一年度预算安排,项目单位将继续做好水文测报工作。

2. 主要经验及做法

**水利单位水文项目顺利完成了各项预定的绩效指标。主要经验及做法有:

（1）在项目实施与管理过程中,严格遵守各项政策、法规及相关管理制度,确保各项工作合法有序开展。

（2）细化分解任务,各部门按照职责分工各司其职,保障了项目的顺利实施。

（3）强化项目过程控制,及时指导各部门按照进度做好项目管理。

（4）严格合同管理,保证资金使用规范。

3. 存在问题和建议

（1）绩效指标确定有待进一步加强。在水文测报项目绩效指标中,效益指标量化难度大,比如"为全国减少经济损失提供支撑、促进综合治理开发,以及水资源可持续利用"等指标内容,其指标值确定的比较宏观,虽然在水利部下发的各二级项目指标体系,进一步规范了绩效指标的制定,但指标体系依然存在评价阶段难以量化的问题,比如"为综合治理、开发和防洪对策研究提供重要的基础信息和决策依据"等,建议加强水文测报项目绩效指标体系的研究。

（2）资金使用与预算的一致性有待进一步加强。水文测报项目由于项目的特殊性，预算均按照平水年情况编制，对于发生超标准洪水造成部分科目预算不足的现象没有给予足够的考虑，在预算执行过程中，为了保证项目总体不超预算，对部分科目进行了调整，造成了资金使用与预算的不一致性。建议上级主管部门进一步加强相关方面工作的指导。

（3）水文测报经费是＊＊水利单位开展水文业务工作的主要资金来源。目前项目经费仅能满足常规性业务需求，在特殊水雨情期间，监测、分析工作量将进一步增加，而且，随着水文业务工作的扩展、直属水文监测站点的增多，以及水文基地的运行等，项目经费远远不足，因此，建议上级部门能增加流域水文测报项目经费。

4. 其他需说明的问题

本评价报告可作为下一年度及以后年度项目预算安排的参考，作为改进预算管理的重要依据。评价结果应在一定范围内公开，以充分发挥项目单位开展绩效管理的积极性，不断提高预算绩效管理工作水平。

（六）项目评价工作情况

根据《绩效评价管理办法》和水利部有关要求，项目单位及时组织开展了项目绩效中期自评，收集整理了项目决策文件、预算批复以及各绩效指标值支撑材料，配合做好中期检查工作，并编制了中期检查报告；根据中期绩效监控报告的反馈，绩效监控结论为"＊＊"，同时对中期检查问题进行了认真研究，积极对有关情况进行了整改落实。依据本项目绩效评价指标体系及打分方法，组织开展了自评价工作，并在自评价基础上，撰写了项目绩效报告。

1. 绩效工作开展情况

（1）积极组织编写项目绩效报告

按照水利部整体部署和要求，及时组织开展了项目绩效评价工作，根据项目绩效目标，对照项目实施方案，梳理核实有关绩效证明材料，在此基础上，参照《绩效评价管理办法》附件3"财政支出绩效报告（参考提纲）"，从项目概况、项目资金使用及管理情况、组织实施情况、项目绩效情况、需说明的问题等方面认真编制了水文测报项目绩效报告。

（2）绩效得分

项目单位根据《绩效评价管理办法》和水利部有关规定，开展了水文测报项目预算绩效自评价工作，并按照项目预算绩效评价指标体系、评分标准和评分说明对项目绩效进行打分，绩效得分＊＊分。

（3）项目绩效报告

项目单位编制的水文测报项目绩效报告介绍了项目单位基本情况及水文测报主要职责、项目背景、项目立项依据及立项情况、项目主要工作内容、绩效目标、项目资金使用及管理情况、组织实施情况，从项目的经济性、效率性、有效性和可持续性四个方面对项目产出指标、效益指标、服务对象满意度指标等绩效情况进行了分析，总结了＊＊年度主要经验及做法、存在问题和建议。

2. 项目绩效评价工作情况

（1）项目绩效目的

通过绩效自评价，对＊＊年度水文测报项目的投入、过程、产出、效果等涉及的项目立项、业务管理、财务管理、项目产出、项目效益等进行全方位的总结分析,对项目财政支出的经济性、效率性、有效性和可持续性进行客观、公正的评价,增强绩效意识,促进财政支出绩效管理,强化支出责任和效率,提高财政资金使用效率;总结经验,进一步加强预算管理改革,不断提高预算绩效管理工作水平。

(2)绩效评价原则、评价指标体系、评价方法

① 绩效评价原则

绩效评价工作组根据《绩效评价管理办法》,结合水文测报项目实际情况,在绩效评价工作过程中,遵循科学规范、公正公开原则、绩效相关原则。

② 绩效指标体系

根据绩效评价的要求,在上级主管部门制定的水文测报项目预算绩效评价指标体系基础上,项目单位制定了项目自评价绩效指标体系。

③ 绩效评价方法

绩效评价工作,选用多种方法进行绩效评价,坚持简便有效的原则。本项目绩效评价工作采用了成本效益分析法、比较法、因素分析法等评价方法。

通过对 20** 年度项目的支出与效益进行对比分析,以评价绩效目标实现程度;通过对项目的绩效目标与实施效果、项目实际支出与产生效益对比分析,综合分析绩效目标实现程度;通过综合分析影响绩效目标实现、实施效果的内外因素,评价绩效目标实现程度。

(3)绩效评价工作过程

① 前期准备

根据上级主管部门绩效评价的工作安排,项目单位制定了实施方案,组建了绩效自评价工作组,并组织学习了相关文件、政策,提前审阅了项目预算申报文本、绩效报告等材料。

② 组织实施

绩效自评价工作中,绩效自评价工作组听取了项目单位对项目执行情况的介绍,就有关问题进行了质询,现场收集绩效评价相关资料,对资料进行审查核实;查看项目成果、资金使用管理等其他方面的资料,如检查档案资料和成果资料,重点核对可量化指标的实际完成情况;抽查审阅相关会议记录、分析材料等,结合调查问卷等核对定性指标完成情况;结合财务支出资料,核对并分析对应经费支出的合理性、真实性。在讨论答疑、查看核对资料的基础上,绩效自评价工作组参照项目预算绩效评价指标体系、评分标准和评分说明,对项目进行打分、统计,最后得出该项目绩效评价分值。

根据资料审查核实情况、绩效评价分值、绩效评价等级和被评价单位的答疑、初步反馈意见,绩效评价工作组集体起草、讨论、综合分析并形成评价结论。

在绩效自评价工作中,充分利用了项目绩效目标运行情况中期检查报告的成果。

③ 分析评价

对项目的投入、过程、产出、效果等进行分析,与绩效评价指标体系对比并进行打分。对项目的经济性、效率性和效益性进行分析,结合指标体系打分情况做出项目的综合评价情况和评价结论,最终形成绩效报告。项目支出绩效自评情况见表 11-6。

**表 11-6　项目支出绩效自评表**

（20 ** 年度）

| 项目名称 | 水文测报项目 | |
|---|---|---|
| 主管部门及代码 | 水利部[126] | 实施单位：** 水利单位 |

| 项目资金（万元） | | 年初预算数(A) | 全年执行数(B) | 分值(10 分) | 执行率(B/A) | 得分 | 得分计算方法 |
|---|---|---|---|---|---|---|---|
| | 年度资金总额 | ** | ** | 10 | 100% | 10 | 执行率×该指标分值，最高不超过分值上限 |
| | 其中：本年一般公共预算拨款 | ** | ** | 10 | 100% | 10 | |
| | 其他资金 | ** | ** | | | | |

| 年度总体目标 | | |
|---|---|---|
| | 目标 1：加强全国水文测报业务管理，组织指导水文测验工作，提高水文测验质量，搜集各类水文监测要素，深入分析国家重要江河流域的水文规律，为社会经济发展提供服务；<br>目标 2：组织指导流域水、雨情报收集和委托管理工作，开展水情分析与预报、水资源评价的质与量及空间动态变化规律等，为防汛抗旱和水资源管理服务；<br>目标 3：组织全国水文资料整编汇编，组织整理汇编全国水文监测数据，刊印发布，为防汛抗旱，水资源的统一开发、利用、管理和水资源环境保护提供水文信息和水文服务，为经济社会可持续发展提供科学依据；<br>目标 4：做好水文设施设备运行维护，保障水文测验、水文情报预报作业、行业管理等水文工作的正常开展 | 目标 1：加强全国水文测报业务管理，组织指导水文测验工作，提高水文测验质量，搜集各类水文监测要素，深入分析国家重要江河流域的水文规律，为社会经济发展提供服务；<br>目标 2：组织指导流域水、雨情报收集和委托管理工作，开展水情分析与预报、水资源评价的质与量及空间动态变化规律等，为防汛抗旱和水资源管理服务；<br>目标 3：组织全国水文资料整编汇编，组织整理汇编全国水文监测数据，刊印发布，为防汛抗旱，水资源的统一开发、利用、管理和水资源环境保护提供水文信息和水文服务，为经济社会可持续发展提供科学依据；<br>目标 4：做好水文设施设备运行维护，保障水文测验、水文情报预报作业、行业管理等水文工作的正常开展 |

| 绩效指标 | 一级指标 | 二级指标 | 三级指标 | 分值 | 年度指标值(A) | 全年实际值(B) | 得分计算方法 | 得分 | 未完成原因分析 |
|---|---|---|---|---|---|---|---|---|---|
| | 产出指标（50 分） | 数量指标 | 水文测报国家基本水文站/国家专用水文站站点数量（** 处） | 2 | ** | ** | 完成值达到指标值，记满分；未达到指标值，按(B/A)或(A/B)×该指标分值记分 | ** | |
| | | | 国家基本水文站相关水文要素整编（** 处/年） | 2 | ** | ** | | ** | |
| | | | 水文年鉴的汇编、审查及印刷刊印（** 套，册） | 2 | ** | ** | | ** | |
| | | | 水情报讯站点（报讯站、预报站）（** 个） | 2 | ** | ** | | ** | |
| | | | 水文测报设施设备维修养护频次（≥** 次/年） | 2 | ** | ** | | ** | |

续　表

| 一级指标 | 二级指标 | 三级指标 | 分值 | 年度指标值(A) | 全年实际值(B) | 得分计算方法 | 得分 | 未完成原因分析 |
|---|---|---|---|---|---|---|---|---|
| 绩效指标 | 产出指标(50分) | 数量指标 | 水位监测断面数量/观测次数(**处/次) | 2 | ** | ** | 完成值达到指标值,记满分;未达到指标值,按(B/A)或(A/B)×该指标分值记分 | ** | |
| | | | 流量监测断面数量/观测次数(**处/次) | 2 | ** | ** | | ** | |
| | | | 降水监测站数量/观测次数(**处/次) | 2 | ** | ** | | ** | |
| | | | 在站整编审查站数/审查整编成果图表数(**站/个) | 2 | ** | ** | | ** | |
| | | | 气象预报/洪水预报站点(**处(个)) | 2 | ** | ** | | ** | |
| | | | 水文测报技术装备维护鉴定(**台(套)) | 2 | ** | ** | | ** | |
| | | | 举办培训/培训人次(**次/人次) | 2 | ** | ** | | ** | |
| | | | 水情信息收集量(≥**万条) | 2 | ** | ** | | ** | |
| | | | 河流泥沙监测断面/观测次数(**处/次) | 2 | ** | ** | | ** | |
| | | | 中国河流泥沙公报编写、审查及出版(**册/年) | 2 | ** | ** | | ** | |
| | | 质量指标 | 水文测报设施设备养护率/设施设备完好率(≥**%) | 2 | ** | ** | | ** | |
| | | | 水文测验合格率(≥**%) | 2 | ** | ** | | ** | |
| | | | 水文资料整编成果系统错误/特征值错误/其他数字错误率 | 2 | 无系统错误/无特征值错误/其他数字错误率≤1/10 000 | 无系统错误/无特征值错误/其他数字错误率≤1/10 000 | | ** | |
| | | | 水情报汛漏、错报率(≤**%) | 2 | ** | ** | | ** | |
| | | | 水文预报合格率(≥**%) | 2 | ** | ** | | ** | |

| | 一级指标 | 二级指标 | 三级指标 | 分值 | 年度指标值（A） | 全年实际值（B） | 得分计算方法 | 得分 | 未完成原因分析 |
|---|---|---|---|---|---|---|---|---|---|
| 绩效指标 | 产出指标（50分） | 时效指标 | 上年度水文年鉴刊印周期（≤**个月） | 2 | ** | ** | 完成值达到指标值，记满分；未达到指标值，按（B/A）或（A/B）×该指标分值记分 | ** | |
| | | | 设施设备检查汛前完成率（≥**%） | 2 | ** | ** | | ** | |
| | | | 水情报汛时效（水雨情信息**分钟内报水情分中心≥**%） | 2 | ** | ** | | ** | |
| | | | 部署防汛水情气象工作完成时效 | 2 | 及时 | 及时 | | ** | |
| | | 成本指标 | 维护维修总成本控制（≤设施设备造价或价格的**%） | 2 | ** | ** | | ** | |
| | 效益指标（30分） | 社会效益指标 | 提高国家水文站网水文测验大江大河洪水监测控制率 | 8 | ≥95% | ≥95% | | ** | |
| | | | 为综合治理、开发和防洪对策研究提供重要的基础信息和决策依据 | 7 | 有效 | 有效 | | ** | 佐证和支撑材料难以量化，酌情扣减 |
| | | 可持续影响指标 | 促进流域综合治理开发以及水资源可持续利用 | 8 | 显著 | 显著 | | ** | |
| | | | 逐步促进了解河势变化及对防洪、河道整治的开发利用 | 7 | 有效 | 有效 | | ** | |
| | 满意度指标（10分） | 服务对象满意度指标 | 数据使用单位、人员满意度（≥**%） | 10 | ** | ** | 同效益指标得分计算方式 | ** | |
| 总分 | | | | | | | | ** | |

## 二、绩效评价报告范例

（封面）

（单位名称）20＊＊年度水文测报项目
财政支出绩效评价报告

项目名称：水文测报（20＊＊年）
项目单位：＊＊

20＊＊年＊＊月

（一）项目概况

项目名称：水文测报

项目类别：专项业务费项目

项目负责人：＊＊　　　　　联系电话：＊＊

项目总预算：＊＊万元，其中申请财政资金：＊＊万元

项目实际到位金额：＊＊万元，其中申请财政资金：＊＊万元

项目实际支出金额：＊＊万元，其中申请财政资金：＊＊万元

项目起止时间：＊＊年＊＊月—＊＊年＊＊月

1. 项目单位基本情况

根据"三定"方案，＊＊水利单位主要职责是＊＊。＊＊水利单位编制总数＊＊名，截至＊＊年＊＊月，在职职工＊＊人。＊＊水利单位包括＊＊等下级机构，该项目由＊＊牵头，＊＊等单位共同实施。＊＊年主要承担主要负责做好水情测报工作，完成所属水文测站在站整编、集中审查和复审等工作，参加水量监测及资料整编与分析、流域水情年报编制、流域汛情

分析等工作。

2. 项目基本情况

(1) 项目概况

水文是国民经济建设和社会发展的一项重要基础工作。目前,\*\* 流域已形成布局比较合理、项目齐全的水文站网;流域各级水文部门按照统一的技术标准,持续地对 \*\* 流域的地表水、地下水的水量和水质进行观测,并对资料进行整编,已经积累了大量宝贵的水文资料,在水利规划、水资源开发利用和保护等工作中起了重要作用。

水文事业是国民经济建设和社会发展的基础性公益事业,更是水利工作的基础。按照《中华人民共和国水文条例》(国务院令第 496 号)规定,流域机构水文部门按照水利部授权,组织实施管理本流域的水文工作。

随着 \*\* 流域经济社会的高速发展,防灾减灾及水资源管理对水文工作的要求越来越高,根据水利部加强水文工作相关精神,\*\* 水利单位结合流域水文工作特点,进一步加强了水文测报工作。为贯彻落实最严格水资源管理制度要求,需要持续性开展水文测报工作,全面加强水文测验、水文情报预报、水文设施设备维修维护等工作,同时做好水文资料整编,积累长系列的水文基础数据,从而深入分析流域的水文规律,给防汛调度、水资源管理、水环境评价提供水文服务,满足流域防汛抗旱和水资源精细调度对水文工作的新要求。水文测报经费是 \*\* 水利单位开展水文测报业务工作的主要资金来源,故申请设立水文测报专项项目。

水利部以 \*\* 文件批复了 \*\* 年度水文测报项目经费,主要包括:\*\* 水利单位 \*\* 万元,主要负责流域水文行业管理、站网建设与管理,指导组织实施水文监测工作、情报预报和水文情报预报信息发布工作,督促、协调流域各省市水文部门做好各项水文测报及水文情报预报工作,组织流域各省市完成水文年鉴汇编刊印及资料整编与分析工作,组织完成流域水情年报、流域汛情分析等工作,做好水文统计、总结等工作;\*\* 水利单位 \*\* 万元,主要负责直管水文站、水文基地、水功能区、主要入湖河流等的现场监测和巡测、资料整汇编等;\*\* 水利单位 \*\* 万元,主要负责车辆保障及后勤保障等。

(2) 项目绩效目标设定情况

① 项目绩效总目标

通过水文测报项目的实施,保障水文业务工作的正常开展,完成 \*\* 流域机构的水文行业管理,做好各项水文基础工作。主要目标有:组织开展流域重要河流、河段的水文测验工作,深入分析 \*\* 流域的水文规律,提高水文服务水平。组织指导 \*\* 流域水文工作,做好情报收集和委托工作,开展水情分析与预报,为防汛抗旱和水资源调度服务。整理汇编 \*\* 流域水文监测数据,并刊印发布。做好水文设施设备运行维护,保障水文测验、行业管理等水文业务的正常开展。

② 年度绩效目标及指标

在平水年,本项目划分为三个阶段实施,各阶段目标如下:

汛前(1—4 月):开展流域水文汛前检查,下达测报任务,完成水文测站在站整编、审核和复审工作,召开流域水文工作会议,做好水文测报设施设备运行维护、修订各项预案等工作。

汛期(5—9月):组织开展流域气象、水情等资料收集;组织流域内有关水文部门进行水文监测,开展情报预报和水文分析工作,为流域防汛抗旱和水资源调度提供服务;组织开展水文资料整汇编,做好系统运行维护工作。

汛后(10—12月):开展水文资料收集、汛情分析、年报编制等工作;完成水文年鉴汇编、成果验收及刊印等;召开流域水情工作会议,总结年度水情工作。

③ 绩效指标

本项目产出指标有 ** 个,其中:

数量指标:水文测报相关站点数量 ** 处;** 个水文站水文要素资料整编,水功能区 ** 条河流、** 条主要入湖河流水文巡测相关水文要素整编;水文年鉴 ** 册的汇编、审查、验收、审查及印刷刊印;水情报汛站点 ** 处;水文测报设施设备维修养护大于等于 ** 次。

质量指标:水文测报设施设备维修养护,保证设施设备完好率大于等于 ** ％;水文测验合格率大于等于 ** ％;水文资料整编成果无系统错误、特征值错误,数字错小于等于 **；水情报汛漏、错报率小于等于 ** ％;水情预报合格率大于等于 ** ％。

时效指标:上年度整编的水文年鉴刊印周期小于等于 ** 个月;水文测报项目执行按年度工作计划进度完成率 ** ％;设施设备检查汛前完成率大于等于 ** ％。

成本指标:维护维修总成本控制在设施设备造价或价格的 ** ％以内。

本项目效益指标有 ** 个,其中:

经济效益指标:水文信息为全国减少经济损失提供支撑效果显著。

社会效益指标:国家基本站网水文测验骨干河道洪水监测控制率大于等于 ** ％。

可持续影响指标:积累长期水文资料,研究水沙规律、促进流域综合治理开发,以及水资源可持续利用效果显著。

本项目服务对象满意度指标分析:服务对象投诉率小于等于 ** ％,数据使用单位、人员满意度大于等于 ** ％。

(3)项目主要内容

根据水利业务工作要求,年度项目主要内容包括以下几个方面。

① 水文测验:负责所属各类水文站点的水文测验和分析,根据水文测验规范的要求,结合水情势态,全年不间断实施水文测验,并开展水文测报质量评定。

② 水文情报预报:开展水文站点的水情报汛,根据水文情报预报规范的要求,结合水情势态,全年不间断实施,并完成流域内各类水文要素的预测预报和研究分析工作。

③ 水文资料整编:组织开展全流域水文资料整汇编和刊印;一季度完成上一年度水文资料整编、审查;二季度完成上一年度水文资料复审;三季度完成上一年度水文资料成果汇编、成果验收;四季度完成本年度水文资料初步整编。

④ 水文设施设备运行维护,开展所属站点各类设施设备的运行维护,为全年性工作。

(二)项目单位绩效报告情况

根据《绩效评价管理办法》和水利部有关要求,项目单位及时组织开展了项目绩效中期自评,收集整理了项目决策文件、预算批复以及各绩效指标值支撑材料,配合做好中期检查工作,并编制了中期检查报告;根据中期绩效监控报告的反馈,绩效监控结论为

"**",同时对中期检查问题进行了认真研究,积极对有关情况进行了整改落实。依据本项目绩效评价指标体系及打分方法,组织开展了自评价工作,并在自评价基础上,撰写了项目绩效报告。

项目绩效报告认为:**水利单位水文测报项目按程序履行申报、立项手续;具有明确的项目实施方案;绩效目标经水利部批复;各级承担单位责任主体明确,财务管理制度健全,项目的管理能够确保项目的顺利完成;项目的组织实施达到了预期的总目标和阶段性年度绩效目标,项目支出控制在预算范围之内,按项目实施方案中的进度安排全部完成,质量指标达到要求,项目的经济效益、社会效益、服务对象满意度均达到了绩效目标指标要求;**水利单位有效行使了流域水文行业管理职能,正常开展了组织、协调、指导、监督职能,完成水文汛前检查、情报预报、年鉴整编和系统运行维护等准备工作,保障了**水利单位水文业务工作的正常开展,有效减轻了灾害损失,为保障流域防洪和供水安全做出了重要贡献。

(三)绩效评价工作情况

1. 绩效评价目的

通过绩效评价,对水文测报项目的投入、过程、产出、效果等涉及的项目立项、业务管理、财务管理、项目产出、项目效益等进行全方位的总结分析,对项目财政支出的经济性、效率性、有效性和可持续性进行客观、公正的评价,增强绩效意识,促进财政支出绩效管理,强化支出责任,提高财政资金使用效率;总结经验,不断提高水利预算绩效管理工作水平。

2. 绩效评价原则、评价指标体系、评价方法

(1)绩效评价原则

绩效评价工作组根据《绩效评价管理办法》,结合"**流域水文测报"项目实际情况,在绩效评价工作过程中,遵循科学规范、公正公开、绩效相关原则。

(2)绩效指标体系

根据本次绩效评价的要求,在水利部制定的水文测报项目预算绩效评价指标体系基础上,项目单位制定了项目自评价绩效指标体系。

(3)绩效评价方法

绩效评价工作,选用多种方法进行绩效评价,坚持简便有效的原则。本项目绩效评价工作采用了成本效益分析法、比较法、因素分析法等评价方法。

通过对**年度水文测报项目的支出与效益进行对比分析,以评价绩效目标实现程度。核对工作成果,关注成果是否符合相关规范、技术标准;针对部分延续性、经常性项目,与以前年度情况进行对比;通过对项目的绩效目标与实施效果、项目实际支出与产生效益对比分析,综合分析绩效目标实现程度。通过综合分析影响绩效目标实现、实施效果的内外因素,关注项目经费支出与项目产出和效果的相关性,评价绩效目标实现程度。

3. 绩效评价工作过程

(1)前期准备

根据水利部绩效评价的工作安排,**水利单位制定了实施方案,组建了绩效评价工

作组,并组织学习了相关文件、政策,提前审阅了项目预算申报文本、绩效报告、中期绩效监控报告等材料。

（2）组织实施

绩效评价工作中,工作组听取了项目单位对项目执行情况的介绍,围绕绩效指标,收集与支出相关的投入、过程、产出、效果材料等绩效评价相关资料,对资料进行审查核实;查看项目成果、资金使用管理等其他方面的资料,如检查档案资料和成果资料,重点核对可量化指标的实际完成情况;抽查审阅相关会议记录、分析材料等,核对定性指标完成情况;结合财务支出资料,核对并分析对应经费支出的合理性、真实性,相关材料对绩效报告支撑的充分性、必要性。在讨论答疑、查看核对资料的基础上,工作组依据水利部预算执行中心制定的评价体系、评分标准、评分说明,对项目进行打分、统计,最后得出该项目绩效评价分值。

根据资料审查核实情况、绩效评价分值、绩效评价等级和被评价单位的答疑、初步反馈意见,绩效评价工作组集体起草、讨论、综合分析并形成评价结论。

在绩效评价工作中,充分利用项目绩效目标运行情况中期绩效监控报告的成果。

（3）分析评价

对项目的投入、过程、产出、效果等进行分析,与绩效评价指标体系对比并进行打分。对项目的经济性、效率性和效益性进行分析,结合指标体系打分情况做出项目的综合评价情况和评价结论,形成绩效自评价报告。初稿完成后,工作组就报告与项目单位进行沟通。在项目单位反馈意见的基础上,对报告内容进行完善,形成正式绩效自评价报告。

（四）绩效评价指标分析情况

1. 项目资金情况分析

（1）项目预算及资金到位情况分析

① 预算编制情况。项目预算明细及各部分支出内容的测算依据如下:

② 资金到位情况。20\*\*年\*\*月,\*\*以《\*\*关于批复\*\*年预算的通知》（\*\*〔20\*\*〕\*\*号）批复水文测报项目经费\*\*万元,其中财政资金\*\*万元,资金到位率\*\*％。

（2）项目资金使用情况分析

\*\*年度水文测报项目,实际到位预算资金\*\*万元,实际支出预算资金\*\*万元,序时有效地全部完成了\*\*年度预算执行工作。（项目经费预决算对比情况见表11-7）。

表 11-7　项目预算执行情况对照表　　　　　　　　　　　　　　单位:万元

| | 科　目 | 预　算 | 执　行 | 差　额 |
|---|---|---|---|---|
| 资金来源 | 合　计 | \*\* | \*\* | \*\* |
| | 财政拨款 | \*\* | \*\* | \*\* |
| | 其他资金 | \*\* | \*\* | \*\* |

续　表

| | 科　目 | 预　算 | 执　行 | 差　额 |
|---|---|---|---|---|
| 支出明细 | 合　计 | ** | ** | ** |
| | 办公费 | ** | ** | ** |
| | 印刷费 | ** | ** | ** |
| | …… | …… | …… | …… |
| 项目经费结转(结余) | | ** | | |

项目单位会计核算规范,预算控制有效,未发现支出依据不合规、虚列项目支出的情况,未发现截留、挤占、挪用项目资金的情况,未发现超标准开支情况。项目执行进度科学合理,达到预算执行进度目标要求。

（3）项目资金管理情况分析

① 财务管理制度制定情况

项目单位认真贯彻国家相关制度办法,同时结合工作实际,先后制订了《 ** 项目资金管理办法》《 ** 预算管理办法》等规章制度,从资金管理、预算管理、资产管理、合同管理等方面不断完善水文测报项目的管理制度体系,健全财务管理制度。

② 财务制度执行情况

** 年 ** 水利单位水文测报项目实行专项管理,在经费使用上,严格按照《中央本级项目支出预算管理办法》（财预〔2007〕38 号）等水利部、财政部及项目实施单位等有关规定执行,预算经费独立核算、专款专用,各项支出均按照财务管理各项规章制度要求,由项目执行部门领导确认,根据金额大小,由分管局领导或局长审批后支出,做到经费支出合理合规,经常核查项目具体实施进度,确保项目按进度计划实施,做好水文测报资金的管理和财务核算,切实有效保证各项水文测报工作的顺利完成,预算执行情况良好。

通过各项制度的严格执行,20 ** 年水文测报项目执行中未出现违法违规现象,资金支出安全有效,财务运行健康有序。

2. 项目实施情况分析

（1）项目组织情况分析

水文测报项目由 ** 水利单位统一管理,由 ** 、 ** 等共同承担。

水文测报项目组织机构健全,项目目标与责任分工明确,组织实施程序符合业务规范要求,项目主要参与人员经验丰富,技术力量雄厚,基础设施设备条件完备,能够确保项目顺利、高效、高质地完成。为了流域水文测报工作的需要,经过多年的水文达标化建设,目前已建成了一批基础设施,具备了一定的物质基础。

** 水利单位作为项目主管部门切实履行项目管理职责,指导、督促各单位扎实开展业务工作; ** 水利单位财务部门及时批复项目预算和绩效目标,监督、指导资金管理和使用。各承担单位任务分工明确,切实可行,根据编制的《 ** 流域水文测报项目 ** 年度实施方案》,细化梳理年度工作任务,主要业务工作制定详细的工作计划、工作方案,同时,把工作责任落实到班子成员、部门和个人,做到有计划、有安排、有检查、有督促,充分利用现有人员、技术、设备等支撑条件,加强质量控制和服务保障,合理安排开展水文测报业务。

项目完成后,各预算执行单位按照 ** 水利单位出台的《 ** 水利单位中央级预算项目验收管理实施细则》分别组织了验收工作。

** 流域水文测报项目协作单位包括 ** 流域内各省市水文部门及 ** 水利单位下属有关水文部门,主要负责做好水情测报工作,完成所属水文测站在站整编、集中审查和复审等工作,参加水量监测及资料整编与分析、流域水情年报编制、流域汛情分析等工作。

在外委项目的管理上,外委项目设立优先考虑延续性项目、业务工作急需项目,择优选择承担单位,严格执行《 ** 水利单位合同管理办法》,认真做好合同履行的督促、检查、验收等工作。 ** 年度 ** 流域水文测报项目共包含 * 项外委项目,外委项目均已通过验收。

在办公设备购置的管理上,** 水利单位通过政府采购网批量集中采购方式采购,固定资产已验收入账。

在项目实施过程中,** 水利单位注重档案资料的归纳与管理,按资料清单要求完成项目实施过程中资料收集和管理工作,工作及时,资料基本完整。

(2)项目管理情况分析

① 水文测报项目管理制度健全

** 水利单位根据实际工作需要制定了有效的业务和财务管理制度,对项目工作要求、质量管理、安全管理、项目验收等进行了明确规定。针对水文测报工作,制定了相关水文预案,并严格遵守国家防办印发的《全国主要江河洪水编号规定》等,充分发挥水文测报、情报预报、运行维护等方面的应急响应能力,真正做到水文服务的耳目、尖兵作用。为进一步提高流域综合防灾减灾能力和水平,本着"优势互补、注重实效、资源共享、合作共赢"的原则,加强战略合作,促进流域水利、气象事业全面协调可持续发展,** 水利单位和 ** 气象中心签订了合作框架、建立了应急响应联动机制。

同时,为加强财务内控制度建设,提高财务内控制度执行力,按照财政部、水利部等有关财务制度规定,结合工作实际,** 水利单位出台了《 ** 项目资金管理办法》《 ** 预算管理办法》等一系列财务制度,细化制定了资金管理、财务管理、资产管理等制度,进一步规范了基层财务管理。

② 制度执行有效、质量可控

** 水利单位在水文测报工作中严格执行《全国主要江河洪水编号规定》《 ** 水利单位水情预警发布规定》《 ** 水利单位防汛抗旱值班工作制度》《 ** 水利单位水文遥测系统运行维护办法》《 ** 水利单位 ** 年水情值班工作手册》等;在水文报汛工作中认真执行《 ** 防总办关于下达 ** 年报汛任务的通知》;在应急响应工作中认真执行《 ** 防总防汛抗旱应急响应工作制度》《 ** 水利单位防汛抗旱应急预案》等。

项目单位业务流程记录完备。汛前检查、召开会议等都有明确通知;有完整的值班报告、会商记录、遥测巡检记录、业务系统维护记录等;有明确的应急响应启动和取消通知。

项目单位管控措施有效。 ** 水利单位所有的外部委托合同均开展合同验收,根据委托金额大小、内容复杂性不同,适时开展阶段成果讨论、咨询、合同验收等。年度工作结束后,及时组织开展预算项目验收,并出具验收报告。合同验收后,经相关领导签字审核方可结算(项目委托业务实施情况见表11-8)。

表 11-8　项目委托业务费实际支出与计划对照表

| 序号 | 合同名称 | 被委托单位 | 预算金额(万元) | 实际金额(万元) |
|---|---|---|---|---|
| 1 | ** | ** | ** | ** |
| 2 | ** | ** | ** | ** |
| … | … | … | … | … |
| 合　计 | | | ** | ** |

（3）项目绩效情况分析

① 项目的经济性分析

项目成本(预算)控制情况：** 水利单位各预算执行单位预算编制合理,项目经费基本按照批复的预算执行,但因 ** 年流域汛情严峻,因此监测频次、预测预报次数有所增加,印刷费、差旅费、电费和设备维修(护)费用增加。为保证项目总体支出不超预算,对部分科目的支出进行了适当调整,如减少了水费、会议费培训费和咨询费等的支出。项目支出总金额没有突破年度预算,项目预算总体控制较好。

项目成本(预算)节约情况：** 水利单位厉行节约,多措并举严格控制项目成本。推行无纸化办公、双面打印、手册打印等,节约办公耗材;通过水文水质拼车采样,减少交通费;通过政府采购进行设备购置,节约资金。

② 项目的效率性分析

项目的实施进度：根据项目实施方案中的进度安排,该项目按计划全部完成。项目的实施进度基本均衡,项目进度安排分三个时段:汛前(1—4 月)提早部署检查、做好度汛准备,汛期(5—9 月)强化监测预报、保障防洪安全,汛后(10—12 月)加强总结交流、提升服务水平。** 水利单位水文测报工作有序开展、及时有效,全部完成了项目预期目标。

项目完成质量:在水文测报工作中严格执行项目实施方案,在做好常规性水文测报业务工作的同时,面对 ** 年严峻的防汛形势,提早部署检查,做好度汛准备,完成既定的各项水文基础性研究;完成了上一年度水文资料的整编工作,** 水利单位资料零差错,满足精度要求,为流域防汛安全、及国民经济发展积累宝贵的基础资料;起草汛情分析、梅雨期分析等各类水情分析总结报告并及时报送。水情紧张时,相关领导和技术人员 24 小时驻守,提供情报预报信息服务和系统、设备技术保障服务,保证了数据的及时性和稳定性。** 流域发生大洪水期间,进一步强化预测预报,加密监测频次,加强水情监视,做好预警预报工作。组织开展了水文测报项目以外的应急监测,为流域汛情分析提供数据支持。为了提高流域水情预报精度,** 水利单位在中国、日本、欧洲等多家气象预报信息的基础上,结合流域实际调度情况,滚动开展水雨情预测预报,为 ** 年度超标准洪水防御提供了决策支持。项目执行过程中,通过各类预案等综合措施,避免重大安全事件的发生。

③ 项目的效益性分析

** 年 ** 流域遭受多次强降雨袭击,** 流域发生流域性特大洪水,** 水利单位及流域各省市水文部门切实加强组织领导,强化流域水文测报工作的组织、协调、监督和指导,流域水利工作基础得到进一步夯实,水文测报能力有所提高,积累了大量水文基础资料,测报信息覆盖面得到增强,洪水预报精度进一步提高,满足了流域防汛和水资源精细化调度的新要求,保障了流域防洪、供水、水生态的安全,可持续的经济效益和社会效益显著。

④ 项目的可持续性分析

水文测报项目自实施以来,对于 ＊＊ 流域防洪、水资源安全,促进流域经济社会发展起到了重要作用。随着流域经济社会进一步发展,流域防洪、资源安全的重要性将进一步提高,对水文信息感知、水文站网布设、情报预报水平的要求也越来越高。＊＊ 流域水情值班系统和水文综合信息服务系统等软件系统为水情预报、分析提供了便捷服务,为防汛提供决策支持,实现了再利用。为做好水文情报预报服务,＊＊ 水利单位在整理水文数据的基础上,更新了水文特征数据,制作发布了流域水情宝典,为未来一段时期内水文测报工作提供了重要资料基础。该项目为延续性项目,项目实施单位人员安排基本稳定,软件系统可再利用,各项管理措施全面有效,在水利部及国家防总的支持下项目资金来源十分稳定,具备了未来一段时间内持续实施的条件(绩效目标完成情况详见表11-9)。

表 11-9　水文测报项目绩效目标完成情况对照表

| 绩效指标批复情况 | | | | | 绩效指标完成情况 |
|---|---|---|---|---|---|
| 序号 | 一级指标 | 二级指标 | 指标内容 | 指标值 | 已完成指标值 |
| 1 | 产出指标 | 数量指标 | 水文测报国家基本水文站/国家专用水文站站点数量(＊＊ 处) | ＊＊ | ＊＊ |
| 2 | | | 国家基本水文站相关水文要素整编(＊＊ 处/年) | ＊＊ | ＊＊ |
| 3 | | | 水文年鉴的汇编、审查及印刷刊印(＊＊ 套,册) | ＊＊ | ＊＊ |
| 4 | | | 水情报讯站点(报讯站、预报站)(＊＊ 个) | ＊＊ | ＊＊ |
| 5 | | | 水文测报设施设备维修养护频次(≥＊＊ 次/年) | ＊＊ | ＊＊ |
| 6 | | | 水位监测断面数量/观测次数(＊＊ 处/次) | ＊＊ | ＊＊ |
| 7 | | | 流量监测断面数量/观测次数(＊＊ 处/次) | ＊＊ | ＊＊ |
| 8 | | | 降水监测站数量/观测次数(＊＊ 处/次) | ＊＊ | ＊＊ |
| 9 | | | 在站整编审查站数/审查整编成果图表数(＊＊ 站/个) | ＊＊ | ＊＊ |
| 10 | | | 气象预报/洪水预报站点(＊＊ 处(个)) | ＊＊ | ＊＊ |
| 11 | | | 水文测报技术装备维护鉴定(＊＊ 台(套)) | ＊＊ | ＊＊ |

| 序号 | 一级指标 | 二级指标 | 指标内容 | 指标值 | 已完成指标值 |
|---|---|---|---|---|---|
| | | | 绩效指标批复情况 | | 绩效指标完成情况 |
| 12 | 产出指标 | 数量指标 | 举办培训/培训人次（** 次/人次） | ** | ** |
| 13 | | | 水情信息收集量(≥ ** 万条) | ** | ** |
| 14 | | | 河流泥沙监测断面/观测次数（** 处/次） | ** | ** |
| 15 | | | 中国河流泥沙公报编写、审查及出版（** 册/年） | ** | ** |
| 16 | | 质量指标 | 水文测报设施设备养护率/设施设备完好率(≥ ** %) | ** | ** |
| 17 | | | 水文测验合格率(≥ ** %) | ** | ** |
| 18 | | | 水文资料整编成果系统错误/特征值错误/数字错误率 | 无系统错误/无特征值错误/其他数字错误率≤1/10 000 | 无系统错误/无特征值错误/其他数字错误率≤1/10 000 |
| 19 | | | 水情报汛漏、错报率(≤ ** %) | ** | ** |
| 20 | | | 水文预报合格率(≥ ** %) | ** | ** |
| 21 | | 时效指标 | 上年度水文年鉴刊印周期(≤ ** 个月) | ** | ** |
| 22 | | | 设施设备检查汛前完成率(≥ ** %) | ** | ** |
| 23 | | | 水情报汛时效（水雨情信息 ** 分钟内报水情分中心≥ ** %) | ** | ** |
| 24 | | | 部署防汛水情气象工作完成时效 | 及时 | 及时 |
| 25 | | 成本指标 | 维护维修总成本控制(≤设施设备造价或价格的 ** %) | ** | ** |
| 26 | 效益指标 | 社会效益指标 | 提高国家水文站网水文测验大江大河洪水监测控制率 | ≥95% | ≥95% |
| 27 | | 社会效益指标 | 为综合治理、开发和防洪对策研究提供重要的基础信息和决策依据 | 有效 | 有效 |
| 28 | | 可持续影响指标 | 促进流域综合治理开发以及水资源可持续利用 | 显著 | 显著 |
| 29 | | 可持续影响指标 | 逐步促进了解河势变化及对防洪、河道整治的开发利用 | 有效 | 有效 |
| 30 | 服务对象满意度指标 | 满意度指标 | 数据使用单位、人员满意度(≥ ** %) | ** | ** |

（五）综合评价情况及评价结论

1. 评价工作开展情况

\*\* 水利单位成立了项目自评价工作组，听取了项目执行情况的介绍，现场收集绩效评价相关资料，对资料进行审查核实；查看项目成果、资金使用管理等其他方面的资料，如检查档案资料和成果资料，重点核对可量化指标的实际完成情况；结合财务支出资料，核对并分析对应经费支出的合理性、真实性并抽查至相关的原始资料、合同；就先期发现的有关问题进行质询。

在讨论答疑、查看核对资料的基础上，评价工作组依据水利部预算执行中心制定的水文测报项目评价体系、评分标准、评分说明，对项目进行打分、统计，最后得出该项目绩效评价分值。

2. 评价结论

项目绩效评价工作组认为 \*\* 水利单位 \*\* 年度水文测报项目立项过程合规，绩效目标明确、量化，资金预算分配合理，能按照实施方案和批复的绩效目标组织实施。各承担单位责任分工明确，各项管理制度较为健全，项目管理较为完善、规范，资金使用规范有效。项目实施完成了预期的绩效目标并达到了预期结果。

\*\* 年度水文测报综合评价得分为 \*\* 分，其中项目投入得分 \*\* 分、项目过程得分 \*\* 分、项目产出得分 \*\* 分、项目效果得分 \*\* 分，绩效评定级别为" \*\* "。整体上，该项目投入、过程、产出及效果 4 个方面完成情况均较好，从前期项目立项及内容设计，到中间项目过程管理，以及最后项目产出、效果实现，均未出现较为薄弱管控环节或执行风险，项目总体执行情况较好，完成质量较高(项目绩效评价指标体系及评分情况详见表 11-10)。

表 11-10　\*\* 年度水文测报项目绩效评价指标体系及评分标准

| 一级指标 | 分值 | 二级指标 | 分值 | 三级指标 | 分值 | 四级指标 | 分值 | 指标解释 | 计划指标值 | 实际完成值 | 评价标准 | 得分 |
|---|---|---|---|---|---|---|---|---|---|---|---|---|
| 投入 | 20 | 项目立项 | 18 | 项目立项规范性 | 2 | 立项程序规范完整性 | 1 | 项目申请、设立的程序及相关资料是否符合相关要求，如"是否经过专家可行性研究（实施方案）、专家论证、风险评估、集体决策"等。用以反映和考核项目立项程序的规范完整性 | —— | —— | 预算申报材料(申报文本、绩效目标、实施方案)，共3项材料，每缺少一项扣0.5分，扣至0分为止 | \*\* |
| | | | | | | 立项论证的充分性 | 1 | 项目申请、设立论证是否充分。用以反映和考核项目立项论证的充分性 | —— | —— | 1.项目申请、设立的论证充分,1分; 2.项目申请、设立的论证较充分, 0.5分; 3.项目申请、设立的论证充分性不够,0分 | \*\* |

| 一级指标 | 分值 | 二级指标 | 分值 | 三级指标 | 分值 | 四级指标 | 分值 | 指标解释 | 计划指标值 | 实际完成值 | 评价标准 | 得分 |
|---|---|---|---|---|---|---|---|---|---|---|---|---|
| 投入 | 20 | 项目立项 | 18 | 绩效目标合理性 | 8 | 目标与职能的相符性 | 2 | 项目所设定的绩效目标与项目单位职能是否相符。用以反映和考核项目绩效目标与单位职能相符情况 | —— | —— | 1.绩效目标符合项目单位职能，2分；2.绩效目标较符合项目单位职能，1~2分；3.绩效目标与项目单位职能不够相符，0~1分 | ＊＊ |
| | | | | | | 目标政策依据的充分性 | 2 | 项目所设定的绩效目标是否依据充分。用以反映和考核项目绩效目标与国家政策、部门事业发展纲要（规划）的相符情况 | —— | —— | 1.项目目标与政策文件、行业规划、部门事业总体规划的相符性，满分为1分，专家根据相符情况酌情给分。2.目标与项目规划的相符性，满分为1分，专家酌情给分。一般情况，项目自身应制定中长期规划或者有明确的事业规划为基础，且年度目标与项目中长期规划相符 | ＊＊ |
| | | | | | | 目标与现实需求相符性 | 2 | 项目所设定的绩效目标是否符合客观实际、现实需求。用以反映和考核项目绩效目标与现实需求的相符情况 | —— | —— | 1.绩效目标符合现实需求，2分；2.绩效目标较符合现实需求，1~2分；3.绩效目标与现实需求不够相符，0~1分 | ＊＊ |
| | | | | | | 关键目标的明确合理性 | 2 | 项目绩效目标的关键目标是否明确、合理，指标值是否经过调查研究和科学论证，符合客观实际，能够在一定期限内如期实现。用以反映绩效目标的明确性以及指标值的合理性 | —— | —— | 1.包含关键目标且指标值设置合理，2分；2.包含关键目标，但指标值设置不够合理，1~2分；3.没有关键目标，0~1分 | ＊＊ |

续　表

| 一级指标 | 分值 | 二级指标 | 分值 | 三级指标 | 分值 | 四级指标 | 分值 | 指标解释 | 计划指标值 | 实际完成值 | 评价标准 | 得分 |
|---|---|---|---|---|---|---|---|---|---|---|---|---|
| 投入 | 20 | 项目立项 | 18 | 绩效指标明确性 | 8 | 绩效指标细化、量化程度 | 2 | 绩效指标(产出指标,效果指标)是否清晰、细化、量化,不能以量化形式表述的是否可衡量。用以反映和考核项目绩效目标的明细化及量化情况 | —— | —— | 1.绩效指标清晰、细化、量化,2分;<br>2.绩效指标较清晰、细化、量化,1~2分;<br>3.绩效指标不够清晰、细化、量化,0~1分 | ** |
| | | | | | | 绩效指标分解批复的合理性(选用) | 2 | 项目绩效指标是否进行合理分解批复。用以反映打捆项目绩效目标的向下分解情况 | —— | —— | 1.绩效指标分解批复合理,2分;<br>2.绩效指标分解批复较合理,1~2分;<br>3.绩效指标分解批复不够合理,0~1分 | ** |
| | | | | | | 绩效指标与绩效目标的匹配性 | 2 | 项目绩效指标是否与绩效目标关联,绩效指标是否充分体现绩效目标。用以反映绩效指标与绩效目标的匹配情况 | —— | —— | 1.绩效指标与绩效目标匹配,2分;<br>2.绩效指标与绩效目标较匹配,1~2分;<br>3.绩效指标与绩效目标不够匹配,0~1分 | ** |
| | | | | | | 绩效指标与预算的匹配性 | 2 | 绩效指标与预算是否匹配。用以反映和考核项目绩效指标与项目预算的对应情况 | —— | —— | 1.绩效指标与项目预算匹配,2分;<br>2.绩效指标与项目预算较匹配,1~2分;<br>3.绩效指标与项目预算不够匹配,0~1分 | ** |
| | | 资金落实 | 2 | 资金足额到位性 | 1 | 资金到位率 | 1 | 实际到达最末级单位的资金金额与计划投入资金的比率,用以反映和考核资金落实情况对项目实施的总体保障程度。资金到位率=(实际到位资金/预算金额)×100%。实际到位资金:一定时期内实际落实到具体项目的资金。预算资金:一定时期内计划投入到具体项目的资金 | | | 得分=资金到位率×1分 | ** |

| 一级指标 | 分值 | 二级指标 | 分值 | 三级指标 | 分值 | 四级指标 | 分值 | 指标解释 | 计划指标值 | 实际完成值 | 评价标准 | 得分 |
|---|---|---|---|---|---|---|---|---|---|---|---|---|
| 投入 | 20 | 资金落实 | 2 | 资金及时到位性 | 1 | 资金到位及时率 | 1 | 考核资金到达各级单位的及时性，预算批复后资金是否在15个工作日内下达 | —— | —— | 1.预算批复后资金在15个工作日内下达，1分；<br>2.预算批复后资金在20个工作日内下达，0.5分；<br>3.预算批复后资金超过20个工作日下达，0分 | ** |
| 过程 | 25 | 业务管理 | 13 | 业务管理制度健全性 | 3 | 业务管理制度健全性 | 3 | 项目实施单位针对项目相关业务内容，所适用的业务管理制度是否明确，自身制定的业务管理制度是否健全，包括项目的设立、质量管理、安全管理、项目验收等流程管理制度。用以反映管理制度的健全性 | —— | —— | 1.业务管理制度健全，3分；<br>2.业务管理制度较健全，1.5～3分；<br>3.业务管理制度不够健全，0～1.5分 | ** |
| | | | | 制度执行有效性 | 6 | 业务执行与制度相符性 | 2 | 业务执行(如立项、实施、政府采购、质量安全管理、项目验收等)是否符合相关的法律、法规，是否符合相关业务管理制度要求。用以反映业务执行与法律法规、业务管理制度的相符性 | —— | —— | 1.业务执行符合相关法律法规、业务管理制度的要求，2分；<br>2.业务执行较符合相关法律法规、业务管理制度的要求，1～2分；<br>3.业务执行不够符合相关法律法规、业务管理制度的要求，0～1分 | ** |
| | | | | | | 项目档案的完备性和正确性 | 2 | 项目档案是否能完整反映业务流程的各个环节，档案资料内容是否正确、不矛盾冲突。用以反映和考核项目档案的质量 | —— | —— | 1.项目档案完备且资料内容正确，2分；<br>2.项目档案较完备且资料内容较正确，1～2分；<br>3.项目档案不够完备且资料内容不够正确，0～1分 | ** |

| 一级指标 | 分值 | 二级指标 | 分值 | 三级指标 | 分值 | 四级指标 | 分值 | 指标解释 | 计划指标值 | 实际完成值 | 评价标准 | 得分 |
|---|---|---|---|---|---|---|---|---|---|---|---|---|
| 过程 | 25 | 业务管理 | 13 | 制度执行有效性 | 6 | 调整手续履行情况 | 2 | 业务工作内容调整手续是否按制度履行。用以反映调整手续的执行情况 | —— | —— | 1.严格按照制度履行调整手续，2分；2.较严格按照制度履行调整手续，1～2分；3.未能严格按照制度履行调整手续，0～1分 | ** |
| | | | | 项目质量可控性 | 4 | 质量标准健全性 | 2 | 项目实施单位是否已制定或具有相应的项目质量要求或标准。用以反映和考核项目质量标准建设情况 | —— | —— | 1.制定的项目质量要求或标准健全，2分；2.制定的项目质量要求或标准较健全，1～2分；3.制定的项目质量要求或标准不够健全，0～1分 | ** |
| | | | | | | 管控措施有效性 | 2 | 项目实施单位是否为达到项目质量要求而采取了必需且有效的措施。用以反映和考核项目实施单位对项目质量的控制情况 | —— | —— | 1.为达到项目质量要求而采取的管控措施有效，2分；2.为达到项目质量要求而采取的管控措施较有效，1～2分；3.未采取必需且有效的管控措施，项目完成质量较差，0～1分 | ** |
| | | 财务管理 | 12 | 财务管理制度健全性 | 3 | 财务管理制度健全性 | 3 | 项目实施单位的财务管理制度是否全面、完整、合理。用以反映和考核财务管理制度对资金规范、安全运行的保障情况 | —— | —— | 1.财务管理制度全面、完整、合理，3分；2.财务管理制度较全面、完整、合理，1.5～3分；3.财务管理制度不够全面、完整、合理，0～1.5分 | ** |

| 一级指标 | 分值 | 二级指标 | 分值 | 三级指标 | 分值 | 四级指标 | 分值 | 指标解释 | 计划指标值 | 实际完成值 | 评价标准 | 得分 |
|---|---|---|---|---|---|---|---|---|---|---|---|---|
| 过程 | 25 | 财务管理 | 12 | 资金使用合规性 | 6 | 资金使用合法合规性 | 3 | 资金使用是否单独核算、符合会计核算制度、有完整的审批手续,项目的重大开支是否经过评估认证;委托单位的遴选程序是否符合相关法律法规要求,如招投标、多家方案比选等;项目资金使用是否存在截留、挤占、挪用、虚列支出等情况。用以反映和考核项目资金使用的合法合规情况 | —— | —— | 1.资金使用合法合规,3分;<br>2.资金使用较合法合规,1.5分;<br>3.资金使用不够合法合规,0分 | ** |
| | | | | | | 资金使用与预算的一致性 | 3 | 项目资金使用是否符合项目预算批复用途。用以反映和考核项目资金使用与预算的一致性 | —— | —— | 1.资金使用与预算批复一致,3分;<br>2.资金使用与预算批复较一致,1.5~3分;<br>3.资金使用与预算批复不够一致,0~1.5分 | ** |
| | | | | 财务监控有效性 | 3 | 财务监控有效性 | 3 | 项目实施单位是否为保障资金的安全、规范运行而建立了内控管理制度,是否采用了必要的监控措施,如不相容岗位相互分离、内部授权审批控制、预算控制、会计控制、单据控制、信息内部公开等,是否做到会计核算规范、信息真实。用以反映和考核项目实施单位对资金运行的控制情况 | —— | —— | 1.财务监控机制健全,管控措施有效,3分;<br>2.财务监控机制较健全,管控措施较有效,1.5~3分;<br>3.财务监控机制不够健全,管控措施不够有效,0~1.5分 | ** |

续　表

| 一级指标 | 分值 | 二级指标 | 分值 | 三级指标 | 分值 | 四级指标 | 分值 | 指标解释 | 计划指标值 | 实际完成值 | 评价标准 | 得分 |
|---|---|---|---|---|---|---|---|---|---|---|---|---|
| 产出 | 25 | 项目产出 | 25 | 实际完成率 | 15 | 水文测报相关站点数量 | 3 | 项目实施的实际产出数与计划产出数的比率，用以反映和考核项目产出数量目标的实现程度。实际完成率＝(实际产出数/计划产出数)×100%。实际产出数：一定时期(本年度或项目期)内项目实际产出的产品或提供的服务数量。计划产出数：项目绩效目标确定的在一定时期(本年度或项目期)内计划产出的产品或提供的服务数量 | 8处国家基本水文站 | 8处国家基本水文站 | 国家基本水文站实际完成率得分＝实际完成率×3分，超过3分的按3分计 | ** |
| | | | | | | 水文资料整编 | 3 | | 8个水文站水文要素资料整编，水功能区70条河流、22条主要入湖河流水文巡测相关水文要素整编 | 8个水文站水文要素资料整编，水功能区70条河流、22条主要入湖河流水文巡测相关水文要素整编 | 得分＝实际完成率×3分，超过3分的按3分计 | ** |
| | | | | | | 汇编刊印 | 3 | | 水文年鉴7册的汇编、审查、验收、审及印刷刊印 | 水文年鉴7册的汇编、审查、验收、审及印刷刊印 | 汇编刊印册数实际完成率得分＝实际完成率×3分，超过3分的按3分计 | ** |
| | | | | | | 水文情报、预报 | 3 | | 3个报汛站 | 3个报汛站 | 得分＝实际完成率×3分，超过3分的按3分计 | ** |
| | | | | | | 水文测报设施设备维修养护 | 3 | | 水文测报仪器设备设施养护频次：≥1次/年 | 水文测报仪器设备设施养护频次：≥1次/年 | 1. 水文测报仪器设备设施养护频次：≥1次/年，3分；2. 水文测报仪器设备设施养护频次：<1次/年，0分 | ** |

| 一级指标 | 分值 | 二级指标 | 分值 | 三级指标 | 分值 | 四级指标 | 分值 | 指标解释 | 计划指标值 | 实际完成值 | 评价标准 | 得分 |
|---|---|---|---|---|---|---|---|---|---|---|---|---|
| 产出 | 25 | 项目产出 | 25 | 质量达标情况 | 5 | 水文测报设施设备维修养护 | 1 | 对照实际批复的绩效目标,对项目质量达标情况进行评价 | 设施设备完好率:≥95% | 设施设备完好率:≥95% | 水文测报设施设备完好率达到既定标准,1分;未达到既定标准,0分 | ** |
| | | | | | | 水文测验合格率 | 1 | | ≥95% | ≥95% | 1.水文测验符合规程标准,1分;2.每出现一次不符合水文测验标准,扣0.5分,扣至0分为止 | ** |
| | | | | | | 水文资料整编成果错误率 | 1 | | 无系统错误、特征值错误,其他数字错≤1/10 000 | 无系统错误、特征值错误,其他数字错≤1/10 000 | 1.水文资料整编成果错误率达到既定标准,1分;2.每出现一次未达到水文资料汇编成果标准,扣0.5分,扣至0分为止 | ** |
| | | | | | | 水情报汛漏、错报率 | 1 | | ≤1% | ≤1% | 1.水情报汛漏、错报率达到既定标准,1分;2.水情报汛漏、错报率未达到既定标准,0分 | ** |
| | | | | | | 水文预报合格率 | 1 | | ≥75% | 91% | 1.水文预报符合规程标准,1分;2.每出现一次不符合水文预报标准,扣0.5分,扣至0分为止 | ** |
| | | | | 完成及时情况 | 3 | 水文测报项目执行 | 2 | 项目产出时效是否符合项目绩效目标及实施方案的进度要求,用以考核和反映项目完成的及时性。 | 按年度工作计划进度完成率100% | 按年度工作计划进度完成率100% | 1.项目执行与工作计划进度一致,2分;2.项目执行较工作计划进度稍有滞后但未造成重大影响,0.5~1分;3.项目执行严重滞后,0~0.5分 | ** |

| 一级指标 | 分值 | 二级指标 | 分值 | 三级指标 | 分值 | 四级指标 | 分值 | 指标解释 | 计划指标值 | 实际完成值 | 评价标准 | 得分 |
|---|---|---|---|---|---|---|---|---|---|---|---|---|
| 产出 | 25 | 项目产出 | 25 | 完成及时情况 | 3 | 设施设备检查 | 1 | 项目产出时效是否符合项目绩效目标及实施方案的进度要求,用以考核和反映项目完成的及时性 | 汛前完成率≥95% | 汛前完成率100% | 1.设施设备检查汛前完成率≥95%,1分;<br>2.设施设备检查汛前完成率≥90%,0.5~1分;<br>3.设施设备检查汛前完成率<90%,0分 | ** |
| | | | | 成本控制及节约情况 | 2 | 维护维修总成本是否控制在预算之内,资金是否使用安全、无违规 | 2 | 对项目成本控制及节约情况进行评价,重点为是否按要求采取政府采购措施控制成本 | ≤设施设备造价或价格的10% | ≤设施设备造价或价格的10% | 1.≤设施设备造价或价格的10%,2分;<br>2.>设施设备造价或价格的10%,1分;<br>3.≥设施设备造价或价格的12%,0分 | ** |
| 效果 | 30 | 项目效益 | 30 | 效益情况 | 22 | 提供宏观决策依据,促进经济社会发展,拓展公共服务 | 4 | 对照绩效目标,对项目产生的效益进行评价 | 有效 | 有效 | 1.效益显著,4分;<br>2.效益较显著,2.5~4分;<br>3.效益不够显著,0~2.5分 | ** |
| | | | | | | 国家水文站网大江大河洪水监测控制率(≥**%) | 5 | | ≥95% | ≥95% | 1.≥95%,5分;<br>2.≥90%,3~5分;<br>3.<90%,0~3分 | ** |
| | | | | | | 为综合治理、开发和防洪对策研究提供重要的基础信息和决策依据 | 5 | | 有效 | 有效 | 1.效益显著,5分;<br>2.效益较显著,2.5~5分;<br>3.效益不够显著,0~2.5分 | ** |
| | | | | | | 促进综合治理开发以及水资源可持续利用 | 4 | | 显著 | 显著 | 1.效益显著,4分;<br>2.效益较显著,2.5~4分;<br>3.效益不够显著,0~2.5分 | ** |

| 一级指标 | 分值 | 二级指标 | 分值 | 三级指标 | 分值 | 四级指标 | 分值 | 指标解释 | 计划指标值 | 实际完成值 | 评价标准 | 得分 |
|---|---|---|---|---|---|---|---|---|---|---|---|---|
| 效果 | 30 | 项目效益 | 30 | 效益情况 | | 了解河势变化促进对防洪、河道整治的开发利用 | 4 | 对照绩效目标,对项目产生的效益进行评价 | 有效 | 有效 | 1.效益显著,4分;<br>2.效益较显著,2.5～4分;<br>3.效益不够显著,0～2.5分 | ** |
| | | | | 服务对象满意度 | 8 | 数据使用单位、人员满意度 | 8 | 对项目服务对象的满意度情况进行评价 | ≥95% | ≥95% | 1.满意度≥95%,4分;<br>2.其他情况,得分＝(满意度/95%)×4分 | ** |
| 得分合计 | | | | | | | | | | | | ** |

说明:产出、效果指标中,三级、四级指标需根据上级批复的绩效目标表修改指标内容,分值根据修改后的指标进行合理赋分,保持一级指标总分不变。

（六）绩效评价结果应用建议

1. 预算安排

本评价报告可以用于下一年度水文测报项目预算安排参考,作为改进预算管理和安排以后年度预算的重要依据。

2. 评价结果公开

建议评价结果在一定范围内公开可以充分发挥项目单位开展绩效管理的积极性,不断提高水利预算绩效管理工作水平。

（七）主要经验及做法、存在的问题和建议

1. 主要经验及做法

＊＊水利单位水文项目顺利完成了各项预定的绩效指标。主要经验及做法有:

（1）在项目实施与管理过程中,严格遵守各项政策、法规及相关管理制度,确保各项工作合法有序开展。

（2）细化分解任务,各部门按照职责分工各司其职,保障了项目的顺利实施。

（3）强化项目过程控制,及时指导各部门按照进度做好项目管理。

（4）严格合同管理,保证资金使用规范。

2. 存在问题和建议

（1）绩效指标确定有待进一步加强。在水文测报项目绩效指标中,效益指标量化难度大,比如"为全国减少经济损失提供支撑、促进流域综合治理开发,以及水资源可持续利用"等指标内容,其指标值确定得比较宏观,虽然在水利部下发的各二级项目指标体系,进一步规范了绩效指标的制定,但指标体系依然存在评价阶段难以量化的问题,比如"为综合治理、开发和防洪对策研究提供重要的基础信息和决策依据"等,建议加强水文测报项目绩效指标体系的研究。

（2）资金使用与预算的一致性有待进一步加强。水文测报项目由于项目的特殊性，预算均按照平水年情况编制，对于流域发生超标准洪水造成部分科目预算不足的现象没有给予足够的考虑，在预算执行过程中，为了保证项目总体不超预算，对部分科目进行了调整，造成了资金使用与预算的不一致性。建议上级主管部门进一步加强相关方面工作的指导。

（3）水文测报经费是 ✳✳ 水利单位开展水文业务工作的主要资金来源。目前项目经费仅能满足常规性业务需求，在流域特殊水雨情期间，监测、分析工作量将进一步增加，而且，随着 ✳✳ 水利单位水文业务工作的扩展、流域直属水文监测站点的增多，以及水文基地的运行等，项目经费远远不足，因此，建议上级部门能增加流域水文测报项目经费。

（八）其他需说明的问题（如有）。

无。

# 第十二章　防汛业务费项目

水旱灾害历来是中华民族的心腹之患,其造成的直接经济损失占各类自然灾害总损失的 70% 左右。做好防汛抗旱工作,对保障我国经济社会全面、协调、可持续发展,维护社会稳定具有重要意义。经济社会的发展对防汛抗旱工作提出了越来越高的要求。近年来,我国洪涝和干旱灾害频发、重发,人民群众生命财产遭受严重威胁,为确保防洪安全、生命安全和供水安全,保障经济社会平稳健康发展,国家大力实施防汛抗旱减灾项目,进一步明确防汛抗旱减灾目标任务,逐步规范防汛抗旱抢险救灾工作体制机制,不断增强防汛抗洪和抗旱减灾的能力水平,取得了显著的经济效益和社会效益。近些年洪涝灾害频发,暴雨过程南北并发,中小河流超警频繁,局部洪涝灾害严重,长江流域、太湖流域、海河流域等区域不时发生重大洪涝灾害,人民群众生命财产发生较大损失,中央领导对防汛工作做出了重要指示批示,防汛任务异常繁重。根据《项目支出预算管理意见》,水利部在中央部门预算中将"防汛抗旱减灾"设置为部门专用一级项目,目前该项目下设置了"防汛业务费""抗旱业务费""防汛工程设施应急修复""全国山洪灾害防治项目运行维护"四个二级项目。因此本章以二级项目"防汛业务费"项目为例,介绍"防汛业务费"项目绩效评价的内容、目标、指标,以及绩效评价报告的编写。本章介绍的二级项目仅为防汛业务费项目,其他项目可参照编写。

## 第一节　绩效评价的内容

### 一、项目概述

防汛是社会公益事业。做好防汛工作,对保障我国经济社会全面、协调、可持续发展,维护社会稳定具有重要意义。经济社会的发展对防汛工作提出了越来越高的要求。2011年 1 月,中央出台一号文件《中共中央国务院关于加快水利改革发展的决定》,对完善我国防洪抗旱减灾体系、加强防汛抗旱应急管理和防灾减灾能力建设,提出了具体明确的要求。扎扎实实做好防汛抗洪、抢险救灾工作,确保人民群众生命财产安全,确保大江大河、大型水库、大中城市和交通干线的防洪安全,确保城乡生活用水安全,努力减轻洪涝灾害造成的损失,保障经济发展和社会稳定,是认真贯彻党的方针、政策和决策部署的具体体现。当前和今后一段时期,防汛工作的主要目标和重点任务,要始终坚持防大汛、战强台、减大灾、兴利除害结合、流域区域统筹、城市农村兼顾，主动适应形势变化，着力构建与全面建成小康社会相适应的防汛减灾体系，夯实防汛工程和非工程防控基础，为保障防洪安全、供水安全、粮食安全和生态安全提供有力支撑和保障。总的看，防汛防台风工作卓有成效，有力保障了人民群众生命安全、重要工程设施安全和城乡供水安全，最大程度减轻了灾害损失。

按照《中华人民共和国防洪法》《中华人民共和国防汛条例》规定，水利部对重要江河湖泊和重要水工程实施防汛调度，编制国家防汛应急预案并组织实施；组织编制、实施全国大江大河大湖及重要水工程防御洪水方案、洪水调度方案、水量应急调度方案、预案；及时掌握和发布全国汛情和灾情，指导、监督重要江河防汛演练和抗洪抢险工作；做好全国防汛物资储备与管理，组织实施国家防汛抗旱指挥系统建设，组织开展全国防汛工作评估；统一指挥和部署各流域防总对本流域防汛工作的综合管理和指挥调度。防汛业务费项目在圆满完成防汛、抢险救灾任务，强化水旱灾害风险防控，最大程度地降低水旱灾害对国民经济发展造成的影响和损失等方面发挥了重要的作用。

防汛业务费项目的设立对保障经济社会全面、协调、可持续发展都具有十分重要的现实意义，也是水利部履行职责，完成国务院、国家防汛抗旱总指挥部交办各项任务的重要基础和保障。防汛统一指挥、部门联动的工作机制进一步加强。目前国家防汛抗旱总指挥部扩充至由 23 个相关部门组成，中央、省、市、县四级防汛抗旱指挥体系逐步向乡镇、社区延伸。各级防汛抗旱指挥部统一指挥，各部门各司其职、团结协作，保障了防汛抗旱工作的顺利进行。以防为主、常备不懈的防御体系进一步完善。大江大河主要河段基本具备防御新中国成立以来最大洪水的能力，中小河流具备了防御一般洪水的能力。完善了气象水文监测、预报预警、方案预案、专业应急队伍、物资储备等非工程措施，每年汛前开展防汛检查，消除度汛隐患；灾害天气来临前，及时会商研判，提前部署防御工作，落实各项防御措施。深入开展防灾减灾知识普及和宣传教育，不断提高广大群众的防灾避险意识和自救互救能力。规范有序、依法防控的基本准则进一步确立。颁布实施了《水法》《防洪法》《防汛条例》《蓄滞洪区运用补偿暂行办法》等一系列法律法规，编制审批了各大江河防御洪水方案、洪水调度方案、抗旱预案等方案预案，完善了以地方政府行政首长负责制为核心的各项防汛抗旱工作责任制度，探索建立了防汛抗旱督察制度，防汛工作已走上了法制化轨道。以人为本、民生优先的根本宗旨更加坚定。及时转移台风影响区、山洪灾害易发区、受洪涝灾害威胁区和发生严重险情的水库下游区的人员，确保人民生命安全。人水和谐、科学防控的目标更加明确。切实做好水库、湖泊、闸坝和分洪河道、蓄滞洪区等骨干水利工程的调度管理，统筹安排"拦、分、蓄、滞、排"等各项措施，"蓄、引、提、调、节"等多措并举，有效推动了由控制洪水向管理洪水转变。军民联防、群防群控的保障体系更加完善，防灾减灾的保障能力显著提高。

在党中央、国务院的坚强领导下，依靠中国特色的防汛抗旱减灾综合体系，战胜了历次特大洪水，有效应对了频繁发生的台风和山洪灾害袭击，保障了人民生命安全和供水安全，最大程度地减轻了灾害损失。"十二五"期间，水旱灾害损失年均主要指标除洪涝直接经济损失外，其余均偏少，特别是 2015 年洪涝灾害死亡人数降至新中国成立以来最少，2016 年有效抵御了 1998 年以来最为严重的洪涝灾害，防汛成绩十分突出，防灾减灾成效极为显著。

## 二、项目主要内容

（一）按实施内容划分

按照防汛业务的实施内容划分，项目主要内容包括防汛物资采购管护、防汛日常业务及基础工作、防汛车船及照明设施运行维护、防汛、抢险人工补助等。

1. 防汛物资采购管护。防汛物资采购管护主要包括查水灯、探测仪、救生衣、打桩锤等防汛工器具购置；发电机、打桩机、冲锋舟等防汛专用设备购置；防汛石料、铁丝、麻料（绳）、袋类（包括麻袋和编织袋）、土工布（包括蓬布）、木桩等防汛料物购置；防汛石料、社会代储物资、其他防汛物资等防汛物资管护。

2. 防汛日常业务及基础工作。防汛日常业务及基础工作主要防汛检查、培训、演练、调度、宣传等防汛日常工作；河势查勘及洪水调查、防洪预案及应急预案编制、工程应急水情测报等防汛基础工作。

3. 防汛车船及照明设施运行维护。防汛车船及照明设施使用主要包括防汛车辆运行维护，防汛船只运行维护，特种防汛车辆（水陆两用车、气垫船等）运行维护、挖掘机、推土机、装载机等其他防汛机械运行维护和防汛线路、灯具、电源等照明设施运行维护。

4. 防汛、抢险人工补助。防汛、抢险人工补助主要包括群众防汛专干补助、亦工亦农抢险队和抢险民工补助、滞区和蓄滞洪区值机员及水情联络员补助等调用民工补助；防汛值班补助、防汛津贴、劳保用品等防汛专职人员补助。

（二）按实施时间划分

1. 中期主要内容

根据防汛工作实际，防汛业务费项目的中期内容主要通过实施以下工作，保障防汛工作顺利开展，最大程度减少因台风、洪涝自然灾害造成的损失。

（1）组织做好组织、指导、协调、监督防汛工作，及时掌握汛情，做好防洪和水量应急调度，直管工程在标准洪水条件下安全运用。

（2）组织做好防汛物资采购管护，为受灾地区抗洪抢险提供物资保障。

（3）组织做好防汛设施设备运行维护，保障防汛工作需求。

（4）组织做好防汛应急抢险准备工作。

2. 年度主要内容

根据防汛工作实际，年度项目主要内容包括以下几个方面。

（1）按照国家防汛抗旱总指挥部、水利部工作部署，做好防汛各项准备工作，及时组织开展防汛检查指导、防汛值班、防汛演练、防汛培训、防汛宣传等工作，全面提升防汛减灾水平和防御能力，确保人民群众生命安全和城乡供水安全。

（2）组织召开防汛工作会议，根据汛情需要进行防汛会商，按照既定的预案实施洪水调度，确保大江大河、大型和重点中型水库、大中城市的防洪安全，努力保证中小河流和一般中型、小型水库安全度汛，直管工程在标准洪水条件下安全运用。

（3）保障防汛通信顺畅，及时报送汛情。

（4）保障防汛设施设备完好可用。

（5）做好防汛应急抢险准备，保障防汛人力资源需求。

## 三、绩效评价基本内容

防汛业务费项目主要是为了全面提升防汛减灾水平和防御能力，确保人民群众生命安全和城乡供水安全，确保大江大河、大型和重点中型水库、大中城市的防洪安全，努力保证中小河流和一般中型、小型水库安全度汛。项目绩效评价的基本内容应包括绩效目标设定、资金投入和使用、制度和措施保障、实现程度及效果等以下几个方面进行评价。

### （一）绩效目标的设定情况

做好防汛工作对全面提升防汛减灾水平和防御能力，确保人民群众生命安全和城乡供水安全具有重要的现实意义。汛期需工作人员 24 小时在岗值守，及时掌握汛情，保证调度指令及时传递和下达；需组织相关人员做好应急抢险演练，以应对紧急汛情；通过开展防汛宣传、培训，提升民众防御能力；需编制、修订、审批调度运行方案，最大限度减少因洪涝灾害造成的损失；需组织防汛督察组、工作组、专家组现场检查指导，做好防汛准备和汛情的应对工作；需保障防汛设施设备完好可用和防汛物资需求，满足日常防汛工作和应急抢险需求；需保证重大汛情信息及时准确报送，第一时间赶赴受灾现场情况，及时发布防汛信息。通过抗洪抢险救灾减少洪涝灾害损失，减少或避免应对失误造成严重洪涝事件。根据项目三年规划和年度预算安排，水利单位防汛业务费项目绩效目标的设定应依据财政部绩效目标管理规定和防汛业务费项目工作内容，以如何有效提升防汛减灾水平和防御能力，保障防洪安全为落脚点，充分发挥防汛业务费项目的绩效，提高资金使用效益。

### （二）资金的投入和使用情况

防汛业务的属性为公益性，防汛业务费项目应由财政保障，资金的来源全部为财政性资金，财政部门应保障防汛业务资金足额、及时到位。资金的使用也需按照财政资金管理规定，根据预算批复单独核算，重大开支需经过评估认证，委托单位的遴选需符合相关法律法规要求，不得截留、挤占、挪用、虚列项目资金。

### （三）制度和措施保障情况

防汛业务费项目支出主要依据防汛工作的范围和内容，以全面提升防汛减灾水平和防御能力，保障防洪安全为质量标准。水利单位需制定防汛业务工作规范、质量要求或标准，档案资料管理齐全，为实现项目绩效目标采取有效的管控措施，及时组织项目验收。财务管理制度健全，内部控制措施到位，资金使用按照预算批复，支出合法合规。

### （四）实现程度及效果

防汛业务费项目绩效涉及到的产出指标应覆盖防汛工作的主要工作内容，产出指标应全部实现，对由于指标内容及指标值设置不合理导致的未完成情况，如果工作正常完成，不影响项目整体目标实现，且不涉及预算金额调整的，也可视同产出指标全部完成。如遇不可抗力或其他合理原因导致的指标未完成，理由充分且项目单位采取了有效应对措施的，可视同产出指标基本完成。

防汛业务费项目绩效涉及到的效益指标和满意度指标，应对照批复的绩效目标，对项目产生的效益和项目服务对象的满意度情况进行评价。

（五）其他内容

防汛工作涉及的工作面较广,技术要求高,工作环境复杂,受年度降雨量和短历时降雨影响较大,年度间汛情波动较大,防汛工作内容容易受到客观环境的影响,在开展绩效评价工作中,应结合项目实施期间汛情的变化情况和水利单位承担的职责进行分析,不宜按统一标准确定。

# 第二节　绩效评价的目标

## 一、主要内容

防汛业务费项目绩效目标是防汛业务工作计划在规划和年度内达到的产出和效果。

（一）预期产出

防汛业务费项目主要是为防汛业务工作提供经费保障,预期产出提供的公务产品和服务的数量主要目标应是覆盖防汛业务工作的主要内容,为保障防汛工作开展提供基础的保障。

（二）预期效果

防汛业务费项目通过提供全面提升防汛减灾水平和防御能力,保障人民群众生命安全和城乡供水安全,直接或间接产生经济效益;通过采取有效应对措施,减少或避免应对洪涝灾害失误造成严重洪涝事件,直接或间接产生社会效益;通过科学有效调度洪水,减少或避免对生态环境的破坏,直接产生生态效益;通过全面提升防御洪涝灾害的能力,产生可持续影响。

（三）服务对象满意程度

防汛业务费项目通过执行上级主管部门洪水调度指令和对各级防汛指挥部门下达的洪水调度指令发挥作用,上级主管部门和各级防汛指挥部门作为服务对象,其满意程度可以作为评价该项目的满意度指标。

（四）达到预期产出所需要的成本资源

防汛业务费项目达到预期产出需要购置的防汛物资,防汛机构业务的组织协调,防汛设施设备的维护等构成了达到预期产出所需要的成本资源。

（五）衡量预期产出、预期效果和服务对象满意程度的绩效指标

1. 预期产出的绩效指标:防汛值守,防汛应急抢险演练,防汛宣传、培训,编制、修订、审批调度运行的方案,防汛督察组、工作组、专家组现场检查指导,起草报送的总结、报告、信息;防汛通讯可用率,防汛设施设备运行完好率;重大信息报送及时准确性,第一时间赶赴受灾现场情况,发布防汛信息情况,防汛物资调运,水情信息30分钟内报水利部;防汛物资购置及管护成本控制方式等。

2. 预期效果的绩效指标:经济效益,主要从通过抗洪抢险救灾减少洪涝灾害损失产生经济效益的角度进行衡量;社会效益,主要从应对失误造成严重洪涝事件个数产生的社会效益进行衡量;生态效益,主要是从洪水调度对生态环境的破坏程度产生生态效益的角

度进行衡量;可持续影响,主要从是否全面提升防御洪涝灾害的能力产生可持续影响的角度进行衡量。

3. 服务对象满意程度的绩效指标:防汛业务的服务对象主要是上级主管部门、各级防汛指挥部门和具体调度的人民群众等,服务对象满意程度就是对用户的满意度进行抽样调查,得出满意率。

## 二、中期目标

(一)提升保障人民群众生命财产安全能力

做好组织、指导、协调、监督防汛工作,及时掌握汛情,做好防洪和水量应急调度,保障防洪安全和城乡供水安全,提升保障人民群众生命财产安全能力。

(二)及时有效保障防汛物资供应

组织做好防汛物资采购管护,及时有效保障防汛物资供应。

(三)保证防汛设施设备完好可用

组织做好防汛设施设备运行维护,保证防汛设施设备完好可用,保障防汛工作需求。

(四)防汛应急需求准备充分

组织做好防汛应急抢险准备工作,保障防汛人力资源储备,充分做好防汛应急准备工作。

## 三、年度目标

(一)做好防汛组织协调

切实做好组织、指导、协调、监督防汛工作,及时掌握全国汛情,做好防洪和水量应急调度。

(二)全面提升防御能力

全面提升防汛减灾水平和防御能力,建立和完善防汛减灾体系,确保人民群众生命安全。

(三)保障防洪安全

确保大江大河、大型和重点中型水库、大中城市的防洪安全,努力保证中小河流和一般中型、小型水库安全度汛。

(四)保证防汛物资供应

确保防汛物资安全存储、有效管护、及时维修、迅速调用,为受灾地区抗洪抢险提供经费支持和物资保障。

# 第三节　绩效评价的指标

## 一、指标确定原则

作为衡量防汛业务费项目绩效目标实现程度的考核工具,绩效评价指标按照《绩效评价管理办法》规定的原则来确定。

（一）相关性原则

根据防汛业务内容的服务对象，以恰当反映绩效目标的实现程度。

（二）重要性原则

重点围绕防汛组织协调、防汛设施设备、防洪安全保障三个方面内容确定绩效评价指标。

（三）可比性原则

水利部从防汛业务整体内容出发设定共性的绩效评价指标，水利单位根据需要防汛业务的具体内容设定个性的绩效评价指标。

（四）系统性原则

定量指标与定性指标相结合，根据防汛业务组织协调的内容、防汛设施设备的现状、防汛工作面临的形势及取得的实效确定定量指标和定性指标，系统反映防汛业务费项目所产生的社会效益、经济效益、环境效益和可持续影响等。

（五）经济性原则

防汛业务费项目为专项业务费项目，每个年度均需进行绩效评价，应当通俗易懂、简便易行，绩效指标实现程度所需获得的数据应当考虑现实条件和可操作性，符合成本效益原则。

## 二、共性和个性指标

（一）共性指标的确定

防汛业务费项目的共性指标应适用于所有水利单位。

1. 产出指标。数量指标主要包括 24 小时在岗值守人次，应急抢险演练人次，防汛宣传次数，编制、修订、审批调度运行方案等数量，防汛督察组、工作组、专家组现场检查指导人次，起草报送总结、报告、信息等份数，培训次数、人数等。质量指标主要包括防汛通讯可用率，防汛车船运行完好率等。时效指标主要包括重大信息报送及时准确性，第一时间赶赴受灾现场情况，发布防汛信息情况，防汛物资调运，水情信息 30 分钟报水利部等。成本效益指标主要包括年度防汛车船维护运行成本增长率、防汛物资采购成本等。

2. 效益指标。效益指标中定量指标目前基础条件尚不充分，以定性指标为基础。由于定性指标确定存在一定难度，目前可供选择的具体指标偏少。经济效益指标主要是通过抗洪抢险救灾减少洪涝灾害损失。社会效益指标主要是应对失误造成严重洪涝事件个数。生态效益指标主要是通过科学有效洪水调度，减少或不对环境造成影响等。可持续影响指标主要是全面提升防御洪涝灾害的能力。

3. 满意度指标。服务对象满意度指标主要是上级主管部门满意率。

（二）个性指标的确定

个性指标是针对具体水利单位防汛工作的特点设定的，适用于具体水利单位。例如数量指标设定水利单位需要应对台风数量，成本指标设定单位某个关键防汛设施设备的维护成本，经济效益指标设定某项防汛物资购置创造的经济效益金额，社会效益指标设定公众对具体河流防汛信息的普及程度。

## 三、范例

### 表 12-1 防汛业务费项目绩效目标表

（**年度）

| 项目名称 | | | 防汛业务费 | | | |
|---|---|---|---|---|---|---|
| 主管部门及代码 | | 水利部[126] | | 实施单位 | | ** |
| 项目属性 | | 延续项目 | | 项目期 | | 长期 |
| 项目资金（万元） | | 中期资金总额： | ** | 年度资金总额： | | ** |
| | | 其中:财政拨款 | ** | 其中:财政拨款 | | ** |
| | | 其他资金 | ** | 其他资金 | | ** |

| 总体目标 | 中期目标(20**年—20**年) | 年度目标 |
|---|---|---|
| | 做好组织、指导、协调、监督防汛工作,及时掌握汛情,做好防洪和水量应急调度,保障防洪安全和城乡供水安全,提升保障人民群众生命财产安全能力;组织做好防汛物资采购管护,及时有效保障防汛物资供应;组织做好防汛设施设备运行维护,保证防汛设施设备完好可用,保障防汛工作需求;组织做好防汛应急抢险准备工作,保障防汛人力资源储备,充分做好防汛应急准备工作 | 目标1:切实做好组织、指导、协调、监督防汛工作,及时掌握汛情,做好防洪和水量应急调度;<br>目标2:全面提升防汛减灾水平和防御能力,建立和完善防汛减灾体系,确保人民群众生命安全;<br>目标3:确保大江大河、大型和重点中型水库、大中城市的防洪安全,努力保证中小河流和一般中型、小型水库安全度汛,直管工程在标准洪水条件下安全运用;<br>目标4:确保防汛物资安全存储、有效管护、及时维修、迅速调用,为受灾地区抗洪抢险提供经费支持和物资保障 |

| 绩效指标 | 一级指标 | 二级指标 | 三级指标 | 指标值 | 二级指标 | 三级指标 | 指标值 |
|---|---|---|---|---|---|---|---|
| | 产出指标 | 数量指标 | 24小时在岗值守人次(≥**人次) | **(三年) | 数量指标 | 24小时在岗值守人次(≥**人次) | ** |
| | | | 应急抢险演练人次(≥**人次) | **(三年) | | 应急抢险演练人次(≥**人次) | ** |
| | | | 防汛宣传次数(≥**次) | **(三年) | | 防汛宣传次数(≥**次) | ** |
| | | | 编制、修订、审批调度运行方案等数量(≥**份) | **(三年) | | 编制、修订、审批调度运行方案等数量(≥**份) | ** |
| | | | 防汛督察组、工作组、专家组现场检查指导人次(≥**人次) | **(三年) | | 防汛督察组、工作组、专家组现场检查指导人次(≥**人次) | ** |

| 一级指标 | 二级指标 | 三级指标 | 指标值 | 二级指标 | 三级指标 | 指标值 |
|---|---|---|---|---|---|---|
| 绩效指标 | 产出指标 | 数量指标 | 起草报送总结、报告、信息等份数（≥ ** 份） | **（三年） | 数量指标 | 起草报送总结、报告、信息等份数（≥ ** 份） | ** |
| | | | 培训次数（** 次） | **（三年） | | 培训次数（≥ ** 次） | ** |
| | | | 培训人次（** 人次） | **（三年） | | 培训人次（≥ ** 人次） | ** |
| | | 质量指标 | 防汛通讯可用率（≥ ** %） | 99.5 | 质量指标 | 防汛通讯可用率（≥ ** %） | 99.5 |
| | | | 防汛车船运行完好率（≥ ** %） | 90 | | 防汛车船运行完好率（≥ ** %） | 90 |
| | | 时效指标 | 重大信息报送及时准确性（失误≤ ** 次） | **（三年） | 时效指标 | 重大信息报送及时准确性（失误≤ ** 次） | ** |
| | | | 第一时间赶赴受灾现场情况 | 0 贻误 | | 第一时间赶赴受灾现场情况 | 0 贻误 |
| | | | 发布防汛信息情况 | 及时 | | 发布防汛信息情况 | 及时 |
| | | | 防汛物资调运 | 迅速及时 | | 防汛物资调运 | 迅速及时 |
| | | | 水情信息 30 分钟报水利部（≥ ** %） | 90 | | 水情信息 30 分钟报水利部（≥ ** %） | 90 |
| | | 成本指标 | 防汛车船维护运行成本增长率（≤ ** %） | 5 | 成本指标 | 防汛车船维护运行成本增长率（≤ ** %） | 5 |
| | | | 防汛物资采购成本 | 不超过市场价 | | 防汛物资采购成本 | 不超过市场价 |
| | 效益指标 | 经济效益指标 | 通过抗洪抢险救灾减少洪涝灾害损失 | 显著 | 经济效益指标 | 通过抗洪抢险救灾减少洪涝灾害损失 | 显著 |
| | | 社会效益指标 | 应对失误造成严重洪涝事件个数（≤ ** 个） | 1 | 社会效益指标 | 应对失误造成严重洪涝事件个数（≤ ** 个） | 1 |
| | | 生态效益指标 | 通过科学有效洪水调度，减少或不对环境造成影响 | 有效 | 生态效益指标 | 通过科学有效洪水调度，减少或不对环境造成影响 | 有效 |
| | | 可持续影响指标 | 全面提升防御洪涝灾害的能力 | 显著 | 可持续影响指标 | 全面提升防御洪涝灾害的能力 | 显著 |
| | 满意度指标 | 服务对象满意度指标 | 上级主管部门满意率（≥ ** %） | 90 | 服务对象满意度指标 | 上级主管部门满意率（≥ ** %） | 90 |
| | | | 各级防汛指挥部门满意率（≥ ** %） | 90 | | 各级防汛指挥部门满意率（≥ ** %） | 90 |

# 第四节 绩效评价的标准

根据本书第四章对绩效评价标准论述,适合用于防汛业务费项目绩效评价的标准主要是计划标准、行业标准和历史标准。

## 一、计划标准

### (一)项目目标

防汛业务费项目对象清晰,主要是做好防汛组织协调,全面提升防御能力,保证防汛物资供应,保障防洪安全。

### (二)项目计划

防汛业务费项目制定了实施方案,项目工作按汛前、汛期、汛后三个时间段安排工作计划,按照年初制定的项目目标有计划地开展工作。

### (三)项目预算

防汛业务费项目为专项业务费项目,纳入财政三年规划支持范围,具有稳定的资金来源,项目预算均已纳入年度部门预算范围,随单位部门预算一同得到批复。

### (四)项目定额

财政部制定了《中央财政农业生产救灾及特大防汛抗旱补助资金管理办法》,水利部制定了《中央级防汛岁修经费项目管理办法(暂行)》《中央防汛抗旱物资储备管理办法》《特大防汛抗旱补助费管理办法》等相关防汛业务经费管理办法。目前水利部也正在组织编写防汛业务费项目定额。

综上所述,防汛业务费项目预先制定了项目目标、计划、预算和定额,计划标准应作为绩效评价标准适用于该项目。

## 二、行业标准

### (一)法律法规

《中华人民共和国水法》《中华人民共和国防洪法》《中华人民共和国防汛条例》等法律法规,从法律上明确了水利单位的防汛职责,规定了防汛工作任务。

### (二)管理制度

国家防汛抗旱总指挥部办公室制定了《国家防汛抗旱总指挥部工作制度》《城市防洪应急预案管理办法》《我国入汛日期确定办法(试行)》《国家防总巡堤查险工作规定》《水情预警发布管理办法(试行)》《全国主要江河洪水编号规定》等管理制度,为防汛业务工作制定了规范。

防汛业务工作的评价标准应参照国家法律法规和相关管理制度。行业标准应作为绩效评价标准适用于该项目。

## 三、历史标准

从 2012 年开始,防汛业务费项目作为水利部绩效评价试点项目,绩效目标在逐年完善。防汛业务费项目在2016年以前在部门预算的项目支出中为经常性专项业务费项目，2017年根据财政部部门预算改革要求，转化为专项业务费项目，相关绩效目标的历史数据保存完整。防汛业务费项目绩效评价标准应参照同类指标的历史数据制定，历史标准应作为绩效评价标准适用于该项目。

# 第五节　绩效报告与评价报告

按照《绩效评价管理办法》要求，防汛业务费项目实施单位应在年度项目实施终了及时向上级单位逐级提交项目绩效报告，水利部根据确定的评价原则和方法，下达绩效评价报告。本节介绍防汛业务费项目绩效报告和绩效评价报告编写范例。

## 一、绩效报告范例

（封面）

（单位名称）20\*\*年度防汛业务费项目
财政支出绩效报告

项目名称：防汛业务费（20\*\*年）
项目单位：\*\*

20\*\*年\*\*月

（一）项目概况

项目类别:专项业务费项目

项目负责人:**　　　　联系电话:**

项目总预算:**万元,其中申请财政资金:**万元

项目实际到位金额:**万元,其中申请财政资金:**万元

项目实际支出金额:**万元,其中申请财政资金:**万元

项目起止时间:**年**月——**年**月

1. 项目单位基本情况

根据水利部《关于印发〈**局主要职责机构设置和人员编制规定〉的通知》(水人事〔20**〕**号)精神,**局为水利部**局直属事业单位,批复编制**人,现有在职职工**人,离退休职工**人。主要职责包括组织、协调、指导、监督**防汛工作,组织协调指导台风、山洪等灾害防御和城市防洪工作,对**江河湖泊和**水工程实施防汛调度和应急水量调度,发布汛情、灾情,组织指导、实施防汛演练和抗洪抢险工作等。

2. 项目基本情况

（1）项目背景及立项依据

做好防汛工作,对保障我国经济社会全面、协调、可持续发展,维护社会稳定具有重要意义。2011年1月,中央出台一号文件《中共中央国务院关于加快水利改革发展的决定》,对完善我国防洪抗旱减灾体系、加强防汛抗旱应急管理和防灾减灾能力建设,提出了具体明确的要求。扎扎实实做好防汛抗洪、抢险救灾工作,确保人民群众生命财产安全,确保大江大河、大型水库、大中城市和交通干线的防洪安全,确保城乡生活用水安全,努力减轻洪涝灾害造成的损失,保障经济发展和社会稳定,是认真贯彻党的方针、政策和决策部署的具体体现。根据"三定"方案,**局负责组织、协调、指导、监督**防汛工作,组织协调指导台风、山洪等灾害防御和城市防洪工作,对**江河湖泊和**水工程实施防汛调度和应急水量调度,发布汛情、灾情,组织指导、实施防汛演练和抗洪抢险工作等。

（2）项目主要内容

根据**单位负责水利工程和防汛工作任务,年度项目主要内容包括以下几个方面。

① 按照国家防总、水利部和上级主管部门工作部署,做好防汛各项准备工作,及时组织开展防汛检查指导、防汛值班、防汛演练、防汛培训、防汛宣传等工作,全面提升防汛减灾水平和防御能力,确保人民群众生命安全和城乡供水安全。

② 组织召开**单位防汛工作会议,根据汛情需要进行防汛会商,按照既定的预案实施洪水调度,保障防洪安全。

③ 保障防汛通信顺畅,及时向上级主管部门报送汛情。

④ 保障防汛设施设备完好可用。

⑤ 组织民工实施防汛应急抢险。

3. 项目绩效目标

（1）项目绩效总体目标

做好组织、指导、协调、监督防汛工作,及时掌握汛情,做好防洪和水量应急调度,保障防洪安全和城乡供水安全,提升保障人民群众生命财产安全能力;组织做好防汛物资采购

管护,及时有效保障防汛物资供应;组织做好防汛设施设备运行维护,保证防汛设施设备完好可用,保障防汛工作需求;组织做好防汛应急抢险准备工作,保障防汛人力资源储备,充分做好防汛应急准备工作。

(2) 年度绩效目标

切实做好组织、指导、协调、监督防汛工作,及时掌握全国汛情,做好防洪和水量应急调度;全面提升防汛减灾水平和防御能力,建立和完善防汛减灾体系,确保人民群众生命安全;确保大江大河、大型和重点中型水库、大中城市的防洪安全,努力保证中小河流和一般中型、小型水库安全度汛;确保防汛物资安全存储、有效管护、及时维修、迅速调用,为受灾地区抗洪抢险提供经费支持和物资保障。

(3) 绩效指标

① 产出指标

本项目产出指标有 ** 个,其中:

数量指标:24 小时在岗值守人次,应急抢险演练人次,防汛宣传次数,编制、修订、审批调度运行方案等数量,防汛督察组、工作组、专家组现场检查指导人次,起草报送总结、报告、信息等份数,培训次数,培训人次等。

质量指标:防汛通讯可用率,防汛车船运行完好率。

时效指标:重大信息报送及时准确性,第一时间赶赴受灾现场情况,发布防汛信息情况,防汛物资调运,水情信息 30 分钟报水利部。

成本指标:防汛车船维护运行成本增长率,防汛物资采购成本。

② 效益指标

本项目效益指标有 ** 个,其中:

经济效益指标:通过抗洪抢险救灾减少洪涝灾害损失。

社会效益指标:应对失误造成严重洪涝事件个数。

生态效益指标:通过科学有效洪水调度,减少或不对环境造成影响。

可持续影响指标:全面提升防御洪涝灾害的能力。

③ 满意度指标

服务对象满意度指标:上级主管部门满意率,水利管理范围内各级防汛指挥部门满意率。

该项目绩效指标在执行过程中未进行调整。

(二) 项目资金使用及管理情况

1. 项目资金情况

(1) 项目预算编制及资金到位情况分析

① 预算编制情况。项目预算明细及各部分支出内容的测算依据如下:

办公费 ** 万元、电费 ** 万元、维修(护)费 ** 万元,培训费 ** 万元,差旅费 ** 万元,租赁费 ** 万元,专用材料 ** 万元、办公设备购置 ** 万元、专用设备购置 ** 万元。

② 资金到位情况。20** 年 ** 月,** 以《 ** 关于批复 ** 年预算的通知》( **〔20 **〕 ** 号)批复防汛业务费项目经费 ** 万元,其中财政资金 ** 万元,资金到位率 100%。

(2) 项目资金使用情况分析

20 ** 年度防汛业务费项目实际到位预算资金 ** 万元,实际支出预算资金 ** 万元,序时有效的全部完成了 ** 年度预算执行工作。

① 项目工作内容完成情况。至 20 ** 年 12 月 31 日，** 局防汛业务费项目按工作内容的预算执行情况如表 12-2。

表 12-2　项目工作内容完成情况对照表

单位：万元

| 计划内容 | | 实际完成情况 | | 差异分析 | | |
|---|---|---|---|---|---|---|
| 工作内容 | 金额 | 工作内容 | 金额 | 原因 | 金额 | |
| 按照国家防汛抗旱总指挥部、水利部工作部署，做好防汛各项准备工作，及时组织开展防汛检查指导、防汛值班、防汛演练、防汛培训、防汛宣传等工作，全面提升防汛减灾水平和防御能力，确保人民群众生命安全和城乡供水安全 | | 完成汛前检查指导工作，按规定安排人员在汛期 24 小时值守，组织开展防汛演练 ** 人次，培训 ** 次，** 人次，在 ** 日报、** 网站专题宣传防汛工作 ** 次 | | | | |
| 组织召开防汛工作会议，根据汛情需要进行防汛会商，按照既定的预案实施洪水调度，确保大江大河、大型和重点中型水库、大中城市的防洪安全，努力保证中小河流和一般中型、小型水库安全度汛 | | 20 ** 年 4 月份组织召开全局防汛工作会议，全年组织防汛会商 ** 次，下达或执行防汛调度指令 ** 次，直管 ** 水库、** 河未发生重大汛情 | | | | |
| 保障防汛通信顺畅，及时报送汛情 | | 及时修复防汛通信等突发故障，防汛会商视频设备顺畅，在规定时间内上报汛情 | | | | |
| 保障防汛设施设备完好可用 | | 防汛车辆完好，防汛设备无故障 | | | | |
| 做好防汛应急抢险准备，保障防汛人力资源需求 | | 修订完善 ** 水库防汛应急预案，组织防汛民工 ** 人次巡堤查险 | | | | |

从上表可以看出，按照工作内容来分析 ** 局 20 ** 年度防汛业务费项目已全部完成，各项工作内容完成良好。

② 项目经费预决算对比情况。至 20 ** 年 12 月 31 日，** 局防汛业务费项目按经济科目的预算执行情况见表 12-3。

表 12-3　项目预算执行情况对照表

单位：万元

| 资金到位情况 | 到位项目 | 预算批复数 | 实际到位数 |
|---|---|---|---|
| | 合　　计 | ** | ** |
| | 当年财政拨款 | ** | ** |
| | 使用以前年度结余 | | |
| | 其他资金 | | |

续 表

| 资金支出情况 | 支出项目 | 预算批复数 | 实际支出数 | 差额 |
|---|---|---|---|---|
| | 合 计 | ** | ** | |
| | 办公费 | ** | ** | ≤10% |
| | 电 费 | ** | ** | ≤10% |
| | 差旅费 | ** | ** | ≤10% |
| | 维修(护)费 | ** | ** | ≤10% |
| | 培训费 | ** | ** | ≤10% |
| | 租赁费 | ** | ** | ≤10% |
| | 专用材料费 | ** | ** | ≤10% |
| | 办公设备购置 | ** | ** | ≤10% |
| | 专用设备购置 | ** | ** | ≤10% |
| 超支或结余情况 | | | | |
| 备注 | | | | |

项目资金月执行进度情况见表12-4。

表 12-4 **局项目月执行进度情况表 单位:万元

| 月 份 | 支付金额 | 支付进度 |
|---|---|---|
| 1 月 | ** | ** % |
| 2 月 | ** | ** % |
| 3 月 | ** | ** % |
| 4 月 | ** | ** % |
| 5 月 | ** | ** % |
| 6 月 | ** | ** % |
| 7 月 | ** | ** % |
| 8 月 | ** | ** % |
| 9 月 | ** | ** % |
| 10 月 | ** | ** % |
| 11 月 | ** | ** % |
| 12 月 | ** | ** % |

项目单位会计核算规范,预算控制有效,未发现支出依据不合规、虚列项目支出的情况,未发现截留、挤占、挪用项目资金的情况,未发现超标准开支情况。项目执行进度科学合理,达到预算执行进度目标要求。

(3) 项目资金管理情况

① 财务管理制度制定情况。项目单位认真贯彻国家相关制度办法,同时结合工作实

际,先后制订了《防汛业务费项目资金管理办法》《\*\*局预算管理办法》等规章制度,从资金管理、预算管理、资产管理、合同管理等方面不断完善项目的管理制度体系,健全财务管理制度。

② 财务制度执行情况。20\*\*年防汛业务费项目实行专项管理,在经费使用上,严格按照《中央本级项目支出预算管理办法》等财政部有关规定执行,预算经费独立核算、专款专用,各项支出均按照财务管理各项规章制度要求,做到经费支出合理,经常核查项目具体实施进度,确保项目按进度计划实施,做好防汛业务资金的管理和财务核算,切实有效保证各项防汛业务工作的顺利完成,预算执行情况良好。

通过各项制度的严格执行,20\*\*年防汛业务费项目执行中未出现违法违规现象,资金支出安全有效,财务运行健康有序。

(三)项目组织实施情况

1. 项目组织情况

防汛业务费项目由\*\*单位统一管理,由\*\*、\*\*等单位共同承担。防汛业务费项目组织机构健全,项目目标与责任分工明确,组织实施程序符合业务规范要求,项目主要参与人员经验丰富,技术力量雄厚,人力资源储备充足,基础设施设备条件完备,能够确保项目顺利、高效、高质地完成。

\*\*单位作为项目主管部门切实履行项目管理职责,指导、督促各单位扎实开展业务工作;\*\*单位财务主管部门及时批复项目预算和绩效目标,监督、指导资金管理和使用。各承担单位任务分工明确,切实可行,根据编制的《防汛业务费项目\*\*年度实施方案》,细化梳理年度工作任务,主要业务工作制定详细的工作计划、工作方案,同时,把工作责任落实到班子成员、部门和个人,做到有计划、有安排、有检查、有督促,充分利用现有人员、技术、设备等支撑条件,加强质量控制和服务保障,合理安排开展防汛业务。项目完成后,各预算执行单位按照规定分别组织完成了项目自验工作。

根据目前项目单位的职能及技术力量,本着管养分离的原则,充分利用社会资源,委托有经验、能力的社会企业承担防汛设施设备的日常维护、检修工作,规范系统的管理,提高防汛业务能力。目前各项工作均已按照计划进度实施完成,截至20\*\*年\*\*月,全部对外委托项目均已通过合同验收。在设备管理上,项目单位通过政府采购网批量集中采购方式采购,固定资产已验收入账。在项目实施过程中,项目单位注重档案资料的归纳与管理,按清单要求已完成项目实施过程中的资料收集和管理工作,工作及时,资料基本完整。

2. 项目管理情况

防汛业务管理制度健全。防汛业务费项目由\*\*、\*\*共同承担,项目承担单位机构健全,项目目标与责任分工明确,组织实施程序符合业务规范要求,项目主要参与人员经验丰富,技术力量雄厚,人力资源储备充足,基础设施设备条件完备,能够确保项目的顺利、高效、高质完成。

制度执行有效、质量可控。在对外委托项目的管理上,项目单位均严格执行《防汛业务费项目资金管理办法》《\*\*局预算管理办法》等规定,规范了项目实施程序,切实加强项目合同全过程的监管。合同订立前均认真审查委托单位的资信情况,以及履行合同应具有的相应资质和业务能力,审核通过后方可签订。合同验收后,经相关领导签字审核方可结算。

（四）项目绩效情况

1. 项目经济性分析

（1）项目成本（预算）控制情况

项目单位针对项目工作实际,合理确定外委项目,并通过定向委托等方式确定合作单位,通过合同洽谈等工作,进一步明确合同内容,提高了外委资金使用效益。开展日常工作中,尽量通过业务系统、电子邮件、实时通讯工具等传输电子文档,有效减少了纸张及办公耗材等日常办公开支和邮电费用。对于符合政府采购要求的防汛物资和服务,严格按照《政府采购法》《招投标法》等法律法规实施政府采购,20 ** 年度防汛业务费项目通过政府采购防汛石料 ** 吨、其他防汛物资 ** 吨（件）,目前均已通过政府采购实施完成。维护成本与上年持平,防汛车辆和防汛设施设备使用成本均控制在预算内。项目预算执行严格按照预算控制数,资金使用安全,无违规使用项目经费情况。项目支出总金额没有突破年度预算,项目预算总体控制较好。

（2）项目成本（预算）节约情况

项目单位厉行节约,多措并举严格控制项目成本。推行无纸化办公、双面打印等,节约办公耗材;严格公务用车管理,控制防汛车辆运行成本;通过政府采购防汛物资,节约了资金。

2. 项目的效率性分析

（1）项目的实施进度

根据项目实施方案中的进度安排,该项目按计划全部完成。项目的实施进度基本均衡,项目进度安排为三个时段:汛前（1—4 月）提早部署检查、做好度汛准备、加强防汛演练、培训等工作;汛期（5—9 月）强化防汛指导、调度、值守、督察工作,保障安全度汛;汛后（10—12 月）做好汛后巡检、总结交流、宣传等工作,全面提升防御能力和水平。与实际完成情况对比,所有内容均满足要求。

项目单位防汛业务工作有序开展、及时有效,全部完成了项目预期目标。其中 24 小时在岗值守 ** 人次,应急抢险演练 ** 人次,防汛宣传 ** 次,编制、修订、审批调度运行方案 ** 份,防汛督察组、工作组、专家组现场检查指导 ** 人次,起草报送总结、报告、信息等 ** 份,培训 ** 次、** 人次;防汛通讯可用率 100%,防汛车船运行完好率 100%;重大信息报送及时零失误,第一时间赶赴受灾现场,发布防汛信息及时,按要求及时完成防汛物资调运,水情信息 30 分钟内报水利部 100%;防汛车船维护运行成本与上年基本持平,防汛物资采购成本低于市场价。

（2）项目完成质量

根据项目实施方案,结合防汛等相关任务,项目单位根据防汛工作需求,修订了 ** 水库防汛应急预案。

汛前,汛前超前做好防汛准备。针对超强厄尔尼诺影响年景偏差的预测,** 局立足于防大汛、抗大洪、早谋划、早安排、早行动,全力做好防大汛准备。汛前,较常年提前一个月完成防汛部署、检查等各项准备工作,并进入防汛值班。

汛期,我们把保障直管 ** 水利工程和 ** 河等重要工程设施安全作为重中之重,坚决抓牢、抓实、抓细。汛前,全面调研重点区域和重要工程,摸清防汛抗洪薄弱环节。有效防御 ** 特大洪水,科学调度水利工程,加强分析会商,及时准确研判防汛形势,坚持统筹流域与区域、防洪与除涝,依法、科学、精细调度 ** 骨干水利工程,以超常规措施应对超常规水情。 ** 超标准洪水发生后, ** 局全体动员,迅速成立 ** 个防汛督查组、工程巡查组及应急监测组,紧盯流域重要工程不放松,每天开展超标准洪水应急监测,对各地巡堤查险工作进行督促检查,并对重要堤防进行不间断巡查检查,不放过一丝险情和细微隐患,确保险情早发现、早处理、早消除。针对发现的工程险情和隐患,先后 ** 次发出紧急通知,督促有关单位做好消险除险,并派员跟踪督办,确保重要堤防和工程安全。

汛后,积极应对 ** 冬汛,做好年度防汛总结、宣传,筹划下一年度防汛工作。

20 ** 年圆满完成了防汛工作任务,直管 ** 水利工程和 ** 河等重要工程设施安全度汛,未因洪涝灾害发生重大损失,人民群众 0 死亡。上级主管部门和各级防汛指挥部门满意率达到 100%。

3. 项目的有效性分析

通过防汛业务工作的正常开展,经济效益方面,通过抗洪抢险救灾,显著减少洪涝灾害损失;社会效益方面,应对失误造成严重洪涝事件 0 个;生态效益方面,通过科学有效洪水调度,未对环境造成明显影响;可持续影响方面,全面提升了防御洪涝灾害的能力。

4. 项目的可持续性分析

可持续影响方面,防汛业务工作持续稳定发挥效益,全面防御洪涝灾害的能力显著提升,为防汛提供了基础支撑。

20 ** 年度防汛业务费项目立项过程合规,绩效目标明确、量化,资金预算分配合理,能按照实施方案和批复的绩效目标组织实施。各承担单位责任分工明确,各项管理制度较为健全,项目管理较为完善、规范,资金使用规范有效。项目实施完成了预期的绩效目标并达到了预期结果(绩效目标完成情况见表 12-5)。

表 12-5　20 ** 年度防汛业务费项目绩效目标完成情况对照表

| 批复绩效目标 | 目标 1:切实做好组织、指导、协调、监督防汛工作,及时掌握汛情,做好防洪和水量应急调度;<br>目标 2:全面提升防汛减灾水平和防御能力,建立和完善防汛减灾体系,确保人民群众生命安全;<br>目标 3:确保大江大河、大型和重点中型水库、大中城市的防洪安全,努力保证中小河流和一般中型、小型水库安全度汛,直管工程在标准洪水条件下安全运用;<br>目标 4:确保防汛物资安全存储、有效管护、及时维修、迅速调用,为受灾地区抗洪抢险提供经费支持和物资保障 | 绩效目标完成情况 | 目标 1:防汛业务机构工作开展顺利,完成组织、指导、协调、监督防汛工作,及时掌握汛情,做好防洪和水量应急调度;<br>目标 2:修订了 ** 水库防汛应急预案,提升防汛减灾水平和防御能力,未因洪涝灾害发生重大损失,人民群众 0 死亡。<br>目标 3:直管工程安全度汛,有效应对了 ** 河超标准洪水, ** 河、 ** 水库等重要设施平稳度汛。<br>目标 4:防汛物资采购顺利,管护到位,调运及时,有效组织民工巡堤查险 |
| --- | --- | --- | --- |

| | | 绩效指标批复情况 | | | 绩效指标完成情况 |
|---|---|---|---|---|---|
| 序号 | 一级指标 | 二级指标 | 指标内容 | 指标值 | 已完成指标值 |
| 1 | 产出指标 | 数量指标 | 24小时在岗值守人次(≥**人次) | ** | ** |
| 2 | | | 应急抢险演练人次(≥**人次) | ** | ** |
| 3 | | | 防汛宣传次数(≥**次) | ** | ** |
| 4 | | | 编制、修订、审批调度运行方案等数量(≥**份) | ** | ** |
| 5 | | | 防汛督察组、工作组、专家组现场检查指导人次(≥**人次) | ** | ** |
| 6 | | | 起草报送总结、报告、信息等份数(≥**份) | ** | ** |
| 7 | | | 培训次数(≥**次) | ** | ** |
| 8 | | | 培训人次(≥**人次) | ** | ** |
| 9 | | 质量指标 | 防汛通讯可用率(≥**%) | 99.5 | 100 |
| 10 | | | 防汛车船运行完好率(≥**%) | 90 | 100 |
| 11 | | 时效指标 | 重大信息报送及时准确性(失误≤**次) | ** | 0 |
| 12 | | | 第一时间赶赴受灾现场情况 | 及时 | 及时 |
| 13 | | | 发布防汛信息情况 | 及时 | 及时 |
| 14 | | | 防汛物资调运 | 迅速及时 | 迅速及时 |
| 15 | | | 水情信息30分钟报水利部(≥**%) | 90 | 100 |
| 16 | | 成本指标 | 防汛车船维护运行成本增长率(≤**%) | 5 | 0.1 |
| 17 | | | 防汛物资采购成本 | 不超过市场价 | 低于市场价 |
| 18 | 效益指标 | 经济效益指标 | 通过抗洪抢险救灾减少洪涝灾害损失 | 显著 | 显著 |
| 19 | | 社会效益指标 | 应对失误造成严重洪涝事件个数(≤**个) | 1 | 0 |
| 20 | | 生态效益指标 | 通过科学有效洪水调度,减少或不对环境造成影响 | 有效 | 有效 |
| 21 | | 可持续影响指标 | 全面提升防御洪涝灾害的能力 | 显著 | 显著 |
| 22 | 满意度指标 | 服务对象满意度指标 | 上级主管部门满意率(≥**%) | 90 | 100 |
| 23 | | | 各级防汛指挥部门满意率(≥**%) | 90 | 100 |

（五）其他需要说明的问题

1. 后续工作计划

防汛业务费项目为专项业务费项目，根据下一年度预算安排，项目单位将继续做好防汛业务工作。

2. 主要经验及做法

（1）在项目实施与管理过程中，严格遵守各项政策、法规及相关管理制度，确保各项工作合法有序开展。

（2）细化分解任务，各部门按照职责分工各司其职，保障了项目的顺利实施。

（3）强化项目过程控制，及时指导各部门按照进度做好项目管理。

（4）严格合同管理，保证资金使用规范。

3. 存在问题和建议

（1）防汛业务费预算主要根据以前年度经费测算，在实际执行时无法完全按照测算依据实施。近年来项目单位组织实施了＊＊等工程更新改造，新建了＊＊等设施，延长了汛期时间，新增经费需求较大。建议能够按照防汛工作实际，适时增加项目单位预算经费。

（2）进一步完善项目绩效目标，提高指标设置科学合理性。项目绩效指标设置不够全面合理，未能全部反映项目实施内容，个性指标缺乏，成本指标和满意度指标较少，效益指标不够清晰且缺乏量化指标。项目单位结合项目实际情况，研究制定更为科学合理、重点体现防汛工作产出及效果的绩效指标。在社会效益指标中，重点增加对水利事业发展影响的指标；在可持续影响指标中，着重从项目实施对水利事业产生后续影响等方面进行考虑、设置。

4. 其他需说明的问题

本评价报告可作为下一年度及以后年度项目预算安排的参考，作为改进预算管理的重要依据。评价结果应在一定范围内公开，以充分发挥项目单位开展绩效管理的积极性，不断提高预算绩效管理工作水平。

（六）项目评价工作情况

根据《绩效评价管理办法》和水利部有关要求，项目单位及时组织开展了项目绩效中期自评，收集整理了项目决策文件、预算批复以及各绩效指标值支撑材料，配合做好中期检查工作，并编制了中期检查报告；根据中期绩效监控报告的反馈，绩效监控结论为"＊＊"，同时对中期检查问题进行了认真研究，积极对有关情况进行了整改落实。依据本项目绩效评价指标体系及打分方法，组织开展了自评价工作，并在自评价基础上，撰写了项目绩效报告。

1. 绩效工作开展情况

（1）积极组织编写项目绩效报告

按照水利部整体部署和要求，及时组织开展了项目绩效评价工作，根据项目绩效目标，对照项目实施方案，梳理核实有关绩效证明材料，在此基础上，参照《绩效评价管理办法》附件3"财政支出绩效报告（参考提纲）"，从项目概况、项目资金使用及管理情况、组织实施情况、项目绩效情况、需说明的问题等方面认真编制了防汛业务费项目绩效报告。

（2）绩效得分

项目单位根据《绩效评价管理办法》和水利部有关规定，开展了防汛业务费项目预算绩效自评价工作，并按照项目预算绩效评价指标体系、评分标准和评分说明对项目绩效进行打分,绩效得分为 97 分。

（3）项目绩效报告

项目单位编制的防汛业务费项目绩效报告介绍了项目单位基本情况及防汛业务工作的主要职责、项目背景、项目立项依据及立项情况、项目主要工作内容、绩效目标、项目资金使用及管理情况、组织实施情况,从项目的经济性、效率性、有效性和可持续性四个方面对项目产出指标、效益指标、服务对象满意度指标等绩效情况进行了分析,总结了 20＊＊ 年度主要经验及做法、存在问题和建议。

2. 项目绩效评价工作情况

（1）项目绩效目的

通过绩效自评价,对 20＊＊ 年度防汛业务项目的投入、过程、产出、效果等涉及的项目立项、业务管理、财务管理、项目产出、项目效益等进行全方位的总结分析,对项目财政支出的经济性、效率性、有效性和可持续性进行客观、公正的评价,增强绩效意识,促进财政支出绩效管理,强化支出责任和效率,提高财政资金使用效率;总结经验,进一步加强预算管理改革,不断提高预算绩效管理工作水平。

（2）绩效评价原则、评价指标体系、评价方法

① 绩效评价原则

绩效评价工作组根据《绩效评价管理办法》,结合防汛业务费项目实际情况,在绩效评价工作过程中,遵循科学规范、公正公开原则、绩效相关原则。

② 绩效指标体系

根据绩效评价的要求,在上级主管部门制定的防汛业务费项目预算绩效评价指标体系基础上,项目单位制定了项目自评价绩效指标体系。

③ 绩效评价方法

绩效评价工作,选用多种方法进行绩效评价,坚持简便有效的原则。本项目绩效评价工作采用了成本效益分析法、比较法、因素分析法等评价方法。

通过对 20＊＊ 年度项目的支出与效益进行对比分析,以评价绩效目标实现程度;通过对项目的绩效目标与实施效果、项目实际支出与产生效益对比分析,综合分析绩效目标实现程度;通过综合分析影响绩效目标实现、实施效果的内外因素,评价绩效目标实现程度。

（3）绩效评价工作过程

① 前期准备

根据上级主管部门绩效评价的工作安排,项目单位制定了实施方案,组建了绩效自评价工作组,并组织学习了相关文件、政策,提前审阅了项目预算申报文本、绩效报告等材料。

② 组织实施

绩效自评价工作中,绩效自评价工作组听取了项目单位对项目执行情况的介绍,就有关问题进行了质询,现场收集绩效评价相关资料,对资料进行审查核实;查看项目成果、资金使用管理等其他方面的资料,如检查绩效档案资料和成果资料,重点核对可量化指标的实际完成情况;抽查审阅相关会议记录、防汛值守记录、防汛车辆使用记录等,结合调查问卷等核对定性指标完成情况;结合财务支出资料,核对并分析对应经费支出的合理性、真实性。在讨论答疑、查看核对资料的基础上,绩效自评价工作组参照项目预算绩效评价指

标体系、评分标准和评分说明,对项目进行打分、统计,最后得出该项目绩效评价分值。

根据资料审查核实情况、绩效评价分值、绩效评价等级和被评价单位的答疑、初步反馈意见,绩效评价工作组集体起草、讨论、综合分析并形成评价结论。

在绩效自评价工作中,充分利用了项目绩效目标运行情况中期检查报告的成果。

③ 分析评价

对项目的投入、过程、产出、效果等进行分析,与绩效评价指标体系对比并进行打分。对项目的经济性、效率性和效益性进行分析,结合指标体系打分情况做出项目的综合评价情况和评价结论,最终形成绩效报告。

通过算术平均方法,计算得到项目绩效评价得分:97 分,评价结论为:优。

**表 12-6  项目支出绩效自评表**

(20＊＊年度)

| 项目名称 | | | 防汛业务费项目 | | | | | |
|---|---|---|---|---|---|---|---|---|
| 主管部门及代码 | | | 水利部[126] | | | 实施单位:＊＊局 | | |
| 项目资金（万元） | | | 年初预算数（A） | 全年执行数（B） | 分值（10 分） | 执行率（B/A） | 得分 | 得分计算方法 |
| | | 年度资金总额 | ＊＊ | ＊＊ | 10 | ＊＊ % | ＊＊ | 执行率×该指标分值,最高不得超过分值上限 |
| | | 其中:本年一般公共预算拨款 | ＊＊ | ＊＊ | | ＊＊ % | ＊＊ | |
| | | 其他资金 | ＊＊ | ＊＊ | | | | |
| 年度总体目标 | | 目标1:切实做好组织、指导、协调、监督防汛工作,及时掌握汛情,做好防洪和水量应急调度;<br>目标2:全面提升防汛减灾水平和防御能力,建立和完善防汛减灾体系,确保人民群众生命安全;<br>目标3:确保大江大河、大型和重点中型水库、大中城市的防洪安全,努力保证中小河流和一般中型、小型水库安全度汛,直管工程在标准洪水条件下安全运用;<br>目标4:确保防汛物资安全存储、有效管护、及时维修、迅速调用,为受灾地区抗洪抢险提供经费支持和物资保障 | | | 目标1:防汛业务机构工作开展顺利,完成组织、指导、协调、监督防汛工作,及时掌握汛情,做好防洪和水量应急调度;<br>目标2:修订了＊＊水库防汛应急预案,提升防汛减灾水平和防御能力,未因洪涝灾害发生重大损失,人民群众 0 死亡;<br>目标3:直管工程安全度汛,有效应对了＊＊河超标准洪水,＊＊河、＊＊水库等重要设施平稳度汛;<br>目标4:防汛物资采购顺利,管护到位,调运及时,有效组织民工巡堤查险。<br>防汛业务费项目完成了年度预设绩效目标 | | | | |
| | 一级指标 | 二级指标 | 三级指标 | 分值 | 年度指标值（A） | 全年实际值（B） | 得分计算方法 | 得分 | 未完成原因分析 |
| 绩效指标 | 产出指标（50分） | 数量指标 | 24 小时在岗值守人次（≥＊＊人次） | 4 | ＊＊ | ＊＊ | 完成值达到指标值,记满分;未达到指标值,按（B/A）或（A/B）×该指标分值记分 | 4 | |
| | | | 应急抢险演练人次（≥＊＊人次） | 3 | ＊＊ | ＊＊ | | 3 | |
| | | | 防汛宣传次数（≥＊＊次） | 2 | ＊＊ | ＊＊ | | 2 | |
| | | | 编制、修订、审批调度运行方案等数量（≥＊＊份） | 3 | ＊＊ | ＊＊ | | 3 | |

| 一级指标 | 二级指标 | 三级指标 | 分值 | 年度指标值(A) | 全年实际值(B) | 得分计算方法 | 得分 | 未完成原因分析 |
|---|---|---|---|---|---|---|---|---|
| 绩效指标 | 产出指标(50分) | 数量指标 | 防汛督察组、工作组、专家组现场检查指导人次(≥\*\*人次) | 4 | \*\* | \*\* | 完成值达到指标值,记满分;未达到指标值,按(B/A)或(A/B)×该指标分值记分 | 4 | |
| | | | 起草报送总结、报告、信息等份数(≥\*\*份) | 2 | \*\* | \*\* | | 2 | |
| | | | 培训次数(≥\*\*次) | 2 | \*\* | \*\* | | 2 | |
| | | | 培训人次(≥\*\*人次) | 2 | \*\* | \*\* | | 2 | |
| | | 质量指标 | 防汛通讯可用率(≥\*\*%) | 5 | 99.5 | 100 | | 5 | |
| | | | 防汛车船运行完好率(≥\*\*%) | 5 | 90 | 100 | | 5 | |
| | | 时效指标 | 重大信息报送及时准确性(失误≤\*\*次) | 2 | \*\* | \*\* | | 2 | |
| | | | 第一时间赶赴受灾现场情况 | 2 | 0赃误 | 0赃误 | | 2 | |
| | | | 发布防汛信息情况 | 2 | 及时 | 及时 | 1.若为定性指标,则根据"三档"原则分别按照指标分值的100%～80%(含80%)、80%～50%(含50%)、50%～0%来记分。 | 2 | |
| | | | 防汛物资调运 | 2 | 迅速及时 | 迅速及时 | | 2 | |
| | | | 水情信息30分钟报水利部(≥\*\*%) | 2 | 90 | 100 | | 2 | |
| | | 成本指标 | 防汛车船维护运行成本增长率≤\*\*% | 3 | 5 | 0.1 | 2.若为定量指标,完成值达到指标值,记满分;未达到指标值,按(B/A)或(A/B)×该指标分值记分 | 3 | |
| | | | 防汛物资采购成本 | 5 | 不超过市场价 | 低于市场价 | | 5 | |
| | 效益指标(30分) | 经济效益指标 | 通过抗洪抢险救灾减少洪涝灾害损失 | 7 | 显著 | 显著 | | 6 | 佐证和支撑材料难以量化,酌情扣减。 |
| | | 社会效益指标 | 应对失误造成严重洪涝事件个数 | 8 | ≤1个 | 0个 | | 8 | |
| | | 生态效益指标 | 通过科学有效洪水调度,减少或不对环境造成影响 | 7 | 有效 | 有效 | | 6 | |
| | | 可持续影响指标 | 全面提升防御洪涝灾害的能力 | 8 | 显著 | 显著 | | 7 | |

续 表

| 一级指标 | 二级指标 | 三级指标 | 分值 | 年度指标值(A) | 全年实际值(B) | 得分计算方法 | 得分 | 未完成原因分析 |
|---|---|---|---|---|---|---|---|---|
| 绩效指标 满意度指标(10分) | 服务对象满意度指标 | 上级主管部门满意率(≥**%) | 5 | 90 | 100 | 同效益指标得分计算方式 | 5 | |
| | | 各级防汛指挥部门满意率(≥**%) | 5 | 90 | 100 | | 5 | |
| 总分 | | | | | | | 97 | |

## 二、绩效评价报告范例

（封面）

（单位名称）20**年度防汛业务费项目
财政支出绩效评价报告

项目名称:防汛业务费(20**年)
项目单位:**

20** 年 ** 月

（一）项目概况

项目类别:专项业务费项目

项目负责人:**      联系电话:**

项目总预算:** 万元,其中申请财政资金:** 万元

项目实际到位金额：＊＊万元，其中申请财政资金：＊＊万元

项目实际支出金额：＊＊万元，其中申请财政资金：＊＊万元

项目起止时间：＊＊年＊＊月—＊＊年＊＊月

1. 项目单位基本情况

根据水利部《关于印发〈＊＊局主要职责机构设置和人员编制规定〉的通知》（水人事〔20＊＊〕＊＊号）精神，＊＊局为水利部＊＊局直属事业单位，批复编制＊＊人，现有在职职工＊＊人，离退休职工＊＊人。主要职责包括组织、协调、指导、监督＊＊防汛工作，组织协调指导台风、山洪等灾害防御和城市防洪工作，对＊＊江河湖泊和＊＊水工程实施防汛调度和应急水量调度，发布汛情、灾情，组织指导、实施防汛演练和抗洪抢险工作等。

2. 项目基本情况

（1）项目背景及立项依据

做好防汛工作，对保障我国经济社会全面、协调、可持续发展，维护社会稳定具有重要意义。2011年1月，中央出台一号文件《中共中央国务院关于加快水利改革发展的决定》，对完善我国防洪抗旱减灾体系、加强防汛抗旱应急管理和防灾减灾能力建设，提出了具体明确的要求。扎扎实实做好防汛抗洪、抢险救灾工作，确保人民群众生命财产安全，确保大江大河、大型水库、大中城市和交通干线的防洪安全，确保城乡生活用水安全，努力减轻洪涝灾害造成的损失，保障经济发展和社会稳定，是认真贯彻党的方针、政策和决策部署的具体体现。根据"三定"方案，＊＊局负责组织、协调、指导、监督＊＊防汛工作，组织协调指导台风、山洪等灾害防御和城市防洪工作，对＊＊江河湖泊和＊＊水工程实施防汛调度和应急水量调度，发布汛情、灾情，组织指导、实施防汛演练和抗洪抢险工作等。

（2）项目主要内容

根据＊＊单位负责水利工程和防汛工作任务，年度项目主要内容包括以下几个方面。

① 按照国家防总、水利部和上级主管部门工作部署，做好防汛各项准备工作，及时组织开展防汛检查指导、防汛值班、防汛演练、防汛培训、防汛宣传等工作，全面提升防汛减灾水平和防御能力，确保人民群众生命安全和城乡供水安全。

② 组织召开＊＊单位防汛工作会议，根据汛情需要进行防汛会商，按照既定的预案实施洪水调度，保障防洪安全。

③ 保障防汛通信顺畅，及时向上级主管部门报送汛情。

④ 保障防汛设施设备完好可用。

⑤ 组织民工实施防汛应急抢险。

3. 项目绩效目标

（1）项目绩效总体目标

做好组织、指导、协调、监督防汛工作，及时掌握汛情，做好防洪和水量应急调度，保障防洪安全和城乡供水安全，提升保障人民群众生命财产安全能力；组织做好防汛物资采购管护，及时有效保障防汛物资供应；组织做好防汛设施设备运行维护，保证防汛设施设备完好可用，保障防汛工作需求；组织做好防汛应急抢险准备工作，保障防汛人力资源储备，充分做好防汛应急准备工作。

（2）年度绩效目标

切实做好组织、指导、协调、监督防汛工作，及时掌握全国汛情，做好防洪和水量应急调度；全面提升防汛减灾水平和防御能力，建立和完善防汛减灾体系，确保人民群众生命安全；确保大江大河、大型和重点中型水库、大中城市的防洪安全，努力保证中小河流和一般中型、小型水库安全度汛；确保防汛物资安全存储、有效管护、及时维修、迅速调用，为受灾地区抗洪抢险提供经费支持和物资保障。

（3）绩效指标

① 产出指标

本项目产出指标有 \*\* 个，其中：

数量指标：24 小时在岗值守人次，应急抢险演练人次，防汛宣传次数，编制、修订、审批调度运行方案等数量，防汛督察组、工作组、专家组现场检查指导人次，起草报送总结、报告、信息等份数，培训次数，培训人次等。

质量指标：防汛通讯可用率，防汛车船运行完好率。

时效指标：重大信息报送及时准确性，第一时间赶赴受灾现场情况，发布防汛信息情况，防汛物资调运，水情信息 30 分钟报水利部。

成本指标：防汛车船维护运行成本增长率，防汛物资采购成本。

② 效益指标

本项目效益指标有 \*\* 个，其中：

经济效益指标：通过抗洪抢险救灾减少洪涝灾害损失。

社会效益指标：应对失误造成严重洪涝事件个数。

生态效益指标：通过科学有效洪水调度，减少或不对环境造成影响。

可持续影响指标：全面提升防御洪涝灾害的能力。

③ 满意度指标

服务对象满意度指标：上级主管部门满意率，水利管理范围内各级防汛指挥部门满意率。

该项目绩效指标在执行过程中未进行调整。

（二）项目单位绩效报告情况

根据《绩效评价管理办法》和水利部有关要求，项目单位及时组织开展了项目绩效中期自评，收集整理了项目决策文件、预算批复以及各绩效指标值支撑材料，配合做好中期检查工作，并编制了中期检查报告；根据中期绩效监控报告的反馈，绩效监控结论为"＊＊"，同时对中期检查问题进行了认真研究，积极对有关情况进行了整改落实。依据本项目绩效评价指标体系及打分方法，组织开展了自评价工作，并在自评价基础上，撰写了项目绩效报告。

项目绩效报告认为，20 \*\* 年防汛业务费项目按程序履行申报、立项手续；具有明确的项目实施方案；绩效目标经财政部、水利部批复；各级承担单位责任主体明确，财务管理制度健全，项目的管理能够确保项目的顺利完成；项目的组织实施达到了预期的总目标和年度绩效目标，项目支出控制在预算范围之内，按项目实施方案中的进度安排全部完成，质量指标达到要求，项目的经济效益、社会效益、生态效益、可持续影响和服务对象满意度均达到了绩效目标指标要求,防汛业务工作开展顺利,防汛业务机构工作开展顺利,完成组织、指导、协调、监督防汛工作,及时掌握汛情,做好防洪和水量应急调度;防汛物资采购顺利,管护到位,调运及时,有效组织民工巡堤查险;修订了 ** 水库防汛应急预案,提升防汛减灾水平和防御能力,未因洪涝灾害发生重大损失,人民群众 0 死亡;直管工程安全度汛,有效应对了 ** 河超标准洪水,** 河、** 水库等重要设施平稳度汛。基本完成了年度预设绩效目标。

（三）绩效评价工作情况

1. 绩效评价目的

通过绩效评价,对 20** 年度防汛业务费项目的投入、过程、产出、效果等涉及的项目立项、业务管理、财务管理、项目产出、项目效益等进行全方位的总结分析,对项目财政支出的经济性、效率性、有效性和可持续性进行客观、公正的评价,增强绩效意识,促进财政支出绩效管理,强化支出责任和效率,提高财政资金使用效率;总结经验,进一步加强预算管理改革,不断提高预算绩效管理工作水平。

2. 绩效评价原则、评价指标体系、评价方法

（1）绩效评价原则

绩效评价工作组根据《绩效评价管理办法》,结合防汛业务费项目实际情况,在绩效评价工作过程中,遵循科学规范、公正公开原则、绩效相关原则。

（2）绩效指标体系

根据绩效评价的要求,在上级主管部门制定的防汛业务费项目预算绩效评价指标体系基础上,项目单位制定了项目评价绩效指标体系。

（3）绩效评价方法

绩效评价工作,选用多种方法进行绩效评价,坚持简便有效的原则。本项目绩效评价工作采用了成本效益分析法、比较法、因素分析法等评价方法。

通过对 20** 年度项目的支出与效益进行对比分析,以评价绩效目标实现程度;通过对项目的绩效目标与实施效果、项目实际支出与产生效益对比分析,综合分析绩效目标实现程度;通过综合分析影响绩效目标实现、实施效果的内外因素,评价绩效目标实现程度。

3. 绩效评价工作过程

（1）前期准备

根据上级主管部门绩效评价的工作安排,项目单位制定了防汛业务费项目实施方案,组建了绩效评价工作组,并组织学习了相关文件、政策,提前审阅了项目预算申报文本、绩效报告等材料。

（2）组织实施

绩效评价工作中,绩效评价工作组听取了项目单位对项目执行情况的介绍,就有关问题进行了质询,现场收集绩效评价相关资料,对资料进行审查核实;查看项目成果、资金使用管理等其他方面的资料,如检查绩效档案资料和成果资料,重点核对可量化指标的实际完成情况;抽查审阅相关会议记录、防汛值守记录、防汛车辆使用记录等,结合调查问卷等核对定性指标完成情况;结合财务支出资料,核对并分析对应经费支

出的合理性、真实性。在讨论答疑、查看核对资料的基础上,绩效自评价工作组参照项目预算绩效评价指标体系、评分标准和评分说明,对项目进行打分、统计,最后得出该项目绩效评价分值。

根据资料审查核实情况、绩效评价分值、绩效评价等级和被评价单位的答疑、初步反馈意见,绩效评价工作组集体起草、讨论、综合分析并形成评价结论。在绩效评价工作中,充分利用了项目绩效目标运行情况中期检查报告的成果。

(3)分析评价

对项目的投入、过程、产出、效果等进行分析,与绩效评价指标体系对比并进行打分。对项目的经济性、效率性和效益性进行分析,结合指标体系打分情况做出项目的综合评价情况和评价结论,最终形成绩效评价报告。

(四)绩效评价指标分析情况

1. 项目资金情况分析

(1)项目预算编制及资金到位情况分析

① 预算编制情况。项目预算明细及各部分支出内容的测算依据如下:

办公费 ** 万元、电费 ** 万元、维修(护)费 ** 万元,培训费 ** 万元,差旅费 ** 万元,租赁费 ** 万元,专用材料 ** 万元、办公设备购置 ** 万元、专用设备购置 ** 万元。

② 资金到位情况。20 ** 年 ** 月,** 以《 ** 关于批复 ** 年预算的通知》( ** 〔20 ** 〕 ** 号)批复防汛业务费项目经费 ** 万元,其中财政资金 ** 万元,资金到位率100%。

(2)项目资金使用情况分析

20 ** 年度防汛业务费项目,实际到位预算资金 ** 万元,实际支出预算资金 ** 万元,序时有效的全部完成了 ** 年度预算执行工作(项目经费预决算对比情况见表12-7)。

**表 12-7　项目预算执行情况对照表**　　　　　　　　　　　单位:万元

| | 科　目 | 预　算 | 执　行 | 差　额 |
|---|---|---|---|---|
| 资金来源 | 合　计 | ** | ** | ** |
| | 财政拨款 | ** | ** | ** |
| | 其他资金 | ** | ** | ** |
| 支出明细 | 合　计 | ** | ** | ** |
| | 办公费 | ** | ** | ** |
| | 印刷费 | ** | ** | ** |
| | …… | …… | …… | …… |
| 项目经费结转(结余) | | ** | | |

项目单位会计核算规范,预算控制有效,未发现支出依据不合规、虚列项目支出的情况,未发现截留、挤占、挪用项目资金的情况,未发现超标准开支情况。项目执行进度科学合理,达到预算执行进度目标要求。

(3)项目资金管理情况分析

① 财务管理制度制定情况。项目单位认真贯彻国家相关制度办法,同时结合工作实

际,先后制订了《防汛业务费项目资金管理办法》《＊＊局预算管理办法》等规章制度,从资金管理、预算管理、资产管理、合同管理等方面不断完善项目的管理制度体系,健全财务管理制度。

② 财务制度执行情况。20＊＊年防汛业务费项目实行专项管理,在经费使用上,严格按照《中央本级项目支出预算管理办法》等财政部有关规定执行,预算经费独立核算、专款专用,各项支出均按照财务管理各项规章制度要求,做到经费支出合理,经常核查项目具体实施进度,确保项目按进度计划实施,做好防汛业务资金的管理和财务核算,切实有效保证各项防汛业务工作的顺利完成,预算执行情况良好。

通过各项制度的严格执行,20＊＊年防汛业务费项目执行中未出现违法违规现象,资金支出安全有效,财务运行健康有序。

2. 项目实施情况分析

(1) 项目组织情况分析

防汛业务费项目由＊＊单位统一管理,由＊＊、＊＊等单位共同承担。防汛业务费项目组织机构健全,项目目标与责任分工明确,组织实施程序符合业务规范要求,项目主要参与人员经验丰富,技术力量雄厚,人力资源储备充足,基础设施设备条件完备,能够确保项目顺利、高效、高质地完成。

＊＊单位作为项目主管部门切实履行项目管理职责,指导、督促各单位扎实开展业务工作;＊＊单位财务主管部门及时批复项目预算和绩效目标,监督、指导资金管理和使用。各承担单位任务分工明确,切实可行,根据编制的《防汛业务费项目＊＊年度实施方案》,细化梳理年度工作任务,主要业务工作制定详细的工作计划、工作方案,同时,把工作责任落实到班子成员、部门和个人,做到有计划、有安排、有检查、有督促,充分利用现有人员、技术、设备等支撑条件,加强质量控制和服务保障,合理安排开展防汛业务。项目完成后,各预算执行单位按照规定分别组织完成了项目自验工作。

根据目前项目单位的职能及技术力量,本着管养分离的原则,充分利用社会资源,委托有经验、能力的社会企业承担防汛设施设备的日常维护、检修工作,规范系统的管理,提高防汛业务能力。目前各项工作均已按照计划进度实施完成,截止至20＊＊年＊＊月,全部对外委托项目均已通过合同验收。在设备管理上,项目单位通过政府采购网批量集中采购方式采购,固定资产已验收入账。在项目实施过程中,项目单位注重档案资料的归纳与管理,已按清单要求完成项目实施过程中资料收集和管理工作,工作及时,资料基本完整。

(2) 项目管理情况分析

防汛业务管理制度健全。防汛业务费项目由＊＊、＊＊共同承担,项目承担单位机构健全,项目目标与责任分工明确,组织实施程序符合业务规范要求,项目主要参与人员经验丰富,技术力量雄厚,人力资源储备充足,基础设施设备条件完备,能够确保项目的顺利、高效、高质完成。

制度执行有效、质量可控。在对外委托项目的管理上,项目单位均严格执行《防汛业务费项目资金管理办法》《＊＊局预算管理办法》等规定,规范了项目实施程序,切实加强项目合同全过程的监管。合同订立前均认真审查委托单位的资信情况,以及履行合同应具有的相应资质和业务能力,审核通过后方可签订。合同验收后,经相关领导签字审核方可结算(项目委托业务实施情况见表12-8)。

表 12-8　项目委托业务费实际支出与计划对照表

| 序号 | 合同名称 | 被委托单位 | 预算金额(万元) | 实际金额(万元) |
|---|---|---|---|---|
| 1 | ** | ** | ** | ** |
| 2 | ** | ** | ** | ** |
| … | … | … | … | … |
| 合　计 | | | ** | ** |

(3) 项目绩效情况分析

① 项目的经济性分析

项目成本(预算)控制情况。项目单位针对项目工作实际,合理确定外委项目,并通过定向委托等方式确定合作单位,通过合同洽谈等工作,进一步明确合同内容,提高了外委资金使用效益。开展日常工作中,尽量通过业务系统、电子邮件、实时通讯工具等传输电子文档,有效减少了纸张及办公耗材等日常办公开支和邮电费用。对于符合政府采购要求的防汛物资和服务,严格按照《政府采购法》《招投标法》等法律法规实施政府采购,20**年度防汛业务费项目通过政府采购防汛石料**吨、其他防汛物资**吨(件),目前均已通过政府采购实施完成。维护成本与上年持平,防汛车辆和防汛设施设备使用成本均控制在预算内。项目预算执行严格按照预算控制数,资金使用安全,无违规使用项目经费情况。项目支出总金额没有突破年度预算,项目预算总体控制较好。

项目成本(预算)节约情况。项目单位厉行节约,多措并举严格控制项目成本。推行无纸化办公、双面打印等,节约办公耗材;严格公务用车管理,控制防汛车辆运行成本;通过政府采购防汛物资,节约了资金。

② 项目的效率性分析

项目的实施进度。根据项目实施方案中的进度安排,该项目按计划全部完成。项目的实施进度基本均衡,项目进度安排为三个时段:汛前(1—4月)提早部署检查、做好度汛准备,加强防汛演练、培训等工作;汛期(5—9月)强化防汛指导、调度、值守、督察工作,保障安全度汛;汛后(10—12月)做好汛后巡检,总结交流、宣传等工作,全面提升防御能力和水平。与实际完成情况对比,所有内容均满足要求。

项目单位防汛业务工作有序开展、及时有效,全部完成了项目预期目标。其中24小时在岗值守**人次,应急抢险演练**人次,防汛宣传**次,编制、修订、审批调度运行方案**份,防汛督察组、工作组、专家组现场检查指导**人次,起草报送总结、报告、信息等**份,培训**次、**人次;防汛通讯可用率100%,防汛车船运行完好率100%;重大信息报送及时零失误,第一时间赶赴受灾现场,发布防汛信息及时,按要求及时完成防汛物资调运,水情信息30分钟报水利部100%;防汛车船维护运行成本与上年基本持平,防汛物资采购成本低于市场价。

项目完成质量。根据项目实施方案,结合防汛等相关任务,项目单位根据防汛工作需求,修订了 ** 水库防汛应急预案。

汛前,超前做好防汛准备。针对超强厄尔尼诺影响年景偏差的预测, ** 局立足于防大汛、抗大洪、早谋划、早安排、早行动,全力做好防大汛准备。汛前,较常年提前一个月完成防汛部署、检查等各项准备工作,并进入防汛值班。

汛期,我们把保障直管 ** 水利工程和 ** 河等重要工程设施安全作为重中之重,坚决抓牢、抓实、抓细。汛前,全面调研重点区域和重要工程,摸清防汛抗洪薄弱环节。有效防汛 ** 特大洪水,科学调度水利工程,加强分析会商,及时准确研判防汛形势,坚持统筹流域与区域、防洪与除涝,依法、科学、精细调度 ** 骨干水利工程,以超常规措施应对超常规水情。 ** 超标准洪水发生后, ** 局全体动员,迅速成立 ** 个防汛督查组、工程巡查组及应急监测组,紧盯流域重要工程不放松,每天开展超标准洪水应急监测,对各地巡堤查险工作进行督促检查,并对重要堤防进行不间断巡查检查,不放过一丝险情和细微隐患,确保险情早发现、早处理、早消除。针对发现的工程险情和隐患,先后 ** 次发出紧急通知,督促有关单位做好消险除险工作,并派员跟踪督办,确保重要堤防和工程安全。

汛后,积极应对 ** 冬汛,做好年度防汛总结、宣传,筹划下一年度防汛工作。

20 ** 年圆满完成了防汛工作任务,直管 ** 水利工程和 ** 河等重要工程设施安全度汛,未因洪涝灾害发生重大损失,人民群众 0 死亡。

③ 项目的效益性分析

通过防汛业务工作的正常开展,经济效益方面,通过抗洪抢险救灾,显著减少洪涝灾害损失;社会效益方面,应对失误造成严重洪涝事件 0 个;生态效益方面,通过科学有效洪水调度,未对环境造成明显影响;可持续影响方面,全面提升了防御洪涝灾害的能力。上级主管部门和各级防汛指挥部门满意率达到 100%。

④ 项目的可持续性分析

可持续影响方面,防汛业务工作持续稳定发挥效益,全面防御洪涝灾害的能力显著提升,为防汛提供了基础支撑(绩效目标完成情况详见表 12-9)。

(五)综合评价工作情况及评价结论

1. 评价工作开展情况

项目绩效评价工作组通过听取项目执行情况的介绍,查阅了项目自评价报告,现场收集绩效评价相关资料,对资料进行审查核实;查看项目成果、资金使用管理等其他方面的资料,如检查绩效档案资料和成果资料,重点核对可量化指标的实际完成情况;抽查审阅相关会议记录、防汛值守记录、防汛车辆使用记录等,结合调查问卷等核对定性指标完成情况;结合财务支出资料,核对并分析对应经费支出的合理性、真实性并抽查至相关的原始资料、合同;就发现的有关问题进行了质询,并进行了记录。

在讨论答疑、查看核对资料的基础上,项目绩效评价工作组依据防汛业务费项目的评价体系、评分标准、评分说明,对项目进行打分、统计,最后得出该项目绩效评价分值。

2. 评价结论

项目绩效评价工作组认为 ** 局 20 ** 年度防汛业务费项目立项过程合规,绩效目标明确、量化,资金预算分配合理,能按照实施方案和批复的绩效目标组织实施。各承担单位责任分工明确,各项管理制度较为健全,项目管理较为完善、规范,资金使用规范有效。项目实施完成了预期的绩效目标并达到了预期结果。

20＊＊年度防汛业务费项目绩效评价得分为＊＊分,其中项目投入得分＊＊分、项目过程得分＊＊分、项目产出得分＊＊分、项目效果得分＊＊分,绩效评定级别为"＊＊"。整体上,该项目投入、过程、产出及效果4个方面完成情况均较好,从前期项目立项及内容设计,到中间项目过程管理,以及最后项目产出、效果实现,均未出现较为薄弱管控环节或执行风险,项目总体执行情况较好,完成质量较高(项目绩效评价指标体系及评分情况详见表12-9)。

（六）绩效评价结果应用建议

1. 预算安排

该项目绩效评价结果为"＊＊",项目预算发挥良好效果,达到预期效益,建议安排下一年度预算时应优先安排。

2. 评价结果公开

建议以合适方式在项目单位及上级主管单位政务网站予以公开。

（七）主要经验及做法、存在的问题和建议

1. 主要经验、做法

从防汛业务费项目实施情况看,整个项目从资金安排、项目管理等方面均有充分考虑,顺利完成了各项预定的绩效指标。主要经验及做法有:一是在项目实施与管理过程中,严格遵守各项政策、法规及相关管理制度,确保各项工作合法有序开展;二是细化分解任务,各部门按照职责分工各司其职,保障了项目的顺利实施;三是强化项目过程控制,做好应急预案,及时指导各部门按照进度做好项目管理;四是严格合同管理,保证资金使用规范。

2. 存在问题和建议

（1）防汛业务费项目预算主要根据以前年度经费测算,在实际执行时无法完全按照测算依据实施。近年来项目单位组织实施了＊＊等工程更新改造,新建了＊＊等设施,延长了汛期时间,新增经费需求较大。建议能够按照防汛工作实际,适时增加项目单位预算经费。

（2）进一步完善项目绩效目标,提高指标设置科学合理性。项目绩效指标设置不够全面合理,未能全部反映项目实施内容,个性指标缺乏,成本指标和满意度指标较少,效益指标不够清晰且缺乏量化指标。项目单位结合项目实际情况,研究制定更为科学合理、重点体现防汛工作产出及效果的绩效指标。在社会效益指标中,重点增加对水利事业发展影响的指标;在可持续影响指标中,着重从项目实施对水利事业产生后续影响等方面进行考虑、设置。

（八）其他需要说明的问题（如有）

无。

表 12-9 防汛业务项目支出绩效目标完成情况对照表

| 序号 | 一级指标 | 二级指标 | 指标内容 | 指标值 | 已完成指标值 |
|---|---|---|---|---|---|
| | | | 绩效指标批复情况 | | 绩效指标完成情况 |
| 1 | 产出指标 | 数量指标 | 24 小时在岗值守人次（≥＊＊人次） | ＊＊ | ＊＊ |
| 2 | | | 应急抢险演练人次（≥＊＊人次） | ＊＊ | ＊＊ |
| 3 | | | 防汛宣传次数（≥＊＊次） | ＊＊ | ＊＊ |
| 4 | | | 编制、修订、审批调度运行方案等数量（≥＊＊份） | ＊＊ | ＊＊ |
| 5 | | | 防汛督察组、工作组、专家组现场检查指导人次（≥＊＊人次） | ＊＊ | ＊＊ |
| 6 | | | 起草报送总结、报告、信息等份数（≥＊＊份） | ＊＊ | ＊＊ |
| 7 | | | 培训次数（≥＊＊次） | ＊＊ | ＊＊ |
| 8 | | | 培训人次（≥＊＊人次） | ＊＊ | ＊＊ |
| 9 | | 质量指标 | 防汛通讯可用率（≥＊＊％） | 99.5 | 100 |
| 10 | | | 防汛车船运行完好率（≥＊＊％） | 90 | 100 |
| 11 | | 时效指标 | 重大信息报送及时准确性（失误≤＊＊次） | ＊＊ | 0 |
| 12 | | | 第一时间赶赴受灾现场情况 | 及时 | 及时 |
| 13 | | | 发布防汛信息情况 | 及时 | 及时 |
| 14 | | | 防汛物资调运 | 迅速及时 | 迅速及时 |
| 15 | | | 水情信息 30 分钟报水利部（≥＊＊％） | 90 | 100 |
| 16 | | 成本指标 | 防汛车船维护运行成本增长率（≤＊＊％） | 5 | 0.1 |
| 17 | | | 防汛物资采购成本 | 不超过市场价 | 低于市场价 |
| 18 | 效益指标 | 经济效益指标 | 通过抗洪抢险救灾减少洪涝灾害损失 | 显著 | 显著 |
| 19 | | 社会效益指标 | 应对失误造成严重洪涝事件个数（≤＊＊个） | 1 | 0 |
| 20 | | 生态效益指标 | 通过科学有效洪水调度,减少或不对环境造成影响 | 有效 | 有效 |
| 21 | | 可持续影响指标 | 全面提升防御洪涝灾害的能力 | 显著 | 显著 |
| 22 | 满意度指标 | 服务对象满意度指标 | 上级主管部门满意率（≥＊＊％） | 90 | 100 |
| 23 | | | 各级防汛指挥部门满意率（≥＊＊％） | 90 | 100 |

表 12-10 20＊＊年度防汛业务费项目绩效评价指标体系及评分标准

| 一级指标 | 分值 | 二级指标 | 分值 | 三级指标 | 分值 | 四级指标 | 分值 | 指标解释 | 计划指标值 | 实际完成值 | 评价标准 | 得分 |
|---|---|---|---|---|---|---|---|---|---|---|---|---|
| 投入 | 20 | 项目立项 | 18 | 项目立项规范性 | 2 | 立项程序规范完整性 | 1 | 项目申请、设立的程序及相关资料是否符合相关要求，如"是否经过专家可行性研究（实施方案）、专家论证、风险评估、集体决策"等。用以反映和考核项目立项程序的规范完整性 | —— | —— | 预算申报材料（申报文本、绩效目标、实施方案），共3项材料，每缺少一项扣0.5分，扣至0分为止 | ＊＊ |
| | | | | | | 立项论证的充分性 | 1 | 项目申请、设立的论证是否充分。用以反映和考核项目立项论证的充分性 | —— | —— | 1.项目申请、设立的论证充分，1分；2.项目申请、设立的论证较充分，0.5分；3.项目申请、设立的论证充分性不够，0分 | ＊＊ |
| | | | | 绩效目标合理性 | 8 | 目标与职能的相符性 | 2 | 项目所设定的绩效目标与项目单位职能是否相符。用以反映和考核项目绩效目标与单位职能相符情况 | —— | —— | 1.绩效目标符合项目单位职能，2分；2.绩效目标较符合项目单位职能，1～2分；3.绩效目标与项目单位职能不够相符，0～1分 | ＊＊ |
| | | | | | | 目标政策依据的充分性 | 2 | 项目所设定的绩效目标是否依据充分。用以反映和考核项目绩效目标与国家政策、部门事业发展纲要（规划）的相符情况 | —— | —— | 1.项目目标与政策文件、行业规划、部门事业总体规划的相符性，满分为1分，专家根据相符情况酌情给分。2.目标与项目规划的相符性，满分为1分，专家酌情给分。一般情况，项目自身应制定中长期规划或者有明确的事业规划为基础，且年度目标与项目中长期规划相符 | ＊＊ |

| 一级指标 | 分值 | 二级指标 | 分值 | 三级指标 | 分值 | 四级指标 | 分值 | 指标解释 | 计划指标值 | 实际完成值 | 评价标准 | 得分 |
|---|---|---|---|---|---|---|---|---|---|---|---|---|
| 投入 | 20 | 项目立项 | 18 | 绩效指标合理性 | 8 | 目标与现实需求相符性 | 2 | 项目所设定的绩效目标是否符合现实需求。用以反映和考核项目绩效目标与现实需求的相符情况 | —— | —— | 1.绩效目标符合现实需求,2分; 2.绩效目标较符合现实需求,1~2分; 3.绩效目标与现实需求不够相符,0~1分 | ** |
| | | | | | | 关键目标的明确合理性 | 2 | 项目绩效目标的关键目标是否明确、合理,指标值是否经过调查研究和科学论证,符合客观实际,能够在一定期限内如期实现。用以反映绩效目标的明确性以及指标值的合理性 | —— | —— | 1.包含关键目标且指标值设置合理,2分; 2.包含关键目标,但指标值设置不够合理,1~2分; 3.没有关键目标,0~1分 | ** |
| | | | | 绩效指标明确性 | 8 | 绩效指标细化、量化程度 | 2 | 绩效指标(产出指标,效果指标)是否清晰、细化、量化,不能以量化形式表述的是否可衡量。用以反映和考核项目绩效目标的明细化及量化情况 | —— | —— | 1.绩效指标清晰、细化、量化,2分; 2.绩效指标较清晰、细化、量化,1~2分; 3.绩效指标不够清晰、细化、量化,0~1分 | ** |
| | | | | | | 绩效指标分解批复的合理性(选用) | 2 | 项目绩效指标是否进行合理分解批复。用以反映打捆项目绩效目标的向下分解情况 | —— | —— | 1.绩效指标分解批复合理,2分; 2.绩效指标分解批复较合理,1~2分; 3.绩效指标分解批复不够合理,0~1分 | ** |
| | | | | | | 绩效指标与绩效目标的匹配性 | 2 | 项目绩效指标是否与绩效目标关联,绩效指标是否充分体现绩效目标。用以反映绩效指标与绩效目标的匹配情况 | —— | —— | 1.绩效指标与绩效目标匹配,2分; 2.绩效指标与绩效目标较匹配,1~2分; 3.绩效指标与绩效目标不够匹配,0~1分 | ** |

| 一级指标 | 分值 | 二级指标 | 分值 | 三级指标 | 分值 | 四级指标 | 分值 | 指标解释 | 计划指标值 | 实际完成值 | 评价标准 | 得分 |
|---|---|---|---|---|---|---|---|---|---|---|---|---|
| 投入 | 20 | 项目立项 | 18 | 绩效指标明确性 | 8 | 绩效指标与预算的匹配性 | 2 | 绩效指标与预算是否匹配。用以反映和考核项目绩效指标与项目预算的对应情况 | —— | —— | 1. 绩效指标与项目预算匹配,2分;<br>2. 绩效指标与项目预算较匹配,1~2分;<br>3. 绩效指标与项目预算不够匹配,0~1分 | ** |
| | | 资金落实 | 2 | 资金足额到位性 | 1 | 资金到位率 | 1 | 实际到达最末级单位的资金金额与计划投入资金的比率,用以反映和考核资金落实情况对项目实施的总体保障程度。资金到位率=(实际到位资金/预算金额)×100%。实际到位资金:一定时期内实际落实到具体项目的资金。预算资金:一定时期内计划投入到具体项目的资金 | —— | —— | 得分=资金到位率×1分 | ** |
| | | | | 资金及时到位性 | 1 | 资金到位及时率 | 1 | 考核资金到达各级单位的及时性,预算批复后资金是否在15个工作日内下达 | —— | —— | 1. 预算批复后资金在15个工作日内下达,1分;<br>2. 预算批复后资金在20个工作日内下达,0.5分;<br>3. 预算批复后资金超过20个工作日下达,0分 | ** |
| 过程 | 25 | 业务管理 | 13 | 业务管理制度健全性 | 3 | 业务管理制度健全性 | 3 | 项目实施单位针对项目相关业务内容,所适用的业务管理制度是否明确,自身制定的业务管理制度是否健全,包括项目的设立、质量管理、安全管理、项目验收等流程管理制度。用以反映管理制度的健全性 | —— | —— | 1. 业务管理制度健全,3分;<br>2. 业务管理制度较健全,1.5~3分;<br>3. 业务管理制度不够健全,0~1.5分 | ** |

| 一级指标 | 分值 | 二级指标 | 分值 | 三级指标 | 分值 | 四级指标 | 分值 | 指标解释 | 计划指标值 | 实际完成值 | 评价标准 | 得分 |
|---|---|---|---|---|---|---|---|---|---|---|---|---|
| 过程 | 25 | 业务管理 | 13 | 制度执行有效性 | 6 | 业务执行与制度相符性 | 2 | 业务执行(如立项、实施、政府采购、质量安全管理、项目验收等)是否符合相关的法律、法规,是否符合相关业务管理制度要求。用以反映业务执行与法律法规、业务管理制度的相符性 | —— | —— | 1.业务执行符合相关法律法规、业务管理制度的要求,2分;<br>2.业务执行较符合相关法律法规、业务管理制度的要求,1～2分;<br>3.业务执行不够符合相关法律法规、业务管理制度的要求,0～1分 | ** |
| | | | | | | 项目档案的完备性和正确性 | 3 | 项目档案是否能完整反映业务流程的各个环节,档案资料内容是否正确、不矛盾冲突。用以反映和考核项目档案的质量 | —— | —— | 1.项目档案完备且资料内容正确,3分;<br>2.项目档案较完备且资料内容较正确,1.5～3分;<br>3.项目档案不够完备且资料内容不够正确,0～1.5分 | ** |
| | | | | | | 调整手续履行情况 | 1 | 业务工作内容调整手续是否按制度履行。用以反映调整手续的执行情况 | —— | —— | 1.严格按照制度履行调整手续,1分;<br>2.较严格按照制度履行调整手续,0.5分;<br>3.未能严格按照制度履行调整手续,0分 | ** |
| | | | | 项目质量可控性 | 4 | 质量标准健全性 | 2 | 项目实施单位是否已制定或具有相应的项目质量要求或标准。用以反映和考核项目质量标准建设情况 | —— | —— | 1.制定的项目质量要求或标准健全,2分;<br>2.制定的项目质量要求或标准较健全,1～2分;<br>3.制定的项目质量要求或标准不够健全,0～1分 | ** |

| 一级指标 | 分值 | 二级指标 | 分值 | 三级指标 | 分值 | 四级指标 | 分值 | 指标解释 | 计划指标值 | 实际完成值 | 评价标准 | 得分 |
|---|---|---|---|---|---|---|---|---|---|---|---|---|
| 过程 | 25 | 业务管理 | 13 | 项目质量可控性 | 4 | 管控措施有效性 | 2 | 项目实施单位是否为达到项目质量要求而采取了必需且有效的措施。用以反映和考核项目实施单位对项目质量的控制情况 | —— | —— | 1.为达到项目质量要求而采取的管控措施有效,2分;<br>2.为达到项目质量要求而采取的管控措施较有效,1～2分;<br>3.未采取必需且有效的管控措施,项目完成质量较差,0～1分 | ** |
| | | 财务管理 | 12 | 财务管理制度健全性 | 3 | 财务管理制度健全性 | 3 | 项目实施单位的财务管理制度是否全面、完整、合理。用以反映和考核财务管理制度对资金规范、安全运行的保障情况 | —— | —— | 1.财务管理制度全面、完整、合理,3分;<br>2.财务管理制度较全面、完整、合理,1.5～3分;<br>3.财务管理制度不够全面、完整、合理,0～1.5分 | ** |
| | | | | 资金使用合规性 | 6 | 资金使用合法合规性 | 3 | 资金使用是否单独核算,符合会计核算制度、有完整的审批手续,项目的重大开支是否经过评估认证;委托单位的遴选程序是否符合相关法律法规要求,如招投标、多家方案比选等;项目资金使用是否存在截留、挤占、挪用、虚列支出等情况。用以反映和考核项目资金使用的合法合规情况 | —— | —— | 1.资金使用合法合规,3分;<br>2.资金使用较合法合规,1.5分;<br>3.资金使用不够合法合规,0分 | ** |

| 一级指标 | 分值 | 二级指标 | 分值 | 三级指标 | 分值 | 四级指标 | 分值 | 指标解释 | 计划指标值 | 实际完成值 | 评价标准 | 得分 |
|---|---|---|---|---|---|---|---|---|---|---|---|---|
| 过程 | 25 | 财务管理 | 12 | 资金使用合规性 | 6 | 资金使用与预算的一致性 | 3 | 项目资金使用是否符合项目预算批复用途。用以反映和考核项目资金使用与预算的一致性 | —— | —— | 1.资金使用与预算批复一致,3分;<br>2.资金使用与预算批复较一致,1.5~3分;<br>3.资金使用与预算批复不够一致,0~1.5分 | ** |
| | | | | 财务监控有效性 | 3 | 财务监控有效性 | 4 | 项目实施单位是否为保障资金的安全、规范运行而建立了内控管理制度,是否采用了必要的监控措施,如不相容岗位相互分离、内部授权审批控制、预算控制、会计控制、单据控制、信息内部公开等,是否做到会计核算规范、信息真实。用以反映和考核项目实施单位对资金运行的控制情况 | —— | —— | 1.财务监控机制健全,管控措施有效,3分;<br>2.财务监控机制较健全,管控措施较有效,1.5~3分;<br>3.财务监控机制不够健全,管控措施不够有效,0~1.5分 | ** |
| 产出 | 25 | 项目产出 | 25 | 实际完成率 | 14 | 24 小时在岗值守人次(≥**人次) | 3 | 项目实施的实际产出数与计划产出数的比率,用以反映和考核项目产出数量目标的实现程度。实际完成率=(实际产出数/计划产出数)×100%。实际产出数:一定时期(本年度或项目期)内项目实际产出的产品或提供的服务数量。计划产出数:项目绩效目标确定的在一定时期(本年度或项目期)内计划产出的产品或提供的服务数量 | ** | ** | 得分=实际完成率×3分,超过3分的按2分计 | ** |
| | | | | | | 应急抢险演练人次(≥**人次) | 2 | | ** | ** | 得分=实际完成率×2分,超过2分的按2分计 | ** |
| | | | | | | 防汛宣传次数(≥**次) | 2 | | ** | ** | 得分=实际完成率×2分,超过1分的按2分计 | ** |
| | | | | | | 编制、修订、审批调度运行方案等数量(≥**份) | 2 | | ** | ** | 得分=实际完成率×2分,超过2分的按2分计 | ** |

| 一级指标 | 分值 | 二级指标 | 分值 | 三级指标 | 分值 | 四级指标 | 分值 | 指标解释 | 计划指标值 | 实际完成值 | 评价标准 | 得分 |
|---|---|---|---|---|---|---|---|---|---|---|---|---|
| 产出 | 25 | 项目产出 | 25 | 实际完成率 | 14 | 防汛督察组、工作组、专家组现场检查指导人次(≥**人次) | 2 | 项目实施的实际产出数与计划产出数的比率,用以反映和考核项目产出数量目标的实现程度。实际完成率＝(实际产出数/计划产出数)×100%。实际产出数:一定时期(本年度或项目期)内项目实际产出的产品或提供的服务数量。计划产出数:项目绩效目标确定的在一定时期(本年度或项目期)内计划产出的产品或提供的服务数量 | ** | ** | 得分＝实际完成率×2分,超过2分的按2分计 | ** |
| | | | | | | 起草报送总结、报告、信息等份数(≥**份) | 1 | | ** | ** | 得分＝实际完成率×1分,超过1分的按1分计 | ** |
| | | | | | | 培训次数(≥**次) | 1 | | ** | ** | 得分＝实际完成率×1分,超过1分的按1分计 | ** |
| | | | | | | 培训人次(≥**人次) | 1 | | ** | ** | 得分＝实际完成率×1分,超过1分的按1分计 | ** |
| | | | | 质量达标情况 | 4 | 防汛通讯可用率(≥**%) | 2 | 对照实际批复的绩效目标,对项目质量达标情况进行评价 | 99.5 | 100 | 1.达到既定标准,2分;2.未达到既定标准,偏差5%以内,1分;3.未达到既定标准,偏差5%以上,0分 | ** |
| | | | | | | 骨干通信系统可用率(≥**%) | 2 | | 90 | 100 | 1.达到既定标准,2分;2.未达到既定标准,偏差5%以内,1分;3.未达到既定标准,偏差5%以上,0分 | ** |
| | | | | 完成及时情况 | 5 | 重大信息报送及时准确性(失误≤**次) | 1 | 项目产出时效是否符合项目绩效目标及实施方案的进度要求,用以考核和反映项目完成的及时性 | ** | ** | 1.项目完成及时,1分;2.项目完成较及时,0.5~1分;3.项目完成不够及时,0~0.5分 | ** |
| | | | | | | 第一时间赶赴受灾现场情况 | 1 | | 0贻误 | 0贻误 | 1.项目完成及时,1分;2.项目完成较及时,0.5~1分;3.项目完成不够及时,0~0.5分 | ** |

续　表

| 一级指标 | 分值 | 二级指标 | 分值 | 三级指标 | 分值 | 四级指标 | 分值 | 指标解释 | 计划指标值 | 实际完成值 | 评价标准 | 得分 |
|---|---|---|---|---|---|---|---|---|---|---|---|---|
| 产出 | 25 | 项目产出 | 25 | 完成及时情况 | 5 | 发布防汛信息情况 | 1 |  | 及时 | 及时 | 1.项目完成及时，1分；<br>2.项目完成较及时，0.5～1分；<br>3.项目完成不够及时，0～0.5分 | ** |
|  |  |  |  |  |  | 防汛物资调运 | 1 | 项目产出时效是否符合项目绩效目标及实施方案的进度要求，用以考核和反映项目完成的及时性 | 迅速及时 | 迅速及时 | 1.项目完成及时，1分；<br>2.项目完成较及时，0.5～1分；<br>3.项目完成不够及时，0～0.5分 | ** |
|  |  |  |  |  |  | 水情信息30分钟报水利部(≥**％) | 1 |  | 90 | 100 | 1.项目完成及时，1分；<br>2.项目完成较及时，0.5～1分；<br>3.项目完成不够及时，0～0.5分 | ** |
|  |  |  |  | 成本节约情况 | 2 | 防汛车船维护运行成本增长率(≤**％) | 1 | 对项目成本控制及节约情况进行评价，重点为是否按要求采取政府采购措施控制成本 | 5 | 0.1 | 1.防汛车船维护运行成本较上年增长≤5％，得1分；<br>2.防汛车船维护运行成本较上年增长超过5％，得0分 | ** |
|  |  |  |  |  |  | 防汛物资采购成本 | 1 |  | 不超过市场价 | 低于市场价 | 1.防汛物资采购成本不超过市场价，得1分；<br>2.防汛物资采购成本超过市场价，得0分 | ** |
| 效果 | 30 | 项目效益 | 30 | 效益情况 | 24 | 通过抗洪抢险救灾减少洪涝灾害损失 | 6 | 对照绩效目标，对项目产生的效益进行评价 | 显著 | 显著 | 1.效益显著，6分；<br>2.效益较显著，3～6分；<br>3.效益不够显著，0～3分 | ** |
|  |  |  |  |  |  | 应对失误造成严重洪涝事件个数(≤**个) | 6 |  | 1 | 0 | 应对失误造成严重洪涝事件个数≤1个得6分，每增加一个扣2分，扣至0分为止 | ** |

续　表

| 一级指标 | 分值 | 二级指标 | 分值 | 三级指标 | 分值 | 四级指标 | 分值 | 指标解释 | 计划指标值 | 实际完成值 | 评价标准 | 得分 |
|---|---|---|---|---|---|---|---|---|---|---|---|---|
| 效果 | 30 | 项目效益 | 30 | 效益情况 | 24 | 通过科学有效洪水调度,减少或不对环境造成影响 | 6 | 对照绩效目标,对项目产生的效益进行评价 | 有效 | 较有效 | 1.效益有效,6分;2.效益较有效,3~6分;3.效益不够有效,0~3分 | ** |
| | | | | | | 全面提升防御洪涝灾害的能力 | 6 | | 显著 | 较显著 | 1.效益显著,6分;2.效益较显著,3~6分;3.效益不够显著,0~3分 | ** |
| | | | | 服务对象满意度 | 6 | 上级主管部门满意率(≥**%) | 3 | 对项目服务对象的满意度情况进行评价 | 90 | 100 | 1.满意率≥90%,3分;2.其他情况,得分=(满意率/90%)×3分 | ** |
| | | | | | | 各级防汛指挥部门满意率(≥**%) | 3 | | 90 | 100 | 1.满意率≥90%,3分;2.其他情况,得分=(满意率/90%)×3分 | ** |
| 得分合计 | | | | | | | | | | | | ** |

说明:产出、效果指标中,三级、四级指标需根据上级批复的绩效目标表修改指标内容,分值根据修改后的指标进行合理赋分,保持一级指标总分不变。

# 第十三章　水利信息系统运行维护费项目

水利信息系统运行维护费项目是为了确保水利信息系统稳定、可靠、高效运行而设立的专项业务费项目,该项目的设立和实施对提高水利管理能力和服务水平、推动水利服务部门转变职能等,能够发挥不可替代的作用。根据《项目支出预算管理意见》,水利部在中央部门预算中将"水利信息系统运行维护费"设置为部门专用一级项目,目前该项目下设置了"水利信息系统运行维护费"一个二级项目。本章以二级项目"水利信息系统运行维护费"项目为例,介绍"水利信息系统运行维护费"项目绩效评价的内容、目标、指标,以及绩效评价报告的编写。本章介绍的二级项目仅指水利信息系统运行维护费项目。

## 第一节　绩效评价的内容

### 一、项目概述

水利信息系统是指利用现代信息技术,开发和利用水利信息资源,实现水利信息采集、传输、交换、存储、处理和服务的网络化与智能化系统。2011年中央一号文件《中共中央国务院关于加快水利改革发展的决定》明确提出"要全面加快水利基础设施建设,加大公共财政对水利的投入,切实增强水利支撑保障能力,实现水资源可持续利用,推动水利信息化建设,以水利信息化带动水利现代化"。党的十八大报告把"信息化"上升到了国家战略、民族战略的高度,第一次将信息化与工业化、城镇化、农业现代化放在同等重要地位,提出"四化同步"发展,并把"信息化水平大幅提升"纳入全面建成小康社会的目标之一。

近年来,随着水利事业的快速推进和信息技术的迅猛发展,水利信息化发展迅速,累计建成了大量的信息软硬件系统,已成为日常水利工作的基础支撑平台,成为不可或缺和无法替代的工具,发挥了重要作用,产生了良好效益。水利信息系统运行维护费项目的实施,有力地保证了水利信息系统正常、可靠、安全、高效运行,有力地支撑了水利勘测、规划、设计、科研、建设、管理、改革等各项工作,促进了传统水利向现代水利、可持续发展水利转变。该项目的实施,是增强系统生命力、延长系统生命周期、提高系统管理水平和持续发挥效益的重要保障。

为确保水利信息系统稳定、可高、高效运行,规范信息系统运行维护行为,加强水利信息系统运行维护费管理,科学合理编报水利信息系统运行维护经费预算,水利部组织编制了水利信息系统运行维护定额,并以《关于印发水利信息系统运行维护定额标准(试行)的通知》(水财务〔2009〕284号)下发执行。

## 二、项目主要内容

水利信息系统运行维护费项目主要内容是对水利通信、防汛会商、政务等系统的硬件、软件进行维护。

（一）按实施内容划分

按照水利信息系统运行维护的实施内容划分,项目主要内容包括硬件系统运行维护、软件系统运行维护和基础环境运行维护。

1. 硬件系统。硬件系统运行维护主要包括通信硬件系统运行维护、计算机网络硬件系统运行维护、视频会议及视频监控硬件系统运行维护。

2. 软件系统。软件系统运行维护主要包括软件运行维护和数据维护。

3. 基础环境。基础环境运行维护主要包括机房环境运行维护、电源系统运行维护、避雷接地系统运行维护、通信信道租赁和异地维护及技术装备运行维护。

（二）按实施时间划分

1. 中期主要内容

根据水利业务工作要求及国家有关要求,水利信息系统运行维护费项目的中期主要通过实施以下内容,实现水利信息系统的稳定、高效运行。

（1）组织各单位开展水利基础支撑环境的运行维护。

（2）组织各单位开展水利应用系统的运行维护。

（3）组织各单位开展信息安全保障维护及安全检查。

（4）组织各单位开展水利基础数据的更新及服务。

2. 年度主要内容

根据水利业务工作要求,年度项目主要内容包括以下几个方面。

（1）按水利信息系统运行维护规范和相关技术标准,对机房环境、电源系统、避雷、接地系统等运行维护,对通信信道的租赁以及维护,对无线传输和有线通信设备运行维护,对互联网设备、网络安全设备、数据存储设备、计算机类终端及附属设备等运行维护,对操作系统、办公软件、系统安全软件、数据库、网络管理软件、工具软件、中间件、虚拟机等运行维护。

（2）对国家防汛抗旱指挥系统、异地会商视频会议系统、防汛通信系统、水利部电子政务、网站等重要水利业务系统运行维护。

（3）对网络突发事件应急响应,对安全事件进行处置,提供分析总结报告。

（4）按业务要求对水利基础数据进行更新及服务。

## 三、绩效评价基本内容

水利信息系统运行维护费项目是为了保证水利信息系统正常、可靠、安全、高效运行。

项目绩效评价的基本内容应包括绩效目标设定、资金投入和使用、制度和措施保障、实现程度及效果等以下几个方面进行评价。

（一）绩效目标的设定情况

做好水利信息系统运行维护工作对保障信息系统的安全、稳定、高效运行，充分发挥信息系统的作用具有重要的现实意义。国家防汛抗旱指挥系统和异地会商视频会议系统作为防灾减灾、防汛抗旱会商、指挥决策的主要平台，在历年的防汛抗旱工作中发挥着不可替代的重要作用；水利电子政务系统和水利通信系统等系统是水利部日常办公和与国务院及其他部委信息交流的主要平台和必要保障。根据项目三年规划和年度预算安排，水利单位水利信息系统运行维护费项目绩效目标的设定应依据财政部绩效目标管理规定、水利信息系统运行维护定额和水利信息系统运行维护项目工作内容，以如何有效保障水利信息系统的安全、稳定、高效运行为落脚点，充分发挥水利信息系统运行维护费项目的绩效，提高资金使用效益。

（二）资金的投入和使用情况

水利信息系统的属性为公益性，水利信息系统运行维护费项目应由财政保障，资金的来源全部为财政性资金，财政部门应保障水利信息系统运行维护资金足额、及时到位。资金的使用也需按照财政资金管理规定，根据预算批复单独核算，重大开支需经过评估认证，委托单位的遴选需符合相关法律法规要求，不得截留、挤占、挪用、虚列项目资金。

（三）制度和措施保障情况

水利信息系统运行维护费项目支出主要依据水利信息系统运行维护定额确定的范围、内容和标准，以及时提供信息通信保障和信息决策服务为质量标准。水利单位需制定水利信息系统运行维护费项目质量要求或标准，档案资料管理齐全，为实现项目绩效目标采取了有效的管控措施，及时组织项目验收。财务管理制度健全，内部控制措施到位，资金按照预算批复，使用合法合规。

（四）实现程度及效果

水利信息系统运行维护费项目绩效涉及到的产出指标应覆盖维护的全部工作内容，产出指标应全部实现，对由于指标内容及指标值设置不合理导致的未完成情况，如果工作正常完成，不影响项目整体目标实现，且不涉及预算金额调整的，也可视同产出指标全部完成。如遇不可抗力或其他合理原因导致的指标未完成，理由充分且项目单位采取了有效应对措施的，可视同产出指标基本完成。

水利信息系统运行维护费项目绩效涉及到的效益指标和满意度指标，应对照批复的绩效目标，对项目产生的效益和项目服务对象的满意度情况进行评价。

（五）其他内容

水利信息系统运行维护费项目支出范围和内容相对固定，支出标准受科技进步、市场波动及地域的影响较大，在评价实际支出过程应结合项目实施期间的情况和水利单位所在地域进行分析。

# 第二节　绩效评价的目标

## 一、主要内容

水利信息系统运行维护费项目绩效目标是项目计划在规划期或年度达到的产出和效果。

（一）预期产出

水利信息系统运行维护费项目主要是为水利信息系统运行维护提供经费保障，预期产出提供的公务产品和服务的数量主要应该是覆盖水利信息系统的设备、软件系统和基础环境等。

（二）预期效果

水利信息系统运行维护费项目通过提供信息通信保障和信息决策服务间接产生经济效益；通过促进政府信息公开间接产生社会效益；通过不对环境造成影响间接产生生态效益和促进水生态环境保护；通过保证水利信息系统持续稳定发挥作用直接产生可持续影响。

（三）服务对象满意程度

水利信息系统运行维护费项目通过服务使用水利信息系统设备和软件的用户发挥作用，这些用户的满意情况决定了服务对象的满意程度。

（四）达到预期产出所需要的成本资源

水利信息系统运行维护费项目达到预期产出需要购置水利信息系统专用设备，升级完善水利信息系统软件，维护水利信息系统运行所需的基础环境，购置和维护的硬件、软件系统及基础环境构成了达到预期产出所需要的成本资源。

（五）衡量预期产出、预期效果和服务对象满意程度的绩效指标

1. 预期产出的绩效指标：水利信息系统中的通信系统设备、计算机网络系统设备、视频会议及视频监控硬件系统设备、系统软件、网络专线、基础环境等的数量、可用率，系统响应及故障恢复时限，设备购置成本控制方式等。

2. 预期效果的绩效指标：经济效益指标，主要从是否能及时提供信息通信保障和信息决策服务产生经济效益的角度进行衡量；社会效益指标，主要从是否促进政府信息公开，增强政府透明度的角度进行衡量；生态效益指标，主要从信息系统是否不对环境造成影响和促进水生态环境保护的角度进行衡量；可持续影响指标，主要从是否规范系统维护，保证系统正常使用年限的角度进行衡量。

3. 服务对象满意程度的绩效指标：水利信息系统运行维护的服务对象主要是系统的用户，服务对象满意程度就是对用户的满意度进行抽样调查，得出满意率。

## 二、中期目标

（一）保障水利信息系统运行维护

在保障水利信息系统基础支撑环境及相关应用在正常运转前提下，提升相应水利信息系统运行维护保障能力。

（二）发挥水利信息系统效益

促进防汛抗旱指挥系统、异地会商视频会议系统、防汛通信系统、电子政务系统、网站及水利普查信息系统等系统更好地发挥效益。

（三）做好水利数据应用

提升水利数据的应用及服务水平，有效利用水利遥感影像数据进行处理分析，为相关部门的开展运行维护工作提供保障。

（四）提升水利信息系统整体水平

努力提升水利信息系统整体运行维护水平。

### 三、年度目标

（一）系统正常运转

保证年度水利信息系统基础环境及相关应用的正常运转。

（二）重要系统稳定

保证国家防汛抗旱指挥系统、异地会商视频会议系统、防汛通信系统、水利电子政务系统等重要应用及信息系统的日常安全、稳定、高效运行。

（三）通信网络稳定

保证通信网络的安全、稳定运行。

（四）做好数据分析

做好水利遥感影像数据分析处理工作，做好相关部门的运行维护工作。

（五）达到绩效目标

保证水利信息系统运行维护项目达到年度预设绩效目标。

# 第三节　绩效评价的指标

## 一、指标的确定原则

作为衡量水利信息系统运行维护费项目绩效目标实现程度的考核工具，绩效评价指标按照《绩效管理办法》规定的原则来确定。

（一）相关性原则

根据水利信息系统运行维护内容的服务对象，恰当反映绩效目标的实现程度。

（二）重要性原则

重点围绕硬件系统、软件系统和基础环境三个方面内容确定绩效评价指标。

（三）可比性原则

水利部从水利信息系统运行维护整体内容出发设定共性的绩效评价指标，水利单位根据需要维护水利信息系统的具体内容设定个性的绩效评价指标。

（四）系统性原则

定量指标与定性指标相结合，根据水利信息系统运行维护的软硬件内容和基础环境确定定量指标和定性指标,系统反映水利信息系统运行维护费项目所产生的社会效益、经济效益、环境效益和可持续影响等。

（五）经济性原则

水利信息系统运行维护费项目为专项业务费项目,每个年度均需进行绩效评价,应当通俗易懂、简便易行,绩效指标实现程度所需获得的数据应当考虑现实条件和可操作性,符合成本效益原则。

## 二、共性和个性指标

（一）共性指标的确定

水利信息系统运行维护费项目的共性指标应适用于所有水利单位。

1. 产出指标。数量指标主要包括维护通信系统设备台（套）数、维护计算机网络系统设备台（套）数、维护应用系统套数、维护系统软件数量（含商业软件）、运行维护天数等。质量指标主要包括骨干通信设备可用率、骨干网络系统设备可用率、主要业务系统可用率、基础数据维护可用率等。时效指标主要包括平均系统响应时间、平均系统故障恢复时间等。成本效益指标主要包括年度维护成本增长率、线路租用成本、数据采购成本等。

2. 效益指标。效益指标中定量指标若不具备基础条件,以定性指标为基础。由于定性指标确定存在难度,目前可供选择的具体指标偏少。经济效益指标主要是及时提供信息通信保障和信息决策服务。社会效益指标主要是促进政府信息公开,增强政府透明度。生态效益指标主要是系统运行不对环境造成影响,促进水生态环境保护等。可持续影响指标主要是系统正常使用年限。

3. 满意度指标。服务对象满意度指标主要是用户抽样调查满意率。

（二）个性指标的确定

个性指标是针对具体水利单位水利信息系统运行维护的特点设定的,适用于具体水利单位。例如数量指标设定水利单位需要完善的具体系统,成本指标设定单位某个关键系统的维护成本,经济效益指标设定某个系统运行维护创造的经济效益金额,社会效益指标设定水利单位公共主页网站点击率等。

## 三、范例

表 13-1　水利信息系统运行维护费项目绩效目标表

（\*\* 年度）

| 项目名称 | 水利信息系统运行维护费 | | | |
|---|---|---|---|---|
| 主管部门及代码 | 水利部［126］ | | 实施单位 | \*\* |
| 项目属性 | 延续项目 | | 项目期 | 长期 |
| 项目资金<br>（万元） | 中期资金总额: | \*\* | 年度资金总额: | \*\* |
| | 其中:财政拨款 | \*\* | 其中:财政拨款 | \*\* |
| | 其他资金 | \*\* | 其他资金 | \*\* |

| | 中期目标(20＊＊年—20＊＊年) | | | 年度目标 | | |
|---|---|---|---|---|---|---|
| 总体目标 | 在保障水利信息系统基础支撑环境及相关应用在正常运转前提下,提升相应水利信息系统运行维护保障能力;促进防汛抗旱指挥系统、异地会商视频会议系统、防汛通信系统、电子政务系统、网站及水利普查信息系统等系统更好地发挥效益;提升水利数据的应用及服务水平,有效利用水利遥感影像数据进行处理分析,为相关部门的开展运行维护工作提供保障;努力提升水利信息系统整体运行维护水平 | | | 目标1:保证＊＊年度水利信息系统基础环境及相关应用的正常运转;<br>目标2:保证重要应用及信息系统的日常安全、稳定、高效运行;<br>目标3:保证通信网络的安全、稳定运行;<br>目标4:做好水利遥感影像数据分析处理工作,做好相关部门的运行维护工作;<br>目标5:保证水利信息系统运行维护项目达到年度预设绩效目标 | | |
| | 一级指标 | 二级指标 | 三级指标 | 指标值 | 二级指标 | 三级指标 | 指标值 |
| 绩效指标 | 产出指标 | 数量指标 | 维护通信系统设备(通信设备＊＊套,卫星＊＊台) | (每年)通信设备:＊＊套,卫星＊＊台 | 数量指标 | 维护通信系统设备(通信设备＊＊套,卫星＊＊台) | 通信设备:＊＊套,卫星＊＊台 |
| | | | 维护计算机网络系统设备(网络设备＊＊套,终端＊＊套) | (每年)网络设备:＊＊台,终端:＊＊套 | | 维护计算机网络系统设备(网络设备＊＊套,终端＊＊套) | 网络设备:＊＊台,终端:＊＊套 |
| | | | 维护网络专线数量(＊＊条) | ＊＊ | | 维护网络专线数量(＊＊条) | ＊＊ |
| | | | 维护基础环境(机房＊＊间,面积＊＊平方米) | (每年)机房:＊＊间,面积:＊＊平方米 | | 维护基础环境(机房＊＊间,面积＊＊平方米) | 机房:＊＊间,面积:＊＊平方米 |
| | | | 维护应用系统套数(＊＊套) | (每年)＊＊ | | 维护应用系统套数(＊＊套) | ＊＊ |
| | | | 维护系统软件数量(含商业软件)(＊＊套) | (每年)＊＊ | | 维护系统软件数量(含商业软件)(＊＊套) | ＊＊ |
| | | | 网站发布信息量(≥＊＊条) | (每年)＊＊ | | 网站发布信息量(≥＊＊条) | ＊＊ |
| | | | 存储总容量(≥＊＊PB) | (每年)＊＊ | | 存储总容量(≥＊＊PB) | ＊＊ |
| | | | 运行维护天数(＊＊天) | ＊＊ | | 运行维护天数(＊＊天) | ＊＊ |
| | | | 高分辨率影像面积(≥＊＊万平方千米) | (每年)＊＊ | | 高分辨率影像面积(≥＊＊万平方千米) | ＊＊ |
| | | | 新增基础数据量(＊＊TB) | (每年)＊＊ | | 新增基础数据量(＊＊TB) | ＊＊ |

| 一级指标 | 二级指标 | 三级指标 | 指标值 | 二级指标 | 三级指标 | 指标值 |
|---|---|---|---|---|---|---|
| 绩效指标 | 产出指标 质量指标 | 骨干通信设备可用率(≥**％) | (每年)** | 质量指标 | 骨干通信设备可用率(≥**％) | ** |
| | | 骨干网络系统设备可用率(≥**％) | (每年)** | | 骨干网络系统设备可用率(≥**％) | ** |
| | | 主要业务系统可用率(≥**％) | (每年)** | | 主要业务系统可用率(≥**％) | ** |
| | | 基础数据维护可用率(≥**％) | (每年)** | | 基础数据维护可用率(≥**％) | ** |
| | | 遥感图像平面精度(相对中误差≤**像素) | (每年)** | | 遥感图像平面精度(相对中误差≤**像素) | ** |
| | 时效指标 | 平均系统响应时间 | 汛期≤*小时,非汛期≤*小时 | 时效指标 | 平均系统响应时间 | 汛期≤*小时,非汛期≤*小时 |
| | | 平均系统故障恢复时间 | 本地:汛期≤*小时,非汛期≤*小时;异地:汛期≤*小时,非汛期≤*小时 | | 平均系统故障恢复时间 | 本地:汛期≤*小时,非汛期≤*小时;异地:汛期≤*小时,非汛期≤*小时 |
| | | 遥感影像现势性 | 优于上一年 | | 遥感影像现势性 | 优于上一年 |
| | 成本指标 | 中期维护成本增长率(≤**％) | ** | 成本指标 | 年度维护成本增长率(≤**％) | ** |
| | | 线路租用成本(≤**万元) | ** | | 线路租用成本(≤**万元) | ** |
| | | 数据采购成本(≤**万元) | ** | | 数据采购成本(≤**万元) | ** |
| | 效益指标 经济效益指标 | 及时提供信息通信保障和信息决策服务 | 有效 | 经济效益指标 | 及时提供信息通信保障和信息决策服务 | 有效 |
| | 社会效益指标 | 促进政府信息公开,增强政府透明度 | 及时准确有效 | 社会效益指标 | 促进政府信息公开,增强政府透明度 | 及时准确有效 |

| 一级指标 | 二级指标 | 三级指标 | 指标值 | 二级指标 | 三级指标 | 指标值 |
|---|---|---|---|---|---|---|
| 绩效指标 | 效益指标 | 生态效益指标 | 信息系统不对环境造成影响 | 符合国家相关标准 | 生态效益指标 | 信息系统不对环境造成影响 | 符合国家相关标准 |
| | | 可持续影响指标 | 系统正常使用年限（≥**年） | ** | 可持续影响指标 | 系统正常使用年限（≥**年） | ** |
| | 满意度指标 | 服务对象满意度指标 | 用户满意度抽样调查满意率(≥**％) | ** | 服务对象满意度指标 | 用户抽样调查满意率(≥**％) | ** |

# 第四节　绩效评价的标准

根据本书第四章对绩效评价标准论述,适合用于水利信息系统运行维护费项目绩效评价的标准主要是计划标准、行业标准和历史标准。

## 一、计划标准

（一）项目目标

水利信息系统运行维护费项目对象清晰,主要是维护国家防汛抗旱指挥系统、异地会商视频会议系统、防汛通信系统、水利部电子政务、网站等重要水利业务系统,保障相关的硬件、软件系统和基础环境的运行维护。

（二）项目计划

水利信息系统运行维护费项目制定了实施方案,项目工作按汛前、汛期、汛后三个时间段安排工作计划,按照年初制定的项目目标有计划地开展工作。

（三）项目预算

水利信息系统运行维护费项目为专项业务费项目,纳入财政三年规划支持范围,具有稳定的资金来源,项目预算均已纳入年度部门预算范围,随单位部门预算一同得到批复。

（四）项目定额

水利部组织编制了水利信息系统运行维护定额,并以《关于印发水利信息系统运行维护定额标准(试行)的通知》(水财务〔2009〕284号)下发执行。

综上所述,水利信息系统运行维护费项目预先制定了项目目标、计划、预算和定额,计划标准应作为绩效评价标准适用于该项目。

## 二、行业标准

### (一)国际标准

2000年12月,国际标准化组织ISO正式发布了有关信息安全的国际标准ISO 17799,这个标准包括信息系统安全管理和安全认证两大部分,它是一个详细的安全标准,包括安全内容的所有准则。

### (二)国家标准

国家标准化管理委员会标准信息中心(国家标准化管理委员会国家标准技术审评中心)是一个专业从事全国标准化信息化规划、建设、管理、服务和标准审评的国家级信息、标准审评机构。我国在网络通信、软件工程、信息交换媒体、信息安全、信息技术设备、数据管理和交换等领域均有相应的国家标准。

### (三)水利行业标准

水利部2015年批准《水利信息系统运行维护规范》(SL 715—2015)为水利行业标准,适用于水利行业各单位组织、实施、监督和考核信息系统运行维护工作,适用于水利行业各信息系统运行维护管理机构组织、监督、考核运行维护工作,适用于水利信息系统运行维护服务机构监督运行维护服务体系、开展运行维护工作。

水利信息系统运行维护的评价标准应参照国家公布的相应行业标准。行业标准应作为绩效评价标准适用于该项目。

## 三、历史标准

从2012年开始,水利信息系统运行维护费项目作为水利部绩效评价试点项目,绩效目标在逐年完善。水利信息系统运行维护费项目在2016年以前在部门预算的项目支出中为经常性专项业务费项目,2017年根据财政部部门预算改革要求,转化为专项业务费项目,相关绩效目标的历史数据保存完整。水利信息系统运行维护费项目绩效评价标准应参照同类指标的历史数据制定,历史标准应作为绩效评价标准适用于该项目。

# 第五节　绩效报告与评价报告

按照《绩效评价管理办法》要求,中央级水利信息系统运行维护费项目实施单位应在年度项目实施终了及时向上级单位逐级提交项目绩效报告,水利部根据确定的评价原则和方法,下达绩效评价报告。本节介绍水利信息系统运行维护费项目绩效报告和绩效评价报告编写范例。

## 一、绩效报告范例

```
（封面）




（单位名称）20 ** 年度水利信息系统运行维护费项目
财政支出绩效报告








项目名称：水利信息系统运行维护费（20 ** 年）
项目单位：**


20 ** 年 ** 月
```

（一）项目概况

项目类别：专项业务费项目

项目负责人：**　　　　　　联系电话：**

项目总预算：** 万元，其中申请财政资金：** 万元

项目实际到位金额：** 万元，其中申请财政资金：** 万元

项目实际支出金额：** 万元，其中申请财政资金：** 万元

项目起止时间：** 年 ** 月—** 年 ** 月

1. 项目单位基本情况

根据水利部《关于印发〈** 局主要职责机构设置和人员编制规定〉的通知》（水人事〔20 **〕** 号）精神，** 局（信息中心）为水利部 ** 局直属事业单位，批复编制 ** 人，现有在职职工 ** 人，离退休职工 ** 人。主要职责包括贯彻执行国家与行业信息化建设的法律、法规，组织编制流域水利信息化发展规划。负责 ** 局信息化建设、管理。负责 **

局信息化系统的运行维护与管理。

2. 项目基本情况

(1) 项目背景及立项依据

2011年中央一号文件《中共中央国务院关于加快水利改革发展的决定》明确提出"要全面加快水利基础设施建设,加大公共财政对水利的投入,切实增强水利支撑保障能力,实现水资源可持续利用,推动水利信息化建设,以水利信息化带动水利现代化"。近年来,随着水利事业的快速推进和信息技术的迅猛发展,水利信息化发展迅速,累计建成了大量的信息系统,已成为日常水利工作的基础支撑平台,成为不可或缺和无法替代的工具,发挥了重要作用,产生了良好效益。水利信息系统运行维护费项目的实施,有力地保证了水利信息系统正常、可靠、安全、高效运行,有力地支撑了水利勘测、规划、设计、科研、建设、管理、改革等各项工作,促进了传统水利向现代水利、可持续发展水利转变。通过该项目实施,是增强系统生命力、延长系统生命周期、提高系统管理水平和持续发挥效益的重要保障。

根据"三定"方案,＊＊局负责贯彻执行国家与行业信息化建设的法律、法规,组织编制流域水利信息化发展规划。负责＊＊局信息化建设、管理。为确保水利信息系统稳定、可靠、高效运行,规范信息系统运行维护行为,加强水利信息系统运行维护费管理,科学合理编报水利信息系统运行维护经费预算,水利部组织编制了水利信息系统运行维护定额,并以《关于印发水利信息系统运行维护定额标准(试行)的通知》(水财务〔2009〕284号)下发执行。

(2) 项目主要内容

水利信息系统是指利用现代信息技术,开发和利用水利信息资源,实现水利信息采集、传输、交换、存储、处理和服务的网络化与智能化系统。根据水利业务工作要求,年度项目主要内容包括以下几个方面。

① 按水利信息系统运行维护规范和相关技术标准,对机房环境、电源系统、避雷、接地系统等运行维护,对通信信道的租赁以及维护,对无线传输和有线通信设备运行维护,对互联网设备、网络安全设备、数据存储设备、计算机类终端及附属设备等运行维护,对操作系统、办公软件、系统安全软件、数据库、网络管理软件、工具软件、中间件、虚拟机等运行维护。

② 对国家防汛抗旱指挥系统、异地会商视频会议系统、防汛通信系统、水利部电子政务、网站等重要水利业务系统运行维护。

③ 对网络突发事件应急响应,对安全事件进行处置,提供分析总结报告。

④ 按业务要求对水利基础数据进行更新及服务。

3. 项目绩效目标

(1) 项目绩效总体目标

保障水利信息系统运行维护;发挥水利信息系统效益;做好水利数据应用;提升水利信息系统整体水平。

（2）年度绩效目标

保证年度水利信息系统基础环境及相关应用的正常运转；保证重要应用及信息系统的日常安全、稳定、高效运行；保证通信网络的安全、稳定运行；做好水利遥感影像数据分析处理工作，做好相关部门的运行维护工作；保证水利信息系统运行维护项目达到年度预设绩效目标。

（3）绩效指标

① 产出指标

本项目产出指标有 ** 个，其中：

数量指标：维护通信系统设备（通信设备 ** 套，卫星 ** 台），维护计算机网络系统设备（网络设备 ** 套，终端 ** 套），维护网络专线数量（ ** 条），维护基础环境（机房 ** 间，面积 ** 平方米），维护应用系统套数（ ** 套），维护系统软件数量（含商业软件）（ ** 套），网站发布信息量（≥ ** 条），存储总容量（≥ ** PB），运行维护天数（ ** 天），高分辨率影像面积（≥ ** 万平方千米），新增基础数据量（ ** TB）等。

质量指标：骨干通信设备可用率（≥ ** ％），骨干网络系统设备可用率（≥ ** ％），主要业务系统可用率（≥ ** ％），基础数据维护可用率（≥ ** ％），遥感图像平面精度（相对中误差≤ ** 个像素）。

时效指标：平均系统响应时间（汛期≤ * 小时，非汛期≤ * 小时），平均系统故障恢复时间（本地：汛期≤ * 小时，非汛期≤ * 小时；异地：汛期≤ * 小时，非汛期≤ * 小时），遥感影像现势性（优于上一年）。

成本指标：年度维护成本增长率（≤ ** ％）、线路租用成本（ ** 万元）、数据采购成本（ ** 万元）。

② 效益指标

本项目效益指标有 ** 个，其中：

经济效益指标：及时提供信息通信保障和信息决策服务（有效）。

社会效益指标：促进政府信息公开，增强政府透明度（有效）。

生态效益指标：信息系统运行不对环境造成影响（符合国家相关标准），促进水生态环境保护。

可持续影响指标：系统正常使用年限（≥ ** 年）。

③ 满意度指标

服务对象满意度指标：用户抽样调查满意率（≥ ** ％）。

该项目绩效指标在执行过程中未进行调整。

（二）项目资金使用及管理情况

1. 项目资金情况

（1）项目预算编制及资金到位情况分析

① 预算编制情况。项目预算明细及各部分支出内容的测算依据如下：

维修（护）费 ** 万元（包括通信系统维护 ** 万元，防汛会商系统维护 ** 万元，机房维护 ** 万元），电费 ** 万元，差旅费 ** 万元，租赁费 ** 万元，办公设备购置 ** 万元、专用设备购置 ** 万元。

② 资金到位情况。20＊＊年＊＊月，＊＊以《＊＊关于批复＊＊年预算的通知》(＊＊〔20＊＊〕＊＊号)批复水利信息系统运行维护项目经费＊＊万元，其中财政资金＊＊万元，资金到位率100％。

(2) 项目资金使用情况分析

＊＊年度水利信息系统运行维护费项目，实际到位预算资金＊＊万元，实际支出预算资金＊＊万元，序时有效的全部完成了＊＊年度预算执行工作。

① 项目工作内容完成情况。至20＊＊年12月31日，＊＊局水利信息系统运行维护费项目按工作内容的预算执行情况见表13-2。

表13-2 项目工作内容完成情况对照表　　　　单位:万元

| 计划内容 | | 实际完成情况 | | 差异分析 | |
|---|---|---|---|---|---|
| 工作内容 | 金额 | 工作内容 | 金额 | 原因 | 金额 |
| 硬件系统运行维护 | | 完成了无线传输和有线通信设备、互联网设备、数据存储设备、计算机类终端及附属设备等硬件系统的运行维护 | | | |
| 软件系统运行维护 | | 完成了国家防汛抗旱指挥系统、异地会商视频会议系统、防汛通信系统、电子政务、网站等重要水利业务系统运行维护 | | | |
| 网络突发事件应对 | | 及时修复网络传输故障等突发事件 | | | |
| 水利基础数据进行更新及服务 | | 完成了水利基础数据更新及服务 | | | |

从上表可以看出，按照工作内容来分析＊＊局20＊＊年度水利信息系统运行维护费项目已全部完成，各项工作内容完成良好。

② 项目经费预决算对比情况。至20＊＊年12月31日，＊＊局水利信息系统运行维护费项目按经济科目的预算执行情况见表13-3。

表13-3 项目预算执行情况对照表　　　　单位:万元

| | 到位项目 | 预算批复数 | 实际到位数 |
|---|---|---|---|
| 资金到位情况 | 合　计 | ＊＊ | ＊＊ |
| | 当年财政拨款 | ＊＊ | ＊＊ |
| | 使用以前年度结余 | | |
| | 其他资金 | | |

续 表

| 资金支出情况 | 支出项目 | 预算批复数 | 实际支出数 | 差额 |
|---|---|---|---|---|
| | 合　计 | | | |
| | 电费 | ** | ** | ≤10% |
| | 差旅费 | ** | ** | ≤10% |
| | 维修(护)费 | ** | ** | ≤10% |
| | 租赁费 | ** | ** | ≤10% |
| | 办公设备购置 | ** | ** | ≤10% |
| | 专用设备购置 | ** | ** | ≤10% |
| 超支或结余情况 | | | | |
| 备注 | | | | |

项目资金月执行进度情况见表 13-4。

**表 13-4　** 局项目月执行进度情况表**　　单位:万元

| 月　份 | 支付金额 | 支付进度 |
|---|---|---|
| 1 月 | ** | ** % |
| 2 月 | ** | ** % |
| 3 月 | ** | ** % |
| 4 月 | ** | ** % |
| 5 月 | ** | ** % |
| 6 月 | ** | ** % |
| 7 月 | ** | ** % |
| 8 月 | ** | ** % |
| 9 月 | ** | ** % |
| 10 月 | ** | ** % |
| 11 月 | ** | ** % |
| 12 月 | ** | ** % |

项目单位会计核算规范,预算控制有效,未发现支出依据不合规、虚列项目支出的情况,未发现截留、挤占、挪用项目资金的情况,未发现超标准开支情况。项目执行进度科学合理,达到预算执行进度目标要求。

(3) 项目资金管理情况

① 财务管理制度制定情况。项目单位认真贯彻国家相关制度办法,同时结合工作实际,先后制订了《 ** 项目资金管理办法》《 ** 预算管理办法》等规章制度,从资金管理、预算管理、资产管理、合同管理等方面不断完善水利信息系统运行维护项目的管理制度体系,健全财务管理制度。

② 财务制度执行情况。20＊＊年水利信息系统运行维护费项目实行专项管理,在经费使用上,严格按照《中央本级项目支出预算管理办法》等财政部有关规定执行,预算经费独立核算、专款专用,各项支出均按照财务管理各项规章制度要求,做到经费支出合理,经常核查项目具体实施进度,确保项目按进度计划实施,做好水利信息系统运行维护资金的管理和财务核算,切实有效保证各项水利信息系统运行维护工作的顺利完成,预算执行情况良好。

通过各项制度的严格执行,20＊＊年水利信息系统运行维护费项目执行中未出现违法违规现象,资金支出安全有效,财务运行健康有序。

**(三) 项目组织实施情况**

**1. 项目组织情况**

水利信息系统运行维护费项目由＊＊单位统一管理,由＊＊、＊＊等单位共同承担。水利信息系统运行维护费项目组织机构健全,项目目标与责任分工明确,组织实施程序符合业务规范要求,项目主要参与人员经验丰富,技术力量雄厚,基础设施设备条件完备,能够确保项目顺利、高效、高质地完成。

＊＊单位作为项目主管部门切实履行项目管理职责,指导、督促各单位扎实开展业务工作;＊＊单位财务主管部门及时批复项目预算和绩效目标,监督、指导资金管理和使用。各承担单位任务分工明确,切实可行,根据编制的《水利信息系统运行维护费项目＊＊年度实施方案》,细化梳理年度工作任务,主要业务工作制定详细的工作计划、工作方案,同时,把工作责任落实到班子成员、部门和个人,做到有计划、有安排、有检查、有督促,充分利用现有人员、技术、设备等支撑条件,加强质量控制和服务保障,合理安排开展水利信息系统运行维护业务。项目完成后,各预算执行单位按照规定分别组织完成了项目自验工作。

根据目前项目单位的职能及技术力量,本着管养分离的原则,充分利用社会资源,委托有经验、能力的社会企业承担系统的日常维护、检修工作,规范系统的管理,提高系统运行维护管理的能力。目前各项工作均已按照计划进度实施完成,截止至20＊＊年＊＊月,全部对外委托项目均已通过合同验收。在设备管理上,项目单位通过政府采购网批量集中采购方式采购,固定资产已验收入账。在项目实施过程中,项目单位注重档案资料的归纳与管理,已按清单要求完成项目实施过程中资料收集和管理工作,工作及时,资料基本完整。

**2. 项目管理情况**

水利信息系统运行维护业务管理制度健全。水利信息系统运行维护项目由＊＊、＊＊共同承担。水利信息系统运行维护项目承担单位机构健全,项目目标与责任分工明确,组织实施程序符合业务规范要求,项目主要参与人员经验丰富,技术力量雄厚,基础设施设备条件完备,能够确保项目的顺利、高效、高质完成。

制度执行有效、质量可控。在对外委托项目的管理上,项目单位均严格执行《＊＊项目资金管理办法》《＊＊预算管理办法》等规定,规范了项目实施程序,切实加强项目合同全过程的监管。合同订立前均认真审查委托单位的资信情况,以及履行合同应具有的相应资质和业务能力,审核通过后方可签订。合同验收后,经相关领导签字审核方可结算。

（四）项目绩效情况

1. 项目经济性分析

（1）项目成本（预算）控制情况

项目单位针对项目工作实际，合理确定外委项目，并通过定向委托等方式确定合作单位，通过合同洽谈等工作，进一步明确合同内容，提高了外委资金使用效益。开展日常工作中，尽量通过业务系统、电子邮件、实时通讯工具等传输电子文档，有效减少了纸张及办公耗材等日常办公开支和邮电费用。对于符合政府采购要求的商品和服务，严格按照《政府采购法》《招投标法》等法律法规实施政府采购，\*\* 年度水利信息系统运行维护项目通过政府采购便携式计算机 \*\* 台、台式计算机 \*\* 台、照相机 \*\* 台，目前均已通过政府采购实施完成。维护成本与上年持平，线路租用成本和数据采购成本均控制在预算内。项目预算执行严格按照预算控制数，资金使用安全，无违规使用项目经费情况。项目支出总金额没有突破年度预算，项目预算总体控制较好。

（2）项目成本（预算）节约情况

项目单位厉行节约，多措并举严格控制项目成本。推行无纸化办公、双面打印等，节约办公耗材；通过政府采购进行设备购置，节约资金。

2. 项目的效率性分析

（1）项目的实施进度

根据项目实施方案中的进度安排，该项目按计划全部完成。项目的实施进度基本均衡，项目进度安排为三个时段：汛前（1—4 月）提早部署检查、做好度汛准备，汛期（5—9 月）强化运维工作、保障系统安全，汛后（10—12 月）做好汛后巡检，总结交流、提升服务水平。与实际完成情况对比，所有内容均满足要求。

项目单位水利信息系统运行维护工作有序开展、及时有效，全部完成了项目预期目标。其中维护通信设备 \*\* 套、卫星 \*\* 台，维护计算机网络设备 \*\* 套、终端 \*\* 套，维护网络专线 \*\* 条，维护机房 \*\* 间、面积 \*\* 平方米，维护应用系统 \*\* 套，维护系统软件（含商业软件）\*\* 套，网站发布信息 \*\* 条，存储总容量 \*\* PB，运行维护 \*\* 天，高分辨率影像面积 \*\* 万平方千米，新增基础数据 \*\* TB；骨干通信设备可用率 \*\* ％，骨干网络系统设备可用率 \*\* ％，主要业务系统可用率 \*\* ％，基础数据维护可用率 \*\* ％，遥感图像平面相对中误差 ≤ \*\* 个像素；平均系统响应时间（汛期 ≤ \* 小时，非汛期 ≤ \* 小时），平均系统故障恢复时间（本地：汛期 ≤ \* 小时，非汛期 ≤ \* 小时；异地：汛期 ≤ \* 小时，非汛期 ≤ \* 小时），遥感影像现势性优于上一年；便携式计算机、台式计算机、照相机等设备按规定实施了政府采购。

（2）项目完成质量

根据项目实施方案，结合防汛等相关任务，项目单位根据水利信息系统现状，修订了水利信息系统值班手册。

汛前，对水利信息系统进行巡检，召开工作推进会，承建单位介绍各子系统的汛前巡检和全面检查情况。

汛期，除组织开展水利信息系统运行维护项目中的常规点检之外，项目单位安排了人员 24 小时驻场进行维护，加密系统点检频次，有力保障了水利信息系统硬件、软件系统的运行和基础环境的稳定，为防汛和水资源调度等提供了技术支撑。

汛后,对水利信息系统进行检修,根据系统运行情况对水利信息系统服务器和运行维护管理平台进行技术培训,完成有线网络的优化方案并实施,加强总结交流,提升服务水平。

20＊＊年全年共形成系统点检日报＊＊份,周报＊＊份,月报＊＊份,故障处理单＊＊份,终端维护单＊＊份。用户单位、人员投诉量为＊＊次,满意度达到＊＊％。

### 3. 项目的有效性分析

通过水利信息化系统的正常运行,经济效益方面,为水利信息通信保障和信息决策提供了及时有效的服务;社会效益方面,有效促进了政府信息公开,增强了政府透明度;生态效益方面,水利信息系统未对环境造成影响。

### 4. 项目的可持续性分析

可持续影响方面,水利信息系统持续稳定发挥效益,为防汛和水资源调度管理等提供了技术支撑。

20＊＊年度水利信息系统运行维护费项目立项过程合规,绩效目标明确、量化,资金预算分配合理,能按照实施方案和批复的绩效目标组织实施。各承担单位责任分工明确,各项管理制度较为健全,项目管理较为完善、规范,资金使用规范有效。项目实施完成了预期的绩效目标并达到了预期结果。20＊＊年度水利信息系统运行维护项目绩效目标完成情况见表13-5。

表 13-5　＊＊ 年度水利信息系统运行维护费项目绩效目标完成情况对照表

| 批复绩效目标 | 目标1:系统正常运转。保证年度水利信息系统基础环境及相关应用的正常运转。<br>目标2:重要系统稳定。保证重要应用及信息系统的日常安全、稳定、高效运行。<br>目标3:通信网络稳定。保证通信网络的安全、稳定运行。<br>目标4:做好数据分析。做好水利遥感影像数据分析处理工作,做好相关部门的运行维护工作。<br>目标5:达到绩效目标。保证水利信息系统运行维护项目达到年度预设绩效目标 | 绩效目标完成情况 | 目标1:系统运转正常。年度水利信息系统基础环境及相关应用运转正常。<br>目标2:重要系统稳定。国家防汛抗旱指挥系统、异地会商视频会议系统、防汛通信系统、电子政务、网站等重要应用及信息系统运行安全、稳定、高效。<br>目标3:通信网络稳定。通信网络的运行安全、稳定。<br>目标4:做好数据分析。完成水利遥感影像数据分析处理工作和相关部门的运行维护工作。<br>目标5:达到绩效目标。水利信息系统运行维护项目达到了年度预设绩效目标 |
|---|---|---|---|
| 绩效指标批复情况 | | | 绩效指标完成情况 |

| 序号 | 一级指标 | 二级指标 | 指标内容 | 指标值 | 已完成指标值 |
|---|---|---|---|---|---|
| 1 | 产出指标 | 数量指标 | 维护通信系统设备(通信设备＊＊套,卫星＊＊台) | 通信设备＊＊套,卫星＊＊台 | 通信设备＊＊套,卫星＊＊台 |
| 2 | | | 维护计算机网络系统设备(网络设备＊＊套,终端＊＊套) | 网络设备＊＊套,终端＊＊套 | 网络设备＊＊套,终端＊＊套 |
| 3 | | | 维护网络专线数量(＊＊条) | ＊＊ | ＊＊ |
| 4 | | | 维护基础环境(机房＊＊间,面积＊＊平方米) | 机房:＊＊间,面积:＊＊平方米 | 机房:＊＊间,面积:＊＊平方米 |

| 序号 | 一级指标 | 二级指标 | 指标内容 | 指标值 | 已完成指标值 |
|---|---|---|---|---|---|
| | | | **绩效指标批复情况** | | **绩效指标完成情况** |
| 5 | 产出指标 | 数量指标 | 维护应用系统套数(**套) | ** | ** |
| 6 | | | 维护系统软件数量(含商业软件)(**套) | ** | ** |
| 7 | | | 网站发布信息量(≥**条) | ** | ** |
| 8 | | | 存储总容量(≥**PB) | ** | ** |
| 9 | | | 运行维护天数(**天) | ** | ** |
| 10 | | | 高分辨率影像面积(≥**万平方千米) | ** | ** |
| 11 | | | 新增基础数据量(**TB) | ** | ** |
| 12 | | 质量指标 | 骨干通信设备可用率(≥**%) | ** | **(达标) |
| 13 | | | 骨干网络系统设备可用率(≥**%) | ** | **(达标) |
| 14 | | | 主要业务系统可用率(≥**%) | ** | **(达标) |
| 15 | | | 基础数据维护可用率(≥**%) | ** | **(达标) |
| 16 | | | 遥感图像平面精度(相对中误差≤**像素) | ** | **(达标) |
| 17 | | 时效指标 | 平均系统响应时间 | 汛期≤*小时,非汛期≤*小时 | 达标 |
| 18 | | | 平均系统故障恢复时间 | 本地:汛期≤*小时,非汛期≤*小时;异地:汛期≤*小时,非汛期≤*小时 | 达标 |
| 19 | | 成本指标 | 遥感影像现势性 | 优于上一年 | 达标 |
| 20 | | | 年度维护成本增长率(≤**%) | ** | ** |
| 21 | | | 线路租用成本(≤**万元) | ** | ** |
| 22 | | | 数据采购成本(≤**万元) | ** | ** |
| 23 | 效益指标 | 经济效益指标 | 及时提供信息通信保障和信息决策服务 | 有效 | 达标 |
| 24 | | 社会效益指标 | 促进政府信息公开,增强政府透明度 | 及时准确有效 | 达标 |
| 25 | | 生态效益指标 | 信息系统不对环境造成影响 | 符合国家相关标准 | 达标 |
| 26 | | 可持续影响指标 | 系统正常使用年限(≥**年) | ** | 达标 |
| 27 | 满意度指标 | 服务对象满意度指标 | 用户抽样调查满意率(≥**%) | ** | **(达标) |

（五）其他需要说明的问题

1．后续工作计划

水利信息系统运行维护费项目为专项业务费项目，根据下一年度预算安排，项目单位将继续做好水利信息系统运行维护工作。

2．主要经验及做法

（1）在项目实施与管理过程中，严格遵守各项政策、法规及相关管理制度，确保各项工作合法有序开展。

（2）细化分解任务，各部门按照职责分工各司其职，保障了项目的顺利实施。

（3）强化项目过程控制，及时指导各部门按照进度做好项目管理。

（4）严格合同管理，保证资金使用规范。

3．存在问题和建议

（1）水利信息系统运行维护费预算主要根据水利信息系统运行维护定额标准（试行）测算，但由于水利信息系统运行维护具有一定的特殊性，在实际执行时无法完全按照测算依据实施。建议对项目具体实施内容要求与定额规定有所区别。

（2）近年来项目单位组织实施了**等工程更新改造，新建了**等设施，但新增水利信息系统部分缺乏维护经费。建议能够按照水利信息系统运行维护定额标准（试行），适时增加项目单位水利信息系统运行维护费项目预算经费。

（3）进一步完善项目绩效目标，提高指标设置科学合理性。项目绩效指标设置不够全面合理，未能全部反映项目实施内容，个性指标缺乏，成本指标和满意度指标较少，效益指标不够清晰且缺乏量化指标。项目单位结合项目实际情况，研究制定更为科学合理、重点体现项目产出及效果的绩效指标。在社会效益指标中，重点增加对水利事业发展影响的指标；在可持续影响指标中，着重从项目实施对水利事业产生后续影响等方面进行考虑、设置。

4．其他需说明的问题

（1）适时调整水利信息系统运行维护定额标准

随着经济和社会发展，科技进步日新月异，水利信息系统运行维护内容也在发生变化，相关硬件、软件系统和基础环境运行维护的价格也发生了一定调整，建议能根据经济和社会发展程度，定期对水利信息系统运行维护定额标准进行调整。

（2）绩效报告使用建议

本评价报告可作为下一年度及以后年度项目预算安排的参考，作为改进预算管理的重要依据。评价结果应在一定范围内公开，以充分发挥项目单位开展绩效管理的积极性，不断提高预算绩效管理工作水平。

（六）项目评价工作情况

根据《绩效评价管理办法》和水利部有关要求，项目单位及时组织开展了项目绩效中期自评，收集整理了项目决策文件、预算批复以及各绩效指标值支撑材料，配合做好中期检查工作，并编制了中期检查报告；根据中期绩效监控报告的反馈，绩效监控结论为"**"，同时对中期检查问题进行了认真研究，积极对有关情况进行了整改落实。依据本项目绩效评价指标体系及打分方法，组织开展了自评价工作，并在自评价基础上，撰写了项目绩效报告。

1. 绩效工作开展情况

（1）积极组织编写项目绩效报告

按照水利部整体部署和要求，及时组织开展了项目绩效评价工作，根据项目绩效目标，对照项目实施方案，梳理核实有关绩效证明材料，在此基础上，参照《绩效评价管理办法》附件3"财政支出绩效报告（参考提纲）"，从项目概况、项目资金使用及管理情况、组织实施情况、项目绩效情况、需说明的问题等方面认真编制了水利信息系统运行维护费项目绩效报告。

（2）绩效得分

项目单位根据《绩效评价管理办法》和水利部有关规定，开展了水利信息系统运行维护费项目预算绩效自评价工作，并按照项目预算绩效评价指标体系、评分标准和评分说明对项目绩效进行打分，绩效得分为96分。

（3）项目绩效报告

项目单位编制的水利信息系统运行维护费项目绩效报告介绍了项目单位基本情况及水利信息系统运行维护主要职责、项目背景、项目立项依据及立项情况、项目主要工作内容、绩效目标、项目资金使用及管理情况、组织实施情况，从项目的经济性、效率性、有效性和可持续性四个方面对项目产出指标、效益指标、服务对象满意度指标等绩效情况进行了分析，总结了20＊＊年度主要经验及做法、存在问题和建议。

2. 项目绩效评价工作情况

（1）项目绩效目的

通过绩效自评价，对20＊＊年度水利信息系统运行维护项目的投入、过程、产出、效果等涉及的项目立项、业务管理、财务管理、项目产出、项目效益等进行全方位的总结分析，对项目财政支出的经济性、效率性、有效性和可持续性进行客观、公正的评价，增强绩效意识，促进财政支出绩效管理，强化支出责任和效率，提高财政资金使用效率；总结经验，进一步加强预算管理改革，不断提高预算绩效管理工作水平。

（2）绩效评价原则、评价指标体系、评价方法

① 绩效评价原则

绩效评价工作组根据《绩效评价管理办法》，结合水利信息系统运行维护费项目实际情况，在绩效评价工作过程中，遵循科学规范、公正公开原则、绩效相关原则。

② 绩效指标体系

根据绩效评价的要求，在上级主管部门制定的水利信息系统运行维护费项目预算绩效评价指标体系基础上，项目单位制定了项目自评价绩效指标体系。

③ 绩效评价方法

绩效评价工作，选用多种方法进行绩效评价，坚持简便有效的原则。本项目绩效评价工作采用了成本效益分析法、比较法、因素分析法等评价方法。

通过对20＊＊年度项目的支出与效益进行对比分析，以评价绩效目标实现程度；通过对项目的绩效目标与实施效果、项目实际支出与产生效益对比分析，综合分析绩效目标实现程度；通过综合分析影响绩效目标实现、实施效果的内外因素，评价绩效目标实现程度。

（3）绩效评价工作过程

① 前期准备

根据上级主管部门绩效评价的工作安排，项目单位制定了实施方案，组建了绩效自评价

工作组,并组织学习了相关文件、政策,提前审阅了项目预算申报文本、绩效报告等材料。

② 组织实施

绩效自评价工作中,绩效自评价工作组听取了项目单位对项目执行情况的介绍,就有关问题进行了质询,现场收集绩效评价相关资料,对资料进行审查核实;查看项目成果、资金使用管理等其他方面的资料,如检查档案资料和成果资料,重点核对可量化指标的实际完成情况;抽查审阅相关会议记录、分析材料等,结合调查问卷等核对定性指标完成情况;结合财务支出资料,核对并分析对应经费支出的合理性、真实性。在讨论答疑、查看核对资料的基础上,绩效自评价工作组参照项目预算绩效评价指标体系、评分标准和评分说明,对项目进行打分、统计,最后得出该项目绩效评价分值。

根据资料审查核实情况、绩效评价分值、绩效评价等级和被评价单位的答疑、初步反馈意见,绩效评价工作组集体起草、讨论、综合分析并形成评价结论。

在绩效自评价工作中,充分利用了项目绩效目标运行情况中期检查报告的成果。

③ 分析评价

对项目的投入、过程、产出、效果等进行分析,与绩效评价指标体系对比并进行打分。对项目的经济性、效率性和效益性进行分析,结合指标体系打分情况做出项目的综合评价情况和评价结论,最终形成绩效报告。

通过算术平均方法,计算得到项目绩效评价得分:** 分,评价结论为:有效。项目支出绩效自评情况见表 13-6。

表 13-6　项目支出绩效自评表
(20 ** 年度)

| 项目名称 | | 水利信息系统运行维护费项目 | | | | | |
|---|---|---|---|---|---|---|---|
| 主管部门及代码 | | 水利部[126] | | | 实施单位:** 局 | | |
| 项目资金(万元) | | 年初预算数(A) | 全年执行数(B) | 分值(10分) | 执行率(B/A) | 得分 | 得分计算方法 |
| | 年度资金总额 | ** | ** | 10 | ** % | ** | 执行率×该指标分值,最高不得超过分值上限 |
| | 其中:本年一般公共预算拨款 | ** | ** | | ** % | ** | |
| | 其他资金 | ** | ** | | | | |
| 年度总体目标 | 目标1:系统正常运转。保证年度水利信息系统基础环境及相关应用的正常运转。<br>目标2:重要系统稳定。保证重要应用及信息系统的日常安全、稳定、高效运行。<br>目标3:通信网络稳定。保证通信网络的安全、稳定运行。<br>目标4:做好数据分析。做好水利遥感影像数据分析处理工作,做好相关部门的运行维护工作。<br>目标5:达到绩效目标。保证水利信息系统运行维护项目达到年度预设绩效目标 | | | | 目标1:系统运转正常。年度水利信息系统基础环境及相关应用运转正常。<br>目标2:重要系统稳定。国家防汛抗旱指挥系统、异地会商视频会议系统、防汛通信系统、电子政务、网站等重要应用及信息系统运行安全、稳定、高效。<br>目标3:通信网络稳定。通信网络的运行安全、稳定。<br>目标4:做好数据分析。完成水利遥感影像数据分析处理工作和相关部门的运行维护工作。<br>目标5:达到绩效目标。水利信息系统运行维护项目达到了年度预设绩效目标 | | |

| 一级指标 | 二级指标 | 三级指标 | 分值 | 年度指标值(A) | 全年实际值(B) | 得分计算方法 | 得分 | 未完成原因分析 |
|---|---|---|---|---|---|---|---|---|
| 绩效指标 | 产出指标(50分) | | | | | | | |
| | | 数量指标 | | | | | | |
| | | 维护通信系统设备(通信设备 ** 套,卫星 ** 台) | 2 | 通信设备 ** 套,卫星 ** 台 | 通信设备 ** 套,卫星 ** 台 | 完成值达到指标值,记满分;未达到指标值,按(B/A)或(A/B)×该指标分值记分 | 2 | |
| | | 维护计算机网络系统设备(网络设备 ** 套,终端 ** 套) | 2 | 网络设备 ** 套,终端 ** 套 | 网络设备 ** 套,终端 ** 套 | | 2 | |
| | | 维护网络专线数量( ** 条) | 2 | ** | ** | | 2 | |
| | | 维护基础环境(机房 ** 间,面积 ** 平方米) | 2 | 机房:** 间,面积:** 平方米 | 机房:** 间,面积:** 平方米 | | 2 | |
| | | 维护应用系统套数( ** 套) | 2 | ** | ** | | 2 | |
| | | 维护系统软件数量(含商业软件)( ** 套) | 2 | ** | ** | | 2 | |
| | | 网站发布信息量(≥ ** 条) | 2 | ** | ** | | 2 | |
| | | 存储总容量(≥ ** PB) | 2 | ** | ** | | 2 | |
| | | 运行维护天数( ** 天) | 2 | ** | ** | | 2 | |
| | | 高分辨率影像面积(≥ ** 万平方千米) | 1 | ** | ** | | 1 | |
| | | 新增基础数据量( ** TB) | 1 | ** | ** | | 1 | |
| | | 质量指标 | | | | | | |
| | | 骨干通信设备可用率(≥ ** %) | 4 | ** | ** | 1.若为定性指标,则根据"三档"原则分别按照指标分值的100%～80%(含80%)、80%～50%(含50%)、50%～0%来记分。 2.若为定量指标,完成值达到指标值,记满分;未达到指标值,按(B/A)或(A/B)×该指标分值记分 | 4 | |
| | | 骨干网络系统设备可用率(≥ ** %) | 4 | ** | ** | | 4 | |
| | | 主要业务系统可用率(≥ ** %) | 4 | ** | ** | | 4 | |
| | | 基础数据维护可用率(≥ ** %) | 4 | ** | ** | | 4 | |
| | | 遥感图像平面精度(相对中误差≤ ** 像素) | 4 | ** | ** | | 4 | |

| 一级指标 | 二级指标 | 三级指标 | 分值 | 年度指标指标值(A) | 全年实际值(B) | 得分计算方法 | 得分 | 未完成原因分析 |
|---|---|---|---|---|---|---|---|---|
| 绩效指标 | 产出指标(50分) | 时效指标 | 平均系统响应时间 | 2 | 汛期≤＊小时，非汛期≤＊小时 | 汛期≤＊小时，非汛期≤＊小时 | 1.若为定性指标,则根据"三档"原则分别按照指标分值的100%～80%(含80%)、80%～50%(含50%)、50%～0%来记分。2.若为定量指标,完成值达到指标值,记满分;未达到指标值,按(B/A)或(A/B)×该指标分值记分 | 2 | |
| | | | 平均系统故障恢复时间 | 2 | 本地:汛期≤＊小时,非汛期≤＊小时;异地:汛期≤＊小时,非汛期≤＊小时 | 本地:汛期≤＊小时,非汛期≤＊小时;异地:汛期≤＊小时,非汛期≤＊小时 | | 2 | |
| | | | 遥感影像现势性 | 1 | 优于上一年 | 优于上一年 | | 1 | |
| | | 成本指标 | 年度维护成本增长率(≤＊＊％) | 2 | ＊＊ | ＊＊ | | 2 | |
| | | | 线路租用成本(≤＊＊万元) | 1 | ＊＊ | ＊＊ | | 1 | |
| | | | 数据采购成本(≤＊＊万元) | 1 | ＊＊ | ＊＊ | | 1 | |
| | 效益指标(30分) | 经济效益指标 | 及时提供信息通信保障和信息决策服务 | 7 | 有效 | 有效 | | 6 | 佐证和支撑材料难以量化,酌情扣减 |
| | | 社会效益指标 | 促进政府信息公开,增强政府透明度 | 8 | 及时准确有效 | 及时准确有效 | | 7 | |
| | | 生态效益指标 | 信息系统不对环境造成影响 | 7 | 符合国家相关标准 | 符合国家相关标准 | | 6 | |
| | | 可持续影响指标 | 系统正常使用年限(≥＊＊年) | 8 | ＊＊ | ＊＊ | | 7 | |
| | 满意度指标(10分) | 服务对象满意度指标 | 用户抽样调查满意率(≥＊＊％) | 10 | ＊＊ | ＊＊ | 同效益指标得分计算方式 | 10 | |
| 总分 | | | | | | | 96 | |

## 二、绩效评价报告范例

```
（封面）




        （单位名称）20 ＊＊ 年度水利信息系统运行维护费项目
                    财政支出绩效评价报告








        项目名称：水利信息系统运行维护费（20 ＊＊ 年）
              项目单位：＊＊


              20 ＊＊ 年 ＊＊ 月
```

（一）项目概况

项目名称：水利信息系统运行维护费

项目类别：专项业务费项目

项目负责人：＊＊　　　　　　联系电话：＊＊

项目总预算：＊＊ 万元，其中申请财政资金：＊＊ 万元

项目实际到位金额：＊＊ 万元，其中申请财政资金：＊＊ 万元

项目实际支出金额：＊＊ 万元，其中申请财政资金：＊＊ 万元

项目起止时间：＊＊ 年 ＊＊ 月—＊＊ 年 ＊＊ 月

1. 项目单位基本情况

根据"三定"方案，＊＊ 单位主要职责是 ＊＊ 。＊＊ 单位编制总数 ＊＊ 名，截至 ＊＊ 年 ＊＊ 月，在职职工 ＊＊ 人。＊＊ 单位包括 ＊＊ 等下级机构，该项目由 ＊＊ 牵头，＊＊ 等单位共同实施。＊＊ 年主要承担通信系统、计算机网络、数据存储与管理、基础设施和应用系统等的运

行维护管理工作。通过项目的实施,可保证国家防汛抗旱指挥系统、异地会商视频会议系统、防汛通信系统、水利部电子政务、网站等重要水利业务系统的正常运行,为防汛和水资源调度提供技术支撑。

2. 项目基本情况

(1)项目概况

2011 年中央一号文件《中共中央国务院关于加快水利改革发展的决定》明确提出"要全面加快水利基础设施建设,加大公共财政对水利的投入,切实增强水利支撑保障能力,实现水资源可持续利用,推动水利信息化建设,以水利信息化带动水利现代化"。党的十八大报告把"信息化"上升到了国家战略、民族战略的高度,第一次将信息化与工业化、城镇化、农业现代化放在同等重要地位,提出"四化同步"发展,并把"信息化水平大幅提升"纳入全面建成小康社会的目标之一。2014 年中央成立了中央网络安全和信息化领导小组,习近平总书记亲任领导小组组长,指出"没有网络安全就没有国家安全,没有信息化就没有现代化","网络安全和信息化是事关国家安全、事关广大人民群众工作生活的重大战略问题",从国家战略的高度指出了网络安全与信息化的重要性。2016 年,国家互联网信息办公室发布《国家网络空间安全战略》,提出以总体国家安全观为指导,贯彻落实创新、协调、绿色、开放、共享的发展理念,增强风险意识和危机意识,统筹国内国际两个大局,统筹发展安全两件大事,积极防御、有效应对,推进网络空间和平、安全、开放、合作、有序,维护国家主权、安全、发展利益,实现建设网络强国的战略目标。

根据"三定"方案,** 单位负责指导水利信息化、水利通信业务建设,组织编制全国水利信息化、水利通信发展规划,组织信息化及通信建设项目审查,组织实施全局性信息化及通信项目。"十三五"时期是水利现代化建设的关键时期,强化水安全保障,完善水利基础设施网络,加强水生态文明建设,深化水利体制机制改革,迫切需要通过充分运用现代信息技术,深入开发和广泛利用水利信息资源,实现水利信息采集、传输、存储、管理和服务的数字化、网络化与智能化,全面提升水利工作的效率和效能。为落实党中央国务院精神,水利部组织编制了水利信息系统运行维护定额,并以关于印发水利信息系统运行维护定额标准(试行)的通知(水财务〔2009〕284 号)下发执行。本项目依据水利信息系统运行维护定额标准,结合项目单位水利信息系统运行维护工作实际情况申请经费。 ** 年,**单位根据以前年度项目实施情况及当年工作重点,申请了水利信息系统运行维护费项目,并经过逐级审核上报,最终批复项目资金 ** 万元,用于水利信息系统硬件、软件系统运行维护和基础环境运行维护等工作内容。

(2)项目绩效目标设定情况

① 项目绩效总体目标

保障水利信息系统运行维护;发挥水利信息系统效益;做好水利数据应用;提升水利信息系统整体水平。

② 年度绩效目标

保证年度水利信息系统基础环境及相关应用的正常运转;保证重要应用及信息系统

的日常安全、稳定、高效运行;保证通信网络的安全、稳定运行;做好水利遥感影像数据分析处理工作,做好相关部门的运行维护工作;保证水利信息系统运行维护项目达到年度预设绩效目标。

(3)绩效指标

① 产出指标

本项目产出指标有 ** 个,其中:

数量指标:维护通信系统设备(通信设备 ** 套,卫星 ** 台),维护计算机网络系统设备(网络设备 ** 套,终端 ** 套),维护网络专线数量( ** 条),维护基础环境(机房 ** 间,面积 ** 平方米),维护应用系统套数( ** 套),维护系统软件数量(含商业软件)( ** 套),网站发布信息量(≥ ** 条),存储总容量(≥ ** PB),运行维护天数( ** 天),高分辨率影像面积(≥ ** 万平方千米),新增基础数据量( ** TB)等。

质量指标:骨干通信设备可用率(≥ ** %),骨干网络系统设备可用率(≥ ** %),主要业务系统可用率(≥ ** %),基础数据维护可用率(≥ ** %),遥感图像平面精度(相对中误差≤ ** 像素)。

时效指标:平均系统响应时间(汛期≤ * 小时,非汛期≤ * 小时),平均系统故障恢复时间(本地:汛期≤ * 小时,非汛期≤ * 小时;异地:汛期≤ * 小时,非汛期≤ * 小时),遥感影像现势性(优于上一年)。

成本指标:年度维护成本增长率(≤ ** %)、线路租用成本( ** 万元)、数据采购成本( ** 万元)。

② 效益指标

本项目效益指标有 ** 个,其中:

经济效益指标:及时提供信息通信保障和信息决策服务(有效)。

社会效益指标:促进政府信息公开,增强政府透明度(有效)。

生态效益指标:信息系统运行不对环境造成影响(符合国家相关标准)。

可持续影响指标:系统正常使用年限(≥ ** 年)。

③ 满意度指标

服务对象满意度指标:用户抽样调查满意率(≥ ** %)。

(4)项目主要内容

水利信息系统是指利用现代信息技术,开发和利用水利信息资源,实现水利信息采集、传输、交换、存储、处理和服务的网络化与智能化系统。根据水利业务工作要求,年度项目主要内容包括以下几个方面。

① 按水利信息系统运行维护规范和相关技术标准,对机房环境、电源系统、避雷、接地系统等运行维护,对通信信道的租赁以及维护,对无线传输和有线通信设备运行维护,对互联网设备、网络安全设备、数据存储设备、计算机类终端及附属设备等运行维护,对操作系统、办公软件、系统安全软件、数据库、网络管理软件、工具软件、中间件、虚拟机等运行维护。

② 对国家防汛抗旱指挥系统、异地会商视频会议系统、防汛通信系统、水利部电子政

务、网站等重要水利业务系统运行维护。

③ 对网络突发事件应急响应,对安全事件进行处置,提供分析总结报告。

④ 按业务要求对水利基础数据进行更新及服务。

(二)项目单位绩效报告情况

根据《绩效评价管理办法》和水利部有关要求,项目单位及时组织开展了项目绩效中期自评,收集整理了项目决策文件、预算批复以及各绩效指标值支撑材料,配合做好中期检查工作,并编制了中期检查报告;根据中期绩效监控报告的反馈,绩效监控结论为"﹡﹡",同时对中期检查问题进行了认真研究,积极对有关情况进行了整改落实。依据本项目绩效评价指标体系及打分方法,组织开展了自评价工作,并在自评价基础上,撰写了项目绩效报告。

项目绩效报告认为,20﹡﹡年水利信息系统运行维护费项目按程序履行申报、立项手续;具有明确的项目实施方案;绩效目标经水利部批复;各级承担单位责任主体明确,财务管理制度健全,项目的管理能够确保项目的顺利完成;项目的组织实施达到了预期的总目标和年度绩效目标,项目支出控制在预算范围之内,按项目实施方案中的进度安排全部完成,质量指标达到要求,项目的经济效益、社会效益、服务对象满意度均达到了绩效目标指标要求,保障了水利信息系统基础环境及相关应用的正常运转,保证了重要应用及信息系统的日常安全、稳定、高效运行和通信网络的安全、稳定运行,完成了水利遥感影像数据分析处理工作及相关部门的运行维护工作,基本完成了年度预设绩效目标。

(三)绩效评价工作情况

1. 绩效评价目的

通过绩效评价,对20﹡﹡年度水利信息系统运行维护项目的投入、过程、产出、效果等涉及的项目立项、业务管理、财务管理、项目产出、项目效益等进行全方位的总结分析,对项目财政支出的经济性、效率性、有效性和可持续性进行客观、公正的评价,增强绩效意识,促进财政支出绩效管理,强化支出责任和效率,提高财政资金使用效率;总结经验,进一步加强预算管理改革,不断提高预算绩效管理工作水平。

2. 绩效评价原则、评价指标体系、评价方法

(1)绩效评价原则

绩效评价工作组根据《绩效评价管理办法》,结合水利信息系统运行维护费项目实际情况,在绩效评价工作过程中,遵循科学规范、公正公开原则、绩效相关原则。

(2)绩效指标体系

根据绩效评价的要求,在上级主管部门制定的水利信息系统运行维护费项目预算绩效评价指标体系基础上,项目单位制定了项目自评价绩效指标体系。

(3)绩效评价方法

绩效评价工作,选用多种方法进行绩效评价,坚持简便有效的原则。本项目绩效评价工作采用了成本效益分析法、比较法、因素分析法等评价方法。

通过对20﹡﹡年度项目的支出与效益进行对比分析,以评价绩效目标实现程度;通

过对项目的绩效目标与实施效果、项目实际支出与产生效益对比分析,综合分析绩效目标实现程度;通过综合分析影响绩效目标实现、实施效果的内外因素,评价绩效目标实现程度。

3. 绩效评价工作过程

(1) 前期准备

根据上级主管部门绩效评价的工作安排,项目单位制定了实施方案,组建了绩效自评价工作组,并组织学习了相关文件、政策,提前审阅了项目预算申报文本、绩效报告等材料。

(2) 组织实施

绩效自评价工作中,绩效自评价工作组听取了项目单位对项目执行情况的介绍,就有关问题进行了质询,现场收集绩效评价相关资料,对资料进行审查核实;查看项目成果、资金使用管理等其他方面的资料,如检查档案资料和成果资料,重点核对可量化指标的实际完成情况;抽查审阅相关会议记录、分析材料等,结合调查问卷等核对定性指标完成情况;结合财务支出资料,核对并分析对应经费支出的合理性、真实性。在讨论答疑、查看核对资料的基础上,绩效自评价工作组参照项目预算绩效评价指标体系、评分标准和评分说明,对项目进行打分、统计,最后得出该项目绩效评价分值。

根据资料审查核实情况、绩效评价分值、绩效评价等级和被评价单位的答疑、初步反馈意见,绩效评价工作组集体起草、讨论、综合分析并形成评价结论。

在绩效自评价工作中,充分利用了项目绩效目标运行情况中期检查报告的成果。

(3) 分析评价

对项目的投入、过程、产出、效果等进行分析,与绩效评价指标体系对比并进行打分。对项目的经济性、效率性和效益性进行分析,结合指标体系打分情况做出项目的综合评价情况和评价结论,最终形成绩效报告。

(四) 绩效评价指标分析情况

1. 项目资金情况分析

(1) 项目预算及资金到位情况分析

① 预算编制情况。项目预算明细及各部分支出内容的测算依据如下:

维修(护)费 ** 万元(包括通信系统维护 ** 万元,防汛会商系统维护 ** 万元,机房维护 ** 万元),电费 ** 万元,差旅费 ** 万元,租赁费 ** 万元,办公设备购置 ** 万元、专用设备购置 ** 万元。

② 资金到位情况。20 ** 年 ** 月,** 以《 ** 关于批复 ** 年预算的通知》( ** 〔20 ** 〕** 号)批复水利信息系统运行维护项目经费 ** 万元,其中财政资金 ** 万元,资金到位率 ** %。

(2) 项目资金使用情况分析

20 ** 年度水利信息系统运行维护费项目,实际到位预算资金 ** 万元,实际支出预算资金 ** 万元,序时有效地全部完成了 ** 年度预算执行工作(项目经费预决算对比情况见表 13-7)。

表 13-7　项目预算执行情况对照表　　　　　　　　　　单位:万元

| | 科　目 | 预　算 | 执　行 | 差　额 |
|---|---|---|---|---|
| 资金来源 | 合　计 | ** | ** | ** |
| | 财政拨款 | ** | ** | ** |
| | 其他资金 | ** | ** | ** |
| 支出明细 | 合　计 | ** | ** | ** |
| | 办公费 | ** | ** | ** |
| | 印刷费 | ** | ** | ** |
| | …… | …… | …… | …… |
| 项目经费结转(结余) | | ** | | |

项目单位会计核算规范,预算控制有效,未发现支出依据不合规、虚列项目支出的情况,未发现截留、挤占、挪用项目资金的情况,未发现超标准开支情况。项目执行进度科学合理,达到预算执行进度目标要求。

(3)项目资金管理情况分析

① 财务管理制度制定情况

项目单位认真贯彻国家相关制度办法,同时结合工作实际,先后制订了《 ** 项目资金管理办法》《 ** 预算管理办法》等规章制度,从资金管理、预算管理、资产管理、合同管理等方面不断完善水利信息系统运行维护项目的管理制度体系,健全财务管理制度。

② 财务制度执行情况

20 ** 年水利信息系统运行维护费项目实行专项管理,在经费使用上,严格按照《中央本级项目支出预算管理办法》等财政部有关规定执行,预算经费独立核算、专款专用,各项支出均按照财务管理各项规章制度要求,做到经费支出合理,经常核查项目具体实施进度,确保项目按进度计划实施,做好水利信息系统运行维护资金的管理和财务核算,切实有效保证各项水利信息系统运行维护工作的顺利完成,预算执行情况良好。

通过各项制度的严格执行,20 ** 年水利信息系统运行维护费项目执行中未出现违法违规现象,资金支出安全有效,财务运行健康有序。

2. 项目实施情况分析

(1)项目组织情况分析

水利信息系统运行维护项目由 ** 单位统一管理,由 ** 、** 等单位共同承担。水利信息系统运行维护项目组织机构健全,项目目标与责任分工明确,组织实施程序符合业务规范要求,项目主要参与人员经验丰富,技术力量雄厚,基础设施设备条件完备,能够确保项目顺利、高效、高质地完成。

** 单位作为项目主管部门切实履行项目管理职责,指导、督促各单位扎实开展业务工作;** 单位财务主管部门及时批复项目预算和绩效目标,监督、指导资金管理和使用。各承担单位任务分工明确,切实可行,根据编制的《水利信息系统运行维护项目 ** 年度实施方案》,细化梳理年度工作任务,主要业务工作制定详细的工作计划、工作方案,同时,把工作责任落实到班子成员、部门和个人，做到有计划、有安排、有检查、有督促，充分利用现有人员、技术、设备等支撑条件，加强质量控制和服务保障，合理安排开展水利信息系统运行维护业务。项目完成后，各预算执行单位按照规定分别组织完成了项目自验工作。

根据目前项目单位的职能及技术力量，本着管养分离的原则，充分利用社会资源，委托有经验、能力的社会企业承担系统的日常维护、检修工作，规范系统的管理，提高系统运行维护管理的能力。目前各项工作均已按照计划进度实施完成，截止至 ** 年 ** 月，全部对外委托项目均已通过合同验收。在设备管理上，项目单位通过政府采购网批量集中采购方式采购，固定资产已验收入账。在项目实施过程中，项目单位注重档案资料的归纳与管理，已按清单要求完成项目实施过程中资料收集和管理工作，工作及时，资料基本完整。

（2）项目管理情况分析

① 水利信息系统运行维护业务管理制度健全

水利信息系统运行维护项目由 ** 、** 共同承担。水利信息系统运行维护项目承担单位机构健全，项目目标与责任分工明确，组织实施程序符合业务规范要求，项目主要参与人员经验丰富，技术力量雄厚，基础设施设备条件完备，能够确保项目的顺利、高效、高质完成。

② 制度执行有效、质量可控

在对外委托项目的管理上，项目单位均严格执行《 ** 》等规定，规范了项目实施程序，切实加强项目合同全过程的监管。合同订立前均认真审查委托单位的资信情况，以及履行合同应具有的相应资质和业务能力，审核通过后方可签订。合同验收后，经相关领导签字审核方可结算（项目委托业务实施情况见表 13-8）。

表 13-8 项目委托业务费实际支出与计划对照表

| 序号 | 合同名称 | 被委托单位 | 预算金额<br>（万元） | 实际金额<br>（万元） |
|------|----------|------------|---------------------|---------------------|
| 1 | ** | ** | ** | ** |
| 2 | ** | ** | ** | ** |
| ... | ... | ... | ... | ... |
| 合　计 | | | ** | ** |

（3）项目绩效情况分析

① 项目的经济性分析

项目成本（预算）控制情况。项目单位针对项目工作实际，合理确定外委项目，并通过定向委托等方式确定合作单位，通过合同洽谈等工作，进一步明确合同内容，提高了外委资金使用效益。开展日常工作中，尽量通过业务系统、电子邮件、实时通讯工具等传输电子文档，有效减少了纸张及办公耗材等日常办公开支和邮电费用。对于符合政府采购要求的商品和服务，严格按照《政府采购法》《招投标法》等法律法规实施政府采购，** 年度水利信息系统运行维护项目通过政府采购便携式计算机 ** 台、台式计算机 ** 台、照相机 ** 台，目前均已通过政府采购实施完成。维护成本与上年持平，线路租用成本和数据采购成本均控制在预算内。项目预算执行严格按照预算控制数，资金使用安全，无违规使用项目经费情况。项目支出总金额没有突破年度预算，项目预算总体控制较好。

项目成本(预算)节约情况。项目单位厉行节约,多措并举严格控制项目成本。推行无纸化办公、双面打印等,节约办公耗材;通过政府采购进行设备购置,节约资金。

② 项目的效率性分析

项目的实施进度。根据项目实施方案中的进度安排,该项目按计划全部完成。项目的实施进度基本均衡,项目进度安排为三个时段:汛前(1—4月)提早部署检查、做好度汛准备,汛期(5—9月)强化运维工作、保障系统安全,汛后(10—12月)做好汛后巡检,总结交流、提升服务水平。与实际完成情况对比,所有内容均满足要求。

项目单位水利信息系统运行维护工作有序开展、及时有效,全部完成了项目预期目标。其中维护通信设备 ** 套、卫星 ** 台,维护计算机网络设备 ** 套、终端 ** 套,维护网络专线 ** 条,维护机房 ** 间、面积 ** 平方米,维护应用系统 ** 套,维护系统软件(含商业软件) ** 套,网站发布信息 ** 条,存储总容量 ** PB,运行维护 ** 天,高分辨率影像面积 ** 万平方千米,新增基础数据 ** TB;骨干通信设备可用率 ** %,骨干网络系统设备可用率 ** %,主要业务系统可用率 ** %,基础数据维护可用率 ** %,遥感图像平面相对中误差≤ ** 像素;平均系统响应时间(汛期≤ * 小时,非汛期≤ * 小时),平均系统故障恢复时间(本地:汛期≤ * 小时,非汛期≤ * 小时;异地:汛期≤ * 小时,非汛期≤ * 小时),遥感影像现势性优于上一年;便携式计算机、台式计算机、照相机等设备按规定实施了政府采购。

项目完成质量。根据项目实施方案,结合防汛等相关任务,项目单位根据水利信息系统现状,修订了水利信息系统值班手册。

汛前,对水利信息系统进行巡检,召开工作推进会,承建单位介绍各子系统的汛前巡检和全面检查情况。

汛期,除组织开展水利信息系统运行维护项目中的常规点检之外,项目单位安排了人员 24 小时驻场进行维护,加密系统点检频次,有力保障了水利信息系统硬件、软件系统的运行和基础环境的稳定,为防汛和水资源调度等提供了技术支撑。

汛后,对水利信息系统进行检修,根据系统运行情况对水利信息系统服务器和运行维护管理平台进行技术培训,完成有线网络的优化方案并实施,加强总结交流,提升服务水平。

20 ** 年全年共形成系统点检日报 ** 份,周报 ** 份,月报 ** 份,故障处理单 ** 份,终端维护单 ** 份。

③ 项目的效益性分析

通过水利信息化系统的正常运行,经济效益方面,为水利信息通信保障和信息决策提供了及时有效的服务;社会效益方面,有效促进了政府信息公开,增强了政府透明度;生态效益方面,水利信息系统未对环境造成影响;可持续影响方面,水利信息系统持续稳定发挥效益,为防汛和水资源调度管理等提供了技术支撑。用户单位、人员投诉量为 0 次,满意度达到 100%。

④ 项目的可持续性分析

水利信息系统运行维护费项目自实施以来,对于保障水利信息系统正常运行起到了重要作用。随着国家水利投入的增加和科技的迅猛进步,水利信息系统运行维护的内容也在发生变化,相关硬件、软件系统的技术要求也越来越高,水利信息系统运行维护定额标准也将会进行调整,该项目资金也必然会有所增加,对项目单位机构人员的要求也会更加严格,相关管理措施也需进一步完善。该项目为专项业务费项目,项目实施单位人员安排基本稳定,各项管理措施全面有效,项目资金来源稳定,具备了未来一段时间内持续实施的条件(绩效目标完成情况详见表 13-9)。

**附表 13-9 水利信息系统运行维护项目支出绩效目标完成情况对照表**

| 序号 | 一级指标 | 二级指标 | 指标内容 | 指标值 | 已完成指标值 |
|---|---|---|---|---|---|
| | | | | 绩效指标批复情况 | 绩效指标完成情况 |
| 1 | | 数量指标 | 维护通信系统设备(通信设备 ** 套,卫星 ** 台) | 通信设备 ** 套,卫星 ** 台 | 通信设备 ** 套,卫星 ** 台 |
| 2 | | | 维护计算机网络系统设备(网络设备 ** 套,终端 ** 套) | (网络设备 ** 套,终端 ** 套) | 网络设备 ** 套,终端 ** 套 |
| 3 | | | 维护网络专线数量( ** 条) | ** | ** |
| 4 | | | 维护基础环境(机房 ** 间,面积 ** 平方米) | 机房:** 间,面积:** 平方米 | 机房:** 间,面积:** 平方米 |
| 5 | 产出指标 | | 维护应用系统套数( ** 套) | ** | ** |
| 6 | | | 维护系统软件数量(含商业软件)( ** 套) | ** | ** |
| 7 | | | 网站发布信息量(≥ ** 条) | ** | ** |
| 8 | | | 存储总容量(≥ ** PB) | ** | ** |
| 9 | | | 运行维护天数( ** 天) | ** | ** |
| 10 | | | 高分辨率影像面积(≥ ** 万平方千米) | ** | ** |
| 11 | | | 新增基础数据量( ** TB) | ** | ** |
| 12 | | 质量指标 | 骨干通信设备可用率(≥ ** %) | ** | ** (达标) |
| 13 | | | 骨干网络系统设备可用率(≥ ** %) | ** | ** (达标) |
| 14 | | | 主要业务系统可用率(≥ ** %) | ** | ** (达标) |
| 15 | | | 基础数据维护可用率(≥ ** %) | ** | ** (达标) |
| 16 | | | 遥感图像平面精度(相对中误差≤ ** 像素) | ** | ** (达标) |
| 17 | | 时效指标 | 平均系统响应时间 | 汛期≤ * 小时,非汛期≤ * 小时 | 达标 |
| 18 | | | 平均系统故障恢复时间 | 本地:汛期≤ * 小时,非汛期≤ * 小时;异地:汛期≤ * 小时,非汛期≤ * 小时 | 达标 |
| 19 | | | 遥感影像现势性 | 优于上一年 | 达标 |

| 序号 | 一级指标 | 二级指标 | 绩效指标批复情况 | | 绩效指标完成情况 |
| --- | --- | --- | --- | --- | --- |
| | | | 指标内容 | 指标值 | 已完成指标值 |
| 20 | 产出指标 | 成本指标 | 年度维护成本增长率(≤**%) | ** | **(达标) |
| 21 | | | 线路租用成本(≤**万元) | ** | **(达标) |
| 22 | | | 数据采购成本(≤**万元) | ** | **(达标) |
| 23 | 效益指标 | 经济效益指标 | 及时提供信息通信保障和信息决策服务 | 有效 | 达标 |
| 24 | | 社会效益指标 | 促进政府信息公开,增强政府透明度 | 及时准确有效 | 达标 |
| 25 | | 生态效益指标 | 信息系统不对环境造成影响 | 符合国家相关标准 | 达标 |
| 26 | | 可持续影响指标 | 规范系统维护,保证系统持续稳定发挥效益 | 有效发挥作用 | 达标 |
| 27 | 满意度指标 | 服务对象满意度指标 | 用户满意度抽样调查(≥**%) | ** | **(达标) |

（五）综合评价工作情况及评价结论

1. 评价工作开展情况

项目绩效评价工作组通过听取项目执行情况的介绍,查阅了项目自评价报告,现场收集了项目绩效评价相关资料,并对资料进行了审查核实;查看了项目成果、资金使用管理等其他方面的资料,如检查档案资料和成果资料,重点核对可量化指标的实际完成情况;结合财务支出资料,核对并分析对应经费支出的合理性、真实性并抽查至相关的原始资料、合同;就发现的有关问题进行了质询,并进行了记录。

在讨论答疑、查看核对资料的基础上,项目绩效评价工作组依据水利信息系统运行维护费项目的评价体系、评分标准、评分说明,对项目进行打分、统计,最后得出该项目绩效评价分值。

2. 评价结论

项目绩效评价工作组认为**单位20**年度水利信息系统运行维护费项目立项过程合规,绩效目标明确、量化,资金预算分配合理,能按照实施方案和批复的绩效目标组织实施。各承担单位责任分工明确,各项管理制度较为健全,项目管理较为完善、规范,资金使用规范有效。项目实施完成了预期的绩效目标并达到了预期结果。

20**年度水利信息系统运行维护费项目绩效评价得分为**分,其中项目投入得分**分、项目过程得分**分、项目产出得分**分、项目效果得分**分,绩效评定级别为"**"。整体上,该项目投入、过程、产出及效果4个方面完成情况均较好,从前期项目立项及内容设计,到中间项目过程管理,以及最后项目产出、效果实现,均未出现较为薄弱管控环节或执行风险,项目总体执行情况较好,完成质量较高(项目绩效评价指标体系及评分情况见表 13-10）。

表 13-10　20＊＊年度水利信息系统运行维护费项目绩效评价指标体系及评分标准

| 一级指标 | 分值 | 二级指标 | 分值 | 三级指标 | 分值 | 四级指标 | 分值 | 指标解释 | 计划指标值 | 实际完成值 | 评价标准 | 得分 |
|---|---|---|---|---|---|---|---|---|---|---|---|---|
| 投入 | 20 | 项目立项 | 18 | 项目立项规范性 | 2 | 立项程序规范完整性 | 1 | 项目申请、设立的程序及相关资料是否符合相关要求，如"是否经过专家可行性研究（实施方案）、专家论证、风险评估、集体决策"等。用以反映和考核项目立项程序的规范完整性 | —— | —— | 预算申报材料（申报文本、绩效目标、实施方案），共3项材料，每缺少一项扣0.5分，扣至0分为止 | ＊＊ |
| | | | | | | 立项论证的充分性 | 1 | 项目申请、设立的论证是否充分。用以反映和考核项目立项论证的充分性 | —— | —— | 1.项目申请、设立的论证充分，1分；2.项目申请、设立的论证较充分，0.5分；3.项目申请、设立的论证充分性不够，0分 | ＊＊ |
| | | | | 绩效目标合理性 | 8 | 目标与职能的相符性 | 2 | 项目所设定的绩效目标与项目单位职能是否相符。用以反映和考核项目绩效目标与单位职能相符情况 | —— | —— | 1.绩效目标符合项目单位职能，2分；2.绩效目标较符合项目单位职能，1~2分；3.绩效目标与项目单位职能不够相符，0~1分 | ＊＊ |
| | | | | | | 目标政策依据的充分性 | 2 | 项目所设定的绩效目标是否依据充分。用以反映和考核项目绩效目标与国家政策、部门事业发展纲要（规划）的相符情况 | —— | —— | 1.项目目标与政策文件、行业规划、部门事业总体规划的相符性，满分为1分，专家根据相符情况酌情给分。2.目标与项目规划的相符性，满分为1分，专家酌情给分。一般情况，项目自身应制定中长期规划或者有明确的事业规划为基础，且年度目标与项目中长期规划相符 | ＊＊ |

| 一级指标 | 分值 | 二级指标 | 分值 | 三级指标 | 分值 | 四级指标 | 分值 | 指标解释 | 计划指标值 | 实际完成值 | 评价标准 | 得分 |
|---|---|---|---|---|---|---|---|---|---|---|---|---|
| 投入 | 20 | 项目立项 | 18 | 绩效目标合理性 | 8 | 目标与现实需求相符性 | 2 | 项目所设定的绩效目标是否符合现实需求。用以反映和考核项目绩效目标与现实需求的相符情况 | —— | —— | 1.绩效目标符合现实需求,2分;<br>2.绩效目标较符合现实需求,1~2分;<br>3.绩效目标与现实需求不够相符,0~1分 | ** |
| | | | | | | 关键目标的明确合理性 | 2 | 项目绩效目标的关键目标是否明确、合理,指标值是否经过调查研究和科学论证,符合客观实际,能够在一定期限内如期实现。用以反映绩效目标的明确性以及指标值的合理性 | —— | —— | 1.包含关键目标且指标值设置合理,2分;<br>2.包含关键目标,但指标值设置不够合理,1~2分;<br>3.没有关键目标,0~1分 | ** |
| | | | | 绩效指标明确性 | 8 | 绩效指标细化、量化程度 | 2 | 绩效指标(产出指标,效果指标)是否清晰、细化、量化,不能以量化形式表述的是否可衡量。用以反映和考核项目绩效目标的明细化及量化情况 | —— | —— | 1.绩效指标清晰、细化、量化,2分;<br>2.绩效指标较清晰、细化、量化,1~2分;<br>3.绩效指标不够清晰、细化、量化,0~1分 | ** |
| | | | | | | 绩效指标分解批复的合理性(选用) | 2 | 项目绩效指标是否进行合理分解批复。用以反映打捆项目绩效目标的向下分解情况 | —— | —— | 1.绩效指标分解批复合理,2分;<br>2.绩效指标分解批复较合理,1~2分;<br>3.绩效指标分解批复不够合理,0~1分 | ** |
| | | | | | | 绩效指标与绩效目标的匹配性 | 2 | 项目绩效指标是否与绩效目标关联,绩效指标是否充分体现绩效目标。用以反映绩效指标与绩效目标的匹配情况 | —— | —— | 1.绩效指标与绩效目标匹配,2分;<br>2.绩效指标与绩效目标较匹配,1~2分;<br>3.绩效指标与绩效目标不够匹配,0~1分 | ** |

续 表

| 一级指标 | 分值 | 二级指标 | 分值 | 三级指标 | 分值 | 四级指标 | 分值 | 指标解释 | 计划指标值 | 实际完成值 | 评价标准 | 得分 |
|---|---|---|---|---|---|---|---|---|---|---|---|---|
| | | 项目立项 | 18 | 绩效指标明确性 | 8 | 绩效指标与预算的匹配性 | 2 | 绩效指标与预算是否匹配。用以反映和考核项目绩效指标与项目预算的对应情况 | —— | —— | 1.绩效指标与项目预算匹配,2分;<br>2.绩效指标与项目预算较匹配,1~2分;<br>3.绩效指标与项目预算不够匹配,0~1分 | ** |
| 投入 | 20 | 资金落实 | 2 | 资金足额到位性 | 1 | 资金到位率 | 1 | 实际到达最末级单位的资金金额与计划投入资金的比率,用以反映和考核资金落实情况对项目实施的总体保障程度。资金到位率=(实际到位资金/预算金额)×100%。实际到位资金:一定时期内实际落实到具体项目的资金。预算资金:一定时期内计划投入到具体项目的资金 | —— | —— | 得分=资金到位率×1分 | ** |
| | | | | 资金及时到位性 | 1 | 资金到位及时率 | 1 | 考核资金到达各级单位的及时性,预算批复后资金是否在15个工作日内下达 | —— | —— | 1.预算批复后资金在15个工作日内下达,1分;<br>2.预算批复后资金在20个工作日内下达,0.5分;<br>3.预算批复后资金超过20个工作日下达,0分 | ** |
| 过程 | 25 | 业务管理 | 13 | 业务管理制度健全性 | 3 | 业务管理制度健全性 | 3 | 项目实施单位针对项目相关业务内容,所适用的业务管理制度是否明确,自身制定的业务管理制度是否健全,包括项目的设立、质量管理、安全管理、项目验收等流程管理制度。用以反映管理制度的健全性 | —— | —— | 1.业务管理制度健全,3分;<br>2.业务管理制度较健全,1.5~3分;<br>3.业务管理制度不够健全,0~1.5分 | ** |

| 一级指标 | 分值 | 二级指标 | 分值 | 三级指标 | 分值 | 四级指标 | 分值 | 指标解释 | 计划指标值 | 实际完成值 | 评价标准 | 得分 |
|---|---|---|---|---|---|---|---|---|---|---|---|---|
| 过程 | 25 | 业务管理 | 13 | 制度执行有效性 | 6 | 业务执行与制度相符性 | 2 | 业务执行(如立项、实施、政府采购、质量安全管理、项目验收等)是否符合相关的法律、法规,是否符合相关业务管理制度要求。用以反映业务执行与法律法规、业务管理制度的相符性 | —— | —— | 1.业务执行符合相关法律法规、业务管理制度的要求,2分;<br>2.业务执行较符合相关法律法规、业务管理制度的要求,1~2分;<br>3.业务执行不够符合相关法律法规、业务管理制度的要求,0~1分 | ** |
| | | | | | | 项目档案的完备性和正确性 | 3 | 项目档案是否能完整反映业务流程的各个环节,档案资料内容是否正确、不矛盾冲突。用以反映和考核项目档案的质量 | —— | —— | 1.项目档案完备且资料内容正确,3分;<br>2.项目档案较完备且资料内容较正确,1.5~3分;<br>3.项目档案不够完备且资料内容不够正确,0~1.5分 | ** |
| | | | | | | 调整手续履行情况 | 1 | 业务工作内容调整手续是否按制度履行。用以反映调整手续的执行情况 | —— | —— | 1.严格按照制度履行调整手续,1分;<br>2.较严格按照制度履行调整手续,0.5分;<br>3.未能严格按照制度履行调整手续,0分 | ** |
| | | | | 项目质量可控性 | 4 | 质量标准健全性 | 2 | 项目实施单位是否已制定或具有相应的项目质量要求或标准。用以反映和考核项目质量标准建设情况 | —— | —— | 1.制定的项目质量要求或标准健全,2分;<br>2.制定的项目质量要求或标准较健全,1~2分;<br>3.制定的项目质量要求或标准不够健全,0~1分 | ** |

续 表

| 一级指标 | 分值 | 二级指标 | 分值 | 三级指标 | 分值 | 四级指标 | 分值 | 指标解释 | 计划指标值 | 实际完成值 | 评价标准 | 得分 |
|---|---|---|---|---|---|---|---|---|---|---|---|---|
| 过程 | 25 | 业务管理 | 13 | 项目质量可控性 | 4 | 管控措施有效性 | 2 | 项目实施单位是否为达到项目质量要求而采取了必需且有效的措施。用以反映和考核项目实施单位对项目质量的控制情况 | —— | —— | 1.为达到项目质量要求而采取的管控措施有效,2分;<br>2.为达到项目质量要求而采取的管控措施较有效,1~2分;<br>3.未采取必需且有效的管控措施,项目完成质量较差,0~1分 | ** |
| | | 财务管理 | 12 | 财务管理制度健全性 | 3 | 财务管理制度健全性 | 3 | 项目实施单位的财务管理制度是否全面、完整、合理。用以反映和考核财务管理制度对资金规范、安全运行的保障情况 | —— | —— | 1.财务管理制度全面、完整、合理,3分;<br>2.财务管理制度较全面、完整、合理,1.5~3分;<br>3.财务管理制度不够全面、完整、合理,0~1.5分 | ** |
| | | | | 资金使用合规性 | 6 | 资金使用合法合规性 | 3 | 资金使用是否单独核算、符合会计核算制度、有完整的审批手续,项目的重大开支是否经过评估认证;委托单位的遴选程序是否符合相关法律法规要求,如招投标、多家方案比选等;项目资金使用是否存在截留、挤占、挪用、虚列支出等情况。用以反映和考核项目资金使用的合法合规情况 | —— | —— | 1.资金使用合法合规,3分;<br>2.资金使用较合法合规,1.5分;<br>3.资金使用不够合法合规,0分 | ** |
| | | | | | | 资金使用与预算的一致性 | 3 | 项目资金使用是否符合项目预算批复用途。用以反映和考核项目资金使用与预算的一致性 | —— | —— | 1.资金使用与预算批复一致,3分;<br>2.资金使用与预算批复较一致,1.5~3分;<br>3.资金使用与预算批复不够一致,0~1.5分 | ** |

| 一级指标 | 分值 | 二级指标 | 分值 | 三级指标 | 分值 | 四级指标 | 分值 | 指标解释 | 计划指标值 | 实际完成值 | 评价标准 | 得分 |
|---|---|---|---|---|---|---|---|---|---|---|---|---|
| 过程 | 25 | 财务管理 | 12 | 财务监控有效性 | 3 | 财务监控有效性 | 4 | 项目实施单位是否为保障资金的安全、规范运行而建立了内控管理制度,是否采用了必要的监控措施,如不相容岗位相互分离、内部授权审批控制、预算控制、会计控制、单据控制、信息内部公开等,是否做到会计核算规范、信息真实。用以反映和考核项目实施单位对资金运行的控制情况 | —— | —— | 1.财务监控机制健全,管控措施有效,3分;<br>2.财务监控机制较健全,管控措施较有效,1.5～3分;<br>3.财务监控机制不够健全,管控措施不够有效,0～1.5分 | ** |
| 产出 | 25 | 项目产出 | 25 | 实际完成率 | 16 | 应用系统维护数量 | 5 | 项目实施的实际产出数与计划产出数的比率,用以反映和考核项目产出数量目标的实现程度。实际完成率＝(实际产出数/计划产出数)×100％。实际产出数:一定时期(本年度或项目期)内项目实际产出的产品或提供的服务数量。计划产出数:项目绩效目标确定的在一定时期(本年度或项目期)内计划产出的产品或提供的服务数量 | **台套 | **台套 | 应用系统设备数量实际完成率得分＝实际完成率×3分,超过3分的按3分计 | ** |
| | | | | | | 计算机系统维护数量 | 4 | | **台套 | **台套 | 得分＝实际完成率×3分,超过3分的按3分计 | ** |
| | | | | | | 维护基础环境 | 4 | | **间机房,**平方米 | **间机房,**平方米 | 1.维护机房数量实际完成率得分＝实际完成率×1分,超过1分的按1分计。<br>2.维护机房面积实际完成率得分＝实际完成率×2分,超过2分的按2分计 | ** |
| | | | | | | 维护网络专线维护数 | 3 | | 维护专线数**条 | 维护专线数**条 | 得分＝实际完成率×3分,超过3分的按3分计 | ** |

| 一级<br>指标 | 分值 | 二级<br>指标 | 分值 | 三级<br>指标 | 分值 | 四级<br>指标 | 分值 | 指标解释 | 计划<br>指标<br>值 | 实际<br>完成<br>值 | 评价标准 | 得分 |
|---|---|---|---|---|---|---|---|---|---|---|---|---|
| 产出 | 25 | 项目<br>产出 | 25 | 质量<br>达标<br>情况 | 6 | 运行维<br>护天数 | 3 | 对照实际批复的<br>绩效目标,对项目<br>质量达标情况进<br>行评价 | ≥365<br>天全年<br>不间断 | 达标 | 得分＝实际完成<br>率×3分,超过3<br>分的按3分计 | ** |
| | | | | | | 骨干通信<br>系统可用率<br>(≥**％) | 1 | | ** | ** | 1.达到既定标准,<br>1分;<br>2.未达到既定标<br>准,偏差5％以内,<br>0.5分;<br>3.未达到既定标<br>准,偏差5％以上,<br>0分 | ** |
| | | | | | | 骨干网络<br>系统可用率<br>(≥**％) | 1 | | ** | ** | 1.达到既定标准,<br>1分;<br>2.未达到既定标<br>准,偏差5％以内,<br>0.5分;<br>3.未达到既定标<br>准,偏差5％以上,<br>0分 | ** |
| | | | | | | 主要业务<br>系统可用率<br>(≥**％) | 1 | | ** | ** | 1.达到既定标准,<br>1分;<br>2.未达到既定标<br>准,偏差5％以内,<br>0.5分;<br>3.未达到既定标<br>准,偏差5％以上,<br>0分 | ** |
| | | | | 完成<br>及时<br>情况 | 2 | 平均系统<br>故障响应<br>时间 | 1 | 项目产出时效是<br>否符合项目绩效<br>目标及实施方案<br>的进度要求,用以<br>考核和反映项目<br>完成的及时性 | 汛期<br>≤2<br>小时,<br>平时<br>≤4<br>小时 | 达标 | 1.项目完成及时,<br>1分;<br>2.项目完成较及<br>时,0.5～1分;<br>3.项目完成不够<br>及时,0～0.5分 | ** |
| | | | | | | 平均系统<br>故障恢复<br>时间 | 1 | | 本地:<br>汛期<br>≤4<br>小时,<br>平时<br>≤8<br>小时<br>异地:<br>汛期<br>≤6<br>小时,<br>平时<br>≤12<br>小时 | 达标 | 1.项目完成及时,<br>1分;<br>2.项目完成较及<br>时,0.5～1分;<br>3.项目完成不够<br>及时,0～0.5分 | ** |

续 表

| 一级指标 | 分值 | 二级指标 | 分值 | 三级指标 | 分值 | 四级指标 | 分值 | 指标解释 | 计划指标值 | 实际完成值 | 评价标准 | 得分 |
|---|---|---|---|---|---|---|---|---|---|---|---|---|
| 产出 | 25 | 项目产出 | 25 | 成本节约情况 | 1 | 设备购置成本控制方式 | 1 | 对项目成本控制及节约情况进行评价,重点为是否按要求采取政府采购措施控制成本 | 执行政府采购 | 执行政府采购 | 1.项目成本不超预算,且按要求执行政府采购,得1分;<br>2.未执行政府采购,每出现1次扣除0.5分,扣至0分为止 | ** |
| 效果 | 30 | 项目效益 | 30 | 效益情况 | 24 | 促进政府信息公开,增强政府透明度 | 6 | 对照绩效目标,对项目产生的效益进行评价 | 准确有效 | 准确有效 | 1.效益显著,6分;<br>2.效益较显著,3~6分;<br>3.效益不够显著,0~3分 | ** |
| | | | | | | 信息系统不对环境造成影响 | 6 | | 符合国家相关标准 | 符合国家相关标准 | 未发生安全事件,信息系统运行符合安全等级保护要求;网站发布未被篡改和利用,未对国家社会和水利业务造成不良影响;网络系统可用率达95%以上,未对水利业务造成影响,6分,否则为0分 | ** |
| | | | | | | 促进水生态环境保护 | 6 | | 水生态环境保护数据共享 | 达标 | 1.效益显著,6分;<br>2.效益较显著,3~6分;<br>3.效益不够显著,0~3分 | ** |
| | | | | | | 规范系统维护,保证系统持续稳定发挥效益 | 6 | | 系统有效发挥作用 | 有效 | 1.效益显著,6分;<br>2.效益较显著,3~6分;<br>3.效益不够显著,0~3分 | ** |
| | | | | 服务对象满意度 | 6 | 用户满意度抽样调查(≥**%) | 6 | 对项目服务对象的满意度情况进行评价 | ** | ** | 1.满意度≥90%,6分;<br>2.其他情况,得分=(满意度/90%)×6分 | ** |
| 得分合计 | | | | | | | | | | | | ** |

　　说明:产出、效果指标中,三级、四级指标需根据上级批复的绩效目标表修改指标内容,分值根据修改后的指标进行合理赋分,保持一级指标总分不变。

（六）绩效评价结果应用建议

1. 预算安排

该项目绩效评价结果为"优秀"，项目预算发挥良好效果，达到预期效益，建议安排下一年度预算时应优先安排。

2. 评价结果公开

建议以合适方式在项目单位及上级主管单位政务网站予以公开。

（七）主要经验及做法、存在的问题和建议

1. 主要经验、做法

从水利信息系统运行维护项目实施情况看，整个项目从资金安排、项目管理等方面均有充分考虑，顺利完成了各项预定的绩效指标。主要经验及做法有：一是在项目实施与管理过程中，严格遵守各项政策、法规及相关管理制度，确保各项工作合法有序开展；二是细化分解任务，各部门按照职责分工各司其职，保障了项目的顺利实施；三是强化项目过程控制，及时指导各部门按照进度做好项目管理；四是严格合同管理，保证资金使用规范。

2. 存在问题和建议

（1）水利信息系统运行维护费预算主要根据水利信息系统运行维护定额标准（试行）测算，但由于水利信息系统运行维护具有一定的特殊性，在实际执行时无法完全按照测算依据实施。建议对项目具体实施内容要求与定额规定有所区别。

（2）近年来项目单位组织实施了 ** 等工程更新改造，新建了 ** 等设施，但新增水利信息系统部分缺乏维护经费。建议能够按照水利信息系统运行维护定额标准（试行），适时增加项目单位水利信息系统运行维护项目预算经费。

（3）进一步完善项目绩效目标，提高指标设置科学合理性。项目绩效指标设置不够全面合理，未能全部反映项目实施内容，个性指标缺乏，成本指标和满意度指标较少，效益指标不够清晰且缺乏量化指标。建议项目单位结合项目实际情况，研究制定更为科学合理、重点体现项目产出及效果的绩效指标。在社会效益指标中，重点增加对水利事业发展影响的指标；在可持续影响指标中，着重从项目实施对水利事业产生后续影响等方面进行考虑、设置。

（八）其他需要说明的问题（如有）

无。

# 第十四章　水利建设管理项目

党中央、国务院高度重视水利工程建设及安全生产管理。2011年中央1号文件明确提出要突出加强农田水利等薄弱环节建设,全面加快水利基础设施建设。新一届中央政府要求加快重大水利工程建设,拉动经济发展。新《安全生产法》进一步明确了行业安全生产监督管理部门的职责,完善了监管措施,为促进安全生产形势持续稳定好转提供了更有力的法律保障。

水利建设管理项目主要支持农田水利建设、农村饮水安全、江河湖库水系整理、国家水土保持重点工程、大型灌区续建配套和节水改造、大中型灌排泵站更新改造等中央财政重点项目管理,开展水利工程建设项目稽察、安全生产监督检查、水利工程建设质量监督及检测,开展水利建设项目前期工作等。具体包括:农田水利建设、农村饮水安全、中小河流治理、国家水土保持重点工程、大型灌区续建配套和节水改造、大中型灌排泵站更新改造等中央财政重点项目管理、监督、检查及绩效管理等;水利行业安全生产监督检查;水利工程建设项目稽察;水利工程建设质量监督及检测;水利建设项目前期工作。

根据《项目支出预算管理意见》,水利部在中央部门预算中将"水利建设管理"设置为一级项目,目前该项目下设置了"重大项目管理""水利行业安全生产监督检查""水利工程建设项目稽察""水利工程建设质量监督及检测""水利建设前期工作"五个二级项目。本章以二级项目"水利行业安全生产监督检查"项目为例,介绍"水利建设管理"项目绩效评价的内容、目标、指标,以及绩效评价报告的编写。

## 第一节　绩效评价的内容

水利行业安全生产监督检查对应于原水利稽查与监督项目中安全生产监督检查内容。

### 一、项目概述

（一）项目设立背景

党中央、国务院、水利部高度重视安全生产工作,先后颁布实施了《中华人民共和国安全生产法》《国务院关于进一步加强安全生产工作的决定》(国发〔2004〕2号)、《建设工程安全生产管理条例》《水利工程建设安全生产管理规定》等一系列法律、法规,将安全生产工作提高到一个前所未有的高度。上述规定均明确要求各级水行政主管部门要切实加强对水利工程的安全生产监督管理。

《安全生产法》第九条规定,国务院有关部门依照本法和其他有关法律、行政法规的规定,在各自的职责范围内对有关行业、领域的安全生产工作实施监督管理;县级以上地方各级人民政府有关部门依照本法和其他有关法律、法规的规定,在各自的职责范围内对有关行业、领域的安全生产工作实施监督管理。《建筑工程安全生产管理条例》第四十条规定,国务院铁路、交通、水利部门按照国务院规定的职责分工,负责有关专业建设工程安全生产的监督管理。《水利工程建设安全生产管理规定》第二十八条规定,流域管理机构负责所管辖的水利工程建设项目的安全生产监督管理工作。上述有关规定均要求,安全生产监督管理机构依法履行安全监督职责时,有权进入被检查单位施工现场进行检查,纠正施工中违反安全生产要求的行为,对检查中发现的安全事故隐患,责令立即排除等。《水利工程建设项目验收管理规定》(水利部第 30 号令)要求,安全监督机构应参加工程有关验收工作,提出安全监督报告。国家发展和改革委员会 国家安全生产监督管理局颁布实施的《关于加强建设项目安全设施"三同时"工作的通知》要求,各级安全生产监督管理部门应对具有较大安全风险的建设项目加强安全监督管理"。流域水利安全监督管理职责,实施本项目将有利于贯彻落实水利安全监督的相关法律法规,确保流域水利建设顺利进行。

（二）目的意义

稳定推进水利改革发展的需要。习近平总书记指出,"管行业必须管安全,管业务必须管安全,管生产经营必须管安全",要求安全生产必须"党政同责,一岗双责,齐抓共管"。李克强总理也多次作出重要批示。党中央、国务院对安全生产工作的重视程度是空前的,对行业监管的要求也是空前的。因此进一步加强水利行业安全监督管理,符合水利事业改革发展方向,符合党中央、国务院对安全生产工作的要求,将有力促进和保障水利事业科学发展。

2014 年,《水利部关于深化水利改革的指导意见》第 27 条指出,强化水利工程质量安全与市场监管。按照工程规模和重要程度划分水利工程质量与安全监督事权,严格落实各级质量与安全责任制。

（三）实施情况及取得效果

目前,水利部及下属流域机构,根据国家及水利部正式批复、颁发的综合规划、专项规划等相关规划的需要开展一系列工作,提高流域安全生产管理水平,促进安全生产意识提高,防止和减少生产安全事故的发生,保障人民群众生命和财产安全,确保安全生产形势稳定,为水利治理开发与管理事业提供了坚实的安全保障。

## 二、项目主要内容

（一）中期主要内容

根据水利业务工作要求及国家有关要求,水利行业安全生产监督检查项目的中期主要通过实施以下内容。

1. 组织开展水利安全生产监督管理工作,防止和减少生产安全事故的发生,保障人民群众生命和财产安全,确保安全生产形势稳定,为水利治理开发与管理事业提供坚实的安全保障。

2. 全面落实安全生产责任制及各项措施,加强水库运行、在建工程、水利施工企业、水文测验、水质监测等重点领域的安全监管,提高安全生产管理水平。

3. 根据水利部的统一部署,组织开展安全生产自查自纠工作,排查在建水利工程和水利生产单位的安全隐患,提出整改措施,确保全年生产安全无事故。

4. 组织开展安全生产工作会议、开展安全生产专项培训、"安全生产月"专项宣传活动等,促进安全生产意识提高。

5. 其他安全生产工作。

（二）年度主要内容

根据水利业务工作要求,年度项目主要内容包括以下几个方面。

1. 指导流域内水利安全生产工作

对工程建设项目检查指导,组织安全生产交流;按照水利部要求,对流域内水库、水电站大坝等水工程进行安全监管。

2. 安全监督检查及隐患排查

根据职责,年度安全生产监督管理的重点领域为工程、院区消防、直管涵闸运行安全、车船交通灯,每年拟开展安全监督检查、专项检查。

3. 安全评估评价

对重点领域在建工程等项目进行安全评估。

4. 宣传教育培训

开展安全生产月主题宣传活动;开展安全生产监督人员培训;新法规宣贯等专题宣传。

5. 开展专家咨询。

邀请部分专家参与安全监督检查。

6. 队伍能力建设

组织安全监管管理人员的培训和考核,进一步建立和完善安全生产管理制度建设,推动水利管理单位安全标准化建设;做好安全事故调查、统计、处理以及应急救援工作。

7. 安全生产责任制落实及考核

按照《水利部安全生产监督管理工作考核》的有关要求,各单位、部门的监管职责及"一岗双责"责任,签订安全生产责任状,落实安全生产责任体系。对直属各单位开展安全生产考核工作。

8. 消防演练

开展消防教育培训及演练。

9. 其他安全生产工作

## 三、绩效评价基本内容

主要包括绩效目标的设定情况,资金的投入和使用情况,制度措施保障情况,实现程度及效果以及其他情况。

（一）绩效目标的设定情况

加强水利行业安全监督管理，符合水利事业改革发展方向，符合党中央、国务院对安全生产工作的要求，将有力促进和保障水利事业科学发展。根据项目三年规划和年度预算安排，水利单位水利行业安全生产监督检查项目绩效目标的设定应依据财政部绩效目标管理规定和水利行业安全生产监督检查项目工作内容，提高流域安全生产管理水平，促进安全生产意识提高，防止和减少生产安全事故的发生，保障人民群众生命和财产安全，确保安全生产形势稳定，充分发挥水利行业安全生产监督检查项目的绩效，提高资金使用效益。

（二）资金的投入和使用情况

安全生产的属性为公益性，水利行业安全生产监督检查项目应由财政保障，资金的来源全部为财政性资金，财政部门应保障项目资金足额、及时到位。资金的使用也需按照财政资金管理规定，根据预算批复单独核算，重大开支需经过评估认证，委托单位的遴选需符合相关法律法规要求，不得截留、挤占、挪用、虚列项目资金。

（三）制度、措施保障情况

水利行业安全生产监督检查项目支出主要依据单位职能确定的范围和内容、国家相关经费支出标准，以及时开展各项工作。水利单位需制定水利行业安全生产监督检查项目质量要求或标准，档案资料管理齐全，为实现项目绩效目标采取了有效的管控措施，及时组织项目验收。财务管理制度健全，内部控制措施到位，资金按照预算批复，使用合法合规。

（四）实现程度及效果

水利行业安全生产监督检查项目绩效涉及到的产出指标应覆盖全部工作内容，产出指标应全部实现，对由于指标内容及指标值设置不合理导致的未完成情况，如果工作正常完成，不影响项目整体目标实现，且不涉及预算金额调整的，也可视同产出指标全部完成。如遇不可抗力或其他合理原因导致的指标未完成，理由充分且项目单位采取了有效的应对措施，可视同产出指标基本完成。

水利行业安全生产监督检查项目绩效涉及到的效益指标和满意度指标，应对照批复的绩效目标，对项目产生的效益和项目服务对象的满意度情况进行评价。

（五）其他内容

水利行业安全生产监督检查项目支出范围和内容相对固定，支出标准受科技进步、市场波动及地域的影响较大，在评价实际支出过程应结合项目实施期间的情况和水利单位所在地域进行分析。

# 第二节　绩效评价的目标

## 一、主要内容

水利行业安全生产监督检查项目绩效目标是项目计划在规划期或年度达到的产出和效果。

（一）预期产出

水利行业安全生产监督检查项目,在预算年度内预期产出提供的公务产品和服务的数量主要应该是组织开展水利安全生产监督管理工作,组织开展安全生产自查自纠工作、组织开展安全生产工作会议、开展安全生产专项培训、"安全生产月"专项宣传活动等。

（二）预期效果

水利行业安全生产监督检查项目通过组织开展水利安全生产监督管理工作,防止和减少生产安全事故的发生,保障人民群众生命和财产安全,确保安全生产形势稳定,为水利治理开发与管理事业提供坚实的安全保障;通过全面落实安全生产责任制及各项措施,加强水库运行、在建工程、水利施工企业、水文测验、水质监测等重点领域的安全监管,提高安全生产管理水平;通过组织开展安全生产自查自纠工作,排查在建水利工程和水利生产单位的安全隐患,提出整改措施,确保全年生产安全无事故;通过组织开展安全生产工作会议、开展安全生产专项培训、"安全生产月"专项宣传活动等,促进安全生产意识提高。

（三）服务对象满意程度

水利行业安全生产监督检查项目通过组织开展安全生产等工作,根据水利部统一部署发挥作用,上级主管部门的满意情况决定了服务对象的满意程度。通过开展安全生产专项培训,对参加培训人员发挥作用,参加培训人员的满意情况决定了服务对象的满意程度。

（四）达到预期产出所需要的成本资源

水利行业安全生产监督检查项目达到预期产出需要用于安全生产检查、在建工程安全监督检查、配合水利部有关部门开展汛前专项检查、打非治违等专项检查;组织流域内安全生产的宣传与培训;用于聘用专家进行安全生产检查和考核以及对相关安全生产制度的制定进行咨询;安全生产评估等构成了达到预期产出所需要的成本资源。

（五）衡量预期产出、预期效果和服务对象满意程度的绩效指标

1. 预期产出的绩效指标:安全生产督查/专项检查工程项目个数;安全生产督查/专项检查工程项目次数;审查审核/验收评价重大项目数量;与机关部门、直属单位签订安全生产责任书覆盖率;召开会议/培训次数;召开会议/培训人次数;组织开展安全生产活动/网络安全生产知识竞赛/安全生产月宣传/应急演练次数;组织开展安全生产活动/网络安全生产知识竞赛/安全生产月宣传/应急演练参与人次;三类人员安全生产考核数量;起草报送总结/报告/文件/信息等份数;安全隐患排查完成率;培训合格率;第一时间赶赴事故现场情况;安全生产事故信息报送时效。

2. 预期效果的绩效指标:经济效益指标主要从是否能遏制生产安全事故以降低经济损失的角度进行衡量;社会效益指标主要从是否能促进水利行业安全生产稳定发展的角度进行衡量;生态效益指标主要从是否确保河道湖泊防洪安全、供水安全和水生态安全的角度进行衡量;可持续影响指标主要是从是否能持续提高水行政主管部门项目建设管理水平的角度进行衡量。

3. 服务对象满意程度的绩效指标:水利行业安全生产监督检查的服务对象主要是上

级主管部门及参加培训人员,服务对象满意程度就是对上级主管部门及参加培训人员的满意度进行抽样调查,得出满意率。

## 二、中期目标

按照全面贯彻落实科学发展观与构建和谐社会的要求,通过实施水利安全生产监督管理项目,逐步建立健全水利安全监督制度体系和监督管理体制机制,坚持以人为本、安全发展、预防为主、综合治理,坚持标本兼治、重在治本,全面履行安全监督职责,落实监管责任,加大隐患排查治理力度,提升流域安全监督管理能力和水平,为流域安全监督管理工作提供有力支撑。

## 三、年度目标

1. 组织开展水利安全生产监督管理工作,防止和减少生产安全事故的发生,保障人民群众生命和财产安全,确保安全生产形势稳定,为水利治理开发与管理事业提供坚实的安全保障。

2. 全面落实安全生产责任制及各项措施,加强水库运行、在建工程、水利施工企业、水文水资源等重点领域的安全监管,提高安全生产管理水平。

3. 根据水利部的统一部署,组织开展安全生产自查自纠工作,排查在建水利工程和水利生产单位的安全隐患,提出整改措施,确保全年生产安全无事故。

4. 组织开展安全生产工作会议、开展安全生产专项培训、"安全生产月"专项宣传活动等,促进安全生产意识提高。

# 第三节　绩效评价的指标

## 一、指标确定原则

作为衡量水利行业安全生产监督检查项目绩效目标实现程度的考核工具,绩效评价指标按照《绩效管理办法》规定的原则来确定。

（一）相关性原则

根据水利行业安全生产监督检查的工作内容,恰当反映绩效目标的实现程度。

（二）重要性原则

重点围绕水利行业安全生产监督检查和培训、宣传等方面内容确定绩效评价指标。

（三）可比性原则

从水利部直属水利单位实际情况出发,设定共性的绩效评价指标和个性指标。

（四）系统性原则

定量指标与定性指标相结合,根据水利行业安全生产监督检查工作内容确定定量指标和定性指标,系统反映水利行业安全生产监督检查项目所产生的社会效益、经济效益、环境效益和可持续影响等。

**(五)经济性原则**

水利行业安全生产监督检查项目为专项业务费项目,需每个年度进行绩效评价,应当通俗易懂、简便易行,绩效指标实现程度所需获得的数据应当考虑现实条件和可操作性,符合成本效益原则。

## 二、共性和个性指标

**(一)共性指标的确定**

水利行业安全生产监督检查项目的共性指标应适用于所有水利单位。

1. 产出指标

(1)数量指标主要包括安全生产督查/专项检查工程项目个数;安全生产督查/专项检查工程项目次数;审查审核/验收评价重大项目数量;与机关部门、直属单位签订安全生产责任书覆盖率;召开会议/培训次数;召开会议/培训人次数;组织开展安全生产活动/网络安全生产知识竞赛/安全生产月宣传/应急演练次数;组织开展安全生产活动/网络安全生产知识竞赛/安全生产月宣传/应急演练参与人次;三类人员安全生产考核数量;起草报送总结/报告/文件/信息等份数等。

质量指标主要包括安全隐患排查完成率;培训合格率等。

时效指标主要包括:第一时间赶赴事故现场情况;安全生产事故信息报送时效等。

成本指标主要包括:设备购置成本控制方式(执行政府采购)。

2. 效益指标

效益指标中定量指标不具备基础条件,以定性指标为基础。由于定性指标确定存在难度,目前可供选择的具体指标偏少。

经济效益指标主要是遏制生产安全事故以降低经济损失等。

可持续影响指标主要包括持续提高水行政主管部门项目建设管理水平等。

**(二)个性指标的确定**

个性指标是针对水利具体单位水利行业安全生产监督检查的特点设定的,适用于具体水利单位。例如单位根据具体情况,开展某项检查。

## 三、范例

表14-1　项目支出绩效目标申报表

| 项目名称 | 水利行业安全生产监督检查 | | | |
|---|---|---|---|---|
| 主管部门及代码 | 水利部[126] | | 实施单位 | ** |
| 项目属性 | 延续项目 | | 项目期 | 长期 |
| 项目资金(万元) | 中期资金总额: | ** | 年度资金总额: | ** |
| | 其中:财政拨款 | ** | 其中:财政拨款 | ** |
| | 其他资金 | ** | 其他资金 | ** |

| 中期目标 | | | | 年度目标 | | | |
|---|---|---|---|---|---|---|---|
| 总体目标 | 目标1:组织开展水利安全生产监督管理工作,防止和减少生产安全事故的发生,保障人民群众生命和财产安全,确保安全生产形势稳定,为水利治理开发与管理事业提供坚实的安全保障;<br>目标2:全面落实安全生产责任制及各项措施,加强水库运行、在建工程、水利施工企业、水文水资源等重点领域的安全监管,提高安全生产管理水平;<br>目标3:根据水利部的统一部署,组织开展安全生产自查自纠工作,排查在建水利工程和水利生产单位的安全隐患,提出整改措施,确保全年生产安全无事故;<br>目标4:组织开展安全生产工作会议、开展安全生产专项培训、"安全生产月"专项宣传活动等,促进安全生产意识提高 | | | | 目标1:组织开展水利安全生产监督管理工作,防止和减少生产安全事故的发生,保障人民群众生命和财产安全,确保安全生产形势稳定,为水利治理开发与管理事业提供坚实的安全保障;<br>目标2:全面落实安全生产责任制及各项措施,加强水库运行、在建工程、水利施工企业、水文水资源等重点领域的安全监管,提高安全生产管理水平;<br>目标3:根据水利部的统一部署,组织开展安全生产自查自纠工作,排查在建水利工程和水利生产单位的安全隐患,提出整改措施,确保全年生产安全无事故;<br>目标4:组织开展安全生产工作会议、开展安全生产专项培训、"安全生产月"专项宣传活动等,促进安全生产意识提高 | | | |
| 绩效指标 | 一级指标 | 二级指标 | 三级指标 | 指标值 | 一级指标 | 二级指标 | 三级指标 | 指标值 |
| | 产出指标 | 数量指标 | 安全生产督查/专项检查工程项目个数(≥**个) | ** | 产出指标 | 数量指标 | 安全生产督查/专项检查工程项目个数(≥**个) | ** |
| | 产出指标 | 数量指标 | 安全生产督查/专项检查工程项目次数(≥**次) | ** | 产出指标 | 数量指标 | 安全生产督查/专项检查工程项目次数(≥**次) | ** |
| | 产出指标 | 数量指标 | 审查审核/验收评价重大项目数量(≥**个) | ** | 产出指标 | 数量指标 | 审查审核/验收评价重大项目数量(≥**个) | ** |
| | 产出指标 | 数量指标 | 与机关部门、直属单位签订安全生产责任书覆盖率(≥**%) | ** | 产出指标 | 数量指标 | 与机关部门、直属单位签订安全生产责任书覆盖率(≥**%) | ** |
| | 产出指标 | 数量指标 | 召开会议/培训次数(≥**次) | ** | 产出指标 | 数量指标 | 召开会议/培训次数(≥**次) | ** |
| | 产出指标 | 数量指标 | 召开会议/培训人次数(≥**人次) | ** | 产出指标 | 数量指标 | 召开会议/培训人次数(≥**人次) | ** |

| 一级指标 | 二级指标 | 三级指标 | 指标值 | 一级指标 | 二级指标 | 三级指标 | 指标值 |
|---|---|---|---|---|---|---|---|
| 绩效指标 | 产出指标 | 数量指标 | 组织开展安全生产活动/网络安全生产知识竞赛/安全生产月宣传/应急演练次数(**次) | ** | 产出指标 | 数量指标 | 组织开展安全生产活动/网络安全生产知识竞赛/安全生产月宣传/应急演练次数(**次) | ** |
| | 产出指标 | 数量指标 | 组织开展安全生产活动/网络安全生产知识竞赛/安全生产月宣传/应急演练参与人次(** 人次) | ** | 产出指标 | 数量指标 | 组织开展安全生产活动/网络安全生产知识竞赛/安全生产月宣传/应急演练参与人次(** 人次) | ** |
| | 产出指标 | 数量指标 | 起草报送总结/报告/文件/信息等份数(≥ ** 份) | ** | 产出指标 | 数量指标 | 起草报送总结/报告/文件/信息等份数(≥ ** 份) | ** |
| | 产出指标 | 质量指标 | 安全隐患排查完成率(≥ ** %) | ** | 产出指标 | 质量指标 | 安全隐患排查完成率(≥ ** %) | ** |
| | 产出指标 | 质量指标 | 培训合格率(≥ ** %) | ** | 产出指标 | 质量指标 | 培训合格率(≥ ** %) | ** |
| | 产出指标 | 时效指标 | 第一时间赶赴事故现场情况 | 贻误≤**次 | 产出指标 | 时效指标 | 第一时间赶赴事故现场情况 | 贻误≤ ** 次 |
| | 产出指标 | 时效指标 | 安全生产事故信息报送时效(≤ ** 小时) | ** | 产出指标 | 时效指标 | 安全生产事故信息报送时效(≤ ** 小时) | ** |
| | 产出指标 | 时效指标 | 对地方水行政主管部门督查、考核完成时间 | 按相关文件要求 | 产出指标 | 时效指标 | 对地方水行政主管部门督查、考核完成时间 | 按相关文件要求 |
| | 产出指标 | 成本指标 | 预算编制、财务支出合理、可控 | 不超预算、不出审计问题 | 产出指标 | 成本指标 | 预算编制、财务支出合理、可控 | 不超预算、不出审计问题 |

| 一级指标 | 二级指标 | 三级指标 | 指标值 | 一级指标 | 二级指标 | 三级指标 | 指标值 |
|---|---|---|---|---|---|---|---|
| 效益指标 | 经济效益指标 | 遏制生产安全事故以降低经济损失 | 效果显著 | 效益指标 | 经济效益指标 | 遏制生产安全事故以降低经济损失 | 效果显著 |
| 效益指标 | 社会效益指标 | 促进水利行业安全生产稳定发展 | 有效 | 效益指标 | 社会效益指标 | 促进水利行业安全生产稳定发展 | 有效 |
| 效益指标 | 社会效益指标 | 降低安全生产事故发生率 | 显著 | 效益指标 | 社会效益指标 | 降低安全生产事故发生率 | 显著 |
| 效益指标 | 生态效益指标 | 确保河道湖泊防洪安全、供水安全和水生态安全 | 有效 | 效益指标 | 生态效益指标 | 确保河道湖泊防洪安全、供水安全和水生态安全 | 有效 |
| 效益指标 | 可持续影响指标 | 持续提高水行政主管部门项目建设管理水平 | 有效 | 效益指标 | 可持续影响指标 | 持续提高水行政主管部门项目建设管理水平 | 有效 |
| 效益指标 | 可持续影响指标 | 安全生产法规、制度建设完善 | 完善 | 效益指标 | 可持续影响指标 | 安全生产法规、制度建设完善 | 完善 |
| 服务对象满意度指标 | 服务对象满意度指标 | 上级主管部门满意度（≥**％） | ** | 服务对象满意度指标 | 服务对象满意度指标 | 上级主管部门满意度（≥**％） | ** |
| 服务对象满意度指标 | 服务对象满意度指标 | 参加培训人员满意度（≥**％） | ** | 服务对象满意度指标 | 服务对象满意度指标 | 参加培训人员满意度（≥**％） | ** |
| 服务对象满意度指标 | 服务对象满意度指标 | 被监督对象满意度（≥**％） | ** | 服务对象满意度指标 | 服务对象满意度指标 | 被监督对象满意度（≥**％） | ** |

*(一级指标左栏均为"绩效指标")*

# 第四节 绩效评价的标准

根据本书第四章对绩效评价标准论述，适合用于水利行业安全生产监督检查项目绩效评价的标准主要是计划标准、行业标准、历史标准和经验标准。

## 一、计划标准

（一）项目目标

水利行业安全生产监督检查项目对象清晰，主要是组织开展水利安全生产监督管理工作，全面落实安全生产责任制及各项措施，根据水利部的统一部署，组织开展安全生产自查自纠工作，组织开展安全生产工作会议、开展安全生产专项培训、"安全生产月"专项宣传活动等。

（二）项目计划

水利行业安全生产监督检查项目制定了实施方案，按照年初制定的项目目标有计划地开展工作。

（三）项目预算

水利行业安全生产监督检查项目为专项业务费项目，纳入财政三年规划支持范围，具有稳定的资金来源，项目预算均已纳入年度部门预算范围，随单位部门预算一同得到批复。

（四）项目定额

根据国家有关经费支出管理办法。中央和国家机关工作人员赴地方差旅住宿费标准明细表（财行〔2016〕71号），关于印发《中央和国家机关培训费管理办法》的通知（财行〔2016〕540号）、中央和国家机关会议费管理办法（财行〔2016〕214号）等。

综上所述，水利行业安全生产监督检查项目预先制定了项目目标、计划、预算和定额，计划标准应作为绩效评价标准适用于该项目。

## 二、行业标准

水利行业安全生产监督检查项目作为水利部门加强管理的一项工作，对于绩效评价的标准目前无统一的行业标准。

## 三、历史标准

水利行业安全生产监督检查项目作为水利部部门专用项目，绩效目标在逐年完善。水利行业安全生产监督检查项目在2016年以前在部门预算的项目支出中为经常性专项业务费项目，2017年根据财政部部门预算改革要求，转化为专项业务费项目，相关绩效目标的历史数据保存完整。水利行业安全生产监督检查项目绩效评价标准应参照同类指标的历史数据制定，历史标准应作为绩效评价标准适用于该项目。

## 四、经验标准

经验丰富的水利行业安全生产监督检查专家、学者根据积累的实施经验和经济社会的发展规律，在经过严密分析研究后得出有关水利行业标准。这些标准容易得到评价对象和社会公众的认可。

为保证评价结果具有公允性和权威性，由聘请水利行业经验丰富的专家、学者或者是实际操作人员根据水利行业实际经验和国民经济、社会的发展规律，在经过严密分析研究后得出的可执行的相关标准，可用于项目绩效评价标准。

# 第五节 绩效报告与评价报告

按照《绩效评价管理办法》要求,水利行业安全生产监督检查项目实施单位应在年度项目实施终了及时向上级单位逐级提交项目绩效报告,水利部根据确定的评价原则和方法,下达绩效评价报告。本节介绍项目绩效报告和绩效评价报告编写范例。

## 一、绩效报告范例

（封面）

(单位名称)20＊＊年度水利行业安全生产监督检查项目
财政支出绩效报告

项目名称:水利行业安全生产监督检查(20＊＊年)
项目单位:＊＊

20＊＊年＊＊月

（一）项目概况

项目类别:专项业务费项目

项目负责人:＊＊　　　　　联系电话:＊＊

项目总预算:＊＊万元,其中申请财政资金:＊＊万元

项目实际到位金额:＊＊万元,其中申请财政资金:＊＊万元

项目实际支出金额:＊＊万元,其中申请财政资金:＊＊万元

项目起止时间：∗∗ 年 ∗∗ 月—∗∗ 年 ∗∗ 月

1. 项目单位基本情况

根据水利部《关于印发〈∗∗ 局主要职责机构设置和人员编制规定〉的通知》（水人事〔20∗∗〕∗∗ 号）精神，∗∗ 局（信息中心）为水利部 ∗∗ 局直属事业单位，批复编制 ∗∗ 人，现有在职职工 ∗∗ 人，离退休职工 ∗∗ 人。主要职责包括 ∗∗ 。

2. 项目基本情况

（1）项目背景及立项依据

党中央、国务院、水利部高度重视安全生产工作，先后颁布实施了《中华人民共和国安全生产法》《国务院关于进一步加强安全生产工作的决定》（国发〔2004〕2 号）、《建设工程安全生产管理条例》《水利工程建设安全生产管理规定》等一系列法律、法规，将安全生产工作提高到一个前所未有的高度。上述规定均明确要求各级水行政主管部门要切实加强对水利工程的安全生产监督管理。

《安全生产法》第九条规定，国务院有关部门依照本法和其他有关法律、行政法规的规定，在各自的职责范围内对有关行业、领域的安全生产工作实施监督管理；县级以上地方各级人民政府有关部门依照本法和其他有关法律、法规的规定，在各自的职责范围内对有关行业、领域的安全生产工作实施监督管理。《建筑工程安全生产管理条例》第四十条规定，国务院铁路、交通、水利部门按照国务院规定的职责分工，负责有关专业建设工程安全生产的监督管理。《水利工程建设安全生产管理规定》第二十八条规定，流域管理机构负责所管辖的水利工程建设项目的安全生产监督管理工作。上述有关规定均要求，安全生产监督管理机构依法履行安全监督职责时，有权进入被检查单位施工现场进行检查，纠正施工中违反安全生产要求的行为，对检查中发现的安全事故隐患，责令立即排除等。《水利工程建设项目验收管理规定》（水利部第 30 号令）要求，安全监督机构应参加工程有关验收工作，提出安全监督报告。国家发展和改革委员会国家安全生产监督管理局颁布实施的《关于加强建设项目安全设施"三同时"工作的通知》要求，各级安全生产监督管理部门应对具有较大安全风险的建设项目加强安全监督管理。流域水利安全监督管理职责，实施本项目将有利于贯彻落实水利安全监督的相关法律法规，确保流域水利建设顺利进行。

（2）项目主要内容

组织开展水利安全生产监督管理工作，全面落实安全生产责任制及各项措施，根据水利部的统一部署，组织开展安全生产自查自纠工作，组织开展安全生产工作会议等。

3. 项目绩效目标

（1）项目绩效总目标

按照全面贯彻落实科学发展观与构建和谐社会的要求，通过实施水利安全生产监督管理项目，逐步建立健全水利安全监督制度体系和监督管理体制机制，坚持以人为本、安全发展、预防为主、综合治理，坚持标本兼治、重在治本，全面履行安全监督职责，落实监管责任，加大隐患排查治理力度，提升流域安全监督管理能力和水平，为流域安全监督管理工作提供有力支撑。

（2）年度绩效目标及指标

组织开展水利安全生产监督管理工作，防止和减少生产安全事故的发生，保障人民群众生命和财产安全,确保安全生产形势稳定,为水利治理开发与管理事业提供坚实的安全保障;全面落实安全生产责任制及各项措施,加强水库运行、在建工程、水利施工企业、水文水资源等重点领域的安全监管,提高安全生产管理水平;根据水利部的统一部署,组织开展安全生产自查自纠工作,排查在建水利工程和水利生产单位的安全隐患,提出整改措施,确保全年生产安全无事故;组织开展安全生产工作会议、开展安全生产专项培训、"安全生产月"专项宣传活动等,促进安全生产意识提高。

（3）绩效指标

① 产出指标

本项目产出指标有 ** 个,其中:

数量指标:安全生产督查/专项检查工程项目个数;安全生产督查/专项检查工程项目次数;审查审核/验收评价重大项目数量;与机关部门、直属单位签订安全生产责任书覆盖率;召开会议/培训次数;召开会议/培训人次数;组织开展安全生产活动/网络安全生产知识竞赛/安全生产月宣传/应急演练次数;组织开展安全生产活动/网络安全生产知识竞赛/安全生产月宣传/应急演练参与人次;三类人员安全生产考核数量;起草报送总结/报告/文件/信息等份数等。

质量指标:安全隐患排查完成率;培训合格率等。

时效指标:第一时间赶赴事故现场情况;安全生产事故信息报送时效等。

成本指标:设备购置成本控制方式(执行政府采购)。

② 效益指标

本项目效益指标有 ** 个,其中:

经济效益指标:遏制生产安全事故以降低经济损失等。

可持续影响指标:持续提高水行政主管部门项目建设管理水平等。

③ 满意度指标

服务对象满意度指标:用户满意度抽样调查(≥ ** ％)。

（二）项目资金使用及管理情况

1. 项目资金情况

（1）项目预算编制及资金到位情况分析

① 预算编制情况。项目预算明细及各部分支出内容的测算依据如下:

培训费 ** 万元(包括培训 ** 次, ** 人参加,合计 ** 万元……),差旅费 ** 万元,租赁费 ** 万元,办公设备购置 ** 万元、专用设备购置 ** 万元。

② 资金到位情况。20 ** 年 ** 月, ** 以《 ** 关于批复 ** 年预算的通知》( **〔20 ** 〕** 号)批复水利行业安全生产监督检查项目经费 ** 万元,其中财政资金 ** 万元,资金到位率 ** ％。

（2）项目资金使用情况分析

** 年度水利行业安全生产监督检查项目,实际到位预算资金 ** 万元,实际支出预算资金 ** 万元,已序时有效地全部完成了 ** 年度预算执行工作。

① 项目工作内容完成情况。至 20 ** 年 12 月 31 日, ** 单位水利行业安全生产监督检查项目按工作内容的预算执行情况见表 14-2。

表 14-2　项目工作内容完成情况对照表　　　　　　　　　　单位:万元

| 计划内容 | | 实际完成情况 | | 差异分析 | |
|---|---|---|---|---|---|
| 工作内容 | 金额 | 工作内容 | 金额 | 原因 | 金额 |
| 组织开展水利安全生产监督管理工作,防止和减少生产安全事故的发生,保障人民群众生命和财产安全,确保安全生产形势稳定,为水利治理开发与管理事业提供坚实的安全保障 | | 组织开展水利安全生产监督管理工作,防止和减少生产安全事故的发生,保障人民群众生命和财产安全,确保安全生产形势稳定,为水利治理开发与管理事业提供坚实的安全保障 | | | |
| 全面落实安全生产责任制及各项措施,加强水库运行、在建工程、水利施工企业、水文水资源等重点领域的安全监管,提高安全生产管理水平 | | 全面落实安全生产责任制及各项措施,加强水库运行、在建工程、水利施工企业、水文水资源等重点领域的安全监管,提高安全生产管理水平 | | | |
| …… | | …… | | | |
| …… | | …… | | | |

　　从上表可以看出,按照工作内容来分析 ** 局 20 ** 年度水利行业安全生产监督检查项目已全部完成,各项工作内容完成良好。

　　② 项目经费预决算对比情况。至 20 ** 年 12 月 31 日, ** 局水利行业安全生产监督检查项目按经济科目的预算执行情况见表 14-3。

表 14-3　项目预算执行情况对照表　　　　　　　　　　单位:万元

| 资金到位情况 | 到位项目 | 预算批复数 | | 实际到位数 |
|---|---|---|---|---|
| | 合　计 | ** | | ** |
| | 当年财政拨款 | ** | | ** |
| | 使用以前年度结余 | | | |
| | 其他资金 | | | |
| 资金支出情况 | 支出项目 | 预算批复数 | 实际支出数 | 差额 |
| | 合　计 | | | |
| | 电费 | ** | ** | ≤10% |
| | 差旅费 | ** | ** | ≤10% |
| | 维修(护)费 | ** | ** | ≤10% |
| | 租赁费 | ** | ** | ≤10% |
| | 办公设备购置 | ** | ** | ≤10% |
| | 专用设备购置 | ** | ** | ≤10% |
| | 超支或结余情况 | | | |
| 备注 | | | | |

项目资金月执行进度情况见表 14-4。

表 14-4　∗∗局项目月执行进度情况表　　　　单位:万元

| 月　份 | 支付金额 | 支付进度 |
|---|---|---|
| 1 月 | ∗∗ | ∗∗ % |
| 2 月 | ∗∗ | ∗∗ % |
| 3 月 | ∗∗ | ∗∗ % |
| 4 月 | ∗∗ | ∗∗ % |
| 5 月 | ∗∗ | ∗∗ % |
| 6 月 | ∗∗ | ∗∗ % |
| 7 月 | ∗∗ | ∗∗ % |
| 8 月 | ∗∗ | ∗∗ % |
| 9 月 | ∗∗ | ∗∗ % |
| 10 月 | ∗∗ | ∗∗ % |
| 11 月 | ∗∗ | ∗∗ % |
| 12 月 | ∗∗ | ∗∗ % |

项目单位会计核算规范,预算控制有效,未发现支出依据不合规、虚列项目支出的情况,未发现截留、挤占、挪用项目资金的情况,未发现超标准开支情况。项目执行进度科学合理,达到预算执行进度目标要求。

(3) 项目资金管理情况

① 财务管理制度制定情况。项目单位认真贯彻国家相关制度办法,同时结合工作实际,先后制订了《∗∗项目资金管理办法》《∗∗预算管理办法》等规章制度,从资金管理、预算管理、资产管理、合同管理等方面不断完善水利行业安全生产监督检查项目的管理制度体系,健全财务管理制度。

② 财务制度执行情况。∗∗年水利行业安全生产监督检查项目实行专项管理,在经费使用上,严格按照《中央本级项目支出预算管理办法》等财政部有关规定执行,预算经费独立核算、专款专用,各项支出均按照财务管理各项规章制度要求,做到经费支出合理,经常核查项目具体实施进度,确保项目按进度计划实施,做好水利行业安全生产监督检查资金的管理和财务核算,切实有效保证各项水利行业安全生产监督检查工作的顺利完成,预算执行情况良好。

通过各项制度的严格执行,∗∗年项目执行中未出现违法违规现象,资金支出安全有效,财务运行健康有序。

(三) 项目组织实施情况

1. 项目组织情况

水利行业安全生产监督检查项目由∗∗单位统一管理,由∗∗、∗∗等单位共同承担。水利行业安全生产监督检查项目组织机构健全,项目目标与责任分工明确,组织实施程序符合业务规范要求,项目主要参与人员经验丰富,技术力量雄厚,基础设施设备条件完备,能够确保项目顺利、高效、高质地完成。

　　** 单位作为项目主管部门切实履行项目管理职责,指导、督促各单位扎实开展业务工作;** 单位财务主管部门及时批复项目预算和绩效目标,监督、指导资金管理和使用。各承担单位任务分工明确,切实可行,根据编制的《水利行业安全生产监督检查项目 ** 年度实施方案》,细化梳理年度工作任务,主要业务工作制定详细的工作计划、工作方案,同时,把工作责任落实到班子成员、部门和个人,做到有计划、有安排、有检查、有督促,充分利用现有人员、技术、设备等支撑条件,加强质量控制和服务保障,合理安排开展水利行业安全生产监督检查业务。项目完成后,各预算执行单位按照规定分别组织完成了项目自验工作。

　　根据目前项目单位的职能及技术力量,本着管养分离的原则,充分利用社会资源,委托有经验、能力的社会企业承担系统的日常维护、检修工作,规范系统的管理,提高系统运行维护管理的能力。目前各项工作均已按照计划进度实施完成,截止至 ** 年 ** 月,全部外委项目均已通过合同验收。在设备管理上,项目单位通过政府采购网批量集中采购方式采购,固定资产已验收入账。在项目实施过程中,项目单位注重档案资料的归纳与管理,按资料清单要求完成项目实施过程中资料收集和管理工作,工作及时,资料基本完整。

　　2. 项目管理情况

　　水利行业安全生产监督检查业务管理制度健全。水利行业安全生产监督检查项目由 ** 、** 共同承担。水利行业安全生产监督检查项目承担单位机构健全,项目目标与责任分工明确,组织实施程序符合业务规范要求,项目主要参与人员经验丰富,技术力量雄厚,基础设施设备条件完备,能够确保项目的顺利、高效、高质完成。

　　制度执行有效、质量可控。在外委项目的管理上,项目单位均严格执行《 ** 项目资金管理办法》《 ** 预算管理办法》等规定,规范了项目实施程序,切实加强项目合同全过程的监管。合同订立前均认真审查委托单位的资信情况,以及履行合同应具有的相应资质和业务能力,审核通过后方可签订。合同验收后,经相关领导签字审核方可结算。

　　(四)项目绩效情况

　　1. 项目经济性分析

　　(1)项目成本(预算)控制情况

　　项目单位针对项目工作实际,合理确定外委项目,并通过定向委托等方式确定合作单位,通过合同洽谈等工作,进一步明确合同内容,提高了外委资金使用效益。开展日常工作中,尽量通过业务系统、电子邮件、实时通讯工具等传输电子文档,有效减少了纸张及办公耗材等日常办公开支和邮电费用。对于符合政府采购要求的商品和服务,严格按照《政府采购法》《招投标法》等法律法规实施政府采购,** 年度水利行业安全生产监督检查项目通过政府采购便携式计算机 ** 台、台式计算机 ** 台、照相机 ** 台,目前均已通过政府采购实施完成。维护成本与上年持平,线路租用成本和数据采购成本均控制在预算内。项目预算执行严格按照预算控制数,资金使用安全,无违规使用项目经费情况。项目支出总金额没有突破年度预算,项目预算总体控制较好。

　　(2)项目成本(预算)节约情况

　　项目单位厉行节约,多措并举严格控制项目成本。推行无纸化办公、双面打印等,节约办公耗材;通过政府采购进行设备购置,节约资金。

2. 项目的效率性分析

(1) 项目的实施进度

根据项目实施方案中的进度安排,该项目按计划全部完成。项目的实施进度基本均衡与实际完成情况对比,所有内容均满足要求。

项目单位水利行业安全生产监督检查工作有序开展、及时有效,全部完成了项目预期目标。

(2) 项目完成质量

……

(3) ……

3. 项目的有效性分析

通过水利行业安全生产监督检查项目的开展,经济效益方面,为遏制生产安全事故以降低经济损失等,可持续影响指标主要包括持续提高水行政主管部门项目建设管理水平等经济效益方面。

4. 项目的可持续性分析

可持续影响方面,水利行业安全生产监督检查,提高了流域安全生产管理水平,促进安全生产意识提高,防止和减少生产安全事故的发生,保障人民群众生命和财产安全,确保安全生产形势稳定,为水利治理开发与管理事业提供坚实的安全保障。

20 ** 年度水利行业安全生产监督检查项目立项过程合规,绩效目标明确、量化,资金预算分配合理,能按照实施方案和批复的绩效目标组织实施。各承担单位责任分工明确,各项管理制度较为健全,项目管理较为完善、规范,资金使用规范有效。项目实施完成了预期的绩效目标并达到了预期结果。

** 年度水利行业安全生产监督检查项目绩效目标完成情况见表 14-5。

表 14-5　** 年度水利行业安全生产监督检查项目绩效目标完成情况对照表

| 绩效指标批复情况 | | | | | 绩效指标完成情况 |
| --- | --- | --- | --- | --- | --- |
| 序号 | 一级指标 | 二级指标 | 指标内容 | 指标值 | 已完成指标值 |
| 1 | 产出指标 | 数量指标 | 安全生产督查/专项检查工程项目个数(≥ ** 个) | ** | ** |
| 2 | | | 安全生产督查/专项检查工程项目次数(≥ ** 次) | ** | ** |
| 3 | | | 审查审核/验收评价重大项目数量(≥ ** 个) | ** | ** |
| 4 | | | 与机关部门、直属单位签订安全生产责任书覆盖率(≥ ** %) | ** | ** |
| 5 | | | 召开会议/培训次数(≥ ** 次) | ** | ** |
| 6 | | | 召开会议/培训人次数(≥ ** 人次) | ** | ** |

| 序号 | 一级指标 | 二级指标 | 指标内容 | 指标值 | 已完成指标值 |
|---|---|---|---|---|---|
| | | | 绩效指标批复情况 | | 绩效指标完成情况 |
| 7 | 产出指标 | 数量指标 | 组织开展安全生产活动/网络安全生产知识竞赛/安全生产月宣传/应急演练次数(∗∗次) | ∗∗ | ∗∗ |
| 8 | | | 组织开展安全生产活动/网络安全生产知识竞赛/安全生产月宣传/应急演练参与人次(∗∗人次) | ∗∗ | ∗∗ |
| 9 | | | 起草报送总结/报告/文件/信息等份数(≥∗∗份) | ∗∗ | ∗∗ |
| 10 | | 质量指标 | 安全隐患排查完成率(≥∗∗%) | ∗∗% | ∗∗%(达标) |
| 11 | | | 培训合格率(≥∗∗%) | ∗∗% | ∗∗%(达标) |
| 12 | | 时效指标 | 第一时间赶赴事故现场情况 | 贻误≤∗∗次 | 达标 |
| 13 | | | 安全生产事故信息报送时效(≤∗∗小时) | ∗∗ | 达标 |
| 14 | | | 对地方水行政主管部门督查、考核完成时间 | 按相关文件要求 | 达标 |
| 15 | | 成本指标 | 设备购置成本控制方式 | 执行政府采购 | 达标 |
| 16 | 效益指标 | 经济效益指标 | 遏制生产安全事故以降低经济损失 | 效果显著 | 达标 |
| 17 | | 社会效益指标 | 促进水利行业安全生产稳定发展 | 有效 | 达标 |
| 18 | | | 降低安全生产事故发生率 | 显著 | 达标 |
| 19 | | 生态效益指标 | 确保河道湖泊防洪安全、供水安全和水生态安全 | 有效 | 达标 |
| 20 | | 可持续影响指标 | 持续提高水行政主管部门项目建设管理水平 | 有效 | 达标 |
| 21 | | | 安全生产法规、制度建设完善 | 完善 | 达标 |
| 22 | 满意度指标 | 服务对象满意度指标 | 上级主管部门满意度(≥∗∗%) | ∗∗ | ∗∗%(达标) |
| 23 | | | 参加培训人员满意度(≥∗∗%) | ∗∗ | ∗∗%(达标) |
| 24 | | | 被监督对象满意度(≥∗∗%) | ∗∗ | ∗∗%(达标) |

（五）其他需要说明的问题

1. 后续工作计划

水利行业安全生产监督检查项目为专项业务费项目，根据下一年度预算安排，项目单位将继续做好水利行业安全生产监督检查工作。

2. 主要经验及做法

（1）在项目实施与管理过程中，严格遵守各项政策、法规及相关管理制度，确保各项工作合法有序开展。

（2）细化分解任务，各部门按照职责分工各司其职，保障了项目的顺利实施。

（3）强化项目过程控制，及时指导各部门按照进度做好项目管理。

（4）严格合同管理，保证资金使用规范。

3. 存在问题和建议

进一步完善项目绩效目标，提高指标设置科学合理性。项目绩效指标设置不够全面合理，未能全部反映项目实施内容，个性指标缺乏，成本指标和满意度指标较少，效益指标不够清晰且缺乏量化指标。项目单位结合项目实际情况，研究制定更为科学合理、重点体现项目产出及效果的绩效指标。在社会效益指标中，重点增加对水利事业发展影响的指标；在可持续影响指标中，着重从项目实施对水利事业产生后续影响等方面进行考虑、设置。

4. 其他需说明的问题

绩效报告使用建议，本评价报告可作为下一年度及以后年度项目预算安排的参考，作为改进预算管理的重要依据。评价结果应在一定范围内公开，以充分发挥项目单位开展绩效管理的积极性，不断提高预算绩效管理工作水平。

（六）项目评价工作情况

根据《绩效评价管理办法》和水利部有关要求，项目单位及时组织开展了项目绩效中期自评，收集整理了项目决策文件、预算批复以及各绩效指标值支撑材料，配合做好中期检查工作，并编制了中期检查报告；根据中期绩效监控报告的反馈，绩效监控结论为"＊＊"，同时对中期检查问题进行了认真研究，积极对有关情况进行了整改落实。依据本项目绩效评价指标体系及打分方法，组织开展了自评价工作，并在自评价基础上，撰写了项目绩效报告。

1. 绩效工作开展情况

（1）积极组织编写项目绩效报告

按照水利部整体部署和要求，及时组织开展了项目绩效评价工作，根据项目绩效目标，对照项目实施方案，梳理核实有关绩效证明材料，在此基础上，参照《绩效评价管理办法》附件3"财政支出绩效报告（参考提纲）"，从项目概况、项目资金使用及管理情况、组织实施情况、项目绩效情况、需说明的问题等方面认真编制了水利行业安全生产监督检查项目绩效报告。

（2）绩效得分

项目单位根据《绩效评价管理办法》和水利部有关规定，开展了水利行业安全生产监督检查项目预算绩效自评价工作，并按照项目预算绩效评价指标体系、评分标准和评分说明对项目绩效进行打分，绩效得分＊＊分。

（3）项目绩效报告

项目单位编制的水利行业安全生产监督检查项目绩效报告介绍了项目单位基本情况及水利行业安全生产监督检查主要职责、项目背景、项目立项依据及立项情况、项目主要工作内容、绩效目标、项目资金使用及管理情况、组织实施情况，从项目的经济性、效率性、有效性和可持续性4个方面对项目产出指标、效益指标、服务对象满意度指标等绩效情况进行了分析，总结了＊＊年度主要经验及做法、存在问题和建议。

2. 项目绩效评价工作情况

（1）项目绩效目的

通过绩效自评价，对 ** 年度水利行业安全生产监督检查项目的投入、过程、产出、效果等涉及的项目立项、业务管理、财务管理、项目产出、项目效益等进行全方位的总结分析，对项目财政支出的经济性、效率性、有效性和可持续性进行客观、公正的评价，增强绩效意识，促进财政支出绩效管理，强化支出责任和效率，提高财政资金使用效率；总结经验，进一步加强预算管理改革，不断提高预算绩效管理工作水平。

（2）绩效评价原则、评价指标体系、评价方法

① 绩效评价原则

绩效评价工作组根据《绩效评价管理办法》，结合水利行业安全生产监督检查项目实际情况，在绩效评价工作过程中，遵循科学规范、公正公开原则、绩效相关原则。

② 绩效指标体系

根据绩效评价的要求，在上级主管部门制定的水利行业安全生产监督检查项目预算绩效评价指标体系基础上，项目单位制定了项目自评价绩效指标体系。

③ 绩效评价方法

绩效评价工作，选用多种方法进行绩效评价，坚持简便有效的原则。本项目绩效评价工作采用了成本效益分析法、比较法、因素分析法等评价方法。

通过对 20** 年度项目的支出与效益进行对比分析，以评价绩效目标实现程度；通过对项目的绩效目标与实施效果、项目实际支出与产生效益对比分析，综合分析绩效目标实现程度；通过综合分析影响绩效目标实现、实施效果的内外因素，评价绩效目标实现程度。

（3）绩效评价工作过程

① 前期准备

根据上级主管部门绩效评价的工作安排，项目单位制定了实施方案，组建了绩效自评价工作组，并组织学习了相关文件、政策，提前审阅了项目预算申报文本、绩效报告等材料。

② 组织实施

绩效自评价工作中，绩效自评价工作组听取了项目单位对项目执行情况的介绍，就有关问题进行了质询，现场收集绩效评价相关资料，对资料进行审查核实；查看项目成果、资金使用管理等其他方面的资料，如检查档案资料和成果资料，重点核对可量化指标的实际完成情况；抽查审阅相关会议记录、分析材料等，结合调查问卷等核对定性指标完成情况；结合财务支出资料，核对并分析对应经费支出的合理性、真实性。在讨论答疑、查看核对资料的基础上，绩效自评价工作组参照项目预算绩效评价指标体系、评分标准和评分说明，对项目进行打分、统计，最后得出该项目绩效评价分值。

根据资料审查核实情况、绩效评价分值、绩效评价等级和被评价单位的答疑、初步反馈意见，绩效评价工作组集体起草、讨论、综合分析并形成评价结论。

在绩效自评价工作中，充分利用了项目绩效目标运行情况中期检查报告的成果。

③ 分析评价

对项目的投入、过程、产出、效果等进行分析，与绩效评价指标体系对比并进行打分。对项目的经济性、效率性和效益性进行分析，结合指标体系打分情况做出项目的综合评价

情况和评价结论,最终形成绩效报告。

通过算术平均方法,计算得到项目绩效评价得分:\*\* 分,评价结论为:有效。项目支出绩效自评情况见表 14-6。

表 14-6 项目支出绩效自评表
(20 \*\* 年度)

| 项目名称 | | 水利行业安全生产监督检查项目 | | | | | | |
|---|---|---|---|---|---|---|---|---|
| 主管部门及代码 | | 水利部[126] | | | 实施单位:\*\* 局 | | | |
| 项目资金(万元) | | | 年初预算数(A) | 全年执行数(B) | 分值(10 分) | 执行率(B/A) | 得分 | 得分计算方法 |
| | 年度资金总额 | | \*\* | \*\* | 10 | \*\* % | \*\* | 执行率\*该指标分值,最高不得超过分值上限 |
| | 其中:本年一般公共预算拨款 | | \*\* | \*\* | | \*\* % | \*\* | |
| | 其他资金 | | \*\* | \*\* | | | | |
| 年度总体目标 | 目标1:组织开展水利安全生产监督管理工作,防止和减少生产安全事故的发生,保障人民群众生命和财产安全,确保安全生产形势稳定,为水利治理开发与管理事业提供坚实的安全保障;<br>目标2:全面落实安全生产责任制及各项措施,加强水库运行、在建工程、水利施工企业、水文测验、水质监测等重点领域的安全监管,提高安全生产管理水平;<br>目标3:根据水利部的统一部署,组织开展安全生产自查自纠工作,排查在建水利工程和水利生产单位的安全隐患,提出整改措施,确保全年生产安全无事故;<br>目标4:组织开展安全生产工作会议、开展安全生产专项培训、"安全生产月"专项宣传活动等,促进安全生产意识提高 | | | | 目标1:组织开展水利安全生产监督管理工作,防止和减少生产安全事故的发生,保障人民群众生命和财产安全,确保安全生产形势稳定,为水利治理开发与管理事业提供坚实的安全保障;<br>目标2:全面落实安全生产责任制及各项措施,加强水库运行、在建工程、水利施工企业、水文测验、水质监测等重点领域的安全监管,提高安全生产管理水平;<br>目标3:根据水利部的统一部署,组织开展安全生产自查自纠工作,排查在建水利工程和水利生产单位的安全隐患,提出整改措施,确保全年生产安全无事故;<br>目标4:组织开展安全生产工作会议、开展安全生产专项培训、"安全生产月"专项宣传活动等,促进安全生产意识提高 | | | |
| 绩效指标 | 一级指标 | 二级指标 | 三级指标 | 分值 | 年度指标值(A) | 全年实际值(B) | 得分计算方法 | 得分 | 未完成原因分析 |
| | 产出指标 | 数量指标 | 安全生产督查/专项检查工程项目个数(≥ \*\* 个) | | \*\* | \*\* | \*\* | \*\* | \*\* |
| | 产出指标 | 数量指标 | 安全生产督查/专项检查工程项目次数(≥ \*\* 次) | | \*\* | \*\* | \*\* | \*\* | \*\* |
| | 产出指标 | 数量指标 | 审查审核/验收评价重大项目数量(≥ \*\* 个) | | \*\* | \*\* | \*\* | \*\* | \*\* |
| | 产出指标 | 数量指标 | 与机关部门、直属单位签订安全生产责任书覆盖率(≥ \*\* %) | | \*\* | \*\* | \*\* | \*\* | \*\* |
| | 产出指标 | 数量指标 | 召开会议/培训次数(≥ \*\* 次) | | \*\* | \*\* | \*\* | \*\* | \*\* |
| | 产出指标 | 数量指标 | 召开会议/培训人次数(≥ \*\* 人次) | | \*\* | \*\* | \*\* | \*\* | \*\* |

| 一级指标 | 二级指标 | 三级指标 | 分值 | 年度指标值（A） | 全年实际值（B） | 得分计算方法 | 得分 | 未完成原因分析 |
|---|---|---|---|---|---|---|---|---|
| 产出指标 | 数量指标 | 组织开展安全生产活动/网络安全生产知识竞赛/安全生产月宣传/应急演练次数（\*\* 次） | | \*\* | \*\* | \*\* | \*\* | \*\* |
| 产出指标 | 数量指标 | 组织开展安全生产活动/网络安全生产知识竞赛/安全生产月宣传/应急演练参与人次（\*\* 人次） | | \*\* | \*\* | \*\* | \*\* | \*\* |
| 产出指标 | 数量指标 | 三类人员安全生产考核数量（\*\* 人） | | \*\* | \*\* | \*\* | \*\* | \*\* |
| 产出指标 | 数量指标 | 起草报送总结/报告/文件/信息等份数（≥ \*\* 份） | | \*\* | \*\* | \*\* | \*\* | \*\* |
| 产出指标 | 数量指标 | …… | | | | \*\* | \*\* | \*\* |
| 产出指标 | 质量指标 | 安全隐患排查完成率（≥ \*\* ％） | | \*\* ％ | \*\* ％ | \*\* | \*\* | \*\* |
| 产出指标 | 质量指标 | 培训合格率（≥ \*\* ％） | | \*\* ％ | \*\* ％ | \*\* | \*\* | \*\* |
| 产出指标 | 质量指标 | …… | | | | \*\* | \*\* | \*\* |
| 产出指标 | 成本指标 | …… | | | | \*\* | \*\* | \*\* |
| 产出指标 | 时效指标 | 第一时间赶赴事故现场情况 | | 贻误≤1 次 | 贻误≤1 次 | \*\* | \*\* | \*\* |
| 产出指标 | 时效指标 | 安全生产事故信息报送时效（≤ \*\* 小时） | | \*\* | \*\* | \*\* | \*\* | \*\* |
| 产出指标 | 时效指标 | …… | | | | \*\* | \*\* | \*\* |
| 效益指标 | 经济效益指标 | 遏制生产安全事故以降低经济损失 | | 显著 | 显著 | \*\* | \*\* | \*\* |
| 效益指标 | 经济效益指标 | …… | | | | \*\* | \*\* | \*\* |
| 效益指标 | 社会效益指标 | …… | | | | \*\* | \*\* | \*\* |
| 效益指标 | 生态效益指标 | …… | | | | \*\* | \*\* | \*\* |
| 效益指标 | 可持续影响指标 | 持续提高水行政主管部门项目建设管理水平 | | 有效 | 有效 | \*\* | \*\* | \*\* |
| 效益指标 | 可持续影响指标 | …… | | | | \*\* | \*\* | \*\* |

（一级指标：绩效指标）

| | 一级指标 | 二级指标 | 三级指标 | 分值 | 年度指标值(A) | 全年实际值(B) | 得分计算方法 | 得分 | 未完成原因分析 |
|---|---|---|---|---|---|---|---|---|---|
| 绩效指标 | 满意度指标 | 服务对象满意度指标 | 上级主管部门满意度(≥ ＊＊％) | | ＊＊％ | ＊＊％ | ＊＊ | ＊＊ | ＊＊ |
| | 满意度指标 | 服务对象满意度指标 | 参加培训人员满意度(≥ ＊＊％) | | ＊＊％ | ＊＊％ | ＊＊ | ＊＊ | ＊＊ |
| | 满意度指标 | 服务对象满意度指标 | …… | | | | ＊＊ | ＊＊ | ＊＊ |
| 总分 | | | | | | | | ＊＊ | |

## 二、绩效评价报告范例

（封面）

（单位名称）20＊＊年度水利行业安全生产监督检查项目
财政支出绩效评价报告

项目名称：水利行业安全生产监督检查（20＊＊年）
项目单位：＊＊

20＊＊年＊＊月

（一）项目概况

项目名称：水利行业安全生产监督检查

项目类别：专项业务费项目

项目负责人：**　　　　　　联系电话：**

项目总预算：**万元，其中申请财政资金：**万元

项目实际到位金额：**万元，其中申请财政资金：**万元

项目实际支出金额：**万元，其中申请财政资金：**万元

项目起止时间：**年**月——**年**月

1. 项目单位基本情况

根据"三定方案"，**单位主要职责是**。**单位编制总数**名，截至**年**月，在职职工**人。**单位包括**等下级机构，该项目由**牵头，**等单位共同实施

2. 项目基本情况

（1）项目概况

党中央、国务院、水利部高度重视安全生产工作，先后颁布实施了《中华人民共和国安全生产法》、《国务院关于进一步加强安全生产工作的决定》（国发〔2004〕2号）、《建设工程安全生产管理条例》、《水利工程建设安全生产管理规定》等一系列法律、法规，将安全生产工作提高到一个前所未有的高度。上述规定均明确要求各级水行政主管部门要切实加强对水利工程的安全生产监督管理。

《安全生产法》第九条规定，国务院有关部门依照本法和其他有关法律、行政法规的规定，在各自的职责范围内对有关行业、领域的安全生产工作实施监督管理；县级以上地方各级人民政府有关部门依照本法和其他有关法律、法规的规定，在各自的职责范围内对有关行业、领域的安全生产工作实施监督管理。《建筑工程安全生产管理条例》第四十条规定，国务院铁路、交通、水利部门按照国务院规定的职责分工，负责有关专业建设工程安全生产的监督管理。《水利工程建设安全生产管理规定》第二十八条规定，流域管理机构负责所管辖的水利工程建设项目的安全生产监督管理工作。上述有关规定均要求，安全生产监督管理机构依法履行安全监督职责时，有权进入被检查单位施工现场进行检查，纠正施工中违反安全生产要求的行为，对检查中发现的安全事故隐患，责令立即排除等。《水利工程建设项目验收管理规定》（水利部第30号令）要求，安全监督机构应参加工程有关验收工作，提出安全监督报告。国家发展和改革委员会、国家安全生产监督管理局颁布实施的《关于加强建设项目安全设施"三同时"工作的通知》要求，各级安全生产监督管理部门应对具有较大安全风险的建设项目加强安全监督管理。流域水利安全监督管理职责，实施本项目将有利于贯彻落实水利安全监督的相关法律法规，确保流域水利建设顺利进行。

主要内容是组织开展水利安全生产监督管理工作，全面落实安全生产责任制及各项措施，根据水利部的统一部署，组织开展安全生产自查自纠工作，组织开展安全生产工作会议等。

（2）项目绩效目标设定情况

① 项目绩效总目标

按照全面贯彻落实科学发展观与构建和谐社会的要求，通过实施水利安全生产监督

管理项目,逐步建立健全水利安全监督制度体系和监督管理体制机制,坚持以人为本、安全发展、预防为主、综合治理,坚持标本兼治、重在治本,全面履行安全监督职责,落实监管责任,加大隐患排查治理力度,提升流域安全监督管理能力和水平,为流域安全监督管理工作提供有力支撑。

②　年度绩效目标及指标

组织开展水利安全生产监督管理工作,防止和减少生产安全事故的发生,保障人民群众生命和财产安全,确保安全生产形势稳定,为水利治理开发与管理事业提供坚实的安全保障;全面落实安全生产责任制及各项措施,加强水库运行、在建工程、水利施工企业、水文水资源等重点领域的安全监管,提高安全生产管理水平;根据水利部的统一部署,组织开展安全生产自查自纠工作,排查在建水利工程和水利生产单位的安全隐患,提出整改措施,确保全年生产安全无事故;组织开展安全生产工作会议、开展安全生产专项培训、"安全生产月"专项宣传活动等,促进安全生产意识提高。

(3)　绩效指标

①　产出指标

本项目产出指标有 ** 个,其中:

数量指标:安全生产督查/专项检查工程项目个数;安全生产督查/专项检查工程项目次数;审查审核/验收评价重大项目数量;与机关部门、直属单位签订安全生产责任书覆盖率;召开会议/培训次数;召开会议/培训人次数;组织开展安全生产活动/网络安全生产知识竞赛/安全生产月宣传/应急演练次数;组织开展安全生产活动/网络安全生产知识竞赛/安全生产月宣传/应急演练参与人次;三类人员安全生产考核数量;起草报送总结/报告/文件/信息等份数等。

质量指标:安全隐患排查完成率;培训合格率等。

时效指标:第一时间赶赴事故现场情况;安全生产事故信息报送时效等。

成本指标:设备购置成本控制方式(执行政府采购)。

②　效益指标

本项目效益指标有 ** 个,其中:

经济效益指标:遏制生产安全事故以降低经济损失等。

可持续影响指标:持续提高水行政主管部门项目建设管理水平等。

③　满意度指标

服务对象满意度指标:用户满意度抽样调查(≥ ** %)。

(4)　项目主要内容

根据水利业务工作要求及国家有关要求,水利行业安全生产监督检查项目主要通过实施以下内容。

①　组织开展水利安全生产监督管理工作,防止和减少生产安全事故的发生,保障人民群众生命和财产安全,确保安全生产形势稳定,为水利治理开发与管理事业提供坚实的安全保障。

②　全面落实安全生产责任制及各项措施,加强水库运行、在建工程、水利施工企业、水文测验、水质监测等重点领域的安全监管,提高安全生产管理水平。

③ 根据水利部的统一部署,组织开展安全生产自查自纠工作,排查在建水利工程和水利生产单位的安全隐患,提出整改措施,确保全年生产安全无事故。

④ 组织开展安全生产工作会议、开展安全生产专项培训、"安全生产月"专项宣传活动等,促进安全生产意识提高。

⑤ 其他安全生产工作。

(二)项目单位绩效报告情况

根据《绩效评价管理办法》和水利部有关要求,项目单位及时组织开展了项目绩效中期自评,收集整理了项目决策文件、预算批复以及各绩效指标值支撑材料,配合做好中期检查工作,并编制了中期检查报告;根据中期绩效监控报告的反馈,绩效监控结论为"＊＊",同时对中期检查问题进行了认真研究,积极对有关情况进行了整改落实。依据本项目绩效评价指标体系及打分方法,组织开展了自评价工作,并在自评价基础上,撰写了项目绩效报告。

项目绩效报告认为,＊＊ 年水利行业安全生产监督检查项目按程序履行申报、立项手续;具有明确的项目实施方案;绩效目标经水利部批复;各级承担单位责任主体明确,财务管理制度健全,项目的管理能够确保项目的顺利完成;项目的组织实施达到了预期的总目标和年度绩效目标,项目支出控制在预算范围之内,按项目实施方案中的进度安排全部完成,质量指标达到要求,项目的经济效益、社会效益、服务对象满意度均达到了绩效目标指标要求,基本完成了年度预设绩效目标。

(三)绩效评价工作情况

1. 绩效评价目的

通过绩效评价,对 ＊＊ 年度水利行业安全生产监督检查项目的投入、过程、产出、效果等涉及的项目立项、业务管理、财务管理、项目产出、项目效益等进行全方位的总结分析,对项目财政支出的经济性、效率性、有效性和可持续性进行客观、公正的评价,增强绩效意识,促进财政支出绩效管理,强化支出责任和效率,提高财政资金使用效率;总结经验,进一步加强预算管理改革,不断提高预算绩效管理工作水平。

2. 绩效评价原则、评价指标体系、评价方法

(1)绩效评价原则

绩效评价工作组根据《绩效评价管理办法》,结合水利行业安全生产监督检查项目实际情况,在绩效评价工作过程中,遵循科学规范、公正公开原则、绩效相关原则。

(2)绩效指标体系

根据绩效评价的要求,在上级主管部门制定的水利行业安全生产监督检查项目预算绩效评价指标体系基础上,项目单位制定了项目自评价绩效指标体系。

(3)绩效评价方法

绩效评价工作,选用多种方法进行绩效评价,坚持简便有效的原则。本项目绩效评价工作采用了成本效益分析法、比较法、因素分析法等评价方法。

通过对 20＊＊ 年度项目的支出与效益进行对比分析,以评价绩效目标实现程度;通过对项目的绩效目标与实施效果、项目实际支出与产生效益对比分析,综合分析绩效目标实现程度;通过综合分析影响绩效目标实现、实施效果的内外因素,评价绩效目标

实现程度。

3. 绩效评价工作过程

（1）前期准备

根据上级主管部门绩效评价的工作安排，项目单位制定了实施方案，组建了绩效自评价工作组，并组织学习了相关文件、政策，提前审阅了项目预算申报文本、绩效报告等材料。

（2）组织实施

绩效自评价工作中，绩效自评价工作组听取了项目单位对项目执行情况的介绍，就有关问题进行了质询，现场收集绩效评价相关资料，对资料进行审查核实；查看项目成果、资金使用管理等其他方面的资料，如检查档案资料和成果资料，重点核对可量化指标的实际完成情况；抽查审阅相关会议记录、分析材料等，结合调查问卷等核对定性指标完成情况；结合财务支出资料，核对并分析对应经费支出的合理性、真实性。在讨论答疑、查看核对资料的基础上，绩效自评价工作组参照项目预算绩效评价指标体系、评分标准和评分说明，对项目进行打分、统计，最后得出该项目绩效评价分值。

根据资料审查核实情况、绩效评价分值、绩效评价等级和被评价单位的答疑、初步反馈意见，绩效评价工作组集体起草、讨论、综合分析并形成评价结论。

在绩效自评价工作中，充分利用了项目绩效目标运行情况中期检查报告的成果。

（3）分析评价

对项目的投入、过程、产出、效果等进行分析，与绩效评价指标体系对比并进行打分。对项目的经济性、效率性和效益性进行分析，结合指标体系打分情况做出项目的综合评价情况和评价结论，最终形成绩效报告。

（四）绩效评价指标分析情况

1. 项目资金情况分析

（1）项目预算及资金到位情况分析

① 预算编制情况。项目预算明细及各部分支出内容的测算依据如下：

维修（护）费 ** 万元（包括通信系统维护 ** 万元，防汛会商系统维护 ** 万元，机房维护 ** 万元），电费 ** 万元，差旅费 ** 万元，租赁费 ** 万元，办公设备购置 ** 万元、专用设备购置 ** 万元。

② 资金到位情况。20 ** 年 ** 月，** 以《** 关于批复 ** 年预算的通知》（** 〔20 ** 〕** 号）批复水利行业安全生产监督检查项目经费 ** 万元，其中财政资金 ** 万元，资金到位率 ** ％。

（2）项目资金使用情况分析

** 年度水利行业安全生产监督检查项目，实际到位预算资金 ** 万元，实际支出预算资金 ** 万元，已序时有效地全部完成了 ** 年度预算执行工作（项目经费预决算对比情况见表 14-7）。

项目单位会计核算规范，预算控制有效，未发现支出依据不合规、虚列项目支出的情况，未发现截留、挤占、挪用项目资金的情况，未发现超标准开支情况。项目执行进度科学合理，达到预算执行进度目标要求。

表 14-7　项目预算执行情况对照表　　　　　　单位:万元

| | 科　目 | 预　算 | 执　行 | 差　额 |
|---|---|---|---|---|
| 资金来源 | 合　计 | ** | ** | ** |
| | 财政拨款 | ** | ** | ** |
| | 其他资金 | ** | ** | ** |
| 支出明细 | 合　计 | ** | ** | ** |
| | 办公费 | ** | ** | ** |
| | 印刷费 | ** | ** | ** |
| | …… | …… | …… | …… |
| 项目经费结转(结余) | | ** | | |

(3)项目资金管理情况分析

① 财务管理制度制定情况

项目单位认真贯彻国家相关制度办法,同时结合工作实际,先后制订了《**项目资金管理办法》《**预算管理办法》等规章制度,从资金管理、预算管理、资产管理、合同管理等方面不断完善水利行业安全生产监督检查项目的管理制度体系,健全财务管理制度。

② 财务制度执行情况

**年水利行业安全生产监督检查项目实行专项管理,在经费使用上,严格按照《中央本级项目支出预算管理办法》等财政部有关规定执行,预算经费独立核算、专款专用,各项支出均按照财务管理各项规章制度要求,做到经费支出合理,经常核查项目具体实施进度,确保项目按进度计划实施,做好水利行业安全生产监督检查资金的管理和财务核算,切实有效保证各项水利行业安全生产监督检查工作的顺利完成,预算执行情况良好。

通过各项制度的严格执行,**年项目执行中未出现违法违规现象,资金支出安全有效,财务运行健康有序。

2. 项目实施情况分析

(1)项目组织情况分析

水利行业安全生产监督检查项目由**单位统一管理,由**、**等单位共同承担。水利行业安全生产监督检查项目组织机构健全,项目目标与责任分工明确,组织实施程序符合业务规范要求,项目主要参与人员经验丰富,技术力量雄厚,基础设施设备条件完备,能够确保项目顺利、高效、高质地完成。

**单位作为项目主管部门切实履行项目管理职责,指导、督促各单位扎实开展业务工作;**单位财务主管部门及时批复项目预算和绩效目标,监督、指导资金管理和使用。各承担单位任务分工明确,切实可行,根据编制的《水利行业安全生产监督检查项目**年度实施方案》,细化梳理年度工作任务,主要业务工作制定详细的工作计划、工作方案,同时,把工作责任落实到班子成员、部门和个人,做到有计划、有安排、有检查、有督促,充分利用现有人员、技术、设备等支撑条件,加强质量控制和服务保障,合理安排开展水利行业安全生产监督检查业务。项目完成后,各预算执行单位按照规定分别组织完成了项目自验工作。

根据目前项目单位的职能及技术力量,本着管养分离的原则,充分利用社会资源,委托有经验、能力的社会企业承担系统的日常维护、检修工作,规范系统的管理,提高系统运行维护管理的能力。目前各项工作均已按照计划进度实施完成,截止至 ∗∗ 年 ∗∗ 月,全部外委项目均已通过合同验收。在设备管理上,项目单位通过政府采购网批量集中采购方式采购,固定资产已验收入账。在项目实施过程中,项目单位注重档案资料的归纳与管理,按资料清单要求完成项目实施过程中资料收集和管理工作,工作及时,资料基本完整。

(2)项目管理情况分析

① 水利行业安全生产监督检查业务管理制度健全

水利行业安全生产监督检查项目由 ∗∗ 、∗∗ 共同承担。水利行业安全生产监督检查项目承担单位机构健全,项目目标与责任分工明确,组织实施程序符合业务规范要求,项目主要参与人员经验丰富,技术力量雄厚,基础设施设备条件完备,能够确保项目的顺利、高效、高质完成。

② 制度执行有效、质量可控

在外委项目的管理上,项目单位均严格执行《 ∗∗ 》等规定,规范了项目实施程序,切实加强项目合同全过程的监管。合同订立前均认真审查委托单位的资信情况,以及履行合同应具有的相应资质和业务能力,审核通过后方可签订。合同验收后,经相关领导签字审核方可结算(项目委托业务实施情况见表 14-8)。

表 14-8 项目委托业务费实际支出与计划对照表

| 序号 | 合同名称 | 被委托单位 | 预算金额(万元) | 实际金额(万元) |
|------|----------|------------|------------------|------------------|
| 1 | ∗∗ | ∗∗ | ∗∗ | ∗∗ |
| 2 | ∗∗ | ∗∗ | ∗∗ | ∗∗ |
| ... | ... | ... | ... | ... |
| 合 计 | | | ∗∗ | ∗∗ |

(3)项目绩效情况分析

① 项目的经济性分析

项目成本(预算)控制情况。项目单位针对项目工作实际,合理确定外委项目,并通过定向委托等方式确定合作单位,通过合同洽谈等工作,进一步明确合同内容,提高了外委资金使用效益。开展日常工作中,尽量通过业务系统、电子邮件、实时通讯工具等传输电子文档,有效减少了纸张及办公耗材等日常办公开支和邮电费用。对于符合政府采购要求的商品和服务,严格按照《政府采购法》《招投标法》等法律法规实施政府采购,∗∗ 年度水利行业安全生产监督检查项目通过政府采购便携式计算机 ∗∗ 台、台式计算机 ∗∗ 台、照相机 ∗∗ 台,目前均已通过政府采购实施完成。维护成本与上年持平,线路租用成本和数据采购成本均控制在预算内。项目预算执行严格按照预算控制数,资金使用安全,无违规使用项目经费情况。项目支出总金额没有突破年度预算,项目预算总体控制较好。

项目成本(预算)节约情况。项目单位厉行节约,多措并举严格控制项目成本。推行无纸化办公、双面打印等,节约办公耗材;通过政府采购进行设备购置,节约资金。

② 项目的效率性分析

项目的实施进度。根据项目实施方案中的进度安排,该项目按计划全部完成。项目的实施进度基本均衡,项目进度安排与实际完成情况对比,所有内容均满足要求。

项目单位水利行业安全生产监督检查工作有序开展、及时有效,全部完成了项目预期目标。包括 ** 。

项目完成质量。根据项目实施方案,完成了 ** 。

③ 项目的效益性分析

通过水利行业安全生产监督检查项目的开展,经济效益方面,为遏制生产安全事故以降低经济损失等,可持续影响指标主要包括持续提高水行政主管部门项目建设管理水平等经济效益方面。

④ 项目的可持续性分析

可持续影响方面,水利行业安全生产监督检查,提高了流域安全生产管理水平,促进安全生产意识提高,防止和减少生产安全事故的发生,保障人民群众生命和财产安全,确保安全生产形势稳定,为水利治理开发与管理事业提供坚实的安全保障(绩效目标完成情况详见表 14-9)。

**附表 14-9　水利行业安全生产监督检查项目支出绩效目标完成情况对照表**

| 序号 | 绩效指标批复情况 | | | | 绩效指标完成情况 |
| --- | --- | --- | --- | --- | --- |
| | 一级指标 | 二级指标 | 指标内容 | 指标值 | 已完成指标值 |
| 1 | 产出指标 | 数量指标 | 安全生产督查/专项检查工程项目个数(≥** 个) | ** | ** |
| 2 | | | 安全生产督查/专项检查工程项目次数(≥** 次) | ** | ** |
| 3 | | | 审查审核/验收评价重大项目数量(≥** 个) | ** | ** |
| 4 | | | 与机关部门、直属单位签订安全生产责任书覆盖率(≥** %) | ** | ** |
| 5 | | | 召开会议/培训次数(≥** 次) | ** | ** |
| 6 | | | 召开会议/培训人次数(≥** 人次) | ** | ** |
| 7 | | | 组织开展安全生产活动/网络安全生产知识竞赛/安全生产月宣传/应急演练次数(** 次) | ** | ** |
| 8 | | | 组织开展安全生产活动/网络安全生产知识竞赛/安全生产月宣传/应急演练参与人次(** 人次) | ** | ** |
| 9 | | | 起草报送总结/报告/文件/信息等份数(≥** 份) | ** | ** |

| 序号 | 一级指标 | 二级指标 | 指标内容 | 指标值 | 已完成指标值 |
|---|---|---|---|---|---|
| | | | 绩效指标批复情况 | | 绩效指标完成情况 |
| 10 | 产出指标 | 质量指标 | 安全隐患排查完成率(≥** %) | ** % | ** %(达标) |
| 11 | | | 培训合格率(≥** %) | ** % | ** %(达标) |
| 12 | | 时效指标 | 第一时间赶赴事故现场情况 | 贻误≤** 次 | 达标 |
| 13 | | | 安全生产事故信息报送时效(≤** 小时) | ** | 达标 |
| 14 | | | 对地方水行政主管部门督查、考核完成时间 | 按相关文件要求 | 达标 |
| 15 | | 成本指标 | 设备购置成本控制方式 | 执行政府采购 | 达标 |
| 16 | 效益指标 | 经济效益指标 | 遏制生产安全事故以降低经济损失 | 效果显著 | 达标 |
| 17 | | 社会效益指标 | 促进水利行业安全生产稳定发展 | 有效 | 达标 |
| 18 | | | 降低安全生产事故发生率 | 显著 | 达标 |
| 19 | | 生态效益指标 | 确保河道湖泊防洪安全、供水安全和水生态安全 | 有效 | 达标 |
| 20 | | 可持续影响指标 | 持续提高水行政主管部门项目建设管理水平 | 有效 | 达标 |
| 21 | | | 安全生产法规、制度建设完善 | 完善 | 达标 |
| 22 | 满意度指标 | 服务对象满意度指标 | 上级主管部门满意度(≥** %) | ** | ** %(达标) |
| 23 | | | 参加培训人员满意度(≥** %) | ** | ** %(达标) |
| 24 | | | 被监督对象满意度(≥** %) | ** | ** %(达标) |

（五）综合评价工作情况及评价结论

1. 评价工作开展情况

项目绩效评价工作组通过听取项目执行情况的介绍,查阅了项目自评价报告,现场收集了项目绩效评价相关资料,并对资料进行了审查核实;查看了项目成果、资金使用管理等其他方面的资料,如检查档案资料和成果资料,重点核对可量化指标的实际完成情况;结合财务支出资料,核对并分析对应经费支出的合理性、真实性并抽查至相关的原始资料、合同;就发现的有关问题进行了质询,并进行了记录。

在讨论答疑、查看核对资料的基础上,项目绩效评价工作组依据水利行业安全生产监督检查项目的评价体系、评分标准、评分说明,对项目进行打分、统计,最后得出该项目绩效评价分值。

2. 评价结论

项目绩效评价工作组认为 ** 单位 ** 年度水利行业安全生产监督检查项目立项过程合规,绩效目标明确、量化,资金预算分配合理,能按照实施方案和批复的绩效目标组织实施。各承担单位责任分工明确,各项管理制度较为健全,项目管理较为完善、规范,资金使用规范有效。项目实施完成了预期的绩效目标并达到了预期结果。

　　\*\*年度水利行业安全生产监督检查综合评价得分为\*\*分,其中项目投入得分\*\*分、项目过程得分\*\*分、项目产出得分\*\*分、项目效果得分\*\*分,绩效评定级别为"\*\*"。整体上,该项目投入、过程、产出及效果4个方面完成情况均较好,从前期项目立项及内容设计,到中间项目过程管理,以及最后项目产出、效果实现,均未出现较为薄弱管控环节或执行风险,项目总体执行情况较好,完成质量较高(项目绩效评价指标体系及评分情况见表14-10)。

表 14-10　\*\*年度水利行业安全生产监督检查项目绩效评价指标体系及评分标准

| 一级指标 | 分值 | 二级指标 | 分值 | 三级指标 | 分值 | 四级指标 | 分值 | 指标解释 | 计划指标值 | 实际完成值 | 评价标准 | 得分 |
|---|---|---|---|---|---|---|---|---|---|---|---|---|
| 投入 | 20 | 项目立项 | 18 | 项目立项规范性 | 2 | 立项程序规范完整性 | 1 | 项目申请、设立的程序及相关资料是否符合相关要求,如"是否经过专家可行性研究(实施方案)、专家论证、风险评估、集体决策"等。用以反映和考核项目立项程序的规范完整性 | —— | —— | 预算申报材料(申报文本、绩效目标、实施方案),共3项材料,每缺少一项扣0.5分,扣至0分为止 | \*\* |
| | | | | | | 立项论证的充分性 | 1 | 项目申请、设立的论证是否充分。用以反映和考核项目立项论证的充分性 | —— | —— | 1.项目申请、设立的论证充分,1分;2.项目申请、设立的论证较充分,0.5分;3.项目申请、设立的论证充分性不够,0分 | \*\* |
| | | | | 绩效目标合理性 | 8 | 目标与职能的相符性 | 2 | 项目所设定的绩效目标与项目单位职能是否相符。用以反映和考核项目绩效目标与单位职能相符情况 | —— | —— | 1.绩效目标符合项目单位职能,2分;2.绩效目标较符合项目单位职能,1~2分;3.绩效目标与项目单位职能不够相符,0~1分 | \*\* |

| 一级指标 | 分值 | 二级指标 | 分值 | 三级指标 | 分值 | 四级指标 | 分值 | 指标解释 | 计划指标值 | 实际完成值 | 评价标准 | 得分 |
|---|---|---|---|---|---|---|---|---|---|---|---|---|
| 投入 | 20 | 项目立项 | 18 | 绩效目标合理性 | 8 | 目标政策依据的充分性 | 2 | 项目所设定的绩效目标是否依据充分。用以反映和考核项目绩效目标与国家政策、部门事业发展纲要（规划）的相符情况 | —— | —— | 1.项目目标与政策文件、行业规划、部门事业总体规划的相符性，满分为1分，专家根据相符情况酌情给分。2.目标与项目规划的相符性，满分为1分，专家酌情给分。一般情况，项目自身应制定中长期规划或者有明确的事业规划为基础，且年度目标与项目中长期规划相符 | ** |
| | | | | | | 目标与现实需求相符性 | 2 | 项目所设定的绩效目标是否符合现实需求。用以反映和考核项目绩效目标与现实需求的相符情况 | —— | —— | 1.绩效目标符合现实需求，2分；2.绩效目标较符合现实需求，1~2分；3.绩效目标与现实需求不够相符，0~1分 | ** |
| | | | | | | 关键目标的明确合理性 | 2 | 项目绩效目标的关键目标是否明确、合理，指标值是否经过调查研究和科学论证，符合客观实际，能够在一定期限内如期实现。用以反映绩效目标的明确性以及指标值的合理性 | —— | —— | 1.包含关键目标且指标值设置合理，2分；2.包含关键目标，但指标值设置不够合理，1~2分；3.没有关键目标，0~1分 | ** |
| | | | | 绩效指标明确性 | 8 | 绩效指标细化、量化程度 | 2 | 绩效指标(产出指标,效果指标)是否清晰、细化、量化,不能以量化形式表述的是否可衡量。用以反映和考核项目绩效目标的明细化及量化情况 | —— | —— | 1.绩效指标清晰、细化、量化，2分；2.绩效指标较清晰、细化、量化，1~2分；3.绩效指标不够清晰、细化、量化，0~1分 | ** |

| 一级指标 | 分值 | 二级指标 | 分值 | 三级指标 | 分值 | 四级指标 | 分值 | 指标解释 | 计划指标值 | 实际完成值 | 评价标准 | 得分 |
|---|---|---|---|---|---|---|---|---|---|---|---|---|
| 投入 | 20 | 项目立项 | 18 | 绩效指标明确性 | 8 | 绩效指标分解批复的合理性（选用） | 2 | 项目绩效指标是否进行合理分解批复。用以反映打捆项目绩效目标的向下分解情况 | —— | —— | 1.绩效指标分解批复合理,2分；2.绩效指标分解批复较合理,1～2分；3.绩效指标分解批复不够合理,0～1分 | ** |
| | | | | | | 绩效指标与绩效目标的匹配性 | 2 | 项目绩效指标是否与绩效目标关联,绩效指标是否充分体现绩效目标。用以反映绩效指标与绩效目标的匹配情况 | —— | —— | 1.绩效指标与绩效目标匹配,2分；2.绩效指标与绩效目标较匹配,1～2分；3.绩效指标与绩效目标不够匹配,0～1分 | ** |
| | | | | | | 绩效指标与预算的匹配性 | 2 | 绩效指标与预算是否匹配。用以反映和考核项目绩效指标与项目预算的对应情况 | —— | —— | 1.绩效指标与项目预算匹配,2分；2.绩效指标与项目预算较匹配,1～2分；3.绩效指标与项目预算不够匹配,0～1分 | ** |
| | | 资金落实 | 2 | 资金足额到位性 | 1 | 资金到位率 | 1 | 实际到达最末级单位的资金金额与计划投入资金的比率,用以反映和考核资金落实情况对项目实施的总体保障程度。资金到位率＝(实际到位资金/预算金额)×100%。实际到位资金:一定时期内实际落实到具体项目的资金。预算资金:一定时期内计划投入到具体项目的资金 | —— | —— | 得分＝资金到位率×1分 | ** |
| | | | | 资金及时到位性 | 1 | 资金到位及时率 | 1 | 考核资金到达各级单位的的及时性,预算批复后资金是否在15个工作日内下达 | —— | —— | 1.预算批复后资金在15个工作日内下达,1分；2.预算批复后资金在20个工作日内下达,0.5分；3.预算批复后资金超过20个工作日下达,0分 | ** |

| 一级指标 | 分值 | 二级指标 | 分值 | 三级指标 | 分值 | 四级指标 | 分值 | 指标解释 | 计划指标值 | 实际完成值 | 评价标准 | 得分 |
|---|---|---|---|---|---|---|---|---|---|---|---|---|
| 过程 | 25 | 业务管理 | 13 | 业务管理制度健全性 | 3 | 业务管理制度健全性 | 3 | 项目实施单位针对项目相关业务内容,所适用的业务管理制度是否明确,自身制定的业务管理制度是否健全,包括项目的设立、质量管理、安全管理、项目验收等流程管理制度。用以反映管理制度的健全性 | —— | —— | 1.业务管理制度健全,3分;<br>2.业务管理制度较健全,1.5～3分;<br>3.业务管理制度不够健全,0～1.5分 | ** |
| | | | | 制度执行有效性 | 6 | 业务执行与制度相符性 | 2 | 业务执行(如立项、实施、政府采购、质量安全管理、项目验收等)是否符合相关的法律、法规,是否符合相关业务管理制度要求。用以反映业务执行与法律法规、业务管理制度的相符性 | —— | —— | 1.业务执行符合相关法律法规、业务管理制度的要求,2分;<br>2.业务执行较符合相关法律法规、业务管理制度的要求,1～2分;<br>3.业务执行不够符合相关法律法规、业务管理制度的要求,0～1分 | ** |
| | | | | | | 项目档案的完备性和正确性 | 3 | 项目档案是否能完整反映业务流程的各个环节,档案资料内容是否正确、不矛盾冲突。用以反映和考核项目档案的质量 | —— | —— | 1.项目档案完备且资料内容正确,3分;<br>2.项目档案较完备且资料内容较正确,1.5～3分;<br>3.项目档案不够完备且资料内容不够正确,0～1.5分 | ** |
| | | | | | | 调整手续履行情况 | 1 | 业务工作内容调整手续是否按制度履行。用以反映调整手续的执行情况 | —— | —— | 1.严格按照制度履行调整手续,1分;<br>2.较严格按照制度履行调整手续,0.5分;<br>3.未能严格按照制度履行调整手续,0分 | ** |

| 一级指标 | 分值 | 二级指标 | 分值 | 三级指标 | 分值 | 四级指标 | 分值 | 指标解释 | 计划指标值 | 实际完成值 | 评价标准 | 得分 |
|---|---|---|---|---|---|---|---|---|---|---|---|---|
| 过程 | 25 | 业务管理 | 13 | 项目质量可控性 | 4 | 质量标准健全性 | 2 | 项目实施单位是否已制定或具有相应的项目质量要求或标准。用以反映和考核项目质量标准建设情况 | —— | —— | 1.制定的项目质量要求或标准健全,2分;<br>2.制定的项目质量要求或标准较健全,1~2分;<br>3.制定的项目质量要求或标准不够健全,0~1分 | ** |
| | | | | | | 管控措施有效性 | 2 | 项目实施单位是否为达到项目质量要求而采取了必需且有效的措施。用以反映和考核项目实施单位对项目质量的控制情况 | —— | —— | 1.为达到项目质量要求而采取的管控措施有效,2分;<br>2.为达到项目质量要求而采取的管控措施较有效,1~2分;<br>3.未采取必需且有效的管控措施,项目完成质量较差,0~1分 | ** |
| | | 财务管理 | 12 | 财务管理制度健全性 | 3 | 财务管理制度健全性 | 3 | 项目实施单位的财务管理制度是否全面、完整、合理。用以反映和考核财务管理制度对资金规范、安全运行的保障情况 | —— | —— | 1.财务管理制度全面、完整、合理,3分;<br>2.财务管理制度较全面、完整、合理,1.5~3分;<br>3.财务管理制度不够全面、完整、合理,0~1.5分 | ** |
| | | | | 资金使用合规性 | 6 | 资金使用合法合规性 | 3 | 资金使用是否单独核算、符合会计核算制度、有完整的审批手续,项目的重大开支是否经过评估认证;委托单位的遴选程序是否符合相关法律法规要求,如招投标、多家方案比选等;项目资金使用是否存在截留、挤占、挪用、虚列支出等情况。用以反映和考核项目资金使用的合法合规情况 | —— | —— | 1.资金使用合法合规,3分;<br>2.资金使用较合法合规,1.5分;<br>3.资金使用不够合法合规,0分 | ** |

| 一级指标 | 分值 | 二级指标 | 分值 | 三级指标 | 分值 | 四级指标 | 分值 | 指标解释 | 计划指标值 | 实际完成值 | 评价标准 | 得分 |
|---|---|---|---|---|---|---|---|---|---|---|---|---|
| 过程 | 25 | 财务管理 | 12 | 财务监控有效性 | 3 | 资金使用与预算的一致性 | 3 | 项目资金使用是否符合项目预算批复用途。用以反映和考核项目资金使用与预算的一致性 | —— | —— | 1.资金使用与预算批复一致,3分;2.资金使用与预算批复较一致,1.5~3分;3.资金使用与预算批复不够一致,0~1.5分 | ** |
| | | | | | | 财务监控有效性 | 4 | 项目实施单位是否为保障资金的安全、规范运行而建立了内控管理制度,是否采用了必要的监控措施,如不相容岗位相互分离、内部授权审批控制、预算控制、会计控制、单据控制、信息内部公开等,是否做到会计核算规范、信息真实。用以反映和考核项目实施单位对资金运行的控制情况 | —— | —— | 1.财务监控机制健全,管控措施有效,3分;2.财务监控机制较健全,管控措施较有效,1.5~3分;3.财务监控机制不够健全,管控措施不够有效,0~1.5分 | ** |
| 产出 | 25 | 项目产出 | 25 | 实际完成率 | 16 | 安全生产督查/专项检查工程项目个数 | 5 | 项目实施的实际产出数与计划产出数的比率,用以反映和考核项目产出数量目标的实现程度。实际完成率=(实际产出数/计划产出数)×100%。实际产出数:一定时期(本年度或项目期)内项目实际产出的产品或提供的服务数量。计划产出数:项目绩效目标确定的在一定时期(本年度或项目期)内计划产出的产品或提供的服务数量 | ** | | 得分=实际完成率×5分,超过5分的按5分计 | ** |
| | | | | | | 安全生产督查/专项检查工程项目次数 | 4 | | ** | | 得分=实际完成率×4分,超过4分的按4分计 | ** |
| | | | | | | 审查审核/验收评价重大项目数量 | 4 | | ** | | 得分=实际完成率×5分,超过5分的按5分计 | ** |
| | | | | | | 召开会议/培训次数 | 3 | | ≥365天全年不间断 | | 得分=实际完成率×3分,超过3分的按3分计 | ** |

续　表

| 一级指标 | 分值 | 二级指标 | 分值 | 三级指标 | 分值 | 四级指标 | 分值 | 指标解释 | 计划指标值 | 实际完成值 | 评价标准 | 得分 |
|---|---|---|---|---|---|---|---|---|---|---|---|---|
| 产出 | 25 | 项目产出 | 25 | 质量达标情况 | 6 | 安全隐患排查完成率 | 3 | 对照实际批复的绩效目标,对项目质量达标情况进行评价 | ≥98% | | 1.达到既定标准,1分;<br>2.未达到既定标准,偏差5%以内,0.5分;<br>3.未达到既定标准,偏差5%以上,0分 | ** |
| | | | | | | 培训合格率 | 3 | | ≥99% | | 1.达到既定标准,1分;<br>2.未达到既定标准,偏差5%以内,0.5分;<br>3.未达到既定标准,偏差5%以上,0分 | ** |
| | | ** | ** | ** | ** | ** | ** | ** | ** | ** | ** | ** |
| 得分合计 | | | | | | | | | | | | ** |

说明:产出、效果指标中,三级、四级指标需根据上级批复的绩效目标表修改指标内容,分值根据修改后的指标进行合理赋分,保持一级指标总分不变。

（六）绩效评价结果应用建议

1. 预算安排

该项目绩效评价结果为"优秀",项目预算发挥良好效果,达到预期效益,建议安排下一年度预算时应优先安排。

2. 评价结果公开

建议以合适方式在项目单位及上级主管单位政务网站予以公开。

（七）主要经验及做法、存在的问题和建议

1. 主要经验、做法

从水利行业安全生产监督检查项目实施情况看,整个项目从资金安排、项目管理等方面均有充分考虑,顺利完成了各项预定的绩效指标。主要经验及做法有:一是在项目实施与管理过程中,严格遵守各项政策、法规及相关管理制度,确保各项工作合法有序开展;二是细化分解任务,各部门按照职责分工各司其职,保障了项目的顺利实施;三是强化项目过程控制,及时指导各部门按照进度做好项目管理;四是严格合同管理,保证资金使用规范。

2. 存在问题和建议

（1）进一步完善项目绩效目标,提高指标设置科学合理性。项目绩效指标设置不够全面合理,未能全部反映项目实施内容,个性指标缺乏,成本指标和满意度指标较少,效益指标不够清晰且缺乏量化指标。建议项目单位结合项目实际情况,研究制定更为科学合理、重点体现项目产出及效果的绩效指标。在社会效益指标中,重点增加对水利事业发展影响的指标;在可持续影响指标中,着重从项目实施对水利事业产生后续影响等方面进行考虑、设置。

(2)……

(八)其他需要说明的问题

无。

# 第十五章　科研机构基本科研业务费项目

近年来,随着水利事业的迅猛发展和国家"十三五"科技规划的逐步推进,水利科研事业发展迅速,基础性研究的投入逐步加大,"科研机构基本科研业务费"项目已成为水利科研工作最稳定的基础支撑,专项经费发挥了重要作用,产生了良好效益。"科研机构基本科研业务费"项目的实施,有利于营造集中精力、潜心研究的良好氛围,有利于充分调动科研人员的创新热情,为提高科研工作的延续性和促进成果产出创造了良好环境,显著提高了水利科研单位科技创新能力,促进了青年科技人才的成长,发挥了项目储备与孵化的关键作用。

根据《项目支出预算管理意见》,水利部在中央部门预算中设置"科研机构基本科研业务费",属于通用一级项目,目前该项目下没有设置二级项目。本章以一级项目"科研机构基本科研业务费"项目为例,介绍"科研机构基本科研业务费"项目绩效评价的内容、目标、指标,以及绩效评价报告的编写,旨在提高基本科研业务费专项资金使用效果、效率和效益,研究建立基本科研业务费绩效评价相关制度,对水利科研院所承担的"科研机构基本科研业务费"绩效情况进行追踪问效。

## 第一节　绩效评价的内容

### 一、项目概述

2006 年 12 月,为贯彻落实《国家中长期科学和技术发展规划纲要(2006—2020 年)》,中央财政设立了"中央级公益性科研院所基本科研业务费专项资金"(以下简称"基本科研业务费专项"),用于支持科研院所开展符合公益职能定位,代表学科发展方向,体现前瞻布局的自主选题研究工作,以促进科研院所持续创新能力的提升。基本科研业务费专项因其定位于公益性立项、非竞争性稳定支持、科研院所自主安排和着眼于培养优秀中青年科技人才等特点,受到广大科研人员和科研院所的普遍欢迎。该项目的设立和实施为水利行业科研院所提供了统筹谋划、引导发展等调控手段,在提升水利行业科研院所自主创新能力、原始创新水平和高层次人才培养能力等方面发挥了不可替代的作用。

为加强对中央级公益性科研院所自主开展科学研究的稳定支持,进一步规范科研业务费专项资金的使用和管理,提高资金使用效率,财政部于 2016 年修订印发了《中央级公益性科研院所基本科研业务费专项资金管理办法》(财教〔2016〕268 号)(以下简称《基本科研业务费资金管理办法》），对基本科研业务费绩效评价做出了新规定"中期绩效评价一般每三年开展一次，对基本科研业务费管理和使用绩效进行全面考核。中期绩效评价结果需报财政部备案，作为以后年度预算安排的重要依据"。

基本科研业务费为中央财政专项国库经费，由财政部核定科研院所基本科研业务费支出规划及年度预算，以项目支出"科研机构基本科研业务费"方式随部门预算下达，功能分类科目为"社会公益研究（2060 302）"经费执行期为一年。目前基本科研业务费的管理和使用原则包括：

（1）稳定支持，长效机制。基本科研业务费稳定支持科研院所培育优秀科研人才和团队，为科研院所形成有益于持续发展、不断创新的长效机制提供经费支持。

（2）分类分档，动态调整。财政部根据院所规模、学科特点、绩效评价结果等，结合财力可能，确定分类分档支持标准，并结合科研院所预算执行情况等因素每年对经费进行动态调整。

（3）依托院所、突出重点。基本科研业务费的使用应当依托科研院所已有的科研条件、设施和环境，优先支持有助于科研院所符合职能定位、实现学科布局与发展规划目标、有利于培育优秀科研人才和团队的选题以及所属行业基础性、支撑性、应急性科研工作。

（4）专款专用，严格管理。科研院所应当充分发挥基本科研业务费管理的法人责任，建立健全基本科研业务费内部管理制度，将基本科研业务费纳入依托单位财务统一管理，单独核算，专款专用。

## 二、主要内容

中央财政支持的基本科研业务费使用方向包括：由科研院所自主选题开展的科研工作；所属行业基础性、支撑性、应急性科研工作；团队建设及人才培养；开展国际科技合作与交流；科技基础性工作等其他工作。水利"科研机构基本科研业务费"项目主要内容也是在中央财政支持的基本科研业务费使用范围内，围绕各水利科研单位的科研实际工作明确。

（一）由科研院所自主选题开展的科研工作

瞄准学科发展国际前沿，围绕行业改革发展科技需求，重点支持以增强科研院所传统学科优势，拓展新兴交叉学科，为提升科研院所公益性、前瞻性和基础性研究能力，以及破解重大技术难题进行的自主选题科研工作。

（二）所属行业基础性、支撑性、应急性科研工作

按照水利部的部署和要求，围绕水利行业中心工作，重点支持行业基础性、支撑性、应急性科研工作。

（三）团队建设及人才培养

开展高端人才培养、创新团队建设，以及开展基础与应用基础研究、关键技术研发、科技成果转化等高层次人才和青年科技人员培养等。

（四）开展国际科技合作与交流

开展国际科技合作与交流，加强国际科技项目研究和国际复合型人才队伍建设等。

（五）科技基础性工作等其他工作

重点支持学科前沿性研究、科研基础数据获取和分析、标准前期研究、信息化工作研究、科研平台支撑研究、科研支撑性工作研究、创新成果凝练、科技成果转化、科技调研等工作。

### 三、绩效评价基本内容

"科研机构基本科研业务费"项目作为科研院所可自主安排的稳定资助科研计划,为统筹规划水利学科建设发展、培育和组建水利科技创新团队提供了重要手段。项目绩效评价的基本内容包括绩效目标设定、资金投入和使用、制度和措施保障、实现程度及效果等以下几个方面进行评价。

（一）绩效目标的设定情况

通过近年"科研机构基本科研业务费"项目的支持,培养一批青年科研骨干;增强开展基础研究和应用基础研究的能力;通过重大项目研究,对现有的或引进的科研仪器设备进行消化吸收和升级改造,提升科研能力;同时跟踪国际科技前沿,强化水利领域内公益性、基础性、前瞻性项目研究,重视应用基础研究,对重大热点和难点问题密切关注,尽快形成应急反应机制,培养一批高层次科研人才,结合国家和部级重点实验室建设,构建一支优秀创新团队,为政府决策提供技术咨询和技术支持;研发一批面向行业技术更新改造和现代化的行业战略高技术,促进行业科技进步,增强科研院所创新实力,努力保持科研院所科研工作的稳步发展,为实现我国水科学研究的再跨越做出更大贡献。

根据项目三年规划和年度预算安排,水利单位"科研机构基本科研业务费"项目绩效目标的设定应依据财政部绩效目标管理规定、"科研机构基本科研业务费"项目工作内容,以及如何有效保障"科研机构基本科研业务费"项目研究内容落到实处为落脚点,充分发挥"科研机构基本科研业务费"项目的绩效,提高资金使用效益。

（二）资金的投入和使用情况

"科研机构基本科研业务费"项目资金的来源全部为财政性资金,财政部门应保障"科研机构基本科研业务费"项目资金足额、及时到位。资金的使用也需按照财政资金管理规定,根据预算批复单独核算、专款专用,具体开支范围由科研院所按照基本科研业务费管理等规定,结合本单位实际情况确定。但不得开支有工资性收入的人员工资、奖金、津补贴和福利支出,不得分摊院所公共管理和运行费用(包含科研房屋占用费),不得开支罚款、捐赠、赞助、投资等,不得截留、挤占、挪用、虚列项目资金。

（三）制度和措施保障情况

"科研机构基本科研业务费"项目支出主要依据《基本科研业务费资金管理办法》确定的范围、内容和标准。水利单位需制定"科研机构基本科研业务费"项目质量要求或标准,档案资料管理齐全,建立健全科研信用制度及公开公示机制等,为实现项目绩效目标采取了有效的管控措施,及时组织项目验收。财务管理制度健全,内部控制措施到位,资金按照预算批复,使用合法合规。

（四）实现程度及效果

"科研机构基本科研业务费"项目绩效涉及到的产出指标应覆盖维护的全部工作内容,产出指标应全部实现,对由于指标内容及指标值设置不合理导致的未完成情况,如果工作正常完成,不影响项目整体目标实现,且不涉及预算金额调整的,也可视同产出指标全部完成。如遇不可抗力或其他合理原因导致的指标未完成,理由充分且项目单位采取了有效的应对措施,可视同产出指标基本完成。

"科研机构基本科研业务费"项目绩效涉及到的效益指标和满意度指标,应对照批复的绩效目标,对项目产生的效益和项目服务对象的满意度情况进行评价。

（五）其他内容

"科研机构基本科研业务费"项目支出范围和内容相对固定,支出标准受科技进步、市场波动及地域的影响较大,在评价实际支出过程应结合项目实施期间的情况和水利单位所在地域进行分析,不宜按统一标准确定。

# 第二节　绩效评价的目标

## 一、项目主要内容

"科研机构基本科研业务费"项目绩效目标是指项目在规划期或年度达到的产出和效果。

（一）预期产出

"科研机构基本科研业务费"项目主要是为水利基础性科学研究提供经费保障,预期产出提供的公共产品和服务的数量主要应该是覆盖水利基础性科学研究的科技成果、人才培养等。

（二）预期效果

"科研机构基本科研业务费"项目预期效果:

（1）经济效益:通过提出一批事关水利行业发展全局性方向性的宏观战略研究成果和一批具有原创性的基础研究和应用研究成果,培养一批高层次科研人才,为政府决策提供技术咨询和技术支持;研发一批面向行业技术更新改造和现代化的行业战略高技术,促进行业科技进步,为实现我国水科学研究的再跨越做出更大贡献,发挥巨大的经济效益。

（2）社会效益:通过强化水利领域内公益性、基础性、前瞻性项目研究,重视应用基础研究,对重大热点和难点问题密切关注,开展的具有储备性、创新性和孵化性的科学研究工作,可以尽快满足水利发展目标,解决水利可持续发展中迫切需要解决的科学技术难题,增强科研院所传统学科优势,积极拓展新兴交叉学科增长点,提升科研院所公益性、前瞻性和基础性研究能力,服务国家和行业的能力提供坚强支撑。

（3）可持续影响:培养和稳定了大批年青技术骨干及团队,为进一步的深入研究打下了基础,对于科研院所科技创新能力的提升,综合能力的提高,特别是在人才培养、基础研究水平等方面将达到新的高度,成果促进水资源及国民经济可持续发展。

（三）服务对象满意程度

"科研机构基本科研业务费"项目通过服务行业主管部门、科技成果用户等发挥作用,这些对象的满意情况决定了服务对象的满意程度。

（四）达到预期产出所需要的成本资源

"科研机构基本科研业务费"项目达到预期产出需要开展实验、试验研究,培养专业人才、科技成果凝练等,对应投入构成了达到预期产出所需要的成本资源。

（五）衡量预期产出、预期效果和服务对象满意程度的绩效指标

1. 预期产出的绩效指标:提交"科研机构基本科研业务费"项目研究成果报告书数、公开发表论文/专利数、培养研究生人数、成果推广应用数、会议次数、研究报告评审通过率等。

2. 预期效果的绩效指标：经济效益主要是促进水资源及国民经济可持续发展；社会效益主要是解决水利可持续发展中迫切需要解决的科学技术难题；生态效益主要是促进水环境的改善；可持续影响主要是促进水资源及国民经济可持续发展。

3. 服务对象满意程度的绩效指标："科研机构基本科研业务费"项目的服务对象主要是行业主管部门、科技成果用户，服务对象满意程度就是对用户的满意度进行抽样调查，得出满意率。

### 二、中期目标

通过"科研机构基本科研业务费"项目的支持，培养一批青年科研骨干；增强开展基础研究和应用基础研究的能力；通过重大项目研究，对现有的或引进的科研仪器设备进行消化吸收和升级改造，提升科研能力；同时跟踪国际科技前沿，强化水利领域内公益性、基础性、前瞻性项目研究，重视应用基础研究，对重大热点和难点问题密切关注，尽快形成应急反应机制，力争在一系列重大科学问题和瓶颈技术方面取得突破，提出一批事关水利行业发展全局性方向性的宏观战略研究成果和一批具有原创性的基础研究和应用研究成果，培养一批高层次科研人才，结合国家和部级重点实验室建设，构建一支优秀创新团队，为政府决策提供技术咨询和技术支持；研发一批面向行业技术更新改造和现代化的行业战略高技术，促进行业科技进步，增强单位的创新实力，努力保持单位科研工作的稳步发展，为实现我国水科学研究的再跨越做出更大贡献。

### 三、年度目标

开展 ** 项青年基金项目研究，资助新进院工作的博士和硕士研究生以及 35 岁以下青年科技人员开展专题研究。

开展 ** 项面上基金项目研究，资助具有创新性的水利研究领域基础研究、应用基础研究以及高新技术开发应用、成果推广项目，国家自然基金重点项目前期研究、重大标准规程规范编制修订过程中关键技术研究、小型科研仪器设备升级改造关键技术研究项目等。

开展 ** 项重点（重大）基金项目研究，资助创新研究团队开展基础性的重大科学技术问题研究、基础性试验研究以及具有自主知识产权的重大仪器设备研制，其研究成果可为解决国家和行业的重点、热点、难点问题提供技术支撑。

## 第三节　绩效评价的指标

### 一、指标的确定原则

作为衡量"科研机构基本科研业务费"项目绩效目标实现程度的考核工具，绩效评价指标按照《绩效管理办法》规定的原则来确定。

（一）相关性原则

根据"科研机构基本科研业务费"项目内容的服务对象，以恰当反映绩效目标的实现程度。

（二）重要性原则

重点围绕研究成果、人才培养两方面内容确定绩效评价指标。

（三）可比性原则

目前"科研机构基本科研业务费"项目没有设定共性的绩效评价指标，水利单位根据具体内容设定符合自身的、个性的绩效评价指标。

（四）系统性原则

定量指标与定性指标相结合，根据"科研机构基本科研业务费"项目特点确定定量指标和定性指标，系统反映"科研机构基本科研业务费"项目所产生的社会效益、经济效益、环境效益和可持续影响等。

（五）经济性原则

"科研机构基本科研业务费"项目每个预算年度需进行绩效评价，应当通俗易懂、简便易行，绩效指标实现程度所需获得的数据应当考虑现实条件和可操作性，符合成本效益原则。

## 二、共性和个性指标

（一）共性指标的确定

"科研机构基本科研业务费"项目的共性指标应适用于所有水利科研单位。指标主要体现在：

1. 产出指标。数量指标主要包括研究报告数、公开发表论文数、出版专著数、获奖数、培养研究生人数、举办专题学术会议次数、学术会议次数、推广项目成果数等。质量指标主要包括研究报告评审通过率等。时效指标主要包括项目按时完成率等。成本效益指标主要包括项目资金可控、安全等。

2. 效益指标。经济效益主要是促进水资源及国民经济可持续发展；社会效益主要是解决水利可持续发展中迫切需要解决的科学技术难题；生态效益主要是促进水环境的改善；可持续影响主要是促进水资源及国民经济可持续发展。

3. 满意度指标。服务对象满意度指标主要是用户抽样调查满意率。

（二）个性指标的确定

个性指标是针对具体水利科研单位基本科研业务工作的特点设定的，适用于具体水利科研单位。例如质量指标设定"严格按照 ISO 9001 质量认证体系要求，部门学术委员会对研究报告进行审查"，数量指标设定"软件开发"，社会效益指标设定"成果是否提升防灾减灾能力"等。

## 三、范例

**表 15-1　"科研机构基本科研业务费"项目绩效目标表**

（** 年度）

| 项目名称 | 科研机构基本科研业务费 | | | |
|---|---|---|---|---|
| 主管部门及代码 | 水利部[126] | | 实施单位 | ** |
| 项目属性 | 其他项目 | | 项目期 | ** 年 |
| 项目资金<br>（万元） | 中期资金总额： | ** | 年度资金总额： | ** |
| | 其中：财政拨款 | ** | 其中：财政拨款 | ** |
| | 其他资金 | ** | 其他资金 | ** |

| | | 中期目标(**年—**年) | | | 年度目标 | |
|---|---|---|---|---|---|---|
| 总体目标 | | 目标1:力争在一系列重大科学问题和瓶颈技术方面取得突破,提出一批事关水利行业发展全局性方向性的宏观战略研究成果和一批具有原创性的基础研究和应用研究成果;<br>目标2:培养一批高层次科研人才,结合科研单位自身建设,构建一支优秀创新团队;<br>目标3:为政府决策提供技术咨询和技术支持;<br>目标4:研发一批面向行业技术更新改造和现代化的行业战略高技术,促进行业科技进步,增强科研院所的创新实力,努力保持水利科研院所科研工作的稳步发展,为实现我国水科学研究的再跨越做出更大贡献 | | | 目标1:力争在一系列重大科学问题和瓶颈技术方面取得突破,提出一批事关水利行业发展全局性方向性的宏观战略研究成果和一批具有原创性的基础研究和应用研究成果;<br>目标2:培养一批高层次科研人才,结合科研单位自身建设,构建一支优秀创新团队;<br>目标3:为政府决策提供技术咨询和技术支持;<br>目标4:研发一批面向行业技术更新改造和现代化的行业战略高技术,促进行业科技进步,增强科研院所的创新实力,努力保持水利科研院所科研工作的稳步发展,为实现我国水科学研究的再跨越做出更大贡献 | |
| 一级指标 | 二级指标 | 三级指标 | 指标值 | 二级指标 | 三级指标 | 指标值 |
| 绩效指标 | 产出指标 | 数量指标 | 提交项目成果研究报告数(≥**篇) | **(三年) | 数量指标 | 提交项目成果研究报告数(≥**篇) | ** |
| | | 公开发表论文数(≥**篇) | **(三年) | | 公开发表论文数(≥**篇) | ** |
| | | 培养研究生人数(≥**名) | **(三年) | | 培养研究生人数(≥**名) | ** |
| | | 取得正式授权的专利数(≥**个) | **(三年) | | 取得正式授权的专利数(≥**个) | ** |
| | | 质量指标 | 报告审查通过率(≥**%) | **% | 质量指标 | 报告审查通过率(≥**%) | **% |
| | | 质量认证体系通过率(≥**%) | **% | | 质量认证体系通过率(≥**%) | **% |
| | | 成本指标 | 项目总成本 | **万元(三年) | 成本指标 | 项目总成本 | **万元 |
| | 效益指标 | 经济效益指标 | 解决水利可持续发展中迫切需要解决的科学技术难题 | 较显著 | 经济效益指标 | 解决水利可持续发展中迫切需要解决的科学技术难题 | 较显著 |
| | | 社会效益指标 | 成果促进水资源及国民经济可持续发展 | 较显著 | 社会效益指标 | 成果促进水资源及国民经济可持续发展 | 较显著 |
| | | 生态效益指标 | 部分成果可以促进水环境的改善 | 较显著 | 生态效益指标 | 部分成果可以促进水环境的改善 | 较显著 |
| | | 可持续影响指标 | 成果为水利发展提供科技支撑 | 较显著 | 可持续影响指标 | 成果为水利发展提供科技支撑 | 较显著 |

| 一级指标 | 二级指标 | 三级指标 | 指标值 | 二级指标 | 三级指标 | 指标值 |
|---|---|---|---|---|---|---|
| 绩效指标 | 满意度指标 | 服务对象满意度指标 | 用户满意度抽样调查满意率(≥ ** %) | ** % | 服务对象满意度指标 | 用户抽样调查满意率(≥ ** %) | ** % |

## 第四节　绩效评价的标准

根据本书第四章对绩效评价标准论述,适合用于"科研机构基本科研业务费"项目绩效评价的标准主要是计划标准和历史标准。

### 一、计划标准

(一) 项目目标

"科研机构基本科研业务费"项目对象清晰,主要是水利科研院所根据要求设立的基础性、公益性科研项目,保障水利行业发展需要的原创性基础研究和应用研究成果、培养水利人才以及为实现我国水科学研究的再跨越做出更大贡献。

(二) 项目计划

"科研机构基本科研业务费"项目制定了实施方案,项目工作按科学研究进度安排工作计划,按照年初制定的项目目标有计划地开展工作。

(三) 项目预算

"科研机构基本科研业务费"项目属于其他项目,纳入财政三年规划支持范围,具有稳定的资金来源。财政部负责核定科研院所基本科研业务费支出规划及年度预算,以项目支出"基本科研业务费"方式随部门预算下达。

(四) 项目规定

财政部印发的《基本科研业务费资金管理办法》明确了"科研机构基本科研业务费"项目范围、申报程序、实施管理、经费管理及验收与绩效评价等内容,规定到位。

综上所述,"科研机构基本科研业务费"项目预先明确了项目目标、计划、预算和规定,计划标准应作为绩效评价标准适用于该项目。

### 二、历史标准

从 2012 年开始,"科研机构基本科研业务费"项目作为水利部绩效评价试点项目,绩效目标在逐年完善。"科研机构基本科研业务费"项目在 2016 年以前在部门预算的项目支出中为其他类延续项目,2017 年根据财政部部门预算改革要求,转化为其他项目,相关绩效目标的历史数据保存完整。"科研机构基本科研业务费"项目绩效评价标准应参照同类指标的历史数据制定,历史标准应作为绩效评价标准适用于该项目。

# 第五节  绩效报告与评价报告

按照《绩效评价管理办法》要求,"科研机构基本科研业务费"项目实施单位应在年度项目实施终了及时向上级单位逐级提交项目绩效报告,水利部根据确定的评价原则和方法,下达绩效评价报告。本节介绍项目绩效报告和绩效评价报告编写范例。

## 一、绩效报告范例

(封面)


（\*\* 单位）\*\* 年度"科研机构基本科研业务费"项目
财政支出绩效报告


项目名称:"科研机构基本科研业务费"（\*\* 年）
项目单位:\*\*

\*\* 年 \*\* 月

（一）项目概况

项目类别:其他项目

项目负责人:\*\*　　　　　　联系电话:\*\*

项目总预算:\*\* 万元,其中申请财政资金:\*\* 万元

项目实际到位金额：\*\*万元,其中申请财政资金：\*\*万元

项目实际支出金额：\*\*万元,其中申请财政资金：\*\*万元

项目起止时间：\*\*年\*\*月—\*\*年\*\*月

1. 项目单位基本情况

根据水利部《关于印发〈\*\*单位主要职责机构设置和人员编制规定〉的通知》(水人事〔\*\*〕\*\*号)精神,\*\*单位\*\*人。主要职责包括从事基础理论、应用基础研究和\*\*开发,承担\*\*等领域中具有前瞻性、基础性和关键性的科学研究任务。

2. 项目基本情况

(1) 项目背景及立项依据

2006年12月,为贯彻落实《国家中长期科学和技术发展规划纲要(2006—2020年)》,中央财政设立了"基本科研业务费专项",用于支持科研院所开展符合公益职能定位,代表学科发展方向,体现前瞻布局的自主选题研究工作,以促进科研院所持续创新能力的提升。2016年,财政部印发了《基本科研业务费专项资金管理办法》进一步规范中央级公益性科研院所基本科研业务费专项资金的使用和管理,提高资金使用效益,并明确了"科研机构基本科研业务费"项目范围、申报程序、实施管理、经费管理及验收与绩效评价等内容,规定到位。

国家有关法律法规、方针政策和财政资金支持方向(\*\*);水利事业改革发展方向(\*\*);国家及水利部正式批复、颁发的综合规划、专项规划等相关规划(\*\*);单位职责履行和中心任务、重点工作完成的需要(\*\*单位是\*\*水利科研机构,主要从事\*\*领域中公益性、基础性、前瞻性和综合性的科学研究,解决国家水利重大关键技术难题,为水利现代化和水资源可持续利用提供科学技术支撑。近年来,在水利部党组的领导下,\*\*单位围绕建设现代化非营利性科研机构的总目标,以国家需求为导向,将\*\*等中心工作作为科研重点,考虑\*\*对水利工程和人民生命财产带来的影响,组织重大问题研究,综合科研能力不断提升;结合科技机制改革和人才培养,在科技管理方面取得很大进展,科研成果质量有了明显提高,取得了一大批重要科技成果,同时为水利可持续发展提供了有力支撑。

(2) 项目主要内容

\*\*单位\*\*年度"科研机构基本科研业务费"项目将围绕中央一号文件要求和水利中心工作,依照\*\*单位《学科建设与人才发展规划》,结合未来学科布局和发展方向、优秀人才和团队建设等科研工作的需求,继续支持\*\*单位公益性研究科技工作者在水利行业应用基础研究、重大公益性技术前期预研、实用技术研究开发、重要技术标准研究、计量检验检测技术研究以及学术活动和人才培养等方面自由选题,以满足水利发展为目标,以保持水利可持续发展中迫切需要解决的科学技术难题为主线,增强\*\*单位传统学科优势,积极拓展新兴交叉学科增长点,鼓励为提升\*\*单位公益性、前瞻性和基础性研究能力而开展的具有储备性、创新性和孵化性的科学研究工作,统筹安排。

\*\*单位\*\*年"科研机构基本科研业务费"项目总经费为\*\*万元。资助项目经费安排为:

青年科研基金项目,每项资助额度不超过\*\*万元,\*\*年总经费约\*\*万元;

面上科研基金项目,每项资助额度不超过 ** 万元, ** 年总经费约 ** 万元;

重点科研基金项目,每项资助额度不超过 ** 万元, ** 年总经费约 ** 万元;

重大项目,每项额度 ** 万元, ** 年总经费约 ** 万元。

3. 项目绩效目标

(1)项目绩效总体目标

力争在一系列重大科学问题和瓶颈技术方面取得突破;提出一批事关水利行业发展全局性方向性的研究成果;提出一批具有原创性的基础研究和应用研究成果;培养一批高层次科研人才;构建一支优秀创新团队;促进行业科技进步,为实现我国水科学研究的再跨越做出更大贡献。

(2)项目绩效年度目标

年度内,力争在一系列重大科学问题和瓶颈技术方面取得突破;提出一批事关水利行业发展全局性方向性的研究成果;提出一批具有原创性的基础研究和应用研究成果;培养一批高层次科研人才;构建一支优秀创新团队;促进行业科技进步,为实现我国水科学研究的再跨越做出更大贡献。

(3)绩效指标

① 产出指标

本项目产出指标有 ** 个,其中:

数量指标:提交项目成果研究报告数( ** 篇),公开发表论文数( ** 篇),培养研究生人数( ** 人),取得正式授权的专利数( ** 个)等。

质量指标:报告审查通过率(≥ ** %),质量认证体系通过率(≥ ** %)等。

成本指标:项目总成本( ** 万元)。

② 效益指标

本项目效益指标有 ** 个,其中:

经济效益指标:解决水利可持续发展中迫切需要解决的科学技术难题(较显著)。

社会效益指标:成果促进水资源及国民经济可持续发展(较显著)。

生态效益指标:部分成果可以促进水环境的改善(较显著)。

可持续影响指标:成果为水利发展提供科技支撑(较显著)。

③ 满意度指标

服务对象满意度指标:用户抽样调查满意率(≥ ** %)。

(二)项目资金使用及管理情况

1. 项目资金情况

(1)项目预算编制及资金到位情况分析

① 预算编制情况。项目预算明细及各部分支出内容的测算依据如下:

办公费 ** 万元,印刷费 ** 万元,咨询费 ** 万元,水费 ** 万元,电费 ** 万元,邮电费 ** 万元,差旅费 ** 万元,维修(护)费 ** 万元,会议费 ** 万元,专用材料费 ** 万元,劳务费 ** 万元,其他交通费 ** 万元,专用设备购置 ** 万元,其他商品和服务支出 ** 万元。

② 资金到位情况。 ** 年 ** 月, ** 以《 ** 关于批复 ** 年预算的通知》( **〔 ** 〕 *

＊号)批复"科研机构基本科研业务费"项目经费 ＊＊ 万元,其中财政资金 ＊＊ 万元,资金到位率 ＊＊ ％。

(2)项目资金使用情况分析

＊＊ 年度"科研机构基本科研业务费"项目,实际到位预算资金 ＊＊ 万元,实际支出预算资金 ＊＊ 万元,序时有效地全部完成了 ＊＊ 年度预算执行工作。

① 项目工作内容完成情况。至 ＊＊ 年 ＊＊ 月 ＊＊ 日, ＊＊ 单位"科研机构基本科研业务费"项目按工作内容的预算执行情况见表 15-2。

表 15-2　项目工作内容完成情况对照表　　　　　　　　　　　单位:万元

| 计划内容 | | 实际完成情况 | | 差异分析 | |
|---|---|---|---|---|---|
| 工作内容 | 金额 | 工作内容 | 金额 | 原因 | 金额 |
| 重点(重大)基金项目(＊＊ 项) | | 重点(重大)基金项目(＊＊ 项) | | | |
| 面上基金项目(＊＊ 项) | | 面上基金项目(＊＊ 项) | | | |
| 青年科研基金(＊＊ 项) | | 青年科研基金(＊＊ 项) | | | |

从上表可以看出,按照工作内容来分析 ＊＊ 单位 ＊＊ 年度"科研机构基本科研业务费"项目已全部完成,各项工作内容完成良好。

② 项目经费预决算对比情况。至 ＊＊ 年 ＊＊ 月 ＊＊ 日, ＊＊ 单位"科研机构基本科研业务费"项目按经济科目的预算执行情况见表 15-3。

表 15-3　项目预算执行情况对照表　　　　　　　　　　　单位:万元

| | 到位项目 | 预算批复数 | 实际到位数 | |
|---|---|---|---|---|
| 资金到位情况 | 合　计 | ＊＊ | ＊＊ | |
| | 当年财政拨款 | ＊＊ | ＊＊ | |
| | 使用以前年度结余 | | | |
| | 其他资金 | | | |
| | 支出项目 | 预算批复数 | 实际支出数 | 差额 |
| | 合　计 | | | |
| 资金支出情况 | 办公费 | ＊＊ | ＊＊ | ≤10％ |
| | 印刷费 | ＊＊ | ＊＊ | ≤10％ |
| | 咨询费 | ＊＊ | ＊＊ | ≤10％ |
| | 水费 | ＊＊ | ＊＊ | ≤10％ |
| | 电费 | ＊＊ | ＊＊ | ≤10％ |
| | 邮电费 | ＊＊ | ＊＊ | ≤10％ |
| | 差旅费 | ＊＊ | ＊＊ | ≤10％ |

| | 支出项目 | 预算批复数 | 实际支出数 | 差额 |
|---|---|---|---|---|
| 资金支出情况 | 维修(护)费 | ** | ** | ≤10% |
| | 会议费 | ** | ** | ≤10% |
| | 专用材料费 | ** | ** | ≤10% |
| | 劳务费 | ** | ** | ≤10% |
| | 其他交通费用 | ** | ** | ≤10% |
| | 其他商品和服务支出 | ** | ** | ≤10% |
| | 专用设备购置 | ** | ** | ≤10% |
| 超支或结余情况 | | | | |
| 备注 | | | | |

"科研机构基本科研业务费"项目资金月执行进度情况见表15-4。

表 15-4　**单位"科研机构基本科研业务费"项目月执行进度情况表　　单位:万元

| 月　份 | 支付金额 | 支付进度 |
|---|---|---|
| 1 月 | ** | **% |
| 2 月 | ** | **% |
| 3 月 | ** | **% |
| 4 月 | ** | **% |
| 5 月 | ** | **% |
| 6 月 | ** | **% |
| 7 月 | ** | **% |
| 8 月 | ** | **% |
| 9 月 | ** | **% |
| 10 月 | ** | **% |
| 11 月 | ** | **% |
| 12 月 | ** | **% |

项目单位会计核算规范,预算控制有效,未发现支出依据不合规、虚列项目支出的情况,未发现截留、挤占、挪用项目资金的情况,未发现超标准开支情况。项目执行进度科学合理,达到预算执行进度目标要求。

(3) 项目资金管理情况

① 财务管理制度制定情况。项目单位认真贯彻国家相关制度办法,同时结合工作实际,先后制订了《**项目资金管理办法》《**预算管理办法》等规章制度,从资金管理、预算管理、资产管理、合同管理等方面不断完善"科研机构基本科研业务费"项目的管理制度

体系,健全财务管理制度。

② 财务制度执行情况。**年"科研机构基本科研业务费"项目实行专项管理,在经费使用上,严格按照《基本科研业务费专项资金管理办法》等有关规定执行,预算经费独立核算、专款专用,各项支出均按照财务管理各项规章制度要求,做到经费支出合理,经常核查项目具体实施进度,确保项目按进度计划实施,做好科研机构基本科研业务费项目资金的管理和财务核算,切实有效保证各项基本科研工作的顺利完成,预算执行情况良好。

通过各项制度的严格执行,**年"科研机构基本科研业务费"项目执行中未出现违法违规现象,资金支出安全有效,财务运行健康有序。

(三)项目组织实施情况

1. 项目组织情况

"科研机构基本科研业务费"项目的申请人和申报项目将采取客观公正、公开透明的方式进行遴选。申请人提交项目申报书,部门科学技术委员会负责项目和项目负责人推荐等工作,个人或学术团队限申请一项,已获得支持尚未结题的不能申请新项目。

**单位科技委负责全部项目的评议和遴选,申报项目经评审后由单位与项目负责人签订项目任务书,任务书包括研究目标、研究内容、研究进度、研究团队、经费预算及分年度预算等内容。

每个研究项目的总体技术路线一般是采用现场实测、室内数值模拟或物理模拟相结合的研究手段。

"科研机构基本科研业务费"组织机构健全,项目目标与责任分工明确,组织实施程序符合业务规范要求,项目主要参与人员经验丰富,技术力量雄厚,基础设施设备条件完备,能够确保项目顺利、高效、高质地完成。

在设备管理上,通过政府采购要求的采购方式采购,固定资产已验收入账。在项目实施过程中,注重档案资料的归纳与管理,按清单要求已完成项目实施过程中资料收集和管理工作,工作及时,资料基本完整。

2. 项目管理情况

(1)预算管理

根据部门预算管理的有关规定与要求,严格按照"二上二下"的编报程序,认真开展预算编制、批复及预算执行管理工作。各种预算编报与批复资料,包括:"二上二下"的申报与批复、项目实施方案等申报及批复资料齐全。

(2)管理制度、办法制订和执行情况

"科研机构基本科研业务费"使用统筹安排、突出重点。依照**单位《学科建设与学术发展规划》和现有的科研条件、基础设施和环境,并结合未来学科布局和发展方向、优秀人才和团队建设等科研工作的需求,统筹安排选题立项,不搞平均分配。"科研机构基本科研业务费"的申请人和申报项目采取客观公正、公开透明的方式进行遴选。申请人提交项目申报书,经评审委员会评议后,最终由法定代表人与项目负责人签订任务书,明确约定双方的权责关系。

项目的申报由**单位相关部门组织,个人仅限申请一项,已获得支持尚未结题的不能申请新项目。＊＊单位管理层通过系列旨在保证科研质量的活动,确保＊＊单位职工掌握、理解并认真贯彻执行质量方针和总目标。要求职工在科学研究中尊重科学,严谨求实;在科学研究活动中以严肃的工作态度,严谨的治学精神和严格的质量要求,为逐步实现质量目标,提高学术水平,增强为政府决策和国家重大工程建设提供技术支撑的能力而努力工作。

＊＊单位相关部门根据本部门科学研究的实际情况,每年制定包括学术规划实施内容在内的质量目标。＊＊单位每年进行一次内部质量审核和管理评审,考察各研究部门质量目标实现情况,了解＊＊单位质量管理体系运行状况,修正不符合质量管理发展的程序,加强质量活动中实施不力环节的管理,持续改进和不断完善单位质量管理体系。

质量管理内涵的学习是新员工入单位培训的重要内容。＊＊单位在＊＊年就通过ISO 9000 质量体系认证,＊＊单位管理层对质量管理体系进行持续宣贯,使职工对科学研究质量水平的提高有清楚的认识,进一步加强科学研究过程的控制,充分发挥研究室在过程控制中的作用。对国家重大工程项目和满足国家或行业科学发展需求的项目,研究部门负责对项目完成过程的质量进行监管。

＊＊单位实行课题组、研究室、研究所和院四级科学研究成果把关制度。严格执行《＊＊单位技术研究成果管理办法》,不断完善项目审查、专家评审验收制度,进一步加强项目监督、检查、评估,建立客观公正的评审制度,并逐步建立健全包括报告评审在内的内部质量追究制度。

（四）项目绩效情况

1. 项目的经济性分析

（1）项目成本（预算）控制情况

项目采用总经费及各个预算科目同时控制的方式确保项目成本不超过预算,为控制项目成本（预算）而采取的相关措施:

1）在确保安全的前提下,现场用的交通车和检测用的辅助交通船尽量从简。

2）积极做好工作预案,提高现场工作效率。

（2）项目成本（预算）节约情况

项目执行过程中尽量采用电子文档、项目问题讨论尽可能通过邮件等方式进行,节约了项目预算中的纸张,水电及差旅等费用,经费控制在预算范围内。

2. 项目的效率性分析

"科研机构基本科研业务费"项目在产出数量、产出质量、产出时效等方面与绩效目标相比的完成情况见附表＊＊,总体基本按照序时进度要求完成。

产出数量:提交经过评审成果研究报告数＊＊篇,公开发表论文＊＊篇,专利＊＊项,参加各种学术和评审会议＊＊次,培养研究生＊＊名。

产出质量:获得高质量的成果,在国家级、省部级公开发表。

产出时效:严格按任务书要求执行,在期限内获得高质量成果。

产出成本:成本控制在预算内;资金使用安全,无违规。

3. 项目的有效性分析

项目经济效益、社会效益、可持续影响、服务对象满意度等方面与绩效目标相比的完

成情况见 ∗∗ 表,总体基本按照序时进度要求完成。

经济效益:提出一批事关水利行业发展全局性方向性的宏观战略研究成果和一批具有原创性的基础研究和应用研究成果,培养一批高层次科研人才,结合国家和部级重点实验室建设,构建一支优秀创新团队,为政府决策提供技术咨询和技术支持;研发一批面向行业技术更新改造和现代化的行业战略高技术,促进行业科技进步,为实现我国水科学研究的再跨越做出更大贡献,发挥了巨大的经济效益。

社会效益:通过强化水利领域内公益性、基础性、前瞻性项目研究,重视应用基础研究,对重大热点和难点问题密切关注,开展的具有储备性、创新性和孵化性的科学研究工作,可以尽快满足水利发展目标,解决水利可持续发展中迫切需要解决的科学技术难题,增强传统学科优势,积极拓展新兴交叉学科增长点,提升公益性、前瞻性和基础性研究能力,服务国家和行业的能力提供了坚强支撑。

可持续影响:资助的项目培养和稳定了大批年青技术骨干及团队,为进一步的深入研究打下了基础,对于科技创新能力的提升,综合能力的提高,特别是在人才培养、基础研究水平等方面将达到新的高度,成果促进水资源及国民经济可持续发展。

服务对象满意度:满意度调查统计百分率不低于 ∗∗ %。

4. 项目的可持续性分析

(1) ∗∗ 年青年基金项目

鼓励青年科研人才自主创新,加大青年科研基金力度,重点资助新进工作的博士和硕士研究生以及 35 岁以下青年科技人员开展专题研究,为申报国家自然科学基金等项目开展的预研究,明确项目技术顾问或技术指导,预期成果应至少在核心期刊和重要学术会议上发表 ∗∗ 篇论文,∗∗ 年安排"基于 ∗∗ 地表特性变化规律及对 ∗∗ 过程的影响研究"等项目 ∗∗ 项,运行正常。

(2) ∗∗ 年面上基金项目

重点资助具有创新性的水利研究领域基础研究、应用基础研究以及高新技术开发应用、成果推广项目。国家自然基金重点项目前期研究、重大标准规程规范编制修订过程中关键技术研究、小型科研仪器设备升级改造关键技术研究项目等,∗∗ 年安排"城镇化背景下 ∗∗ 与 ∗∗ 开发模式研究"等项目 ∗∗ 项,运行正常。

(3) ∗∗ 年重点(重大)基金项目

重点资助创新研究团队开展基础性的重大科学技术问题研究、基础性试验研究、"十三五"国家级科研项目预研究以及具有自主知识产权的重大仪器设备研制,其研究成果可为解决国家和行业的重点、热点、难点问题提供技术支撑。水库垮坝、地震、水旱灾害等重大公共安全问题和水利突发性事件发生时,资助科研人员在第一时间赶赴现场,收集第一手资料,为上级主管部门决策提供技术支撑,开展专题研究等,∗∗ 年安排"河湖 ∗∗ 动态监测 ∗∗ 技术研究"等项目 ∗∗ 项,运行正常。

∗∗ 年度"科研机构基本科研业务费"项目工作内容完成情况对照见表 15-5。

表 15-5　\*\* **年度"科研机构基本科研业务费"项目工作内容完成情况对照表**　单位:万元

| 计划内容 | | 实际完成情况 | | 差异分析 | |
|---|---|---|---|---|---|
| 工作内容 | 金额 | 工作内容 | 金额 | 原因 | 金额 |
| \*\* 等 \*\* 项青年基金子项目 | \*\* | \*\* 等 \*\* 项青年基金子项目 | \*\* | | |
| \*\* 等 \*\* 项面上基金子项目 | \*\* | \*\* 等 \*\* 项面上基金子项目 | \*\* | | |
| \*\* 等 \*\* 项重点(重大)基金子项目 | \*\* | \*\* 等 \*\* 项重点(重大)基金子项目 | \*\* | \*\* | \*\* |

\*\*年度"科研机构基本科研业务费"项目预算执行情况对照见表 15-6。

表 15-6　\*\* **年度"科研机构基本科研业务费"项目预算执行情况对照表**　单位:万元

| 资金到位情况 | 到位项目 | 预算批复数 | | 实际到位数 |
|---|---|---|---|---|
| | 合　计 | \*\* | | \*\* |
| | 当年财政拨款 | \*\* | | \*\* |
| | 使用以前年度结余 | | | |
| | 其他资金 | | | |
| 资金支出情况 | 支出项目 | 预算批复数 | 调整后预算数 | 实际支出数 |
| | 合　计 | \*\* | | \*\* |
| | 办公费 | \*\* | | \*\* |
| | 印刷费 | \*\* | | \*\* |
| | 咨询费 | \*\* | | \*\* |
| | 水费 | \*\* | | \*\* |
| | 电费 | \*\* | | \*\* |
| | 邮电费 | \*\* | \*\* | \*\* |
| | 差旅费 | \*\* | \*\* | \*\* |
| | 维修(护)费 | \*\* | \*\* | \*\* |
| | 会议费 | \*\* | \*\* | \*\* |
| | 专用材料费 | \*\* | \*\* | \*\* |
| | 劳务费 | \*\* | \*\* | \*\* |
| | 委托业务费 | \*\* | \*\* | \*\* |
| | 其他交通费用 | \*\* | \*\* | \*\* |
| | 其他商品和服务支出 | \*\* | \*\* | \*\* |
| 超支或结余情况 | | | | 结余 \*\* |
| 备注 | | | | |

注:调整后预算数列,如预算无调整可以不填。

\*\*年度"科研机构基本科研业务费"项目支出绩效目标完成情况对照见表 15-7。

**表 15-7：** **\*\* 年度"科研机构基本科研业务费"项目支出绩效目标完成情况对照表**

| 批复绩效目标 | 力争在一系列重大科学问题和瓶颈技术方面取得突破,提出一批事关水利、水运、水电行业发展全局性方向性的宏观战略研究成果和一批具有原创性的基础研究和应用研究成果;培养一批高层次科研人才,结合国家和部级重点实验室建设,构建一支优秀创新团队;为政府决策提供技术咨询和技术支持;研发一批面向行业技术更新改造和现代化的行业战略高技术,促进行业科技进步,增强院的创新实力,努力保持我院科研工作的稳步发展,为实现我国水科学研究的再跨越做出更大贡献 | 绩效目标完成情况 | 完成了 \*\* 年 \*\* 项项目的研究,其中: \*\* 项青年基金项目、\*\* 项面上基金项目和 \*\* 项重点(重大)基金项目研究。取得了一批事关水利行业发展全局性方向性的宏观战略研究成果和一批具有原创性的基础研究和应用研究成果。培养一批高层次科研人才,结合国家和部级重点实验室建设,构建一支优秀创新团队。为上级主管部门决策提供技术支撑 |
|---|---|---|---|

| 项目绩效指标 | 指标 | 指标内容 | 批复指标值 | 指标完成值 | 备注 |
|---|---|---|---|---|---|
| | 产出指标 | 提交项目成果研究报告书数(≥ \*\* 篇) | \*\* | \*\* | |
| | | 公开发表论文/专利数 (≥ \*\* 篇/≥ \*\* 项) | \*\* / \*\* | \*\* / \*\* | |
| | | 会议(≥ \*\* 次) | \*\* | \*\* | |
| | | 培养研究生人数(≥ \*\* 名) | \*\* | \*\* | |
| | | 项目资金可控、安全 | 不超预算,无审计问题 | 基本按预算要求完成进度 | |
| | | 时效性 | 子项目按任务书时间要求并按期验收 | 是 | |
| | 效益指标 | 解决水利可持续发展中迫切需要解决的科学技术难题 | 参加学术会议 \*\* 次以上,为水资源安全和高效利用提供科技支撑 | 是 | |
| | | 部分成果可以促进水环境的改善 | 促进水生态,水环境的健康发展 | 是 | |
| | | 促进水资源及国民经济可持续发展 | 促进水资源及国民经济可持续发展 | 是 | |
| | | 可以尽快满足水利发展目标 | 满足水利发展的整体目标 | 是 | |
| | 服务对象满意度指标 | 满意度调查统计百分率 (≥ \*\* %) | \*\* | \*\* | |

（五）其他需要说明的问题

1. 后续工作计划

"科研机构基本科研业务费"项目整体执行情况良好,\*\* 年结转的项目到期,基本验收完毕。 \*\* 年还需要继续开展研究,加紧开展相关的研究工作,加强成果的凝练和总结。

**2. 主要经验及做法**

项目的组织实施和管理严格按照基本科研业务费管理的有关规定,实施 ** 负责,**评审,** 定期检查的制度。

**3. 存在问题和建议**

由于项目较多,对项目执行、成果标注等方面的管理还有待加强。"科研机构基本科研业务费"项目为科研院所在水利领域公益性、基础性、前瞻性和综合性的科学研究发挥了重大的作用,建议今后加大投入。

**4. 其他需说明的问题**

** 。

**(六)项目评价工作情况**

根据水利部财务司《关于印发 ** 年度绩效评价工作方案的通知》(财务函[ ** ] ** 号)和水利部有关要求,按照预算绩效评价管理有关要求和水利部预算执行中心统一制定的项目绩效评价指标体系和评分标准,项目单位收集整理了项目决策文件、预算批复以及各绩效指标值支撑材料,认真开展了项目财政支出绩效评价工作,并及时上报了绩效评价报告,绩效评价得分为 ** 分,结论为" ** "。

**1. 绩效工作开展情况**

**(1)积极组织编写项目绩效报告**

按照水利部整体部署和要求,及时组织开展了项目绩效评价工作,根据项目绩效目标,对照项目实施方案,梳理核实有关绩效证明材料,在此基础上,参照《绩效评价管理办法》附件 3 "财政支出绩效报告(参考提纲)",从项目概况、项目资金使用及管理情况、组织实施情况、项目绩效情况、需说明的问题等方面认真编制了"科研机构基本科研业务费"项目绩效报告。

**(2)绩效得分**

项目单位根据《绩效评价管理办法》和水利部有关规定,开展了"科研机构基本科研业务费"项目预算绩效自评价工作,并按照项目预算绩效评价指标体系、评分标准和评分说明对项目绩效进行打分,绩效得分 ** 分。

**(3)项目绩效报告**

项目单位编制的"科研机构基本科研业务费"项目绩效报告介绍了项目单位基本情况及"科研机构基本科研业务费"项目背景、立项依据及立项情况、主要工作内容、绩效目标、资金使用及管理情况、组织实施情况,从项目的经济性、效率性、有效性和可持续性四个方面对项目产出指标、效益指标、服务对象满意度指标等绩效情况进行了分析,总结了 ** 年度主要经验及做法、存在问题和建议。

**2. 项目绩效评价工作情况**

**(1)项目绩效目的**

通过绩效自评价,对 ** 年度"科研机构基本科研业务费"项目的投入、过程、产出、效果等涉及的项目立项、业务管理、财务管理、项目产出、项目效益等进行全方位的总结分析,对项目财政支出的经济性、效率性、有效性和可持续性进行客观、公正的评价,增强绩效意识,促进财政支出绩效管理,强化支出责任和效率,提高财政资金使用效率;总结经验,进一步加强预算管理改革,不断提高预算绩效管理工作水平。

(2)绩效评价原则、评价指标体系、评价方法

① 绩效评价原则

绩效评价工作组根据《绩效评价管理办法》,结合"科研机构基本科研业务费"项目实际情况,在绩效评价工作过程中,遵循科学规范、公正公开原则、绩效相关原则。

② 绩效指标体系

根据绩效评价的要求,在上级主管部门制定的"科研机构基本科研业务费"项目预算绩效评价指标体系基础上,项目单位制定了项目自评价绩效指标体系。

③ 绩效评价方法

绩效评价工作,选用多种方法进行绩效评价,坚持简便有效的原则。本项目绩效评价工作采用了成本效益分析法、比较法、因素分析法等评价方法。

通过对 ** 年度项目的支出与效益进行对比分析,以评价绩效目标实现程度;通过对项目的绩效目标与实施效果、项目实际支出与产生效益对比分析,综合分析绩效目标实现程度;通过综合分析影响绩效目标实现、实施效果的内外因素,评价绩效目标实现程度。

(3)绩效评价工作过程

① 前期准备

根据上级主管部门绩效评价的工作安排,项目单位制定了实施方案,组建了绩效自评价工作组,并组织学习了相关文件、政策,提前审阅了项目预算申报文本、绩效报告等材料。

② 组织实施

绩效自评价工作中,绩效自评价工作组听取了项目单位对项目执行情况的介绍,就有关问题进行了质询,现场收集绩效评价相关资料,对资料进行审查核实;查看项目成果、资金使用管理等其他方面的资料,如检查档案资料和成果资料,重点核对可量化指标的实际完成情况;抽查审阅相关会议记录、分析材料等,结合调查问卷等核对定性指标完成情况;结合财务支出资料,核对并分析对应经费支出的合理性、真实性。在讨论答疑、查看核对资料的基础上,绩效自评价工作组参照项目预算绩效评价指标体系、评分标准和评分说明,对项目进行打分、统计,最后得出该项目绩效评价分值。

根据资料审查核实情况、绩效评价分值、绩效评价等级和被评价单位的答疑、初步反馈意见,绩效评价工作组集体起草、讨论、综合分析并形成评价结论。

在绩效自评价工作中,充分利用了项目绩效目标运行情况中期检查报告的成果。

③ 分析评价

对项目的投入、过程、产出、效果等进行分析,与绩效评价指标体系对比并进行打分。对项目的经济性、效率性和效益性进行分析,结合指标体系打分情况做出项目的综合评价情况和评价结论,最终形成绩效报告。

通过算术平均方法,计算得到项目绩效评价得分: ** 分,评价结论为: ** 。项目支出绩效自评情况见表15-8。

**表 15-8 项目支出绩效自评表**

（** 年度）

| 项目名称 | “科研机构基本科研业务费”项目 | | | | | | |
|---|---|---|---|---|---|---|---|
| 主管部门及代码 | 水利部[126] | | 实施单位：** 单位 | | | | |
| 项目资金<br>（万元） | | 年初预算数(A) | 全年执行数(B) | 分值<br>(10 分) | 执行率<br>(B/A) | 得分 | 得分计算方法 |
| | 年度资金总额 | ** | ** | 10 | ** % | ** | 执行率*该指标分值，最高不得超过分值上限。 |
| | 其中：本年一般公共预算拨款 | ** | ** | | ** % | ** | |
| | 其他资金 | ** | ** | | | | |

| | | |
|---|---|---|
| 年度总体目标 | 目标 1：力争在一系列重大科学问题和瓶颈技术方面取得突破，提出一批事关水利行业发展全局性方向性的宏观战略研究成果和一批具有原创性的基础研究和应用研究成果；<br>目标 2：培养一批高层次科研人才，结合科研单位自身建设，构建一支优秀创新团队；<br>目标 3：为政府决策提供技术咨询和技术支持；<br>目标 4：研发一批面向行业技术更新改造和现代化的行业战略高技术，促进行业科技进步，增强科研院所的创新实力，努力保持水利科研院所科研工作的稳步发展，为实现我国水科学研究的再跨越做出更大贡献 | 目标 1：力争在一系列重大科学问题和瓶颈技术方面取得突破，提出一批事关水利行业发展全局性方向性的宏观战略研究成果和一批具有原创性的基础研究和应用研究成果；<br>目标 2：培养一批高层次科研人才，结合科研单位自身建设，构建一支优秀创新团队；<br>目标 3：为政府决策提供技术咨询和技术支持；<br>目标 4：研发一批面向行业技术更新改造和现代化的行业战略高技术，促进行业科技进步，增强科研院所的创新实力，努力保持水利科研院所科研工作的稳步发展，为实现我国水科学研究的再跨越做出更大贡献 |

| 绩效指标 | 一级指标 | 二级指标 | 三级指标 | 分值 | 年度指标值(A) | 全年实际值(B) | 得分计算方法 | 得分 | 未完成原因分析 |
|---|---|---|---|---|---|---|---|---|---|
| | 产出指标(50分) | 数量指标 | 提交项目成果研究报告数(≥ ** 篇) | 2 | ** | ** | 完成值达到指标值，记满分；未达到指标值，按(B/A)或(A/B)×该指标分值记分 | ** | |
| | | | 公开发表论文数(≥ ** 篇) | 2 | ** | ** | | ** | |
| | | | 培养研究生人数(≥ ** 名) | 1 | ** | ** | | ** | |
| | | | 取得正式授权的专利数(≥ ** 项) | 2 | ** | ** | | ** | |
| | | | 会议(≥ ** 次) | 1 | ** | ** | | | |

| 一级指标 | 二级指标 | 三级指标 | 分值 | 年度指标值(A) | 全年实际值(B) | 得分计算方法 | 得分 | 未完成原因分析 |
|---|---|---|---|---|---|---|---|---|
| 产出指标(50分) | 质量指标 | 报告审查通过率(≥**%) | 4 | ** | ** | | ** | |
| | | 质量认证体系通过率(≥**%) | 4 | ** | ** | | ** | |
| 绩效指标 | 成本指标 | 项目总成本 | 1 | **万元 | **万元 | 1.若为定性指标,则根据"三档"原则分别按照指标分值的100%~80%(含80%)、80%~50%(含50%)、50%~0%来记分。2.若为定量指标,完成值达到指标值,记满分;未达到指标值,按(B/A)或(A/B)×该指标分值记分 | ** | 佐证和支撑材料难以量化,酌情扣减 |
| 效益指标(30分) | 经济效益指标 | 解决水利可持续发展中迫切需要解决的科学技术难题 | 7 | 较显著 | 较显著 | | ** | |
| | 社会效益指标 | 成果促进水资源及国民经济可持续发展 | 8 | 较显著 | 较显著 | | ** | |
| | 生态效益指标 | 部分成果可以促进水环境的改善 | 7 | 较显著 | 较显著 | | ** | |
| | 可持续影响指标 | 成果为水利发展提供科技支撑 | 8 | 较显著 | 较显著 | | ** | |
| 满意度指标(10分) | 服务对象满意度指标 | 用户满意度抽样调查满意率(≥**%) | 10 | ** | ** | 同效益指标得分计算方式 | ** | |
| 总分 | | | | | | | ** | |

## 二、绩效评价报告案例

（封面）

（∗∗名称）∗∗年度"科研机构基本科研业务费"项目
财政支出绩效评价报告

项目名称："科研机构基本科研业务费"（∗∗年）
项目单位：∗∗

∗∗年∗∗月

（一）项目概况

项目名称："科研机构基本科研业务费"

项目类别：其他项目

项目负责人：∗∗　　　　　　联系电话：∗∗

项目总预算：∗∗万元，其中申请财政资金：∗∗万元

项目实际到位金额：∗∗万元，其中申请财政资金：∗∗万元

项目实际支出金额：∗∗万元，其中申请财政资金：∗∗万元

项目起止时间：∗∗年∗∗月—∗∗年∗∗月

1. 项目单位基本情况

根据"三定方案"，∗∗单位主要职责是∗∗。∗∗单位编制总数∗∗名，截至∗∗年∗∗月，在职职工∗∗人。∗∗单位包括∗∗等机构，该项目由∗∗牵头，∗∗等共同实施。∗∗单位是∗∗水利科研机构，主要从事∗∗科学研究，解决国家水利重大关键技术难题，为水利现代化和水资源可持续利用提供科学技术支撑。

2. 项目基本情况

（1）项目概况

** 单位 ** 年度"科研机构基本科研业务费"紧紧围绕水利中心工作，积极践行可持续发展治水思路，紧紧围绕民生水利发展，依照《 ** 发展规划》，坚持"统筹兼顾、着眼长远、突出重点、有保有压、优化结构、讲求绩效"，结合未来学科布局和发展方向、优秀人才和团队建设等科研工作的需求，继续支持公益性研究科技工作者在水利行业应用基础研究、重大公益性技术前期预研、实用技术研究开发、重要技术标准研究、计量检验检测技术研究以及学术活动和人才培养等方面自由选题，以满足水利发展为目标，以保持水利可持续发展中迫切需要解决的科学技术难题为主线，增强 ** 单位传统学科优势，积极拓展新兴交叉学科增长点，鼓励为提升单位公益性、前瞻性和基础性研究能力而开展的具有储备性、创新性和孵化性的科学研究工作。

单位"科研机构基本科研业务费"项目资助期限一般不超过 ** 年，资助项目包括：

① 重点（重大）基金项目

重点资助创新研究团队开展基础性的重大科学技术问题研究、基础性试验研究、"十三五"国家级科研项目预研究以及具有自主知识产权的重大仪器设备研制，其研究成果可为解决国家和行业的重点、热点、难点问题提供技术支撑。水库垮坝、地震、水旱灾害等重大公共安全问题和水利突发性事件发生时，资助科研人员在第一时间赶赴现场，收集第一手资料，为上级主管部门决策提供技术支撑，开展专题研究等。重点项目每项资助额度为 ** 万元；重大项目每项资助额度 ** 万元以上。

② 面上基金项目

重点资助具有创新性的水利研究领域基础研究、应用基础研究以及高新技术开发应用、成果推广项目。国家自然基金重点项目前期研究、重大标准规程规范编制修订过程中关键技术研究、小型科研仪器设备升级改造关键技术研究项目等，每项资助额度 ** 万元。

③ 青年科研基金

鼓励青年科研人才自主创新，加大青年科研基金力度，重点资助新进院工作的博士和硕士研究生以及 35 岁以下青年科技人员开展专题研究，为申报国家自然科学基金等项目开展的预研究，每项资助额度为 ** 万元。

（2）项目绩效目标设定情况

① 项目绩效总目标

通过"科研机构基本科研业务费"项目的支持，培养一批青年科研骨干；增强开展基础研究和应用基础研究的能力；通过重大项目研究，对现有的或引进的科研仪器设备进行消化吸收和升级改造，提升科研能力；同时跟踪国际科技前沿，强化水利领域内公益性、基础性、前瞻性项目研究，重视应用基础研究，对重大热点和难点问题密切关注，尽快形成应急反应机制，力争在一系列重大科学问题和瓶颈技术方面取得突破，提出一批事关水利行业发展全局性方向性的宏观战略研究成果和一批具有原创性的基础研究和应用研究成果，培养一批高层次科研人才，结合国家和部级重点实验室建设，构建一支优秀创新团队，为政府决策提供技术咨询和技术支持；研发一批面向行业技术更新改造和现代化的行业战略高技术，促进行业科技进步，增强科研院所创新实力，努力保持水利科研事业的稳步发展,为实现我国水科学研究的再跨越做出更大贡献。

② 年度绩效目标

开展 ** 项青年基金项目研究,资助新进院工作的博士和硕士研究生以及 35 岁以下青年科技人员开展专题研究。

开展 ** 项面上基金项目研究,资助具有创新性的水利研究领域基础研究、应用基础研究以及高新技术开发应用、成果推广项目,国家自然基金重点项目前期研究、重大标准规程规范编制修订过程中关键技术研究、小型科研仪器设备升级改造关键技术研究项目等。

开展 ** 项重点(重大)基金项目研究,资助创新研究团队开展基础性的重大科学技术问题研究、基础性试验研究以及具有自主知识产权的重大仪器设备研制,其研究成果可为解决国家和行业的重点、热点、难点问题提供技术支撑。

(3) 绩效指标

① 产出指标

本项目产出指标有 ** 个,其中:

数量指标:提交项目成果研究报告数( ** 篇),公开发表论文数( ** 篇),培养研究生人数( ** 人),取得正式授权的专利数( ** 个)等。

质量指标:报告审查通过率(≥ ** ％),质量认证体系通过率(≥ ** ％)等。

成本指标:项目总成本( ** 万元)。

② 效益指标

本项目效益指标有 ** 个,其中:

经济效益指标:解决水利可持续发展中迫切需要解决的科学技术难题(较显著)。

社会效益指标:成果促进水资源及国民经济可持续发展(较显著)。

生态效益指标:部分成果可以促进水环境的改善(较显著)。

可持续影响指标:成果为水利发展提供科技支撑(较显著)。

③ 满意度指标

服务对象满意度指标:用户抽样调查满意率(≥ ** ％)。

该项目绩效目标执行过程中未进行调整。

(4) 项目主要内容

** 单位 ** 年度"科研机构基本科研业务费"项目将围绕中央一号文件要求和水利中心工作,依照 ** 单位《学科建设与人才发展规划》,结合未来学科布局和发展方向、优秀人才和团队建设等科研工作的需求,继续支持 ** 单位公益性研究科技工作者在水利行业应用基础研究、重大公益性技术前期预研、实用技术研究开发、重要技术标准研究、计量检验检测技术研究以及学术活动和人才培养等方面自由选题,以满足水利发展为目标,以保持水利可持续发展中迫切需要解决的科学技术难题为主线,增强 ** 单位传统学科优势,积极拓展新兴交叉学科增长点,鼓励为提升 ** 单位公益性、前瞻性和基础性研究能力而开展的具有储备性、创新性和孵化性的科学研究工作,统筹安排。

** 单位 ** 年"科研机构基本科研业务费"项目总经费为 ** 万元。资助项目经费安排为:

青年科研基金项目,每项资助额度不超过 ** 万元, ** 年总经费约 ** 万元;

面上科研基金项目，每项资助额度不超过 ** 万元，** 年总经费约 ** 万元；

重点科研基金项目，每项资助额度不超过 ** 万元，** 年总经费约 ** 万元；

重大项目，每项额度 ** 万元，** 年总经费约 ** 万元。

（二）项目单位绩效报告情况

根据《绩效评价管理办法》和水利部有关要求，** 单位及时组织开展了项目绩效中期自评，收集整理了项目决策文件、预算批复以及各绩效指标值支撑材料，配合做好中期检查工作，并编制了中期检查报告；根据中期绩效监控报告的反馈，绩效监控结论为" ** "，同时对中期检查问题进行了认真研究，积极对有关情况进行了整改落实。依据本项目绩效评价指标体系及打分方法，组织开展了自评价工作，并在自评价基础上，撰写了项目绩效报告，全面地反映了项目的基本情况、工作内容、资金使用和管理、组织实施、绩效情况等方面的情况，为绩效评价工作打好基础。

项目绩效报告认为，** 年"科研机构基本科研业务费"项目按程序履行申报、立项手续；具有明确的项目实施方案；绩效目标经水利部批复；各级承担单位责任主体明确，财务管理制度健全，项目的管理能够确保项目的顺利完成；项目的组织实施达到了预期的总目标和年度绩效目标，项目支出控制在预算范围之内，按项目实施方案中的进度安排全部完成，质量指标达到要求，项目的经济效益、社会效益、服务对象满意度均达到了绩效目标指标要求，提出了一批事关水利行业发展全局性方向性的宏观战略研究成果和一批具有原创性的基础研究和应用研究成果，培养了一批高层次科研人才，结合国家和部级重点实验室建设，构建了一支优秀创新团队，为政府决策提供技术咨询和技术支持；研发了一批面向行业技术更新改造和现代化的行业战略高技术，促进行业科技进步，增强院的创新实力，努力保持单位科研工作的稳步发展，为实现我国水科学研究的再跨越做出更大贡献，基本完成了年度预设绩效目标。

（三）绩效评价工作情况

1. 绩效评价目的

通过绩效评价，对 ** 年度"科研机构基本科研业务费"项目的投入、过程、产出、效果等涉及的项目立项、业务管理、财务管理、项目产出、项目效益等进行全方位的总结分析，对项目财政支出的经济性、效率性、有效性和可持续性进行客观、公正的评价，增强绩效意识，促进财政支出绩效管理，强化支出责任和效率，提高财政资金使用效率；总结经验，进一步加强预算管理改革，不断提高预算绩效管理工作水平。

2. 绩效评价原则、评价指标体系、评价方法

（1）绩效评价原则

绩效评价工作组根据《绩效评价管理办法》，结合"科研机构基本科研业务费"项目实际情况，在绩效评价工作过程中，遵循科学规范、公正公开、绩效相关原则。

（2）绩效指标体系

根据绩效评价的要求，在上级主管部门制定的"科研机构基本科研业务费"项目预算绩效评价指标体系基础上，项目单位制定了项目自评价绩效指标体系。

（3）绩效评价方法

绩效评价工作，选用多种方法进行绩效评价，坚持简便有效的原则。本项目绩效评价

工作采用了成本效益分析法、比较法、因素分析法等评价方法。

通过对 ＊＊ 年度项目的支出与效益进行对比分析,以评价绩效目标实现程度;通过对项目的绩效目标与实施效果、项目实际支出与产生效益对比分析,综合分析绩效目标实现程度;通过综合分析影响绩效目标实现、实施效果的内外因素,评价绩效目标实现程度。

3. 绩效评价工作过程

(1)前期准备

根据上级主管部门绩效评价的工作安排,项目单位制定了实施方案,组建了绩效自评价工作组,并组织学习了相关文件、政策,提前审阅了项目预算申报文本、绩效报告等材料。

(2)组织实施

绩效自评价工作中,绩效自评价工作组听取了项目单位对项目执行情况的介绍,就有关问题进行了质询,现场收集绩效评价相关资料,对资料进行审查核实;查看项目成果、资金使用管理等其他方面的资料,如检查档案资料和成果资料,重点核对可量化指标的实际完成情况;抽查审阅相关会议记录、分析材料等,结合调查问卷等核对定性指标完成情况;结合财务支出资料,核对并分析对应经费支出的合理性、真实性。在讨论答疑、查看核对资料的基础上,绩效自评价工作组参照项目预算绩效评价指标体系、评分标准和评分说明,对项目进行打分、统计,最后得出该项目绩效评价分值。

根据资料审查核实情况、绩效评价分值、绩效评价等级和被评价单位的答疑、初步反馈意见,绩效评价工作组集体起草、讨论、综合分析并形成评价结论。

在绩效自评价工作中,充分利用了项目绩效目标运行情况中期检查报告的成果。

(3)分析评价

对项目的投入、过程、产出、效果等进行分析,与绩效评价指标体系对比并进行打分。对项目的经济性、效率性和效益性进行分析,结合指标体系打分情况做出项目的综合评价情况和评价结论,最终形成绩效报告。

(四)绩效评价指标分析情况

1. 项目资金情况分析

(1)项目预算及资金到位情况分析

① 预算编制情况。项目预算明细及各部分支出内容的测算依据如下:

办公费 ＊＊ 万元,印刷费 ＊＊ 万元,咨询费 ＊＊ 万元,水费 ＊＊ 万元,电费 ＊＊ 万元,邮电费 ＊＊ 万元,差旅费 ＊＊ 万元,维修(护)费 ＊＊ 万元,会议费 ＊＊ 万元,专用材料费 ＊＊ 万元,劳务费 ＊＊ 万元,其他交通费用 ＊＊ 万元,专用设备购置 ＊＊ 万元,其他商品和服务支出 ＊＊ 万元。

② 资金到位情况。 ＊＊ 年 ＊＊ 月, ＊＊ 以《 ＊＊ 关于批复 ＊＊ 年预算的通知》( ＊＊ 〔 ＊＊ 〕 ＊ 号)批复"科研机构基本科研业务费"项目经费 ＊＊ 万元,其中财政资金 ＊＊ 万元,资金到位率 ＊＊ ％。

(2)项目资金使用情况分析

＊＊ 年度"科研机构基本科研业务费"项目,实际到位预算资金 ＊＊ 万元,实际支出预算资金 ＊＊ 万元,序时有效地全部完成了 ＊＊ 年度预算执行工作(项目经费预决算对比情况见表 15-9)。

表 15-9　项目预算执行情况对照表　　　　　　　　单位:万元

| | 科　目 | 预　算 | 执　行 | 差　额 |
|---|---|---|---|---|
| | 合　计 | ＊＊ | ＊＊ | ＊＊ |
| 资金来源 | 财政拨款 | ＊＊ | ＊＊ | ＊＊ |
| | 其他资金 | ＊＊ | ＊＊ | ＊＊ |
| | 合　计 | ＊＊ | ＊＊ | ＊＊ |
| 支出明细 | 办公费 | ＊＊ | ＊＊ | ＊＊ |
| | 印刷费 | ＊＊ | ＊＊ | ＊＊ |
| | …… | …… | …… | …… |
| 项目经费结转(结余) | | ＊＊ | ＊＊ | ＊＊ |

项目单位会计核算规范,预算控制有效,未发现支出依据不合规、虚列项目支出的情况,未发现截留、挤占、挪用项目资金的情况,未发现超标准开支情况。项目执行进度科学合理,达到预算执行进度目标要求。

(3)项目资金管理情况分析

① 财务管理制度制定情况

为了有效控制各项支出,除了严格执行国家的有关会计制度外,结合科研单位实际情况,先后制订了《＊＊ 项目资金管理办法》《＊＊ 预算管理办法》等规章制度,从资金管理、预算管理、资产管理、合同管理等方面不断完善"科研机构基本科研业务费"项目的管理制度体系,健全财务管理制度。 ＊＊单位还利用财务信息系统实时控制项目预算使用状况,保证项目经费支出按预算执行。

② 财务制度执行情况

＊＊ 单位执行科学事业单位会计制度,按照"集中管理,统一核算"的模式,实行项目核算和管理,保证专款专用,在经费使用上,严格按照《基本科研业务费专项资金管理办法》等有关规定执行,预算经费独立核算、专款专用,各项支出均按照财务管理各项规章制度要求,做到经费支出合理,经常核查项目具体实施进度,确保项目按进度计划实施,做好"科研机构基本科研业务费"资金的管理和财务核算,切实有效保证各项基本科研工作的顺利完成,预算执行情况良好。

通过各项制度的严格执行,＊＊年项目执行中未出现违法违规现象,资金支出安全有效,财务运行健康有序。

2. 项目实施情况分析

(1)项目组织情况分析

"科研机构基本科研业务费"项目的申请人和申报项目将采取客观公正、公开透明的方式进行遴选。申请人提交项目申报书,部门科学技术分委员会负责项目和项目负责人推荐等工作,个人或学术团队仅限申请一项,已获得支持尚未结题的不能申请新项目。

　　\*\*单位科技委负责全部项目的评议和遴选,申报项目经评审后由单位与项目负责人签订项目任务书,任务书包括研究目标、研究内容、研究进度、研究团队、经费预算及分年度预算等内容。

　　每个研究项目的总体技术路线一般是采用现场实测、室内数值模拟或物理模拟相结合的研究手段。

　　"科研机构基本科研业务费"组织机构健全,项目目标与责任分工明确,组织实施程序符合业务规范要求,项目主要参与人员经验丰富,技术力量雄厚,基础设施设备条件完备,能够确保项目顺利、高效、高质地完成。

　　在设备管理上,通过政府采购要求的采购方式采购,固定资产已验收入账。在项目实施过程中,注重档案资料的归纳与管理,按清单要求已完成项目实施过程中资料收集和管理工作,工作及时,资料基本完整。

　　(2)项目管理情况分析

　　① 预算管理

　　根据部门预算管理的有关规定与要求,严格按照"二上二下"的编报程序,认真开展预算编制、批复及预算执行管理工作。各种预算编报与批复资料,包括:"二上二下"的申报与批复、项目实施方案等申报及批复资料齐全。

　　② 管理制度、办法制订和执行情况

　　"科研机构基本科研业务费"使用统筹安排、突出重点。依照 \*\*单位《学科建设与学术发展规划》和现有的科研条件、基础设施和环境,并结合未来学科布局和发展方向、优秀人才和团队建设等科研工作的需求,统筹安排选题立项,不搞平均分配。"科研机构基本科研业务费"的申请人和申报项目采取客观公正、公开透明的方式进行遴选。申请人提交项目申报书,经评审委员会评议后,最终由法定代表人与项目负责人签订任务书,明确约定双方的权责关系。

　　项目的申报由各部门组织,个人仅限申请一项,已获得支持尚未结题的不能申请新项目。 \*\*单位管理层通过系列旨在保证科研质量的活动,确保 \*\*单位职工掌握、理解并认真贯彻执行质量方针和总目标。要求职工在科学研究中尊重科学,严谨求实;在科学研究活动中以严肃的工作态度,严谨的治学精神和严格的质量要求,为逐步实现质量目标,提高学术水平,增强为政府决策和国家重大工程建设提供技术支撑的能力而努力工作。

　　各部门根据本部门科学研究的实际情况,每年制定包括学术规划实施内容在内的质量目标。 \*\*单位每年进行一次内部质量审核和管理评审,考察各研究部门质量目标实现情况,了解 \*\*单位质量管理体系运行状况,修正不符合质量管理发展的程序,加强质量活动中实施不力环节的管理,持续改进和不断完善单位质量管理体系。

　　质量管理内涵的学习是新员工入单位培训的重要内容。 \*\*单位在 \*\*年就通过ISO 9000质量体系认证,\*\*单位管理层对质量管理体系进行持续宣贯,使职工对科学研究质量水平的提高有清楚的认识,进一步加强科学研究过程的控制,充分发挥研究室在过程控制中的作用。对国家重大工程项目和满足国家或行业科学发展需求的项目,研究部门负责对项目完成过程的质量进行监管。

** 单位实行课题组、研究室、研究所和院四级科学研究成果把关制度。严格执行《** 单位技术研究成果管理办法》;不断完善项目审查、专家评审验收制度;加强项目监督、检查、评估;建立客观公正的评审制度,并逐步建立健全包括报告评审在内的内部质量追究制度(绩效目标完成情况详见表 15-10)。

表 15-10 "科研机构基本科研业务费"项目支出绩效目标完成情况对照表

| 序号 | 一级指标 | 二级指标 | 指标内容 | 指标值 | 已完成指标值 |
|---|---|---|---|---|---|
| | | | 绩效指标批复情况 | | 绩效指标完成情况 |
| 1 | 产出指标 | 数量指标 | 提交项目成果研究报告数(≥** 篇) | ** | ** |
| 2 | | | 公开发表论文数(≥** 篇) | ** | ** |
| 3 | | | 培养研究生人数(≥** 人) | ** | ** |
| 4 | | | 取得正式授权的专利数(≥** 个) | ** | ** |
| 5 | | | 会议次数(≥** 次) | ** | ** |
| 6 | | 质量指标 | 报告审查通过率(≥** %) | ** | ** |
| 7 | | | 质量认证体系通过率(≥** %) | ** | ** |
| 8 | | 成本指标 | 项目总成本 | ** 万元 | ** 万元 |
| 9 | 效益指标 | 经济效益指标 | 解决水利可持续发展中迫切需要解决的科学技术难题 | 较显著 | ** |
| 10 | | 社会效益指标 | 成果促进水资源及国民经济可持续发展 | 较显著 | ** |
| 11 | | 生态效益指标 | 部分成果可以促进水环境的改善 | 较显著 | ** |
| 12 | | 可持续影响指标 | 成果为水利发展提供科技支撑 | 较显著 | ** |
| 13 | 满意度指标 | 服务对象满意度指标 | 用户满意度抽样调查满意率(≥** %) | ≥** % | ** % |

(五)综合评价工作情况及评价结论

1. 评价工作开展情况

项目绩效评价工作组通过听取项目执行情况的介绍,查阅了项目自评价报告,现场收集了项目绩效评价相关资料,并对资料进行了审查核实;查看了项目成果、资金使用管理等其他方面的资料,如检查档案资料和成果资料,重点核对可量化指标的实际完成情况;结合财务支出资料,核对并分析对应经费支出的合理性、真实性并抽查至相关的原始资料、合同;就发现的有关问题进行了质询,并进行了记录。

在讨论答疑、查看核对资料的基础上,项目绩效评价工作组依据"科研机构基本科研业务费"项目的评价体系、评分标准、评分说明,对项目进行打分、统计,最后得出该项目绩效评价分值。

2. 评价结论

项目绩效评价工作组认为 ** 单位 ** 年度"科研机构基本科研业务费"项目立项过程合规,绩效目标明确、量化,资金预算分配合理,能按照实施方案和批复的绩效目标组织实施。各承担单位责任分工明确,各项管理制度较为健全,项目管理较为完善、规范,资金使用规范有效。项目实施完成了预期的绩效目标并达到了预期结果。

** 年度"科研机构基本科研业务费"项目综合评价得分为 ** 分,其中项目投入得分 ** 分、项目过程得分 ** 分、项目产出得分 ** 分、项目效果得分 ** 分,绩效评定级别为"**"。整体上,该项目投入、过程、产出及效果 4 个方面完成情况均较好,从前期项目立项及内容设计,到中间项目过程管理,以及最后项目产出、效果实现,均未出现较为薄弱管控环节或执行风险,项目总体执行情况较好,完成质量较高(项目绩效评价指标体系及评分情况见表 15-11)。

(六)绩效评价结果应用建议

1. 预算安排

该项目绩效评价结果为"优秀",项目预算发挥良好效果,达到预期效益,建议安排下一年度预算时应优先安排。

2. 评价结果公开

建议以合适方式在项目单位及上级主管单位政务网站予以公开。

(七)主要经验及做法、存在的问题和建议

1. 主要经验及做法

项目的组织实施和管理严格按照国家和水利部颁布的相关管理办法和 ** 单位的科研项目管理办法,实施 ** 负责,** 评审,** 定期检查的制度。

2. 存在问题和建议

由于项目较多,对项目执行、成果标注等方面的管理还有待加强。"科研机构基本科研业务费"项目为单位在水利领域公益性、基础性、前瞻性和综合性的科学研究发挥了重大的作用,建议今后加大投入。

(八)其他需要说明的问题

无。

表 15-11　 ＊＊ 年度"科研机构基本科研业务费"项目绩效评价指标体系及评分标准

| 一级指标 | 分值 | 二级指标 | 分值 | 三级指标 | 分值 | 四级指标 | 分值 | 指标解释 | 计划指标值 | 实际完成值 | 评价标准 | 得分 |
|---|---|---|---|---|---|---|---|---|---|---|---|---|
| 投入 | 20 | 项目立项 | 18 | 项目立项规范性 | 2 | 立项程序规范完整性 | 1 | 项目申请、设立的程序及相关资料是否符合相关要求,如"是否经过专家可行性研究(实施方案)、专家论证、风险评估、集体决策"等。用以反映和考核项目立项程序的规范完整性 | ＊＊ | ＊＊ | 预算申报材料(申报文本、绩效目标、实施方案),共3项材料,每缺少一项扣0.5分,扣至0分为止 | ＊＊ |
| | | | | | | 立项论证的充分性 | 1 | 项目申请、设立的论证是否充分。用以反映和考核项目立项论证的充分性 | ＊＊ | ＊＊ | 1.项目申请、设立的论证充分,1分;2.项目申请、设立的论证较充分,0.5分;3.项目申请、设立的论证充分性不够,0分 | ＊＊ |
| | | | | 绩效目标合理性 | 8 | 目标与职能的相符性 | 2 | 项目所设定的绩效目标与项目单位职能是否相符。用以反映和考核项目绩效目标与单位职能相符情况 | ＊＊ | ＊＊ | 1.绩效目标符合项目单位职能,2分;2.绩效目标较符合项目单位职能,1～2分;3.绩效目标与项目单位职能不够相符,0～1分 | ＊＊ |
| | | | | | | 目标政策依据的充分性 | 2 | 项目所设定的绩效目标是否依据充分。用以反映和考核项目绩效目标与国家政策、部门事业发展纲要(规划)的相符情况 | ＊＊ | ＊＊ | 1.项目目标与政策文件、行业规划、部门事业总体规划的相符性,满分为1分,专家根据相符情况酌情给分。2.目标与项目规划的相符性,满分为1分,专家酌情给分。一般情况,项目自身应制定中长期规划或者有明确的事业规划为基础,且年度目标与项目中长期规划相符 | ＊＊ |

483

| 一级指标 | 分值 | 二级指标 | 分值 | 三级指标 | 分值 | 四级指标 | 分值 | 指标解释 | 计划指标值 | 实际完成值 | 评价标准 | 得分 |
|---|---|---|---|---|---|---|---|---|---|---|---|---|
| 投入 | 20 | 项目立项 | 18 | 绩效目标合理性 | 8 | 目标与现实需求相符性 | 2 | 项目所设定的绩效目标是否符合现实需求。用以反映和考核项目绩效目标与现实需求的相符情况 | ** | ** | 1.绩效目标符合现实需求,2分;<br>2.绩效目标较符合现实需求,1～2分;<br>3.绩效目标与现实需求不够相符,0～1分 | ** |
| | | | | | | 关键目标的明确合理性 | 2 | 项目绩效目标的关键目标是否明确、合理,指标值是否经过调查研究和科学论证,符合客观实际,能够在一定期限内如期实现。用以反映绩效目标的明确性以及指标值的合理性 | ** | ** | 1.包含关键目标且指标值设置合理,2分;<br>2.包含关键目标,但指标值设置不够合理,1～2分;<br>3.没有关键目标,0～1分 | ** |
| | | | | 绩效指标明确性 | 8 | 绩效指标细化、量化程度 | 2 | 绩效指标(产出指标,效果指标)是否清晰、细化、量化,不能以量化形式表述的是否可衡量。用以反映和考核项目绩效目标的明细化及量化情况 | ** | ** | 1.绩效指标清晰、细化、量化,2分;<br>2.绩效指标较清晰、细化、量化,1～2分;<br>3.绩效指标不够清晰、细化、量化,0～1分 | ** |
| | | | | | | 绩效指标分解批复的合理性(选用) | 2 | 项目绩效指标是否进行合理分解批复。用以反映打捆项目绩效目标的向下分解情况 | ** | ** | 1.绩效指标分解批复合理,2分;<br>2.绩效指标分解批复较合理,1～2分;<br>3.绩效指标分解批复不够合理,0～1分 | ** |
| | | | | | | 绩效指标与绩效目标的匹配性 | 2 | 项目绩效指标是否与绩效目标关联,绩效指标是否充分体现绩效目标。用以反映绩效指标与绩效目标的匹配情况 | ** | ** | 1.绩效指标与绩效目标匹配,2分;<br>2.绩效指标与绩效目标较匹配,1～2分;<br>3.绩效指标与绩效目标不够匹配,0～1分 | ** |

| 一级指标 | 分值 | 二级指标 | 分值 | 三级指标 | 分值 | 四级指标 | 分值 | 指标解释 | 计划指标值 | 实际完成值 | 评价标准 | 得分 |
|---|---|---|---|---|---|---|---|---|---|---|---|---|
| 投入 | 20 | 项目立项 | 18 | 绩效指标明确性 | 8 | 绩效指标与预算的匹配性 | 2 | 绩效指标与预算是否匹配。用以反映和考核项目绩效指标与项目预算的对应情况 | ** | ** | 1.绩效指标与项目预算匹配,2分;<br>2.绩效指标与项目预算较匹配,1~2分;<br>3.绩效指标与项目预算不够匹配,0~1分 | ** |
| | | 资金落实 | 2 | 资金足额到位性 | 1 | 资金到位率 | 1 | 实际到达最末级单位的资金金额与计划投入资金的比率,用以反映和考核资金落实情况对项目实施的总体保障程度。资金到位率=(实际到位资金/预算金额)×100%。实际到位资金:一定时期内实际落实到具体项目的资金。预算资金:一定时期内计划投入到具体项目的资金 | ** | ** | 得分=资金到位率×1分 | ** |
| | | | | 资金及时到位性 | 1 | 资金到位及时率 | 1 | 考核资金到达各级单位的的及时性,预算批复后资金是否在15个工作日内下达 | ** | ** | 1.预算批复后资金在15个工作日内下达,1分;<br>2.预算批复后资金在20个工作日内下达,0.5分;<br>3.预算批复后资金超过20个工作日下达,0分 | ** |
| 过程 | 25 | 业务管理 | 13 | 业务管理制度健全性 | 3 | 业务管理制度健全性 | 3 | 项目实施单位针对项目相关业务内容,所适用的业务管理制度是否明确,自身制定的业务管理制度是否健全,包括项目的设立、质量管理、安全管理、项目验收等流程管理制度。用以反映管理制度的健全性 | ** | ** | 1.业务管理制度健全,3分;<br>2.业务管理制度较健全,1.5~3分;<br>3.业务管理制度不够健全,0~1.5分 | ** |

| 一级指标 | 分值 | 二级指标 | 分值 | 三级指标 | 分值 | 四级指标 | 分值 | 指标解释 | 计划指标值 | 实际完成值 | 评价标准 | 得分 |
|---|---|---|---|---|---|---|---|---|---|---|---|---|
| 过程 | 25 | 业务管理 | 13 | 制度执行有效性 | 6 | 业务执行与制度相符性 | 2 | 业务执行(如立项、实施、政府采购、质量安全管理、项目验收等)是否符合相关的法律、法规,是否符合相关业务管理制度要求。用以反映业务执行与法律法规、业务管理制度的相符性 | ** | ** | 1.业务执行符合相关法律法规、业务管理制度的要求,2分;<br>2.业务执行较符合相关法律法规、业务管理制度的要求,1~2分;<br>3.业务执行不够符合相关法律法规、业务管理制度的要求,0~1分 | ** |
| | | | | | | 项目档案的完备性和正确性 | 3 | 项目档案是否能完整反映业务流程的各个环节,档案资料内容是否正确、不矛盾冲突。用以反映和考核项目档案的质量 | ** | ** | 1.项目档案完备且资料内容正确,3分;<br>2.项目档案较完备且资料内容较正确,1.5~3分;<br>3.项目档案不够完备且资料内容不够正确,0~1.5分 | ** |
| | | | | | | 调整手续履行情况 | 1 | 业务工作内容调整手续是否按制度履行。用以反映调整手续的执行情况 | ** | ** | 1.严格按照制度履行调整手续,1分;<br>2.较严格按照制度履行调整手续,0.5分;<br>3.未能严格按照制度履行调整手续,0分 | ** |
| | | | | 项目质量可控性 | 4 | 质量标准健全性 | 2 | 项目实施单位是否已制定或具有相应的项目质量要求或标准。用以反映和考核项目质量标准建设情况 | ** | ** | 1.制定的项目质量要求或标准健全,2分;<br>2.制定的项目质量要求或标准较健全,1~2分;<br>3.制定的项目质量要求或标准不够健全,0~1分 | ** |

| 一级指标 | 分值 | 二级指标 | 分值 | 三级指标 | 分值 | 四级指标 | 分值 | 指标解释 | 计划指标值 | 实际完成值 | 评价标准 | 得分 |
|---|---|---|---|---|---|---|---|---|---|---|---|---|
| 过程 | 25 | 业务管理 | 13 | 项目质量可控性 | 4 | 管控措施有效性 | 2 | 项目实施单位是否为达到项目质量要求而采取了必需且有效的措施。用以反映和考核项目实施单位对项目质量的控制情况 | ** | ** | 1.为达到项目质量要求而采取的管控措施有效,2分;<br>2.为达到项目质量要求而采取的管控措施较有效,1~2分;<br>3.未采取必需且有效的管控措施,项目完成质量较差,0~1分 | ** |
| | | 财务管理 | 12 | 财务管理制度健全性 | 3 | 财务管理制度健全性 | 3 | 项目实施单位的财务管理制度是否全面、完整、合理。用以反映和考核财务管理制度对资金规范、安全运行的保障情况 | ** | ** | 1.财务管理制度全面、完整、合理,3分;<br>2.财务管理制度较全面、完整、合理,1.5~3分;<br>3.财务管理制度不够全面、完整、合理,0~1.5分 | ** |
| | | | | 资金使用合规性 | 6 | 资金使用合法合规性 | 3 | 资金使用是否单独核算、符合会计核算制度、有完整的审批手续,项目的重大开支是否经过评估认证;委托单位的遴选程序是否符合相关法律法规要求,如招投标、多家方案比选等;项目资金使用是否存在截留、挤占、挪用、虚列支出等情况。用以反映和考核项目资金使用的合法合规情况 | ** | ** | 1.资金使用合法合规,3分;<br>2.资金使用较合法合规,1.5分;<br>3.资金使用不够合法合规,0分 | ** |
| | | | | | | 资金使用与预算的一致性 | 3 | 项目资金使用是否符合项目预算批复用途。用以反映和考核项目资金使用与预算的一致性 | ** | ** | 1.资金使用与预算批复一致,3分;<br>2.资金使用与预算批复较一致,1.5~3分;<br>3.资金使用与预算批复不够一致,0~1.5分 | ** |

| 一级指标 | 分值 | 二级指标 | 分值 | 三级指标 | 分值 | 四级指标 | 分值 | 指标解释 | 计划指标值 | 实际完成值 | 评价标准 | 得分 |
|---|---|---|---|---|---|---|---|---|---|---|---|---|
| 过程 | 25 | 财务管理 | 12 | 财务监控有效性 | 3 | 财务监控有效性 | 3 | 项目实施单位是否为保障资金的安全、规范运行而建立了内控管理制度,是否采用了必要的监控措施,如不相容岗位相互分离、内部授权审批控制、预算控制、会计控制、单据控制、信息内部公开等,是否做到会计核算规范、信息真实。用以反映和考核项目实施单位对资金运行的控制情况 | ** | ** | 1.财务监控机制健全,管控措施有效,3分;<br>2.财务监控机制较健全,管控措施较有效,1.5~3分;<br>3.财务监控机制不够健全,管控措施不够有效,0~1.5分 | ** |
| 产出 | 25 | 项目产出 | 25 | 实际完成率 | 16 | 提交项目成果研究报告数量 | 4 | 项目实施的实际产出数与计划产出数的比率,用以反映和考核项目产出数量目标的实现程度。<br>实际完成率＝(实际产出数/计划产出数)×100%。<br>实际产出数:一定时期(本年度或项目期)内项目实际产出的产品或提供的服务数量。<br>计划产出数:项目绩效目标确定的在一定时期(本年度或项目期)内计划产出的产品或提供的服务数量 | ** 篇 | ** | 数量实际完成率得分＝实际完成率×4分,超过4分的按4分计 | ** |
| | | | | | | 公开发表论文数量 | 4 | | ** 篇 | ** | 得分＝实际完成率×3分,超过3分的按3分计 | ** |
| | | | | | | 培养研究生人数 | 4 | | ** 人 | ** | 1.维护机房数量实际完成率得分＝实际完成率×1分,超过1分的按1分计。<br>2.维护机房面积实际完成率得分＝实际完成率×2分,超过2分的按2分计 | ** |
| | | | | | | 取得正式授权的专利数 | 4 | | ** 个 | ** | 得分＝实际完成率×3分,超过3分的按3分计 | ** |

| 一级指标 | 分值 | 二级指标 | 分值 | 三级指标 | 分值 | 四级指标 | 分值 | 指标解释 | 计划指标值 | 实际完成值 | 评价标准 | 得分 |
|---|---|---|---|---|---|---|---|---|---|---|---|---|
| 产出 | 25 | 项目产出 | 25 | 质量达标情况 | 6 | 报告审查通过率 | 3 | 对照实际批复的绩效目标,对项目质量达标情况进行评价。<br>项目产出质量是否符合项目绩效目标及实施方案的进度要求,用以考核和反映项目完成的情况,通过比例反映 | ≥**% | ** | 1.达到既定标准,1分;<br>2.未达到既定标准,偏差5%以内,0.5分;<br>3.未达到既定标准,偏差5%以上,0分 | ** |
|  |  |  |  |  |  | 质量认证体系通过率 | 3 |  | ≥**% | ** | 1.达到既定标准,1分;<br>2.未达到既定标准,偏差5%以内,0.5分;<br>3.未达到既定标准,偏差5%以上,0分 | ** |
|  |  |  |  | 成本节约情况 | 3 | 项目总成本 | 3 | 对照实际批复的绩效目标,对项目成本控制情况进行评价。<br>项目成本控制是否符合项目绩效目标及实施方案的进度要求,用以考核和反映项目完成的总成本,通过成效反映 | 对比值 | ** | 1.控制有效,3分;<br>2.控制较有效,1~3分;<br>3.控制不够有效,0~1分 | ** |
| 效果 | 30 | 项目效益 | 30 | 效益情况 | 24 | 解决水利可持续发展中迫切需要解决的科学技术难题 | 6 | 对照绩效目标,对项目产生的效益进行评价 | 项目有效发挥作用 | ** | 1.效益显著,6分;<br>2.效益较显著,3~6分;<br>3.效益不够显著,0~3分 | ** |
|  |  |  |  |  |  | 成果促进水资源及国民经济可持续发展 | 6 | 对照绩效目标,对项目产生的效益进行评价 | 项目有效发挥作用 | ** | 1.效益显著,6分;<br>2.效益较显著,3~6分;<br>3.效益不够显著,0~3分 | ** |
|  |  |  |  |  |  | 部分成果可以促进水环境的改善 | 6 | 对照绩效目标,对项目产生的效益进行评价 | 项目有效发挥作用 | ** | 1.效益显著,6分;<br>2.效益较显著,3~6分;<br>3.效益不够显著,0~3分 | ** |

| 一级指标 | 分值 | 二级指标 | 分值 | 三级指标 | 分值 | 四级指标 | 分值 | 指标解释 | 计划指标值 | 实际完成值 | 评价标准 | 得分 |
|---|---|---|---|---|---|---|---|---|---|---|---|---|
| 效果 | 30 | 项目效益 | 30 | 效益情况 | 24 | 成果为水利发展提供科技支撑 | 6 | 对照绩效目标,对项目产生的效益进行评价 | 项目有效发挥作用 | ** | 1.效益显著,6分;<br>2.效益较显著,3~6分;<br>3.效益不够显著,0~3分 | ** |
| | | | | 服务对象满意度 | 6 | 用户满意度抽样调查 | 6 | 对项目服务对象的满意度情况进行评价 | ≥**% | ** | 1.满意度≥90%,6分;<br>2.其他情况,得分=(满意度/90%)×6分 | ** |
| 总分 | | | | | | | | | | | | ** |

# 第十六章　水利工程建设类项目

水利工程建设类项目属于国民经济基础设施建设项目之一,是在一个或几个场地上按一个总体设计进行施工的各个工程项目的总和,通过投资形成固定资产并发挥社会效益和经济效益。水利工程建设类项目的绩效评价是指财政部门、水利主管部门根据设定的项目绩效目标,运用科学合理的评价方法和评价标准,对项目建设过程中资金筹集、使用及核算的规范性、有效性,以及投入运营效果等进行评价的活动。对水利工程建设类项目进行绩效评价是对工程项目实施过程和产出结果的一个衡量,由于水利工程建设种类比较多,如何采用科学、有效和全面的绩效评价方法对水利工程建设类项目绩效进行评价尤为重要。本章以水利工程建设类中的防洪工程、山洪灾害防治项目为例,介绍绩效评价的内容、目标、指标以及绩效评价报告的编写。

## 第一节　防洪工程项目

### 一、绩效评价的内容

（一）项目概述

防洪工程是指为控制、防御洪水以减免洪灾损失所修建的工程,可以降低洪灾程度、减少洪灾损失以及减少洪灾机会,主要有堤防、河道整治工程、分洪工程、水库建设等。

防洪工程建设项目具有如下特点:

1. 防洪工程建设项目涉及面较广,具有系统性和社会性。如一条防洪圩堤的建设,不仅是某个地方的事,而是涉及邻近几个乡镇甚至数县的事。对于大江大河的防洪工程建设,通常要由省（区、市)际之间协作完成。因此,防洪工程建设既是系统性工程,又是社会性工程。

2. 防洪工程的效益不是直接创造社会财富,而是在防洪减灾的过程中产生间接效益,也就是通过减少洪灾机会、降低洪灾程度、减少洪灾损失或改变洪灾损失的负担方式以及安定民生而产生间接效益。

3. 由于洪灾损失受洪水随机性的影响较大,导致防洪减灾效益具有不确定性,每年的防洪减灾效益差异较大。洪水出现的特点,虽有历史统计方面的规律,但年际变化大,洪水造成的损失年际变化更大。一般年份不发生洪灾或灾害很小,产生的损失较小,而一且出现大洪水、大灾害,产生的损失就很大。

4. 防洪工程在安定社会和保障人民生活等方面的效益,是难以用货币来衡量的。

综上所述,防洪工程建设具有社会性,工程建成后难以产生直接的经济效益,但具有明显的社会效益,而这种社会效益难以用货币的方式全面地衡量或核算,防洪工程具有这种效益机制的特点。

**(二)项目主要内容**

**1. 挡水能力建设**

主要是通过运用工程措施即修建堤防工程挡住洪水对保护对象的侵袭。如用河堤、湖堤防御河、湖的洪水泛滥,用海堤和挡潮闸防御海潮,用圩堤保护低洼地区不受洪水侵袭等。利用具有挡水功能的防洪工程,是最古老和最常用的措施。通过用挡的办法防御洪水,改变洪水自然宣泄和调蓄的条件,抬高天然洪水位,达到降低洪涝灾害的目的。

**2. 泄洪能力建设**

常用措施如修筑河堤、整治河道(如扩大河槽、裁弯取直)、开辟分洪道等,是平原地区河道较为广泛采用的增加泄洪能力的措施。①扩大河槽、河道裁弯取直都能降低洪水位,增大本河段的泄洪能力;河道裁弯取直还可以缩短航程,有的还能缓解弯顶淘刷和崩岸对堤防的威胁。②修筑河堤有增大河道泄量的功能,将可能漫溢出去的洪水控制在堤防限制的河槽内。这一方面减少了河段的调蓄容量,另一方面抬高了洪水位,增大了水深,从而加大河道的流速和下泄流量。加高原有堤防也能增大泄洪能力。③开辟分洪道,分洪入其他河流、湖泊、洼地、海洋都能降低其下游河段的水位、洪水流量,减轻防洪负担。如分洪道绕过狭窄河段后又回归原河道,可降低狭窄河段的水位、洪水流量,减轻防洪负担,增加泄水能力。

**3. 拦(蓄)滞能力建设**

主要是通过拦蓄(滞)调节洪水,削减洪峰,减轻下游防洪负担,如利用水库、分洪区(含改造利用湖、洼、淀等)工程等。水库除可起防洪作用外,还能蓄水调节径流,利用水资源,发挥综合效益,成为近代河流开发中普遍采取的措施。开辟分洪区,分蓄(滞)河道超额洪水,它一般都是利用人口较少的地区,也是很多河流防洪系统中的重要组成部分。在山区实施水土保持措施,可起蓄水保土作用,遇一般暴雨,对拦减当地的洪水有一定效果。

一条河流或一个地区的防洪任务,通常由多种措施相结合构成的工程系统来承担。工程的布局是根据自然地理条件,洪水、泥沙特性,社会经济状况,洪灾情况,本着除害与兴利相结合,局部与整体统筹兼顾,蓄泄兼筹、综合治理等原则,统一规划。一般是在上中游干支流山谷区修建水库拦蓄洪水,调节径流;山丘地区广泛开展水土保持,蓄水保土,发展农林牧业,改善生态环境;在中下游平原地区,修筑堤防,整治河道,治理河口,并因地制宜修建分蓄(滞)洪工程,以达到减免洪灾的目的。

**(三)绩效评价基本内容**

防洪工程是为了控制、防御洪水以减免洪灾损失所修建的工程,通过实施防洪工程,实现降低洪灾程度、减少洪灾损失以及减少洪灾机会。按照绩效评价的有关规定,项目绩效评价的基本内容应从绩效目标设定、资金投入和使用、制度和措施保障、实现程度及效果等几个方面进行评价。

1. 绩效目标的设定情况

做好防洪工程的建设工作对减少洪灾损失具有重要的现实意义。防洪工程的直接效益分为减少日后防洪投入的效益和减少日后洪灾损失的效益两部分。间接效益主要表现在免除或减轻洪水破坏灾区的居民生命财产、耕地、森林、基础设施损失等;社会效益主要是通过防洪工程项目的实施,使原受灾区的防洪标准进一步提高,使得居民的生活条件得到改善,使得该地区的文化、卫生、医疗、教育等设施得到有效保护,为人民更美好的生活提供基础保证。

2. 资金的投入和使用情况

防洪工程项目作为基本建设类项目,一般为纯公益性项目,其项目建设资金一般由财政全额保障,资金的来源通常为中央财政性资金和地方配套资金,个别项目包括自筹资金等,各级财政部门保障防洪工程资金足额、及时到位。资金的使用需按照财政资金管理规定,根据概(预)算批复单独核算,开支范围不得超越批复的初步设计内容;对工程承建单位的选择需符合相关法律法规要求;任何单位和个人不得截留、挤占、挪用、虚列项目资金。

3. 制度和措施保障情况

防洪工程项目支出主要依据主管部门批复的初步设计确定的工程范围、内容和标准。水利单位需制定防洪工程项目质量施工要求或标准,各种档案资料管理齐全,为实现项目绩效目标采取有效的管控措施,及时组织项目竣(完)工验收。财务管理制度应健全有效,内部控制措施到位,资金按照概(预)算批复使用,资金的支付合法合规。

4. 实现程度及效果

防洪工程项目绩效评价涉及到的产出指标应覆盖批复初步设计的全部建设内容,产出指标应能够全部实现。若在工程做了较小设计变更处理的基础上,不影响项目整体目标实现的,也可视同工程正常完成及产出指标全部完成。如遇不可抗力或其他合理原因导致的重大项目设计变更,理由充分且水利单位履行了合法手续的,也可视同产出指标全部完成。

防洪工程项目绩效涉及到的效益指标和满意度指标,应对照批复的绩效目标,对项目产生的效益和项目服务对象的满意度情况进行评价。

5. 其他内容

防洪工程项目支出范围和内容受到严格限制,不得超出初步设计批复内容,水利单位应严格按照批复执行,支出标准受现场施工条件、气象变化、材料价差及市场变化的影响较大,在评价实际支出过程应结合项目实施期间的情况和工程所在地域进行分析。

## 二、绩效评价的目标

（一）主要内容

防洪工程项目绩效目标是完成水利主管部门批复的项目初步设计内容和年度内应达到的产出和效果。

1. 预期产出

防洪工程项目预期产出的内容主要是完成概算批复的工程建设内容,工程最终达到验收标准,以及防洪工程项目的支出不得超过概算批复。

2. 预期效果

防洪工程项目预期效果是通过防洪工程项目的开展,提高保护区内的防洪标准,减少由于洪水产生的破坏,间接产生经济效益;提高保护区内森林、耕地、重要基础设施等的防洪能力,间接产生社会效益;通过防洪工程项目的开展,能够进一步有效保护生态环境,减少水土流失,间接产生生态效益;通过防洪工程的实施,工程建成后得到良性运行,并能持续使用多年,从而发挥积极作用,直接产生可持续影响。

3. 服务对象满意程度

通过防洪工程项目的建设,使得原来受灾地区群众的生命、财产安全和基础设施、自然环境得到有效的保护。用户满意程度,即服务对象满意程度、受益群众满意度、项目预期服务对象的满意度。

4. 达到预期产出所需要的成本资源

防洪工程项目要达到预期产出,常用的措施主要有堤防工程、水库工程、蓄滞洪区建设工程以及河道治理工程等。堤防工程是世界上最早使用的防御洪水的工程手段,也是最常用的手段之一;水库工程是调蓄洪水的重要工程措施,通过水库洪水调度达到"以调节洪水流、消减洪水的峰值,降低下游区域洪水危险"的目标;对于超过堤防、水库等防御能力的洪水,可以因地制宜地利用洼地以及蓄滞过历史大洪水的区域开辟为蓄滞洪区,在防洪必要时利用蓄滞洪区调节洪水;河道治理工程是为了稳定河槽、缩小主槽游荡范围、改善河流边界条件及水流流态采取的工程措施。防洪工程达到预期产出所需要的成本资源为达到上述几项主要工程预期产出所付出的成本资源。

5. 衡量预期产出、预期效果和服务对象满意程度的绩效指标

(1)预期产出的绩效指标:防洪工程项目能够减轻的洪灾损失,防洪工程的单元工程的验收率及验收合格率情况,每年完成工程量的目标情况,完成防洪治理的财政资金投入情况等。

(2)预期效果的绩效指标:经济效益指标主要从防洪工程建成后减少防洪投入效益和减少洪灾损失效益的角度进行衡量;社会效益指标主要从通过提高治理区域的防洪标准,改善本地区居民的生活居住条件,增加人民收入,为建设全民小康社会提供基础保障的角度进行衡量;生态效益指标主要从由于防洪工程建成而减少的水土流失的角度进行衡量;可持续影响指标主要从工程是否良性运行和工程预期达到的设计使用年限的角度进行衡量。

(3)服务对象满意程度的绩效指标:防洪工程项目的服务对象主要是洪灾受灾区的群众,服务对象满意程度通过对洪灾区内群众的满意度进行抽样调查得出满意率来衡量。

(二)中期目标

1. 完成初步设计批复的堤防治理工程量。

2. 完成初步设计批复的水库建设工程量。

3. 完成初步设计批复的蓄滞洪区工程治理工程量。

4. 完成初步设计批复的河道治理工程。

5. 完成初步设计批复的其他建设内容。

（三）年度目标

1. 根据初步设计和投资计划完成年度下达的堤防治理工程量。

2. 根据初步设计和投资计划完成年度下达的水库建设工程量。

3. 根据初步设计和投资计划完成年度下达的蓄滞洪区建设工程量。

4. 根据初步设计和投资计划完成年度下达的河道治理工程量。

5. 根据初步设计和投资计划完成年度下达的其他有关建设工程量。

## 三、绩效评价的指标

根据管理需要和项目特点选用社会效益指标、财务效益指标、工程质量指标、建设工期指标、资金来源指标、资金使用指标、实际投资回收期指标、实际单位生产（营运）能力投资指标等评价指标。

（一）指标确定原则

作为衡量防洪工程项目绩效目标实现程度的考核工具，绩效评价指标按照《绩效评价管理办法》规定的原则来确定。

1. 相关性原则

根据防洪工程项目的具体特征，设置恰当的目标，以恰当反映绩效目标的实现程度。

2. 重要性原则

重点围绕堤防工程、水库工程、蓄滞洪区建设和河道治理等四个具有代表性、最能反映评价要求方面的内容确定绩效评价指标。

3. 可比性原则

水行政主管部门从防洪工程整体内容出发设定共性的绩效评价指标，水利单位根据批复的需要建设完成的工程具体内容设定个性的绩效评价指标，以便于评价结果可以相互比较。

4. 系统性原则

根据批复的建设内容确定定量指标和定性指标，系统反映防洪工程项目所产生的社会效益、经济效益、环境效益和可持续影响等。

5. 经济性原则

防洪工程项目作为基本建设项目，一般都需要跨年度实施，根据要求对每个年度进行绩效评价，要充分考虑项目实施的连贯性，设置的指标应当通俗易懂、简便易行，绩效指标实现程度所需获得的数据应当考虑现实条件和可操作性，符合成本效益原则。

（二）共性和个性指标

1. 共性指标的确定

防洪工程项目的共性指标应具有普遍性，能够普遍适用于所有水利单位。

（1）产出指标。数量指标主要包括修建的堤防工程的长度、修建水库的数量和库容量、修建的蓄滞洪区的面积和河道治理的长度等。质量指标主要包括堤防工程的验收合格率、水库工程的验收合格率、蓄滞洪区工程的验收合格率、河道工程的验收合格率等。时效指标主要指防洪工程实际建设时间是否与批复的工程建设周期相符。成本效益指标主要是指按照批准的建设内容，从防洪工程项目建设资金安排的各项支出（包括建筑安装工程投资支出、设备投资支出、待摊投资支出和其他投资支出等)不超概算。

（2）效益指标。经济效益指标主要是工程建成后每年减少的防洪投入和减少的洪灾造成的经济损失。社会效益指标主要是提高治理段的防洪标准，改善本地区居民的生活居住条件，增加人民收入，为建设全民小康社会提供基础保障。生态效益指标主要是防洪工程建成后，减少了洪水对生态环境的破坏，减少水土流失等。可持续影响指标主要是工程建成后的正常使用年限。

（3）满意度指标。服务对象满意度指标主要是对防洪工程保护区内的用户抽样调查满意率。

**2. 个性指标的确定**

个性指标是针对具体的防洪工程特点设定的，适用于具体水利单位。具体到某项防洪工程，可能只是涉及到堤防加固、水库建设、蓄滞洪区建设、河道清理中的一项或几项。本章进行举例分析时，把上述四项工程全部纳入指标进行考核，在具体到某个工程时可按实际进行适当调整。在设置指标时，例如数量指标设定水利单位需要完成前述项目的工程量；成本指标设定单位完成某项单元工程的建设成本；经济效益指标设定工程建成后减少的每年的防洪投入，同时减少了洪水带来的经济损失而间接产生的经济效益金额；社会效益指标可设定工程建成后的提高的防洪标准。

（三）范例

**表 16-1    ** 防洪工程项目绩效目标表**

（** 年度）

| 项目名称 | | ** 防洪工程项目 | | | |
|---|---|---|---|---|---|
| 主管部门及代码 | | 水利部[126] | | 实施单位 | ** |
| 项目属性 | | 其他项目 | | 项目期 | ** 年 |
| 项目资金（万元） | 中期资金总额： | | | 年度资金总额： | |
| | 其中:财政拨款 | | | 其中:财政拨款 | |
| | 其他资金 | | | 其他资金 | |
| 总体目标 | 中期目标（20** 年—20** 年） | | | 年度目标 | |
| | 根据批复的初步设计完成工程的主要建设任务:1. 完成批复的项目堤防工程建设任务;2. 完成批复的水库建设工程任务;3. 完成批复的蓄滞洪区建设任务;4. 完成批复的河道清理任务;5. 完成批复的其他工程任务 | | | 目标1:完成堤防建设 ** km。目标2:完成水库建设工程量 **。目标3:完成蓄滞洪区建设 ** km²。目标4:完成河道清理 ** km。目标5:完成其他工程（包括……） | |

| 绩效指标 | 一级指标 | 二级指标 | 三级指标 | 指标值 | 二级指标 | 三级指标 | 指标值 |
|---|---|---|---|---|---|---|---|
| | 产出指标 | 数量指标 | 堤防工程建设工程量 | 概算批复数 | 数量指标 | 堤防工程建设工程量 | 年度批复量 |
| | | | 水库建设的工程量 | 概算批复数 | | 水库建设的工程量 | 年度批复量 |
| | | | 蓄滞洪区建设工程量 | 概算批复数 | | 蓄滞洪区建设工程量 | 年度批复量 |

| 一级指标 | 二级指标 | 三级指标 | 指标值 | 二级指标 | 三级指标 | 指标值 |
|---|---|---|---|---|---|---|
| 绩效指标 | 产出指标 | 数量指标 | 河道疏浚工程量 | 概算批复数 | 数量指标 | 河道疏浚工程量 | 年度批复量 |
| | | 其他工程量 | 概算批复数 | | 其他工程量 | 年度批复量 |
| | | 质量指标 | 单元工程验收率(%) | ＊＊% | 质量指标 | 单元工程验收率(%) | ＊＊% |
| | | 单元工程验收合格率(%) | ＊＊% | | 单元工程验收合格率(%) | ＊＊% |
| | | 时效指标 | 每年12月底中央投资完成率(%) | ＊＊% | 时效指标 | 每年12月底中央投资完成率(%) | ＊＊% |
| | | 次年6月底中央投资完成率(%) | ＊＊% | | 次年6月底中央投资完成率(%) | ＊＊% |
| | | 成本指标 | 建筑安装工程投资支出 | 不超概算 | 成本指标 | 建筑安装工程投资支出 | 不超概算 |
| | | 设备投资支出 | 不超概算 | | 设备投资支出 | 不超概算 |
| | | 建设管理费支出 | 不超概算 | | 建设管理费支出 | 不超概算 |
| | | 其他投资支出 | 不超概算 | | 其他投资支出 | 不超概算 |
| | 效益指标 | 经济效益指标 | 每年减少大量防洪投入 | 达到 | 经济效益指标 | 每年减少大量防洪投入 | 达到 |
| | | 洪灾发生时大量减少洪灾损失 | 达到 | | 洪灾发生时大量减少洪灾损失 | 达到 |
| | | 社会效益指标 | 防洪能力提高,减少防洪投入,减少受灾损失 | 达到 | 社会效益指标 | 防洪能力提高,减少防洪投入,减少受灾损失 | 达到 |
| | | 生态效益指标 | 减轻洪灾对保护区生态环境的破坏 | 达到 | 生态效益指标 | 减轻洪灾对保护区生态环境的破坏 | 达到 |
| | | 可持续影响指标 | 防洪工程持续发挥作用的年限(年) | ＊＊年 | 可持续影响指标 | 防洪工程持续发挥作用的年限(年) | ＊＊年 |
| | 满意度指标 | 服务对象满意度指标 | 用户满意度抽样调查满意率(≥＊＊%) | ＊＊% | 服务对象满意度指标 | 用户满意度抽样调查满意率(≥＊＊%) | ＊＊% |

## 四、绩效评价的标准

根据本书第四章对绩效评价标准论述,适合用于防洪工程项目绩效评价的标准主要是参照行业标准和历史标准。

（一）行业标准

1. 中华人民共和国住房和城乡建设部 2015 年颁布的《防洪标准》对水利水电工程的防洪标准有具体要求,水库工程水工建筑物的防洪标准,应根据其级别和坝型,区分山区、丘陵区进行设计;堤防工程的防洪标准,应根据其保护对象或防洪保护区的防洪标准,以及流域规划的要求分析确定;蓄滞洪区堤防工程的防洪标准应根据流域规划的要求分析确定。

2. 城市防洪工程设计规范

中华人民共和国住房和城乡建设部 2012 年颁布的《城市防洪工程设计规范》从防洪工程设计的角度规定了防洪标准。有防洪任务的城市,其防洪工程的等别应根据防洪保护对象的社会经济地位的重要程度和人口数量规定划分为四等。城市防洪工程设计标准应根据防洪工程等别、灾害类型按规定选定。

防洪工程评价标准应参照国家公布的相应行业标准。行业标准应作为绩效评价标准适用于该项目。

（二）历史标准

最近几年,水利基本建设项目绩效评价作为水利部绩效评价试点并逐步开展,绩效目标在逐年完善。防洪工程项目作为水利基本建设项目中主要形式之一,相关绩效目标设置的历史数据保存完整。防洪工程项目绩效评价标准应参照同类指标的历史数据制定,历史标准应作为绩效评价标准适用于该项目。

## 五、绩效报告与评价报告

（1）绩效报告范例

（封面）

<br><br>

（单位名称)20 ** 年度 **
防洪工程财政支出绩效报告

<br><br><br>

项目名称：** 防洪工程
项目单位：**

<br>

20 ** 年 ** 月

1. 项目概况

项目类别：基本建设类项目

项目建设单位负责人：**　　　　　　联系电话：**

项目总概算：**万元，其中中央财政资金**万元，地方财政资金**万元

项目实际到位金额：**万元，其中中央财政资金*万元，地方财政资金*万元

项目实际支出金额：**万元，其中中央财政资金**万元

项目起止时间：**年**月至**年**月

(1) 项目单位基本情况。

**年**月，**批准成立**工程建设管理局，作为**防洪工程的项目法人机构。根据**《关于印发**建设管理局主要职责机构和人员编制规定的通知》(**人事〔**〕**号)的精神，**建设局为**级事业单位，编制**人，下设综合处、计划财务处、项目管理处，质量与安全管理处。20**年末**工程建设管理局在职人员**人。

(2) 项目基本情况

① 项目立项情况

20**年**月，国家发展和改革委员会以《关于**建设工程可行性研究报告的批复》(**〔20**〕**号)批复该工程可行性研究报告。20**年**月，水利部以《关于**工程初步设计总报告的批复》(**〔20**〕**号)批复工程初步设计。批复工程总投资**万元。

② 项目主要建设内容

堤防新筑堤**km，加固堤防**km；新建保庄圩，新筑圩堤**km；新建水库**座，设计库容**m³；新建蓄滞洪区**m²；河道疏浚**km等。

③ 项目绩效目标

**工程建设管理局20**年度防洪工程项目绩效目标：根据批复的总概算，在以前年度防洪项目建设基础上，按照年度投资计划安排，扎实有序的开展堤防工程建设、水库建设、蓄滞洪区建设和河道疏浚工作。

2. 项目资金使用及管理情况

(1) 项目预算编制及资金到位情况

① 预算编制情况。

项目预算支出计划房屋建筑物购建**万元，办公设备购置**万元，专用设备购置**万元，基础设施建设**万元，大型修缮**万元，信息网络及软件购置更新**万元，物资储备**万元，公务用车购置**万元，其他交通工具购置**万元，其他基本建设支出**万元。

② 资金到位情况

截至**年底，**防洪工程累计收到投资计划**万元，其中：中央投资**万元；**省水利基建投资**万元；**市配套**万元。已下达计划占工程总投资**％。

截至**年年底，累计收到基建拨款**万元，其中：中央预算内资金**万元；**省水利基建资金**万元；**市配套**万元。已收到拨款占收到下达投资计划的**％。

(2) 项目资金使用情况截至**年12月31日，**防洪工程累计完成投资**万元。

其中:建筑安装工程投资 ** 万元;设备投资 ** 万元;待摊投资 ** ;其他投资 ** 万元。

(3) 项目资金管理情况

① 财务管理制度制定情况

** 工程建设管理局高度重视制度建设工作,根据实际工作需要,有针对性地出台了一系列财务制度和管理办法,将局内部涉及财务工作的各项经济业务及相关岗位,对业务处理过程中的关键控制点,落实到决策、执行、监督、反馈等相关环节进行控制,主要制度有项目合同管理办法、工程价款结算办法、固定资产的购置、使用及管理办法、费用的财务报销办法等方面。明确工程价款结算和费用支出的程序和标准,以及部门和人员在项目建设中的相应职责和权利,以有效保证局财务会计工作的顺利开展,保证了会计信息真实、完整和准确。

② 财务制度执行情况

** 工程建设管理局严格按照《国有建设单位会计制度》《基本建设财务管理规则》和《水利基本建设资金管理办法》等规定,单独设置会计账簿,实行专账管理、单独核算,以确保工程建设资金专款专用。

资金使用内部控制建设采取的主要措施:不相容职务相互分离控制、授权审批控制、会计系统控制和财产保护控制等。在制定内部控制度时,首先,确定不相容岗位和职务;其次,明确规定每个岗位和职务的权限,使不相容岗位和职务之间能够相互监督、相互制约,形成有效的制衡机制。在工程建设过程中严格按照制度、办法进行财务管理,切实管好、用好工程建设资金。

③ 完善建设项目内部控制

** 工程建设管理局按照《财政部关于开展行政事业单位内部控制基础性评价工作的通知》(财会〔2016〕11 号)要求,开展内部控制制度基础性评价工作,进一步完善内部控制制度,提高内部控制管理水平。主要做法包括开展组织动员,成立以局领导任组长评价工作小组,开展评价工作,并制定了《 ** 建设局内部控制基础性评价工作实施方案》,一是明确了工作目标;二是确立了基本原则;三是突出重要性原则;四是以问题导向为指引;五是遵守适应性原则。取得的成效包括:一是建立完善内部控制制度,针对未建立预算管理制度和收入管理制度,及时起草制定预算管理制度和收入管理制度;二是补充完善评价指标,根据 ** 建设管理局工作实际,将招投标管理、建设成本管理和工程价款结算作为补充评价指标纳入内部控制基础性评价范围。 ** 工程建设管理局依据《行政事业单位内部控制规范(试行)》的要求,定期或根据需要进行补充完善,使内部控制制度发挥重要作用,以实现工程安全、资金安全、干部安全和生产安全的目标。

3. 项目组织实施情况

(1) 项目组织情况

为贯彻落实水利部、省水利厅关于加快推进 ** 防洪工程建设项目工作的部署和要求,做好 ** 项目治理工作,落实有关主管部门责任,确保建设任务按期完成, ** 工程建设管理局认真组织工程实施,严格执行政府采购规定,对需要实行招投标的严格按照《招标投标法》执行,单元工程完工后及时组织整体验收。同时为确保项目顺利实施,明确各部门责任,加强项目的组织领导,健全工作机制,明确建设进度、建设质量、工程安全和资金安全责任,形成主要领导亲自抓,分管领导具体抓,各部门分工协作、齐抓共管,一级抓一级,层层抓落实的工作格局。

（2）项目管理情况

\*\* 工程建设管理局在建设管理过程中认真贯彻"四制"要求,各标段均面向全社会公开招标,根据国家有关法律法规签订合同,重视监理工作,切实有效地落实各项有关规定,力争建设精品工程。

① 项目法人责任制

依据《 \*\* 关于 \*\* 项目建设工程项目法人的意见》( \*\*〔20 \*\* 〕 \*\* 号)等文件精神,该工程由 \*\* 建设管理局作为工程建设项目法人,该项目的项目法人组建符合规定要求。内设机构有综合处、计划财务处、项目管理处,质量与安全管理处,基本满足规定和建设要求,确保了项目法人责任制落实到位。

② 招标投标制

\*\* 工程建设管理局从前期工作阶段起便非常重视招标工作,通过公开招标方式确定了勘察设计单位。初步设计批复后,20 \*\* 年 \* 月,工程招标工作全面展开,截至 20 \*\* 年12 月 31 日,已完成公开招标 \*\* 个,其中:勘测设计标 \* 个;设计标 \* 个;监理标 \* 个;施工标 \* 个;采购标 \* 个;质量检测标 \* 个;施工期监测标 \* 个。

③ 工程建设监理制

该工程监理标共 \* 个,监理单位均通过招标确定,中标单位均具有相应资质条件,已签订监理合同总金额 \*\* 万元。监理单位已于 20 \*\* 年 \*\* 月组建现场机构并进场,\*\* 月份已开展工作,依照有关法律、法规以及技术标准、设计文件和监理合同,对工程实施专业化监督管理。

④ 合同管理制

截至 20 \*\* 年 12 月 31 日,共签订合同 \*\* 份,包括前期工作合同 \* 份、工程监理合同 \* 份、施工合同及补充合同 \* 份、征地协议 \* 份、采购合同 \* 份、总体类合同 \* 份、其他合同 \*\* 份,合同总金额约 \* 万元,占工程批复投资的 \* ％。 \*\* 工程建设管理局根据工程建设有关法律法规,严格履行合同,已招标实施项目合同履行良好,未发生合同纠纷,对控制工程投资起到了很好的作用。

4. 项目绩效情况

（1）项目的经济性分析

① 项目建设成本控制情况

\*\* 工程建设管理局针对项目实际情况,合理采用政府采购方式,确定项目承担单位,通过合同、协议等方式,确定承担单位工作内容,提高了财政资金使用效益。单位日常工作中严格控制三公经费支出和日常办公支出,有效减少相关费用开支。对于符合政府采购要求的货物、工程和服务,严格按照《政府采购法》《招投标法》等法律法规组织实施。 \*\* 年度防洪工程项目完成政府采购工程类 \*\* 万元、货物类 \*\* 万元、服务类 \*\* 万元,较好地控制了项目建设成本不超概算。项目预算执行严格按照概算批复数,资金使用安全,无违规使用项目经费情况。20 \*\* 年度防洪工程目已按照批复的内容完成,全部项目成本均控制在批复概算内,没有项目建设成本超出批复概算的情况,项目成本控制总体较好。

② 项目建设成本节约情况

\*\* 工程建设管理局厉行节约，多措并举严格控制项目建设成本，特别是通过实行政府采购、招投标等程序，严格控制建设管理支出，节约了财政资金。

（2）项目的效率性分析

① 项目的实施进度

20 \*\* 年度 \*\* 防洪工程项目建设均已按照批复的初步设计，按照主管部门要求，已于 20 \*\* 年 12 月底前完成全部建设任务。中央资金和地方配套资金全部到位，发挥了应有的效益。20 \*\* 年，\*\* 防洪工程累计完成土方开挖 \*\* 万 $m^3$，土方回填 \*\* 万 $m^3$，石方 \*\* 万 $m^3$，混凝土 \*\* 万 $m^3$，金属结构 \*\* t。20 \*\* 年，\*\* 防洪工程累计完成投资 \*\* 万元。其中：建筑安装工程投资 \*\* 万元；设备投资 \*\* 万元；待摊投资 \*\* 万元；其他投资 \*\* 万元。

② 项目完成质量

20 \*\* 年，\*\* 防洪工程累计完成 \*\* 单元工程，\*\* 个单元工程验收合格，验收合格率 \*\* ％。

（3）项目的有效性分析

经济效益方面，每年可以减少防洪投入和洪灾造成的经济损失；社会效益方面，可以提高治理段的防洪标准，改善本地区居民的生活居住条件，增加人民收入，为建设全民小康社会提供基础保障；生态效益方面，减少了洪水对生态环境的破坏，减少了水土流失等。

（4）项目的可持续性分析

可持续影响方面，\*\* 防洪工程持续稳定发挥效益，为地区防洪和保护区域内人民群众的生命、财产安全等提供了有力保障。

\*\* 防洪工程项目立项过程合规，绩效目标明确、量化，资金预算分配合理，能按照初步设计批复和批复的绩效目标组织实施。\*\* 工程建设管理局责任分工明确，各项管理制度较为健全，项目管理较为完善、规范，资金使用规范有效。项目实施完成了预期的绩效目标并达到了预期结果（\*\* 年度 \*\* 防洪工程项目绩效目标完成情况见表 16-2）。

**表 16-2　\*\* 年度 \*\* 防洪工程项目绩效目标完成情况对照表**

| 批复绩效目标 | | | 目标1：完成堤防建设 \*\* km。<br>目标2：完成水库建设工程量 \*\* 。<br>目标3：完成蓄滞洪区建设 \*\* km²。<br>目标4：完成河道清理 \*\* km。<br>目标5：完成其他工程（包括……） | | 绩效目标完成情况 | 目标1：完成堤防建设 \*\* km。<br>目标2：完成水库建设工程量 \*\* 。<br>目标3：完成蓄滞洪区建设 \*\* km²。<br>目标4：完成河道清理 \*\* km。<br>目标5：完成其他工程（包括……） |
| --- | --- | --- | --- | --- | --- | --- |
| 绩效指标批复情况 | | | | | 绩效指标完成情况 | |
| 序号 | 一级指标 | 二级指标 | 指标内容 | 指标值 | 已完成指标值 | |
| 1 | 产出指标 | 数量指标 | 堤防工程建设工程量 | 年度批复量 | 完成 \*\* 工程量，支出 \*\* 万元 | |
| 2 | | | 水库建设的工程量 | 年度批复量 | 完成 \*\* 工程量，支出 \*\* 万元 | |
| 3 | | | 蓄滞洪区建设工程量 | 年度批复量 | 完成 \*\* 工程量，支出 \*\* 万元 | |

| 序号 | 绩效指标批复情况 | | | | 绩效指标完成情况 |
| --- | --- | --- | --- | --- | --- |
| | 一级指标 | 二级指标 | 指标内容 | 指标值 | 已完成指标值 |
| 4 | 产出指标 | 数量指标 | 河道疏浚工程量 | 年度批复量 | 完成 ** 工程量,支出 ** 万元 |
| 5 | | | 其他工程量 | 年度批复量 | 完成 ** 工程量,支出 ** 万元 |
| 6 | | | 单元工程验收率(%) | ** | ** |
| 7 | | | 单元工程验收合格率(%) | ** | ** |
| 8 | | 质量指标 | 每年 12 月底中央投资完成率(%) | ** | ** |
| 9 | | | 次年 6 月底中央投资完成率(%) | ** | ** |
| 10 | | | 建筑安装工程投资支出 | 不超概算 | ** 万元 |
| 11 | | 时效指标 | 设备投资支出 | 不超概算 | ** 万元 |
| 12 | | | 待摊投资支出 | 不超概算 | ** 万元 |
| 13 | | 成本指标 | 其他投资支出 | 不超概算 | ** 万元 |
| 14 | 效益指标 | 经济效益指标 | 每年减少大量防洪投入 | 达到 | 达标 |
| 15 | | | 洪灾发生时大量减少洪灾损失 | 达到 | 达标 |
| 16 | | 社会效益指标 | 防洪能力提高,减少防洪投入,减少受灾损失 | 达到 | 达标 |
| 17 | | 生态效益指标 | 减轻洪灾对保护区生态环境的破坏 | 达到 | 达标 |
| 18 | | 可持续影响指标 | 防洪工程持续发挥作用的年限(年) | ** 年 | 达标 |
| 19 | 满意度指标 | 服务对象满意度指标 | 用户满意度抽样调查满意率(≥ ** %) | ** | ** |

5. 其他需要说明的问题

(1) 后续工作计划

防洪工程项目一般建设工期较长,为跨年度实施的基本建设项目,根据每一年度安排,项目单位将继续完成每年的工程任务。待项目建成竣工验收后,项目单位将及时按照相关规定做好资产移交等工作。

(2) 主要经验及做法、存在问题和建议

① 主要经验及做法

a. 在项目实施与管理过程中,严格遵守各项政策、法规及相关管理制度,确保各项工作合法有序开展。

b. 细化分解任务,各部门按照职责分工各司其职,保障了项目的顺利实施。

c. 强化项目过程控制,及时指导各部门按照进度做好项目管理。

d. 严格"四制"管理,保证资金使用规范,保证项目工程建设质量合格。

② 建议

防洪工程的建设对治理区域洪灾损失减免、生态环境保护、社会经济发展以及防洪效益提升都起到了重要的作用,工程建成后,建议财政加大对工程后续维修养护经费的投入。

6. 项目绩效评价工作情况

根据《绩效评价管理办法》和水利主管部门有关要求,＊＊工程建设管理局及时组织开展了项目绩效中期自评,收集整理了项目决策文件、概预算批复以及各绩效指标值支撑材料,配合做好中期检查工作,并编制了中期检查报告;根据中期绩效监控报告的反馈,绩效监控结论为"＊＊",同时对中期检查问题进行了认真研究,积极对有关情况进行了整改落实。依据本项目绩效评价指标体系及打分方法,组织开展了自评价工作,并在自评价基础上,撰写了项目绩效报告。

(1) 绩效工作开展情况

① 积极组织编写项目绩效报告

＊＊工程建设管理局按照水利主管单位整体部署和要求,及时组织开展了项目绩效评价工作,根据项目绩效目标,对照项目初步设计,梳理核实有关绩效证明材料,在此基础上,参照《绩效评价管理办法》附件3"财政支出绩效报告(参考提纲)",从项目概况、项目资金使用及管理情况、组织实施情况、项目绩效情况、需说明的问题等方面认真编制了防洪工程项目绩效报告。

② 绩效得分

＊＊工程建设管理局根据《绩效评价管理办法》和水利主管单位有关规定,开展了防洪工程项目预算绩效自评价工作,并按照项目预算绩效评价指标体系、评分标准和评分说明对项目绩效进行打分,绩效得分＊＊分。

③ 项目绩效报告

＊＊工程建设管理局编制的防洪工程项目绩效报告介绍了项目单位基本情况及防洪工程项目背景、项目可研及初步设计批复情况、项目主要工作内容、绩效目标、项目资金使用及管理情况、组织实施情况,从项目的经济性、效率性、有效性和可持续性四个方面对项目产出指标、效益指标、服务对象满意度指标等绩效情况进行了分析,总结了＊＊年度主要经验及做法、存在问题和建议。

(2) 项目绩效评价工作情况

① 项目绩效评价目的

通过绩效自评价,对＊＊年度防洪工程项目的投入、过程、产出、效果等涉及的项目立项、业务管理、财务管理、项目产出、项目效益等进行全方位的总结分析,对项目财政支出的经济性、效率性、有效性和可持续性进行客观、公正的评价,增强绩效意识,促进财政支出绩效管理,强化支出责任和效率,提高财政资金使用效率;总结经验,进一步加强预算管理改革,不断提高预算绩效管理工作水平。

② 绩效评价原则、评价指标体系、评价方法

a. 绩效评价原则

绩效评价工作组根据《绩效评价管理办法》,结合防洪工程项目实际情况,在绩效评价

工作过程中,遵循科学规范、公正公开、绩效相关原则。

b. 绩效指标体系

根据绩效评价的要求,在上级主管部门制定的防洪工程项目预算绩效评价指标体系基础上,**工程建设管理局制定了项目自评价绩效指标体系。

c. 绩效评价方法

绩效评价工作,选用多种方法进行绩效评价,坚持简便有效的原则。本项目绩效评价工作采用了成本效益分析法、比较法、因素分析法等评价方法。

通过对20**年度项目的支出与效益进行对比分析,以评价绩效目标实现程度;通过对项目的绩效目标与实施效果、项目实际支出与产生效益对比分析,综合分析绩效目标实现程度;通过综合分析影响绩效目标实现、实施效果的内外因素,评价绩效目标实现程度。

③ 绩效评价工作过程

a. 前期准备

根据上级主管单位绩效评价的工作安排,**工程建设管理局制定了实施方案,组建了绩效自评价工作组,并组织学习了相关文件、政策,提前审阅了项目预算申报文本、绩效报告等材料。

b. 组织实施

绩效自评价工作中,绩效自评价工作组听取了项目单位对项目执行情况的介绍,就有关问题进行了质询,现场收集绩效评价相关资料,对资料进行审查核实;查看项目成果、资金使用管理等其他方面的资料,如检查档案资料和成果资料,重点核对可量化指标的实际完成情况;抽查审阅相关会议记录、分析材料等,结合调查问卷等核对定性指标完成情况;结合财务支出资料,核对并分析对应经费支出的合理性、真实性。在讨论答疑、查看核对资料的基础上,绩效自评价工作组参照项目预算绩效评价指标体系、评分标准和评分说明,对项目进行打分、统计,最后得出该项目绩效评价分值。

根据资料审查核实情况、绩效评价分值、绩效评价等级和被评价单位的答疑、初步反馈意见,绩效评价工作组集体起草、讨论、综合分析并形成评价结论。

在绩效自评价工作中,充分利用了项目绩效目标运行情况中期检查报告的成果。

c. 分析评价

对项目的投入、过程、产出、效果等进行分析,与绩效评价指标体系对比并进行打分。对项目的经济性、效率性和效益性进行分析,结合指标体系打分情况做出项目的综合评价情况和评价结论,最终形成绩效报告。

通过算术平均方法,计算得到项目绩效评价得分:**分,评价结论为:**。项目支出绩效自评情况见表16-3。

表16-3 ***防洪工程项目支出绩效自评表

（20**年度）

| 项目名称 | | ***防洪工程项目 | | | | | |
|---|---|---|---|---|---|---|---|
| 主管部门及代码 | | 水利部[126] | | 实施单位：***工程建设管理局 | | | |
| 项目资金（万元） | 预算数： | 年初预算数（A） | 分值（10分） | 全年执行数（B） | 执行率（B/A） | 得分 | 得分计算方法 |
| | 预算数： | 万元 | 10 | ** | 100% | ** | 执行率×该指标分值，最高不得超过分值上限 |
| | 其中：中央财政 | 万元 | | ** | 100% | ** | |
| | 地方财政 | 万元 | | ** | | | |
| 年度总体目标 | 目标1：完成堤防建设 ***km<br>目标2：完成水库建设工程量 ***<br>目标3：完成蓄滞洪区建设 ***km²<br>目标4：完成河道清理 ***km<br>目标5：完成其他工程（包括……） | 目标1：完成堤防建设 ***km<br>目标2：完成水库建设工程量 ***<br>目标3：完成蓄滞洪区建设 ***km²<br>目标4：完成河道清理 ***km<br>目标5：完成其他工程（包括桥梁、涵闸、泵站等） | | | | | |

| 绩效指标 | 一级指标 | 二级指标 | 三级指标 | 分值 | 年度指标值（A） | 全年实际值（B） | 得分计算方法 | 得分 | 未完成原因分析 |
|---|---|---|---|---|---|---|---|---|---|
| | 产出指标（50分） | 数量指标 | 堤防工程建设工程量 | 6 | 年度批复工程量 | （已完成的堤防工程量/批复的堤防工程量）×100% | 完成值达到指标值，记满分；未达到指标值，按（B/A）或（A/B）×该指标分值记分 | * | |
| | | | 水库建设的工程量 | 5 | 年度批复工程量 | （已完成的堤防水库工程量/批复的水库工程数量）×100% | | * | |
| | | | 蓄滞洪区建设工程量 | 5 | 年度批复工程量 | （已完成的蓄滞洪区工程数量/批复的蓄滞洪区工程数量）×100% | | * | |
| | | | 河道疏浚工程量 | 5 | 年度批复工程量 | （已完成的河道疏浚工程量/批复的河道疏浚工程数量）×100% | | * | |

续　表

| 一级指标 | 二级指标 | 三级指标 | 分值 | 年度指标值(A) | 全年实际值(B) | 得分计算方法 | 得分 | 未完成原因分析 |
|---|---|---|---|---|---|---|---|---|
| 绩效指标<br>产出指标<br>(50分) | 数量指标 | 其他工程量 | 5 | 年度批复工程量 | (完成的与工程相关的水闸、泵站、涵闸、桥梁、道路等工程/批复的总工程量)×100% | | * | |
| | 质量指标 | 单元工程验收率(%) | 4 | 100% | 100% | 单元工程验收率×分值(满分4分) | * | |
| | | 单元工程验收合格率(%) | 4 | 100% | 100% | 单元工程验收合格率×分值(满分4分) | * | |
| | 时效指标 | 每年12月底中央投资完成率(%) | 4 | 80% | 81% | 截至12月底,[完成当年中央投资金额(按结算额)/当年中央下达预算金额]×100% | * | |
| | | 次年6月底中央投资完成率(%) | 4 | 100% | 100% | 截至次年6月底,[完成当年中央投资金额(按结算额)/当年中央下达预算金额]×100% | * | |
| | 成本指标 | 建筑安装工程投资支出 | 2 | 不超概算 | 未超概算 | 不超2分,超10%以下扣1分,超10%扣2分(满分2分) | * | |
| | | 设备投资支出 | 2 | 不超概算 | 未超概算 | 不超2分,超10%以下扣1分,超10%扣2分(满分2分) | * | |
| | | 待摊投资支出 | 2 | 不超概算 | 未超概算 | 不超2分,超10%以下扣1分,超10%扣2分(满分2分) | * | |
| | | 其他投资支出 | 2 | 不超概算 | 未超概算 | 不超2分,超10%以下扣1分,超10%扣2分(满分2分) | * | |

续　表

| 一级指标 | 二级指标 | 三级指标 | 分值 | 年度指标值(A) | 全年实际值(B) | 得分计算方法 | 得分 | 未完成原因分析 |
|---|---|---|---|---|---|---|---|---|
| 绩效指标 | 效益指标(30分) 经济效益指标 | 每年减少大量防洪投入 | 5 | 有效 | 有效 | | | |
| | 社会效益指标 | 洪灾发生时大量减少洪灾损失 | 5 | 有效 | 有效 | | * | |
| | 生态效益指标 | 防洪能力提高,保护群众生命、财产安全 | 7 | 有效 | 有效 | | * | |
| | | 减轻洪灾对保护区生态环境的破坏 | 7 | 有效 | 有效 | | * | |
| | 可持续影响指标 | 防洪工程持续发挥作用的年限(年) | 6 | ** 年 | ** 年 | | * | |
| | 满意度指标(10分) 服务对象满意度指标 | 用户满意度抽样调查满意率(≥***%) | 10 | *** % | *** % | 同效益指标指标得分计算方式 | * | |
| 总分 | | | | | | | | * |

508

（二）绩效评价报告范例

---

（封面）

（单位名称）20＊＊年度＊＊防洪项目工程项目
财政支出绩效评价报告

项目名称：＊＊防洪工程项目
项目单位：＊＊

20＊＊年＊＊月

---

1. 项目概况

项目类别：基本建设类项目

项目负责人：＊＊　　　　　　联系电话：＊＊

项目总概算：＊＊万元，其中中央财政资金＊＊万元，地方财政资金＊＊万元

项目实际到位金额：＊＊万元，其中中央财政资金＊万元，地方财政资金＊万元

项目实际支出金额：＊＊万元，其中中央财政资金＊＊万元

项目起止时间：＊＊年＊＊月—＊＊年＊＊月

（1）项目基本情况

① 项目立项情况

20＊＊年＊月，国家发展和改革委员会以《关于＊＊建设工程可行性研究报告的批复》
（＊＊〔20＊＊〕＊＊号)批复该工程可行性研究报告。20＊＊年＊＊月，水利部以《关于＊＊工程
初步设计总报告的批复》（＊＊〔20＊＊〕＊＊号)批复工程初步设计。批复工程总投资＊＊
万元。

② 项目主要建设内容

堤防新筑堤 ** km,工程标准为……;新建保庄圩,新筑圩堤 ** km,工程标准为……;新建水库 ** 座,设计库容 ** m³;新建蓄滞洪区 ** km²,工程标准为……;河道疏浚 ** km 等。

(2)项目绩效目标。

① 项目绩效总体目标

根据批复的总概算,按照年度投资计划安排,扎实有序地完成堤防工程建设、水库建设、蓄滞洪区建设和河道疏浚等任务。

② 年度绩效目标

年度内完成堤防建设 ** km;完成水库建设工程量 ** m³;完成蓄滞洪区建设 ** km²;完成河道清理 ** km;完成其他工程(包括桥梁、闸坝道路等)。

③ 绩效指标

a. 产出指标

本项目产出指标有 ** 个,其中:

数量指标:完成堤防工程建设工程量 ** km、完成水库建设的工程量 ** m³、完成蓄滞洪区建设工程量 ** km²、完成河道浚工程量 ** km、完成其他工程量 **。

质量指标:单元工程验收率(≥ ** %)、单元工程验收合格率(≥ ** %)。

时效指标:每年 12 月底中央投资完成率(%)、次年 6 月底前中央投资完成率( ** %)。

成本指标:建筑安装工程投资支出、设备投资支出、待摊投资支出、其他投资支出不得超出概算批复。

b. 效益指标

本项目效益指标有 ** 个,其中:

经济效益指标:每年减少大量防洪投入,洪灾发生时大量减少洪灾损失。

社会效益指标:防洪能力提高,保护群众生命、财产安全。

生态效益指标:减轻洪灾对保护区生态环境的破坏。

可持续影响指标:防洪工程持续发挥作用的年限(年)。

c. 满意度指标:用户满意度抽样调查满意率(≥ ** %)。

该项目绩效指标在执行过程中未进行调整。

2. 项目单位绩效报告情况

根据《绩效评价管理办法》和水利主管单位有关要求,项目建设单位及时组织开展了项目绩效中期自评,收集整理了项目决策文件、概预算批复以及各绩效指标值支撑材料,配合做好中期检查工作,并编制了中期检查报告;根据中期绩效监控报告的反馈,绩效监控结论为" ** ",同时对中期检查问题进行了认真研究,积极对有关情况进行了整改落实。依据本项目绩效评价指标体系及打分方法,组织开展了自评价工作,并在自评价基础上,撰写了项目绩效报告。

项目绩效报告认为,20 ** 年 ** 防洪工程项目按程序履行申报、立项手续;具有明确的项目实施方案;绩效目标经主管部门批复;项目承担单位责任主体明确,财务管理制度健全,项目的管理能够确保项目的顺利完成;项目的组织实施达到了预期的总目标和年度绩效目标,项目支出控制在概算批复范围之内,按项目实施方案中的进度安排全部完成,质量指标达到要求,项目的经济效益、社会效益、服务对象满意度均达到了绩效目标指标要求,加固了项目范围内的堤防工程,修建了 ** 水库,增强了上游蓄水能力,减轻了下游的防洪压力,扩展并加固了蓄滞洪区,拓宽了河道。增强了洪灾时排水能力,达到了防洪减灾的目的,基本完成了年度预设绩效目标。

3. 绩效评价工作情况

(1) 绩效评价目的

通过绩效评价,对 ** 年度 ** 防洪工程项目的投入、过程、产出、效果等涉及的项目立项、业务管理、财务管理、项目产出、项目效益等进行全方位的总结分析,对项目财政支出的经济性、效率性、有效性和可持续性进行客观、公正的评价,增强项目单位绩效意识,促进财政支出绩效管理,强化支出责任和效率,提高财政资金使用效率;总结经验,进一步加强预算管理改革,不断提高预算绩效管理工作水平。

(2) 绩效评价原则、评价指标体系、评价方法。

① 绩效评价原则

绩效评价工作组根据《绩效评价管理办法》,结合 ** 防洪工程项目的实际情况,在绩效评价工作过程中,遵循科学规范、公正公开、绩效相关原则。

② 绩效指标体系

根据绩效评价的要求,在上级主管部门制定的防洪工程项目预算绩效评价指标体系基础上,项目单位制定了项目自评价绩效指标体系。

③ 绩效评价方法

绩效评价工作,选用多种方法进行绩效评价,坚持简便有效的原则。本项目绩效评价工作采用了成本效益分析法、比较法、因素分析法等评价方法。

通过对 20 ** 年度项目的支出与效益进行对比分析,以评价绩效目标实现程度;通过对项目的绩效目标与实施效果、项目实际支出与产生效益对比分析,综合分析绩效目标实现程度;通过综合分析影响绩效目标实现、实施效果的内外因素,评价绩效目标实现程度。

(3) 绩效评价工作过程。

① 前期准备

根据上级主管部门绩效评价的工作安排,项目单位制定了实施方案,组建了绩效自评价工作组,并组织学习了相关文件、政策,提前审阅了项目预算申报文本、绩效报告等材料。

② 组织实施

绩效评价工作过程中,绩效评价工作组听取了项目单位对项目执行情况的汇报,就有关问题进行了质询,现场收集绩效评价相关资料,对资料进行审查核实;查看项目成果、资金使用管理等其他方面的资料,如检查档案资料和成果资料,重点核对可量化指标的实际完成情况;抽查审阅相关会议记录、分析材料等,结合调查问卷等核对定性指标完成情况;结合财务支出资料,核对并分析对应经费支出的合理性、真实性。在讨论答疑、查看核对资料的基础上,绩效自评价工作组参照项目预算绩效评价指标体系、评分标准和评分说明,对项目进行打分、统计,最后得出该项目绩效评价分值。

根据资料审查核实情况、绩效评价分值、绩效评价等级和被评价单位的答疑、初步反馈意见,绩效评价工作组集体起草、讨论、综合分析并形成评价结论。

在绩效自评价工作中,充分利用了项目绩效目标运行情况中期检查报告的成果。

③ 分析评价

对项目的投入、过程、产出、效果等进行分析,与绩效评价指标体系对比并进行打分。对项目的经济性、效率性和效益性进行分析,结合指标体系打分情况做出项目的综合评价情况和评价结论,最终形成绩效报告。

4. 绩效评价指标分析情况

(1)项目资金情况分析。

① 项目资金到位情况分析

截至 ** 年底,** 防洪建设工程累计收到投资计划 ** 万元,其中:中央投资 ** 万元;** 省水利基建投资 ** 万元;** 市配套 ** 万元。已下达计划占工程总投资 ** %。

截至 ** 年年底,累计收到基建拨款 ** 万元,其中:中央预算内资金 ** 万元;** 省水利基建资金 ** 万元;** 市(县)配套 ** 万元。已收到拨款占收到下达投资计划的 ** %。

② 项目资金使用情况分析

截至 ** 年 12 月 31 日,** 工程累计完成投资 ** 万元。其中:建筑安装工程投资 ** 万元;设备投资 ** 万元;待摊投资 ** 万元;其他投资 ** 万元。

项目单位会计核算规范,预算控制有效,未发现支出依据不合规、虚列项目支出的情况,未发现截留、挤占、挪用项目资金的情况,未发现超概算开支情况。项目执行进度科学合理,达到预算执行进度目标要求。

③ 项目资金管理情况分析

a. 财务管理制度制定情况

** 工程建设管理局高度重视制度建设工作,根据实际工作的需要,有针对性地出台了一系列财务制度和办法,将局内部涉及财务工作的各项经济业务及相关岗位,对业务处理过程中的关键控制点,落实到决策、执行、监督、反馈等相关环节进行控制,主要制度有:项目合同管理办法、工程价款结算办法、固定资产的购置、使用及管理办法、费用的财务报销办法等方面。明确工程价款结算和费用支出的程序和标准,以及部门和人员在项目建设中的相应职责和权利,以有效保证局财务会计工作的顺利开展,保证了会计信息真实、完整和准确。

b. 财务制度执行情况

** 工程建设管理局严格按照《国有建设单位会计制度》《基本建设财务管理规则》和《水利基本建设资金管理办法》等,单独设置工程账簿,实行专账管理、单独核算,以确保工程建设资金专款专用。

资金使用内部控制建设采取的主要措施:不相容职务相互分离控制、授权审批控制、会计系统控制和财产保护控制等。在制定内部控制制度时,首先,确定不相容岗位和职务;其次,明确规定每个岗位和职务的权限,使不相容岗位和职务之间能够相互监督、相互制约,形成有效的制衡机制。在工程建设过程中严格按照制度、办法进行财务管理,切实管好、用好工程建设资金。

c. 完善建设项目内部控制

＊＊工程建设管理局按照《财政部关于开展行政事业单位内部控制基础性评价工作的通知》(财会〔2016〕11号)要求,开展内部控制制度基础性评价工作,进一步完善内部控制制度,提高内部控制管理水平。主要做法包括开展组织动员,成立以局领导任组长评价工作小组,开展评价工作,并制定了《＊＊建设局内部控制基础性评价工作实施方案》,一是明确了工作目标;二是确立了基本原则;三是突出重要性原则;四是以问题导向为指引;五是遵守适应性原则。取得的成效包括:一是建立完善内部控制制度,针对未建立预算管理制度和收入管理制度,及时起草制定预算管理制度和收入管理制度;二是补充完善评价指标,根据＊＊局工作实际,将招投标管理、建设成本管理和工程价款结算作为补充评价指标纳入内部控制基础性评价范围。＊＊工程建设管理局依据《行政事业单位内部控制规范(试行)》的要求,定期或根据需要进行补充完善,使内部控制制度发挥重要作用,以实现工程安全、资金安全、干部安全和生产安全的目标。

(2)项目实施情况分析。

① 项目组织情况分析

项目单位加强领导,明确责任。单位成立了现场建设管理机构,明确了责任人,落实了建设人员,负责项目建设管理工作。项目单位主要领导亲自抓项目建设,制定专人负责,配足人力和物力,保障项目顺利实施。落实责任,将责任制贯穿到实施方案编制、项目建设实施、系统运行管理等各个环节。加强沟通,密切协调配合,及时与中标单位签订合同,认真履行合同条款,加强与财政部门沟通,根据建设进度支付款项。做好施工环境协调和设备到货验收工作,确保工程顺利进行。

项目单位在建设过程中加强建设管理,严格资金使用。按照国家有关建设管理要求,严格执行项目建设管理、资金管理、监督检查、验收管理等各项规定,建立健全工程进度、质量与安全管理体系,保障项目建设任务按期完成。

② 项目管理情况分析

防洪工程项目在确保工程正常、发挥预期的防洪减灾效益,所采取的运行管理方式及执行工程建设管理有关规定具有一致性和有效性;运行维护制度合理,运行维护方式的有效性和可持续性有了进一步加强。

③ 项目绩效情况分析

a. 项目经济性分析

项目建设成本控制情况。＊＊工程建设管理局针对项目实际情况,合理采用政府采购方式,确定项目承担单位,通过合同、协议等方式,确定承担单位工作内容,提高了财政资金使用效益。单位日常工作中严格控制三公经费支出和日常办公支出,有效减少相关费用开支。对于符合政府采购要求的货物、工程和服务,严格按照《政府采购法》《招投标法》等法律法规实施政府采购。＊＊年度防洪工程项目完成政府采购工程类＊＊万元、货物类＊＊万元、服务类＊＊万元,较好地控制了项目建设成本不超概算。项目预算执行严格按照概算批复数,资金使用安全,无违规使用项目经费情况。20＊＊年度防洪工程项目已按照批复的内容完成,全部项目成本均控制在批复概算内,没有项目成本超出批复概算的情况,项目成本控制总体较好。

项目成本(预算)节约情况。\*\*工程建设管理局厉行节约,多措并举严格控制项目建设成本,特别是通过实行政府采购,节约了财政资金。

b. 项目的效率性分析

项目的实施进度

20\*\*年,\*\*防洪工程累计完成土方开挖\*\*万 m³,土方回填\*\*万 m³,石方\*\*万 m³,混凝土\*\*万 m³,金属结构\*\*t。

20\*\*年,\*\*防洪工程累计完成投资\*\*万元。其中:建筑安装工程投资\*\*万元;设备投资\*\*万元;待摊投资\*\*万元;其他投资\*\*万元。

\*\*建设管理局按照计划完成了全部工作任务。

项目完成质量

20\*\*年,\*\*防洪工程累计完成\*\*项单元工程,\*\*项单元工程进行了验收,验收率是\*\*%;\*\*项单元工程验收合格,验收合格率\*\*%。

c. 项目的效益性分析

项目预期目标完成程度。

根据项目绩效评价结果反映,\*\*防洪工程的预期目标已全部完成。

项目实施对经济和社会的影响

经济效益方面,每年可以减少大量防洪投入,同时在洪灾发生时大量减少洪灾损失;社会效益方面,防洪能力提高,可以更加有效地保护区域内的群众生命、财产安全;生态效益方面,减轻洪灾对保护区生态环境的破坏;可持续影响方面,防洪工程持续发挥作用\*\*年。

**附表 16-4 \*\*防洪工程项目支出绩效目标完成情况对照表**

| 绩效指标批复情况 | | | | | 绩效指标完成情况 |
| --- | --- | --- | --- | --- | --- |
| 序号 | 一级指标 | 二级指标 | 指标内容 | 指标值 | 已完成指标值 |
| 1 | 产出指标 | 数量指标 | 完成堤防工程建设工程量 | 工程量、投资完成数 | 完成工程量\*\*,支出\*\*万元 |
| 2 | | | 完成水库建设的工程量 | 工程量、投资完成数 | 完成工程量\*\*,支出\*\*万元 |
| 3 | | | 完成蓄滞洪区建设工程量 | 工程量、投资完成数 | 完成工程量\*\*,支出\*\*万元 |
| 4 | | | 完成河道疏浚工程量 | 工程量、投资完成数 | 完成工程量\*\*,支出\*\*万元 |
| 5 | | | 完成其他工程量 | 工程量、投资完成数 | 完成工程量\*\*,支出\*\*万元 |
| 6 | | 质量指标 | 单元工程验收率(≥\*\*%) | \*\* | \*\*(达标) |
| 7 | | | 单元工程验收合格率(≥\*\*%) | \*\* | \*\*(达标) |
| 8 | | 时效指标 | 每年 12 月底中央投资完成率(%) | \*\* | 达标 |
| 9 | | | 次年 6 月底中央投资完成率(%) | \*\* | 100% |

续　表

| 序号 | 一级指标 | 二级指标 | 指标内容 | 指标值 | 已完成指标值 |
|---|---|---|---|---|---|
| | | | 绩效指标批复情况 | | 绩效指标完成情况 |
| 10 | 产出指标 | 成本指标 | 建筑安装工程投资支出 | 不超概算 | 未超（达标） |
| 11 | | | 设备投资支出 | 不超概算 | 未超（达标） |
| 12 | | | 待摊投资支出 | 不超概算 | 未超（达标） |
| 13 | | | 其他投资支出 | 不超概算 | 未超（达标） |
| 14 | 效益指标 | 经济效益指标 | 每年减少大量防洪投入 | 有效 | 达标 |
| 15 | | | 洪灾发生时大量减少洪灾损失 | 有效 | 达标 |
| 16 | | 社会效益指标 | 防洪能力提高，保护群众生命、财产安全 | 有效 | 达标 |
| 17 | | 生态效益指标 | 减轻洪灾对保护区生态环境的破坏 | 有效 | 达标 |
| 18 | | 可持续影响指标 | 防洪工程持续发挥作用的年限（年） | ＊＊年 | 达标 |
| 19 | 满意度指标 | 服务对象满意度指标 | 用户满意度抽样调查（≥＊＊％） | ＊＊％ | ＊＊％（达标） |

5. 综合评价工作情况及评价结论

（1）评价工作开展情况

项目绩效评价工作组通过听取项目单位执行情况的介绍，查阅了项目自评价报告，现场收集了项目绩效评价相关资料，并对资料进行了审查核实；查看了项目成果、资金使用管理等其他方面的资料，如检查档案资料和成果资料，重点核对可量化指标的实际完成情况；结合财务支出资料，核对并分析对应经费支出的合理性、真实性并抽查至相关的原始资料、合同；就发现的有关问题进行了质询，并进行了记录。

在讨论答疑、查看核对资料的基础上，项目绩效评价工作组依据＊＊防洪工程项目的评价体系、评分标准、评分说明，对项目进行打分、统计，最后得出该项目绩效评价分值。

（2）评价结论

项目绩效评价工作组认为＊＊单位＊＊年度＊＊防洪工程项目立项过程合规，绩效目标明确、量化，资金预算分配合理，能按照实际批复的初步设计和批复的绩效目标组织实施。项目单位责任分工明确，各项管理制度较为健全，项目管理较为完善、规范，资金使用规范有效。项目实施完成了预期的绩效目标并达到了预期结果。

＊＊年度＊＊防洪工程项目综合评价得分为＊＊分，其中项目决策得分＊＊分、项目管理得分＊＊分、项目绩效得分＊＊分，绩效评定级别为"＊＊"。整体上，该项目投入、过程、产出及效果4个方面完成情况均较好，从前期项目立项及内容设计，到中间项目过程管理，以及最后项目产出、效果实现，均未出现较为薄弱管控环节或执行风险，项目总体执行情况较好，完成质量较高（项目绩效评价指标体系及评分情况见表16-5）。

表 16-5　\*\* 年度 \*\* 防洪工程项目绩效评价指标体系及评分标准

| 一级指标 | 分值 | 二级指标 | 分值 | 三级指标 | 分值 | 指标解释 | 评价标准 | 得分 |
|---|---|---|---|---|---|---|---|---|
| 项目决策 | 20 | 项目目标 | 4 | 目标内容 | 4 | 目标是否明确、细化、量化 | 目标明确(1分),目标细化(1分),目标量化(2分) | \*\* |
| | | 决策过程 | 8 | 决策依据 | 3 | 项目是否符合经济社会发展规划和部门年度工作计划;是否根据需要制定中长期实施规划 | 项目符合经济社会发展规划和部门年度工作计划(2分),根据需要制定中长期实施规划(1分) | \*\* |
| | | | | 决策程序 | 5 | 项目是否符合申报条件;申报、批复程序是否符合相关管理办法;项目调整是否履行相应手续 | 项目符合申报条件(2分),申报、批复程序符合相关管理办法(2分),项目实施调整履行相应手续(1分) | \*\* |
| | | 资金分配 | 8 | 分配办法 | 2 | 是否根据需要制定相关资金管理办法,并在管理办法中明确资金分配办法;资金分配因素是否全面、合理 | 办法健全、规范(1分),因素选择全面、合理(1分) | \*\* |
| | | | | 分配结果 | 6 | 资金分配是否符合相关管理办法;分配结果是否合理 | 项目符合相关分配办法(2分),资金分配合理(4分) | \*\* |
| 项目管理 | 25 | 资金到位 | 5 | 到位率 | 3 | (实际到位/计划到位)×100% | 根据项目实际到位资金占计划的比重计算得分(3分) | \*\* |
| | | | | 到位时效 | 2 | 资金是否及时到位,若未及时到位,是否影响项目进度 | 及时到位(2分),未及时到位但未影响项目进度(1.5分),未及时到位并影响项目进度(0~1分) | \*\* |
| | | 资金管理 | 10 | 资金使用 | 7 | 是否存在支出依据不合规、虚列项目支出的情况;是否存在截留、挤占、挪用项目资金情况;是否存在超标准开支情况 | 虚列(套取)扣4~7分,支出依据不合规扣1分,截留、挤占、挪用扣3~6分,超标准开支扣2~5分 | \*\* |
| | | | | 财务管理 | 3 | 资金管理、费用支出等制度是否健全,是否严格执行;会计核算是否规范 | 财务制度健全(1分),严格执行制度(1分),会计核算规范(1分) | \*\* |
| | | 组织实施 | 10 | 组织机构 | 1 | 机构是否健全、分工是否明确 | 机构健全、分工明确(1分) | \*\* |
| | | | | 管理制度 | 9 | 是否建立健全项目管理制度;是否严格执行相关项目管理制度 | 建立健全项目管理制度(2分);严格执行相关项目管理制度(7分) | \*\* |

续　表

| 一级指标 | 分值 | 二级指标 | 分值 | 三级指标 | 分值 | 指标解释 | 评价标准 | 得分 |
|---|---|---|---|---|---|---|---|---|
| 项目绩效 | 55 | 项目产出 | 15 | 产出数量 | 5 | 项目产出数量是否达到绩效目标 | 对照绩效目标评价产出数量(5分) | ** |
| | | | | 产出质量 | 4 | 项目产出质量是否达到绩效目标 | 对照绩效目标评价产出质量(4分) | ** |
| | | | | 产出时效 | 3 | 项目产出时效是否达到绩效目标 | 对照绩效目标评价产出时效(3分) | ** |
| | | | | 产出成本 | 3 | 项目产出成本是否按绩效目标控制 | 对照绩效目标评价产出成本(3分) | ** |
| | | 项目效果 | 40 | 经济效益 | 8 | 项目实施是否产生直接或间接经济效益 | 对照绩效目标评价经济效益(8分) | ** |
| | | | | 社会效益 | 8 | 项目实施是否产生社会综合效益 | 对照绩效目标评价社会效益(8分) | ** |
| | | | | 环境效益 | 8 | 项目实施是否对环境产生积极或消极影响 | 对照绩效目标评价环境效益(8分) | ** |
| | | | | 可持续影响 | 8 | 项目实施对人、自然、资源是否带来可持续影响 | 对照绩效目标评价可持续影响(8分) | ** |
| | | | | 服务对象满意度 | 8 | 项目预期服务对象对项目实施的满意程度 | 对照绩效目标评价服务对象满意度(8分) | ** |
| 总分 | 100 | | 100 | | 100 | | | ** |

6. 绩效评价结果应用建议

（1）预算安排

该项目绩效评价结果为"优秀"，项目预算发挥良好效果，达到初步设计确定的预期效益，建议以后安排财政资金时应优先安排。

（2）评价结果公开

建议以合适方式在项目单位及上级主管单位政务网站予以公开。

7. 主要经验及做法、存在的问题和建议。

（1）经验做法

在项目建设过程中，项目单位以建设"精品工程、样板工程"为目标，创新建管模式，强化建设管理，确保了工程进度和投资效益最大化。一是加强组织领导，成立建设机构；二是统筹安排，确保标准统一；三是完善制度建设，强化建设管理；四是加强运行维护，确保项目发挥效益。

（2）相关建议

防洪工程的建设对治理地方的生态环境的保护、社会经济的发展以及防洪效益都起到了重要的作用，建议工程建成后，财政加大工程对后续维修养护经费的投入，确保项目持续发挥效益。

# 第二节　山洪灾害防治项目

山洪灾害防治是我国防汛工作的难点和薄弱环节。根据国务院批复的《全国山洪灾害防治规划》,2010—2012 年水利部会同财政部等部局在试点的基础上开展了全国山洪灾害防治县级非工程措施项目建设,2013—2015 年进一步补充完善非工程措施并开展了山洪灾害调查评价和重点山洪沟防治理。通过几年来的项目建设,创造性地建设了适合我国国情的专群结合的山洪灾害防治体系,大大提高了我国基层防汛信息化水平和指挥决策能力,发挥了显著的防灾减灾效益。

## 一、绩效评价的内容

（一）项目概述

山洪灾害是我国洪涝灾害中致人伤亡的主要灾种,也是防洪减灾工作中的难点和薄弱环节。我国山丘区面积约占国土面积的三分之二,强降雨引发的山洪灾害频发、多发、重发,因此导致大量人员伤亡,群死群伤事件在我国各地时有发生。

开展山洪灾害防治是党中央、国务院作出的重要部署。2006 年 10 月,国务院批复了水利部牵头编制的《全国山洪灾害防治规划》(以下简称《山洪规划》)。2009 年,水利部、财政部在全国 103 个县开展了非工程措施建设试点。2010 年 7 月,国务院常务会议决定"加快实施山洪灾害防治规划,加强监测预警系统建设,建立基层防御组织体系,提高山洪灾害防御能力"。2010 年 10 月,国务院出台了《国务院关于切实加强中小河流治理和山洪地质灾害防治的若干意见》。国家发展改革委员会根据意见要求牵头编制了《全国中小河流治理和病险水库除险加固、山洪地质灾害防御和综合治理总体规划》(以下简称《总体规划》),依据规划,2010 年 11 月,水利部会同财政部等部局启动了全国山洪灾害防治县级非工程措施项目建设。山洪灾害防治项目正式开始实施。

（二）项目主要内容

2013 年 5 月,水利部、财政部联合印发了《全国山洪灾害防治项目实施方案(2013—2015 年)》(以下简称《2013—2015 年实施方案》)。该实施方案规定了建设目标与任务。建设目标为:通过本方案的实施,掌握我国山洪灾害的区域分布、影响程度、风险区划等状况,确定危险区和预警指标,进一步完善监测预警系统和群测群防体系,在重点区域逐步构建非工程措施与工程措施相结合的山洪灾害防治体系;编制重点地区洪水风险图,推动洪水风险图的应用。显著增强防灾减灾能力和风险管理能力,最大限度地减少人员伤亡和财产损失,为构建和谐社会、促进社会经济环境协调发展提供安全保障。建设任务包括以下几个方面:

1. 山洪灾害调查评价。在规划确定的 2 058 个县 487 万 km² 的山洪灾害防治区,按照 10～50 km² 划分小流域,以小流域为单元,开展山洪灾害基本情况、小流域基本特征、水文、社会经济等情况的调查,综合分析沿河村落和城镇的防洪现状,以村为单元划定危险区,科学确定预警指标和阈值,为及时准确预警和灾害防御提供基础支撑。

2.已建非工程措施补充完善。在已经初步实施的2 058个县级非工程措施项目建设的基础上,按照规划内容和相关标准,优化监测站网,提高通讯保障能力;完善预警系统,在防治区所有乡镇、行政村和自然村补充必要的预警报警设施设备;完善县级监测预警平台并延伸到乡镇,建设各级山洪灾害监测预警信息管理和共享系统;继续开展群测群防体系建设。

3.重点地区洪水风险图编制。制定洪水风险图编制和管理的规章规范,开发洪水风险图编制的通用软件;编制全国重点防洪保护区、国家蓄滞洪区、洪泛区、重点和重要防洪城市、部分中小河流等的洪水风险图;建设国家、流域和省级洪水风险图管理与应用系统;建设国家洪水风险图管理中心。

4.重点山洪沟防洪治理试点。在开展非工程措施建设的基础上,从规划确定的19 800条山洪沟中,先期选择危害严重且难以实施搬迁避让的山区河道进行防洪治理试点。对河道两岸有集中居民点、重要基础设施等的重点河段,因地制宜采取护岸、堤防等防护措施,提高防洪能力,有效保护人员安全,减少财产损失。

2015年7月,国家防汛抗旱总指挥部办公室和中国水利水电科学研究院印发了《全国山洪灾害防治项目实施方案(2016—2020年)编制大纲》。该编制大纲中提出,"受投资限制,《2013—2015年实施方案》中山洪灾害详查、山洪灾害应急保障体系建设还没有开展,约80%(1 300多条)重点山洪沟防洪治理项目尚未安排,山洪灾害防治非工程措施补充完善仍需继续开展。同时,全球气候变化和山丘区社会经济快速发展,城镇化进程加快,人口更加集中,流动性更强,又对山洪灾害防治项目建设的目标和任务提出了新的更高要求。"目标:继续完成《山洪规划》《总体规划》和《2013—2015年实施方案》确定的建设任务和内容。充分利用山洪灾害调查评价成果,全面掌握我国山洪灾害的区域分布情况;建设完成专业监测预警与群策群防有机结合的监测预警体系,并实现高效运行;完成全国重点山洪沟防洪治理任务;形成非工程措施相结合的山洪灾害综合防御体系,包括监测预警、群测群防、综合保障、社会服务和工程治理等系统,有效减少山洪灾害人员伤亡和财产损失,保障社会经济环境协调发展。范围:继续以《总体规划》和《2013—2015年实施方案》中的2 058个县为建设对象,并根据近年来山洪灾害发生情况,在山洪灾害调查评价成果基础上,将具有山洪灾害防治任务且不在2 058个县范围内的县新增补充纳入本实施方案。任务:2016—2020年,针对一般防治区、重点防治区,区别安排建设任务。对可能造成群死群伤的山洪灾害防治重点区域,强化山洪灾害防治工作。主要开展以下建设任务。

1.非工程措施建设。(1)继续完善各级山洪灾害预测预警系统,强化信息共享和综合应用,继续开展平台延伸到乡镇及视频会商系统建设。(2)升级完善省、地市级监测预警信息管理系统,利用大数据、云服务、移动互联网等新技术,提高系统的监测预报预警能力和数据运行维护效率,扩大预警信息覆盖面,逐步开展山洪灾害预警信息社会服务。(3)根据标准升级、技术进步和科技创新及前期设施设备更新换代需求,对部分监测预警设施设备进行改造升级(提标升级),提高可靠性和保障能力,重点加强学校、旅游景区等人口密集地区的预警能力建设。(4)补充开展山洪灾害调查评价相关工作,对新发现的山洪灾害区域进行补充调查评价,根据实际水雨情、灾情,复核和检查调查评价成果,率定分析预警指标,提高精准度,集成、挖掘分析与应用山洪灾害调查评价成果。(5)开展山洪灾害综合保障体系建设,在重点地区配置必要的救援设备,加强技术支撑保障,强化制度政策保障体系建设。(6)持续开展县、乡、村三级山洪灾害防御预案修订、宣传、培训和演练等群策群防体系建设。(7)开展山洪灾害防治重点县示范建设。

2. 重点山洪沟防洪治理。根据试点经验加大洪沟治理力度,以保护居民区人员生命安全为重点,守点固岸,对山洪沟沿岸村落、城镇、集中居民点、重要基础设施等采取护岸、堤防等治理措施,与非工程措施相结合形成综合防御体系。

3. 水利部本级任务。继续开展全国山洪灾害防治项目建设组织协调和技术指导,对项目建设实施管理;进行全国山洪灾害调查评价数据成果的综合管理和数据整合应用开发,挖掘分析全国山洪灾害调查评价成果;进行国家山洪灾害防治监测预警平台运行维护及升级完善;组织开展山洪灾害防治项目技术支撑服务;重点地区洪水风险图编制项目成果管理与应用推广。

(三)绩效评价基本内容

山洪灾害防治项目是为了基本解决防灾减灾体系薄弱环节的突出问题,增强防御洪涝和山洪地质灾害的能力,改善易灾地区生态环境,完善防灾减灾长效机制,保障人民群众生命财产安全,维护经济社会发展大局。山洪灾害防治项目的资金属于中央财政水利发展资金,因此绩效评价目标的设置需要按照《绩效评价管理办法》的要求进行。首先确定年度目标,年度目标要根据水利主管部门批复的实施方案确定,定性描述和定量描述相结合。根据办法要求,山洪灾害防治项目资金的绩效指标分为一级指标、二级指标和三级指标,对每一级指标都有详细指标要求和分数要求。具体要从以下几个方面进行评价。

1. 绩效目标的设定情况

山洪灾害防治项目每年的建设任务和工作要求会有所差异,以水利部下达的2017年度山洪灾害防治项目建设任务和工作要求为例,2017年的工作任务为利用山洪灾害调查评价成果,继续完善各级山洪灾害监测预警系统,延伸县级平台到重点乡镇升级完善省级监测预警信息管理系统,开展省级数据同步共享试点建设,提供山洪灾害预警信息社会化服务;开展山洪灾害补充调查评价,复核和检验调查评价成果,率定分析预警指标;对监测预警设施设备进行改造升级(提标升级),重点加强学校等人口密集地区的预警能力建设;在2 076个县持续开展山洪灾害防御预案修订、宣传、培训和演练等群防体系建设;开展山洪灾害防治重点县示范建设,开展新增山洪灾害防治县的非工程措施。因此具体到每个项目,绩效目标的设定应根据批复的实施方案并结合项目实施进展情况来确定,确保绩效目标贴近实际情况。

2. 资金的投入和使用情况

山洪灾害防治项目作为公益性的项目,其资金主要来源于中央财政安排的中央财政水利发展资金和地方配套资金,中央财政水利发展资金主要用于山洪灾害非工程措施建设、重点山洪沟防洪治理等,地方配套资金用于除上述支出以外的其他支出。各级财政部门保障山洪灾害地方配套资金足额、及时到位。资金的使用也需按照财政资金管理规定,不得用于征地移民、城市景观、财政补助单位的人员经费和运转经费、交通工具和办公设备购置、楼堂馆所建设等支出。县级可按照从严从紧的原则,在水利发展资金中列支勘测设计、工程监理、工程招标、工程验收等费用,费用上限比例由省级财政部门会同水利部门确定,省、市两级不得在山洪灾害防治项目专项资金中提取上述费用。

3. 制度和措施保障情况

山洪灾害防治项目支出主要依据是经上级水行政主管单位批复的年度山洪灾害防治项目实施方案进行实施,实施方案对项目的范围、内容和标准有明确的要求。项目单位应建立健全项目管理制度并严格执行,内部控制措施到位,严格执行相关项目管理制度;应建立健全财务管理制度,确保财政资金安全并按照批复用途使用,支出合法合规;需制定项目质量要求或标准,档案资料管理齐全,及时组织项目验收;制定绩效管理办法并为实现项目绩效目标采取有效的管控措施。

4. 实现程度及效果

山洪灾害防治项目绩效涉及到的产出指标应覆盖项目的全部工作内容,产出指标包括的数量指标、质量指标、时效指标等指标应全部实现,对由于指标内容及指标值设置不合理导致的未完成情况,如果工作正常完成,不影响项目整体目标实现,且不涉及概预算金额调整的,也可视同产出指标全部完成。如遇不可抗力或其他合理原因导致的指标未完成,理由充分且项目单位采取了有效应对措施的,可视同产出指标基本完成。

山洪灾害防治项目绩效涉及到的效益指标和满意度指标,应对照批复的绩效目标,对项目产生的经济效益、社会效益生态效益和项目服务对象的满意度情况进行评价。

5. 其他内容

山洪灾害防治项目支出范围和内容应严格按照批复的实施方案执行,支出相对固定,支出标准受科技进步、市场波动及地理环境的影响较大,在评价实际支出过程应结合项目实施期间的情况和水利单位所在地域进行分析。

## 二、绩效评价的目标

（一）主要内容

山洪灾害防治项目绩效目标是完成《全国中小河流治理和病险水库除险加固、山洪地质灾害防御和综合治理总体规划》规定的内容和水利主管单位批复的年度实施方案。

1. 预期产出

山洪灾害防治项目预期产出的内容主要是通过工程措施和非工程措施的实施,能够积极主动防御山洪灾害,减少人员伤亡和财产损失,尤其是群死群伤事件得到有效避免,产生巨大经济效益。

2. 预期效果

山洪灾害防治项目预期效果是通过采取非工程措施和工程措施显著提高防洪能力,减少财产损失,间接产生经济效益;提高山洪沟沿岸村落、城镇、集中居民点、重要基础设施的防护能力间接产生社会效益;通过山洪灾害防治保护生态环境,间接产生生态效益;通过山洪灾害防治治理,使工程得到良性运行,能连续多年使用,从而发挥积极作用直接产生可持续影响。

3. 服务对象满意程度

山洪灾害防治项目通过山洪沟治理和非工程措施的建设,达到山洪沟沿岸村落、城镇、集中居民点等区域的群众满意程度,即服务对象的满意程度。

4. 达到预期产出所需要的成本资源

山洪灾害防治项目达到预期产出体现在两个方面:一是非工程措施建设,包括完善各级山洪灾害预测预警系统,开展平台延伸到乡镇及视频会商系统建设;升级完善各级监测预警信息管理系统;对部分监测预警设施设备进行改造升级,提高可靠性和保障能力,加强学校、旅游景区等人口密集地区的预警能力建设;开展山洪灾害综合保障体系建设等。二是重点山洪沟防洪治理,加大防洪沟治理力度,保护居民区人员生命安全,对山洪沟沿岸村落、城镇、集中居民点、重要基础设施等采取护岸、堤防等治理措施,与非工程措施相结合形成综合防御体系。达到预期产出所需要的成本资源为达到上述预期产出付出的成本资源。

5. 衡量预期产出、预期效果和服务对象满意程度的绩效指标

(1)预期产出的绩效指标:山洪灾害防治项目工程措施中的防洪沟治理的条数、防洪工程的验收合格率情况、每年完成工程量的目标情况,以及完成非工程措施的财政资金投入情况等。

(2)预期效果的绩效指标:经济效益指标主要从山洪灾害防治减少自然灾害从而产生经济效益的角度进行衡量;社会效益指标主要从通过项目实施保护人民群众生命财产安全、促进社会稳定的角度进行衡量;生态效益指标主要从由于山洪灾害防治而减少的水土流失的角度进行衡量;可持续影响指标主要从工程是否良性运行和工程预期达到的设计使用年限的角度进行衡量。

(3)服务对象满意程度的绩效指标:山洪灾害防治项目的服务对象主要是山洪灾害灾区的群众,服务对象满意程度主要是对群众的满意度进行抽样调查,以得出的满意率衡量。

(二)中期目标

1. 继续根据实施方案完善监测预警系统并延伸到乡镇,复核检验预警指标。

2. 补充升级预警设施设备。

3. 配置基层应急救援工具和设备。

4. 继续实施重点山洪沟(山区河道)的防洪治理。

(三)年度目标

1. 根据实施方案完善监测预警系统并延伸到 ** 个乡镇,复核检验预警指标 ** 个乡镇。

2. 补充升级预警设施设备 ** 套。

3. 配置基层应急救援工具和设备 ** 个乡镇。

4. 继续实施重点山洪沟(山区河道) ** 条的防洪治理工作。

## 三、绩效评价的指标

(一)指标确定原则

作为衡量山洪灾害防治项目绩效目标实现程度的考核工具,绩效评价指标的确定应按照《绩效评价管理办法》规定的原则来实施。

1. 相关性原则

根据山洪灾害防治项目的服务对象来设置相关的指标,以恰当反映绩效目标的实现程度。

2. 重要性原则

重点围绕山洪灾害防治的非工程措施和工程措施两个方面内容确定绩效评价指标。

3. 可比性原则

水行政主管单位应从山洪灾害防治项目的内容出发设定共性的绩效评价指标,项目实施单位根据需要山洪灾害防治的具体内容设定个性的绩效评价指标。

4. 系统性原则

定量指标与定性指标相结合,根据山洪灾害防治的内容合理确定定量指标和定性指标,以便能系统反映山洪灾害防治项目所产生的社会效益、经济效益、环境效益和可持续影响等。

5. 经济性原则

绩效指标的确定程度所需获得的数据能够方便取得,评价的指标应当通俗易懂、简便易行,指标设置时应当考虑现实条件和可操作性,符合成本效益原则。

(二)共性和个性指标

1. 共性指标的确定

山洪灾害防治项目的共性指标应适用于所有水利单位。

(1)产出指标。数量指标主要包括非工程措施的完成情况,山洪沟的治理条数等。质量指标主要是工程措施和非工程措施的验收合格率等。时效指标主要包括当年中央投资的完成比例和次年6月底中央投资完成比例等。成本效益指标主要包括实施工程措施和非工程措施投入的财政资金数量等。

(2)效益指标。效益指标包含社会效益、生态效益和可持续影响指标。社会效益指标主要是通过项目实施保护人民群众生命财产安全、促进社会稳定的角度进行衡量。生态效益指标主要是通过山洪灾害防治而减少的水土流失。可持续影响指标主要是山洪灾害防治项目建设的非工程措施和工程措施持续发挥作用的年限。

(3)满意度指标。服务对象满意度指标主要是对受益群众进行用户抽样调查满意率。

2. 个性指标的确定

个性指标是针对具体水利单位山洪灾害防治项目的特点设定的,适用于具体水利单位实施的项目。山洪灾害项目在具体实施过程中,非工程措施和工程措施的实施包含的每项内容不一定都要实施,或许有的单位不需要工程措施的建设。例如数量指标设定水利单位需要完成山洪沟治理的条数,成本指标设定单位投资控制在批复的概算金额内。时效指标设定水利单位于当年12月底前的中央投资具体完成率和次年6月底前具体中央投资完成率等。

(三)范例(见表16-6)

表 16-6　　** 单位山洪灾害防治项目绩效目标表

(** 年度)

| 项目名称 | ** 山洪灾害防治项目 | | |
|---|---|---|---|
| 主管部门及代码 | 水利部[126] | 实施单位 | ** 单位 |
| 项目属性 | 其他项目 | 项目期 | ** 年 |

| 项目资金<br>（万元） | 中期资金总额： | | 年度资金总额： | |
|---|---|---|---|---|
| | 其中:财政拨款 | | 其中:财政拨款 | |
| | 其他资金 | | 其他资金 | |

| | 中期目标(20 ** 年—20 ** 年) | | | 年度目标 | |
|---|---|---|---|---|---|
| 总体目标 | 目标1:继续根据实施方案完善监测预警系统并延伸到乡镇，复核检验预警指标。<br>目标2:补充升级预警设施设备。<br>目标3:配置基层应急救援工具和设备。<br>目标4:继续实施重点山洪沟(山区河道)的防洪治理 | | | 目标1:根据实施方案完善监测预警系统并延伸到 ** 个乡镇，复核检验预警指标 ** 个乡镇。<br>目标2:补充升级预警设施设备 ** 套。<br>目标3:配置基层应急救援工具和设备 ** 个乡镇。<br>目标4:继续实施重点山洪沟(山区河道) ** 条的防洪治理工作 | |

| 一级指标 | 二级指标 | 三级指标 | 指标值 | 二级指标 | 三级指标 | 指标值 |
|---|---|---|---|---|---|---|
| 绩效指标 | 数量指标 | 开展群测群防体系建设(套) | * 套 | 数量指标 | 开展群测群防体系建设(套) | ** 套 |
| | | 开展重点山洪沟防治治理数(条) | * 条 | | 开展重点山洪沟防治治理数(条) | * 条 |
| | | 开展调查评价成果(预警指标)检验、率定、复核数(个) | * 个 | | 开展调查评价成果(预警指标)检验、率定、复核数(个) | * 个 |
| | | 开展群测群防体系建设(套) | * 套 | | 开展群测群防体系建设(套) | * 套 |
| | 质量指标 | 工程措施建设验收率(%) | ** % | 质量指标 | 工程措施建设验收率(%) | ** % |
| | | 工程措施建设验收合格率(%) | ** % | | 工程措施建设验收合格率(%) | ** % |
| | | 非工程措施建设验收率(%) | ** % | | 非工程措施建设验收率(%) | ** % |
| | | 非工程措施建设验收合格率(%) | ** % | | 非工程措施建设验收合格率(%) | ** % |
| | 时效指标 | 每年12月底中央投资完成率(%) | ** % | 时效指标 | 每年12月底中央投资完成率(%) | ** % |
| | | 次年6月底中央投资完成率(%) | ** % | | 次年6月底中央投资完成率(%) | ** % |
| | 成本指标 | 非工程措施支出 | 不超批复数 | 成本指标 | 非工程措施支出 | 不超批复数 |
| | | 工程措施支出 | 不超批复数 | | 工程措施支出 | 不超批复数 |

续　表

| | 一级指标 | 二级指标 | 三级指标 | 指标值 | 二级指标 | 三级指标 | 指标值 |
|---|---|---|---|---|---|---|---|
| 绩效指标 | 效益指标 | 经济效益指标 | 积极主动防御山洪灾害,减少人员伤亡和财产损失,尤其是有效避免群死群伤事件发生 | 达到 | 经济效益指标 | 积极主动防御山洪灾害,减少人员伤亡和财产损失,尤其是有效避免群死群伤事件发生 | 达到 |
| | | 社会效益指标 | 提高山洪灾害防治能力,增强群众防灾避险能力 | 达到 | 社会效益指标 | 提高山洪灾害防治能力,增强群众防灾避险能力 | 达到 |
| | | 生态效益指标 | 减轻山洪灾害对广大山丘区生态环境的破坏 | 达到 | 生态效益指标 | 减轻山洪灾害对广大山丘区生态环境的破坏 | 达到 |
| | | 可持续影响指标 | 工程措施和非工程措施持续发挥作用的年限(年) | ** 年 | 可持续影响指标 | 工程措施和非工程措施持续发挥作用的年限(年) | ** 年 |
| | 满意度指标 | 服务对象满意度指标 | 用户满意度抽样调查满意率(≥ ** %) | ** % | 服务对象满意度指标 | 用户满意度抽样调查满意率(≥ ** %) | ** % |

## 四、绩效评价的标准

根据本书第四章对绩效评价标准论述,适合用于山洪灾害防治项目绩效评价的标准主要是计划标准、行业标准和历史标准。

(一)计划标准

1. 项目目标

项目任务清晰,即通过山洪灾害防治项目的实施,掌握我国山洪灾害的区域分布、影响程度、风险区划等状况,确定危险区和预警指标,进一步完善监测预警系统和群测群防体系,在重点区域逐步构建非工程措施与工程措施相结合的山洪灾害防治体系;编制重点地区洪水风险图,推动洪水风险图的应用。显著增强防灾减灾能力和风险管理能力,最大限度地减少人员伤亡和财产损失,为构建和谐社会、促进社会经济环境协调发展提供安全保障。

2. 项目计划

山洪灾害防治项目通过实施方案,建设完成非工程措施和工程措施相结合的工作计划,按照批复的年度工作任务目标有计划地开展工作。

3. 项目概(预)算

山洪灾害防治项目为专项业务费项目,其资金来源为中央财政水利发展资金,纳入财政规划支持范围,具有稳定的资金来源,项目概算由地方水行政主管单位批复。

综上所述,山洪灾害防治项目预先制定了项目目标、计划、预算,计划标准应作为绩效评价标准适用于该项目。

(二)行业标准

山洪灾害防治项目包括非工程措施和工程措施两部分。工程措施主要是山洪沟的治理,山洪沟的作用主要是防洪作用,在制定标准时应以住房城乡建设部关于发布国家标准《防洪标准》(中华人民共和国住房和城乡建设部公告第545号)作为行业标准。

山洪灾害防治的的评价标准应参照国家公布的相应行业标准。行业标准应作为绩效评价标准适用于该项目。

(三)历史标准

山洪灾害防治项目从2010年才开始试点实施,其整个项目标准体系正在不断完善过程中。其项目中的工程措施部分,涉及到的山洪沟治理工程,涉及河流、水库等的防洪标准,每条河流、水库等在历史防治的过程中,形成了一定的标准,相关的历史数据保存完整。山洪灾害防治项目绩效评价标准应参照该项目涉及的历史数据,这些历史数据标准可以作为绩效评价标准适用于该项目。

## 五、绩效报告与评价报告

按照《绩效评价管理办法》要求,山洪灾害防治项目实施单位应在年度项目实施终了及时向上级单位逐级提交项目绩效报告,水利部根据确定的评价原则和方法,下达绩效评价报告。本节介绍项目绩效报告和绩效评价报告编写范例。

(一)绩效报告范例

---

(封面)




(单位名称)20 ∗∗ 年度山洪灾害防治项目
财政支出绩效报告






项目名称:山洪灾害防治项目(20 ∗∗ 年)
项目单位:∗∗

20 ∗∗ 年 ∗∗ 月

---

1. 项目概况

项目类别：基本建设类项目

项目负责人：** 　　　　　联系电话：**

项目总概算：** 万元,其中中央财政资金：** 万元

项目实际到位金额：** 万元,其中中央财政资金 * 万元,地方配套资金 * 万元

项目实际支出金额：** 万元,其中中央财政资金 ** 万元

项目起止时间：** 年 ** 月—** 年 ** 月

（1）项目单位基本情况

根据 **《关于印发〈** 局主要职责机构设置和人员编制规定〉的通知》(* 人事〔20 ** 〕** 号)精神,** 建设局为事业单位,批复编制 ** 人,现有在职职工 ** 人,离退休职工 ** 人。主要职责包括贯彻执行国家与行业基本建设的法律、法规,组织实施区域内的山洪灾害防治项目,负责山洪灾害防治项目相关工程系统的运行维护与管理。

（2）项目基本情况

① 项目立项情况

根据水利部办公厅《关于下达 20 ** 年度山洪灾害防治项目建设任务的通知》(办汛〔20 ** 〕要求和《** 省山洪灾害防治项目 20 ** 年度设施方案》,** 建设局 20 ** 年度山洪灾害防治项目主要建设任务包括：补充建设 ** 处图像监测站；开展监测预警平台延伸到 ** 个乡镇建设；开展分析评价成果检验与复核；继续开展 ** 次山洪灾害防治的宣传、培训和演练工作；在 ** 个乡镇开展应急救援设备补充完善；开展 ** 处重点山洪沟防洪处理。

② 项目主要内容

** 单位 20 ** 年度山洪灾害防治项目总资金 ** 万元(中央资金 ** 万元,地方资金 ** 万元),其中：山洪灾害监测预警系统资金 ** 万元(中央资金 ** 万元,地方资金 ** 万元),群测群防体系建设 ** 万元(中央资金 ** 万元,地方资金 ** 万元),山洪灾害调查评价 ** 万元(中央资金 ** 万元,地方资金 ** 万元),山洪沟治理 ** 万元(中央资金 ** 万元,地方资金 ** 万元)。

通过开展完善监测预警系统、强化群策群防体系、宣传防御知识、提高全民防灾减灾意识、开展重点山洪沟防洪治理等项目建设,有效地防御了本地区山洪灾害,改变山洪灾害日趋严重的局面,减少人员伤亡和财产损失,尤其是有效避免群死群伤事件的发生。

③ 绩效目标

** 建设局 20 ** 年度山洪灾害防治项目绩效目标：在以前年度山洪灾害防治项目基础上,开展国家安排的数据同步共享系统试点建设及监测预警信息管理系统升级完善；利用山洪灾害调查评价结果,继续完善本地区监测预警系统并延伸到乡镇,复核、体验预警指标,补充升级监测预警设施设备,持续开展群测群防,配置应急救援工具和设备,继续实施重点山洪沟防洪治理工程。

2. 项目资金使用及管理情况

（1）项目资金使用情况

① 项目概算编制及资金到位情况分析

a. 概算编制情况。项目预算明细及各部分支出内容的测算依据如下：

山洪灾害监测预警系统资金＊＊万元,群测群防体系建设＊＊万元,山洪灾害调查评价＊＊万元,山洪灾害综合保障体系建设＊＊万元,山洪沟治理＊＊万元。

b. 资金到位情况。20＊＊年＊＊月,＊＊以《＊＊关于下达20＊＊年度山洪灾害防治经费的通知》(＊＊〔20＊＊〕＊＊号)下达山洪灾害防治项目中央资金＊＊万元,地方配套资金＊＊万元,资金到位率＊＊％。

② 项目资金使用情况分析

＊＊年度山洪灾害防治项目,实际到位财政资金＊＊万元,实际支出财政资金＊＊万元,已序时有效地全部完成了＊＊年度预算执行工作。

a. 项目工作内容完成情况。至20＊＊年12月31日,＊＊建设局山洪灾害防治项目按工作内容的预算执行情况见表16-7。

表 16-7 项目工作内容完成情况对照表 单位:万元

| 计划内容 | | 实际完成情况 | | 差异分析 | |
|---|---|---|---|---|---|
| 工作内容 | 金额 | 工作内容 | 金额 | 原因 | 金额 |
| 山洪沟治理 | | 按照批复的实施方案,完成了＊＊条防洪沟的治理。 | | | |
| 山洪灾害监测预警系统 | | 完成山洪灾害预警系统的开发 | | | |
| 群测群防体系建设 | | 完成了体系建设 | | | |
| 山洪灾害调查评价 | | 完成了调查评价 | | | |
| 山洪灾害综合保障体系建设 | | 完成体系建设 | | | |

从上表可以看出,按照工作内容来分析＊＊建设局20＊＊年度山洪灾害防治项目已全部完成,各项工作内容完成良好。

b. 项目经费支出情况

20＊＊年度山洪灾害防治非工程措施项目建设均已按照批复的实施方案,按照主管单位要求,已于20＊＊年12月底前完成全部建设任务,项目质量良好。中央资金和地方配套资金全部到位,发挥了应有的效益。工程措施项目＊＊河、＊＊河已按照省水利厅批复的初设报告,于20＊＊年＊月完成。建成的山洪沟初步发挥了防洪效益,工程质量良好。

表 16-8 山洪灾害防治项目中央资金完成情况

| 项目分类 | 批复资金(万元) | 完成中央投资(万元) | | 中央投资完成率(％) | |
|---|---|---|---|---|---|
| | | 截至20＊＊年12月底 | 截至次年6月底 | 截至20＊＊年12月底 | 截至次年6月底 |
| 合计 | | | | | |
| 一、山洪沟治理 | | | | | |
| 二、非工程措施建设 | | | | | |

项目单位会计核算规范,预算控制有效,未发现支出依据不合规、虚列项目支出的情况,未发现截留、挤占、挪用项目资金的情况,未发现超标准开支情况。项目执行进度科学合理,达到预算执行进度目标要求(表16-8)。

(2)项目资金管理情况

① 财务管理制度制定情况。项目单位认真贯彻国家相关制度办法,同时结合工作实际,先后制订了《＊＊项目资金管理办法》《＊＊预算管理办法》等规章制度,从资金管理、预算管理、资产管理、合同管理等方面不断完善山洪灾害防治项目的管理制度体系,健全财务管理制度。

② 财务制度执行情况。＊＊年山洪灾害防治项目实行专项管理,在经费使用上,严格按照《中央财政水利发展资金绩效管理暂行办法》等有关规定执行,预算经费独立核算、专款专用,各项支出均按照财务管理各项规章制度要求,做到经费支出合理,经常核查项目具体实施进度,确保项目按进度计划实施,做好山洪灾害防治项目资金的管理和财务核算,切实有效保证各项山洪灾害防治项目工作的顺利完成,预算执行情况良好。

通过各项制度的严格执行,＊＊年项目执行中未出现违法违规现象,资金支出安全有效,财务运行健康有序。

3. 项目组织实施情况

(1)项目组织情况

一是加强领导,明确责任。单位成立现场建设管理机构,明确了责任人,落实了建设人员,负责项目建设管理工作。单位主要领导亲自抓项目建设,制定专人负责,配置了人力和物力,保障项目顺利实施。落实责任,将责任制贯穿到实施方案编制、项目建设实施、系统运行管理等各个环节。加强沟通,密切协调配合,及时与承建单位签订合同,认真履行合同条款,加强与财政部门沟通,根据建设进度支付款项。做好施工环境协调和设备到货验收工作,确保工程顺利进行。

二是加强建设管理,严格资金使用。按照国家有关建设管理要求,严格执行项目建设管理、资金管理、监督检查、验收管理等各项规定,建立健全工程进度、质量与安全管理体系,保障项目建设任务按期完成。

三是坚持项目建设与运行管理相结合。在搞好项目建设的同时,积极落实运行管理机构人员和工作责任,对运行管理人员加强技术培训,健全运行管理维护制度,积极争取运行维护管理费,确保系统长期稳定发挥其防灾减灾效益。

(2)项目管理情况

山洪灾害防治项目在确保信息系统正常运行、发挥一期防洪减灾效益所采取的运行管理方式及执行防汛抗旱工作管理有关规定具有一致性和有效性;运行维护制度合理,运行维护方式的有效性和可持续性有待进一步加强;运行维护人员数量、人员素质,尚不能全面满足山洪灾害监测预警系统正常运转的需求;运行维护资金有待进一步落实。

4. 项目绩效情况

(1)项目的经济性分析

1. 项目建设成本控制情况

＊＊管理局针对山洪灾害防治项目实际情况,合理采用政府采购方式,确定项目承担

单位,通过合同、协议等方式,确定承担单位工作内容,提高了财政资金使用效益。单位日常工作中严格控制三公经费支出和日常办公支出,有效减少相关费用开支。对于符合政府采购要求的货物、工程和服务,严格按照《政府采购法》《招投标法》等法律法规实施政府采购。 ** 年度山洪灾害防治项目完成政府采购工程类 ** 万元、货物类 ** 万元、服务类 ** 万元,较好地控制了项目建设成本不超概算。项目预算执行严格按照概算批复数,资金使用安全,无违规使用项目经费情况。20** 年度山洪灾害防治项目已按照批复的内容完成,全部项目成本均控制在批复概算内,没有项目成本超出批复概算的情况,项目成本控制总体较好。

2. 项目成本(预算)节约情况

项目单位厉行节约,多措并举严格控制项目建设成本,特别是通过实行政府采购,节约了财政资金(表 16-9)。

**表 16-9　山洪灾害防治项目成本控制情况**

| 项目分类 | 实施项目成本控制情况 | | |
| --- | --- | --- | --- |
| | 项目总计 | 项目成本控制在批复概算内的项目数 | 项目成本超出批复概算的项目数 |
| 一、山洪沟治理(条) | ** | ** | * |
| 二、非工程措施建设(个) | ** | ** | * |

(2) 项目的效率性分析

① 项目的实施进度

20** 年度山洪灾害防治非工程措施项目建设均已按照批复的实施方案,按照主管部门要求,已于 20** 年 12 月底前完成全部建设任务。中央资金和地方配套资金全部到位,发挥了应有的效益。工程措施项目 ** 河、** 河已按照省水利厅批复的初设报告,于 20** 年 * 月完成(表 16-10)。建成的山洪沟初步发挥了防洪效益。

20** 年,山洪灾害防治项目累计完成投资 ** 万元。其中:建筑安装工程投资 ** 万元;设备投资 ** 万元;待摊投资 ** 万元;其他投资 ** 万元。

② 项目完成质量

20** 年,** 山洪灾害防治项目累计完成 ** 条山洪沟治理,验收 * 条,验收率 ** ％,验收合格率 ** ％;完成 ** 个非工程措施建设,验收 * 个,验收率 ** ％,验收合格率 ** ％。

**表 16-10　山洪灾害防治项目进度情况**

| 项目分类 | 实施项目数 | | | | | 验收率(％) | 验收合格率(％) |
| --- | --- | --- | --- | --- | --- | --- | --- |
| | 总数 | 项目开工 | 项目完工 | 初步验收或完工验收 | 验收合格 | | |
| 一、山洪沟治理(条) | | | | | | | |
| 二、非工程措施建设(个) | | | | | | | |

（3）项目的有效性分析

山洪灾害防治项目建成后,经济效益方面,对积极主动防御山洪灾害,减少人员伤亡和财产损失,尤其是有效避免群死群伤事件发生起到了积极作用,产生的经济效益巨大。同时通过山洪灾害防治项目建设,提高和改善了县、乡、村基层单位的技术装备、监测能力、报讯手段、信息报送能力、办公设施和职工素质,有力增强了水利信息化和防汛现代化水平,加快了防汛决策的科技进步,更好地为社会发展和国民经济建设服务。通过山洪灾害防御群策群防体系的建立,落实组织责任,完善防御预案,配备简易监测和预警设备,加强宣传培训和演练,提高乡、村群众主动防灾避灾意识,最大限度地减少了人员伤亡。社会效益方面,项目实施后,与已经建成的县级非工程措施形成较为完善的山洪灾害综合防御系统,能够及时准确地做出暴雨、洪水预报,快速及时发布预警信息,更有效地保证人民群众生命财产安全,促进了社会稳定。20 ** 年 * 月 * 日至 * 月 * 日,利用山洪灾害监测预警平台,对 * 个乡、** 个村发布预警信息 ** 条,有效地避免了人员伤亡。生态效益方面,工程建成后,山洪灾害防治项目工程措施的实施,有效减免了山洪灾害对生态环境的破坏。

山洪灾害防治的环境效益主要体现在以下两个方面:一是减少水土流失,通过防治措施的合理布设,不仅减少本地区山洪灾害事件的发生,而且减轻了山洪灾害引发的水土流失,从而促进了本地区生态农业发展和农业资源的可持续利用。二是保护土地资源,山洪灾害对土地资源的危害主要表现在冲毁、冲刷、淤埋农田和城镇建设用地。通过采取一定的工程措施对山洪及其诱发的泥石流和滑坡进行治理,避免和减轻山洪灾害对土地资源,尤其是农田和城镇建设用地的破坏。

表 16-11 ** 年度 ** 防洪工程项目绩效目标完成情况对照表

| 批复绩效目标 | 目标1:根据实施方案完善监测预警系统并延伸到 ** 个乡镇,复核检验预警指标 ** 个乡镇。<br>目标2:补充升级预警设施设备 ** 套。<br>目标3:配置基层应急救援工具和设备 ** 个乡镇。<br>目标4:继续实施重点山洪沟(山区河道) ** 条的防洪治理工作 | | | 绩效目标完成情况 | 目标1:完成实施方案完善监测预警系统并延伸到 ** 个乡镇,复核检验预警指标 ** 个乡镇。<br>目标2:完成补充升级预警设施设备 * * 套。<br>目标3:完成配置基层应急救援工具和设备 ** 个乡镇。<br>目标4:完成实施重点山洪沟(山区河道) ** 条的防洪治理工作 |
| --- | --- | --- | --- | --- | --- |
| | 绩效指标批复情况 | | | | 绩效指标完成情况 |
| 序号 | 一级指标 | 二级指标 | 指标内容 | 指标值 | 已完成指标值 |
| 1 | 产出指标 | 数量指标 | 开展群测群防体系建设(套) | * 套 | * 套 |
| 2 | | | 开展重点山洪沟防治治理数(条) | * 条 | * 条 |
| 3 | | | 开展调查评价成果(预警指标)检验、率定、复核数(个) | * 个 | * 个 |

| 序号 | 一级指标 | 二级指标 | 指标内容 | 指标值 | 已完成指标值 |
|---|---|---|---|---|---|
| | | | 绩效指标批复情况 | | 绩效指标完成情况 |
| 4 | 产出指标 | 质量指标 | 工程措施建设验收率（%） | **% | **% |
| 5 | | | 工程措施建设验收合格率（%） | **% | **% |
| 6 | | | 非工程措施建设验收率（%） | **% | **% |
| 7 | | | 非工程措施建设验收合格率（%） | **% | **% |
| 8 | | 时效指标 | 每年12月底中央投资完成率（%） | **% | **% |
| 9 | | | 次年6月底中央投资完成率（%） | **% | **% |
| 10 | | 成本指标 | 非工程措施支出 | 不超概算 | **% |
| 11 | | | 工程措施支出 | 不超概算 | **万元 |
| 12 | 效益指标 | 经济效益指标 | 积极主动防御山洪灾害,减少人员伤亡和财产损失,尤其是有效避免群死群伤事件发生 | 达到 | 达标 |
| 13 | | 社会效益指标 | 提高山洪灾害防治能力,增强群众防灾避险能力 | 达到 | 达标 |
| 14 | | 生态效益指标 | 减轻山洪灾害对广大山丘区生态环境的破坏 | 达到 | 达标 |
| 15 | | 可持续影响指标 | 工程措施和非工程措施持续发挥作用的年限(年) | **年 | 达标 |
| 16 | 满意度指标 | 服务对象满意度指标 | 用户满意度抽样调查满意率(≥**%) | ≥**% | **% |

（4）项目的可持续性分析

可持续影响方面,山洪灾害防治项目实施后,工程措施和非工程措施结合后形成较为完善的山洪灾害综合防御系统,能够及时准确地做出暴雨、洪水预报,快速及时发布预警信息,更有效地保证人民群众生命财产安全,促进了社会稳定。

20**年度**山洪灾害防治项目立项过程合规,绩效目标明确、量化,资金预算分配合理,能按照批复的实施方案和批复的绩效目标组织实施。项目建设单位责任分工明确,各项管理制度较为健全,项目管理较为完善、规范,资金使用规范有效。项目实施完成了预期的绩效目标并达到了预期结果(表16-11)。

5. 其他需要说明的问题

（1）后续工作计划

山洪灾害防治项目为财政专项业务费项目,工程建成后,项目需加强运行维护,确保项目发挥经济、社会效益。

（2）主要经验及做法

在项目建设过程中,项目单位以建设"精品工程、样板工程"为目标,创新建管模式,强化建设管理,确保了工程进度和投资效益最大化。主要做法有:一是加强组织领导,成立建设机构;二是统筹安排,确保按照标准执行;三是完善制度建设,强化建设管理;四是加强运行维护,确保项目发挥效益。

(3) 存在问题和建议

① 存在问题

a. 缺乏复合型专业人才。山洪灾害防治县级非工程措施项目涉及专业多,特别是基层水利部门缺乏信息化人才,一定程度上影响成果使用。建议加大培训力度,切实提高基层人员水平。

b. 山洪灾害防御体系仍需完善。虽然通过山洪灾害防治项目建设,初步建立防御体系,防御能力有了进一步的提高,但部分系统仍需进一步提高完善。

② 建议

a. 建立山洪灾害防治投入长效机制,稳定山洪灾害防治资金投入渠道,解决运行维护人员、资金投入不足问题。

b. 继续安排后续山洪灾害防治建设项目,进一步提高完善群测群防能力和山洪灾害预警水平;对调查评价确定的预警指标不断尽心率定,提高山洪灾害防御能力。

6. 项目评价工作情况

根据《绩效评价管理办法》和水利主管部门有关要求,** 工程管理局及时组织开展了项目绩效中期自评,收集整理了项目决策文件、概预算批复以及各绩效指标值支撑材料,配合做好中期检查工作,并编制了中期检查报告;根据中期绩效监控报告的反馈,绩效监控结论为“ ** ”,同时对中期检查问题进行了认真研究,积极对有关情况进行了整改落实。依据本项目绩效评价指标体系及打分方法,组织开展了自评价工作,并在自评价基础上,撰写了项目绩效报告。

(1) 绩效工作开展情况

① 积极组织编写项目绩效报告

** 管理局按照水利主管单位整体部署和要求,及时组织开展了项目绩效评价工作,根据项目绩效目标,对照项目初步设计,梳理核实有关绩效证明材料,在此基础上,参照《绩效评价管理办法》附件 3 “财政支出绩效报告(参考提纲)”,从项目概况、项目资金使用及管理情况、组织实施情况、项目绩效情况、需说明的问题等方面认真编制了防洪工程项目绩效报告。

② 绩效得分

** 管理局根据《绩效评价管理办法》和水利主管单位有关规定,开展了山洪灾害防治项目预算绩效自评价工作,并按照项目预算绩效评价指标体系、评分标准和评分说明对项目绩效进行打分,绩效得分 ** 分。

③ 项目绩效报告

** 管理局编制的山洪灾害防治项目绩效报告介绍了项目单位基本情况及项目背景、项目立项依据及立项情况、项目主要工作内容、绩效目标、项目资金使用及管理情况、组织实施情况,从项目的经济性、效率性、有效性和可持续性四个方面对项目产出指标、效益指标、服务对象满意度指标等绩效情况进行了分析,总结了 ** 年度主要经验及做法、存在问题和建议。

(2) 项目绩效评价工作情况

① 项目绩效评价目的

通过绩效自评价,对 ** 年度山洪灾害防治工程项目的投入、过程、产出、效果等涉及的项目立项、业务管理、财务管理、项目产出、项目效益等进行全方位的总结分析,对项目财政支出的经济性、效率性、有效性和可持续性进行客观、公正的评价,增强绩效意识,促进财政支出绩效管理,强化支出责任和效率,提高财政资金使用效率;总结经验,进一步加强预算管理改革,不断提高预算绩效管理工作水平。

② 绩效评价原则、评价指标体系、评价方法

a. 绩效评价原则

绩效评价工作组根据《绩效评价管理办法》,结合山洪灾害防治工程项目实际情况,在绩效评价工作过程中,遵循科学规范、公正公开、绩效相关原则。

b. 绩效指标体系

根据绩效评价的要求,在上级主管部门制定的山洪灾害防治工程项目预算绩效评价指标体系基础上,** 工程建设管理局制定了项目自评价绩效指标体系。

c. 绩效评价方法

绩效评价工作,选用多种方法进行绩效评价,坚持简便有效的原则。本项目绩效评价工作采用了成本效益分析法、比较法、因素分析法等评价方法。

通过对 20 ** 年度项目的支出与效益进行对比分析,以评价绩效目标实现程度;通过对项目的绩效目标与实施效果、项目实际支出与产生效益对比分析,综合分析绩效目标实现程度;通过综合分析影响绩效目标实现、实施效果的内外因素,评价绩效目标实现程度。

③ 绩效评价工作过程

a. 前期准备

根据上级主管单位绩效评价的工作安排,** 管理局制定了实施方案,组建了绩效自评价工作组,并组织学习了相关文件、政策,提前审阅了项目预算申报文本、绩效报告等材料。

b. 组织实施

绩效自评价工作中,绩效自评价工作组听取了执行情况的介绍,就有关问题进行了质询,现场收集绩效评价相关资料,对资料进行审查核实;查看项目成果、资金使用管理等其他方面的资料,如检查档案资料和成果资料,重点核对可量化指标的实际完成情况;抽查审阅相关会议记录、分析材料等,结合调查问卷等核对定性指标完成情况;结合财务支出资料,核对并分析对应经费支出的合理性、真实性。在讨论答疑、查看核对资料的基础上,绩效自评价工作组参照项目预算绩效评价指标体系、评分标准和评分说明,对项目进行打分、统计,最后得出该项目绩效评价分值。

根据资料审查核实情况、绩效评价分值、绩效评价等级和被评价单位的答疑、初步反馈意见,绩效评价工作组集体起草、讨论、综合分析并形成评价结论。

在绩效自评价工作中,充分利用了项目绩效目标运行情况中期检查报告的成果。

c. 分析评价

对项目的投入、过程、产出、效果等进行分析,与绩效评价指标体系对比并进行打分。对项目的经济性、效率性和效益性进行分析,结合指标体系打分情况做出项目的综合评价情况和评价结论,最终形成绩效报告。

通过算术平均方法,计算得到项目绩效评价得分:** 分,评价结论为:** 。项目支出绩效自评情况见表 16-12。

表16-12　***单位山洪灾害防治项目绩效评价自评表

（20**年度）

| 预算执行情况 | 预算数： | 万元 | 执行数： | 万元 |
| --- | --- | --- | --- | --- |
| | 其中：中央财政 | 万元 | 其中：中央财政 | 万元 |
| | 地方财政 | 万元 | 地方财政 | 万元 |
| | 其他资金 | 万元 | 其他资金 | 万元 |

| 年度目标完成情况 | 预期目标 | 目标实际完成情况 |
| --- | --- | --- |
| | 目标1：根据实施方案完善监测预警系统并延伸到***个乡镇，复核检验预警指标***个乡镇。目标2：补充升级预警设施设备***套。目标3：配置基层应急救援工具和设备***个乡镇。目标4：继续实施重点山洪沟（山区河道）***条的防洪治理工作。 | 目标1：完成实施方案完善监测预警系统并延伸到***个乡镇，复核检验预警指标***个乡镇。目标2：完成补充升级预警设施设备***套。目标3：完成配置基层应急救援工具和设备***个乡镇。目标4：完成实施重点山洪沟（山区河道）***条的防洪治理工作。 |

| 一级指标 | 分值 | 二级指标 | 分值 | 三级指标 | 分值 | 绩效目标 | 指标解释 | 实际完成情况 | 评分标准 | 得分 |
| --- | --- | --- | --- | --- | --- | --- | --- | --- | --- | --- |
| 项目决策 | 7 | 资金分配 | 7 | 资金分配 | 4 | / | 资金分配是否符合相关管理办法；分配结果是否合理 | | 项目符合相关分配办法（2分），资金分配合理（2分） | * |
| | | | | 支出方向 | 3 | / | 支出方向是否符合相关管理办法 | | 支出方向符合相关管理办法规定（3分），基本符合（1～2分），不符合（0分） | * |
| 项目管理 | 30 | 资金到位 | 5 | 财政资金到位率 | 3 | / | （实际到位项目的财政资金/绩效目标批复（备案）的财政资金）×100% | | 财政资金到位率×分值（满分3分） | * |
| | | | | 到位时效 | 2 | / | 资金是否及时到位；若未及时到位，是否影响项目进度 | | 及时到位（2分），未及时到位但未影响项目进度（1分），否则（0分） | * |
| | | 资金安全 | 10 | 资金安全 | 10 | / | 在审计、纪检、监察、司法部门的报告以及财政部、水利部监督检查中是否存在资金问题 | | 存在资金问题的，每个事件按情节轻重扣1分，2分，5分或10分，扣完为止 | * |

| 一级指标 | 分值 | 二级指标 | 分值 | 三级指标 | 分值 | 绩效目标 | 指标解释 | 实际完成情况 | 评分标准 | 得分 |
|---|---|---|---|---|---|---|---|---|---|---|
| 项目管理 | 30 | 组织实施 | 5 | 组织领导 | 1 | / | 组织领导机构制是否健全、分工是否明确 | | 机构健全、分工明确（1分）；机构不健全或分工不明确（0分） | * |
| | | | | 资料报送 | 2 | / | 在项目管理过程中是否按水利部要求及时报送有关文件、数据、资料 | | 及时报送（2分）；基本及时报送（1分）；未按要求报送（0分） | * |
| | | 绩效管理 | 10 | 管理制度 | 2 | / | 是否建立健全项目管理制度；是否严格执行相关项目管理制度 | | 建立健全制度（1分）；严格执行（1分），未严格执行（0分），未建立相关项目管理制度（0分） | * |
| | | | | 填报质量 | 5 | / | 自评材料及自评表格填报的准确性和完整性 | | 填报准确（2分，不准确（0~1分）；填报完整（3分），不完整（0~2分） | * |
| | | | | 报送时效性 | 5 | / | 是否按规定时间报送绩效自评材料 | | 在规定时间内报送绩效自评材料（5分），未及时报送（0分） | * |
| 产出指标 | 43 | 数量指标 | 25 | 开展群测群防体系建设（套） | 7 | | 对照备案的绩效目标评价 | | 实际完成数量占绩效目标产出数量的比例×分配分数。如分配分数为5，实际完成比例为80%，则得4分 | * |
| | | | | 开展重点山洪沟防治治理数（条） | 10 | | 对照备案的绩效目标评价 | | 实际完成数量占绩效目标产出数量的比例×分配分数。如分配分数为5，实际完成比例为80%，则得4分 | * |
| | | | | 开展调查评价成果（预警指标）检验、率定、复核率数（个） | 8 | | 对照备案的绩效目标评价 | | 实际完成数量占绩效目标产出数量的比例×分配分数。如分配分数为5，实际完成比例为80%，则得4分 | * |

续表

| 一级指标 | 分值 | 二级指标 | 分值 | 三级指标 | 分值 | 绩效目标 | 指标解释 | 实际完成情况 | 评分标准 | 得分 |
|---|---|---|---|---|---|---|---|---|---|---|
| 产出指标 | 43 | 质量指标 | 8 | 非工程措施建设验收合格率(%) | 2 | 100% | (非工程措施建设初步验收合格的项目数量/已进行初步验收的非工程措施建设项目数量)×100% | | 非工程措施建设初步验收合格率×分值(满分2分) | * |
| | | | | 工程措施建设验收合格率(%) | 2 | 100% | (完工验收合格的单位工程数量/已进行完工验收的单位工程数量)×100% | | 工程措施建设验收合格率×分值(满分2分) | * |
| | | | | 非工程措施建设验收率(%) | 2 | / | (已进行初步验收的非工程措施建设项目数量/已完工的非工程措施建设项目数量)×100% | | 非工程措施建设初步验收率×分值(满分2分) | * |
| | | | | 工程措施建设验收率(%) | 2 | / | (已验收的单位工程数量/已完工的单位工程数量)×100% | | 工程措施建设验收率×分值(满分2分) | * |
| | | 时效指标 | 8 | 20**年12月底中投资完成率(%) | 4 | | (截至20**年中央投资金额(按形象进度)/20**年中央下达预算金额)×100% | | 20**年12月底(中央投资完成率/80%)×分值(满分4分) | * |
| | | | | 次年6月底中央投资完成率(%) | 4 | | (截至20**年6月底,完成20**年中央投资金额(按形象进度)/20**年中央下达预算金额)×100% | | 20**年6月底(中央投资完成率/100%)×分值(满分4分) | * |
| | | 成本指标 | 2 | 成本控制 | 2 | | 投资是否控制在批复的概算金额内 | | (控制在批复概算金额内的项目数/中央资金分解项目数)×分值(满分2分) | * |

续　表

| 一级指标 | 分值 | 二级指标 | 分值 | 三级指标 | 分值 | 绩效目标 | 指标解释 | 实际完成情况 | 评分标准 | 得分 |
|---|---|---|---|---|---|---|---|---|---|---|
| 效益指标 | 15 | 社会效益 | 5 | 山洪灾害防治能力提高 | 3 | | 对照备案的绩效目标评价 | | （实际完成绩效值×分值）÷目标值（满分5分），两项指标都有，分值按照3分、2分分配，仅有一项指标，分值5分。 | ＊ |
| | | | | 群众防灾避险能力增强 | 2 | | 对照备案的绩效目标评价 | | | ＊ |
| | | 生态效益 | 5 | 减轻山洪灾害对广大山丘区生态环境破坏的山洪沟条数（条） | 5 | | 对照备案的绩效目标评价 | | （实际完成绩效值×分值）÷目标值（满分5分） | ＊ |
| | | 可持续影响 | 5 | 非工程措施持续发挥作用的年限（年） | 2 | | 对照备案的绩效目标评价 | | 预计能达到预期的（5分），基本达到（3~4分），难以达到（1~2分）不能达到（0分） | ＊ |
| | | | | 工程措施持续发挥作用的年限（年） | 3 | | 对照备案的绩效目标评价 | | | ＊ |
| 满意度指标 | 5 | 服务对象满意度 | 5 | 受益群众满意度 | 5 | | 项目服务对象满意程度 | | 满意度：5分（≥90%），4分（≥80%、<90%），3分（≥70%、<80%），2分（≥60%、<70%），1分（≥50%、<60%），0分 | ＊ |
| 总分 | 100 | | 100 | | 100 | | | | | ＊＊ |

538

（二）绩效评价报告范例

（封面）


（单位名称）20＊＊年度山洪灾害防治项目
财政支出绩效评价报告


项目名称：山洪灾害防治项目(20＊＊年)
项目单位：＊＊

20＊＊年＊＊月


1. 项目基本情况

项目类别：专项业务费项目

项目负责人：＊＊　　　　　　联系电话：＊＊

项目总概算：＊＊万元,其中中央财政资金：＊＊万元

项目实际到位金额：＊＊万元,其中中央财政资金：＊＊万元

项目实际支出金额：＊＊万元,其中中央财政资金：＊＊万元

项目起止时间：＊＊年＊＊月—＊＊年＊＊月

（1）项目概况。

① 项目立项情况

根据水利部办公厅《关于下达20＊＊年度山洪灾害防治项目建设任务的通知》(办汛〔20＊＊〕要求和《＊＊省山洪灾害防治项目20＊＊年度设施方案》。项目单位20＊＊年度山洪灾害防治项目主要建设任务包括：补充建设＊＊处图像监测站；开展监测预警平台延伸到＊＊个乡镇建设；开展分析评价成果检验与复核；继续开展＊＊次山洪灾害防治的宣传、

培训和演练工作;在 ＊＊ 个乡镇开展应急救援设备补充完善;开展 ＊＊ 处重点山洪沟防洪处理。

② 项目主要建设内容

项目单位 20＊＊ 年度山洪灾害防治项目总资金 ＊＊ 万元(中央资金 ＊＊ 万元,地方资金 ＊＊ 万元),其中:山洪灾害监测预警系统资金 ＊＊ 万元(中央资金 ＊＊ 万元,地方资金 ＊＊ 万元),群测群防体系建设 ＊＊ 万元(中央资金 ＊＊ 万元,地方资金 ＊＊ 万元),山洪灾害调查评价 ＊＊ 万元(中央资金 ＊＊ 万元,地方资金 ＊＊ 万元),山洪沟治理 ＊＊ 万元(中央资金 ＊＊ 万元,地方资金 ＊＊ 万元)。

通过开展完善监测预警系统、强化群策群防体系、宣传防御知识、提高全民防灾减灾意识、开展重点山洪沟防洪治理等项目建设,有效地防御了本地区山洪灾害,改变山洪灾害日趋严重的局面,减少人员伤亡和财产损失,尤其是有效避免群死群伤事件的发生。

(2) 项目绩效目标设定情况

① 项目绩效总目标

完善监测预警系统并延伸到乡镇;复核、检验预警指标;补充升级预警设施、设备;配置基层应急救援工具和设备,组织开展示范建设,继续实施重点山洪沟(山区河道)防洪治理。

② 项目绩效年度目标

继续完善监测预警系统并延伸到( ＊ 个乡镇),复核、检验预警指标( ＊ 个乡镇);补充升级预警设备;配置基层应急救援工具和设备( ＊ 个乡镇);继续实施重点防洪沟治理 ＊ 条。

2. 项目单位绩效报告情况。

根据《绩效评价管理办法》和水利部有关要求,项目单位及时组织开展了项目绩效中期自评,收集整理了项目决策文件、预算批复以及各绩效指标值支撑材料,配合做好中期检查工作,并编制了中期检查报告;根据中期绩效监控报告的反馈,绩效评价结论为" ＊ ＊ ",同时对中期检查问题进行了认真研究,积极对有关情况进行了整改落实。依据本项目绩效评价指标体系及打分方法,组织开展了自评价工作,并在自评价基础上,撰写了项目绩效报告。

项目绩效报告认为, ＊＊ 年度山洪灾害防治项目按程序履行申报、立项手续;具有明确的项目实施方案;绩效目标经水利主管单位批复; ＊＊ 单位责任主体明确,财务管理制度健全,项目管理能够确保项目的顺利完成;项目组织实施达到了预期的总目标和年度绩效目标,项目支出严格控制在概算范围之内,按项目实施方案中的进度安排全部完成,质量指标达到要求,项目的经济效益、社会效益、服务对象满意度均达到了绩效目标指标要求,完善了监测预警系统向乡镇的延伸,补充升级了预警设备,增配了基层的应急救援工具和设备,完成了防洪沟的治理工作,基本完成了年度预设绩效目标。

3. 绩效评价工作情况

(1) 绩效评价目的

通过绩效评价,对 ＊＊ 年度山洪灾害防治项目的投入、过程、产出、效果等涉及的项目立项、业务管理、财务管理、项目产出、项目效益等进行全方位的总结分析,对项目财政支出的经济性、效率性、有效性和可持续性进行客观、公正的评价,增强绩效意识,促进财政支出绩效管理,强化支出责任和效率,提高财政资金使用效率;总结经验,进一步加强预算管理改革,不断提高预算绩效管理工作水平。

(2) 绩效评价原则、评价指标体系

① 绩效评价原则

绩效评价工作组根据《绩效评价管理办法》,结合山洪灾害防治项目实际情况,在绩效评价工作过程中,遵循科学规范、公正公开、绩效相关原则。

② 绩效指标体系

根据绩效评价的要求,在上级主管单位制定的山洪灾害防治项目预算绩效评价指标体系基础上,项目单位制定了项目自评价绩效指标体系。

③ 绩效评价方法

绩效评价工作,选用多种方法进行绩效评价,坚持简便有效的原则。本项目绩效评价工作采用了成本效益分析法、比较法、因素分析法等评价方法。

通过对 20 ** 年度项目的支出与效益进行对比分析,以评价绩效目标实现程度;通过对项目的绩效目标与实施效果、项目实际支出与产生效益对比分析,综合分析绩效目标实现程度;通过综合分析影响绩效目标实现、实施效果的内外因素,评价绩效目标实现程度。

(3) 绩效评价工作过程

① 前期准备

根据上级主管部门绩效评价的工作安排,项目单位制定了实施方案,组建了绩效自评价工作组,并组织学习了相关文件、政策,提前审阅了项目预算申报文本、绩效报告等材料。

② 组织实施

绩效评价工作过程中,绩效评价工作组听取了项目单位对项目执行情况的汇报,就有关问题进行了质询,现场收集绩效评价相关资料,对资料进行审查核实;查看项目成果、资金使用管理等其他方面的资料,如检查档案资料和成果资料,重点核对可量化指标的实际完成情况;抽查审阅相关会议记录、分析材料等,结合调查问卷等核对定性指标完成情况;结合财务支出资料,核对并分析对应经费支出的合理性、真实性。在讨论答疑、查看核对资料的基础上,绩效自评价工作组参照项目预算绩效评价指标体系、评分标准和评分说明,对项目进行打分、统计,最后得出该项目绩效评价分值。

根据资料审查核实情况、绩效评价分值、绩效评价等级和被评价单位的答疑、初步反馈意见,绩效评价工作组集体起草、讨论、综合分析并形成评价结论。

在绩效自评价工作中,充分利用了项目绩效目标运行情况中期检查报告的成果。

③ 分析评价

对项目的投入、过程、产出、效果等进行分析,与绩效评价指标体系对比并进行打分。对项目的经济性、效率性和效益性进行分析,结合指标体系打分情况做出项目的综合评价情况和评价结论,最终形成绩效报告。

4. 绩效评价指标分析情况

(1) 项目资金情况分析

① 项目资金到位情况分析

截至 20 ** 年年底,省财政厅、水利厅以《 ** 省财政厅、水利厅以关于下达 20 ** 年度山洪灾害防治项目建设资金的通知》( ** 号)下达中央资金 ** 万元,地方资金 ** 万元。资金到位率为 ** 。

② 项目资金使用情况分析。

20 ** 年实际到位预算资金 ** 万元(其中中央财政资金 ** 万元),实际支出预算资金 ** 万元(其中中央财政资金 ** 万元),已安全有效地全部完成了 ** 年度预算执行工作。项目单位会计核算规范,预算控制有效,未发现支出依据不合规、虚列项目支出的情况,未发现截留、挤占、挪用项目资金的情况,未发现超概算开支情况。项目执行进度科学合理,达到预算执行进度目标要求。

③ 项目资金管理情况分析。

资金到位后,项目单位严格按照主管部门下达的《20 ** 年度山洪灾害防治项目实施方案》实施内容进行施工,实施过程中严格按照政府采购程序,实行公开招投标,合同制管理;资金使用严格按照财务管理制度,设立专帐,专人负责,专款专用,资金管理规范,符合国家和地方财务开支有关法律法规和制度,并接受各级财务、审计等部门的监督检查。资金支付与结算严格按照合同规定。

(2) 项目实施情况分析

① 项目组织情况分析

项目单位加强领导,明确责任。单位成立了现场建设管理机构,明确了责任人,落实了建设人员,负责项目建设管理工作。项目单位主要领导亲自抓项目建设,制定专人负责,配置人力和物力,保障项目顺利实施。落实责任,将责任制贯穿到实施方案编制、项目建设实施、系统运行管理等各个环节。加强沟通,密切协调配合,及时与中标单位签订合同,认真履行合同条款,加强与财政部门沟通,根据建设进度支付款项。做好施工环境协调和设备到货验收工作,确保工程顺利进行。

项目单位在建设过程中加强建设管理,严格资金使用。按照国家有关建设管理要求,严格执行项目建设管理、资金管理、监督检查、验收管理等各项规定,建立健全工程进度、质量与安全管理体系,保障项目建设任务按期完成。

② 项目管理情况分析

山洪灾害防治项目在确保信息系统正常运行、发挥预期的防洪减灾效益,所采取的运行管理方式及执行防汛抗旱工作管理有关规定具有一致性和有效性;运行维护制度合理,运行维护方式的有效性和可持续性有了进一步加强。

(3) 项目绩效情况分析

① 项目经济性分析

项目建设成本控制情况。 ** 管理局针对项目实际情况,合理采用政府采购方式,确定项目承担单位,通过合同、协议等方式,确定承担单位工作内容,提高了财政资金使用效益。项目单位日常工作中严格控制三公经费支出和日常办公支出,有效减少相关费用开支。对于符合政府采购要求的货物、工程和服务,严格按照《政府采购法》《招投标法》等法律法规实施政府采购。**年度防洪工程项目完成政府采购工程类**万元、货物类**万元、服务类**万元,较好地控制了项目建设成本不超概算。项目预算执行严格按照概算批复数,资金使用安全,无违规使用项目经费情况。20**年度山洪灾害防治工程项目已按照批复的内容完成,全部项目成本均控制在批复概算内,没有项目成本超出批复概算的情况,项目成本控制总体较好。

项目成本(预算)节约情况。**管理局厉行节约,多措并举严格控制项目建设成本,特别是通过实行政府采购,节约了财政资金。

② 项目的效率性分析

a. 项目的实施进度

20**年度山洪灾害防治非工程措施项目建设均已按照批复的实施方案,按照主管部门要求,已于20**年12月底前完成全部建设任务。工程措施项目**河、**河已按照省水利厅批复的初设报告,于20**年*月完成。建成的山洪灾害防治项目初步发挥了防洪效益。中央资金和地方配套资金全部到位,发挥了应有的效益。

20**年,山洪灾害防治项目累计完成投资**万元。其中:建筑安装工程投资**万元、设备投资**万元、待摊投资**万元、其他投资**万元。

b. 项目完成质量

20**年,**山洪灾害防治项目累计完成**条山洪沟治理,验收*条,验收率**%,验收合格率**%;完成**个非工程措施建设,验收*个,验收率**%,验收合格率**%

③ 项目的效益性分析

a. 项目预期目标完成程度。

根据项目绩效评价结果反映,**防洪工程的预期目标已全部完成。

b. 项目实施对经济和社会的影响

通过**防洪工程的实施,在经济效益方面,每年可以减少大量防洪投入,同时在洪灾发生时大量减少洪灾损失;社会效益指标方面,防洪能力提高,可以更加有效地保护区域内的群众生命、财产安全;在生态效益方面,减轻洪灾对保护区生态环境的破坏;在可持续影响方面,防洪工程持续发挥作用**年。

④ 项目的可持续性分析

山洪灾害防治项目自实施以来,山洪灾害防御项目中已建的山洪灾害监测预警系统和群测群防体系,强化预警信息发布,洪灾时及时转移受威胁群众,努力实现“监测精准、预警及时、反应迅速、转移快捷、避险有效”的目标,最大限度减少人员伤亡,防灾避灾效益显著。该项目为专项业务费项目,项目实施单位人员安排基本稳定,各项管理措施全面有效,项目资金来源稳定,具备了未来一段时间内持续实施的条件(绩效目标完成情况详见表16-13)。

表 16-13　山洪灾害防治项目支出绩效目标完成情况对照表

| 序号 | 一级指标 | 二级指标 | 指标内容 | 指标值 | 已完成指标值 |
|---|---|---|---|---|---|
| | | | 绩效指标批复情况 | | 绩效指标完成情况 |
| 1 | 产出指标 | 数量指标 | 开展群测群防体系建设(套) | *套 | *套 |
| 2 | | | 开展重点山洪沟防治治理数(条) | *条 | *条 |
| 3 | | | 开展调查评价成果(预警指标)检验、率定、复核数(个) | *个 | *个 |
| 4 | | | 开展群测群防体系建设(套) | *套 | *套 |
| 5 | | | 开展群测群防体系建设(套) | *套 | *套 |
| 6 | | 质量指标 | 工程措施建设验收率(%) | **％％ | **％ |
| 7 | | | 工程措施建设验收合格率(%) | **％％ | **％ |
| 8 | | | 非工程措施建设验收率(%) | **％％ | **％ |
| 9 | | | 非工程措施建设验收合格率(%) | **％％ | **％ |
| 10 | | 时效指标 | 每年 12 月底中央投资完成率(%) | **％ | 达标 |
| 11 | | | 次年 6 月底中央投资完成率(%) | **％ | 100％ |
| 12 | | 成本指标 | 非工程措施支出 | 不超概算 | 未超(达标) |
| 13 | | | 工程措施支出 | 不超概算 | 未超(达标) |
| 14 | 效益指标 | 经济效益指标 | 积极主动防御山洪灾害,减少人员伤亡和财产损失,尤其是有效避免群死群伤事件发生 | 达到 | 达标 |
| 15 | | 社会效益指标 | 提高山洪灾害防治能力,增强群众防灾避险能力 | 达到 | 达标 |
| 16 | | 生态效益指标 | 减轻山洪灾害对广大山丘区生态环境的破坏 | 达到 | 达标 |
| 17 | | 可持续影响指标 | 工程措施和非工程措施持续发挥作用的年限(年) | **年 | 达标 |
| 18 | 满意度指标 | 服务对象满意度指标 | 用户满意度抽样调查满意率(≥**％) | **％ | **％ |

5. 综合评价情况及评价结论

(1) 评价工作开展情况

项目绩效评价工作组通过听取项目单位执行情况的介绍,查阅了项目自评价报告,现场收集了项目绩效评价相关资料,并对资料进行了审查核实;查看了项目成果、资金使用管理等其他方面的资料,如检查档案资料和成果资料,重点核对可量化指标的实际完成情况;结合财务支出资料,核对并分析对应经费支出的合理性、真实性并抽查至相关的原始资料、合同;就发现的有关问题进行了质询,并进行了记录。

在讨论答疑、查看核对资料的基础上,项目绩效评价工作组依据山洪灾害防治项目的评价体系、评分标准、评分说明,对项目进行打分、统计,最后得出该项目绩效评价分值。

（2）评价结论

项目绩效评价工作组认为 ＊＊ 单位 ＊＊ 年度山洪灾害防治项目立项过程合规,绩效目标明确、量化,资金预算分配合理,能按照实际批复的初步设计和批复的绩效目标组织实施。项目单位责任分工明确,各项管理制度较为健全,项目管理较为完善、规范,资金使用规范有效。项目实施完成了预期的绩效目标并达到了预期结果。

＊＊ 年度山洪灾害防治项目综合评价得分为 ＊＊ 分,其中项目决策得分 ＊＊ 分、项目管理得分 ＊＊ 分、项目绩效得分 ＊＊ 分,绩效评定级别为"＊＊"。整体上,该项目投入、过程、产出及效果 4 个方面完成情况均较好,从前期项目立项及内容设计,到中间项目过程管理,以及最后项目产出、效果实现,均未出现较为薄弱管控环节或执行风险,项目总体执行情况较好,完成质量较高(项目绩效评价指标体系及评分情况见表 16-14)。

表 16-14 ＊＊ 年度山洪灾害防治项目绩效评价指标体系及评分标准

| 一级指标 | 分值 | 二级指标 | 分值 | 三级指标 | 分值 | 指标解释 | 评价标准 | 得分 |
|---|---|---|---|---|---|---|---|---|
| 项目决策 | 20 | 项目目标 | 4 | 目标内容 | 4 | 目标是否明确、细化、量化 | 目标明确(1分),目标细化(1分),目标量化(2分) | ＊ |
| | | 决策过程 | 8 | 决策依据 | 3 | 项目是否符合经济社会发展规划和部门年度工作计划;是否根据需要制定中长期实施规划 | 项目符合经济社会发展规划和部门年度工作计划(2分),根据需要制定中长期实施规划(1分) | ＊ |
| | | | | 决策程序 | 5 | 项目是否符合申报条件;申报、批复程序是否符合相关管理办法;项目调整是否履行相应手续 | 项目符合申报条件(2分),申报、批复程序符合相关管理办法(2分),项目实施调整履行相应手续(1分) | ＊ |
| | | 资金分配 | 8 | 分配办法 | 2 | 是否根据需要制定相关资金管理办法,并在管理办法中明确资金分配办法;资金分配因素是否全面、合理 | 办法健全、规范(1分),因素选择全面、合理(1分) | ＊ |
| | | | | 分配结果 | 6 | 资金分配是否符合相关管理办法;分配结果是否合理 | 项目符合相关分配办法(2分),资金分配合理(4分) | ＊ |
| 项目管理 | 25 | 资金到位 | 5 | 到位率 | 3 | (实际到位/计划到位)×100% | 根据项目实际到位资金占计划的比重计算得分(3分) | ＊ |
| | | | | 到位时效 | 2 | 资金是否及时到位;若未及时到位,是否影响项目进度 | 及时到位(2分),未及时到位但未影响项目进度(1.5分),未及时到位并影响项目进度(0～1分)。 | ＊ |

| 一级指标 | 分值 | 二级指标 | 分值 | 三级指标 | 分值 | 指标解释 | 评价标准 | 得分 |
|---|---|---|---|---|---|---|---|---|
| 项目管理 | 25 | 资金管理 | 10 | 资金使用 | 7 | 是否存在支出依据不合规、虚列项目支出的情况;是否存在截留、挤占、挪用项目资金情况;是否存在超标准开支情况 | 虚列(套取)扣4~7分,支出依据不合规扣1分,截留、挤占、挪用扣3~6分,超标准开支扣2~5分 | * |
| | | | | 财务管理 | 3 | 资金管理、费用支出等制度是否健全,是否严格执行;会计核算是否规范 | 财务制度健全(1分),严格执行制度(1分),会计核算规范(1分)。 | * |
| | | 组织实施 | 10 | 组织机构 | 1 | 机构是否健全、分工是否明确 | 机构健全、分工明确(1分) | * |
| | | | | 管理制度 | 9 | 是否建立健全项目管理制度;是否严格执行相关项目管理制度 | 建立健全项目管理制度(2分);严格执行相关项目管理制度(7分) | * |
| 项目绩效 | 55 | 项目产出 | 15 | 产出数量 | 5 | 项目产出数量是否达到绩效目标 | 对照绩效目标评价产出数量(5分) | * |
| | | | | 产出质量 | 4 | 项目产出质量是否达到绩效目标 | 对照绩效目标评价产出质量(4分) | * |
| | | | | 产出时效 | 3 | 项目产出时效是否达到绩效目标 | 对照绩效目标评价产出时效(3分) | * |
| | | | | 产出成本 | 3 | 项目产出成本是否按绩效目标控制 | 对照绩效目标评价产出成本(3分) | * |
| | | 项目效果 | 40 | 经济效益 | 8 | 项目实施是否产生直接或间接经济效益 | 对照绩效目标评价经济效益(8分) | * |
| | | | | 社会效益 | 8 | 项目实施是否产生社会综合效益 | 对照绩效目标评价社会效益(8分) | * |
| | | | | 环境效益 | 8 | 项目实施是否对环境生态产生积极影响 | 对照绩效目标评价环境效益(8分) | * |
| | | | | 可持续影响 | 8 | 项目实施对人、自然、资源是否带来可持续影响 | 对照绩效目标评价可持续影响(8分) | * |
| | | | | 服务对象满意度 | 8 | 项目预期服务对象对项目实施的满意程度 | 对照绩效目标评价服务对象满意度(8分) | * |
| 总分 | 100 | | 100 | | 100 | | | * * |

6. 绩效评价结果应用建议

（1）预算安排

该项目绩效评价结果为"优秀"，项目预算发挥良好效果，达到初步设计确定的预期效益，建议以后安排财政资金时应优先安排。

（2）评价结果公开

建议以合适方式在项目单位及上级主管单位政务网站予以公开。

7. 主要经验及做法、存在的问题和建议

（1）经验做法

在项目建设过程中，项目单位以建设"精品工程、样板工程"为目标，创新建管模式，强化建设管理，确保了工程进度和投资效益最大化。一是加强组织领导，成立建设机构；二是统筹安排，确保标准统一；三是完善制度建设，强化建设管理；四是加强运行维护，确保项目发挥效益。

（2）相关建议

山洪灾害防治项目的建设对治理地方生态环境的保护、社会经济的发展以及防洪效益都起到了重要的作用，建议工程建成后，财政加大工程对后续维修养护经费的投入，确保项目持续发挥效益。

# 第十七章 水利单位整体支出绩效评价

以整体支出为对象的绩效评价能更有效地掌握水利单位的资源配置和效益。整体支出包含基本支出和项目支出，其中基本支出是指为保障机构正常运转、完成日常工作任务的支出，包括人员经费支出和日常公用经费支出两部分；项目支出是为完成特定的工作任务或事业发展目标，在基本支出以外的支出。因项目支出占水利单位整体支出比重较大，水利单位项目所产生的绩效可以反映单位整体绩效，本章以项目支出为主线介绍单位整体支出绩效评价，内容包括单位整体支出绩效评价内容、目标、指标、评分、报告等。

## 第一节 绩效评价的内容

### 一、单位整体支出绩效评价的概念

单位整体支出指为实现战略目标、履行自身职责、完成年度工作计划支出的全部部门预算资金，包括基本支出（人员支出与公用经费）和项目支出等。

单位整体支出绩效评价，是指单位根据设定的绩效目标，运用科学合理的绩效评价指标、评价标准和评价方法，对单位全部部门预算资金在一定时期内预期达到的经济性、效率性和效益性进行客观、公正的评价。

### 二、单位整体支出绩效评价的内容

根据《绩效评价管理办法》的规定，绩效评价的内容主要是经济性、效率性和效益性，包括绩效目标的设定情况、资金投入和使用情况、为实现绩效目标制定的在制度和采取的措施，以及绩效目标的实现程度及效果等，单位整体支出绩效评价的内容集中体现在投入、过程、产出和效果等几个方面，更加关注产出部分和效果部分。产出绩效评价内容评价的是预算资金在一定期限内预期提供的公共产品和服务情况的效果，效果绩效评价内容评价的是上述产出可能对经济、社会、环境等带来的影响情况以及服务对象受益人对该项产出和影响的满意程度等。与项目支出绩效评价比较，单位整体支出绩效评价能更有效地掌握水利单位的资源配置和效益。

2018年9月1日，中共中央、国务院发布了《关于全面实施预算绩效管理的意见》（下简称《意见》)。《意见》提出,力争用 3～5 年时间基本建成全方位、全过程、全覆盖的预算绩效管理体系,实现预算和绩效管理一体化,着力提高财政资源配置效率和使用效益,改变预算资金分配的固化格局,提高预算管理水平和政策实施效果,为经济社会发展提供有力保障。

(一)全方位包括实施部门和单位预算绩效管理:"将部门和单位预算收支全面纳入绩效管理,赋予部门和资金使用单位更多的管理自主权,围绕部门和单位职责、行业发展规划,以预算资金管理为主线,统筹考虑资产和业务活动,从运行成本、管理效率、履职效能、社会效应、可持续发展能力和服务对象满意度等方面,衡量部门和单位整体及核心业务实施效果,推动提高部门和单位整体绩效水平"。

根据《意见》的表述,今后,单位整体支出绩效评价内容将分为"运行成本、管理效率、履职效能、社会效应、可持续发展能力和服务对象满意度"等几个方面,相较于《绩效评价管理办法》提出的单位整体支出绩效评价的内容分为"投入、过程、产出和效果"等几个方面有了扩展和变化,对单位整体支出绩效评价内容提出了全新的要求。

(二)全过程包括强化绩效目标管理:"各地区各部门编制预算时要贯彻落实党中央、国务院各项决策部署,分解细化各项工作要求,结合本地区本部门实际情况,全面设置部门和单位整体绩效目标、政策及项目绩效目标。绩效目标不仅要包括产出、成本,还要包括经济效益、社会效益、生态效益、可持续影响和服务对象满意度等绩效指标。各级财政部门要将绩效目标设置作为预算安排的前置条件,加强绩效目标审核,将绩效目标与预算同步批复下达"。下一步,水利单位也应按照《意见》的要求,全面设置水利单位整体绩效目标及包括产出、成本、经济效益、社会效益、生态效益、可持续影响和服务对象满意度等方面的水利单位整体绩效指标;同时,健全预算绩效标准体系,建立健全定量和定性相结合的共性绩效指标框架,加快构建分行业、分领域、分层次的核心绩效指标和标准体系,实现科学合理、细化量化、可比可测、动态调整、共建共享。绩效指标和标准体系要与基本公共服务标准、部门预算项目支出标准等衔接匹配,突出结果导向,重点考核实绩。

由于按照《意见》提出的单位整体支出绩效评价内容分为"运行成本、管理效率、履职效能、社会效应、可持续发展能力和服务对象满意度"等几个方面,按照新的单位整体绩效评价内容构建的水利单位整体支出绩效指标体系和共性绩效指标框架尚未提出,本章第二节至第五节仍然按照以《绩效评价管理办法》提出的"投入、过程、产出和效果"等单位整体支出绩效评价的内容构建的水利单位整体支出绩效指标体系和共性绩效指标框架进行论述。

(三)全方位包括建立一般公共预算绩效管理体系:"各级政府要加强一般公共预算绩效管理。收入方面,要重点关注收入结构、征收效率和优惠政策实施效果。支出方面,要重点关注预算资金配置效率、使用效益,特别是重大政策和项目实施效果,其中转移支付预算绩效管理要符合财政事权和支出责任划分规定,重点关注促进地区间财力协调和区域均衡发展。同时,积极开展涉及一般公共预算等财政资金的政府投资基金、主权财富基金、政府和社会资本合作(PPP)、政府采购、政府购买服务、政府债务项目绩效管理"。

《意见》强调,支出方面仍然重点关注重大项目实施效果,本章以项目支出为主线介绍单位整体支出绩效评价的思路符合今后绩效评价关注的重点。

# 第二节 绩效评价的目标

## 一、单位整体支出绩效评价的目标及设定依据

《绩效目标管理办法》规定"部门(单位)整体支出绩效目标是指中央部门及其所属单位按照确定的职责,利用全部部门预算资金在一定期限内预期达到的总体产出和效果。"

水利单位应当从单位的整体职责出发,合理设定整体支出绩效评价的目标,设定的依据包括国家相关法律、法规和规章制度,国民经济与社会发展规划和方针政策;部门职能职责、中长期发展规划及年度工作计划;中央部门中期财政规划、财政部中期和年度预算管理要求;相关行业政策、行业标准及专业技术规范;符合财政部要求的其他依据。

## 二、单位整体支出绩效评价目标设定的方法

绩效评价目标的设定,除了要与国家法律法规、国民经济和社会发展总体规划相符,与单位职责、"三定"方案确定的职责相符,与年度工作任务的相符性,与现实需求相符之外,还应当考虑水利单位当年度实施项目的效益,同时关注项目之间资源配置的合理性。

首先对水利单位的职能进行梳理,确定各项具体工作职责。结合水利单位的中长期规划和年度工作计划,明确年度主要工作任务,预计在本年度内履职所要达到的总体产出和效果,将其确定为水利单位的总体目标,并以定量和定性相结合的方式进行表述。依据水利单位的总体目标,结合水利单位的各项具体工作职责和工作任务,重点结合水利单位实施项目确定每项工作任务、每个公共项目预计要达到的产出和效果,从中概括、提炼出最能反映工作任务、公共项目预期实现程度的关键性目标,并将其确定为相应的绩效评价目标。水利单位整体支出绩效评价目标范例如下:

目标1:保障\*\*区域水资源的合理开发利用。年度完成\*\*工作。

目标2:负责\*\*区域水资源的管理和监督,统筹协调\*\*区域生活、生产和生态用水。年度完成\*\*工作。

目标3:负责\*\*区域水资源保护工作。年度完成\*\*工作。

目标4:负责防治\*\*区域内的水旱灾害,承担\*\*区域防汛抗旱总指挥部的具体工作。年度完成\*\*工作。

目标5:指导\*\*区域内水文工作。年度完成\*\*工作。

目标6:指导\*\*区域内河流、湖泊及河口、海岸滩涂的治理和开发;按照规定权限,负责\*\*区域内水利设施、水域及其岸线的管理与保护以及重要水利工程的建设与运行管理。年度完成\*\*工作。

目标7:指导、协调\*\*区域内水土流失防治工作。年度完成\*\*工作。

目标 8：负责职权范围内水政监察和水行政执法工作，查处水事违法行为；负责省际水事纠纷的调处工作。年度完成 ** 工作。

目标 9：指导 ** 区域内水利安全生产工作。年度完成 ** 工作。

目标 10：按规定指导 ** 区域内农村水利及农村水能资源开发有关工作。年度完成 ** 工作。

目标 11：负责开展水利科技、外事和质量技术监督工作。年度完成 ** 工作。

目标 12：单位其他业务方面 ** 。年度完成 ** 工作。年度完成 ** 工作。

目标 13：单位综合管理方面 ** 。年度完成 ** 工作。

# 第三节　绩效评价的指标

## 一、财政部制定的单位整体支出绩效评价指标体系框架

为贯彻落实《预算绩效管理工作规划（2012—2015 年）》（财预〔2012〕396 号）有关要求，逐步建立符合我国国情的预算绩效评价指标体系，不断规范和加强预算绩效评价工作，提高绩效评价的统一性和权威性，全面推进预算绩效管理，2013 年，财政部印发了《预算绩效评价共性指标体系框架》（财预〔2013〕53 号），对单位整体支出绩效评价共性指标体系框架作出具体规定，包含以下共性指标：

（一）投入部分

1. 目标设定：(1)绩效目标合理性：与国家法律法规、国民经济和社会发展总体规划相符性；与单位职责、"三定"方案确定的职责相符性；与年度工作任务的相符性；与现实需求的相符性。(2)绩效指标明确性：可细化、可衡量程度，年度的任务数或计划数明确性；与单位预算的匹配性。

2. 预算配置：(1)在职人员控制率。(2)"三公经费"变动率。

（二）过程部分

1. 预算执行：(1)预算完成率：基本支出财政资金预算完成率；项目支出财政资金预算完成率；其他资金预算完成率。(2)预算调整率。(3)支付进度率。(4)结转结余变动率。(5)公用经费控制率。(6)"三公经费"控制率。(7)政府采购执行率。

2. 预算管理：(1)管理制度健全性：制定或具有合法、合规、完整的管理制度；预算管理制度合规完整性。(2)资金使用合规性：资金使用的合规性；资金支出与预算批复的相符性。(3)基础信息完善性。

3. 资产管理：(1)管理制度健全性：制定或具有合法、合规、完整的管理制度；资产管理组织体系完整有效。(2)资产管理安全性：资产配置、使用、处置的合规性；资产财务管理的合规性。(3)固定资产利用率：精密仪器和专用设备利用率；其他固定资产利用率。

（三）产出部分

1. 职责履行：(1)实际完成率：常规工作完成率；项目工作完成率。(2)完成及时率。(3)质量达标率：根据年初批复的项目申报文本、绩效目标，对项目质量达标情况进行评

价,包括＊项四级指标。(4)重点工作办结率。

(四)效果部分

1. 履职效益:(1)经济效益:对国家整体经济的支持;区域经济支持性。(2)社会效益:行业效益;综合效益。(3)生态效益:促进水资源持续有效利用;促进水环境质量的改善。(4)社会公众或服务对象满意度:上级主管部门满意度;服务对象满意度。

同时,财政部特别说明,是此次印发的共性指标体系为参考性的框架模式,主要用于在设置具体共性指标时的指导和参考,并需根据实际工作的进展不断予以完善。各级财政部门和预算部门开展绩效评价工作时,既要根据具体绩效评价对象的不同,以《预算绩效评价共性指标体系框架》为参考,在其中灵活选取最能体现绩效评价对象特征的共性指标,也要针对具体绩效评价对象的特点,另行设计具体的个性绩效评价指标,同时,赋予各类评价指标科学合理的权重分值,明确具体的评价标准,从而形成完善的绩效评价指标体系。

## 二、水利单位整体支出绩效评价共性指标

水利单位项目支出主要用于履行单位相关职责,金额占比较大,年度实施所有项目所产生的绩效基本可以反映部门整体绩效情况,同时财政部印发的《预算绩效评价共性指标体系框架》涉及项目支出的绩效指标较少,不能很好地反映项目支出金额占比较大的水利单位的绩效。

水利部在开展单位整体支出绩效评价试点工作中,提出了以项目支出为主线的整体支出绩效评价,更加关注产出部分和效果部分,绩效评价共性指标主要包括产出,是指预算资金在一定期限内预期提供的公共产品和服务情况;效果,是指上述产出可能对经济、社会、环境等带来的影响情况,以及服务对象或项目受益人对该项产出和影响的满意程度等。其中产出指标基于水利预算项目,选取水利单位履行职能及实施的每个项目中最重要的产出指标作为单位整体支出绩效评价指标。水利单位整体支出绩效评价共性指标体系框架包含以下绩效评价共性指标:

(1)产出指标

1. 规划、政策制订:(1)规划编制:流域、专项规划编制＊＊个,完成率＊＊％。(2)制度、办法编制:修订、新增制度办法＊＊个,完成率＊＊％。

2. 审查审批:(1)项目审查:项目审查完成＊＊项,完成率＊＊％。(2)行政审批:完成相对人申请河道管理范围内建设项目工程建设方案审查等行政审批事项,完成率＊＊％。

3. 水资源管理:(1)水量调度:＊＊枢纽引水量≥＊亿 m³(当流域遇丰水年降雨量偏多时,年均降雨量每增加 10％,目标值减少 15％)。＊＊枢纽供水量≥＊亿 m³。(2)取水许可:符合发放条件的取水许可证发放情况,发放率＊＊％。

4. 防汛抗旱:(1)应急预案:防汛抗旱应急预案审批周期≤＊＊个工作日。(2)防汛抗旱调度:重要江河湖泊和重要水工程防汛抗旱调度总体评价;调度合理。(3)组织、指挥防汛抗旱:值班值守人次≥＊＊人次。防汛检查组检查指导次数≥＊＊人次。起草总结、报告、简报、信息份数≥＊＊份。重大信息报送及时准确性,失误＊＊次。发布防汛信息情况,及时。部署防汛工作是否及时,及时。(4)防汛业务建设及特大防汛:第一时间赶赴受灾

现场情况,贻误 ** 次。防汛宣传次数≥ ** 次。培训演练人次≥ ** 人次。

5. 水土保持:包含水土流失的综合防治、监测预报等,组织实施水土流失的综合防治、监测预报并定期公告,年度任务完成率 ** ％。

6. 水文工作:包含信息发布等,发布水文水资源信息、情报预报和流域水资源公报,按规定及时发布流域水资源公报。

7. 建设管理:(1)建设管理:组织实施流域的重要水利工程建设管理≥ ** ％。(2)项目验收:项目阶段验收、专项验收完成情况,** ％。(3)监督管理:监督检查流域内工程建设期间的工程建设质量、制度执行 ** ％。

8. 科研外事:包含外事工作等,涉外合作交流完成情况,按进度推进国际合作及交流;按计划完成年度水利部批复的出国组团任务并及时提交考察报告。

9. 成本指标:出国费总金额≤ ** 万元;培训费、会议费人均成本≤ ** 元/天。

(二)效果指标

1. 经济效益:包含防洪效益等,通过抗洪抢险救灾洪涝灾害损失,占流域当年 GDP ** ％以下。

2. 社会效益:包含减少受灾人口等,减少受灾人口,占流域总人口数 ** ％以上。

3. 生态效益:包含改善水环境等,** 水质合格率≥ ** ％。正常年份 ** 最小月均净泄流量保证率≥ ** ％。是否达到 ** 要求,是。

(三)社会公众或群众对象满意度指标

1. 相关部门对履职效果的满意程度,满意度(％)≥ ** ％。

2. 直属单位对履职效果的满意程度,满意度(％)≥ ** ％。

水利单位整体支出绩效评价共性指标详见《水利单位整体支出绩效评价共性指标体系框架》(表 17-1)。

**表 17-1 水利单位整体支出绩效评价共性指标体系框架**

| 一级指标 | 二级指标 | | 三级指标 | 指标内容 | 指标值说明 |
|---|---|---|---|---|---|
| 产出 | 数量指标 | 规划、政策制订 | 规划编制 | 流域、专项规划编制 ** 个 | ** |
| | | | 制度、办法编制 | 修订、新增制度办法 ** 个 | ** |
| | 质量指标 | 审查审批 | 项目审查 | 项目审查完成 ** 项 | ** |
| | | | 行政审批 | 完成相对人申请河道管理范围内建设项目工程建设方案审查等行政审批事 ** 项 | ** |
| | 数量指标 | 水资源管理 | 水量调度 | ** 枢纽引水量(≥ ** 亿 m³)(当流域遇丰水年降雨量偏多时,年均降雨量每增加 10％,目标值减少 15％) | ** |
| | | | | ** 枢纽供水量(≥ ** 亿 m³) | |
| | 质量指标 | | 取水许可 | 符合发放条件的取水许可证发放率(≥ ** ％) | ** |

| 一级指标 | 二级指标 | 三级指标 | 指标内容 | 指标值说明 |
|---|---|---|---|---|
| 产出 | 时效指标 | 应急预案 | 防汛抗旱应急预案审批周期≤**工作日 | ** |
| | 质量指标 | 防汛抗旱调度 | 重要江河湖泊和重要水工程防汛抗旱调度总体评价(调度是否合理) | 合理 |
| | 数量指标 | 组织、指挥防汛抗旱 | 值班值守人次(≥**人次) | ** |
| | | | 防汛检查组检查指导次数(≥**人次) | ** |
| | | | 起草总结、报告、简报、信息份数(≥**份) | ** |
| | 质量指标 | | 重大信息报送及时准确性(失误≤**次) | ** |
| | 时效指标 | | 发布防汛信息情况 | 及时 |
| | 时效指标 | | 部署防汛工作是否及时 | 及时 |
| | 时效指标 | 防汛业务建设及特大防汛 | 第一时间赶赴受灾现场情况(贻误**次≤**次) | ** |
| | 数量指标 | | 防汛宣传次数(≥**次) | ** |
| | 数量指标 | | 培训演练人次(≥**人次) | ** |
| | 质量指标 水土保持 | 水土流失的综合防治、监测预报 | 组织实施水土流失的综合防治、监测预报并定期公告(年度任务完成率≥**%) | ** |
| | 时效指标 水文工作 | 信息发布 | 发布水文水资源信息、情报预报和流域水资源公报是否及时 | 及时 |
| | 质量指标 | 建设管理 | 组织实施流域的重要水利工程建设管理情况(≥**%) | ** |
| | 质量指标 建设管理 | 项目验收 | 项目阶段验收、专项验收完成情况(≥**%) | ** |
| | 质量指标 | 监督管理 | 监督检查流域内工程建设期间的工程建设质量、制度执行情况(≥**%) | ** |
| | 质量指标 科研外事 | 外事工作 | 涉外合作交流完成情况(≥**%) | ** |
| | 成本指标 成本指标 | 出国费总金额 | 出国费总金额(≤**万元) | ** |
| | 成本指标 成本指标 | 培训费、会议费人均成本 | 培训费、会议费人均成本(≤**元/天) | ** |

| 一级指标 | | 二级指标 | 三级指标 | 指标内容 | 指标值说明 |
|---|---|---|---|---|---|
| 效果 | 效益指标 | 经济效益 | 防洪效益 | 通过抗洪抢险救灾洪涝灾害损失（占流域当年 GDP ＊＊ 以下） | ＊＊ |
| | | 社会效益 | 减少受灾人口 | 减少受灾人口（占流域总人口数 ＊＊ 以上） | ＊＊ |
| | | 生态效益 | 改善水环境 | ＊＊ 水质合格率（≥ ＊＊ ％） | ＊＊ |
| | | | | 正常年份 ＊＊ 最小月均净泄流量保证率（≥ ＊＊ ％） | ＊＊ |
| | | | | 是否达到 ＊＊ 要求 | 是 |
| 社会公众或群众对象满意度 | 社会公众或群众对象满意度指标 | 社会公众或群众对象满意度 | 社会公众或服务对象满意度 | 相关部门对履职效果的满意程度（满意度≥ ＊＊ ％） | ＊＊ |
| | | | | 直属单位对履职效果的满意程度（满意度≥ ＊＊ ％） | ＊＊ |

# 第四节　绩效评价的评分

　　为进一步提高单位整体支出绩效评价的针对性和可操作性,水利部综合运用本书第四章、第五章介绍的相关标准和方法,按照《绩效目标管理办法》和《关于规范绩效评价结果等级划分标准的通知》(财预便〔2017〕44 号)要求,参考《预算绩效评价共性指标体系框架》(财预〔2013〕53 号)精神,制定了单位整体支出绩效评价评分说明。

　　绩效评价工作中,专家将按照指标体系及评分标准,以财政部和水利部批复的单位预算、单位整体支出绩效目标表等文件为基础,对单位整体支出的投入、过程、产出和效果做出评价,对单位整体支出绩效评价指标逐项进行打分,并提出综合评价意见。绩效评价专家组工作人员对打分情况进行统计,取平均值作为各项指标的绩效评价得分。指标得分与绩效评价等级的定级转换关系如表 17-2 所示。

表 17-2　指标得分与绩效评价等级转换关系表

| 等级 | 分值范围 |
|---|---|
| 优 | 90～100 |
| 良 | 80～89 |
| 中 | 60～79 |
| 差 | 0～59 |

　　为了进一步提高本单位整体支出绩效评价的针对性和可操作性,我们在遵循财政部

绩效评价指标总体框架体系的前提下,对部分指标进行了细化,并明确了每个细化指标的评分标准。以下对指标体系及评分标准进行说明:

## 一、指标选用及分值调整

在进行单位整体支出绩效评价时,我们根据自身情况、单位的实际情况,对三级、四级指标选择使用,分值有变化的,在保证上一级指标总分值不变的情况下,根据重要性原则自行调整赋分。产出、效果两部分三级、四级指标均根据上级批复的绩效目标表内容相应调整指标内容;调整后的指标分值根据重要性原则我们在保证二级指标分值不变的基础上,自行进行了赋分。

## 二、评分区间

分档分区间打分的指标,打分区间第一档为固定值,除第一档外,均为含下限不含上限。如满分[2]分的指标,第二档打分区间为[1~2),即打分可以为 1 至 2 之间的任意数字,但是打分不能是 2。

分值涉及调整的,分档打分参考打分区间见表 17-3(第二、三档均不含上限)。

表 17-3　指标分值与分值分档

| 指标分值 | 第一档 | 第二档 | 第三档 |
|---|---|---|---|
| 1 | 1 | [0.5~1) | [0~0.5) |
| 2 | 2 | [1~2) | [0~1) |
| 3 | 3 | [1.5~3) | [0~1.5) |
| 4 | 4 | [2~4) | [0~2) |
| 5 | 5 | [2.5~5) | [0~2.5) |
| 6 | 6 | [3~6) | [0~3) |
| 7 | 7 | [3.5~7) | [0~3.5) |
| 8 | 8 | [4~8) | [0~4) |
| 9 | 9 | [4.5~9) | [0~4.5) |
| 10 | 10 | [5~10) | [0~5) |
| 11 | 11 | [5.5~11) | [0~5.5) |
| 12 | 12 | [6~12) | [0~6) |
| 13 | 13 | [6.5~13) | [0~6.5) |
| 14 | 14 | [7~14) | [0~7) |
| 15 | 15 | [7.5~15) | [0~7.5) |

原则上对四级指标进行打分,逐级汇总。

对四级指标打分一般按 1~3 档进行,打分区间每档均为含下限不含上限,打分精确到小数点后两位。

对有明确数据支持的四级指标,通过计算进行评分,如"实际完成率"指标,给出计算公式,不再设置评分区间。

对个别四级指标,增加了定性判断,如"年度预算调整率"指标,出现需要报上级主管机关批准情况的,如未履行报批程序,不管变动率如何,均为 0 分。如"资金使用的合规性"指标,根据检查发现的性质和频率进行判断,发现舞弊、挪用、贪污资金等严重违规违纪行为,不管内控程序执行如何,得 0 分。

为方便阅读,以下用"一、二、三、四"表示一级指标,用"(一)、(二)、(三)、……"表示二级指标,用"1、2、3、……"表示三级指标,用"(1)、(2)、(3)……"表示四级指标。

### 三、明细指标说明(范例)

**第一部分为投入部分(一级指标,15 分)**,包含:

(一)目标设定部分(二级指标,10 分)

1. 绩效目标合理性(三级指标,6 分)

"绩效目标合理性"指标包括 3 个四级指标:

(1)与国家法律法规、国民经济和社会发展总体规划相符性(2 分)

"与国家法律法规、国民经济和社会发展总体规划相符性"指标重点考核单位所设定的目标是否有国家的法律法规作为依据,是否符合国民经济和社会发展总体规划,结合实际情况酌情给分。

该指标评分标准为:完全符合的(有法律或规划依据且没有违反相关规定),2 分;较为符合的(有 1 项不符合法律或规划等依据,情况一般的),[1~2)分;符合情况较差(有 2 项以上不符合法律或规划等依据,情况较差的),[0~1)分。

(2)与单位职责、"三定"方案确定的职责相符性(2 分)

"与单位职责、'三定'方案确定的职责相符性"指标重点考核制定的目标是否同本单位的职责符合,是否符合国家关于"定岗、定编和定员"的规定。专家应综合分析绩效目标与项目单位的职能,评价单位当年工作是否属于单位职能范畴。

该指标评分标准为:完全符合的,2 分;较为符合的,[1~2)分;符合情况较差的,[0~1)分。

(3)与年度工作任务的相符性,与现实需求的相符性(2 分)

"与年度工作任务的相符性,与现实需求的相符性"指标重点考核是否同本单位所制定的本年度工作任务、以及中长期的规划符合。单位绩效目标是否符合实际需求。

该指标评分标准为:完全符合的,2 分;较为符合的,[1~2)分;符合情况较差的,[0~1)分。

2. 绩效指标明确性(三级指标,4 分)

"绩效指标明确性"指标包括 2 个四级指标:

(1)可细化、可衡量程度,年度的任务数或计划数明确性(2 分)

"可细化、可衡量程度,年度的任务数或计划数明确性"指标重点考核依据绩效目标设定的绩效指标是否清晰、细化、可衡量等,用以反映和考核项目绩效目标的明细化情况。

该指标评分标准为:绩效指标清晰、细化、量化、明确,2 分;绩效指标较为清晰、细化、量化、明确,[1~2)分;绩效指标清晰、细化、量化、明确较差的,[0~1)分。

(2) 与单位预算的匹配性(2分)

"与单位预算的匹配性"指标重点考核能否充分体现绩效目标、各绩效指标与关键目标值之间的关联度;是否与本单位的年度预算匹配,衡量指标是否与所能获得的资金相匹配,绩效指标涉及的工作内容与预算明细是否相符。

该指标评分标准为:完全匹配的,2分;较为匹配的,[1~2)分;匹配情况较差的,[0~1)分。

(二)预算配置(二级指标,5分)

1. 在职人员控制率(三级指标,2分)

"在职人员控制率"指标包括"年度在职人员控制率"1项四级指标,重点考核单位在职人员是否超编,同时技术人员是否稳定作为一项考核依据。

在职人员控制率=(在职人员数/编制数)×100%。

其中:在职人员数是单位实际在职人数,以财政部确定的单位决算编制口径为准;编制数是机构编制单位核定批复的单位的人员编制数。

技术人员稳定率=(本年度技术人员数/上年度技术人员数)×100%。技术人员稳定率一般应≥90%。

该指标评分标准为:年度在职人员控制率≤100%、技术人员稳定率≥90%的,得2分;年度在职人员控制率≤100%、技术人员稳定率<90%的,[1~2)分;年度在职人员控制率>100%的,0分。

2. "三公经费"变动率(三级指标,3分)

"'三公经费'变动率"指标包括"年度'三公经费'变动率"1项四级指标,是单位本年度"三公经费"预算数与上年度"三公经费"预算数的变动比率,用以反映和考核单位对控制重点行政成本的努力程度。

"三公经费"变动率=[(本年度"三公经费"总额-上年度"三公经费"总额)/上年度"三公经费"总额]×100%。

其中:"三公经费"是指年度预算安排的因公出国(境)费、公务车辆购置及运行费和公务招待费。

该指标评分标准为:年度"三公经费"变动率≤0%,3分;年度"三公经费"变动率>0%,若无特殊情况,0分,若存在特殊情况,可酌情赋分[0~3)分。

**第二部分为过程部分(一级指标,20分)**,包含:

(一)预算执行(二级指标,8分)

1. 预算完成率(三级指标,2分)

"预算完成率"指标包括2个四级指标:

(1) 财政资金预算完成率(1.5分)

"财政资金预算完成率"指标重点考核单位本年度基本支出、项目支出中中央财政资金预算完成数与预算数的比率,用以反映和考核单位财政资金基本支出、项目支出预算完成程度。

该指标评分标准为:财政资金预算完成率=100%的,得1.5分;财政资金预算完成率每减少1%,扣分为标准值的2%,扣完为止。

（2）其他资金预算完成率（0.5分）

"其他资金预算完成率"指标重点考核单位本年度项目支出其他财政资金预算完成数与预算数的比率，用以反映和考核单位其他资金预算完成程度。

其他资金预算完成率＝（其他资金预算完成数/其他资金预算数）×100%。

其中：其他资金预算完成数是实际完成的其他资金数；其他资金预算数是财政部门批复的本年度单位其他资金预算数。

该指标评分标准为：其他资金预算完成率[80%～130%)，得0.5分；其他资金预算完成率<80%或≥130%，[0～0.5)分。

2. 预算调整率（三级指标，1分）

"预算调整率"指标包括"年度预算调整率"1项四级指标，是单位本年度预算调整数与预算数的比率，用以反映和考核单位预算的调整程度。此处预算调整数指单位在本年度内履行程序获得正式批复的情况，未经批准自行调整预算的本项不得分。

预算调整率＝（预算调整数/预算数）×100%。

其中：预算调整数是单位在本年度内涉及预算的追加、追减或结构调整的资金总和（因落实国家政策、发生不可抗力、上级部门或本级党委政府临时交办而产生的调整除外）。

该指标评分标准为：预算调整率≤10%的，得1分；预算调整率每变动1%，扣0.1分，扣完为止；未经批准自行调整的，0分。

3. 支付进度率（三级指标，1分）

"支付进度率"指标包括"财政资金支付进度率"1项四级指标，是指单位实际支付进度与既定支付进度的比率，用以反映和考核单位预算执行的及时性和均衡性程度。

支付进度率＝（实际支付进度/既定支付进度）×100%。

其中：实际支付进度是单位在年底的支出预算执行总数与年度支出预算数的比率；既定支付进度是由单位在申报单位整体绩效目标时，参照序时支付进度（＊月/12月）确定的，在年底应达到的支付进度（比率）。该项指标支出预算执行数应扣除不合规的支付。

该指标评分标准为：年度支付进度率≥90%，且季度（或进度）支付符合序时的，得1分；年度支付进度率<90%且≥85%的，且季度（或进度）支付较符合序时的，[0.5～1)分；年度支付进度率<85%，或季度（或进度）支付不符合序时的，[0～0.5)分。

4. 结转结余变动率（三级指标，1分）

"结转结余变动率"指标重点考核单位本年度结转结余资金总额与上年度结转结余资金总额的变动比率，考核单位对控制结转结余资金的努力程度。

结转结余变动率＝[（本年度累计结转结余资金总额－上年度累计结转结余资金总额）/上年度累计结转结余资金总额]×100%。

其中：结转结余总额是单位本年度的结转资金与结余资金之和（以决算数为准）。该项指标计算时应扣除按正常进度跨年的项目。

该指标评分标准为：结转结余变动率≤0%的，得1分；结转结余变动率>0%，≤10%的，[0.5～1)分；结转结余变动率>10%的，[0～0.5)分。

5. 公用经费控制率（三级指标，1分）

"公用经费控制率"指标是单位本年度实际支出的公用经费总额与预算安排的公用经

费总额的比率,用以反映和考核单位对机构运转成本的实际控制程度。

公用经费控制率＝(实际支出公用经费总额/预算安排公用经费总额)×100％。

该指标评分标准为:公用经费控制率(80％～100％)的,得1分;公用经费控制率＞100％,或＜80％的,[0～1)分。

6."三公经费"控制率(三级指标,1分)

"'三公经费'控制率"指标是单位本年度"三公经费"实际支出数与预算安排数的比率,用以反映和考核单位对"三公经费"的实际控制程度。

"三公经费"控制率＝("三公经费"实际支出数/"三公经费"预算安排数)×100％。

该指标评分标准为:"三公经费"控制率≤100％的,得1分;"三公经费"控制率＞100％的,[0～1)分。

7. 政府采购执行率(三级指标,1分)

"政府采购执行率"指标是单位本年度实际政府采购金额与年初政府采购预算的比率,用以反映和考核单位政府采购预算执行情况。

政府采购执行率＝[实际政府采购事项(金额)/政府采购预算数]×100％。

其中:政府采购预算为采购机关根据事业发展计划和行政任务编制的、并经过规定程序批准的年度政府采购计划。

该指标评分标准为:政府采购执行率≥90％,得1分;政府采购执行率＜90％,0分。

(二) 预算管理(二级指标,7分)

1. 管理制度健全性(三级指标,2分)

"管理制度健全性"指标包括"制定或具有合法、合规、完整的管理制度"1项四级指标,重点考核单位为加强预算管理、规范财务行为、业务行为而制定预算资金管理办法、内部财务管理制度、会计核算制度等管理制度,反映和考核单位预算管理制度对完成主要职责或促进事业发展的保障情况。

该指标评分标准为:制度合法、合规、完整的,得2分;制度合法、合规、但内容尚有缺漏的,[1～2)分;制度内容与相关法规有冲突的,[0～1)分。

2. 资金使用合规性(三级指标,4分)

"资金使用合规性"指标包括2个四级指标:

(1) 资金使用的合规性(2分)

"资金使用的合规性"指标重点考核单位使用预算资金是否符合相关的预算财务管理制度的规定,资金拨付程序是否规范、手续是否齐全,用以反映和考核单位预算资金的规范运行情况。

该指标评分标准为:资金使用合规的,得2分;资金使用较为合规的,[1～2)分;资金使用不够合规的,[0～1)分。

根据检查发现的不合规的问题性质和频率进行判断,出现严重违规违纪的,不得分。

(2) 资金支出与预算批复的相符性(2分)

"资金支出与预算批复的相符性"指标重点考核单位资金支出是否符合预算批复资金使用范围、与预算批复是否一致,用以反映和考核预算支出与预算的相符性。

该指标评分标准为:资金支出与预算批复相符的,得2分;资金支出与预算批复较为相符的,[1~2)分;资金支出与预算批复不够相符的,[0~1)分。

根据检查发现的性质和频率进行判断。

3. 基础信息完善性(三级指标,1分)

"基础信息完善性"指标重点考核单位基础信息是否真实,是否存在虚假信息的情况,用以反映和考核基础信息的真实情况。单位基础信息是否完整、准确性,重要信息是否缺失,用以反映和考核基础信息的真实、准确性情况。

该指标评分标准为:基础信息真实完整准确的,得1分;基础信息较为完整准确的,[0.5~1)分;存在虚假信息的,基础信息不够完整准确的,[0~0.5)分。

根据检查发现的性质和频率进行判断。

(三) 资产管理(二级指标,5分)

1. 管理制度健全性(三级指标,1分)

"管理制度健全性"指标包括"制定或具有合法、合规、完整的资产管理制度"1个四级指标,重点考核单位为加强资产管理行为而制定的管理制度是否合法、合规、完整,用以反映和考核单位资产管理制度对完成主要职责或促进事业发展的保障情况。

该指标评分标准为:制度合法、合规、完整的,得1分;制度合法、合规、但内容不够完整的,[0.5~1)分;制度内容与相关法规有冲突的,[0~0.5)分。

2. 资产管理安全性(三级指标,2分)

"资产管理安全性"指标包括2个四级指标:

(1) 资产配置、使用、处置的合规性(1分)

"资产配置、使用、处置的合规性"指标重点考核单位的资产是否保存完整、使用合规、配置合理、处置规范,用以反映和考核单位资产日常使用的规范性。

该指标评分标准为:资产配置、使用、处置合规,得1分;资产配置、使用、处置较合规,[0.5~1)分;资产配置、使用、处置存在违规情况[0~0.5)分。

根据检查发现的性质和频率进行判断。

(2) 资产财务管理的合规性(1分)

资产财务管理的合规性重点考核单位资产收入是否足额及时上缴,资产账实是否相符,用以反映和考核资产财务管理的合规性。

该指标评分标准为:资产财务管理合规的,得1分;资产财务管理较合规的,[0.5~1)分;资产财务管理不够合规的,[0~0.5)分。

根据检查(包括上级单位或政府部门安排的审计、检查等)发现的性质和频率进行判断。

3. 固定资产利用率(三级指标,2分)

"固定资产利用率"指标用以反映和考核单位固定资产使用效率程度。

固定资产利用率=(实际在用固定资产/所有固定资产)×100%。

该指标评分标准为:固定资产利用率≥95%的,得2分;固定资产利用率<95%的,偏差在5%以内,[1~2)分;固定资产利用率<95%的,偏差在5%以上,[0~1)分。

**第三部分为产出部分(一级指标,40分),包含:**

"产出"一级指标只包含"职责履行"1项二级指标,占40分,包含以下三级指标:

1. 实际完成率(三级指标,18分)

"实际完成率"指标包括 2 个四级指标："常规工作完成率""项目工作完成率"。"实际完成率"指标重点考核单位履行职责而实际完成的工作数与计划工作数的比率,用以反映和考核单位履职工作任务目标的实现程度。

实际完成率=(实际完成工作数/计划工作数)×100%。

实际完成工作数:一定时期(年度或规划期)内单位实际完成工作任务的数量。

计划工作数:单位整体绩效目标确定的一定时期(年度或规划期)内预计完成工作任务的数量。

(1) 常规工作完成率(4 分)

"常规工作完成率"指标重点考核单位履行职责而实际完成的工作数与计划工作数的比率,用以反映和考核单位履职工作任务目标的实现程度。常规工作的内容包括:设备设施的规划、建设和运维工作;人员编制控制管理、机构运转管理;……共计 * 项。根据本单位所制定的年度工作任务与实际完成情况对比打分。

该指标评分标准为:所有工作 100%完成的,得 4 分,否则,得分=工作实际完成比率×4 分;有正当理由和规范调整手续的,调整绩效目标后计算,无正当理由和规范调整手续而未完成工作任务的,得 0 分。

(2) 项目工作完成率(14 分)

"项目工作完成率"的内容包括:"水功能区监督管理""水行政执法监督""入河排污口监督管理""水质监测""水资源配置与调度管理""水源地管理与保护""其他"。根据年初批复的项目申报文本、实施方案,与实际完成情况对比打分。

"项目工作完成率"指标的评分标准为:单项项目(指标)按计划或超计划指标值完成的,得 2 分;单项项目(指标)未完成,但有客观理由且调整手续完整的,得分=实际完成率×2 分;无客观理由、无调整手续未完成计划指标的,得 0 分。

2. 完成及时率(三级指标,8 分)

"完成及时率"指标重点考核单位在规定时限内及时完成的实际工作数与计划工作数的比率,用以反映和考核单位履职时效目标的实现程度。

完成及时率=(及时完成实际工作数/计划工作数)×100%。

其中:及时完成实际工作数是单位按照整体绩效目标确定的时限实际完成的工作任务数量。

该指标的评分标准为:完成及时,8 分;完成较及时,[4~8)分;完成不够及时,[0~4)分。

3. 质量达标率(三级指标,10 分)

"质量达标率"指标包括 2 项四级指标:"是否按相关规定开展监测工作""达到河湖健康评估规范要求"。用于一并评价达到质量标准(计划指标值)的实际工作数与计划工作数的比率,用以反映和考核部门履职质量目标的实现程度。根据年初批复的项目申报文本、绩效目标,对项目质量达标情况进行评价。

"是否按相关规定开展监测工作"指标为 5 分,评分标准为:达到既定标准,5 分;较好达到既定标准,[2.5~5)分;未达到既定标准,[0~2.5)分。

"达到河湖健康评估规范要求"指标为 5 分,评分标准为:达到既定标准,5 分;未达到既定标准,偏差在 5%以内,[2.5~5)分;未达到既定标准,偏差在 5%以上,[0~2.5)分。

4. 重点工作办结率(三级指标,4 分)

"重点工作办结率"指标重点考核单位年度重点工作实际完成数与交办或下达数的比率,用以反映单位对重点工作的办理落实程度。

重点工作办结率=(重点工作实际完成数/交办或下达数)×100%。

其中:重点工作是指党委、政府、人大、相关部门交办或下达的工作任务。

该指标评分标准为:重点工作办结率=100%的,得 4 分;重点工作办结率<100%,偏差在 5%以内,[2~4)分;重点工作办结率<100%,偏差在 5%以上,[0~2)分。

**第四部分为效果部分(一级指标,25 分)**

"效果"一级指标只包含"履职效益"1 项二级指标,占 25 分,包含以下三级指标:

1. 经济效益(三级指标,5 分)

"经济效益"指标包括"及时掌握流域水质情况,及时组织监测突发性水污染事件,为上级提供决策,减少水污染造成的经济损失"1 项四级指标。对照绩效目标,对产生的经济效益进行评价。

该指标评分标准为:效益显著,5 分;效益较显著,[2.5~5)分;效益不够显著,[0~2.5)分。

2. 社会效益(三级指标,5 分)

"社会效益"指标包括 2 项四级指标:"有效推进最严格水资源管理制度的贯彻实施,有助于经济发展和社会稳定""重要河湖健康状况稳定向好,重要饮用水水源地供水安全得到保障"。对照绩效目标,对产生的社会效益进行评价。

"有效推进最严格水资源管理制度的贯彻实施,有助于经济发展和社会稳定"指标为 3 分,评分标准为:效益显著,3 分;效益较显著,[1.5~3)分;效益不够显著,[0~1.5)分。

"重要河湖健康状况稳定向好,重要饮用水水源地供水安全得到保障"指标为 2 分,评分标准为:效益显著,2 分;效益较显著,[1~2)分;效益不够显著,[0~1)分。

3. 生态效益(三级指标,5 分)

"生态效益"指标包括 2 项四级指标:"**流域片水环境总体改善,**流域水质、主要入湖河道和流域片水功能区水质继续改善""保障向下游增供水水质,向下游增供水水质达到或优于**类"。对照绩效目标,对产生的生态效益进行评价。

"**流域片水环境总体改善,**流域水质、主要入湖河道和流域片水功能区水质继续改善"指标为 3 分,评分标准为:效益显著,3 分;效益较显著,[1.5~3)分;效益不够显著,[0~1.5)分。

"保障向下游增供水水质,向下游增供水水质达到或优于**类"指标为 2 分,评分标准为:效益显著,2 分;效益较显著,[1~2)分;效益不够显著,[0~1)分。

4. 社会公众或服务对象满意度(三级指标,10 分)

"社会公众或服务对象满意度"指标包括 1 项四级指标:"流域内省市水行政主管部门对单位履职效果的满意程度"。主要评价辖区内省级水行政主管部门、辖区内重点县水行政主管部门满意度。

该指标评分标准为:满意度≥95%,10 分;其他情况,得分=满意度/95%×10 分。

水利单位整体支出绩效评价指标体系详见表 17-4《水利单位整体支出绩效评价体系》。

表 17-4　水利单位整体支出绩效评价指标体系

| 一级指标 | 分值 | 二级指标 | 分值 | 三级指标 | 分值 | 四级指标 | 分值 | 指标解释 | 计划指标值 | 实际完成值 | 评价标准 | 得分 |
|---|---|---|---|---|---|---|---|---|---|---|---|---|
| 投入 | 15 | 目标设定 | 10 | 绩效目标合理性 | 6 | 与国家法律法规、国民经济和社会发展总体规划相符性 | 2 | 单位所设定的目标是否有国家的法律法规等作为依据,是否符合国民经济和社会发展总体规划 | — | — | 1. 完全符合的(有法律或规划依据),2分;<br>2. 较为符合的(有1项不符合法律或规划等依据,情况一般的),[1~2)分;<br>3. 符合情况较差(有2项以上不符合法律或规划等依据,情况较差的),[0~1)分 | |
| | | | | | | 与单位职责、"三定"方案确定的职责相符性 | 2 | 制定的目标是否同本单位的职责符合,是否符合国家关于"定岗、定编和定员"的规定 | — | — | 1. 完全符合的,2分;<br>2. 较为符合的,[1~2)分;<br>3. 符合情况较差的,[0~1)分 | |
| | | | | | | 与年度工作任务的相符性,与现实需求的相符性 | 2 | 是否同本单位所制定的本年度工作任务,以及中长期的规划符合 | — | — | 1. 完全符合的,2分;<br>2. 较为符合的,[1~2)分;<br>3. 符合情况较差的,[0~1)分 | |
| | | | | 绩效指标明确性 | 4 | 可细化、可衡量程度,年度的任务数或计划数明确性 | 2 | 依据绩效目标设定的绩效指标是否清晰、细化、可衡量等,用以反映和考核项目绩效目标的明细化情况 | — | — | 1. 绩效指标清晰、细化、量化,明确,2分;<br>2. 绩效指标较为清晰、细化、量化、明确,[1~2)分;<br>3. 绩效指标清晰、细化、量化、明确较差的,[0~1)分 | |
| | | | | | | 与单位预算的匹配性 | 2 | 是否与本单位的年度预算匹配,衡量指标是否与所能获得的资金相匹配,绩效指标涉及的工作内容与预算明细是否相符 | — | — | 1. 完全匹配的,2分;<br>2. 较为匹配的,[1~2)分;<br>3. 匹配情况较差的,[0~1)分 | |

续 表

| 一级指标 | 分值 | 二级指标 | 分值 | 三级指标 | 分值 | 四级指标 | 分值 | 指标解释 | 计划指标值 | 实际完成值 | 评价标准 | 得分 |
|---|---|---|---|---|---|---|---|---|---|---|---|---|
| 投入 | 15 | 预算配置 | 5 | 在职人员控制率 | 2 | 年度在职人员控制率 | 2 | 年度在职人员控制率指标主要考核单位在职人员是否超编，同时技术人员稳定率作为一项考核依据。<br>1. 在职人员控制率＝(在职人员数/编制数)×100%。在职人员数：单位实际在职人员数，以财政部确定的单位决算编制口径为准。编制数：机构编制单位核定批复的人员编制数。<br>2. 技术人员稳定率＝(本年度技术人员数/上年度技术人员数)×100%，技术人员稳定率一般应≥90% | — | | 1. 年度在职人员控制率≤100%，技术人员稳定率≥90%的，2分；<br>2. 年度在职人员控制率≤100%，技术人员稳定率<90%的，[1～2)分；<br>3. 年度在职人员控制率>100%的，0分 | |
| | | | | "三公经费"变动率 | 3 | 年度"三公经费"变动率 | 3 | 单位本年度"三公经费"预算数与上年度"三公经费"预算数的变动比率，用以反映和考核单位对控制重点行政成本的努力程度。<br>"三公经费"变动率＝[(本年度"三公经费"总额－上年度"三公经费"总额)/上年度"三公经费"总额]×100%。<br>"三公经费"：年度预算安排的因公出国(境)费、公务用车购置及运行费和公务招待费 | — | | 1. 年度"三公经费"变动率≤0%，3分；<br>2. 年度"三公经费"变动率>0%，若无特殊情况，0分，若存在特殊情况，可酌情赋分[0～3)分 | |

续 表

| 一级指标 | 分值 | 二级指标 | 分值 | 三级指标 | 分值 | 四级指标 | 分值 | 指标解释 | 计划指标值 | 实际完成值 | 评价标准 | 得分 |
|---|---|---|---|---|---|---|---|---|---|---|---|---|
| 过程 | 20 | 预算执行 | 8 | 预算完成率 | 2 | 财政资金预算完成率 | 1.5 | 财政资金预算完成率＝(财政资金预算完成数/财政资金预算数)×100%。财政资金预算完成数：实际完成的财政资金数。财政资金预算数：财政部门批复的本年度单位财政资金预算数 | — | | 1. 财政资金预算完成率＝100%的，得1.5分；<br>2. 财政资金预算完成率每减少1%，扣分为标准值的2%，扣完为止 | |
| | | | | | | 其他资金预算完成率 | 0.5 | 其他资金预算完成率＝(其他资金预算完成数/其他资金预算数)×100%。其他资金预算完成数：实际完成的其他资金数。其他资金预算数：财政部门批复的本年度单位其他资金预算数 | — | | 1. 其他资金预算完成率[80%～130%)，得0.5分；<br>2. 其他资金预算完成率<80%或≥130%，[0～0.5)分 | |
| | | | | | | 年度预算调整率 | 1 | 单位本年度预算调整数与预算数的比率，用以反映和考核单位预算的调整程度。预算调整率＝(预算调整数/预算数)×100%。指单位在本年度内履行正式批复程序获得正式批准自行调整的情况 | — | | 1. 预算调整率≤10%的，得1分；<br>2. 预算调整率每变动1%，扣0.1分，扣完为止；<br>3. 未经批准自行调整的，0分 | |

续　表

| 一级指标 | 分值 | 二级指标 | 分值 | 三级指标 | 分值 | 四级指标 | 分值 | 指标解释 | 计划指标值 | 实际完成值 | 评价标准 | 得分 |
|---|---|---|---|---|---|---|---|---|---|---|---|---|
| 过程 | 20 | 预算执行 | 8 | 支付进度率 | 1 | 财政资金支付进度率 | 1 | 单位实际支付进度与既定支付进度的比率，用以反映和考核单位预算执行的及时性和均衡性程度。<br>支付进度率=(实际支付进度/既定支付进度)×100%。<br>实际支付进度：单位在年底的支出预算数与年度支出预算总额的比率。<br>既定支付进度：由单位在申报单位整体绩效目标时，参照年度支付进度确定的、在年底应达到的支付进度(比率) | — | | 1. 年度支付进度率≥90%，且季度(或进度)支付符合序时的，得1分；<br>2. 年度支付进度率≥85%的，且季度(或进度)支付符合序时的，[0.5~1)分；<br>3. 年度支付进度率<85%，或季度(或进度)支付不符合序时的，[0~0.5)分 | |
| | | 结转结余变动率 | 1 | 结转结余变动率 | 1 | 结转结余变动率=[(本年度累计结转结余资金总额－上年度累计结转结余资金总额)/上年度累计结转结余资金总额]×100% | — | | 1. 结转结余变动率≤0%的，得1分；<br>2. 结转结余变动率>0%、≤10%的，[0.5~1)分；<br>3. 结转结余变动率>10%的，[0~0.5)分 | |
| | | 公用经费控制率 | 1 | 公用经费控制率 | 1 | 单位本年度实际支出的公用经费总额与预算安排的公用经费总额的比率，用以反映和考核单位对机构运转成本的实际控制程度。<br>公用经费控制率=(实际支出公用经费总额/预算安排公用经费总额)×100% | — | | 1. 公用经费控制率[80%~100%]的，得1分；<br>2. 公用经费控制率>100%，或<80%的，[0~1)分 | |

续表

| 一级指标 | 分值 | 二级指标 | 分值 | 三级指标 | 分值 | 四级指标 | 分值 | 指标解释 | 计划指标值 | 实际完成值 | 评价标准 | 得分 |
|---|---|---|---|---|---|---|---|---|---|---|---|---|
| | | | | "三公经费"控制率 | 1 | "三公经费"控制率 | 1 | 单位本年度"三公经费"实际支出数与预算安排数的比率,用以反映考核单位对"三公经费"的实际控制程度。"三公经费"控制率=("三公经费"实际支出数/"三公经费"预算安排数)×100% | — | | 1. "三公经费"控制率≤100%的,得1分;<br>2. "三公经费"控制率>100%的,[0~1)分; | |
| 过程 | 20 | 预算执行 | 8 | 政府采购执行率 | 1 | 政府采购执行率 | 1 | 单位本年度实际政府采购金额与年初政府采购预算的比率,用以反映考核单位政府采购预算执行情况。政府采购执行率=[实际政府采购金额/(政府采购预算项+政府采购事项数)]×100%;政府采购预算:采购机关根据采购计划和行政任务编制的,并经过规定程序存批准的年度政府采购计划 | — | | 1. 政府采购执行率≥90%,得1分;<br>2. 政府采购执行率<90%,0分。 | |
| 过程 | 20 | 预算管理 | 7 | 管理制度健全性 | 2 | 制定或具有合法、合规、完整的管理制度 | 2 | 单位为加强预算管理、规范财务行为、业务行为而制定的管理制度是否合法、合规、完整,用以反映和考核单位预算管理制度对完成主要职责或促进事业发展的保障情况 | — | | 1. 制度合法、合规、完整的,得2分;<br>2. 制度合法、合规,但内容尚有缺漏的,[1~2)分;<br>3. 制度内容与相关法规有冲突的,[0~1)分; | |

续　表

| 一级指标 | 分值 | 二级指标 | 分值 | 三级指标 | 分值 | 四级指标 | 分值 | 指标解释 | 计划指标值 | 实际完成值 | 评价标准 | 得分 |
|---|---|---|---|---|---|---|---|---|---|---|---|---|
| 过程 | 20 | 预算管理 | 7 | 资金使用合规性 | 4 | 资金使用的合规性 | 2 | 单位使用预算资金是否符合相关的预算财务管理制度的规定,资金拨付程序是否规范,手续是否齐全,用以反映和考核单位预算资金的规范运行情况 | — | — | 1. 资金使用合规的,得 2 分;<br>2. 资金使用较为合规的,[1~2)分;<br>3. 资金使用不够合规的,[0~1)分。<br>根据检查发现的性质和频率进行判断 | |
| | | | | | | 资金支出与预算批复的相符性 | 2 | 单位资金使用范围是否符合预算批复资金支出是否符合预算批复范围,用以反映和考核预算支出与预算支出的相符性 | — | — | 1. 资金支出与预算批复相符的,得 2 分;<br>2. 资金支出与预算批复较为相符的,[1~2)分;<br>3. 资金支出与预算批复不够相符的,[0~1)分。<br>根据检查发现的性质和频率进行判断 | |
| | | 基础信息完善性 | 1 | 基础信息的真实性、完整性、准确性 | 1 | 单位基础信息是否真实、是否存在虚假信息的情况,用以反映和考核基础信息的真实情况。单位基础信息是否完整、重要信息是否缺失,用以反映和考核基础信息的真实、准确性情况 | — | — | 1. 基础信息真实完整准确的,得 1 分;<br>2. 基础信息较为完整准确的,[0.5~1)分;<br>3. 存在虚假信息的,基础信息不够完整准确的,[0~0.5)分。<br>根据检查发现的性质和频率进行判断 | |

续表

| 一级指标 分值 | 二级指标 分值 | 三级指标 分值 | 四级指标 分值 | 指标解释 | 计划指标值 | 实际完成值 | 评价标准 | 得分 |
|---|---|---|---|---|---|---|---|---|
| 过程 20 | 资产管理 5 | 管理制度健全性 1 | 制定或具有合法、合规、完整的资产管理制度 1 | 单位为加强资产管理行为而制定的管理制度是否合法、合规、完整，用以反映和考核单位资产管理制度对完成主要职责或促进事业发展的保障情况 | — | — | 1. 制度合法、合规、完整的，得1分；2. 制度合法、合规，但内容不够完整的，[0.5~1)分；3. 制度内容与相关法规有冲突的，[0~0.5)分 | |
| | | 资产管理安全性 2 | 资产配置、使用、处置的合规性 1 | 单位的资产是否保存完整，使用合规，配置合理，处置规范，用以反映和考核单位资产日常使用的规范性 | — | — | 1. 资产配置、使用、处置合规，得1分；2. 资产配置、使用、处置较合规，[0.5~1)分；3. 资产配置、使用、处置存在违规情况[0~0.5)分。根据检查发现的性质和频率进行判断 | |
| | | | 资产财务管理的合规性 1 | 单位资产收入是否足额及时上缴，资产账实是否相符，用以反映和考核资产财务管理的合规性 | — | — | 1. 资产财务管理合规的，得1分；2. 资产财务管理较合规的，[0.5~1)分；3. 资产财务管理不够合规的，[0~0.5)分。根据检查发现的性质和频率进行判断 | |
| | | 固定资产利用率 2 | 固定资产利用率 2 | 用以反映和考核单位固定资产使用效率程度。固定资产利用率=(实际在用固定资产/所有固定资产)×100% | — | — | 1. 固定资产利用率≥95%的，得2分；2. 固定资产利用率<95%的，偏差在5%以内的，[1~2)分；3. 固定资产利用率<95%的，偏差在5%以上的，[0~1)分 | |

续　表

| 一级指标 | 分值 | 二级指标 | 分值 | 三级指标 | 分值 | 四级指标 | 分值 | 指标解释 | 计划指标值 | 实际完成值 | 评价标准 | 得分 |
|---|---|---|---|---|---|---|---|---|---|---|---|---|
| 产出 | 40 | 职责履行 | 40 | 实际完成率 | 18 | 常规工作完成率 | 4 | 单位履行职责而实际完成的工作数与计划工作数履职工作任务目标的实现程度。常规工作的内容包括：设备设施的规划、建设和运维工作，机构运转管理；人员编制整治管理；……共计＊项 | 100% | | 1.所有工作100%完成的，得4分，否则，得分=工作实际完成比率×4分；2.有正当理由和规范调整手续后计算，无正当理由和规范调整手续而完成工作任务的，得0分 | |
| | | | | | | 项目工作完成率 | 2 | 水功能区监督管理： | — | | 1.单项项目（指标）按计划或超计划指标值完成的，得2分；2.单项项目（指标）未完成，但有客观理由且目标调整手续完整的，得分=实际完成率×2分；3.无客观理由，无调整手续未完成计划指标的，得0分 | |
| | | | | | | | 2 | 水行政执法监督： | — | | | |
| | | | | | | | 2 | 入河排污口监督管理： | — | | | |
| | | | | | | | 2 | 水质监测： | — | | | |
| | | | | | | | 2 | 水资源配置与调度管理： | — | | | |
| | | | | | | | 2 | 水源地管理与保护： | — | | | |
| | | | | | | | 2 | 其他： | — | | | |
| | | | | 完成及时率 | 8 | 完成及时率 | 8 | 对常规工作按内控时间节点要求评价，对项目按实施方案时间节点评价，用以反映单位履职时效目标的实现程度 | — | | 1.完成及时，8分；2.完成较及时，[4~8)分；3.完成不够及时，[0~4)分 | |
| | | | | 质量达标率 | 10 | 是否按相关规定开展监测工作 | 5 | 项目是否达到质量标准计划指标值，用以反映单位履职质量目标的实现程度 | 按监测规范规定开展工作 | | 1.达到既定标准，5分；2.较好达到既定标准，[2.5~5)分；3.未达到既定标准，[0~2.5)分 | |

571

续表

| 一级指标 | 分值 | 二级指标 | 分值 | 三级指标 | 分值 | 四级指标 | 分值 | 指标解释 | 计划指标标准值 | 实际完成值 | 评价标准 | 得分 |
|---|---|---|---|---|---|---|---|---|---|---|---|---|
| 产出 | 40 | 职责履行 | 40 | 质量达标率 | 10 | 达到河湖健康评估规范要求 | 5 |  | 100% |  | 1. 达到既定标准,5分; 2. 未达到既定标准,偏差在5%以内,[2.5~5)分; 3. 未达到既定标准,偏差在5%以上,[0~2.5)分 |  |
|  |  |  |  | 重点工作办结率 | 4 | 列明重点工作 | 4 | 部门(单位)年度重点工作实际完成数与交办或下达数的比率,用以反映部门(单位)对重点工作的办理落实程度。重点工作办结率=(重点工作实际完成数/交办或下达数)×100%。重点工作是指党委、政府、人大、相关部门交办或下达的工作任务 | 100% |  | 1. 重点工作办结率=100%的,得4分; 2. 重点工作办结率<100%,偏差在5%以内,[2~4)分; 3. 重点工作办结率<100%,偏差在5%以上,[0~2)分 |  |
| 效果 | 25 | 履职效益 | 25 | 经济效益 | 5 | 及时掌握流域水质情况,及时组织监测突发性水污染事件,为上级提供决策,减少水污染造成的经济损失 | 5 | 对照绩效目标,对部门履职产生的效益进行评价 | 效果良好 |  | 1. 效益显著,5分; 2. 效益较显著,[2.5~5)分; 3. 效益不够显著,[0~2.5)分 |  |
|  |  |  |  | 社会效益 | 5 | 有效推进最严格水资源管理制度的贯彻实施,有助于经济发展和社会稳定 | 3 |  | 效果明显 |  | 1. 效益显著,3分; 2. 效益较显著,[1.5~3)分; 3. 效益不够显著,[0~1.5)分 |  |

续 表

| 一级指标 | 分值 | 二级指标 | 分值 | 三级指标 | 分值 | 四级指标 | 分值 | 指标解释 | 计划指标值 | 实际完成值 | 评价标准 | 得分 |
|---|---|---|---|---|---|---|---|---|---|---|---|---|
| 效果 | 25 | 履职效益 | 25 | 社会效益 | 5 | 重要河湖健康状况定向好，重要饮用水水源地供水安全得到保障 | 2 | 对照绩效目标，对部门履职产生的效益进行评价 | 效果显著 | | 1. 效益显著，2 分；<br>2. 效益较显著，[1～2)分；<br>3. 效益不够显著，[0～1)分 | |
| | | | | 生态效益 | 5 | *** 流域片水环境总体改善，*** 流域水质，主要人湖河道和流域片水功能区水质继续改善 | 3 | | 效果良好 | | 1. 效益显著，3 分；<br>2. 效益较显著，[1.5～3)分；<br>3. 效益不够显著，[0～1.5)分 | |
| | | | | | | 保障向下游增供水水质，向下游增供水水质达到或优于 *** 类 | 2 | | 效果显著 | | 1. 效益显著，2 分；<br>2. 效益较显著，[1～2)分；<br>3. 效益不够显著，[0～1)分 | |
| | | | | 社会公众或服务对象满意度 | 10 | 流域内省市水行政主管部门对单位履职效果的满意度 | 10 | 与行业主管单位对接，反映对单位年度工作的满意程度 | ≥95% | | 1. 满意度≥95%，10 分；<br>2. 其他情况，得分＝(满意度/95%)×10 分 | |
| 得分合计 | | | | | | | | | | | | |

# 第五节 绩效评价的报告

按照《绩效评价管理办法》要求,水利单位整体支出绩效评价实施单位应在年度项目实施终了及时向上级单位逐级提交绩效报告,水利部根据确定的评价原则和方法,下达绩效评价报告。本节介绍单位整体支出绩效报告和绩效评价报告编写范例。

## 一、绩效报告范例

```
(封面)




        (单位名称)20 ** 年度
        单位整体支出绩效报告








              项目单位:**

              20 ** 年 ** 月
```

(一)单位情况概述

1. 单位职能情况

** 水利单位历史沿革 ** 。 ** 水利单位现办公地址为 ** 。《事业单位法人证书》编号:事业证第 ** 号。法定代表人:** 。经费来源:财政拨款,事业收入,其他收入。举办单位:** 。开办资金:** 万元。

20 ∗∗ 年 ∗∗ 月,∗∗ 部发文《关于印发 ∗∗ 水利单位主要职责机构设置和人员编制规定的通知》(水人事〔20 ∗∗〕∗∗ 号)明确了 ∗∗ 水利单位主要职能包括:∗∗。

2. 单位现状

20 ∗∗ 年 ∗∗ 水利单位人员情况:∗∗ 水利单位内设处室 ∗∗ 处,∗∗ 处,行政执行人员编制 ∗∗ 名。现有在职在编人员 ∗∗ 名,其中:局级 ∗∗ 名,处级 ∗∗ 名,科级 ∗∗ 名。

20 ∗∗ 年 ∗∗ 水利单位预算资金安排情况:上级单位 ∗∗ 以 ∗∗ 文件对 ∗∗ 水利单位 20 ∗∗ 年度预算及设定的单位整体绩效目标进行了批复。批复 ∗∗ 水利单位的 20 ∗∗ 年度预算 ∗∗ 万元,其中:财政资金 ∗∗ 万元,包括基本支出 ∗∗ 万元,项目支出 ∗∗ 万元;其他资金 ∗∗ 万元,包括基本支出 ∗∗ 万元,项目支出 ∗∗ 万元。

20 ∗∗ 年 ∗∗ 水利单位资产情况:截至 20 ∗∗ 年 12 月 31 日,∗∗ 水利单位固定资产规模为 ∗∗ 万元,其中:房屋 ∗∗ 万元,汽车 ∗∗ 万元,单价在 50 万元以上的通用设备 ∗∗ 万元,单价在 100 万元以上的专用设备 ∗∗ 万元,其他资产 ∗∗ 万元。

3. 主要职能产出情况

∗∗ 水利单位 20 ∗∗ 年度主要职能产出为:∗∗。重点推进工作主要包括:∗∗。

水功能区监督管理项目主要产出为:∗∗。水行政执法监督项目主要产出为:∗∗。入河排污口监督管理项目主要产出为:∗∗。水质监测项目主要产出为:∗∗。水资源配置与调度管理项目主要产出为:∗∗。水源地管理与保护项目主要产出为:∗∗。

∗∗ 水利单位 20 ∗∗ 年度工作内容完成情况详见《∗∗ 水利单位 20 ∗∗ 年度工作内容完成情况表》(表 17-5)。

表 17-5　∗∗ 水利单位 20 ∗∗ 年度工作内容完成情况表　　　　单位:万元

| | 单位年度工作内容 | 年度预算批复数 | 实际支出数(截至 20 ∗∗ 年 12 月 31 日) | 结余或超支情况 | 绩效目标运行状态 |
|---|---|---|---|---|---|
| 资金支出情况 | (1) | (2) | (3) | (4)=(2)-(3) | (5) |
| | | | | | |
| | | | | | |
| | | | | | |
| 需要说明的问题 | | | | | |

注:1."年度预算批复数"是指上级单位批复的单位预算和项目实施方案上报数。2. 此表根据实施方案按工作内容细化的情况填,不需按经济分类细化。

(二)单位绩效目标设置及决策情况

1. 单位绩效目标和绩效指标设定情况

∗∗ 水利单位 20 ∗∗ 年度绩效目标:20 ∗∗ 年单位年度绩效目标设定为以下 ∗∗ 个目标,上级单位 ∗∗ 以"财务〔20 ∗∗〕∗∗ 号"文件对 ∗∗ 水利单位设定的单位整体绩效目标进行了批复。

目标 1:每月及时组织开展监测,发布相关通报和水质信息,开展资料整编等。监测数量\*\*个。

目标2:贯彻落实《全国重要江河湖泊水功能区划》《最严格水资源管理制度》相关要求,完成年度\*\*工作。

目标3:完成年度单位人员编制控制管理、机构运转管理、水资源相关宣传工作。

目标4:完成预算编制与执行管理、政府采购管理、资产管理、三公经费控制管理。

单位绩效目标和绩效指标设定情况详见《\*\*水利单位20\*\*年度绩效目标和绩效指标申报表》(表17-6)。

表17-6　\*\*水利单位20\*\*年度绩效目标和绩效指标申报表　　　　单位:万元

| 单位名称 | \*\*水利单位 | |
|---|---|---|
| 年度预算申请(万元) | 资金总额: | \*\*万 |
| | 其中:1.当年财政拨款 | \*\*万 |
| | 基本支出: | \*\*万 |
| | 项目支出: | \*\*万 |
| | 2.其他资金: | \*\*万 |
| 整体绩效目标 | 目标1: | 保障\*\*区域水资源的合理开发利用;年度完成\*\*工作 |
| | 目标2: | 负责\*\*区域水资源的管理和监督,统筹协调\*\*区域生活、生产和生态用水。年度完成\*\*工作 |
| | 目标3: | 负责\*\*区域水资源保护工作;年度完成\*\*工作 |
| | 目标4: | 负责防治\*\*区域内的水旱灾害,承担\*\*区域防汛抗旱总指挥部的具体工作;年度完成\*\*工作 |
| | 目标5: | 指导\*\*区域内水文工作;年度完成\*\*工作 |
| | 目标6: | 指导\*\*区域内河流、湖泊及河口、海岸滩涂的治理和开发;按照规定权限,负责\*\*区域内水利设施、水域及其岸线的管理与保护以及重要水利工程的建设与运行管理;年度完成\*\*工作 |
| | 目标7: | 指导、协调\*\*区域内水土流失防治工作;年度完成\*\*工作 |
| | 目标8: | 负责职权范围内水政监察和水行政执法工作,查处水事违法行为;负责省际水事纠纷的调处工作;年度完成\*\*工作 |
| | 目标9: | 指导\*\*区域内水利安全生产工作;年度完成\*\*工作 |
| | 目标10: | 按规定指导\*\*区域内农村水利及农村水能资源开发有关工作;年度完成\*\*工作 |
| | 目标11: | 负责开展水利科技、外事和质量技术监督工作;年度完成\*\*工作 |
| | 目标12: | 单位其他业务方面\*\*;年度完成\*\*工作 |
| | 目标13: | 单位综合管理方面\*\*;年度完成\*\*工作(办公、财务等职能部门) |

| 整体绩效<br>指标 | 产出指标 | 指标 1: | 目标实际完成<br>率(按工作内容<br>分项填写) | ** 项目工作完成率 ** %;完成 ** 报告；** 指<br>标值达到 ** |
|---|---|---|---|---|
| | | | | ** 项目工作完成率 ** %;完成 ** 报告；** 指<br>标值达到 ** |
| | | | | ** 项目工作完成率 ** %;完成 ** 报告；** 指<br>标值达到 ** |
| | | | | ** 项目工作完成率 ** %;完成 ** 报告；** 指<br>标值达到 ** |
| | | | | ** 项目工作完成率 ** %;完成 ** 报告；** 指<br>标值达到 ** |
| | | | | ** 项目工作完成率 ** %;完成 ** 报告；** 指<br>标值达到 ** |
| | | | | ** 项目工作完成率 ** %;完成 ** 报告；** 指<br>标值达到 ** |
| | | 指标 2: | 完成及时率 | 大于 ** % |
| | | 指标 3: | 质量达标率 | ** 指标值达到 **(工作中涉及质量相关指标,<br>如质量合格率、重新检测比例、达标率、水质、规<br>范化要求等) |
| | | 指标 4: | 预算完成率 | 财政预算完成率 ** %,其他资金能够满足弥补<br>财政资金缺口 |
| | | 指标 5: | 支付进度率 | 年终支付进度率大于 ** %,满足序时进度考核<br>要求 |
| | | 指标 6: | 公用经费控制率 | 公用经费(财政拨款)执行率大于 ** % |
| | | 指标 7: | "三公经费"控<br>制率 | "三公经费"(财政拨款)预算执行率小于 ** % |
| | | 指标 8: | 在职人员控制率 | 小于 ** %(按编制 ** 人计算) |
| | | 指标 9: | 固定资产利用率 | 大于 ** % |
| | | 指标 10: | 资金结转结余<br>变动率 | 小于 ** % |
| | | 指标 11: | 重点资金(项<br>目)安排率 | ** %(不考虑无计划的预算调减) |
| | 效益指标 | 指标 1 | 经济效益 | 减少 ** 的经济损失 |
| | | 指标 2 | 社会效益 | 有效推进最严格水资源管理制度等的贯彻实施,<br>有助于经济发展和社会稳定 |
| | | 指标 3 | 生态效益 | 促进 ** 区域水生态环境的改善 |
| | | 指标 4 | 社会公众或服<br>务对象满意度 | ** 相关部门满意,满意度 ** % |

2. 单位决策情况

（1）主要决策内容

＊＊水利单位 20＊＊年度工作计划：＊＊。开展的重点项目主要包括：＊＊等。

（2）单位决策依据

＊＊水利单位 20＊＊年初以《＊＊水利单位关于印发 20＊＊年度工作任务分工安排的通知》（办〔20＊＊〕＊＊号）文件制定了 20＊＊年全年工作计划，内容包括：＊＊等；重点项目主要包括＊＊等。

项目年度预算和资金配置决策主要依据为＊＊水利单位申报的 20＊＊年度部门预算。

（3）决策程序

业务决策程序：正常业务开展在主管局长的指导下由局机关各部门根据实际情况自行决策，重大事项由局长办公会研究决定，特大事项申请上级主管部门研究决定。

资金决策程序：＊＊水利单位开展业务的资金全部纳入 20＊＊年度部门预算，根据部门预算管理的有关规定与要求，严格按照"二上、二下"的编报程序，认真开展项目预算编制工作，上报了 20＊＊年度部门预算。

20＊＊年上级主管部门＊＊以《＊＊水利单位关于批复 20＊＊年预算的通知》（财务〔20＊＊〕＊＊号）文件进行批复＊＊水利单位 20＊＊年度预算。＊＊水利单位项目开展的工作内容依据预算批复的项目实施方案，项目资金配置严格按照预算批复的支出内容执行。

（三）单位预算安排及资金管理情况

1. 单位年度预算编制情况

本年度各项工作内容在各职能部门的安排情况：上述单位年度绩效目标＊＊项安排至＊＊处，单位年度绩效目标＊＊项安排至＊＊处，单位年度绩效目标＊＊项安排至＊＊处。

分配方法及依据：本年度各项工作内容根据＊＊水利单位各处室的职责安排至各处室。

预算编制主要依据《预算法》等国家有关法律法规及水质监测等相关业务定额标准及有关管理办法，并结合单位"三定"职责及年度工作计划等实际情况进行编制。

20＊＊年＊＊水利单位预算资金安排情况：上级单位＊＊以＊＊文件对＊＊水利单位 20＊＊年度预算及设定的单位整体绩效目标进行了批复。批复＊＊水利单位的 20＊＊年度预算＊＊万元，其中：财政资金＊＊万元，包括基本支出＊＊万元，项目支出＊＊万元；其他资金＊＊万元，包括基本支出＊＊万元，项目支出＊＊万元。

2. 单位年度预算执行情况

（1）预算完成率

① 财政资金预算完成率：

a. 基本支出财政资金预算完成率＝（基本支出财政资金预算完成数/基本支出财政资金预算数）×100％。

b. 项目支出财政资金预算完成率＝（项目支出财政资金预算完成数/项目支出财政资金预算数）×100％。

② 其他资金预算完成率＝（其他资金预算完成数/其他资金预算数）×100％。

（2）预算调整率

预算调整率＝（预算调整数/预算数）×100％。

（3）支付进度率

支付进度率＝(实际支付进度/既定支付进度)×100％。

(4) 结余结转变动率

结转结余变动率＝[(本年度累计结转结余资金总额－上年度累计结转结余资金总额)/上年度累计结转结余资金总额]×100％。

(5) 公用经费空置率

公用经费控制率＝(实际支出公用经费总额/预算安排公用经费总额)×100％。

(6) "三公经费"控制率

"三公经费"控制率＝("三公经费"实际支出数/"三公经费"预算安排数)×100％。

(7) 政府采购执行率

政府采购执行率＝(实际政府采购事项(金额)/政府采购预算数)×100％。

3. 单位资金管理情况

为严肃财经纪律、规范项目资金的使用,＊＊水利单位严格执行＊＊等财务和资金管理制度。同时,＊＊水利单位也制订完善了＊＊等一系列财经规章制度,并将"加强基础工作,规范内部管理"作为一项基本工作常抓不懈,把建立健全各项财经规章制度作为做好基础工作的切入点,不断完善项目资金管理、资产管理、会计核算,为进一步规范基层财务管理奠定了基础经费使用符合财务制度要求,严格按照项目实施方案开展具体工作及执行经费预算。

前期项目确定委托项目及承担单位程序:根据项目工作要求,择优选择具有相关资质及能力、熟悉流域基本情况、具备相关工作经验的单位进行委托。

在工作中,＊＊水利单位严格执行上级主管部门及＊＊水利单位制订的行政管理、人事管理、监察审计、财务管理、业务管理、综合管理等方面的规章制度。

(四) 单位业务组织管理情况

1. 业务管理制度建设情况

＊＊水利单位在贯彻执行上级主管部门制定的系列规章制度的基础上,针对＊＊水利单位职责,结合＊＊水利单位的工作实际,制订实施了《＊＊水质值班手册》《＊＊应对突发水污染事件应急预案》等。

2. 业务管理制度执行情况

＊＊水利单位的日常业务工作在上述手册、规定的指导下,＊＊水利单位每位工作人员都能依规、按规,按指令、按程序,顺利地执行完成任务,而上述的规章制度也在工作中得到了很好的贯彻执行,发挥了应有的作用。

3. 重大项目管理情况

重大项目水质监测项目管理情况为,以水质监测为例主要业务工作简要流程:(1)年初指导监测单位完善＊＊水质监测工作方案。(2)每月组织开展＊＊地区有毒有机物监测工作。

4. 单位绩效管理情况

上级主管部门以(财务〔20＊＊〕＊＊号)文件对＊＊水利单位设定的单位整体绩效目标进行了批复。

根据上级主管部门《＊＊关于开展20＊＊年度部门试点项目和单位整体支出绩效评价工作的通知》(财务〔20＊＊〕＊＊号)的要求,＊＊水利单位高度重视,领导精心安排,＊＊处组织完成了绩效报告编写工作。

本年度各项工作内容根据＊＊水利单位各处室的职责安排至各处室＊＊年各项工作完成

后,各处室根据完成情况,编写了绩效报告,**处牵头完成了绩效报告编写的汇总工作。

在**水利单位20**年单位整体支出绩效运行过程中,20**年**月上级主管部门下发了《**关于开展20**年度部门预算绩效评价试点项目和单位整体支出绩效监控工作的通知》(财务〔20**〕**号)文件,并委托中介机构对试点单位进行中期检查,**水利单位编制了**水利单位中期绩效报告相关情况,以《**水利单位关于报送部门预算绩效评价试点项目和单位整体支出中期绩效报告的函》(财务〔20**〕**号)向上级主管部门报告了项目绩效运行情况。**月上级主管部门以《**关于反馈20**年度部门预算新增绩效评价试点项目和单位整体支出绩效监控结果的函》文件反馈了意见,**水利单位根据意见,认真落实整改,提交了《**水利单位关于报送部门预算新增绩效评价试点项目和单位整体支出绩效监控结果落实整改情况报告的函》(财务〔20**〕**号)。

(五)单位绩效实现情况

1. 年度产出指标完成情况

各项支出的产出(产出数量、产出质量、产出时效等方面)与绩效目标相比的完成情况如下:

(1)实际完成率:指标**完成率100%,指标**完成率**%等(包含所有的数量指标)。

(2)完成及时率:完成及时率大于**%。**水利单位20**年各项工作能够按照各工作计划和实施方案序时实施完成,无拖延贻误情况出现,完成及时率在**%以上。

(3)质量达标率:指标监测质量合格率大于**%,重新检测比例低于**%;**。

2. 效果目标实现情况

(1)经济效益效果实现情况分析

及时有效掌握了重要水体水质、水生态变化,避免发生突发水污染事件,减少经济损失。

(2)社会效益效果实现情况分析

通过定期向社会公众发布省界水体水资源状况通报等方式,加强水资源保护宣传,及时向社会发布流域省界水体水资源质量状况,促进了公众关注流域水环境状况,提高了公众水环境保护意识。有效推进最严格水资源管理制度的贯彻实施,有助于经济发展和社会稳定。

通过开展水质监测工作,最大程度地保障了饮用水安全,有利于经济发展和社会稳定;为部署下一步工作提供了可靠的基础数据,进一步推进各项综合治理措施的有效实施,促进水质改善,保障水资源持续有效利用。

(3)环境效益效果实现情况分析

通过河湖健康评价,为科学决策提供依据、促进水生态环境的改善。**水质基本保持在**类,保障了供水安全,提高了水资源和水环境的承载能力,产生了良好的生态效益。

(4)上级主管部门满意度

获取的水质监测数据等**水利单位各项工作为水资源调度、水资源保护管理提供了有力的技术支撑,得到了水资源管理部门及水质监测数据使用部门的认可。

3. 自我评分分值

根据单位整体支出绩效评价指标体系及单位整体支出绩效评价评分说明,**水利单位严格按照相关要求,对照试点单位绩效报告,自行进行了赋分,经综合评价,自评价得分:**分,评价结论为:优。

　　＊＊水利单位绩效目标设置合理,符合单位职责和单位重点工作,有明确的实施计划和完整的绩效指标体系,预算安排合理;单位财务管理制度健全,责任分工明确;各项年度任务已经全面完成,取得了良好的社会和环境效益,为以后的工作积累了可靠的基础资料,较好地完成了绩效目标。

　　4. 绩效目标未完成情况及原因分析

　　截至 20 ＊＊ 年 12 月 31 日,项目中各项任务均按计划实施,达到年度绩效目标要求。

　　（六）主要经验、存在问题和建议

　　＊＊水利单位重视内部管理制度的建设,20 ＊＊ 年印发实施了 ＊＊ 等制度,为单位事业发展提供了有力的支撑。同时,＊＊水利单位将继续完善内部管理制度的建设。

　　随着单位 ＊＊ 工作的不断加强,水质监测和 ＊＊ 任务也在逐步拓展,目前的预算经费尚不能满足事业发展的需要,建议根据工作的实际需求,进一步加大水质监测和 ＊＊ 资金投入力度,更好地为 ＊＊ 工作提供保障。

　　为进一步做好单位整体绩效工作,制订后期工作计划如下：＊＊ 。

## 二、绩效评价报告范例

（封面）

（单位名称）20 ＊＊ 年度
单位整体支出绩效评价报告

项目单位：＊＊

20 ＊＊ 年 ＊＊ 月

（一）单位情况概述

1. 单位职能情况

**水利单位历史沿革**。**水利单位现办公地址为**。《事业单位法人证书》编号：事业证第**号。法定代表人：**。经费来源：财政拨款，事业收入，其他收入。举办单位：**。开办资金：**万元。

20**年**月，**部发文《关于印发**水利单位主要职责机构设置和人员编制规定的通知》（水人事〔20**〕**号）明确了**水利单位主要职能包括：**。

2. 单位现状

20**年**水利单位人员情况：**水利单位内设处室**处，**处，行政执行人员编制**名。现有在职在编人员**名，其中：局级**名，处级**名，科级**名。

20**年**水利单位预算资金安排情况：上级单位**以**文件对**水利单位20**年度预算及设定的单位整体绩效目标进行了批复。批复**水利单位的20**年度预算**万元，其中：财政资金**万元，包括基本支出**万元，项目支出**万元；其他资金**万元，包括基本支出**万元，项目支出**万元。

20**年**水利单位资产情况：截至20**年12月31日，**水利单位固定资产规模为**万元，其中：房屋**万元，汽车**万元，单价在50万元以上的通用设备**万元，单价在100万元以上的专用设备**万元，其他资产**万元。

3. 主要职能产出情况

**水利单位20**年度主要职能产出为：**。重点推进工作主要包括：**。

水功能区监督管理项目主要产出为：**。水行政执法监督项目主要产出为：**。入河排污口监督管理项目主要产出为：**。水质监测项目主要产出为：**。水资源配置与调度管理项目主要产出为：**。水源地管理与保护项目主要产出为：**。

4. 批复的绩效目标

**水利单位20**年度绩效目标：20**年单位年度绩效目标设定为以下**个目标，上级单位**以（财务〔20**〕**号）文件对**水利单位设定的单位整体绩效目标进行了批复。

目标1：每月及时组织开展监测，发布相关通报和水质信息，开展资料整编等。监测数量**。

目标2：贯彻落实《全国重要江河湖泊水功能区划》《最严格水资源管理制度》相关要求，完成年度**工作。

目标3：完成年度单位人员编制控制管理、机构运转管理、水资源相关宣传工作。

目标4：完成预算编制与执行管理、政府采购管理、资产管理、三公经费控制管理。

（二）单位绩效报告情况

1. 工作组织开展情况

根据《**水利单位关于开展20**年度部门试点项目和单位整体支出绩效评价工作的通知》（财务〔20**〕**号）的要求，**水利单位高度重视，领导精心安排，**处组织完成了绩效报告编写工作。

本年度各项工作内容根据**水利单位各处室的职责安排至各处室，20**年各项工作完成后,各处室根据完成情况,编写了绩效报告,**处牵头完成了绩效报告编写的汇总工作。

2. 单位绩效报告情况

在 ** 水利单位 20 ** 年单位整体支出绩效运行过程中,20 ** 年 ** 月上级主管部门下发了《 ** 关于开展 20 ** 年度部门预算绩效评价试点项目和单位整体支出绩效监控工作的通知》(财务〔20 ** 〕 ** 号)文件,并委托中介机构对试点单位进行中期检查,** 水利单位编制了中期绩效报告相关情况,以《 ** 水利单位关于报送部门预算绩效评价试点项目和单位整体支出中期绩效报告的函》(财务〔20 ** 〕 ** 号)向上级主管部门报告了项目绩效运行情况。 ** 月上级主管部门以《 ** 关于反馈 20 ** 年度部门预算新增绩效评价试点项目和单位整体支出绩效监控结果的函》文件反馈了意见,** 水利单位根据意见,认真落实整改,提交了《 ** 水利单位关于报送部门预算新增绩效评价试点项目和单位整体支出绩效监控结果落实整改情况报告的函》(财务〔20 ** 〕 ** 号)。

(三)绩效评价工作情况

1. 评价目的

绩效评价是指财政部门和预算部门(单位)根据设定的绩效目标,运用科学、合理的绩效评价指标、评价标准和评价方法,对财政支出的经济性、效率性和效益性进行客观、公正的评价。单位整体绩效评价的目的是通过对试点单位的绩效目标进行综合考评,合理配置资源,优化支出结构,规范预算资金分配,提高财政资金的使用效益和效率。

2. 评价原则

绩效评价应当遵循以下基本原则,一是科学规范原则,绩效评价应当严格执行规定的程序,按照科学可行的要求,采用定量与定性分析相结合的方法;二是公开公正的原则,绩效评价应当符合真实、客观、公正的要求,依法公开并接受监督;三是分级分类原则,绩效评价由各级财政部门、各预算部门根据评价对象的特点分类组织实施;四是绩效相关原则,绩效评价应当针对具体支出和产出绩效进行,评价结果应当清晰反映支出和产出绩效之间的紧密对应关系。

3. 评价方法

试点单位按照 20 ** 年度 ** 水利单位绩效评价评分说明,对 ** 水利单位预算编制和执行情况、财务管理状况、资产配置使用情况以及单位产生的社会效益、环境效益、可持续影响、公众满意程度等方面的效果进行评判,评价绩效目标实现程度,保证了评价结果的科学性和准确性。

4. 评价指标体系

绩效评价指标体系是反映财政支出绩效总体现象的特定概念和具体数值,是衡量、监测和评价财政支出经济性、效率性和有效性,揭示财政支出存在问题的重要量化手段;是根据绩效评价工作的要求,按照一定的分类标准,对财政支出内容和评价对象进行科学合理、层次清晰、实用可行的分类形成的指标体系。

上级主管部门制定了 20 ** 年度 ** 水利单位整体支出绩效评价指标体系。

5. 评价组织实施

试点单位编制预算时填报绩效目标申报表,根据该单位的职能和年度重点工作,制定了比较合理的绩效评价指标。20＊＊年各项工作完成后,试点单位及时总结分析单位整体支出绩效运行情况,并积极组织开展绩效评价自评工作。根据《上级主管部门关于开展20＊＊年度部门试点项目和单位整体支出绩效评价工作的通知》(财务〔20＊＊〕＊＊号＊＊号)的要求,认真组织,整理相关资料,并严格按照绩效考评评价指标体系,逐项进行对照分析,对有关记录、财务账目、成果资料和相关材料进行认真核查,逐项进行评价打分,得出评价结论。试点单位于20＊＊年＊＊月＊＊日提交《＊＊水利单位整体支出绩效报告(20＊＊年度)》及《20＊＊年度＊＊水利单位整体支出绩效自评价报告》至上级主管部门。

6. 撰写绩效评价报告

试点单位对照根据《20＊＊年度＊＊水利单位整体支出绩效评价指标体系》《20＊＊年度＊＊水利单位整体支出绩效评价评分说明》,根据绩效评价自评工作整理的相关材料及评价打分,认真撰写了绩效评价报告。

(四)总体评价结论

1. 评价得分情况

根据《20＊＊年度＊＊水利单位整体支出绩效评价指标体系》《20＊＊年度＊＊水利单位整体支出绩效评价评分说明》,对照试点单位绩效报告进行了赋分,经综合评价得分:＊＊分,评价结论为:优。

(1)投入指标标准分15分,评价得分＊＊分:＊＊水利单位20＊＊年度单位整体绩效目标设定依据充分、合理、明确,与"三定"方案确定的职责职能相符,机构设置和人员编制符合规定。绩效指标明确,细化,量化,能够充分反映项目绩效目标的预期实现程度,绩效目标与预算相符。扣分原因主要是:＊＊。

(2)过程指标标准分20分,评价得分＊＊分:＊＊水利单位20＊＊年度预算资金分配与绩效目标一致、资金分配结果合理,资金使用合规。财务、业务、资产管理制度健全有效,严格执行,项目质量的可控,资产配置合理。扣分原因主要是:＊＊。

(3)产出指标标准分40分,评价得分＊＊分:＊＊水利单位全部完成了各项绩效目标指标,常规工作全部完成,项目各项产出数量、产出质量、产出时效均达到绩效目标指标要求。扣分原因主要是:＊＊。

(4)效果指标标准分25分,评价得分＊＊分:＊＊水利单位及时掌握水雨情变化、发布洪水预报,及时监测发现突发性水污染事故,为上级提供决策依据,减少洪水灾害造成的经济损失。通过水质监测,及时了解水质状况,促进水资源持续有效利用,促进水环境质量的改善。服务对象调查满意。＊＊水利单位绩效目标设置合理,符合单位职责和单位重点工作,有明确的实施计划和完整的绩效指标体系,预算安排合理;单位财务管理制度健全,责任分工明确;各项年度任务已经全面完成,取得了良好的社会和环境效益,为以后的工作积累了可靠的基础资料,较好地完成了年度、长期及效率绩效目标。

2. 单位整体支出所实现的主要绩效

每月及时组织开展监测,发布相关通报和水质信息,开展资料整编等。完成了监测数量＊＊个。

贯彻落实《全国重要江河湖泊水功能区划》《最严格水资源管理制度》相关要求,完成了20＊＊年度＊＊工作。

完成了年度单位人员编制控制管理、机构运转管理、水资源相关宣传工作。

完成了预算编制与执行管理、政府采购管理、资产管理、"三公经费"控制管理。

完成了 ** 工作。

水质监测管理:监测质量合格率大于 99%,重新检测比例低于 1%。

经济效益:及时有效掌握了重要水体水质、水生态变化,避免发生突发水污染事件,减少经济损失。

社会效益:通过定期向社会公众发布省界水体水资源状况通报等方式,加强水资源保护宣传,及时向社会发布流域省界水体水资源质量状况,促进了公众关注流域水环境状况,提高了公众水环境保护意识。有效推进最严格水资源管理制度的贯彻实施,有助于经济发展和社会稳定。

通过开展水质监测工作,最大程度地保障了饮用水安全,有利于经济发展和社会稳定;为部署下一步工作提供了可靠的基础数据,进一步推进各项综合治理措施的有效实施,促进水质改善,保障水资源持续有效利用。

生态效益:通过河湖健康评价,为科学决策提供依据、促进水生态环境的改善。 ** 水质基本保持在 ** 类,保障了供水安全,提高了水资源和水环境的承载能力,产生了良好的生态效益。

上级主管部门满意度:获取的水质监测数据等 ** 水利单位各项工作为水资源调度、水资源保护管理提供了有力的技术支撑,得到了水资源管理部门及水质监测数据使用部门的认可。

(五)绩效管理和实现过程分析

1. 绩效目标评价分析

** 水利单位根据该单位的职能和年度重点工作,制定了比较合理的绩效目标,整体绩效目标设定与"三定"职责及年度重点工作相符。

** 水利单位能够根据各处室的职责和分工,较好地分解和落实了绩效目标,保证了单位整体支出绩效评价工作的顺利实施。

2. 预算管理评价分析

(1)预算编制情况分析

** 水利单位以《 ** 水利单位关于上报 20 ** 年中央部门预算(二上)的报告》(财务〔20 ** 〕 ** 号)文报送了"二上"预算。上级主管部门以《 ** 水利单位关于批复 20 ** 年预算的通知》(财务〔20 ** 〕 ** 号)、《 ** 水利单位关于追加 20 ** 年预算的通知》(财务〔20 ** 〕 ** 号)批复了 ** 水利单位预算及追加预算。

** 水利单位 20 ** 年财政拨款支出数 ** 万元。

① 基本支出 ** 万元,其中:在职职工人员经费 ** 万元、住房公积金经费 ** 万元、离退休职工经费 ** 万元),日常公用经费 ** 万元。

在职职工人员经费预算:按照 20 ** 年 ** 月底在职职工人数 ** 人及规范津补贴相关政策测算。住房公积金经费预算:按照 ** 比例,以 20 ** 年职工基本工资及津贴补贴总额为依据测算。离退休职工经费预算:按 20 ** 年离退休人数 ** 人和相关标准计算退休费。

日常公用经费分科目测算,科目包括办公费、印刷费、咨询费、邮电费、物业管理费、公务用车运行维护费、差旅费、维修（护）费、其他交通费用、会议费、培训费、公务接待费、劳务费、工会经费、福利费、办公设备购置、其他商品和服务支出等。

② 项目支出 ** 万元

水功能区监督管理项目 ** 万元。水行政执法监督项目 ** 万元。入河排污口监督管理项目 ** 万元。水质监测项目 ** 万元。水资源配置与调度管理项目 ** 万元。水源地管理与保护项目 ** 万元。

为严肃财经纪律、规范项目资金的使用，** 水利单位严格执行《 ** 中央级预算管理办法（试行）》等财务和资金管理制度。同时，** 水利单位也制订完善了"三重一大"审批制度、报销规定、合同管理办法（试行）等一系列财经规章制度，为进一步规范基层财务管理奠定了基础。

（2）预算执行情况分析

① 预算完成率

基本支出财政资金预算完成率＝（基本支出财政资金预算完成数/基本支出财政资金预算数）×100％。

项目支出财政资金预算完成率＝（项目支出财政资金预算完成数/项目支出财政资金预算数）×100％。

其他资金预算完成率＝（其他资金预算完成数/其他资金预算数）×100％。

② 预算调整率

预算调整率＝（预算调整数/预算数）×100％。

③ 支付进度率

支付进度率＝（实际支付进度/既定支付进度）×100％。

④ 结余结转变动率

结转结余变动率＝[（本年度累计结转结余资金总额－上年度累计结转结余资金总额）/上年度累计结转结余资金总额]×100％。

⑤ 公用经费空置率

公用经费控制率＝（实际支出公用经费总额/预算安排公用经费总额）×100％。

⑥ "三公经费"控制率

"三公经费"控制率＝（"三公经费"实际支出数/"三公经费"预算安排数）×100％

⑦ 政府采购执行率

政府采购执行率＝（实际政府采购事项（金额）/政府采购预算数）×100％。

各预算项目执行过程中，严格按照国家相关规定，各项委托合同的管理严格按照《 ** 水利单位项目合同管理暂行规定》执行，实施了"合同送签申请制、合同洽谈报告制、合同跟踪检查制、合同评价验收制、法人代表授权制"，规范了项目实施程序，认真做好合同履行的督促、检查以及验收等工作。严格按照《政府采购法》等要求，开展政府采购，签订相关合同。前期项目确定委托项目及承担单位程序：根据项目工作要求，择优选择具有相关资质及能力、熟悉单位基本情况、具备相关工作经验的单位进行委托。

3. 业务组织管理评价分析

** 水利单位根据《关于印发 ** 水利单位主要职责机构设置和人员编制规定的通知》

（水人事〔20＊＊〕＊＊号）规定的职责,在年初确定＊＊水利单位20＊＊年度工作计划。根据局领导和各处室的职责分工,落实分解全年工作计划,重大事项实施"三重一大"审批制度。业务组织管理工作能够按照主管部门的各项规范要求开展,落实最严格水资源管理制度。

业务管理制度建设情况：＊＊水利单位在贯彻执行上级主管部门制定的系列规章制度的基础上,针对＊＊水利单位职责,结合＊＊水利单位的工作实际,制订实施了《＊＊水质值班手册》《＊＊应对突发水污染事件应急预案》等。

业务管理制度执行情况：＊＊水利单位的日常业务工作在上述手册、规定的指导下,＊＊水利单位每位工作人员都能依规、按规,按指令、按程序,顺利地执行完成任务,而上述的规章制度也在工作中得到了很好的贯彻执行,发挥了应有的作用。

各预算项目按照实施方案制定的计划开展。以重点项目水质监测为例主要业务工作简要流程：

（1）年初指导监测单位完善＊＊水质监测工作方案。

（2）每月组织开展＊＊地区有毒有机物监测工作。

4. 资产管理评价分析

＊＊水利单位资产管理工作有序。截至20＊＊年12月31日,＊＊水利单位固定资产规模为＊＊万元,其中：房屋＊＊万元,汽车＊＊万元,单价在50万元以上的通用设备＊＊万元,单价在100万元以上的专用设备＊＊万元,其他资产＊＊万元。没有闲置固定资产。

5. 产出及效果实现评价分析

（1）绩效管理情况分析

本年度各项工作内容根据＊＊水利单位各处室的职责安排至各处室。＊＊水利单位各项年度任务已经全面完成,取得了良好的经济、社会和环境效益,为以后的工作积累了可靠的基础资料,较好地完成了绩效目标。

（2）产出完成情况分析

每月及时组织开展监测,发布相关通报和水质信息,开展资料整编等。完成了监测数量＊＊。

贯彻落实《全国重要江河湖泊水功能区划》《最严格水资源管理制度》相关要求,完成了20＊＊年度＊＊工作。

完成了年度单位人员编制控制管理、机构运转管理、水资源相关宣传工作。

完成了预算编制与执行管理、政府采购管理、资产管理、"三公经费"控制管理。

水质监测管理：监测质量合格率大于99%,重新检测比例低于1%。

（3）效果实现情况分析

经济效益：及时有效掌握了重要水体水质、水生态变化,避免发生突发水污染事件,减少经济损失。

社会效益：通过定期向社会公众发布省界水体水资源状况通报等方式,加强水资源保护宣传,及时向社会发布流域省界水体水资源质量状况,促进了公众关注流域水环境状况,提高了公众水环境保护意识。有效推进最严格水资源管理制度的贯彻实施,有助于经济发展和社会稳定。

通过开展水质监测工作,最大程度地保障了饮用水安全,有利于经济发展和社会稳定;为部署下一步工作提供了可靠的基础数据,进一步推进各项综合治理措施的有效实施,促进水质改善,保障水资源持续有效利用。

生态效益:通过河湖健康评价,为科学决策提供依据、促进水生态环境的改善。 \*\* 水质基本保持在 \*\* 类,保障了供水安全,提高了水资源和水环境的承载能力,产生了良好的生态效益。

上级主管部门满意度:获取的水质监测数据等 \*\* 水利单位各项工作为水资源调度、水资源保护管理提供了有力的技术支撑,得到了水资源管理部门及水质监测数据使用部门的认可。

### (六)存在的主要问题及相关建议

#### 1. 存在的主要问题

效益指标的绩效佐证材料不够充分,反映绩效的材料没有深入挖掘,如相关媒体报道、宣传等。

#### 2. 相关建议

本评价报告可作为下一年度及以后年度预算安排的参考,作为改进预算管理的重要依据。评价结果应在一定范围内公开,以充分发挥水利单位开展绩效管理的积极性,不断提高预算绩效管理工作水平。

# 附录

## 中共中央 国务院《关于全面实施预算绩效管理的意见》

（2018 年 9 月 1 日）

全面实施预算绩效管理是推进国家治理体系和治理能力现代化的内在要求，是深化财税体制改革、建立现代财政制度的重要内容，是优化财政资源配置、提升公共服务质量的关键举措。为解决当前预算绩效管理存在的突出问题，加快建成全方位、全过程、全覆盖的预算绩效管理体系，现提出如下意见。

### 一、全面实施预算绩效管理的必要性

党的十八大以来，在以习近平同志为核心的党中央坚强领导下，各地区各部门认真贯彻落实党中央、国务院决策部署，财税体制改革加快推进，预算管理制度持续完善，财政资金使用绩效不断提升，对我国经济社会发展发挥了重要支持作用。但也要看到，现行预算绩效管理仍然存在一些突出问题，主要是：绩效理念尚未牢固树立，一些地方和部门存在重投入轻管理、重支出轻绩效的意识；绩效管理的广度和深度不足，尚未覆盖所有财政资金，一些领域财政资金低效无效、闲置沉淀、损失浪费的问题较为突出，克扣挪用、截留私分、虚报冒领的问题时有发生；绩效激励约束作用不强，绩效评价结果与预算安排和政策调整的挂钩机制尚未建立。

当前，我国经济已由高速增长阶段转向高质量发展阶段，正处在转变发展方式、优化经济结构、转换增长动力的攻关期，建设现代化经济体系是跨越关口的迫切要求和我国发展的战略目标。发挥好财政职能作用，必须按照全面深化改革的要求，加快建立现代财政制度，建立全面规范透明、标准科学、约束有力的预算制度，以全面实施预算绩效管理为关键点和突破口，解决好绩效管理中存在的突出问题，推动财政资金聚力增效，提高公共服务供给质量，增强政府公信力和执行力。

### 二、总体要求

（一）指导思想。以习近平新时代中国特色社会主义思想为指导，全面贯彻党的十九大和十九届二中、三中全会精神，坚持和加强党的全面领导，坚持稳中求进工作总基调，坚持新发展理念，紧扣我国社会主要矛盾变化，按照高质量发展的要求，紧紧围绕统筹推进"五位一体"总体布局和协调推进"四个全面"战略布局，坚持以供给侧结构性改革为主线，创新预算管理方式，更加注重结果导向、强调成本效益、硬化责任约束，力争用 3～5 年时

589

间基本建成全方位、全过程、全覆盖的预算绩效管理体系,实现预算和绩效管理一体化,着力提高财政资源配置效率和使用效益,改变预算资金分配的固化格局,提高预算管理水平和政策实施效果,为经济社会发展提供有力保障。

(二)基本原则

——坚持总体设计、统筹兼顾。按照深化财税体制改革和建立现代财政制度的总体要求,统筹谋划全面实施预算绩效管理的路径和制度体系。既聚焦解决当前最紧迫问题,又着眼健全长效机制;既关注预算资金的直接产出和效果,又关注宏观政策目标的实现程度;既关注新出台政策、项目的科学性和精准度,又兼顾延续政策、项目的必要性和有效性。

——坚持全面推进、突出重点。预算绩效管理既要全面推进,将绩效理念和方法深度融入预算编制、执行、监督全过程,构建事前事中事后绩效管理闭环系统,又要突出重点,坚持问题导向,聚焦提升覆盖面广、社会关注度高、持续时间长的重大政策、项目的实施效果。

——坚持科学规范、公开透明。抓紧健全科学规范的管理制度,完善绩效目标、绩效监控、绩效评价、结果应用等管理流程,健全共性的绩效指标框架和分行业领域的绩效指标体系,推动预算绩效管理标准科学、程序规范、方法合理、结果可信。大力推进绩效信息公开透明,主动向同级人大报告、向社会公开,自觉接受人大和社会各界监督。

——坚持权责对等、约束有力。建立责任约束制度,明确各方预算绩效管理职责,清晰界定权责边界。健全激励约束机制,实现绩效评价结果与预算安排和政策调整挂钩。增强预算统筹能力,优化预算管理流程,调动地方和部门的积极性、主动性。

## 三、构建全方位预算绩效管理格局

(三)实施政府预算绩效管理。将各级政府收支预算全面纳入绩效管理。各级政府预算收入要实事求是、积极稳妥、讲求质量,必须与经济社会发展水平相适应,严格落实各项减税降费政策,严禁脱离实际制定增长目标,严禁虚收空转、收取过头税费,严禁超出限额举借政府债务。各级政府预算支出要统筹兼顾、突出重点、量力而行,着力支持国家重大发展战略和重点领域改革,提高保障和改善民生水平,同时不得设定过高民生标准和擅自扩大保障范围,确保财政资源高效配置,增强财政可持续性。

(四)实施部门和单位预算绩效管理。将部门和单位预算收支全面纳入绩效管理,赋予部门和资金使用单位更多的管理自主权,围绕部门和单位职责、行业发展规划,以预算资金管理为主线,统筹考虑资产和业务活动,从运行成本、管理效率、履职效能、社会效应、可持续发展能力和服务对象满意度等方面,衡量部门和单位整体及核心业务实施效果,推动提高部门和单位整体绩效水平。

(五)实施政策和项目预算绩效管理。将政策和项目全面纳入绩效管理,从数量、质量、时效、成本、效益等方面,综合衡量政策和项目预算资金使用效果。对实施期超过一年的重大政策和项目实行全周期跟踪问效,建立动态评价调整机制,政策到期、绩效低下的政策和项目要及时清理退出。

## 四、建立全过程预算绩效管理链条

（六）建立绩效评估机制。各部门各单位要结合预算评审、项目审批等，对新出台重大政策、项目开展事前绩效评估，重点论证立项必要性、投入经济性、绩效目标合理性、实施方案可行性、筹资合规性等，投资主管部门要加强基建投资绩效评估，评估结果作为申请预算的必备要件。各级财政部门要加强新增重大政策和项目预算审核，必要时可以组织第三方机构独立开展绩效评估，审核和评估结果作为预算安排的重要参考依据。

（七）强化绩效目标管理。各地区各部门编制预算时要贯彻落实党中央、国务院各项决策部署，分解细化各项工作要求，结合本地区本部门实际情况，全面设置部门和单位整体绩效目标、政策及项目绩效目标。绩效目标不仅要包括产出、成本，还要包括经济效益、社会效益、生态效益、可持续影响和服务对象满意度等绩效指标。各级财政部门要将绩效目标设置作为预算安排的前置条件，加强绩效目标审核，将绩效目标与预算同步批复下达。

（八）做好绩效运行监控。各级政府和各部门各单位对绩效目标实现程度和预算执行进度实行"双监控"，发现问题要及时纠正，确保绩效目标如期保质保量实现。各级财政部门建立重大政策、项目绩效跟踪机制，对存在严重问题的政策、项目要暂缓或停止预算拨款，督促及时整改落实。各级财政部门要按照预算绩效管理要求，加强国库现金管理，降低资金运行成本。

（九）开展绩效评价和结果应用。通过自评和外部评价相结合的方式，对预算执行情况开展绩效评价。各部门各单位对预算执行情况以及政策、项目实施效果开展绩效自评，评价结果报送本级财政部门。各级财政部门建立重大政策、项目预算绩效评价机制，逐步开展部门整体绩效评价，对下级政府财政运行情况实施综合绩效评价，必要时可以引入第三方机构参与绩效评价。健全绩效评价结果反馈制度和绩效问题整改责任制，加强绩效评价结果应用。

## 五、完善全覆盖预算绩效管理体系

（十）建立一般公共预算绩效管理体系。各级政府要加强一般公共预算绩效管理。收入方面，要重点关注收入结构、征收效率和优惠政策实施效果。支出方面，要重点关注预算资金配置效率、使用效益，特别是重大政策和项目实施效果，其中转移支付预算绩效管理要符合财政事权和支出责任划分规定，重点关注促进地区间财力协调和区域均衡发展。同时，积极开展涉及一般公共预算等财政资金的政府投资基金、主权财富基金、政府和社会资本合作（PPP）、政府采购、政府购买服务、政府债务项目绩效管理。

（十一）建立其他政府预算绩效管理体系。除一般公共预算外，各级政府还要将政府性基金预算、国有资本经营预算、社会保险基金预算全部纳入绩效管理，加强四本预算之间的衔接。政府性基金预算绩效管理，要重点关注基金政策设立延续依据、征收标准、使用效果等情况，地方政府还要关注其对专项债务的支撑能力。国有资本经营预算绩效管理，要重点关注贯彻国家战略、收益上缴、支出结构、使用效果等情况。社会保险基金预算绩效管理，要重点关注各类社会保险基金收支政策效果、基金管理、精算平衡、地区结构、运行风险等情况。

## 六、健全预算绩效管理制度

（十二）完善预算绩效管理流程。围绕预算管理的主要内容和环节,完善涵盖绩效目标管理、绩效运行监控、绩效评价管理、评价结果应用等各环节的管理流程,制定预算绩效管理制度和实施细则。建立专家咨询机制,引导和规范第三方机构参与预算绩效管理,严格执业质量监督管理。加快预算绩效管理信息化建设,打破"信息孤岛"和"数据烟囱",促进各级政府和各部门各单位的业务、财务、资产等信息互联互通。

（十三）健全预算绩效标准体系。各级财政部门要建立健全定量和定性相结合的共性绩效指标框架。各行业主管部门要加快构建分行业、分领域、分层次的核心绩效指标和标准体系,实现科学合理、细化量化、可比可测、动态调整、共建共享。绩效指标和标准体系要与基本公共服务标准、部门预算项目支出标准等衔接匹配,突出结果导向,重点考核实绩。创新评估评价方法,立足多维视角和多元数据,依托大数据分析技术,运用成本效益分析法、比较法、因素分析法、公众评判法、标杆管理法等,提高绩效评估评价结果的客观性和准确性。

## 七、硬化预算绩效管理约束

（十四）明确绩效管理责任约束。按照党中央、国务院统一部署,财政部要完善绩效管理的责任约束机制,地方各级政府和各部门各单位是预算绩效管理的责任主体。地方各级党委和政府主要负责同志对本地区预算绩效负责,部门和单位主要负责同志对本部门本单位预算绩效负责,项目责任人对项目预算绩效负责,对重大项目的责任人实行绩效终身责任追究制,切实做到花钱必问效、无效必问责。

（十五）强化绩效管理激励约束。各级财政部门要抓紧建立绩效评价结果与预算安排和政策调整挂钩机制,将本级部门整体绩效与部门预算安排挂钩,将下级政府财政运行综合绩效与转移支付分配挂钩。对绩效好的政策和项目原则上优先保障,对绩效一般的政策和项目要督促改进,对交叉重复、碎片化的政策和项目予以调整,对低效无效资金一律削减或取消,对长期沉淀的资金一律收回并按照有关规定统筹用于亟需支持的领域。

## 八、保障措施

（十六）加强绩效管理组织领导。坚持党对全面实施预算绩效管理工作的领导,充分发挥党组织的领导作用,增强把方向、谋大局、定政策、促改革的能力和定力。财政部要加强对全面实施预算绩效管理工作的组织协调。各地区各部门要加强对本地区本部门预算绩效管理的组织领导,切实转变思想观念,牢固树立绩效意识,结合实际制定实施办法,加强预算绩效管理力量,充实预算绩效管理人员,督促指导有关政策措施落实,确保预算绩效管理延伸至基层单位和资金使用终端。

（十七）加强绩效管理监督问责。审计机关要依法对预算绩效管理情况开展审计监督,财政、审计等部门发现违纪违法问题线索,应当及时移送纪检监察机关。各级财政部门要推进绩效信息公开,重要绩效目标、绩效评价结果要与预决算草案同步报送同级人大、同步向社会主动公开,搭建社会公众参与绩效管理的途径和平台,自觉接受人大和社会各界监督。

（十八）加强绩效管理工作考核。各级政府要将预算绩效结果纳入政府绩效和干部政绩考核体系,作为领导干部选拔任用、公务员考核的重要参考,充分调动各地区各部门履职尽责和干事创业的积极性。各级财政部门负责对本级部门和预算单位、下级财政部门预算绩效管理工作情况进行考核。建立考核结果通报制度,对工作成效明显的地区和部门给予表彰,对工作推进不力的进行约谈并责令限期整改。

全面实施预算绩效管理是党中央、国务院作出的重大战略部署,是政府治理和预算管理的深刻变革。各地区各部门要更加紧密地团结在以习近平同志为核心的党中央周围,把思想认识和行动统一到党中央、国务院决策部署上来,增强"四个意识",坚定"四个自信",提高政治站位,把全面实施预算绩效管理各项措施落到实处,为决胜全面建成小康社会、夺取新时代中国特色社会主义伟大胜利、实现中华民族伟大复兴的中国梦奠定坚实基础。

# 财政部关于贯彻落实《中共中央 国务院关于全面实施预算绩效管理的意见》的通知

**财预〔2018〕167号**

党中央有关部门,国务院各部委、各直属机构,中央军委后勤保障部,武警各部门,全国人大常委会办公厅,政协全国委员会办公厅,高法院,高检院,各民主党派中央,有关人民团体,有关中央管理企业,各省、自治区、直辖市、计划单列市财政厅(局),新疆生产建设兵团财政局:

为深入贯彻落实《中共中央 国务院关于全面实施预算绩效管理的意见》(以下简称《意见》),加快建成全方位、全过程、全覆盖的预算绩效管理体系,提高财政资源配置效率和使用效益,增强政府公信力和执行力,现就有关事项通知如下:

## 一、充分认识全面实施预算绩效管理的重要意义

全面实施预算绩效管理是推进国家治理体系和治理能力现代化的内在要求,是深化财税体制改革、建立现代财政制度的重要内容,是优化财政资源配置、提升公共服务质量的关键举措,是推动党中央、国务院重大方针政策落地见效的重要保障。《意见》以习近平新时代中国特色社会主义思想为指导,全面贯彻党的十九大和十九届二中、三中全会精神,按照高质量发展要求,紧紧围绕统筹推进"五位一体"总体布局和协调推进"四个全面"战略布局,坚持以供给侧结构性改革为主线,聚焦解决当前预算绩效管理中存在的突出问题,对全面实施预算绩效管理进行统筹谋划和顶层设计,是新时期预算绩效管理工作的根本遵循。

全面实施预算绩效管理是政府治理方式的深刻变革,是一项长期的系统性工程,涉及面广、难度大。各地区各部门要切实把思想认识行动统一到党中央、国务院决策部署上来,深刻学习领会《意见》的精神实质,准确把握核心内涵,进一步增强责任感和紧迫感,把深入贯彻落实《意见》要求、全面实施预算绩效管理作为当前和今后一段时期财政预算工作的重点,真抓实干、常抓不懈,确保全面实施预算绩效管理各项改革任务落到实处,不断提高财政资源配置效率和使用效益。

## 二、结合实际制定贯彻落实方案

各地区各部门要深入分析本地区本部门预算绩效管理工作实际,对照《意见》要求,准确查找存在的差距和突出问题,抓紧研究制定具体、有针对性、可操作的贯彻落实方案,明确下一步全面实施预算绩效管理的时间表和路线图,着力抓重点、补短板、强弱项、提质

量,确保贯彻落实党中央、国务院决策部署不跑偏、不走样。各级财政部门要抓紧完善预算绩效管理制度办法,组织指导本级部门、单位和下级财政部门全面实施预算绩效管理工作,重点关注预算收支总量和结构,加强预算执行监管,推动财政预算管理水平明显提升。各部门各单位要切实履行预算绩效管理主体责任,健全预算绩效管理操作规范和实施细则,建立上下协调、部门联动、层层抓落实的工作责任制,将绩效管理责任分解落实到具体预算单位、明确到具体责任人,确保每一笔资金花得安全、用得高效。

到 2020 年底中央部门和省级层面要基本建成全方位、全过程、全覆盖的预算绩效管理体系,既要提高本级财政资源配置效率和使用效益,又要加强对下转移支付的绩效管理,防止财政资金损失浪费;到 2022 年底市县层面要基本建成全方位、全过程、全覆盖的预算绩效管理体系,做到"花钱必问效、无效必问责",大幅提升预算管理水平和政策实施效果。

### 三、抓好预算绩效管理的重点环节

(一)预算编制环节突出绩效导向。将绩效关口前移,各部门各单位要对新出台重大政策、项目,结合预算评审、项目审批等开展事前绩效评估,评估结果作为申请预算的必备要件,防止"拍脑袋决策",从源头上提高预算编制的科学性和精准性。加快实现本级政策和项目、对下共同事权分类分档转移支付、专项转移支付绩效目标管理全覆盖,加快设立部门和单位整体绩效目标。财政部门要严格绩效目标审核,未按要求设定绩效目标或审核未通过的,不得安排预算。

(二)预算执行环节加强绩效监控。按照"谁支出、谁负责"的原则,完善用款计划管理,对绩效目标实现程度和预算执行进度实行"双监控",发现问题要分析原因并及时纠正。逐步建立重大政策、项目绩效跟踪机制,按照项目进度和绩效情况拨款,对存在严重问题的要暂缓或停止预算拨款。加强预算执行监测,科学调度资金,简化审核材料,缩短审核时间,推进国库集中支付电子化管理,切实提高预算执行效率。

(三)决算环节全面开展绩效评价。加快实现政策和项目绩效自评全覆盖,如实反映绩效目标实现结果,对绩效目标未达成或目标制定明显不合理的,要作出说明并提出改进措施。逐步推动预算部门和单位开展整体绩效自评,提高部门履职效能和公共服务供给质量。建立健全重点绩效评价常态机制,对重大政策和项目定期组织开展重点绩效评价,不断创新评价方法,提高评价质量。

(四)强化绩效评价结果刚性约束。健全绩效评价结果反馈制度和绩效问题整改责任制,形成反馈、整改、提升绩效的良性循环。各级财政部门要会同有关部门抓紧建立绩效评价结果与预算安排和政策调整挂钩机制,按照奖优罚劣的原则,对绩效好的政策和项目原则上优先保障,对绩效一般的政策和项目要督促改进,对低效无效资金一律削减或取消,对长期沉淀的资金一律收回,并按照有关规定统筹用于亟需支持的领域。

(五)推动预算绩效管理扩围升级。绩效管理要覆盖所有财政资金,延伸到基层单位和资金使用终端,确保不留死角。推动绩效管理覆盖"四本预算",并根据不同预算资金的性质和特点统筹实施。加快对政府投资基金、主权财富基金、政府和社会资本合作(PPP)、政府购买服务、政府债务项目等各项政府投融资活动实施绩效管理,实现全过程跟踪问效。积极推动绩效管理实施对象从政策和项目预算向部门和单位预算、政府预算拓展,稳步提升预算绩效管理层级,逐步增强整体性和协调性。

### 四、加强绩效管理监督问责

(一)硬化预算绩效责任约束。财政部门要会同审计部门加强预算绩效监督管理,重点对资金使用绩效自评结果的真实性和准确性进行复核,必要时可以组织开展再评价。财政部驻各地财政监察专员办事处要发挥就地就近优势,加强对本地区中央专项转移支付绩效目标和绩效自评结果的审核。对绩效监控、绩效评估评价结果弄虚作假,或预算执行与绩效目标严重背离的部门和单位及其责任人要提请有关部门进行追责问责。

(二)加大绩效信息公开力度。大力推动重大政策和项目绩效目标、绩效自评以及重点绩效评价结果随同预决算报送同级人大,并依法予以公开。探索建立部门和单位预算整体绩效报告制度,促使各部门各单位从"要我有绩效"向"我要有绩效"转变,提高预算绩效信息的透明度。

(三)推动社会力量有序参与。引导和规范第三方机构参与预算绩效管理,加强执业质量全过程跟踪和监管。搭建专家学者和社会公众参与绩效管理的途径和平台,自觉接受社会各界监督,促进形成全社会"讲绩效、用绩效、比绩效"的良好氛围。

### 五、健全工作协调机制

(一)财政部门加强组织协调。各级财政部门要赋予部门和资金使用单位更多的管理自主权,强化预算绩效管理工作考核,充实预算绩效管理机构和人员力量,加大宣传培训力度,指导部门和单位提高预算绩效管理水平。完善共性绩效指标框架,组织建立分行业、分领域、分层次的绩效指标体系,推动绩效指标和评价标准科学合理、细化量化、可比可测,夯实绩效管理基础。加快推进绩效管理信息化建设,逐步完善互联互通的预算绩效"大数据"系统,为全面实施预算绩效管理提供重要支撑。加强与人大、监察、审计等机构的协调配合,健全工作机制,形成改革合力,确保全面预算绩效管理工作顺利实施。

(二)各部门完善内部工作机制。各部门各单位要按照预算和绩效管理一体化要求,结合自身业务特点,优化预算管理流程,完善内控制度,明确部门内部绩效目标设置、监控、评价和审核的责任分工,加强部门财务与业务工作紧密衔接。建立健全本行业、本领域核心绩效指标体系,明确绩效标准,规范一级项目绩效目标设置,理顺二级项目绩效目标逐级汇总流程,推动全面实施预算绩效管理工作常态化、制度化、规范化。

(三)推进配套改革。加强预算绩效管理与机构和行政体制改革、政府职能转变、深化放管服改革等有效衔接,统筹推进中期财政规划、政府收支分类、项目支出标准体系、国库现金管理、权责发生制政府综合财务报告制度等财政领域相关改革,抓紧修改调整与预算绩效管理要求不相符的规章制度,切实提高改革的系统性和协同性。

# 国务院关于深化预算管理制度改革的决定

国发〔2014〕45 号

各省、自治区、直辖市人民政府，国务院各部委、各直属机构：

为贯彻落实党的十八大和十八届三中全会精神，按照新修订的预算法，改进预算管理，实施全面规范、公开透明的预算制度，现就深化预算管理制度改革作出如下决定。

## 一、充分认识深化预算管理制度改革的重要性和紧迫性

建立与实现现代化相适应的现代财政制度，对于优化资源配置、维护市场统一、促进社会公平、实现国家长治久安具有重要意义。改革开放以来，特别是 1995 年预算法及预算法实施条例施行以来，在党中央、国务院的正确领导下，我国财政制度改革取得显著成效，初步建立了与社会主义市场经济体制相适应的公共财政制度体系，作为公共财政制度基础的预算管理制度也不断完善，为促进经济社会持续健康发展发挥了重要作用。

当前，我国已进入全面建成小康社会的关键阶段。随着经济社会发展，现行预算管理制度也暴露出一些不符合公共财政制度和现代国家治理要求的问题，主要表现在：预算管理和控制方式不够科学，跨年度预算平衡机制尚未建立；预算体系不够完善，地方政府债务未纳入预算管理；预算约束力不够，财政收支结构有待优化；财政结转结余资金规模较大，预算资金使用绩效不高；预算透明度不够，财经纪律有待加强等，财政可持续发展面临严峻挑战。

党的十八届三中全会确立了全面深化改革的总目标，并对改进预算管理制度提出了明确要求，今年《政府工作报告》也作出了部署。贯彻落实党的十八届三中全会精神和国务院决策部署，深化预算管理制度改革，实施全面规范、公开透明的预算制度，是深化财税体制改革，建立现代公共财政制度的迫切需要；是完善社会主义市场经济体制，加快转变政府职能的必然要求；是推进国家治理体系现代化，实现国家长治久安的重要保障。

## 二、准确把握深化预算管理制度改革的总体方向

（一）指导思想

深化预算管理制度改革，要以邓小平理论、"三个代表"重要思想、科学发展观为指导，全面贯彻党的十八大和十八届三中全会精神，落实党中央、国务院决策部署，按照全面深化财税体制改革的总体要求，遵循社会主义市场经济原则，加快转变政府职能，完善管理制度，创新管理方式，提高管理绩效，用好增量资金，构建全面规范、公开透明的预算制度，进一步规范政府行为，防范财政风险，实现有效监督，提高资金效益，逐步建立与实现现代化相适应的现代财政制度。

（二）基本原则

遵循现代国家治理理念。按照推进国家治理体系和治理能力现代化的要求,着力构建规范的现代预算制度,并与相关法律和制度的修订完善相衔接。健全财政法律制度体系,注重运用法律和制度规范预算管理,提高政府公共服务水平。

划清市场和政府的边界。凡属市场能发挥作用的,财税等优惠政策要逐步退出;凡属市场不能有效发挥作用的,政府包括公共财政等要主动补位。

着力推进预算公开透明。实施全面规范、公开透明的预算制度,将公开透明贯穿预算改革和管理全过程,充分发挥预算公开透明对政府部门的监督和约束作用,建设阳光政府、责任政府、服务政府。

坚持总体设计、协同推进。既要注重顶层设计,增强改革的系统性、整体性、协同性,又要考虑外部环境和制约因素,实现与行政管理体制改革的有序衔接,合理把握改革的力度和节奏,确保改革顺利实施。

## 三、全面推进深化预算管理制度改革的各项工作

（一）完善政府预算体系,积极推进预算公开

1. 完善政府预算体系。明确一般公共预算、政府性基金预算、国有资本经营预算、社会保险基金预算的收支范围,建立定位清晰、分工明确的政府预算体系,政府的收入和支出全部纳入预算管理。加大政府性基金预算、国有资本经营预算与一般公共预算的统筹力度,建立将政府性基金预算中应统筹使用的资金列入一般公共预算的机制,加大国有资本经营预算资金调入一般公共预算的力度。加强社会保险基金预算管理,做好基金结余的保值增值,在精算平衡的基础上实现社会保险基金预算的可持续运行。

2. 健全预算标准体系。进一步完善基本支出定额标准体系,加快推进项目支出定额标准体系建设,充分发挥支出标准在预算编制和管理中的基础支撑作用。严格机关运行经费管理,加快制定机关运行经费实物定额和服务标准。加强人员编制管理和资产管理,完善人员编制、资产管理与预算管理相结合的机制。进一步完善政府收支分类体系,按经济分类编制部门预决算和政府预决算。

3. 积极推进预决算公开。细化政府预决算公开内容,除涉密信息外,政府预决算支出全部细化公开到功能分类的项级科目,专项转移支付预决算按项目按地区公开。积极推进财政政策公开。扩大部门预决算公开范围,除涉密信息外,中央和地方所有使用财政资金的部门均应公开本部门预决算。细化部门预决算公开内容,逐步将部门预决算公开到基本支出和项目支出。按经济分类公开政府预决算和部门预决算。加大"三公"经费公开力度,细化公开内容,除涉密信息外,所有财政资金安排的"三公"经费都要公开。对预决算公开过程中社会关切的问题,要规范整改、完善制度。

（二）改进预算管理和控制,建立跨年度预算平衡机制

1. 实行中期财政规划管理。财政部门会同各部门研究编制三年滚动财政规划,对未来三年重大财政收支情况进行分析预测,对规划期内一些重大改革、重要政策和重大项目,研究政策目标、运行机制和评价办法。中期财政规划要与国民经济和社会发展规划纲要及国家宏观调控政策相衔接。强化三年滚动财政规划对年度预算的约束。推进部门编

制三年滚动规划,加强项目库管理,健全项目预算审核机制。提高财政预算的统筹能力,各部门规划中涉及财政政策和资金支持的,要与三年滚动财政规划相衔接。

2. 改进年度预算控制方式。一般公共预算审核的重点由平衡状态、赤字规模向支出预算和政策拓展。强化支出预算约束,各级政府向本级人大报告支出预算的同时,要重点报告支出政策内容。预算执行中如需增加或减少预算总支出,必须报经本级人大常委会审查批准。收入预算从约束性转向预期性,根据经济形势和政策调整等因素科学预测。中央一般公共预算因宏观调控政策需要可编列赤字,通过发行国债予以弥补。中央政府债务实行余额管理,中央国债余额限额根据累计赤字和应对当年短收需发行的债务等因素合理确定,报全国人大或其常委会审批。经国务院批准,地方一般公共预算为没有收益的公益性事业发展可编列赤字,通过举借一般债务予以弥补,地方政府一般债务规模纳入限额管理,由国务院确定并报全国人大或其常委会批准。加强政府性基金预算编制管理。政府性基金预算按照以收定支的原则,根据政府性基金项目的收入情况和实际支出需要编制;经国务院批准,地方政府性基金预算为有一定收益的公益性事业发展可举借专项债务,地方政府专项债务规模纳入限额管理,由国务院确定并报全国人大或其常委会批准。财政部在全国人大或其常委会批准的地方政府债务规模内,根据各地区债务风险、财力状况等因素测算分地区债务限额,并报国务院批准。各省、自治区、直辖市在分地区债务限额内举借债务,报省级人大或其常委会批准。国有资本经营预算按照收支平衡的原则编制,不列赤字。

3. 建立跨年度预算平衡机制。根据经济形势发展变化和财政政策逆周期调节的需要,建立跨年度预算平衡机制。中央一般公共预算执行中如出现超收,超收收入用于冲减赤字、补充预算稳定调节基金;如出现短收,通过调入预算稳定调节基金、削减支出或增列赤字并在经全国人大或其常委会批准的国债余额限额内发债平衡。地方一般公共预算执行中如出现超收,用于化解政府债务或补充预算稳定调节基金;如出现短收,通过调入预算稳定调节基金或其他预算资金、削减支出实现平衡。如采取上述措施后仍不能实现平衡,省级政府报本级人大或其常委会批准后增列赤字,并报财政部备案,在下一年度预算中予以弥补;市、县级政府通过申请上级政府临时救助实现平衡,并在下一年度预算中归还。政府性基金预算和国有资本经营预算如出现超收,结转下年安排;如出现短收,通过削减支出实现平衡。

(三)加强财政收入管理,清理规范税收优惠政策

1. 加强税收征管。各级税收征管部门要依照法律法规及时足额组织税收收入,并建立与相关经济指标变化情况相衔接的考核体系。切实加强税收征管,做到依法征收、应收尽收,不收过头税。严格减免税管理,不得违反法律法规的规定和超越权限多征、提前征收或者减征、免征、缓征应征税款。加强执法监督,强化税收入库管理。

2. 加强非税收入管理。各地区、各部门要依照法律法规切实加强非税收入管理。继续清理规范行政事业性收费和政府性基金,坚决取消不合法、不合理的收费基金项目。加快建立健全国有资源、国有资产有偿使用制度和收益共享机制。加强国有资本收益管理,完善国家以所有者身份参与国有企业利润分配制度,落实国有资本收益权。加强非税收入分类预算管理,完善非税收入征缴制度和监督体系,禁止通过违规调库、乱收费、乱罚款

等手段虚增财政收入。

3. 全面规范税收优惠政策。除专门的税收法律、法规和国务院规定外,各部门起草其他法律、法规、发展规划和区域政策都不得突破国家统一财税制度、规定税收优惠政策。未经国务院批准,各地区、各部门不能对企业规定财政优惠政策。各地区、各部门要对已经出台的税收优惠政策进行规范,违反法律法规和国务院规定的一律停止执行;没有法律法规障碍且具有推广价值的,尽快在全国范围内实施;有明确时限的到期停止执行,未明确时限的应设定优惠政策实施时限。建立税收优惠政策备案审查、定期评估和退出机制,加强考核问责,严惩各类违法违规行为。

(四)优化财政支出结构,加强结转结余资金管理

1. 优化财政支出结构。严格控制政府性楼堂馆所、财政供养人员以及"三公"经费等一般性支出。清理规范重点支出同财政收支增幅或生产总值挂钩事项,一般不采取挂钩方式。对重点支出根据推进改革的需要和确需保障的内容统筹安排,优先保障,不再采取先确定支出总额再安排具体项目的办法。结合税费制度改革,完善相关法律法规,逐步取消城市维护建设税、排污费、探矿权和采矿权价款、矿产资源补偿费等专款专用的规定,统筹安排这些领域的经费。统一预算分配,逐步将所有预算资金纳入财政部门统一分配。在此之前,负责资金分配的部门要按规定将资金具体安排情况及时报财政部门。

2. 优化转移支付结构。完善一般性转移支付增长机制,增加一般性转移支付规模和比例,逐步将一般性转移支付占比提高到60%以上;明显增加对革命老区、民族地区、边疆地区和贫困地区的转移支付;中央出台增支政策形成的地方财力缺口,原则上通过一般性转移支付调节。要大力清理、整合、规范专项转移支付,在合理界定中央与地方事权的基础上,严格控制引导类、救济类、应急类专项转移支付,属地方事务的划入一般性转移支付。对竞争性领域的专项转移支付逐一进行甄别排查,凡属"小、散、乱"以及效用不明显的要坚决取消,其余需要保留的也要予以压缩或实行零增长,并改进分配方式,减少行政性分配,引入市场化运作模式,逐步与金融资本相结合,引导带动社会资本增加投入。对目标接近、资金投入方向类同、资金管理方式相近的专项转移支付予以整合。规范专项转移支付项目设立,严格控制新增项目和资金规模,建立健全专项转移支付定期评估和退出机制。加快修订完善中央对地方转移支付管理办法,对转移支付项目的设立、资金分配、使用管理、绩效评价、信息公开等作出规定。研究建立财政转移支付同农业转移人口市民化挂钩机制。在明确中央和地方支出责任的基础上,认真清理现行配套政策,对属于中央承担支出责任的事项,一律不得要求地方安排配套资金;对属于中央和地方分担支出责任的事项,由中央和地方按各自应分担数额安排资金。各地区要对本级安排的专项资金进行清理、整合、规范,完善资金管理办法,提高资金使用效益。

3. 加强结转结余资金管理。建立结转结余资金定期清理机制,各级政府上一年预算的结转资金,应当在下一年用于结转项目的支出;连续两年未用完的结转资金,应当作为结余资金管理,其中一般公共预算的结余资金,应当补充预算稳定调节基金。各部门、各单位上一年预算的结转、结余资金按照财政部的规定办理。要加大结转资金统筹使用力度,对不需按原用途使用的资金,可按规定统筹用于经济社会发展亟需资金支持的领域。建立预算编制与结转结余资金管理相结合的机制,细化预算编制,提高年初预算到位率。

建立科学合理的预算执行进度考核机制,实施预算执行进度的通报制度和监督检查制度,有效控制新增结转结余资金。

4. 加强政府购买服务资金管理。政府购买服务所需资金列入财政预算,从部门预算经费或者经批准的专项资金等既有预算中统筹安排,支持各部门按有关规定开展政府购买服务工作,切实降低公共服务成本,提高公共服务质量。

(五)加强预算执行管理,提高财政支出绩效

1. 做好预算执行工作。硬化预算约束,年度预算执行中除救灾等应急支出通过动支预备费解决外,一般不出台增加当年支出的政策,一些必须出台的政策,通过以后年度预算安排资金。及时批复部门预算,严格按照预算、用款计划、项目进度、有关合同和规定程序及时办理资金支付,涉及政府采购的应严格执行政府采购有关规定。进一步提高提前下达转移支付预计数的比例,按因素法分配且金额相对固定的转移支付提前下达的比例要达到90%。加快转移支付预算正式下达进度,除据实结算等特殊项目外,中央对地方一般性转移支付在全国人大批准预算后30日内正式下达,专项转移支付在90日内正式下达。省级政府接到中央一般性转移支付或专项转移支付后,应在30日内正式下达到县级以上地方各级政府。规范预算变更,各部门、各单位的预算支出应当按照预算科目执行。不同预算科目、预算级次或者项目间的预算资金需要调剂使用的,按照财政部的规定办理。

2. 规范国库资金管理。规范国库资金管理,提高国库资金收支运行效率。全面清理整顿财政专户,各地一律不得新设专项支出财政专户,除财政部审核并报国务院批准予以保留的专户外,其余专户在2年内逐步取消。规范权责发生制核算,严格权责发生制核算范围,控制核算规模。地方各级财政除国库集中支付年终结余外,一律不得按权责发生制列支。按国务院规定实行权责发生制核算的特定事项,应当向本级人大常委会报告。全面清理已经发生的财政借垫款,应当由预算安排支出的按规定列支,符合制度规定的临时性借垫款及时收回,不符合制度规定的借垫款限期收回。加强财政对外借款管理,各级财政严禁违规对非预算单位及未纳入年度预算的项目借款和垫付财政资金。各级政府应当加强对本级国库的管理和监督,按照国务院的规定完善国库现金管理,合理调节国库资金余额。

3. 健全预算绩效管理机制。全面推进预算绩效管理工作,强化支出责任和效率意识,逐步将绩效管理范围覆盖各级预算单位和所有财政资金,将绩效评价重点由项目支出拓展到部门整体支出和政策、制度、管理等方面,加强绩效评价结果应用,将评价结果作为调整支出结构、完善财政政策和科学安排预算的重要依据。

4. 建立权责发生制的政府综合财务报告制度。研究制定政府综合财务报告制度改革方案、制度规范和操作指南,建立政府综合财务报告和政府会计标准体系,研究修订总预算会计制度。待条件成熟时,政府综合财务报告向本级人大或其常委会报告。研究将政府综合财务报告主要指标作为考核地方政府绩效的依据,逐步建立政府综合财务报告公开机制。

(六)规范地方政府债务管理,防范化解财政风险

1. 赋予地方政府依法适度举债权限,建立规范的地方政府举债融资机制。经国务院

批准,省、自治区、直辖市政府可以适度举借债务;市县级政府确需举借债务的由省、自治区、直辖市政府代为举借。政府债务只能通过政府及其部门举借,不得通过企事业单位等举借。地方政府举债采取政府债券方式。剥离融资平台公司政府融资职能。推广使用政府与社会资本合作模式,鼓励社会资本通过特许经营等方式参与城市基础设施等有一定收益的公益性事业投资和运营。

2. 对地方政府债务实行规模控制和分类管理。地方政府债务规模实行限额管理,地方政府举债不得突破批准的限额。地方政府债务分为一般债务、专项债务两类,分类纳入预算管理。一般债务通过发行一般债券融资,纳入一般公共预算管理。专项债务通过发行专项债券融资,纳入政府性基金预算管理。

3. 严格限定政府举债程序和资金用途。地方政府在国务院批准的分地区限额内举借债务,必须报本级人大或其常委会批准。地方政府举借债务要遵循市场化原则。建立地方政府信用评级制度,逐步完善地方政府债券市场。地方政府举借的债务,只能用于公益性资本支出和适度归还存量债务,不得用于经常性支出。

4. 建立债务风险预警及化解机制。财政部根据债务率、新增债务率、偿债率、逾期债务率等指标,评估各地区债务风险状况,对债务高风险地区进行风险预警。债务高风险地区要积极采取措施,逐步降低风险。对甄别后纳入预算管理的地方政府存量债务,各地区可申请发行地方政府债券置换,以降低利息负担,优化期限结构。要硬化预算约束,防范道德风险,地方政府对其举借的债务负有偿还责任,中央政府实行不救助原则。

5. 建立考核问责机制。把政府性债务作为一个硬指标纳入政绩考核。明确责任落实,省、自治区、直辖市政府要对本地区地方政府性债务负责任。地方各级政府要切实担负起加强地方政府性债务管理、防范化解财政金融风险的责任,政府主要负责人要作为第一责任人,认真抓好政策落实。

(七)规范理财行为,严肃财经纪律

1. 坚持依法理财,主动接受监督。各地区、各部门要严格遵守预算法、税收征收管理法、会计法、政府采购法等财税法律法规,依法行使行政决策权和财政管理权,自觉接受人大监督和社会各界的监督。建立和完善政府决算审计制度,进一步加强审计监督。推进预算公开,增强政府理财工作的透明度,减少政府自由裁量权,让财政资金在阳光下运行。

2. 健全制度体系,规范理财行为。要健全预算编制、收入征管、资金分配、国库管理、政府采购、财政监督、绩效评价、责任追究等方面的制度建设,扎紧制度的篱笆。要规范理财行为,严格按照规范的程序和要求编报预决算,按规定的用途拨付和使用财政资金,预决算编报都要做到程序合法、数据准确、情况真实、内容完整。

3. 严肃财经纪律,强化责任追究。财经纪律是财经工作中必须遵守的行为准则,也是预算管理制度改革取得成效的重要保障。地方各级政府要对本地区各部门、各单位财经纪律的执行情况进行全面检查,通过单位自查、财政部门和审计机关专项检查,及时发现存在的问题。强化责任追究,对检查中发现的虚报、冒领、截留、挪用、滞留财政资金以及违规出台税收优惠政策等涉及违规违纪的行为,要按照预算法等法律法规的规定严肃处理。

### 四、切实做好深化预算管理制度改革的实施保障工作

深化预算管理制度改革涉及制度创新和利益关系调整,任务艰巨,面临许多矛盾和困难。各地区、各部门要从大局出发,进一步提高认识,把思想和行动统一到党中央、国务院的决策部署上来。要以高度的责任感、使命感和改革创新精神,切实履行职责,加强协调配合,认真落实各项改革措施,合力推进预算管理制度改革。要坚持于法有据,积极推进相关法律法规的修改工作,确保在法治轨道上推进预算管理制度改革。本决定有关要求需要与法律规定相衔接的,按法律规定的程序做好衔接。要加强宣传引导,做好政策解读,为深化预算管理制度改革营造良好的社会环境。财政部要抓紧制定深化预算管理制度改革的具体办法,印发各地区、各部门执行。各地区要结合本地实际情况制定具体政策措施和工作方案,切实加强组织领导,确保改革顺利实施。

国务院

**2014 年 9 月 26 日**

# 关于推进预算绩效管理的指导意见

财预〔2011〕416 号

党中央有关部门,国务院各部委、各直属机构,总后勤部,武警各部队,全国人大常委会办公厅,全国政协办公厅,高法院,高检院,有关人民团体,各省、自治区、直辖市、计划单列市财政厅(局),新疆生产建设兵团财务局,有关中央管理企业:

为了深入贯彻落实科学发展观,完善公共财政体系,推进财政科学化精细化管理,强化预算支出的责任和效率,提高财政资金使用效益,现就推进预算绩效管理提出如下意见:

## 一、充分认识推进预算绩效管理的重要性

预算绩效是指预算资金所达到的产出和结果。预算绩效管理是政府绩效管理的重要组成部分,是一种以支出结果为导向的预算管理模式。它强化政府预算为民服务的理念,强调预算支出的责任和效率,要求在预算编制、执行、监督的全过程中更加关注预算资金的产出和结果,要求政府部门不断改进服务水平和质量,花尽量少的资金、办尽量多的实事,向社会公众提供更多、更好的公共产品和公共服务,使政府行为更加务实、高效。推进预算绩效管理,有利于提升预算管理水平、增强单位支出责任、提高公共服务质量、优化公共资源配置、节约公共支出成本。这是深入贯彻落实科学发展观的必然要求,是深化行政体制改革的重要举措,也是财政科学化、精细化管理的重要内容,对于加快经济发展方式的转变和和谐社会的构建,促进高效、责任、透明政府的建设具有重大的政治、经济和社会意义。

党中央、国务院高度重视预算绩效管理工作,多次强调要深化预算制度改革,加强预算绩效管理,提高预算资金的使用效益和政府工作效率。党的十六届三中全会提出"建立预算绩效评价体系",党的十七届二中、五中全会提出"推行政府绩效管理和行政问责制度","完善政府绩效评估制度"。2011 年 3 月,国务院成立政府绩效管理工作部际联席会议,指导和推动政府绩效管理工作。近年来,各级财政部门和预算单位按照党中央、国务院的要求和财政部的部署,积极研究探索预算绩效管理工作,开展预算支出绩效评价试点,取得了一定成效。但从总体上看,我国的预算绩效管理工作仍处于起步阶段,思想认识还不够统一,制度建设相对滞后,试点范围较小,地区发展不平衡,与党中央、国务院对加强预算绩效管理的要求还有一定的差距。推进预算绩效管理,已成为当前和今后财政预算管理工作的重要内容。

## 二、推进预算绩效管理的指导思想和基本原则

当前和今后一段时期推进预算绩效管理的指导思想是:全面贯彻党的十七大、十七届

五中全会精神,以邓小平理论和"三个代表"重要思想为指导,深入贯彻落实科学发展观,借鉴市场经济国家预算绩效管理的成功经验,按照党中央、国务院关于加强政府绩效和预算绩效管理的总体要求,强化预算支出责任和效率,统筹规划、分级管理、因地制宜、重点突破,逐步建立以绩效目标实现为导向,以绩效评价为手段,以结果应用为保障,以改进预算管理、优化资源配置、控制节约成本、提高公共产品质量和公共服务水平为目的,覆盖所有财政性资金,贯穿预算编制、执行、监督全过程的具有中国特色的预算绩效管理体系。

推进预算绩效管理的基本原则:

(一)统一领导,分级管理。各级财政部门负责预算绩效管理工作的统一领导,组织对重点支出进行绩效评价和再评价。财政部负责预算绩效管理工作的总体规划和顶层制度的设计,组织并指导下级财政部门和本级预算单位预算绩效管理工作;地方各级财政部门负责本行政区域预算绩效管理工作。各预算单位是本单位预算绩效管理的主体,负责组织、指导单位本级和所属单位的预算绩效管理工作。

(二)积极试点,稳步推进。各级财政部门和预算单位要结合本地区、本单位实际情况,勇于探索,先易后难,优先选择重点民生支出和社会公益性较强的项目等进行预算绩效管理试点,积累经验,在此基础上稳步推进基本支出绩效管理试点、单位整体支出绩效管理试点和财政综合绩效管理试点。

(三)程序规范,重点突出。建立规范的预算绩效管理工作流程,健全预算绩效管理运行机制,强化全过程预算绩效管理。加强绩效目标管理,突出重点,建立和完善绩效目标申报、审核、批复机制。

(四)客观公正,公开透明。预算绩效管理要符合真实、客观、公平、公正的要求,评价指标要科学,基础数据要准确,评价方法要合理,评价结果要依法公开,接受监督。

### 三、推进预算绩效管理的主要内容

预算绩效管理是一个由绩效目标管理、绩效运行跟踪监控管理、绩效评价实施管理、绩效评价结果反馈和应用管理共同组成的综合系统。推进预算绩效管理,要将绩效理念融入预算管理全过程,使之与预算编制、预算执行、预算监督一起成为预算管理的有机组成部分,逐步建立"预算编制有目标、预算执行有监控、预算完成有评价、评价结果有反馈、反馈结果有应用"的预算绩效管理机制。

(一)绩效目标管理

1. 绩效目标设定。绩效目标是预算绩效管理的基础,是整个预算绩效管理系统的前提,包括绩效内容、绩效指标和绩效标准。预算单位在编制下一年度预算时,要根据国务院编制预算的总体要求和财政部门的具体部署、国民经济和社会发展规划、部门职能及事业发展规划,科学、合理地测算资金需求,编制预算绩效计划,报送绩效目标。报送的绩效目标应与部门目标高度相关,并且是具体的、可衡量的、一定时期内可实现的。预算绩效计划要详细说明为达到绩效目标拟采取的工作程序、方式方法、资金需求、信息资源等,并有明确的职责和分工。

2. 绩效目标审核。财政部门要依据国家相关政策、财政支出方向和重点、部门职能及事业发展规划等对单位提出的绩效目标进行审核,包括绩效目标与部门职能的相关性、绩效目标的实现所采取措施的可行性、绩效指标设置的科学性、实现绩效目标所需资金的合理性等。绩效目标不符合要求的,财政部门应要求报送单位调整、修改;审核合格的,进入下一步预算编审流程。

3. 绩效目标批复。财政预算经各级人民代表大会审查批准后,财政部门应在单位预算批复中同时批复绩效目标。批复的绩效目标应当清晰、可量化,以便在预算执行过程中进行监控和预算完成后实施绩效评价时对照比较。

(二)绩效运行跟踪监控管理

预算绩效运行跟踪监控管理是预算绩效管理的重要环节。各级财政部门和预算单位要建立绩效运行跟踪监控机制,定期采集绩效运行信息并汇总分析,对绩效目标运行情况进行跟踪管理和督促检查,纠偏扬长,促进绩效目标的顺利实现。跟踪监控中发现绩效运行目标与预期绩效目标发生偏离时,要及时采取措施予以纠正。

(三)绩效评价实施管理

预算支出绩效评价是预算绩效管理的核心。预算执行结束后,要及时对预算资金的产出和结果进行绩效评价,重点评价产出和结果的经济性、效率性和效益性。实施绩效评价要编制绩效评价方案,拟定评价计划,选择评价工具,确定评价方法,设计评价指标。预算具体执行单位要对预算执行情况进行自我评价,提交预算绩效报告,要将实际取得的绩效与绩效目标进行对比,如未实现绩效目标,须说明理由。组织开展预算支出绩效评价工作的单位要提交绩效评价报告,认真分析研究评价结果所反映的问题,努力查找资金使用和管理中的薄弱环节,制定改进和提高工作的措施。财政部门对预算单位的绩效评价工作进行指导、监督和检查,并对其报送的绩效评价报告进行审核,提出进一步改进预算管理、提高预算支出绩效的意见和建议。

(四)绩效评价结果反馈和应用管理

建立预算支出绩效评价结果反馈和应用制度,将绩效评价结果及时反馈给预算具体执行单位,要求其根据绩效评价结果,完善管理制度,改进管理措施,提高管理水平,降低支出成本,增强支出责任;将绩效评价结果作为安排以后年度预算的重要依据,优化资源配置;将绩效评价结果向同级人民政府报告,为政府决策提供参考,并作为实施行政问责的重要依据。逐步提高绩效评价结果的透明度,将绩效评价结果,尤其是一些社会关注度高、影响力大的民生项目和重点项目支出绩效情况,依法向社会公开,接受社会监督。

## 四、推进预算绩效管理的工作要求

各级财政部门和预算单位要高度重视,充分认识推进预算绩效管理的重要性和必要性,切实把思想认识统一到党中央、国务院决策要求和工作部署上来,把推进预算绩效管理作为当前和今后一个时期深化预算管理改革的一项重要工作来抓。

(一)加强组织领导。各级财政部门要切实加强对预算绩效管理的统一领导,健全组织,充实人员,统筹规划,合理安排,理顺工作机制,理清工作思路,明确工作目标,制定具体措施。各预算单位要按照财政部门的统一部署,积极推进预算绩效管理试点。财政部门和预算单位之间要加强沟通,密切配合,形成工作合力。

(二)建立健全制度。抓紧研究制定预算绩效管理规章制度,完善预算支出绩效评价办法,健全预算绩效评价指标体系,建立绩效评价结果反馈制度,推进预算绩效管理信息系统建设,为预算绩效管理提供制度和技术支撑。

(三)推进相关改革。完善政府预算体系,研究完善政府会计制度,探索实施中、长期预算管理,编制滚动预算。深化部门预算、国库集中收付等制度改革,将所有政府性收入全部纳入预算管理,加强国有资产管理,促进资产管理与预算管理有机结合。按照《中华人民共和国政府信息公开条例》的要求,积极推进预算公开,接受社会监督。

(四)加强宣传培训。要充分利用各种新闻媒体、政府网络平台等,积极宣传预算绩效管理理念,培育绩效管理文化,增强预算绩效意识,为预算绩效管理创造良好的舆论环境;要加强预算绩效管理专业知识培训,增强预算绩效管理工作人员的业务素质,提高预算绩效管理的工作水平。

(五)建立考核机制。采取重点督查、随机检查等方式,加强预算绩效管理推进工作的督促检查,发现问题及时解决。建立预算绩效管理推进工作考核制度,对工作做得好的地区和单位予以表扬,对工作做得不好的地区和单位予以通报。

财政部

二○一一年七月五日

# 关于印发《财政支出绩效评价管理暂行办法》的通知

财预〔2011〕285 号

党中央有关部门,国务院各部委、各直属机构,总后勤部,武警各部队,全国人大常委会办公厅,全国政协办公厅,高法院,高检院,有关人民团体,各省、自治区、直辖市、计划单列市财政厅(局),新疆生产建设兵团财务局,有关中央管理企业:

　　为积极推进预算绩效管理工作,规范财政支出绩效评价行为,建立科学、合理的绩效评价管理体系,提高财政资金使用效益,我们重新修订了《财政支出绩效评价管理暂行办法》,现予印发,请遵照执行。

　　附件:财政支出绩效评价管理暂行办法

财政部

二○一一年四月二日

附件:

## 财政支出绩效评价管理暂行办法

### 第一章　总　则

　　**第一条**　为加强财政支出管理,强化支出责任,建立科学、合理的财政支出绩效评价管理体系,提高财政资金使用效益,根据《中华人民共和国预算法》等国家有关规定,制定本办法。

　　**第二条**　财政支出绩效评价(以下简称绩效评价)是指财政部门和预算部门(单位)根据设定的绩效目标,运用科学、合理的绩效评价指标、评价标准和评价方法,对财政支出的经济性、效率性和效益性进行客观、公正的评价。

　　**第三条**　各级财政部门和各预算部门(单位)是绩效评价的主体。

　　预算部门(单位)(以下简称预算部门)是指与财政部门有预算缴拨款关系的国家机关、政党组织、事业单位、社会团体和其他独立核算的法人组织。

　　**第四条**　财政性资金安排支出的绩效评价及相关管理活动适用本办法。

　　**第五条**　绩效评价应当遵循以下基本原则:

　　(一)科学规范原则。绩效评价应当严格执行规定的程序,按照科学可行的要求,采用定量与定性分析相结合的方法。

　　(二)公正公开原则。绩效评价应当符合真实、客观、公正的要求,依法公开并接受监督。

（三）分级分类原则。绩效评价由各级财政部门、各预算部门根据评价对象的特点分类组织实施。

（四）绩效相关原则。绩效评价应当针对具体支出及其产出绩效进行，评价结果应当清晰反映支出和产出绩效之间的紧密对应关系。

**第六条** 绩效评价的主要依据：

（一）国家相关法律、法规和规章制度；

（二）各级政府制定的国民经济与社会发展规划和方针政策；

（三）预算管理制度、资金及财务管理办法、财务会计资料；

（四）预算部门职能职责、中长期发展规划及年度工作计划；

（五）相关行业政策、行业标准及专业技术规范；

（六）申请预算时提出的绩效目标及其他相关材料，财政部门预算批复，财政部门和预算部门年度预算执行情况，年度决算报告；

（七）人大审查结果报告、审计报告及决定、财政监督检查报告；

（八）其他相关资料。

## 第二章　绩效评价的对象和内容

**第七条** 绩效评价的对象包括纳入政府预算管理的资金和纳入部门预算管理的资金。按照预算级次，可分为本级部门预算管理的资金和上级政府对下级政府的转移支付资金。

**第八条** 部门预算支出绩效评价包括基本支出绩效评价、项目支出绩效评价和部门整体支出绩效评价。

绩效评价应当以项目支出为重点，重点评价一定金额以上、与本部门职能密切相关、具有明显社会影响和经济影响的项目。有条件的地方可以对部门整体支出进行评价。

**第九条** 上级政府对下级政府的转移支付包括一般性转移支付和专项转移支付。一般性转移支付原则上应当重点对贯彻中央重大政策出台的转移支付项目进行绩效评价；专项转移支付原则上应当以对社会、经济发展和民生有重大影响的支出为重点进行绩效评价。

**第十条** 绩效评价的基本内容：

（一）绩效目标的设定情况；

（二）资金投入和使用情况；

（三）为实现绩效目标制定的制度、采取的措施等；

（四）绩效目标的实现程度及效果；

（五）绩效评价的其他内容。

**第十一条** 绩效评价一般以预算年度为周期，对跨年度的重大（重点）项目可根据项目或支出完成情况实施阶段性评价。

## 第三章　绩效目标

**第十二条** 绩效目标是绩效评价的对象计划在一定期限内达到的产出和效果，由预算部门在申报预算时填报。预算部门年初申报预算时，应当按照本办法规定的要求将绩效目标编入年度预算;执行中申请调整预算的,应当随调整预算一并上报绩效目标。

**第十三条** 绩效目标应当包括以下主要内容:

(一)预期产出,包括提供的公共产品和服务的数量;

(二)预期效果,包括经济效益、社会效益、环境效益和可持续影响等;

(三)服务对象或项目受益人满意程度;

(四)达到预期产出所需要的成本资源;

(五)衡量预期产出、预期效果和服务对象满意程度的绩效指标;

(六)其他。

**第十四条** 绩效目标应当符合以下要求:

(一)指向明确。绩效目标要符合国民经济和社会发展规划、部门职能及事业发展规划,并与相应的财政支出范围、方向、效果紧密相关。

(二)具体细化。绩效目标应当从数量、质量、成本和时效等方面进行细化,尽量进行定量表述,不能以量化形式表述的,可以采用定性的分级分档形式表述。

(三)合理可行。制定绩效目标时要经过调查研究和科学论证,目标要符合客观实际。

**第十五条** 财政部门应当对预算部门申报的绩效目标进行审核,符合相关要求的可进入下一步预算编审流程;不符合相关要求的,财政部门可以要求其调整、修改。

**第十六条** 绩效目标一经确定一般不予调整。确需调整的,应当根据绩效目标管理的要求和审核流程,按照规定程序重新报批。

**第十七条** 绩效目标确定后,随同年初预算或追加预算一并批复,作为预算部门执行和项目绩效评价的依据。

#### 第四章 绩效评价指标、评价标准和方法

**第十八条** 绩效评价指标是指衡量绩效目标实现程度的考核工具。绩效评价指标的确定应当遵循以下原则:

(一)相关性原则。应当与绩效目标有直接的联系,能够恰当反映目标的实现程度。

(二)重要性原则。应当优先使用最具评价对象代表性、最能反映评价要求的核心指标。

(三)可比性原则。对同类评价对象要设定共性的绩效评价指标,以便于评价结果可以相互比较。

(四)系统性原则。应当将定量指标与定性指标相结合,系统反映财政支出所产生的社会效益、经济效益、环境效益和可持续影响等。

(五)经济性原则。应当通俗易懂、简便易行,数据的获得应当考虑现实条件和可操作性,符合成本效益原则。

**第十九条** 绩效评价指标分为共性指标和个性指标。

(一)共性指标是适用于所有评价对象的指标。主要包括预算编制和执行情况、财务管理状况、资产配置、使用、处置及其收益管理情况以及社会效益、经济效益等。

(二)个性指标是针对预算部门或项目特点设定的,适用于不同预算部门或项目的业绩评价指标。

共性指标由财政部门统一制定,个性指标由财政部门会同预算部门制定。

**第二十条** 绩效评价标准是指衡量财政支出绩效目标完成程度的尺度。绩效评价标准具体包括:

(一)计划标准。是指以预先制定的目标、计划、预算、定额等数据作为评价的标准。

(二)行业标准。是指参照国家公布的行业指标数据制定的评价标准。

(三)历史标准。是指参照同类指标的历史数据制定的评价标准。

(四)其他经财政部门确认的标准。

**第二十一条** 绩效评价方法主要采用成本效益分析法、比较法、因素分析法、最低成本法、公众评判法等。

(一)成本效益分析法。是指将一定时期内的支出与效益进行对比分析,以评价绩效目标实现程度。

(二)比较法。是指通过对绩效目标与实施效果、历史与当期情况、不同部门和地区同类支出的比较,综合分析绩效目标实现程度。

(三)因素分析法。是指通过综合分析影响绩效目标实现、实施效果的内外因素,评价绩效目标实现程度。

(四)最低成本法。是指对效益确定却不易计量的多个同类对象的实施成本进行比较,评价绩效目标实现程度。

(五)公众评判法。是指通过专家评估、公众问卷及抽样调查等对财政支出效果进行评判,评价绩效目标实现程度。

(六)其他评价方法。

**第二十二条** 绩效评价方法的选用应当坚持简便有效的原则。

根据评价对象的具体情况,可采用一种或多种方法进行绩效评价。

### 第五章 绩效评价的组织管理和工作程序

**第二十三条** 财政部门负责拟定绩效评价规章制度和相应的技术规范,组织、指导本级预算部门、下级财政部门的绩效评价工作;根据需要对本级预算部门、下级财政部门支出实施绩效评价或再评价;提出改进预算支出管理意见并督促落实。

**第二十四条** 预算部门负责制定本部门绩效评价规章制度;具体组织实施本部门绩效评价工作;向同级财政部门报送绩效报告和绩效评价报告;落实财政部门整改意见;根据绩效评价结果改进预算支出管理。

**第二十五条** 根据需要,绩效评价工作可委托专家、中介机构等第三方实施。财政部门应当对第三方组织参与绩效评价的工作进行规范,并指导其开展工作。

**第二十六条** 绩效评价工作一般按照以下程序进行:

(一)确定绩效评价对象;

(二)下达绩效评价通知;

(三)确定绩效评价工作人员;

(四)制订绩效评价工作方案;

(五)收集绩效评价相关资料;

(六)对资料进行审查核实;

（七）综合分析并形成评价结论；

（八）撰写与提交评价报告；

（九）建立绩效评价档案。

预算部门年度绩效评价对象由预算部门结合本单位工作实际提出并报同级财政部门审核确定；也可由财政部门根据经济社会发展需求和年度工作重点等相关原则确定。

**第二十七条** 财政部门实施再评价，参照上述工作程序执行。

### 第六章 绩效报告和绩效评价报告

**第二十八条** 财政资金具体使用单位应当按照本办法的规定提交绩效报告，绩效报告应当包括以下主要内容：

（一）基本概况，包括预算部门职能、事业发展规划、预决算情况、项目立项依据等；

（二）绩效目标及其设立依据和调整情况；

（三）管理措施及组织实施情况；

（四）总结分析绩效目标完成情况；

（五）说明未完成绩效目标及其原因；

（六）下一步改进工作的意见及建议。

**第二十九条** 财政部门和预算部门开展绩效评价并撰写绩效评价报告，绩效评价报告应当包括以下主要内容：

（一）基本概况；

（二）绩效评价的组织实施情况；

（三）绩效评价指标体系、评价标准和评价方法；

（四）绩效目标的实现程度；

（五）存在问题及原因分析；

（六）评价结论及建议；

（七）其他需要说明的问题。

**第三十条** 绩效报告和绩效评价报告应当依据充分、真实完整、数据准确、分析透彻、逻辑清晰、客观公正。

预算部门应当对绩效评价报告涉及基础资料的真实性、合法性、完整性负责。

财政部门应当对预算部门提交的绩效评价报告进行复核，提出审核意见。

**第三十一条** 绩效报告和绩效评价报告的具体格式由财政部门统一制定。

### 第七章 绩效评价结果及其应用

**第三十二条** 绩效评价结果应当采取评分与评级相结合的形式，具体分值和等级可根据不同评价内容设定。

**第三十三条** 财政部门和预算部门应当及时整理、归纳、分析、反馈绩效评价结果，并将其作为改进预算管理和安排以后年度预算的重要依据。

对绩效评价结果较好的，财政部门和预算部门可予以表扬或继续支持。

对绩效评价发现问题、达不到绩效目标或评价结果较差的，财政部门和预算部门可予以通报批评，并责令其限期整改。不进行整改或整改不到位的，应当根据情况调整项目或相应调减项目预算，直至取消该项财政支出。

**第三十四条** 绩效评价结果应当按照政府信息公开有关规定在一定范围内公开。

**第三十五条** 在财政支出绩效评价工作中发现的财政违法行为,依照《财政违法行为处罚处分条例》(国务院令第 427 号)等国家有关规定追究责任。

### 第八章 附 则

**第三十六条** 各地区、各预算部门可结合实际制定具体的管理办法和实施细则。

**第三十七条** 本办法自发布之日起施行。《中央部门预算支出绩效考评管理办法(试行)》(财预〔2005〕86 号)、《财政支出绩效评价管理暂行办法》(财预〔2009〕76 号)同时废止。《财政部关于进一步推进中央部门预算项目支出绩效评价试点工作的通知》(财预〔2009〕390 号)及其他有关规定与本办法不一致的,以本办法为准。

附:1. 财政支出绩效目标申报表

2. 财政支出绩效评价指标框架(参考)

3. 财政支出绩效报告(参考提纲)

4. 财政支出绩效评价报告(参考提纲)

5. 财政支出绩效评价工作流程图

附 1-1:

## 财政支出绩效目标申报表

( 年度)

填报单位(盖章)

| 项目名称 | | 项目属性 | 新增项目 □ | 延续项目 □ |
|---|---|---|---|---|
| 主管部门 | | 主管部门 编码 | | |
| 项目实施单位 | | 项目负责人 | 联系电话 | |
| 项目起止时间 | | | | |
| 项目资金申请(万元) | 资金总额: | | | |
| | 财政拨款: | | | |
| | 自有资金: | | | |
| | 事业收入: | | | |
| | 经营性收入: | | | |
| | 其他: | | | |
| | 其他: | | | |
| 单位职能概述 | | | | |
| 项目概况 | | | | |

| 项目立项情况 | 项目立项的依据 | | | | |
|---|---|---|---|---|---|
| | 项目申报的可行性 | | | | |
| | 项目申报的必要性 | | | | |
| 项目实施进度计划 | 项目实施内容 | 开始时间 | | 完成时间 | |
| | 1. | | | | |
| | 2. | | | | |
| | 3. | | | | |
| | …… | | | | |
| | …… | | | | |
| 项目绩效目标 | 长期目标 | | | 年度目标 | |
| 长期绩效指标 | 一级指标 | 二级指标 | 指标内容 | 指标值 | 备注 |
| | 产出指标 | 数量指标 | | | |
| | | | | | |
| | | 质量指标 | | | |
| | | | | | |
| | | 时效指标 | | | |
| | | | | | |
| | | 成本指标 | | | |
| | | | | | |
| | | … | | | |
| | 效益指标 | 经济效益指标 | | | |
| | | | | | |
| | | 社会效益指标 | | | |
| | | | | | |
| | | 环境效益指标 | | | |
| | | | | | |
| | | 可持续影响指标 | | | |
| | | | | | |
| | | … | | | |
| | 服务对象满意度指标 | 具体指标 | | | |
| | | | | | |
| | …… | | | | |
| | | | | | |

| | 一级指标 | 二级指标 | 指标内容 | 指标值 | 备注 |
|---|---|---|---|---|---|
| 年度绩效指标 | 产出指标 | 数量指标 | | | |
| | | | | | |
| | | 质量指标 | | | |
| | | | | | |
| | | 时效指标 | | | |
| | | | | | |
| | | 成本指标 | | | |
| | | | | | |
| | | … | | | |
| | 效益指标 | 经济效益指标 | | | |
| | | | | | |
| | | 社会效益指标 | | | |
| | | | | | |
| | | 环境效益指标 | | | |
| | | | | | |
| | | 可持续影响指标 | | | |
| | | | | | |
| | | … | | | |
| | 服务对象满意度指标 | 具体指标 | | | |
| | | | | | |
| | …… | | | | |
| | | | | | |
| 其他说明的问题 | | | | | |

填报人：　　　　　　　单位负责人：　　　　　　填报日期：

附 1-2：

# 《财政支出绩效目标申报表》填报说明

## 一、适用范围

（一）本表适用于预算部门在申请项目支出预算时填报，作为项目绩效目标审核、预算资金确定和绩效评价的主要依据。

（二）预算部门项目支出是指预算部门为完成其特定的行政工作任务或事业发展目标、纳入部门预算编制范围的年度项目支出计划。每年度需填报《财政支出绩效目标申报表》项目的具体范围，由各级财政部门根据各地经济与社会发展需求、财政支出政策、政府工作重点等自行确定。

## 二、填报说明

（一）年度：填写编制部门预算所属年份或申请使用专项资金的年份。如：2011 年编报2012 年部门预算，填写"2012 年"；2011 年申请本年度使用专项资金，则填写"2011 年"。

（二）项目基本情况

1. 填报单位（盖章）：加盖具体填报单位公章。

2. 项目名称：按规范的项目名称内容填报，与部门预算项目名称一致。

3. 项目属性：分为新增项目和延续项目，在选项"□"中划"√"。

4. 主管部门：填写项目主管部门（一级单位）全称。

5. 主管部门编码：按各级财政部门规定的预算编码填列。

6. 项目实施单位：填写项目用款单位。

7. 项目负责人：填写项目用款单位负责人。

8. 联系电话：填写项目用款单位负责人联系电话。

9. 项目起止时间：填写项目整体实施计划开始时间和计划完成时间。

10. 项目资金申请：填写项目资金总额，并按资金来源不同分别填写，包括财政拨款、自有资金、银行贷款、其他等。

11. 单位职能概述：简要描述项目实施单位的职能。

12. 项目概况：简要描述项目的内容、目的、范围、期限等基本情况。

13. 项目立项情况：分别描述项目立项的依据、项目申报的可行性、项目申报的必要性等。

14. 项目实施进度计划：按进度描述本年度项目具体细化的实施内容，分别填写计划开始时间和计划完成时间。

（三）项目绩效目标

项目绩效目标：描述实施项目计划在一定期限内达到的产出和效果。

1. 长期目标：概括描述项目整个计划期内的总体产出和效果（延续项目）。

2. 年度目标：概括描述项目在本年度所计划达到的产出和效果。

（四）长期绩效指标：是对项目长期绩效目标的细化和量化，一般包括：

1. 产出指标：反映预算部门根据既定目标计划完成的产品和服务情况。可进一步细分为：数量指标，反映预算部门计划完成的产品或服务数量；质量指标，反映预算部门计划提供产品或服务达到的标准、水平和效果；时效指标，反映预算部门计划提供产品或服务的及时程度和效率情况；成本指标，反映预算部门计划提供产品或服务所需成本，分单位成本和总成本等。

（1）指标内容：根据实际工作需要将细分的绩效指标确定为具体内容。

（2）指标值：对指标内容确定具体值，其中，可量化的用数值描述，不可量化的以定性描述。

（3）备注：其他说明事项。

2. 效益指标：反映与既定绩效目标相关的、财政支出预期结果的实现程度，包括经济效益指标、社会效益指标、环境效益指标、可持续影响指标等。

（1）指标内容：根据实际工作需要将细分的绩效指标确定为具体内容。

（2）指标值：对指标内容确定具体值，其中，可量化的用数值描述，不可量化的以定性描述。

（3）备注：其他说明事项。

3. 服务对象满意程度指标：反映服务对象对财政支出效果的满意程度，根据实际细化为具体指标。

（1）指标内容：根据实际工作需要将细分的绩效指标确定为具体内容。

（2）指标值：对指标内容确定具体值，其中，可量化的用数值描述，不可量化的以定性描述。

（3）备注：其他说明事项。

4. 实际操作中确定的长期绩效指标具体内容，可由各地区、各部门根据预算绩效管理工作的需要，在上述指标中选取或做另行补充。

（五）年度绩效指标。是对项目年度绩效目标的细化和量化。

具体内容填写参照"长期绩效指标"。

（六）其他说明的问题：反映项目绩效目标申请中其他需补充说明的内容。

（七）其他

1. 填报人：填写具体填报人员姓名。

2. 单位负责人：单位负责人签字。

3. 填报日期：填写申报的具体时间。

附2：

# 财政支出绩效评价指标框架（参考）

| 一级指标 | 二级指标 | 三级指标 | 指标解释 |
|---|---|---|---|
| 项目决策 | 项目目标 | 目标内容 | 目标是否明确、细化、量化 |
| | 决策过程 | 决策依据 | 项目是否符合经济社会发展规划和部门年度工作计划；是否根据需要制定中长期实施规划 |
| | | 决策程序 | 项目是否符合申报条件；申报、批复程序是否符合相关管理办法；项目调整是否履行相应手续 |
| | 资金分配 | 分配办法 | 是否根据需要制定相关资金管理办法，并在管理办法中明确资金分配办法；资金分配因素是否全面、合理 |
| | | 分配结果 | 资金分配是否符合相关管理办法；分配结果是否合理 |

续 表

| 一级指标 | 二级指标 | 三级指标 | 指标解释 |
|---|---|---|---|
| 项目管理 | 资金到位 | 到位率 | 实际到位/计划到位×100% |
| | | 到位时效 | 资金是否及时到位;若未及时到位,是否影响项目进度 |
| | 资金管理 | 资金使用 | 是否存在支出依据不合规、虚列项目支出的情况;是否存在截留、挤占、挪用项目资金情况;是否存在超标准开支情况 |
| | | 财务管理 | 资金管理、费用支出等制度是否健全,是否严格执行;会计核算是否规范 |
| | 组织实施 | 组织机构 | 机构是否健全、分工是否明确 |
| | | 管理制度 | 是否建立健全项目管理制度;是否严格执行相关项目管理制度 |
| 项目绩效 | 项目产出 | 产出数量 | 项目产出数量是否达到绩效目标 |
| | | 产出质量 | 项目产出质量是否达到绩效目标 |
| | | 产出时效 | 项目产出时效是否达到绩效目标 |
| | | 产出成本 | 项目产出成本是否按绩效目标控制 |
| | 项目效益 | 经济效益 | 项目实施是否产生直接或间接经济效益 |
| | | 社会效益 | 项目实施是否产生社会综合效益 |
| | | 环境效益 | 项目实施是否对环境产生积极或消极影响 |
| | | 可持续影响 | 项目实施对人、自然、资源是否带来可持续影响 |
| | | 服务对象满意度 | 项目预期服务对象对项目实施的满意程度 |

附3:

# 财政支出绩效报告
## (参考提纲)

### 一、项目概况

(一)项目单位基本情况。

(二)项目年度预算绩效目标、绩效指标设定情况,包括预期总目标及阶段性目标;项目基本性质、用途和主要内容、涉及范围。

### 二、项目资金使用及管理情况

(一)项目资金(包括财政资金、自筹资金等)安排落实、总投入等情况分析。

(二)项目资金(主要是指财政资金)实际使用情况分析。

（三）项目资金管理情况（包括管理制度、办法的制订及执行情况）分析。

## 三、项目组织实施情况

（一）项目组织情况（包括项目招投标情况、调整情况、完成验收等）分析。

（二）项目管理情况（包括项目管理制度建设、日常检查监督管理等情况）分析。

## 四、项目绩效情况

（一）项目绩效目标完成情况分析。将项目支出后的实际状况与申报的绩效目标对比，从项目的经济性、效率性、有效性和可持续性等方面进行量化、具体分析。

其中：项目的经济性分析主要是对项目成本（预算）控制、节约等情况进行分析；项目的效率性分析主要是对项目实施（完成）的进度及质量等情况进行分析；项目的有效性分析主要是对反映项目资金使用效果的个性指标进行分析；项目的可持续性分析主要是对项目完成后，后续政策、资金、人员机构安排和管理措施等影响项目持续发展的因素进行分析。

（二）项目绩效目标未完成原因分析。

## 五、其他需要说明的问题

（一）后续工作计划。

（二）主要经验及做法、存在问题和建议。（包括资金安排、使用过程中的经验、做法、存在问题、改进措施和有关建议等）

（三）其他。

## 六、项目评价工作情况

包括评价基础数据收集、资料来源和依据等佐证材料情况，项目现场勘验检查核实等情况。

附 4-1：

# 财政支出绩效评价报告
## （参考提纲）

## 一、项目基本情况

（一）项目概况。

（二）项目绩效目标。

1. 项目绩效总目标。

2. 项目绩效阶段性目标。

## 二、项目单位绩效报告情况

## 三、绩效评价工作情况

（一）绩效评价目的。
（二）绩效评价原则、评价指标体系（附表说明）、评价方法。
（三）绩效评价工作过程。
1. 前期准备。
2. 组织实施。
3. 分析评价。

## 四、绩效评价指标分析情况

（一）项目资金情况分析。
1. 项目资金到位情况分析。
2. 项目资金使用情况分析。
3. 项目资金管理情况分析。
（二）项目实施情况分析。
1. 项目组织情况分析。
2. 项目管理情况分析。
（三）项目绩效情况分析。
1. 项目经济性分析。
（1）项目成本（预算）控制情况。
（2）项目成本（预算）节约情况。
2. 项目的效率性分析
（1）项目的实施进度。
（2）项目完成质量。
3. 项目的效益性分析
（1）项目预期目标完成程度。
（2）项目实施对经济和社会的影响。

## 五、综合评价情况及评价结论（附相关评分表）

## 六、绩效评价结果应用建议（以后年度预算安排、评价结果公开等）

## 七、主要经验及做法、存在的问题和建议

## 八、其他需说明的问题

附 4-2:

# 财政支出绩效评价指标体系(参考样表)

| 一级指标 | 分值 | 二级指标 | 分值 | 三级指标 | 分值 | 指标解释 | 评价标准 |
|---|---|---|---|---|---|---|---|
| 项目决策 | 20 | 项目目标 | 4 | 目标内容 | 4 | 目标是否明确、细化、量化 | 目标明确(1分),目标细化(1分),目标量化(2分) |
| | | 决策过程 | 8 | 决策依据 | 3 | 项目是否符合经济社会发展规划和部门年度工作计划;是否根据需要制定中长期实施规划 | 项目符合经济社会发展规划和部门年度工作计划(2分),根据需要制定中长期实施规划(1分) |
| | | | | 决策程序 | 5 | 项目是否符合申报条件;申报、批复程序是否符合相关管理办法;项目调整是否履行相应手续 | 项目符合申报条件(2分),申报、批复程序符合相关管理办法(2分),项目实施调整履行相应手续(1分) |
| | | 资金分配 | 8 | 分配办法 | 2 | 是否根据需要制定相关资金管理办法,并在管理办法中明确资金分配办法;资金分配因素是否全面、合理 | 办法健全、规范(1分),因素选择全面、合理(1分) |
| | | | | 分配结果 | 6 | 资金分配是否符合相关管理办法;分配结果是否合理 | 项目符合相关分配办法(2分),资金分配合理(4分) |
| 项目管理 | 25 | 资金到位 | 5 | 到位率 | 3 | 实际到位/计划到位×100% | 根据项目实际到位资金占计划的比重计算得分(3分) |
| | | | | 到位时效 | 2 | 资金是否及时到位;若未及时到位,是否影响项目进度 | 及时到位(2分),未及时到位但未影响项目进度(1.5分),未及时到位并影响项目进度(0~1分) |
| | | 资金管理 | 10 | 资金使用 | 7 | 是否存在支出依据不合规、虚列项目支出的情况;是否存在截留、挤占、挪用项目资金情况;是否存在超标准开支情况 | 虚列(套取)扣4~7分,支出依据不合规扣1分,截留、挤占、挪用扣3~6分,超标准开支扣2~5分 |
| | | | | 财务管理 | 3 | 资金管理、费用支出等制度是否健全,是否严格执行;会计核算是否规范 | 财务制度健全(1分),严格执行制度(1分),会计核算规范(1分) |
| | | 组织实施 | 10 | 组织机构 | 1 | 机构是否健全、分工是否明确 | 机构健全、分工明确(1分) |
| | | | | 管理制度 | 9 | 是否建立健全项目管理制度;是否严格执行相关项目管理制度 | 建立健全项目管理制度(2分);严格执行相关项目管理制度(7分) |

| 一级指标 | 分值 | 二级指标 | 分值 | 三级指标 | 分值 | 指标解释 | 评价标准 |
|---|---|---|---|---|---|---|---|
| 项目绩效 | 55 | 项目产出 | 15 | 产出数量 | 5 | 项目产出数量是否达到绩效目标 | 对照绩效目标评价产出数量（5分） |
| | | | | 产出质量 | 4 | 项目产出质量是否达到绩效目标 | 对照绩效目标评价产出质量（4分） |
| | | | | 产出时效 | 3 | 项目产出时效是否达到绩效目标 | 对照绩效目标评价产出时效（3分） |
| | | | | 产出成本 | 3 | 项目产出成本是否按绩效目标控制 | 对照绩效目标评价产出成本（3分） |
| | | 项目效果 | 40 | 经济效益 | 8 | 项目实施是否产生直接或间接经济效益 | 对照绩效目标评价经济效益（8分） |
| | | | | 社会效益 | 8 | 项目实施是否产生社会综合效益 | 对照绩效目标评价社会效益（8分） |
| | | | | 环境效益 | 8 | 项目实施是否对环境产生积极或消极影响 | 对照绩效目标评价环境效益（8分） |
| | | | | 可持续影响 | 8 | 项目实施对人、自然、资源是否带来可持续影响 | 对照绩效目标评价可持续影响（8分） |
| | | | | 服务对象满意度 | 8 | 项目预期服务对象对项目实施的满意程度 | 对照绩效目标评价服务对象满意度（8分） |
| 总分 | 100 | | 100 | | 100 | | |

附 4-3：

# 财政支出绩效评价指标评分表（参考样表）

| 一级指标 | 分值 | 二级指标 | 分值 | 三级指标 | 分值 | 得分 |
|---|---|---|---|---|---|---|
| 项目决策 | 20 | 项目目标 | 4 | 目标内容 | 4 | |
| | | 决策过程 | 8 | 决策依据 | 3 | |
| | | | | 决策程序 | 5 | |
| | | 资金分配 | 8 | 分配办法 | 2 | |
| | | | | 分配结果 | 6 | |

续 表

| 一级指标 | 分值 | 二级指标 | 分值 | 三级指标 | 分值 | 得分 |
|---|---|---|---|---|---|---|
| 项目管理 | 25 | 资金到位 | 5 | 到位率 | 3 | |
| | | | | 到位时效 | 2 | |
| | | 资金管理 | 10 | 资金使用 | 7 | |
| | | | | 财务管理 | 3 | |
| | | 组织实施 | 10 | 组织机构 | 1 | |
| | | | | 管理制度 | 9 | |
| 项目绩效 | 55 | 项目产出 | 15 | 产出数量 | 5 | |
| | | | | 产出质量 | 4 | |
| | | | | 产出时效 | 3 | |
| | | | | 产出成本 | 3 | |
| | | 项目效益 | 40 | 经济效益 | 8 | |
| | | | | 社会效益 | 8 | |
| | | | | 环境效益 | 8 | |
| | | | | 可持续影响 | 8 | |
| | | | | 服务对象满意度 | 8 | |
| 总分 | 100 | | 100 | | 100 | |

**附 5：**

财政支出绩效评价工作流程图，参见本书图 5-1。

# 关于印发《预算绩效评价共性指标体系框架》的通知

财预〔2013〕53 号

党中央有关部门，国务院各部委、各直属机构，总后勤部，武警各部队，全国人大常委会办公厅，全国政协办公厅，高法院，高检院，有关人民团体，各省、自治区、直辖市、计划单列市财政厅（局），新疆生产建设兵团财务局，有关中央管理企业：

为贯彻落实《预算绩效管理工作规划（2012—2015 年）》（财预〔2012〕396 号）有关要求，逐步建立符合我国国情的预算绩效评价指标体系，不断规范和加强预算绩效评价工作，提高绩效评价的统一性和权威性，全面推进预算绩效管理，我们制定了《预算绩效评价共性指标体系框架》，现予以印发。

需要说明的是：一是此次印发的共性指标体系为参考性的框架模式，主要用于在设置具体共性指标时的指导和参考，并需根据实际工作的进展不断予以完善。二是各级财政部门和预算部门开展绩效评价工作时，既要根据具体绩效评价对象的不同，以《预算绩效评价共性指标体系框架》为参考，在其中灵活选取最能体现绩效评价对象特征的共性指标，也要针对具体绩效评价对象的特点，另行设计具体的个性绩效评价指标，同时，赋予各类评价指标科学合理的权重分值，明确具体的评价标准，从而形成完善的绩效评价指标体系。

特此通知。

附件：1. 项目支出绩效评价共性指标体系框架
　　　2. 部门整体支出绩效评价共性指标体系框架
　　　3. 财政预算绩效评价共性指标体系框架

财政部

2013 年 4 月 21 日

附件1：

# 项目支出绩效评价共性指标体系框架

| 一级指标 | 二级指标 | 三级指标 | 指标解释 | 指标说明 |
|---|---|---|---|---|
| 投入 | 项目立项 | 项目立项规范性 | 项目的申请、设立过程是否符合相关要求，用以反映和考核项目立项的规范情况 | 评价要点：<br>① 项目是否按照规定的程序申请设立；<br>② 所提交的文件、材料是否符合相关要求；<br>③ 事前是否已经过必要的可行性研究、专家论证、风险评估、集体决策等 |
| | | 绩效目标合理性 | 项目所设定的绩效目标是否依据充分，是否符合客观实际，用以反映和考核项目绩效目标与项目实施的相符情况 | 评价要点：<br>① 是否符合国家相关法律法规、国民经济发展规划和党委政府决策；<br>② 是否与项目实施单位或委托单位职责密切相关；<br>③ 项目是否为促进事业发展所必需；<br>④ 项目预期产出效益和效果是否符合正常的业绩水平 |
| | | 绩效指标明确性 | 依据绩效目标设定的绩效指标是否清晰、细化、可衡量等，用以反映和考核项目绩效目标的明细化情况 | 评价要点：<br>① 是否将项目绩效目标细化分解为具体的绩效指标；<br>② 是否通过清晰、可衡量的指标值予以体现；<br>③ 是否与项目年度任务数或计划数相对应；<br>④ 是否与预算确定的项目投资额或资金量相匹配 |
| | 资金落实 | 资金到位率 | 实际到位资金与计划投入资金的比率，用以反映和考核资金落实情况对项目实施的总体保障程度 | 资金到位率＝（实际到位资金/计划投入资金）×100%；<br>实际到位资金：一定时期（本年度或项目期）内实际落实到具体项目的资金；<br>计划投入资金：一定时期（本年度或项目期）内计划投入到具体项目的资金 |
| | | 到位及时率 | 及时到位资金与应到位资金的比率，用以反映和考核项目资金落实的及时性程度 | 到位及时率＝（及时到位资金/应到位资金）×100%；<br>及时到位资金：截至规定时点实际落实到具体项目的资金；<br>应到位资金：按照合同或项目进度要求截至规定时点应落实到具体项目的资金 |

| 一级指标 | 二级指标 | 三级指标 | 指标解释 | 指标说明 |
|---|---|---|---|---|
| 过程 | 业务管理 | 管理制度健全性 | 项目实施单位的业务管理制度是否健全,用以反映和考核业务管理制度对项目顺利实施的保障情况 | 评价要点:<br>① 是否已制定或具有相应的业务管理制度;<br>② 业务管理制度是否合法、合规、完整 |
| | | 制度执行有效性 | 项目实施是否符合相关业务管理规定,用以反映和考核业务管理制度的有效执行情况 | 评价要点:<br>① 是否遵守相关法律法规和业务管理规定;<br>② 项目调整及支出调整手续是否完备;<br>③ 项目合同书、验收报告、技术鉴定等资料是否齐全并及时归档;<br>④ 项目实施的人员条件、场地设备、信息支撑等是否落实到位 |
| | | 项目质量可控性 | 项目实施单位是否为达到项目质量要求而采取了必需的措施,用以反映和考核项目实施单位对项目质量的控制情况 | 评价要点:<br>① 是否已制定或具有相应的项目质量要求或标准;<br>② 是否采取了相应的项目质量检查、验收等必需的控制措施或手段 |
| | 财务管理 | 管理制度健全性 | 项目实施单位的财务制度是否健全,用以反映和考核财务管理制度对资金规范、安全运行的保障情况 | 评价要点:<br>① 是否已制定或具有相应的项目资金管理办法;<br>② 项目资金管理办法是否符合相关财务会计制度的规定 |
| | | 资金使用合规性 | 项目资金使用是否符合相关的财务管理制度规定,用以反映和考核项目资金的规范运行情况 | 评价要点:<br>① 是否符合国家财经法规和财务管理制度以及有关专项资金管理办法的规定;<br>② 资金的拨付是否有完整的审批程序和手续;<br>③ 项目的重大开支是否经过评估认证;<br>④ 是否符合项目预算批复或合同规定的用途;<br>⑤ 是否存在截留、挤占、挪用、虚列支出等情况 |
| | | 财务监控有效性 | 项目实施单位是否为保障资金的安全、规范运行而采取了必要的监控措施,用以反映和考核项目实施单位对资金运行的控制情况 | 评价要点:<br>① 是否已制定或具有相应的监控机制;<br>② 是否采取了相应的财务检查等必要的监控措施或手段 |

| 一级<br>指标 | 二级<br>指标 | 三级指标 | 指标解释 | 指标说明 |
|---|---|---|---|---|
| 产<br>出 | 项<br>目<br>产<br>出 | 实际<br>完成率 | 项目实施的实际产出数与计划产出数的比率,用以反映和考核项目产出数量目标的实现程度 | 实际完成率=(实际产出数/计划产出数)×100%;<br>实际产出数:一定时期(本年度或项目期)内项目实际产出的产品或提供的服务数量;<br>计划产出数:项目绩效目标确定的在一定时期(本年度或项目期)内计划产出的产品或提供的服务数量 |
| | | 完成<br>及时率 | 项目实际提前完成时间与计划完成时间的比率,用以反映和考核项目产出时效目标的实现程度 | 完成及时率=[(计划完成时间-实际完成时间)/计划完成时间]×100%;<br>实际完成时间:项目实施单位完成该项目实际所耗用的时间;<br>计划完成时间:按照项目实施计划或相关规定完成该项目所需的时间 |
| | | 质量<br>达标率 | 项目完成的质量达标产出数与实际产出数的比率,用以反映和考核项目产出质量目标的实现程度 | 质量达标率=(质量达标产出数/实际产出数)×100%;<br>质量达标产出数:一定时期(本年度或项目期)内实际达到既定质量标准的产品或服务数量;<br>既定质量标准是指项目实施单位设立绩效目标时依据计划标准、行业标准、历史标准或其他标准而设定的绩效指标值 |
| | | 成本<br>节约率 | 完成项目计划工作目标的实际节约成本与计划成本的比率,用以反映和考核项目的成本节约程度 | 成本节约率=[(计划成本-实际成本)/计划成本]×100%;<br>实际成本:项目实施单位如期、保质、保量完成既定工作目标实际所耗费的支出;<br>计划成本:项目实施单位为完成工作目标计划安排的支出,一般以项目预算为参考 |
| 效<br>果 | 项<br>目<br>效<br>益 | 经济效益 | 项目实施对经济发展所带来的直接或间接影响情况 | 此四项指标为设置项目支出绩效评价指标时必须考虑的共性要素,可根据项目实际并结合绩效目标设立情况有选择的进行设置,并将其细化为相应的个性化指标 |
| | | 社会效益 | 项目实施对社会发展所带来的直接或间接影响情况 | |
| | | 生态效益 | 项目实施对生态环境所带来的直接或间接影响情况 | |
| | | 可持续<br>影响 | 项目后续运行及成效发挥的可持续影响情况 | |
| | | 社会公众<br>或服务对<br>象满意度 | 社会公众或服务对象对项目实施效果的满意程度 | 社会公众或服务对象是指因该项目实施而受到影响的部门(单位)、群体或个人;一般采取社会调查的方式 |

附件2:

# 部门整体支出绩效评价共性指标体系框架

| 一级指标 | 二级指标 | 三级指标 | 指标解释 | 指标说明 |
|---|---|---|---|---|
| 投入 | 目标设定 | 绩效目标合理性 | 部门(单位)所设立的整体绩效目标依据是否充分,是否符合客观实际,用以反映和考核部门(单位)整体绩效目标与部门履职、年度工作任务的相符性情况 | 评价要点:<br>① 是否符合国家法律法规、国民经济和社会发展总体规划;<br>② 是否符合部门"三定"方案确定的职责;<br>③ 是否符合部门制定的中长期实施规划 |
| | | 绩效指标明确性 | 部门(单位)依据整体绩效目标所设定的绩效指标是否清晰、细化、可衡量,用以反映和考核部门(单位)整体绩效目标的明细化情况 | 评价要点:<br>① 是否将部门整体的绩效目标细化分解为具体的工作任务;<br>② 是否通过清晰、可衡量的指标值予以体现;<br>③ 是否与部门年度的任务数或计划数相对应;<br>④ 是否与本年度部门预算资金相匹配 |
| | 预算配置 | 在职人员控制率 | 部门(单位)本年度实际在职人员数与编制数的比率,用以反映和考核部门(单位)对人员成本的控制程度 | 在职人员控制率=(在职人员数/编制数)×100%;<br>在职人员数:部门(单位)实际在职人数,以财政部确定的部门决算编制口径为准。<br>编制数:机构编制部门核定批复的部门(单位)的人员编制数 |
| | | "三公经费"变动率 | 部门(单位)本年度"三公经费"预算数与上年度"三公经费"预算数的变动比率,用以反映和考核部门(单位)对控制重点行政成本的努力程度 | "三公经费"变动率=[(本年度"三公经费"总额-上年度"三公经费"总额)/上年度"三公经费"总额]×100%;<br>"三公经费":年度预算安排的因公出国(境)费、公务车辆购置及运行费和公务招待费 |
| | | 重点支出安排率 | 部门(单位)本年度预算安排的重点项目支出与部门项目总支出的比率,用以反映和考核部门(单位)对履行主要职责或完成重点任务的保障程度 | 重点支出安排率=(重点项目支出/项目总支出)×100%;<br>重点项目支出:部门(单位)年度预算安排的,与本部门履职和发展密切相关、具有明显社会和经济影响、党委政府关心或社会比较关注的项目支出总额;<br>项目总支出:部门(单位)年度预算安排的项目支出总额 |

| 一级指标 | 二级指标 | 三级指标 | 指标解释 | 指标说明 |
|---|---|---|---|---|
| 过　程 | 预算执行 | 预算完成率 | 部门(单位)本年度预算完成数与预算数的比率,用以反映和考核部门(单位)预算完成程度 | 预算完成率＝(预算完成数/预算数)×100%;<br>预算完成数:部门(单位)本年度实际完成的预算数;<br>预算数:财政部门批复的本年度部门(单位)预算数 |
| | | 预算调整率 | 部门(单位)本年度预算调整数与预算数的比率,用以反映和考核部门(单位)预算的调整程度 | 预算调整率＝(预算调整数/预算数)×100%;<br>预算调整数:部门(单位)在本年度内涉及预算的追加、追减或结构调整的资金总和(因落实国家政策、发生不可抗力、上级部门或本级党委政府临时交办而产生的调整除外) |
| | | 支付进度率 | 部门(单位)实际支付进度与既定支付进度的比率,用以反映和考核部门(单位)预算执行的及时性和均衡性程度 | 支付进度率＝(实际支付进度/既定支付进度)×100%;<br>实际支付进度:部门(单位)在某一时点的支出预算执行总数与年度支出预算数的比率;<br>既定支付进度:由部门(单位)在申报部门整体绩效目标时,参照序时支付进度、前三年支付进度、同级部门平均支付进度水平等确定的,在某一时点应达到的支付进度(比率) |
| | | 结转结余率 | 部门(单位)本年度结转结余总额与支出预算数的比率,用以反映和考核部门(单位)对本年度结转结余资金的实际控制程度 | 结转结余率＝结转结余总额/支出预算数×100%;<br>结转结余总额:部门(单位)本年度的结转资金与结余资金之和(以决算数为准) |
| | | 结转结余变动率 | 部门(单位)本年度结转结余资金总额与上年度结转结余资金总额的变动比率,用以反映和考核部门(单位)对控制结转结余资金的努力程度 | 结转结余变动率＝[(本年度累计结转结余资金总额－上年度累计结转结余资金总额)/上年度累计结转结余资金总额]×100% |
| | | 公用经费控制率 | 部门(单位)本年度实际支出的公用经费总额与预算安排的公用经费总额的比率,用以反映和考核部门(单位)对机构运转成本的实际控制程度 | 公用经费控制率＝(实际支出公用经费总额/预算安排公用经费总额)×100% |
| | | "三公经费"控制率 | 部门(单位)本年度"三公经费"实际支出数与预算安排数的比率,用以反映和考核部门(单位)对"三公经费"的实际控制程度 | "三公经费"控制率＝("三公经费"实际支出数/"三公经费"预算安排数)×100% |

| 一级指标 | 二级指标 | 三级指标 | 指标解释 | 指标说明 |
|---|---|---|---|---|
| 过程 | 预算执行 | 政府采购执行率 | 部门(单位)本年度实际政府采购金额与年初政府采购预算的比率,用以反映和考核部门(单位)政府采购预算执行情况 | 政府采购执行率＝(实际政府采购金额/政府采购预算数)×100%;<br>政府采购预算:采购机关根据事业发展计划和行政任务编制的、并经过规定程序批准的年度政府采购计划 |
| | 预算管理 | 管理制度健全性 | 部门(单位)为加强预算管理、规范财务行为而制定的管理制度是否健全完整,用以反映和考核部门(单位)预算管理制度对完成主要职责或促进事业发展的保障情况 | 评价要点:<br>① 是否已制定或具有预算资金管理办法、内部财务管理制度、会计核算制度等管理制度;<br>② 相关管理制度是否合法、合规、完整;<br>③ 相关管理制度是否得到有效执行 |
| | | 资金使用合规性 | 部门(单位)使用预算资金是否符合相关的预算财务管理制度的规定,用以反映和考核部门(单位)预算资金的规范运行情况 | 评价要点:<br>① 是否符合国家财经法规和财务管理制度规定以及有关专项资金管理办法的规定;<br>② 资金的拨付是否有完整的审批程序和手续;<br>③ 项目的重大开支是否经过评估论证;<br>④ 是否符合部门预算批复的用途;<br>⑤ 是否存在截留、挤占、挪用、虚列支出等情况 |
| | | 预决算信息公开性 | 部门(单位)是否按照政府信息公开有关规定公开相关预决算信息,用以反映和考核部门(单位)预决算管理的公开透明情况 | 评价要点:<br>① 是否按规定内容公开预决算信息;<br>② 是否按规定时限公开预决算信息(预决算信息是指与部门预算、执行、决算、监督、绩效等管理相关的信息) |
| | | 基础信息完善性 | 部门(单位)基础信息是否完善,用以反映和考核基础信息对预算管理工作的支撑情况 | 评价要点:<br>① 基础数据信息和会计信息资料是否真实;<br>② 基础数据信息和会计信息资料是否完整;<br>③ 基础数据信息和会计信息资料是否准确 |
| | 资产管理 | 管理制度健全性 | 部门(单位)为加强资产管理、规范资产管理行为而制定的管理制度是否健全完整,用以反映和考核部门(单位)资产管理制度对完成主要职责或促进社会发展的保障情况 | 评价要点:<br>① 是否已制定或具有资产管理制度;<br>② 相关资金管理制度是否合法、合规、完整;<br>③ 相关资产管理制度是否得到有效执行 |

| 一级指标 | 二级指标 | 三级指标 | 指标解释 | 指标说明 |
|---|---|---|---|---|
| 过程 | 资产管理 | 资产管理安全性 | 部门（单位）的资产是否保存完整、使用合规、配置合理、处置规范、收入及时足额上缴，用以反映和考核部门（单位）资产安全运行情况 | 评价要点：<br>① 资产保存是否完整；<br>② 资产配置是否合理；<br>③ 资产处置是否规范；<br>④ 资产账务管理是否合规，是否帐实相符；<br>⑤ 资产是否有偿使用及处置收入及时足额上缴 |
| | | 固定资产利用率 | 部门（单位）实际在用固定资产总额与所有固定资产总额的比率，用以反映和考核部门（单位）固定资产使用效率程度 | 固定资产利用率＝（实际在用固定资产总额/所有固定资产总额）×100% |
| 产出 | 职责履行 | 实际完成率 | 部门（单位）履行职责而实际完成工作数与计划工作数的比率，用以反映和考核部门（单位）履职工作任务目标的实现程度 | 实际完成率＝（实际完成工作数/计划工作数）×100%；<br>实际完成工作数：一定时期（年度或规划期）内部门（单位）实际完成工作任务的数量；<br>计划工作数：部门（单位）整体绩效目标确定的一定时期（年度或规划期）内预计完成工作任务的数量 |
| | | 完成及时率 | 部门（单位）在规定时限内及时完成的实际工作数与计划工作数的比率，用以反映和考核部门履职时效目标的实现程度 | 完成及时率＝（及时完成实际工作数/计划工作数）×100%；<br>及时完成实际工作数：部门（单位）按照整体绩效目标确定的时限实际完成的工作任务数量 |
| | | 质量达标率 | 达到质量标准（绩效标准值）的实际工作数与计划工作数的比率，用以反映和考核部门履职质量目标的实现程度 | 质量达标率＝（质量达标实际工作数/计划工作数）×100%；<br>质量达标实际工作数：一定时期（年度或规划期）内部门（单位）实际完成工作数中达到部门绩效目标要求（绩效标准值）的工作任务数量 |
| | | 重点工作办结率 | 部门（单位）年度重点工作实际完成数与交办或下达数的比率，用以反映部门（单位）对重点工作的办理落实程度 | 重点工作办结率＝（重点工作实际完成数/交办或下达数）×100%；<br>重点工作是指党委、政府、人大、相关部门交办或下达的工作任务 |

| 一级指标 | 二级指标 | 三级指标 | 指标解释 | 指标说明 |
|---|---|---|---|---|
| 效果 | 履职效益 | 经济效益 | 部门（单位）履行职责对经济发展所带来的直接或间接影响 | 此三项指标为设置部门整体支出绩效评价指标时必须考虑的共性要素，可根据部门实际并结合部门整体支出绩效目标设立情况有选择的进行设置，并将其细化为相应的个性化指标 |
| | | 社会效益 | 部门（单位）履行职责对社会发展所带来的直接或间接影响 | |
| | | 生态效益 | 部门（单位）履行职责对生态环境所带来的直接或间接影响 | |
| | | 社会公众或服务对象满意度 | 社会公众或部门（单位）的服务对象对部门履职效果的满意程度 | 社会公众或服务对象是指部门（单位）履行职责而影响到的部门、群体或个人；一般采取社会调查的方式 |

附件3：

# 财政预算绩效评价共性指标体系框架

| 一级指标 | 二级指标 | 三级指标 | 指标解释 | 指标说明 |
|---|---|---|---|---|
| 投入 | 预算安排 | 人员经费保障率 | 本年度预算安排的在职人均人员经费与在职人员经费标准的比率，用以反映和考核某一地区财政"保工资"状况 | 人员经费保障率＝（在职人均人员经费/在职人员经费标准）×100%；<br>在职人均人员经费＝在职人员经费总额/在职财政供养人数；<br>在职人员经费标准：根据合规合法的相关政策核定的当地在职人员人均经费水平 |
| | | 公用经费保障率 | 本年度预算安排的在职人员人均公用经费与在职人员人均公用经费标准的比率，用以反映和考核某一地区财政"保运转"水平 | 公用经费保障率＝人均公用经费/人均公用经费标准；<br>人均公用经费＝公用经费总额/在职财政供养人数；<br>人均公用经费标准：同类地区人均公用经费的平均水平 |
| | | 人均公用经费变动率 | 本年度在职人均公用经费与上年度在职人均公用经费的变动比率，用以反映和考核某一地区财政改善"保运转"状况的努力程度 | 人均公用经费变动率＝[（本年度人均公用经费－上年度人均公用经费）/上年度人均公用经费]×100% |
| | | 民生支出占比 | 本年度民生支出数占当年公共财政预算支出的比重，一般通过与同类地区民生支出占比的比较，用以反映和考核某一地区财政"保民生"状况 | 民生支出占比＝（民生支出数/当年公共财政预算支出数）×100%；<br>民生支出数：以财政部确定的民生支出统计口径为准 |

| 一级指标 | 二级指标 | 三级指标 | 指标解释 | 指标说明 |
|---|---|---|---|---|
| 投　入 | 预算安排 | 民生支出占比变动率 | 本年度民生支出占比与上年度民生支出占比的变动比率,用以反映和考核某一地区财政改善民生的努力程度 | 民生支出占比变动率=[(本年度民生支出占比-上年度民生支出占比)/上年度的民生支出占比]×100% |
| | | "三公经费"变动率 | 本年度"三公经费"支出总额与上年度"三公经费"支出总额的变动比率,用以反映和考核某一地区财政控制和压缩重点行政成本的努力程度 | "三公经费"变动率=[(本年度"三公经费"支出总额-上年度"三公经费"支出总额)/上年度"三公经费"支出总额]×100% |
| | | 预算完整性 | 纳入政府预算管理的各类预算是否完整,用以反映和考核某一地区财政预算综合管理的水平 | 评价要点:<br>① 公共财政预算是否纳入政府预算管理;<br>② 国有资本经营预算是否纳入政府预算管理;<br>③ 政府性基金预算是否纳入政府预算管理;<br>④ 社会保障预算是否纳入政府预算管理 |
| | | 预算平衡性 | 本地区财政预算收支差额(预算净结余)是否为非负,用以反映和考核某一地区财政预算平衡情况 | 预算净结余=预算收入数-预算支出数 |
| | | 财政供养人员控制率 | 本年度实际在职财政供养人员与标准在职财政供养人员的比率,反映和考核对某一地区财政对本级财政供养人数的实际控制程度 | 财政供养人员控制率=[(实际在职财政供养人员数-标准在职财政供养人数)/标准在职财政供养人数]×100% |
| | | 债务率 | 本年末本级政府性债务余额占综合财力的比重,反映和考核某一地区财政对债务规模和债务风险的控制程度 | 债务率=(本年末本级政府性债务余额/本年本地综合财力)×100%;<br>综合财力:即政府公共财政预算支出、政府性基金支出、国有资本经营预算支出之和 |
| 过　程 | 预算执行 | 收入完成率 | 本年度公共财政预算收入实际完成数与公共财政收入预算数的比率,用以反映和考核某一地区收入预算的完成程度 | 收入完成率=(预算收入实际完成数/收入预算数)×100%;<br>收入预算数:当地政府预算批复的本年度公共财政预算收入数 |
| | | 支出完成率 | 本年度公共财政预算支出完成数与公共财政支出预算数的比率,用以反映和考核某一地区支出预算的实际执行情况 | 支出完成率=(预算支出完成数/支出预算数)×100%;<br>预算支出完成数:某一地区本年度实际完成的公共财政预算支出数;<br>预算支出数:当地政府预算批复的本年度公共预算支出数 |

| 一级指标 | 二级指标 | 三级指标 | 指标解释 | 指标说明 |
|---|---|---|---|---|
| 过程 | 预算执行 | 支出均衡率 | 某一时点公共财政预算支出执行进度与支出进度标准的比率，用以反映和考核支出预算及时性和均衡性程度 | 支出均衡率＝（支出执行进度/支出进度标准）×100%；<br>支出执行进度：某一地区财政在某一时点的公共财政支出预算执行数与本年度公共财政支出预算的比率；<br>支出进度标准：某一地区财政部门参照序时支付近度、前三年平均支付进度、同一地区同级财政部门平均支付进度等确定的年度支出进度计划 |
| | | 资金结转率 | 本年度结转资金总额与公共财政支出预算的比率，用以反映和考核某一地区财政对结转资金的控制程度 | 资金结转率＝（结转资金总额/公共财政支出预算）×100% |
| | | 资金结转变动率 | 本年度结转资金总额与上年度结转资金总额的变动比率，反映和考核某一地区财政控制结转资金的努力程度 | 资金结转变动率＝[（本年度结转资金总额－上年度结转资金总额/上年度结转资金总额]×100% |
| | | "三公经费"控制率 | 本年度"三公经费"实际支出数与预算数的比率，用以反映和考核某一地区财政对重点行政成本的控制程度 | "三公经费"控制率＝（本年度"三公经费"实际支出数/"三公经费"预算数）×100% |
| | | 总预算暂存暂付率 | 总预算暂存款、暂付款期末余额与当年公共财政支出预算的比率，用以反映和考核某一地区财政对本级财政周转资金规模的控制程度 | 总预算暂存暂付率＝（总预算暂存款、暂付款期末余额/当年公共财政支出预算）×100% |
| 效果 | 经济效益 | 财政总收入占GDP的比重 | 本年度财政总收入占国内生产总值（GDP）的比重，用以反映和考核某一地区筹集财政收入及当地对经济和社会发展调控能力的水平 | 财政总收入占GDP的比重＝财政总收入/GDP。<br>财政总收入：指当地当年的公共财政收入、政府性基金收入（不含国有土地使用权收入）、国有资本经营收入、社会保障收入 |
| | | 税收收入占比 | 本年度税收收入占公共财政预算收入的比重，一般可与同类地区税收收入占比的平均水平或与本地区确定的税收收入占比目标比较，用以反映和考核某一地区公共财政收入质量情况 | 税收收入占比＝（税收收入/公共财政预算收入）×100% |
| | | 税收收入占比变动率 | 本年度税收收入占比与上年度税收收入占比的变动比率，用以反映和考核某一地区在改善公共财政收入质量方面的努力程度 | 税收收入占比变动率＝[（本年度税收收入占比－上年度税收收入占比）/上年度税收收入占比]×100% |

续　表

| 一级指标 | 二级指标 | 三级指标 | 指标解释 | 指标说明 |
|---|---|---|---|---|
| 效果 | 经济效益 | 非税收入占比 | 本年度非税收入占公共财政预算收入的比重,一般可与同类地区非税收入占比的平均水平或与本地区确定的非税收入占比目标比较,用以反映和考核某一地区公共财政收入质量情况 | 非税收入占比＝(非税收入/公共财政预算收入)×100% |
| | | 非税收入占比变动率 | 本年度非税收入占比与上年度非税收入占比的变动比率,用以反映和考核某一地区在改善公共财政收入质量方面的努力程度 | 非税收入占比变动率＝[(本年度非税收入占比－上年度非税收入占比)/上年度非税收入占比]×100% |
| | | 财政支出乘数 | 当地国内生产总值(GDP)变动量与公共财政预算支出变动量之间的比值,用以反映和考核某一地区财政支出对当地经济的带动效应 | 财政支出乘数＝当地 GDP 变动量/公共财政预算支出变动量;GDP 变动量＝当年 GDP－上年 GDP;公共财政预算支出变动量＝当年公共财政预算支出－上年公共财政预算支出 |
| | 社会效益 | 城镇居民人均可支配收入变动率 | 本年城镇居民人均可支配收入与上年城镇居民人均可支配收入的变动比率,用以反映和考核某一地区城镇居民的生活水平改善程度 | 城镇居民人均可支配收入变动率＝[(本年城镇居民人均可支配收入－上年城镇居民人均可支配收入)/上年城镇居民人均可支配收入]×100%;城镇居民人均可支配收入＝城镇居民可支配收入/当地城镇居民人口 |
| | | 农村居民人均纯收入变动率 | 本年农村居民人均纯收入与上年农村居民人均纯收入的变动比率,用以反映和考核某一地区农村居民生活水平的改善程度 | 农村居民人均纯收入变动率＝[(本年农村居民人均纯收入－上年农村居民人均纯收入)/上年农村居民人均纯收入]×100%;农村居民人均纯收入＝农村纯收入/当地农村居民人口 |
| | | 人均受教育年限变动率 | 本年人均受教育年限与上年人均受教育年限的变动比率,用以反映和考核某一地区教育普及的改善程度 | 人均受教育年限变动率＝[(本年人均受教育年限－上年人均受教育年限/上年人均受教育年限]×100%;人均受教育年限＝受教育总年限/当地总人口 |
| | | 人均期望寿命变动率 | 某一地区本年人均期望寿命值与上年人均期望寿命值的变动比率,用以反映和考核某一地区居民健康水平改善程度 | 人均期望寿命变动率＝[(本年人均期望寿命－上年人均期望寿命/上年人均期望寿命]×100%;人均期望寿命:0 岁人口的平均预期寿命 |
| | | 城镇登记失业率变动率 | 本年城镇登记失业率与上年城镇登记失业率的变动比率,用以反映和考核某一地区城镇居民就业状况的改善程度 | 城镇登记失业率变动率＝[(本年城镇登记失业率－上年城镇登记失业率)/上年城镇登记失业率]×100%;城镇登记失业率＝城镇登记失业人员期末实有人数/(城镇期末从业人员总数＋城镇登记失业人员期末实有人数)×100% |

| 一级指标 | 二级指标 | 三级指标 | 指标解释 | 指标说明 |
|---|---|---|---|---|
| 效果 | 生态效益 | 空气质量变动率 | 当年空气质量与上年空气质量的变动比率,用以反映和考核某一地区空气质量的改善程度 | 空气质量变动率＝[(当年空气质量监测均值－上年空气质量监测均值)/上年空气质量监测均值]×100%;<br>空气质量监测均值＝全年空气质量监测值之和/12 |
| | | 人均公共绿地面积变动率 | 当地居民拥有的平均绿地面积的变动情况,用以反映和考核某一地区生态环境的改善程度 | 人均公共绿地面积变动率＝[(当年人均公共绿地面积－上年人均公共绿地面积/上年人均公共绿地面积]×100%;<br>人均公共绿地面积＝绿地总面积/当地居民总人数 |
| | | 万元GDP能耗变动率 | 当年万元GDP能耗与上年万元GDP能耗的变动比率,用以反映和考核某一地区节能减排水平的改善程度 | 万元GDP能耗变动率＝[(当年万元GDP能耗－上年万元GDP能耗/上年万元GDP能耗]×100%;<br>万元GDP能耗＝综合能源消费量(吨标准煤)/GDP(万元) |
| | 社会公众满意度 | | 社会公众对当地财政理财效果的满意程度 | 社会公众是指辖区内的部门(单位)、群体或个人,一般采取社会调查的方式 |

# 关于印发《财政管理绩效考核与激励暂行办法》的通知

## 财预〔2016〕177 号

各省、自治区、直辖市、计划单列市财政厅(局):

根据《国务院办公厅关于对真抓实干成效明显地方加大激励支持力度的通知》(国办发〔2016〕82 号)精神,我们制定了《财政管理绩效考核与激励暂行办法》,现予印发,请遵照执行。

附件:财政管理绩效考核与激励暂行办法

财政部

**2016 年 11 月 24 日**

## 财政管理绩效考核与激励暂行办法

为全面贯彻落实党中央、国务院关于完善公共财政体系、建立现代财政制度的决策部署,根据《国务院办公厅关于对真抓实干成效明显地方加大激励支持力度的通知》(国办发〔2016〕82 号)精神,制定本办法。

### 一、考核与激励目的

充分发挥财政部门积极性,鼓励各地财政部门从实际出发干事创业,推动形成主动作为、竞相发展的良好局面,进一步推动地方深化财税体制改革,完善预算管理制度,提高财政资金使用效益,逐步建立与实现现代化相适应的现代财政制度。

### 二、考核对象

包括全国 36 个省(直辖市、自治区、计划单列市,以下简称省)。其中,计划单列市单独开展综合考核,其所在省考核数据不含计划单列市。

### 三、考核内容和指标

本办法为年度考核。考核内容主要是地方财政管理工作完成情况,具体包括预算执行进度、收入质量、盘活财政存量资金、国库库款管理、地方政府债务管理、预算公开、推进财政资金统筹使用等 7 个方面。结合预算管理目标,设定如下考核指标,考核得分采用百分制。

1. 预算执行进度(15分)

考核内容:各省一般公共预算以及政府性基金预算支出进度情况。分为一般公共预算支出平均进度指标和政府性基金预算支出平均进度指标,分值比例12:3。

第一步,以财政部开展地方预算支出进度通报月份的各省一般公共预算支出进度分别进行平均,得出各省一般公共预算支出平均进度指标;以财政部开展地方预算支出进度通报月份的各省政府性基金预算支出进度分别进行平均,得出各省政府性基金预算支出平均进度指标。

第二步,采用正向激励指标调整得分方法(调整得分方法见"9.指标调整得分方法",下同),将各省一般公共预算支出平均进度指标、政府性基金预算支出平均进度指标分别调整为各省一般公共预算支出进度得分、政府性基金预算支出进度得分。

第三步:计算各省预算执行进度得分。某省预算执行进度得分=某省一般公共预算支出进度得分+某省政府性基金预算支出进度得分。

2. 收入质量(15分)

考核内容:各省一般公共财政收入中税收收入占比情况。分静态和动态两项指标,分值比例为7.5:7.5。

第一步,计算静态和动态指标:

某省收入质量静态指标=某省当年税收收入占一般公共预算收入的比例;

某省收入质量动态指标=某省当年税收收入占一般公共预算收入的比例-某省上年税收收入占一般公共预算收入的比例。

第二步,计算静态和动态指标得分:

各省收入质量静态指标得分:指标为80%及以上的,得满分(即7.5分);指标为80%以下的,采用正向激励指标调整得分方法,调整为指标得分;

各省收入质量动态指标得分:由各省收入质量动态指标,通过正向激励指标调整得分方法得出。

第三步,计算各省收入质量得分。某省收入质量得分=某省收入质量静态指标得分+某省收入质量动态指标得分。

3. 盘活存量资金(15分)

考核内容:各省财政存量资金规模(包括一般公共预算结转结余、政府性基金预算结转结余、国有资本经营预算结转结余、转移支付结转结余、部门预算结转结余、预算稳定调节基金、预算周转金、其他存量资金等)。分为存量资金静态指标、存量资金动态指标和存量资金支出进度指标,分值比例为6:6:3。

第一步,计算存量资金3项指标:

某省存量资金静态指标=某省当年财政存量资金规模/某省当年财政支出规模;

某省存量资金动态指标=(某省当年财政存量资金规模-某省上年财政存量资金规模)/某省上年财政存量资金规模;

各省存量资金支出进度指标,以财政部开展地方预算支出进度通报月份的各省已收回财政存量资金中形成实际支出资金占比分别进行平均得出。

第二步,采用反向激励指标调整得分方法,将各省存量资金静态指标和动态指标分别调整为各省存量资金静态指标和动态指标得分;采用正向激励指标调整得分方法,将各省存量资金支出进度指标调整为各省存量资金支出进度指标得分。

第三步,计算各省盘活存量资金得分。某省盘活存量资金得分＝某省存量资金静态指标得分＋某省存量资金动态指标得分＋某省存量资金支出进度指标得分。

4. 国库库款管理(15分)

考核内容:各省国库库款管理情况。包括库款余额同比变动指标、库款余额相对水平指标、库款保障水平指标、公开发行置换债券资金置换完成率指标等4项考核指标,分值比例为4：4：3.5：3.5。

第一步,通过国库数据得出各省库款余额同比变动、库款余额相对水平、库款保障水平、公开发行置换债券资金置换完成率,作为各省上述4项指标数据。

第二步,计算指标得分:

各省库款余额同比变动指标得分、库款余额相对水平指标得分:由各省库款余额同比变动指标、库款余额相对水平指标,分别通过反向激励指标调整得分方法得出;

各省库款保障水平指标得分:指标为80％及以下的,得满分(即3.5分);指标为80％以上的,采用反向激励指标调整得分方法,调整为指标得分;

各省公开发行置换债券资金置换完成率指标得分:由各省公开发行置换债券资金置换完成率指标,通过正向激励指标调整得分方法得出;

第三步,计算各省国库库款管理得分。某省国库库款管理得分即某省上述4项指标得分之和。

5. 地方政府债务管理(15分)

考核内容:各省地方政府性债务风险程度和管理情况,分为政府债务率指标、利息支出率指标、偿债率指标等3项考核指标(3项指标均包含一般债务和专项债务),分值比例为5：5：5。

第一步,通过各省当年债务数据得出各省当年政府债务率、利息支出率、偿债率,作为各省上述3项指标数据。

第二步,采用反向激励指标调整得分方法,将各省上述3项指标分别调整为指标得分。

第三步,计算各省地方政府债务管理得分。某省地方政府债务管理得分即某省上述3项指标得分之和。

6. 预算公开(15分)

考核内容:各省预算公开总体进展情况,包括预算公开指标、决算公开指标、其他信息公开指标等3项考核指标,分值比例为6：6：3。

第一步,通过预算公开专项核查结果得出各省预算公开率、决算公开率、其他信息公开率,作为各省上述3项指标数据。

第二步,采用正向激励指标调整得分方法,将各省上述3项指标分别调整为指标得分。

第三步,计算各省预算公开得分。某省预算公开得分即某省上述3项指标得分之和。

7. 推进财政资金统筹(10分)

考核内容：地方转移支付结构情况。分为静态和动态两项指标，分值比例为5∶5。

第一步，根据各省上报的转移支付结构情况得出当年和上年省级对下一般性转移支付占省级对下转移支付比重：

某省推进财政资金统筹静态指标＝某省当年省级对下一般性转移支付占省级对下转移支付比重；

某省推进财政资金统筹动态指标＝某省当年省级对下一般性转移支付占省级对下转移支付比重－某省上年省级对下一般性转移支付占省级对下转移支付比重。

第二步，采用正向激励指标调整得分方法，将各省上述2项指标调整为指标得分。

第三步，计算各省推进财政资金统筹得分。某省推进财政资金统筹得分即某省上述2项指标得分之和。

8. 扣减指标(－10分)

以审计署、财政部驻各地专员办事处等中央开展的监督检查为依据，对发现的问题每个扣减1分，扣满为止。

9. 指标调整得分方法

(1) 正向指标调整得分方法：

某省某项指标得分＝[某省某项指标－min(各省某项指标)]÷[max(各省某项指标)－min(各省某项指标)]×分值。

(2) 反向指标调整得分方法：

某省某项指标得分＝[max(各省某项指标)－某省某项指标]÷[max(各省某项指标)－min(各省某项指标)]×分值。

其中：max(各省某项指标)指各省某项指标的最大值；min(各省某项指标)指各省某项指标的最小值。

## 四、评审程序

(一) 次年1月15日前，各省要按照财政部统一部署，将相关数据及时报送财政部。

(二) 财政部根据国库执行快报等各项统计数据，以省为单位对各项考核指标进行评分，并根据评分结果从高到低进行综合排名，综合排名靠前的10个省作为拟奖励的省。为体现地区间的平衡，10个拟奖励省中，东、中、西部地区原则上各不少于2个，直辖市、计划单列市原则上总数不超过3个。

(三) 财政部书面通知10个拟奖励省，要求其参照本办法的考核指标，于1月20日前向财政部书面推荐财政管理工作方面的先进典型市(州，以下简称市)、县(市、区，以下简称县)。每个省原则上推荐1个市、3个县(直辖市、计划单列市仅推荐1个县)，先进典型市总数不超过10个，典型县总数不超过30个。

(四) 1月31日前，财政部将拟奖励省推荐的先进典型市、县名单报送国务院办公厅。

## 五、激励措施

(一) 中央财政利用督查收回的专项转移支付沉淀资金、年度预算中单独安排资金等渠道,在中央、地方两级结算时,对 10 个拟奖励省分配奖励资金,奖励资金切块下达到省,再由省级财政部门将奖励资金分配到本省推荐的典型市、县。奖励资金额度原则上按每个市不低于 2 000 万元、每个县不低于 1 000 万元把握,并适当体现向中、西部倾斜。

(二)财政部下达奖励资金后,省级财政部门要及时将奖励资金下达到先进典型市、县。财力较好的省可统筹自有财力进一步加大对先进典型市、县的奖励力度。

(三)省级财政部门要督促先进典型市、县加强奖励资金的使用管理,并将资金分配使用情况于 6 月 30 日前上报财政部(预算司)。

## 六、其他事项

本办法自印发之日起实施。本办法由财政部负责解释。

# 关于印发《中央部门预算绩效目标管理办法》的通知

财预〔2015〕88 号

党中央有关部门,国务院各部委、各直属机构,总后勤部,武警各部队,全国人大常委会办公厅,全国政协办公厅,高法院,高检院,各民主党派中央,有关人民团体,新疆生产建设兵团,有关中央管理企业:

为了全面推进预算绩效管理工作,进一步规范中央部门预算绩效目标管理,提高财政资金使用效益,根据《中华人民共和国预算法》《国务院关于深化预算管理制度改革的决定》(国发〔2014〕45 号)等有关规定,我们制定了《中央部门预算绩效目标管理办法》。现予印发,请遵照执行。

附件:中央部门预算绩效目标管理办法

财政部

**2015 年 5 月 21 日**

附件:

## 中央部门预算绩效目标管理办法

### 第一章 总 则

**第一条** 为了进一步加强预算绩效管理,提高中央部门预算绩效目标管理的科学性、规范性和有效性,根据《中华人民共和国预算法》《国务院关于深化预算管理制度改革的决定》(国发〔2014〕45 号)等有关规定,制定本办法。

**第二条** 绩效目标是指财政预算资金计划在一定期限内达到的产出和效果。

绩效目标是建设项目库、编制部门预算、实施绩效监控、开展绩效评价等的重要基础和依据。

**第三条** 本办法所称绩效目标:

(一)按照预算支出的范围和内容划分,包括基本支出绩效目标、项目支出绩效目标和部门(单位)整体支出绩效目标。

基本支出绩效目标,是指中央部门预算中安排的基本支出在一定期限内对本部门(单位)正常运转的预期保障程度。一般不单独设定,而是纳入部门(单位)整体支出绩效目标统筹考虑。

项目支出绩效目标是指中央部门依据部门职责和事业发展要求,设立并通过预算安排的项目支出在一定期限内预期达到的产出和效果。

部门（单位）整体支出绩效目标是指中央部门及其所属单位按照确定的职责，利用全部部门预算资金在一定期限内预期达到的总体产出和效果。

（二）按照时效性划分，包括中长期绩效目标和年度绩效目标。

中长期绩效目标是指中央部门预算资金在跨度多年的计划期内预期达到的产出和效果。年度绩效目标是指中央部门预算资金在一个预算年度内预期达到的产出和效果。

**第四条** 绩效目标管理是指财政部和中央部门及其所属单位以绩效目标为对象，以绩效目标的设定、审核、批复等为主要内容所开展的预算管理活动。

**第五条** 财政部和中央部门及其所属单位是绩效目标管理的主体。

**第六条** 绩效目标管理的对象是纳入中央部门预算管理的全部资金。

### 第二章 绩效目标的设定

**第七条** 绩效目标设定是指中央部门或其所属单位按照部门预算管理和绩效目标管理的要求，编制绩效目标并向财政部或中央部门报送绩效目标的过程。

绩效目标是部门预算安排的重要依据。未按要求设定绩效目标的项目支出，不得纳入项目库管理，也不得申请部门预算资金。

**第八条** 按照"谁申请资金，谁设定目标"的原则，绩效目标由中央部门及其所属单位设定。

项目支出绩效目标，在该项目纳入中央部门项目库之前编制，并按要求随同中央部门项目库提交财政部；部门（单位）整体支出绩效目标，在申报部门预算时编制，并按要求提交财政部。

**第九条** 绩效目标要能清晰反映预算资金的预期产出和效果，并以相应的绩效指标予以细化、量化描述。主要包括：

（一）预期产出，是指预算资金在一定期限内预期提供的公共产品和服务情况；

（二）预期效果，是指上述产出可能对经济、社会、环境等带来的影响情况，以及服务对象或项目受益人对该项产出和影响的满意程度等。

**第十条** 绩效指标是绩效目标的细化和量化描述，主要包括产出指标、效益指标和满意度指标等。

（一）产出指标是对预期产出的描述，包括数量指标、质量指标、时效指标、成本指标等。

（二）效益指标是对预期效果的描述，包括经济效益指标、社会效益指标、生态效益指标、可持续影响指标等。

（三）满意度指标是反映服务对象或项目受益人的认可程度的指标。

**第十一条** 绩效标准是设定绩效指标时所依据或参考的标准。一般包括：

（一）历史标准，是指同类指标的历史数据等；

（二）行业标准，是指国家公布的行业指标数据等；

（三）计划标准，是指预先制定的目标、计划、预算、定额等数据；

（四）财政部认可的其他标准。

**第十二条** 绩效目标设定的依据包括：

（一）国家相关法律、法规和规章制度，国民经济和社会发展规划；

（二）部门职能、中长期发展规划、年度工作计划或项目规划；

（三）中央部门中期财政规划；

（四）财政部中期和年度预算管理要求；

（五）相关历史数据、行业标准、计划标准等；

（六）符合财政部要求的其他依据。

**第十三条** 设定的绩效目标应当符合以下要求：

（一）指向明确。绩效目标要符合国民经济和社会发展规划、部门职能及事业发展规划等要求，并与相应的预算支出内容、范围、方向、效果等紧密相关。

（二）细化量化。绩效目标应当从数量、质量、成本、时效以及经济效益、社会效益、生态效益、可持续影响、满意度等方面进行细化，尽量进行定量表述。不能以量化形式表述的，可采用定性表述，但应具有可衡量性。

（三）合理可行。设定绩效目标时要经过调查研究和科学论证，符合客观实际，能够在一定期限内如期实现。

（四）相应匹配。绩效目标要与计划期内的任务数或计划数相对应，与预算确定的投资额或资金量相匹配。

**第十四条** 绩效目标申报表是所设定绩效目标的表现形式。其中，项目支出绩效目标涉及内容的相关信息，纳入项目文本中，通过提取信息的方式以确定格式（详见附1）生成；部门（单位）整体支出绩效目标，按照确定格式和内容（详见附2）填报，纳入部门预算编报说明中。

**第十五条** 绩效目标设定的方法包括：

（一）项目支出绩效目标的设定

1. 对项目的功能进行梳理，包括资金性质、预期投入、支出范围、实施内容、工作任务、受益对象等，明确项目的功能特性。

2. 依据项目的功能特性，预计项目实施在一定时期内所要达到的总体产出和效果，确定项目所要实现的总体目标，并以定量和定性相结合的方式进行表述。

3. 对项目支出总体目标进行细化分解，从中概括、提炼出最能反映总体目标预期实现程度的关键性指标，并将其确定为相应的绩效指标。

4. 通过收集相关基准数据，确定绩效标准，并结合项目预期进展、预计投入等情况，确定绩效指标的具体数值。

（二）部门（单位）整体支出绩效目标的设定

1. 对部门（单位）的职能进行梳理，确定部门（单位）的各项具体工作职责。

2. 结合部门（单位）中长期规划和年度工作计划，明确年度主要工作任务，预计部门（单位）在本年度内履职所要达到的总体产出和效果，将其确定为部门（单位）总体目标，并以定量和定性相结合的方式进行表述。

3. 依据部门（单位）总体目标，结合部门（单位）的各项具体工作职责和工作任务，确定每项工作任务预计要达到的产出和效果，从中概括、提炼出最能反映工作任务预期实现程度的关键性指标，并将其确定为相应的绩效指标。

4. 通过收集相关基准数据,确定绩效标准,并结合年度预算安排等情况,确定绩效指标的具体数值。

**第十六条** 绩效目标设定程序为:

(一)基层单位设定绩效目标。申请预算资金的基层单位按照要求设定绩效目标,随同本单位预算提交上级单位;根据上级单位审核意见,对绩效目标进行修改完善,按程序逐级上报。

(二)中央部门设定绩效目标。中央部门按要求设定本级支出绩效目标,审核、汇总所属单位绩效目标,提交财政部;根据财政部审核意见对绩效目标进行修改完善,按程序提交财政部。

### 第三章 绩效目标的审核

**第十七条** 绩效目标审核是指财政部或中央部门对相关部门或单位报送的绩效目标进行审查核实,并将审核意见反馈相关单位,指导其修改完善绩效目标的过程。

**第十八条** 按照"谁分配资金,谁审核目标"的原则,绩效目标由财政部或中央部门按照预算管理级次进行审核。根据工作需要,绩效目标可委托第三方予以审核。

**第十九条** 绩效目标审核是部门预算审核的有机组成部分。绩效目标不符合要求的,财政部或中央部门应要求报送单位及时修改、完善。审核符合要求后,方可进入项目库,并进入下一步预算编审流程。

**第二十条** 中央部门对所属单位报送的项目支出绩效目标和单位整体支出绩效目标进行审核。

有预算分配权的部门应对预算部门提交的有关项目支出绩效目标进行审核,并据此提出资金分配建议。经审核的项目支出绩效目标,报财政部备案。

**第二十一条** 财政部根据部门预算审核的范围和内容,对中央部门报送的项目支出绩效目标和部门(单位)整体支出绩效目标进行审核。对经有预算分配权的部门审核后的横向分配项目的绩效目标,财政部可根据需要进行再审核。

**第二十二条** 绩效目标审核的主要内容:

(一)完整性审核。绩效目标的内容是否完整,绩效目标是否明确、清晰。

(二)相关性审核。绩效目标的设定与部门职能、事业发展规划是否相关,是否对申报的绩效目标设定了相关联的绩效指标,绩效指标是否细化、量化。

(三)适当性审核。资金规模与绩效目标之间是否匹配,在既定资金规模下,绩效目标是否过高或过低;或者要完成既定绩效目标,资金规模是否过大或过小。

(四)可行性审核。绩效目标是否经过充分论证和合理测算;所采取的措施是否切实可行,并能确保绩效目标如期实现。综合考虑成本效益,是否有必要安排财政资金。

**第二十三条** 对一般性项目,由财政部或中央部门结合部门预算管理流程进行审核,提出审核意见。

对社会关注程度高、对经济社会发展具有重要影响、关系重大民生领域或专业技术复杂的重点项目,财政部或中央部门可根据需要将其委托给第三方,组织相关部门、专家学者、科研院所、中介机构、社会公众代表等共同参与审核,提出审核意见。

**第二十四条** 对项目支出绩效目标的审核,采用"项目支出绩效目标审核表"(详见附

3)。其中,对一般性项目,采取定性审核的方式;对重点项目,采取定性审核和定量审核相结合的方式。

部门(单位)整体支出绩效目标的审核,可参考项目支出绩效目标的审核工具,提出审核意见。

**第二十五条** 项目支出绩效目标审核结果分为"优""良""中""差"四个等级,作为项目预算安排的重要参考因素。

审核结果为"优"的,直接进入下一步预算安排流程;审核结果为"良"的,可与相关部门或单位进行协商,直接对其绩效目标进行完善后,进入下一步预算安排流程;审核结果为"中"的,由相关部门或单位对其绩效目标进行修改完善,按程序重新报送审核;审核结果为"差"的,不得进入下一步预算安排流程。

**第二十六条** 绩效目标审核程序如下:

(一)中央部门及其所属单位审核。中央部门及其所属单位对下级单位报送的绩效目标进行审核,提出审核意见并反馈给下级单位。下级单位根据审核意见对相关绩效目标进行修改完善,重新提交上级单位审核,审核通过后按程序报送财政部。

(二)财政部审核。财政部对中央部门报送的绩效目标进行审核,提出审核意见并反馈给中央部门。中央部门根据财政部审核意见对相关绩效目标进行修改完善,重新报送财政部审核。财政部根据绩效目标审核情况提出预算安排意见,随预算资金一并下达中央部门。

## 第四章 绩效目标的批复、调整与应用

**第二十七条** 按照"谁批复预算,谁批复目标"的原则,财政部和中央部门在批复年初部门预算或调整预算时,一并批复绩效目标。原则上,中央部门整体支出绩效目标、纳入绩效评价范围的项目支出绩效目标和一级项目绩效目标,由财政部批复;中央部门所属单位整体支出绩效目标和二级项目绩效目标,由中央部门或所属单位按预算管理级次批复。

**第二十八条** 绩效目标确定后,一般不予调整。预算执行中因特殊原因确需调整的,应按照绩效目标管理要求和预算调整流程报批。

**第二十九条** 中央部门及所属单位应按照批复的绩效目标组织预算执行,并根据设定的绩效目标开展绩效监控、绩效自评和绩效评价。

(一)绩效监控。预算执行中,中央部门及所属单位应对资金运行状况和绩效目标预期实现程度开展绩效监控,及时发现并纠正绩效运行中存在的问题,力保绩效目标如期实现。

(二)绩效自评。预算执行结束后,资金使用单位应对照确定的绩效目标开展绩效自评,分别填写"项目支出绩效自评表"(详见附4)和"部门(单位)整体支出绩效自评表"(详见附5),形成相应的自评结果,作为部门(单位)预、决算的组成内容和以后年度预算申请、安排的重要基础。

(三)绩效评价。财政部或中央部门要有针对地选择部分重点项目或部门(单位),在资金使用单位绩效自评的基础上,开展项目支出或部门(单位)整体支出绩效评价,并对部分重大专项资金或财政政策开展中期绩效评价试点,形成相应的评价结果。

**第三十条** 中央部门应按照有关法律、法规要求,逐步将有关绩效目标随同部门预算

予以公开。

### 第五章　附　则

**第三十一条**　各部门可根据本办法,结合实际制定本部门具体绩效目标管理办法和实施细则,报财政部备案。

**第三十二条**　此前关于中央部门预算绩效目标管理的规定与本办法不一致的,适用本办法。

**第三十三条**　本办法由财政部负责解释。

**第三十四条**　本办法自印发之日起施行。

附1-1:项目支出绩效目标申报表(生成表)

附1-2:项目支出绩效目标申报表内容说明

附2-1:部门(单位)整体支出绩效目标申报表

附2-2:部门(单位)整体支出绩效目标申报表填报说明

附3-1:项目支出绩效目标审核表(一般性项目)

附3-2:项目支出绩效目标审核表(重点项目)

附3-3:项目支出绩效目标审核表填报说明

附4:项目支出绩效自评表

附5:部门(单位)整体支出绩效自评表

附6:中央部门预算绩效目标管理流程图

**附1-1:**

## 项目支出绩效目标申报表(生成表)

（　　　　年度）

| 项目名称 | | | | |
|---|---|---|---|---|
| 主管部门及代码 | | | 实施单位 | |
| 项目属性 | | | 项目期 | |
| 项目资金<br>(万元) | 中期资金总额: | | 年度资金总额: | |
| | 其中:财政拨款 | | 其中:财政拨款 | |
| | 其他资金 | | 其他资金 | |
| 总体目标 | 中期目标(20**年—20**＋n年) | | 年度目标 | |
| | 目标1:<br>目标2:<br>目标3:<br>…… | | 目标1:<br>目标2:<br>目标3:<br>…… | |

续　表

| 一级指标 | 二级指标 | 三级指标 | 指标值 | 二级指标 | 三级指标 | 指标值 |
|---|---|---|---|---|---|---|
| 绩效指标 | 产出指标 | 数量指标 | 指标1： | | 数量指标 | 指标1： | |
| | | | 指标2： | | | 指标2： | |
| | | | …… | | | …… | |
| | | 质量指标 | 指标1： | | 质量指标 | 指标1： | |
| | | | 指标2： | | | 指标2： | |
| | | | …… | | | …… | |
| | | 时效指标 | 指标1： | | 时效指标 | 指标1： | |
| | | | 指标2： | | | 指标2： | |
| | | | …… | | | …… | |
| | | 成本指标 | 指标1： | | 成本指标 | 指标1： | |
| | | | 指标2： | | | 指标2： | |
| | | | …… | | | …… | |
| | | …… | | | …… | | |
| | 效益指标 | 经济效益指标 | 指标1： | | 经济效益指标 | 指标1： | |
| | | | 指标2： | | | 指标2： | |
| | | | …… | | | …… | |
| | | 社会效益指标 | 指标1： | | 社会效益指标 | 指标1： | |
| | | | 指标2： | | | 指标2： | |
| | | | …… | | | …… | |
| | | 生态效益指标 | 指标1： | | 生态效益指标 | 指标1： | |
| | | | 指标2： | | | 指标2： | |
| | | | …… | | | …… | |
| | | 可持续影响指标 | 指标1： | | 可持续影响指标 | 指标1： | |
| | | | 指标2： | | | 指标2： | |
| | | | …… | | | …… | |
| | | …… | | | …… | | |
| | 满意度指标 | 服务对象满意度指标 | 指标1： | | 服务对象满意度指标 | 指标1： | |
| | | | 指标2： | | | 指标2： | |
| | | | …… | | | …… | |
| | | …… | | | …… | | |

附 1-2:

# 项目支出绩效目标申报表内容说明

## 一、适用范围

（一）本表根据中央部门及其所属单位所填报的项目文本中的相关信息，由预算管理系统自动生成，作为项目绩效目标审核和批复、预算资金确定、绩效监控、绩效评价的主要依据。

（二）项目支出是指中央部门为完成其特定的行政工作任务或事业发展目标、纳入部门预算编制范围的年度项目支出计划。

（三）中央部门的所有预算项目都应设定绩效目标，并形成本表。

（四）本表中的相关内容由项目资金申报单位在项目申报文本中填写。

## 二、内容说明

（一）年度：指编制部门预算所属年份。如：编报 20 ＊＊ 年部门预算时，填写"20 ＊＊ 年"；20 ＊＊ 年预算执行中申请调整预算时，填写"20 ＊＊ 年"。

（二）项目基本情况

1. 项目名称：指项目的具体名称，与部门预算中的项目名称一致。

2. 主管部门及代码：指中央部门的代码及全称。如：〔101〕国务院办公厅。

3. 实施单位：指项目具体实施单位，与项目文本中的有关内容一致。

4. 项目属性：指新增项目或延续项目。

5. 项目期：指项目的具体实施期限，其中，一次性项目，填 1 年；有确定项目实施期的项目，填确定的年限，如 3 年等；属于部门经常性业务项目，填"长期"。

6. 项目资金：指中期或年度项目资金总额，按资金来源分为财政拨款、其他资金。本项内容以万元为单位，保留小数点后两位。

（三）总体目标

项目支出总体目标描述利用该项目全部预算资金在一定期限内预期达到的总体产出和效果。

1. 中期目标：概括描述延续项目在一定时期内（一般为三年）预期达到的产出和效果。其中，所填写的期限，按一定时期滚动填写，如 2015 年编制 2016 年预算，填写 2016—2018 年；2016 年编制 2017 年预算，填写 2017—2019 年等。

一次性项目和处于项目期最后一年的项目，不需填写此项，只填写年度目标。

2. 年度目标：概括描述项目在本年度内预期达到的产出和效果。

（四）绩效指标

绩效指标按中期指标和年度指标分别填列，其中，中期指标是对中期目标的细化和量化，年度指标是对年度目标的细化和量化。一次性项目和处于项目期最后一年的项目，只填写年度指标。

绩效指标一般包括产出指标、效益指标、满意度指标三类一级指标，每一类一级指标细分为若干二级指标、三级指标，分别设定具体的指标值。指标值应尽量细化、量化，可量化的用数值描述，不可量化的以定性描述。

1. 产出指标：反映根据既定目标，相关预算资金预期提供的公共产品和服务情况。可进一步细分为：

（1）数量指标，反映预期提供的公共产品和服务数量，如"举办培训的班次""培训学员的人次""新增设备数量"等；

（2）质量指标，反映预期提供的公共产品和服务达到的标准、水平和效果，如"培训合格率""研究成果验收通过率"等；

（3）时效指标，反映预期提供公共产品和服务的及时程度和效率情况，如"培训完成时间""研究成果发布时间"等；

（4）成本指标，反映预期提供公共产品和服务所需成本的控制情况，如"人均培训成本""设备购置成本"和社会平均成本的比较"等。

2. 效益指标：反映与既定绩效目标相关的、前述相关产出所带来的预期效果的实现程度。可进一步细分为：

（1）经济效益指标，反映相关产出对经济发展带来的影响和效果，如"促进农民增收率或增收额""采用先进技术带来的实际收入增长率"等；

（2）社会效益指标，反映相关产出对社会发展带来的影响和效果，如"带动就业增长率""安全生产事故下降率"等；

（3）生态效益指标，反映相关产出对自然环境带来的影响和效果，如"水电能源节约率""空气质量优良率"等；

（4）可持续影响指标，反映相关产出带来影响的可持续期限，如"项目持续发挥作用的期限""对本行业未来可持续发展的影响"等。

3. 满意度指标：属于预期效果的内容，反映服务对象或项目受益人对相关产出及其影响的认可程度，根据实际细化为具体指标，如"受训学员满意度""群众对 ** 工作的满意度""社会公众投诉率/投诉次数"等。

4. 实际操作中其他绩效指标的具体内容，可由部门（单位）根据需要，在上述指标中或在上述指标之外另行补充。

附 2-1:

# 部门（单位）整体支出绩效目标申报表

（　　　　年度）

| 部门（单位）名称 | | | | | |
|---|---|---|---|---|---|
| 年度主要任务 | 任务名称 | 主要内容 | 预算金额（万元） | | |
| | | | 总额 | 财政拨款 | 其他资金 |
| | 任务 1 | | | | |
| | 任务 2 | | | | |
| | 任务 3 | | | | |
| | …… | | | | |
| | | | | | |
| | 金额合计 | | | | |
| 年度总体目标 | 目标 1：<br>目标 2：<br>目标 3：<br>…… | | | | |
| 年度绩效指标 | 一级指标 | 二级指标 | 三级指标 | | 指标值 |
| | 产出指标 | 数量指标 | 指标 1： | | |
| | | | 指标 2： | | |
| | | | …… | | |
| | | 质量指标 | 指标 1： | | |
| | | | 指标 2： | | |
| | | | …… | | |
| | | 时效指标 | 指标 1： | | |
| | | | 指标 2： | | |
| | | | …… | | |
| | | 成本指标 | 指标 1： | | |
| | | | 指标 2： | | |
| | | | …… | | |
| | | …… | | | |

| 一级指标 | 二级指标 | 三级指标 | 指标值 |
|---|---|---|---|
| 年度绩效指标 | 效益指标 | 经济效益指标 | 指标1： | |
| | | | 指标2： | |
| | | | …… | |
| | | 社会效益指标 | 指标1： | |
| | | | 指标2： | |
| | | | …… | |
| | | 生态效益指标 | 指标1： | |
| | | | 指标2： | |
| | | | …… | |
| | | 可持续影响指标 | 指标1： | |
| | | | 指标2： | |
| | | | …… | |
| | | …… | |
| | 满意度指标 | 服务对象满意度指标 | 指标1： | |
| | | | 指标2： | |
| | | | …… | |
| | | …… | |

附 2-2：

# 部门（单位）整体支出绩效目标申报表填报说明

## 一、适用范围

（一）本表适用于中央部门及其所属单位在申报部门（单位）整体支出绩效目标时填报，作为部门（单位）整体支出预算审核及绩效评价的主要依据。

（二）部门（单位）整体支出是指纳入中央部门预算管理的全部资金，包括当年财政拨款和通过以前年度财政拨款结转和结余资金、事业收入、事业单位经营收入等其他收入安排的支出；包括基本支出和项目支出。

（三）中央部门及其所属单位应按要求设定整体支出绩效目标，填报本表。

（四）本表由中央部门或所属单位财务主管机构负责填写，必要时可以由本部门或本单位业务部门协助填写。

### 二、填报说明

（一）年度：填写编制部门预算所属年份。如：编报 20＊＊ 年部门预算，填写"20＊＊ 年"。

（二）部门（单位）名称：填写填报本表的预算部门或单位全称。

（三）年度主要任务：填写根据部门（单位）主要职责和工作计划确定的本年度主要工作任务以及开展这项任务所对应的预算支出金额（一般为一级项目及金额）。预算支出金额包括当年财政拨款和其他资金，以万元为单位，保留到小数点后两位。

（四）年度总体目标：描述本部门（单位）利用全部部门预算资金在本年度内预期达到的总体产出和效果。

（五）年度绩效指标：一般包括产出指标、效益指标、满意度指标三类一级指标，每一类一级指标细分为若干二级指标、三级指标，分别对应具体的指标值。指标值应尽量细化、量化，可量化的用数值描述，不可量化的以定性描述。具体填报要求可参照"项目支出绩效目标申报表内容说明"。

附 3-1：

# 项目支出绩效目标审核表（一般性项目）

| 审核内容 | 审核要点 | 审核意见 |
|---|---|---|
| 一、完整性审核 | | |
| 规范完整性 | 绩效目标填报格式是否规范，内容是否完整、准确、详实，是否无缺项、错项 | 优□　良□　中□　差□ |
| 明确清晰性 | 绩效目标是否明确、清晰，是否能够反映项目主要情况，是否对项目预期产出和效果进行了充分、恰当的描述 | 优□　良□　中□　差□ |
| 二、相关性审核 | | |
| 目标相关性 | 总体目标是否符合国家法律法规、国民经济和社会发展规划要求，与本部门（单位）职能、发展规划和工作计划是否密切相关 | 优□　良□　中□　差□ |
| 指标科学性 | 绩效指标是否全面、充分、细化、量化，难以量化的，定性描述是否充分、具体；是否选取了最能体现总体目标实现程度的关键指标并明确了具体指标值 | 优□　良□　中□　差□ |
| 三、适当性审核 | | |
| 绩效合理性 | 预期绩效是否显著，是否能够体现实际产出和效果的明显改善；是否符合行业正常水平或事业发展规律；与其他同类项目相比，预期绩效是否合理 | 优□　良□　中□　差□ |

续　表

| 审核内容 | 审核要点 | 审核意见 |
|---|---|---|
| 资金匹配性 | 绩效目标与项目资金量、使用方向等是否匹配,在既定资金规模下,绩效目标是否过高或过低;或要完成既定绩效目标,资金规模是否过大或过小 | 优□　良□　中□　差□ |
| 四、可行性审核 | | |
| 实现可能性 | 绩效目标是否经过充分调查研究、论证和合理测算,实现的可能性是否充分 | 优□　良□　中□　差□ |
| 条件充分性 | 项目实施方案是否合理,项目实施单位的组织实施能力和条件是否充分,内部控制是否规范,管理制度是否健全 | 优□　良□　中□　差□ |
| 综合评定等级 | 优□　　　良□　　　中□　　　差□ | |
| 总体意见 | | |

附 3-2:

# 项目支出绩效目标审核表(重点项目)

| 审核内容 | | 审核要点 | | 审核意见 | 得分 |
|---|---|---|---|---|---|
| 具体内容 | 分值 | 具体内容 | 分值 | | |
| 一、完整性审核(20分) | | | | | |
| 规范完整性 | 10分 | 绩效目标填报格式是否规范、符合规定要求 | 5分 | 优□　良□<br>中□　差□ | |
| | | 绩效目标填报内容是否完整、准确、详实,是否无缺项、错项 | 5分 | 优□　良□<br>中□　差□ | |
| | | 得分小计 | | | |
| 明确清晰性 | 10分 | 绩效目标是否明确,内容是否具体,层次是否分明,表述是否准确 | 5分 | 优□　良□<br>中□　差□ | |
| | | 绩效目标是否清晰,是否能够反映项目的主要内容,是否对项目预期产出和效果进行了充分、恰当的描述 | 5分 | 优□　良□<br>中□　差□ | |
| | | 得分小计 | | | |

| 审核内容 | | 审核要点 | | 审核意见 | 得分 |
|---|---|---|---|---|---|
| 具体内容 | 分值 | 具体内容 | 分值 | | |
| 二、相关性审核(30分) | | | | | |
| 目标相关性 | 15分 | 总体目标是否符合国家法律法规、国民经济和社会发展规划要求 | 7分 | 优□　良□<br>中□　差□ | |
| | | 总体目标与本部门(单位)职能、发展规划和工作计划是否密切相关 | 8分 | 优□　良□<br>中□　差□ | |
| | | | | 得分小计 | |
| 指标科学性 | 15分 | 绩效指标是否全面、充分,是否选取了最能体现总体目标实现程度的关键指标并明确了具体指标值 | 8分 | 优□　良□<br>中□　差□ | |
| | | 绩效指标是否细化、量化,便于监控和评价;难以量化的,定性描述是否充分、具体 | 7分 | 优□　良□<br>中□　差□ | |
| | | | | 得分小计 | |
| 三、适当性审核(30分) | | | | | |
| 绩效合理性 | 15分 | 预期绩效是否显著,是否能够体现实际产出和效果的明显改善 | 8分 | 优□　良□<br>中□　差□ | |
| | | 预期绩效是否符合行业正常水平或事业发展规律;与其他同类项目相比,预期绩效是否合理 | 7分 | 优□　良□<br>中□　差□ | |
| | | | | 得分小计 | |
| 资金匹配性 | 15分 | 绩效目标与项目资金量是否匹配,在既定资金规模下,绩效目标是否过高或过低;或要完成既定绩效目标,资金规模是否过大或过小 | 8分 | 优□　良□<br>中□　差□ | |
| | | 绩效目标与相应的支出内容、范围、方向、效果等是否匹配 | 7分 | 优□　良□<br>中□　差□ | |
| | | | | 得分小计 | |
| 四、可行性审核(20分) | | | | | |
| 实现可能性 | 10分 | 绩效目标是否经过充分调查研究、论证和合理测算 | 5分 | 优□　良□<br>中□　差□ | |
| | | 绩效目标实现的可能性是否充分,是否考虑了现实条件和可操作性 | 5分 | 优□　良□<br>中□　差□ | |
| | | | | 得分小计 | |

| 审核内容 | | 审核要点 | | 审核意见 | 得分 |
|---|---|---|---|---|---|
| 具体内容 | 分值 | 具体内容 | 分值 | | |
| 条件充分性 | 10分 | 项目实施方案是否合理,项目实施单位的组织实施能力和条件是否充分 | 5分 | 优□　良□<br>中□　差□ | |
| | | 内部控制是否规范,预算和财务管理制度是否健全并得到有效执行 | 5分 | 优□　良□<br>中□　差□ | |
| | | | | 得分小计 | |
| 总　分 | | | | | |
| 综合评定等级 | | 优□　　　良□　　　中□　　　差□ | | | |
| 总体意见 | | | | | |

附3-3:

# 项目支出绩效目标审核表填报说明

## 一、适用范围

(一)本表适用于财政部或中央部门及其所属单位在审核项目支出绩效目标时填报,是绩效目标审核的主要工具。

(二)本表全面反映审核主体对绩效目标的审核意见。

(三)本表由财政部或中央部门及其所属单位财务主管机构负责填写;委托第三方审核的,可以由第三方机构协助填写。

## 二、填报说明

(一)审核内容

绩效目标审核包括完整性审核、相关性审核、适当性审核和可行性审核等四个方面。绩效目标审核应充分参考部门(单位)职能、项目立项依据、项目实施的必要性和可行性、项目实施方案以及以前年度绩效信息等内容,还应充分考虑财政资金支持的方向、范围和方式等。

(二)审核方式

审核采取定性审核与定量审核相结合的方式。定性审核分为"优""良""中""差"四个等级,其中,填报内容完全符合要求的,定级为"优";绝大部分内容符合要求、仅需对个别内容进行修改的,定级为"良";部分内容不符合要求、但通过修改完善后能够符合要求的,定级为"中";内容为空或大部分内容不符合要求的,定级为"差"。定量审核按对应等级进行打分,保留一位小数。具体审核方式如下:

1. 对一般性项目,采取定性审核的方式。审核主体对每一项审核内容逐一提出定性审核意见,并根据各项审核情况,汇总确定"综合评定等级"。确定综合评定等级时,8 个审核要点中,有 6 项及以上为"优"且其他项无"中""差"级的,方可定级为"优";有 6 项及以上为"良"及以上、且其他项无"差"级的,方可定级为"良";有 6 项及以上为"中"及以上的,方可定级为"中"。同时,在本表"总体意见"栏中对该项目绩效目标的修改完善、预算安排等提出意见。

2. 对重点项目,采取定性审核和定量审核相结合的方式。审核主体对每一项审核内容提出定性审核意见,并进行打分。定性审核为"优"的,得该项分值的 90%～100%;定性审核为"良"的,得该项分值的 80%～89%;定性审核为"中"的,得该项分值的 60%～79%;定性审核为"差"的,得该项分值的 59% 以下。

各项审核内容完成后,根据项目审核总分,确定"综合评定等级"。总得分在 90 分以上的为"优";在 80 分至 90 分(不含,下同)之间的为"良";在 60 分至 80 分之间的为"中";低于 60 分的为"差"。同时,在本表"总体意见"栏中对该项目绩效目标的修改完善、预算安排等提出意见。

附 4:

# 项 目 支 出 绩 效 自 评 表

### (　　　　年度)

| 项目名称 | | | | |
|---|---|---|---|---|
| 主管部门及代码 | | | 实施单位 | |
| 项目预算执行情况(万元) | 预算数: | | 执行数: | |
| | 其中:财政拨款 | | 其中:财政拨款 | |
| | 其他资金 | | 其他资金 | |
| 年度总体目标完成情况 | 预期目标 | | 目标实际完成情况 | |
| | 目标1:<br>目标2:<br>目标3:<br>…… | | 目标1完成情况:<br>目标2完成情况:<br>目标3完成情况:<br>…… | |

| 一级指标 | 二级指标 | 三级指标 | | 预期指标值 | 实际完成指标值 |
|---|---|---|---|---|---|
| 年度绩效指标完成情况 | 产出指标 | 数量指标 | 指标1： | | |
| | | | 指标2： | | |
| | | | …… | | |
| | | 质量指标 | 指标1： | | |
| | | | 指标2： | | |
| | | | …… | | |
| | | 时效指标 | 指标1： | | |
| | | | 指标2： | | |
| | | | …… | | |
| | | 成本指标 | 指标1： | | |
| | | | 指标2： | | |
| | | | …… | | |
| | | …… | | | |
| | 效益指标 | 经济效益指标 | 指标1： | | |
| | | | 指标2： | | |
| | | | …… | | |
| | | 社会效益指标 | 指标1： | | |
| | | | 指标2： | | |
| | | | …… | | |
| | | 生态效益指标 | 指标1： | | |
| | | | 指标2： | | |
| | | | …… | | |
| | | 可持续影响指标 | 指标1： | | |
| | | | 指标2： | | |
| | | | …… | | |
| | | …… | | | |
| | 满意度指标 | 服务对象满意度指标 | 指标1： | | |
| | | | 指标2： | | |
| | | | …… | | |
| | | …… | | | |

附5：

# 部门（单位）整体支出绩效自评表

（　　　　年度）

| 部门（单位）名称 | | | | | | | |
|---|---|---|---|---|---|---|---|
| 年度主要任务完成情况 | 任务名称 | 完成情况 | | 预算数（万元） | 其中：财政拨款 | 执行数（万元） | 其中：财政拨款 |
| | 任务1 | | | | | | |
| | 任务2 | | | | | | |
| | 任务3 | | | | | | |
| | …… | | | | | | |
| | | | | | | | |
| | 金额合计 | | | | | | |
| 年度总体目标完成情况 | 预期目标 | | | | 目标实际完成情况 | | |
| | 目标1：<br>目标2：<br>目标3：<br>…… | | | | 目标1完成情况：<br>目标2完成情况：<br>目标3完成情况：<br>…… | | |
| 年度绩效指标完成情况 | 一级指标 | 二级指标 | 指标内容 | | 预期指标值 | | 实际完成指标值 |
| | 产出指标 | 数量指标 | 指标1： | | | | |
| | | | 指标2： | | | | |
| | | | …… | | | | |
| | | 质量指标 | 指标1： | | | | |
| | | | 指标2： | | | | |
| | | | …… | | | | |
| | | 时效指标 | 指标1： | | | | |
| | | | 指标2： | | | | |
| | | | …… | | | | |
| | | 成本指标 | 指标1： | | | | |
| | | | 指标2： | | | | |
| | | | …… | | | | |
| | | …… | | | | | |

| | 一级指标 | 二级指标 | 指标内容 | 预期指标值 | 实际完成指标值 |
|---|---|---|---|---|---|
| 年度绩效指标完成情况 | 效益指标 | 经济效益指标 | 指标1： | | |
| | | | 指标2： | | |
| | | | …… | | |
| | | 社会效益指标 | 指标1： | | |
| | | | 指标2： | | |
| | | | …… | | |
| | | 生态效益指标 | 指标1： | | |
| | | | 指标2： | | |
| | | | …… | | |
| | | 可持续影响指标 | 指标1： | | |
| | | | 指标2： | | |
| | | | …… | | |
| | | …… | | | |
| | 满意度指标 | 服务对象满意度指标 | 指标1： | | |
| | | | 指标2： | | |
| | | | …… | | |
| | | …… | | | |

附6:

# 中央部门预算绩效目标管理流程图

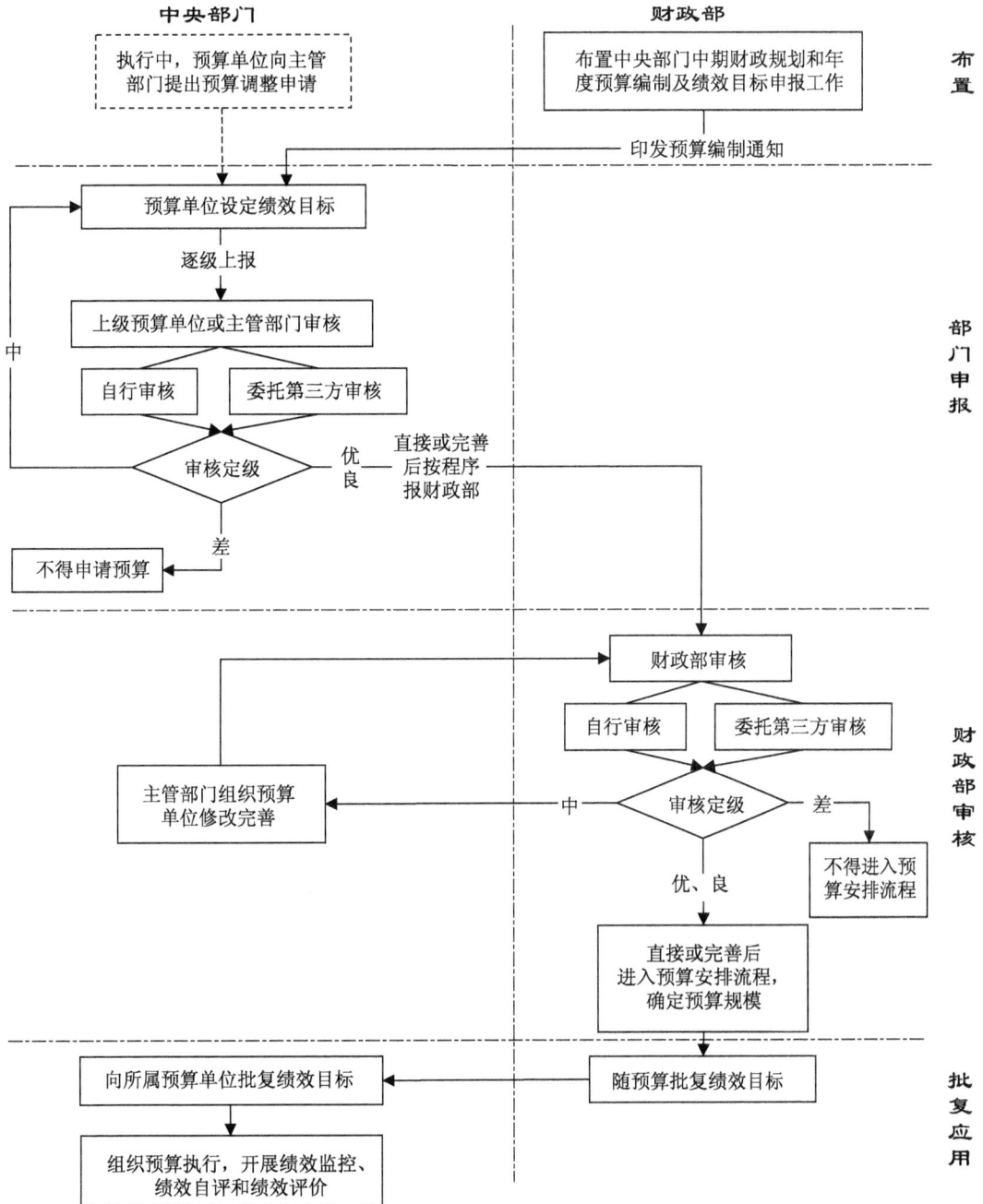

# 关于印发《中央财政水利发展资金绩效管理暂行办法》的通知

财农〔2017〕30 号

农业部，各省、自治区、直辖市、计划单列市财政厅（局）、水利（水务）厅（局），新疆生产建设兵团财务局、水利局：

根据《预算法》、《中央对地方专项转移支付绩效目标管理暂行办法》（财预〔2015〕163号）、《中央对地方专项转移支付管理办法》（财预〔2015〕230 号）、《中央财政水利发展资金使用管理办法》（财农〔2016〕181 号）等制度规定，为规范中央财政水利发展资金绩效管理，财政部、水利部制定了《中央财政水利发展资金绩效管理暂行办法》。现予印发，请遵照执行。

附件：中央财政水利发展资金绩效管理暂行办法

财政部　水利部
2017 年 4 月 18 日

附件：

## 中央财政水利发展资金绩效管理暂行办法

**第一条**　为规范中央财政水利发展资金（以下简称水利发展资金）绩效管理，提高资金使用效益，根据《预算法》、《中央对地方专项转移支付绩效目标管理暂行办法》（财预〔2015〕163 号）、《中央对地方专项转移支付管理办法》（财预〔2015〕230 号）、《中央财政水利发展资金使用管理办法》（财农〔2016〕181 号）等制度规定，制定本办法。

**第二条**　本办法所称水利发展资金绩效管理，是指县级以上财政部门和水利部门对水利发展资金开展的绩效目标管理、绩效监控、绩效评价、评价结果运用等全过程绩效管理工作。

水利发展资金绩效管理工作按照分级负责、权责统一、公平公正、程序规范的原则进行。

列入中央部门预算的水利发展资金按照部门预算绩效管理有关规定执行。

**第三条**　各级财政部门、水利部门按照各自职责，做好水利发展资金绩效管理工作。

（一）财政部。负责绩效管理的总体组织和指导工作；审核并批复下达绩效目标；指导、督促开展绩效目标执行监控;确定中央对省级绩效评价的重点及具体组织方式;确定中央对省级绩效评价结果运用方式;指导地方财政部门绩效管理工作。财政部驻各地财政监察专员办事处(以下简称专员办)按照财政部要求,协助审核区域绩效目标、开展绩效目标执行监控和绩效评价等相关工作。

(二)水利部。协同负责绩效管理的组织和指导工作。设定整体绩效目标;审核区域绩效目标和绩效评价材料;督促落实绩效目标;协同开展中央对省级绩效评价工作;研究提出中央对省级绩效评价结果运用建议;指导地方水利部门绩效管理工作。

(三)地方财政部门。负责本地区绩效管理总体工作。对本地区绩效目标设定和分解下达以及汇总后的本地区绩效目标进行复核;开展本地区绩效目标执行监控;组织开展本地区绩效评价,复核绩效自评和绩效评价结果;确定本地区绩效评价结果运用方式,督促对绩效评价中发现的问题及时整改。

(四)地方水利部门。负责本地区绩效管理具体工作。设定、分解下达本地区绩效目标,审核汇总本地区绩效目标;开展本地区绩效目标执行监控、绩效自评和绩效评价;提出本地区内绩效评价结果运用建议,及时组织整改绩效评价中发现的问题。

**第四条** 水利发展资金应当按要求设定绩效目标。绩效目标应当清晰反映水利发展资金的预期产出和效果,并以绩效指标细化、量化,定量指标为主、定性指标为辅。

绩效目标分为整体绩效目标和区域绩效目标。整体绩效目标由水利部设定并提交财政部。区域绩效目标由各省(自治区、直辖市、计划单列市,以下统称省)水利部门审核汇总、财政部门复核后,在规定时间内报送财政部和水利部,抄送当地专员办(具体样式详见附1)。

**第五条** 绩效目标主要从完整性、相关性、适当性及可行性等方面开展审核。

水利部审核各省区域绩效目标并报财政部;专员办审核所在省区域绩效目标并出具审核意见报财政部;财政部综合考虑水利部及专员办审核意见,按程序批复区域绩效目标。

**第六条** 地方水利部门、财政部门应按照批复的绩效目标组织预算执行。因特殊情况确需调整区域绩效目标的,由省级财政部门、水利部门联合报财政部、水利部备案,抄送当地专员办。无充足理由调整区域绩效目标的,财政部、水利部不予认定。

**第七条** 预算执行中,地方财政部门和水利部门对绩效目标预期实现程度和资金运行状况开展绩效目标执行监控,及时发现并纠正存在的问题,推动绩效目标如期实现。财政部和水利部根据工作需要,开展绩效目标执行监控工作。

**第八条** 绩效评价采取分级实施的原则开展。财政部、水利部对各省开展绩效评价;省级财政部门、水利部门组织开展本地区绩效评价。绩效评价原则上以年度为周期,根据工作需要,可开展一定实施期的绩效评价。绩效评价工作可委托第三方机构参与实施。

**第九条** 省级水利部门组织有关市、县水利部门对照绩效目标开展绩效自评,经同级财政部门复核后,形成水利发展资金绩效自评报告和绩效自评表(具体样式详见附2)。省级财政部门、水利部门应当在规定时间内将汇总形成的本省绩效自评材料报送财政部、水利部,抄送当地专员办。

地方各级水利部门和财政部门对本级自评结果和绩效评价材料的真实性负责。市、县的自评材料留存省级水利部门、财政部门备查。

**第十条** 绩效评价的主要依据：

（一）经批复的绩效目标及指标；

（二）国家相关法律、法规和规章制度；财政部、水利部发布的相关政策和管理制度；水利行业标准及技术规范等；

（三）相关规划、实施方案，项目可行性研究报告、初步设计等批复文件，项目建设管理有关资料和数据等；

（四）预算下达文件，有关财务会计资料；

（五）截至评价时，已形成的验收、审计、决算、稽察、检查报告等；国家有关部门公布的相关统计数据。

**第十一条** 绩效自评报告主要包括以下内容：

（一）项目安排和资金使用基本情况；

（二）绩效管理工作开展情况；

（三）绩效目标的实现程度及效果；

（四）存在问题及原因分析；

（五）评价结论；

（六）相关建议和意见，其他需要说明的问题。

**第十二条** 绩效评价结果采取评分与评级相结合的形式。评分实行百分制，满分为100分（具体量化指标见附3）。根据得分情况将评价结果划分为四个等级：考核得分90分（含）以上为优秀，80分（含）~90分为良好，60分（含）~80分为合格，60分以下为不合格。

**第十三条** 绩效评价结果采取适当形式通报各省财政部门、水利部门以及专员办，按照财农〔2016〕181号文件有关规定，与资金分配挂钩，并作为改进管理、完善政策的重要依据。

**第十四条** 分配给贫困县或纳入其他资金整合试点的水利发展资金，仍用于水利发展资金支出内容的部分，纳入水利发展资金绩效管理范围；整合后未用于水利发展资金支出内容的部分，不纳入水利发展资金绩效管理范围。国务院或国务院扶贫开发领导小组等另有规定的，从其规定。

**第十五条** 各级财政部门、水利部门及其工作人员在水利发展资金绩效管理过程中存在严重弄虚作假及其他违规违纪行为的，按照《预算法》《公务员法》《行政监察法》《财政违法行为处罚处分条例》等国家有关规定追究相应责任。

**第十六条** 省级财政部门、水利部门应根据本办法，结合本地区实际制定具体的绩效管理办法或实施细则，抄报财政部、水利部，抄送当地专员办。

**第十七条** 本办法自2017年5月1日起施行。

附：1. 中央财政水利发展资金绩效目标申报表

2. 中央财政水利发展资金绩效自评表

3. 中央财政水利发展资金绩效评价指标表

附1：

# 中央财政水利发展资金绩效目标申报表

（　　　　年度）

| 省份 | |
|---|---|
| 省级财政部门 | |
| 省级主管部门 | |

<table>
<tr><td rowspan="4">资金情况</td><td>年度金额：</td><td>万元(其中：用于农田水利建设　万元、中小河流治理　万元……)</td></tr>
<tr><td>其中：中央财政补助</td><td>万元(其中：用于农田水利建设　万元、中小河流治理　万元……)</td></tr>
<tr><td>地方财政资金</td><td>万元(其中：用于农田水利建设　万元、中小河流治理　万元……)</td></tr>
<tr><td>其他资金</td><td>万元(其中：用于农田水利建设　万元，来源为银行贷款/社会资本投入/……；中小河流治理　万元，来源为……)</td></tr>
</table>

| 年度目标 | 目标1：<br>目标2：<br>目标3：<br>……(根据预算安排情况补充完善,定性描述和定量描述相结合) |
|---|---|

<table>
<tr><td colspan="2">一级指标</td><td>二级指标</td><td>三级指标</td><td>指标值</td></tr>
<tr><td rowspan="24">绩效指标</td><td rowspan="24">产出指标</td><td rowspan="8">数量指标</td><td>指标1：发展高效节水灌溉面积</td><td></td></tr>
<tr><td>指标2：治理中小河流长度</td><td></td></tr>
<tr><td>指标3：小型病险水库除险加固座数</td><td></td></tr>
<tr><td>指标4：实施山洪灾害防治的县数</td><td></td></tr>
<tr><td>指标5：治理水土流失面积</td><td></td></tr>
<tr><td>指标6：治理淤地坝座数</td><td></td></tr>
<tr><td>指标7：农业水价综合改革面积</td><td></td></tr>
<tr><td>……</td><td></td></tr>
<tr><td rowspan="2">质量指标</td><td>指标1：工程验收合格率</td><td></td></tr>
<tr><td>……</td><td></td></tr>
<tr><td rowspan="3">时效指标</td><td>指标1：截至当年底,建设任务完成比例</td><td>≥80%</td></tr>
<tr><td>指标2：截至次年6月底,建设任务完成比例</td><td>100%</td></tr>
<tr><td>……</td><td></td></tr>
<tr><td rowspan="6">成本指标</td><td>指标1：高效节水灌溉每亩财政投入(中央财政投入＋地方财政投入,下同)</td><td></td></tr>
<tr><td>指标2：中小河流治理每公里财政投入</td><td></td></tr>
<tr><td>指标3：小型病险水库除险加固每座财政投入</td><td></td></tr>
<tr><td>指标4：水土流失治理每平方公里财政投入</td><td></td></tr>
<tr><td>指标5：淤地坝治理每座财政投入</td><td></td></tr>
<tr><td>……</td><td></td></tr>
</table>

| 一级指标 | 二级指标 | 三级指标 | 指标值 |
|---|---|---|---|
| 绩效指标 效益指标 | 经济效益指标 | 指标1:农田水利工程产生的经济效益 | |
| | | 指标2:新增供水能力 | |
| | | …… | |
| | 社会效益指标 | 指标1:中小河流治理保护人口数量 | |
| | | 指标2:小型水库除险加固保护人口数量 | |
| | | 指标3:山洪灾害防治能力基本达标的县数 | |
| | | 指标4:淤地坝除险加固保护面积 | |
| | | …… | |
| | 生态效益指标 | 指标1:新增节水能力 | |
| | | 指标2:地下水压采量 | |
| | | …… | |
| | 可持续影响指标 | 指标1:已建工程是否良性运行 | |
| | | 指标2:工程是否达到设计使用年限 | |
| | | …… | |
| 满意度指标 | 服务对象满意度指标 | 指标1:受益群众满意度 | |
| | | …… | |

**附2:**

# 中央财政水利发展资金绩效自评表

### （　　　　年度）

| | 省份 | | 中央主管部门 | 水利部 | 得分 |
|---|---|---|---|---|---|
| | 省级财政部门 | | 省级主管部门 | | — |
| 预算执行情况（万元） | 预算数: | | 执行数: | | — |
| | 其中:中央财政 | | 其中:中央财政 | | — |
| | 地方财政 | | 地方财政 | | — |
| | 其他资金 | | 其他资金 | | — |
| 年度目标完成情况 | 预期目标 | | 目标实际完成情况 | | — |
| | 目标1:<br>目标2:<br>目标3:<br>…… | | 目标1完成情况:<br>目标2完成情况:<br>目标3完成情况:<br>…… | | — |

| 绩效指标完成情况 | 一级指标 | 二级指标 | 三级指标 | 预期指标值 | 实际完成指标值 | — |
|---|---|---|---|---|---|---|
| 管理工作 | 项目决策 | 资金分配 | 指标1:分配办法 | 办法健全、规范,因素选择全面、合理 | | |
| | | | 指标2:分配结果 | 资金分配符合相关管理办法规定,支出方向符合相关管理办法规定 | | |
| | 项目管理 | 资金到位 | 指标1:财政资金到位率 | 100% | | |
| | | | 指标2:到位时效 | 及时到位 | | |
| | | 资金安全 | 指标1:资金问题 | 不存在资金问题 | | |
| | | 组织实施 | 指标1:组织领导 | 组织领导健全、分工明确 | | |
| | | | 指标2:管理制度 | 项目管理制度健全,并严格执行 | | |
| | | 绩效管理 | 指标1:制度建设 | 制定绩效管理办法 | | |
| | | | 指标2:填报质量 | 填报完整、准确 | | |
| | | | 指标3:报送时效性 | 及时报送绩效管理材料 | | |
| 项目绩效 | 产出指标 | 数量指标 | 指标1:发展高效节水灌溉面积 | | | |
| | | | 指标2:治理中小河流长度 | | | |
| | | | 指标3:小型病险水库除险加固座数 | | | |
| | | | 指标4:实施山洪灾害防治的县数 | | | |
| | | | 指标5:治理水土流失面积 | | | |
| | | | 指标6:治理淤地坝座数 | | | |
| | | | 指标7:农业水价综合改革面积 | | | |
| | | | …… | | | |
| | | 质量指标 | 指标1:工程验收合格率 | | | |
| | | | 指标2: | | | |
| | | | …… | | | |
| | | 时效指标 | 指标1:截至当年底,建设任务完成比例 | | | |
| | | | 指标2:截至次年6月底,建设任务完成比例 | | | |
| | | | …… | | | |

续　表

| 绩效指标完成情况 | 一级指标 | 二级指标 | 三级指标 | 预期指标值 | 实际完成指标值 | — |
|---|---|---|---|---|---|---|
| 项目绩效 | 产出指标 | 成本指标 | 指标1:高效节水灌溉每亩财政投入(中央财政投入＋地方财政投入,下同) | | | |
| | | | 指标2:中小河流治理每公里财政投入 | | | |
| | | | 指标3:小型病险水库除险加固每座财政投入 | | | |
| | | | 指标4:水土流失治理每平方公里财政投入 | | | |
| | | | 指标5:淤地坝治理每座财政投入 | | | |
| | | | …… | | | |
| | 效益指标 | 经济效益指标 | 指标1:农田水利工程产生的经济效益 | | | |
| | | | 指标2:新增供水能力 | | | |
| | | | …… | | | |
| | | 社会效益指标 | 指标1:中小河流治理保护人口数量 | | | |
| | | | 指标2:小型水库除险加固保护人口数量 | | | |
| | | | 指标3:山洪灾害防治能力基本达标的县数 | | | |
| | | | 指标4:淤地坝除险加固保护面积 | | | |
| | | | …… | | | |
| | | 生态效益指标 | 指标1:新增节水能力 | | | |
| | | | 指标2:地下水压采量 | | | |
| | | | …… | | | |
| | | 可持续影响指标 | 指标1:已建工程是否良性运行 | | | |
| | | | 指标2:工程是否达到设计使用年限 | | | |
| | | | …… | | | |
| | 满意度指标 | 服务对象满意度指标 | 指标1:受益群众满意度 | | | |
| | | | …… | | | |
| 总分 | | | | | | |

备注:根据批复的绩效目标,调整三级指标,并填列预期目标(指标)和实际完成情况(指标值)。

附3:

# 中央财政水利发展资金绩效评价指标表

| 一级指标 | 分值 | 二级指标 | 分值 | 三级指标 | 分值 | 指标解释 | 评分标准 | 得分 |
|---|---|---|---|---|---|---|---|---|
| 项目决策 | 10 | 资金分配 | 10 | 分配办法 | 4 | 是否根据需要制定相关资金管理办法,并在管理办法中明确资金分配方法;资金分配因素是否全面、合理 | 办法健全、规范(2分),因素选择全面、合理(2分) | |
| | | | | 分配结果 | 6 | 资金分配、支出方向是否符合相关管理办法 | 资金分配符合相关管理办法规定(3分),支出方向符合相关管理办法规定(3分) | |
| 项目管理 | 30 | 资金到位 | 5 | 财政资金到位率 | 3 | 实际到位财政资金/绩效目标批复(备案)的财政资金×100% | 按比例得分(3分) | |
| | | | | 到位时效 | 2 | 资金是否及时到位;若未及时到位,是否影响项目进度 | 及时到位(2分),未及时到位但未影响项目进度(1分) | |
| | | 资金安全 | 10 | 资金安全 | 10 | 在审计、纪检、监察、司法部门的报告以及财政部、水利部监督检查中是否存在资金问题 | 存在资金问题的,每个事件按情节轻重扣1分、2分、5分或10分,扣完为止 | |
| | | 组织实施 | 5 | 组织领导 | 2 | 组织领导机制是否健全、分工是否明确 | 机构健全、分工明确(各1分) | |
| | | | | 管理制度 | 3 | 是否建立健全项目管理制度;是否严格执行相关项目管理制度 | 建立健全项目管理制度(1分);严格执行相关项目管理制度(2分);未严格执行制度根据情节扣1~3分 | |

| 一级指标 | 分值 | 二级指标 | 分值 | 三级指标 | 分值 | 指标解释 | 评分标准 | 得分 |
|---|---|---|---|---|---|---|---|---|
| 项目管理 | 30 | 绩效管理 | 10 | 制度建设 | 1 | 是否制定了绩效管理办法 | 制定办法（1分） | |
| | | | | 填报质量 | 4 | 绩效指标填报的准确性和完整性 | 填报准确（2分）、填报完整（2分） | |
| | | | | 报送时效性 | 5 | 是否按规定时间报送绩效管理材料 | 在规定时间内报送绩效目标（3分）；在规定时间内报送绩效自评材料（2分） | |
| 产出指标 | 40 | 数量指标 | 20 | 发展高效节水灌溉面积等 | 20 | 项目产出数量是否达到绩效目标 | 对照绩效目标评价产出数量（20分） | |
| | | 质量指标 | 9 | 工程验收合格率等 | 9 | 项目产出质量是否达到绩效目标 | 对照绩效目标评价产出质量（9分） | |
| | | 时效指标 | 9 | 建设任务完成比例等 | 9 | 项目产出时效是否达到绩效目标 | 对照绩效目标评价产出时效（9分） | |
| | | 成本指标 | 2 | 高效节水灌溉每亩财政投入等 | 2 | 项目产出成本是否按绩效目标控制 | 对照绩效目标评价产出成本（2分） | |
| 效益指标 | 15 | 经济效益 | 4 | 农田水利工程产生的经济效益等 | 4 | 项目实施产生的直接或间接经济效益 | 对照绩效目标评价经济效益（4分） | |
| | | 社会效益 | 4 | 中小河流治理保护人口数量等 | 4 | 项目实施产生的社会综合效益 | 对照绩效目标评价社会效益（4分） | |
| | | 生态效益 | 4 | 新增节水能力等 | 4 | 项目实施对生态环境产生积极影响 | 对照绩效目标评价生态环境效益（4分） | |
| | | 可持续影响 | 3 | 已建工程是否良性运行等 | 3 | 项目实施带来的可持续影响 | 对照绩效目标评价可持续影响（3分） | |
| 满意度指标 | 5 | 服务对象满意度 | 5 | 受益群众满意度 | 5 | 项目预期服务对象对项目实施的满意程度 | 对照绩效目标评价服务对象满意度（5分） | |
| 总分 | 100 | | 100 | | 100 | | | |

# 关于加强和改进中央部门项目支出预算管理的通知

财预〔2015〕82号

党中央有关部门,国务院各部委、各直属机构,全国人大常委会办公厅,全国政协办公厅,高法院,高检院,各民主党派中央,有关人民团体,新疆生产建设兵团,有关中央管理企业:

为深化预算管理制度改革,全面提高部门预算管理水平,现就加强和改进中央部门项目支出预算管理有关问题通知如下:

## 一、充分认识加强和改进项目支出预算管理的重要性

部门预算改革以来,经过各方面的共同努力,中央部门项目支出预算管理日趋规范,结构不断优化,绩效逐年提高,有力地保障了国家重大方针政策的贯彻落实和中央部门履行职能的需要,部门预算管理水平不断提高。

近年来,部门预算管理的内外部环境发生了深刻变化,与改革发展的新形势相比,项目支出预算管理还存在一些不相适应的地方,主要表现在:与政府宏观政策联系不紧密,缺少前瞻性;与部门职能衔接不够,存在交叉重叠现象;缺乏科学合理的立项和分类标准,项目数量多但重点不突出;预算决策机制不完善,重分轻管现象较为普遍;项目库建设滞后,在预算编制中的作用发挥不充分;绩效管理和预算评审需要加强,预算透明度有待提高等。

《国务院关于深化预算管理制度改革的决定》(国发〔2014〕45号)对预算改革进行了全面部署。加强和改进项目支出预算管理,是贯彻落实国务院要求的重要举措,是改进预算管理方式,实施中期财政规划管理的重要支撑;是深化中央部门预算改革,实施全面规范、公开透明预算制度的迫切需要;是优化支出结构,提高财政资源配置效率和使用绩效的必然要求;是更好履行财政职能,实现政府施政目标的必由之路。

## 二、准确把握加强和改进项目支出预算管理的总体方向

(一)指导思想

加强和改进中央部门项目支出预算管理,要全面贯彻党的十八大和十八届二中、三中、四中全会精神,按照党中央、国务院的决策部署,落实预算管理制度改革总体要求,进一步转变政府职能,完善管理制度,创新管理方式,规范管理行为,提升管理水平,构建全面规范、公开透明的预算制度。

(二)基本原则

理顺关系原则。进一步理顺预算管理权责,更好地发挥各部门和所属单位的预算编制和执行主体作用,以及财政部的审核主体作用,同时各部门和单位要对预算编制和执行

的结果负责。

政策导向原则。项目支出预算要以国家战略发展规划、宏观调控政策为导向，以相关行业、领域中长期发展规划和年度工作重点为依据，结合部门职能和事业发展需要合理安排。

财力约束原则。各部门项目支出预算安排要严格按照部门三年滚动规划进行控制，要做好部门规划与三年滚动规划的衔接，强化部门三年滚动规划对年度预算的约束。

突出重点原则。根据中央与地方事权划分，中央部门项目支出预算要体现中央本级支出责任，聚焦重大改革、重要政策和重点项目，突出部门主要职能。强化项目排序，优先保障重点项目。

讲求绩效原则。要把绩效管理的理念和要求融入项目支出预算管理各个环节，建立事前有目标、事中有监控、事后有评价、结果要运用的全过程绩效运行机制。

（三）总体思路

从编制 2016 年部门预算起，项目支出按新的管理方式运行，力争用 3 年的时间构建起以三年滚动规划为牵引，以宏观政策目标为导向，以规范的项目库管理为基础，以预算评审和绩效管理为支撑，以资源合理配置和高效利用为目的，以有效的激励约束机制为保障，规模适度、结构合理、重点突出、管理规范、运转高效的中央部门项目支出预算管理新模式，充分发挥预算的资源配置功能和政策工具作用。

## 三、全面落实加强和改进项目支出预算管理各项工作

（一）完善项目设置规则。科学规范设置项目，集中反映中央部门主要职责，具备可执行性，在保障运行维护合理需要的前提下，更加突出重点，聚集国家的重大改革、重要政策和重点项目，有效避免交叉重复。2015 年中央部门要按照新的设置标准，对现有项目进行全面的清理和规范。

（二）改进项目管理方式。项目实行分级、分类管理。项目按层次分为一级和二级项目。一级项目根据部门履行职能的需要设置并包含若干二级项目。二级项目的设立要与对应的一级项目相匹配。完善项目分类标准，构建多层次、多维度的分类体系。推进项目支出预算标准体系建设。

（三）加强项目库建设和管理。项目全部纳入项目库管理，做实项目库，充实项目储备，列入预算安排的项目必须从项目库中选取。入库项目必须有充分的立项依据、明确的实施期限、合理的预算需求和绩效目标等。纳入项目库的项目实行全周期滚动管理，建立中央部门项目库与财政部项目库的信息交流机制。

（四）推进预算评审和绩效管理。将项目评审嵌入预算管理流程，进入部门项目库的项目原则上都要组织评审。纳入财政部项目库的项目，由财政部根据管理的需要组织开展再评审。推进全过程项目支出绩效管理，加强绩效目标管理，开展绩效监控，实施绩效评价，强化评价结果的运用。

（五）强化项目执行管理。硬化预算约束，执行中除救灾等应急支出外，一般不出台增加当年支出的政策，必须出台的政策纳入以后年度预算安排，必须追加当年预算的，首先通过调整部门当年支出结构解决。提前做好预算执行准备工作，加强执行监管，加快预算执行进度。建立预算执行与预算编制相结合的机制。

（六）实行中期财政规划管理。要完善项目生成机制,将国家宏观政策和部门、行业发展规划落实到具体项目,提高政策和规划的可实施性。部门、行业规划确定的项目要与中期财政规划相衔接,合理安排项目实施节奏和力度,促进政策与预算相结合,提高预算的前瞻性。

### 四、切实做好加强和改进项目支出预算管理的实施保障

加强和改进项目支出预算管理涉及部门预算管理方式的转变、业务流程的整合和利益关系的调整,时间紧迫,任务艰巨。各部门要充分认识加强和改进项目支出预算管理的重要意义,以改革创新精神,加大工作力度,认真落实各项改革措施。要加强统筹协调,理顺内部业务和经费管理关系,完善相关管理制度,切实加强组织领导,确保改革顺利实施。

附件:加强和改进中央部门项目支出预算管理工作实施方案

财政部

**2015 年 5 月 18 日**

附件:

## 加强和改进中央部门项目支出预算管理工作实施方案

为进一步加强和改进中央部门项目支出预算管理工作,制定本方案。本方案实施范围为一般公共预算,政府性基金预算、国有资本经营预算管理按有关规定执行。

### 一、改进项目设置和管理方式

（一）关于项目设置规则

中央部门预算项目要体现中央本级支出责任,由中央部门直接组织实施。完善项目生成机制,项目要在深入的政策研究和充分论证的基础上设立,并具备可执行性,预算批复后即可实施。着力推进部门和行业规划的项目化,提高规划可实施性。项目内容要反映政府施政目标、部门主要职责和发展规划,并避免与公用经费及其它项目交叉重复。规范项目实施主体,部门预算项目实施主体为中央部门及所属单位,非部门所属单位不得作为项目的实施主体纳入部门预算。要按照"职责与经费相匹配"的原则确定部门内部项目实施主体,一般不得将应由本级承担的项目列入下级单位预算,或将应由下级单位承担的项目列入本级预算,也不得将应由行政单位承担的项目列入事业单位预算。

（二）关于项目管理方式

中央部门预算项目实行分级管理,分为一级项目和二级项目两个层次。

一级项目明细到支出功能分类的款级科目,按照部门主要职责设立并由部门作为项目实施主体,每个一级项目包含若干二级项目。一级项目要有明确的名称、实施内容、支出范围和总体绩效目标,项目数量要严格控制,项目名称、实施内容和支出范围等在年度间要保持相对稳定。

二级项目包括在现有项目基础上规范整合而成的项目和新设立的项目,立项单位为项目实施主体。二级项目的设立,要与对应的一级项目相匹配,有充分的立项依据、具体的支出内容、明确合理的绩效目标。二级项目明细到支出功能分类的项级科目,年初部门预算按二级项目批复。

（三）关于项目分类

按照使用范围,部门一级项目分为通用项目和专用项目。通用项目,指根据部门的共性项目设立并由各部门共同使用的一级项目。通用项目由财政部根据管理需要统一设立,主要包括有预算分配权部门管理的项目和归口管理的项目等。专用项目,指部门根据履行职能的需要自行设立和使用的一级项目。专用项目由中央部门提出建议,报财政部核准后设立。

按照项目的重要性,二级项目划分为重大改革发展项目、专项业务费项目和其他项目三类。重大改革发展项目,指党中央、国务院文件明确规定中央财政给予支持的改革发展项目,以及其他必须由中央财政保障的重大支出项目等。专项业务费项目,指中央部门为履行职能,开展专项业务而持续、长期发生的支出项目,如:大型设施、大型设备运行费,执法办案费,经常性监管、监测、审查经费,以及国际组织会费、捐款及维和支出等。其他项目,指除上述两类项目之外,中央部门为完成特定任务需安排的支出项目。基本建设项目统一列为其他项目,并按管理主体分为国家发展改革委安排的基建项目、中央财政安排的基建项目和其他主管部门安排的基建项目。

除上述分类外,根据管理需要,中央部门和财政部可对二级项目补充其他分类并加以标识。

（四）关于项目实施周期

二级项目要有明确的实施周期。项目实施周期应与国民经济社会发展规划、部门或行业发展规划的期限相适应,与中期财政规划相衔接。除业务主管部门已明确批复实施周期外,项目实施周期一般不超过5年,项目到期后需继续安排的,应按程序重新立项。专项业务费项目到期后,可补充编制后续年度的支出计划,实施周期相应顺延。其他项目周期一经确定,原则上不得调整;确需调整的,按程序报批。

（五）关于项目代码

为保证项目信息的完整、连续、可识别,对项目实行代码化管理。

一级项目代码为8位数字,部门通用项目代码为"999＋5位顺序码",部门专用项目代码为"3位部门预算代码＋5位顺序码",部门专用的其他项目代码为"3位部门预算代码＋5位功能分类类款级科目编码"。

二级项目代码为18位数字,由"3位部门预算代码＋3位二级预算单位代码＋3位三级预算单位代码(或000)＋3位四级预算单位代码(或000)＋2位项目编制年份码＋4位顺序码"组成。

## 二、加强项目库建设和管理

（一）关于项目库的构架和主要内容

中央本级项目库实行分层设立、分级管理。财政部、中央部门和所属单位按照项目管理的相关规定,分别设立项目库,对一级和二级项目进行维护和管理。财政部项目库由中央部门上报的项目构成;中央部门项目库由本级和下级单位上报的项目构成;基层单位项目库由本单位立项和实施的项目构成。

（二）关于项目库管理方式

中央部门和所属单位的项目库实行开放式管理。各单位可根据工作需要设置二级项目,审核后纳入单位项目库,实时或定期上报,经逐级审核后纳入中央部门项目库,作为部门预算备选项目。编制年度部门预算和部门三年滚动规划时,结合财政部下达的支出控制数,中央部门在预算备选项目中择优选取项目报财政部,未纳入部门项目库的项目原则上不得向财政部申报。各部门申报项目汇总形成财政部项目库,作为财政部进行项目管理、审核年度部门预算和部门三年滚动规划的基础。中央部门和单位如需对已入库项目进行调整,须编制项目调整计划,按上述审核程序报批。

（三）关于项目滚动管理

以项目库为载体实现项目的全周期滚动管理。编制年度部门预算和部门三年滚动规划前,中央部门要完成项目的储备工作,纳入部门项目库的项目需填写规范的项目文本,包括立项依据、实施主体、支出范围、实施周期、预算需求、绩效目标、可行性论证、评审结果等内容,作为项目审核和管理的依据。纳入预算安排的项目,中央部门和单位要在项目库中对项目的执行、调剂、结转结余、绩效等信息及时进行更新和维护。纳入预算安排的延续性项目,原则上滚动纳入下年度预算。未纳入预算安排的预算备选项目,可滚动进入以后年度项目库。

### 三、积极推进预算评审和绩效管理

（一）关于项目支出预算评审

除个别不宜评审和无需评审的项目外,部门二级项目在入库前都要进行评审。归口管理的项目评审工作由主管部门负责,部门不再评审,其他项目由中央部门组织评审。预算评审由部门内部负责预算管理的机构组织,可采取集中评审和分级评审的方法,形成评审结果并随项目支出预算一并报财政部。纳入财政部项目库的项目,由财政部根据需要开展再评审。对延续项目,财政部将有选择地开展再评审,力争实现项目预算评审全覆盖。项目支出预算评审的具体规定另行通知。

（二）关于项目支出绩效管理

纳入项目库管理的项目都必须设定绩效目标,未按要求设定绩效目标或绩效目标不合理且未进行调整完善的,不得纳入项目库。纳入执行监控的项目,都应开展绩效监控,作为预算执行的重要组成部分。执行完毕的项目都要由项目承担单位对照事先设定的绩效目标开展绩效自评,在此基础上,中央部门和财政部选择部分重大项目开展重点绩效评价,并积极推进中期绩效评价试点。绩效评价结果要与项目库建设和预算安排有机结合,健全项目退出机制。预算绩效管理的具体规定另行通知。

### 四、规范项目支出预算编制和执行

（一）关于项目支出预算编制

项目支出预算由基层预算单位编制,逐级审核汇总后,由中央部门按照"一级项目＋

二级项目"的方式向财政部申报预算,根据二级项目的增减变化情况提出一级项目预算需求。二级项目预算按照经济分类科目编制,项目类别由部门在申报预算时一并提出,财政部审核。二级项目纳入预算安排后,项目类别在项目实施周期内不得调整。财政部对部门报送的项目支出预算进行审核,并按一级项目下达预算控制数,由部门按照审核后的项目类别和排序,安排二级项目预算。

(二)关于项目支出预算执行

要做好项目支出预算执行的各项前期准备工作,相关工作在部门预算"二上"后即可着手开展。严格按照预算批复的功能分类科目、用款计划、项目进度、有关合同和规定程序做好项目支出预算执行工作,涉及政府采购的应严格执行政府采购有关规定。硬化预算约束,年度预算执行中除救灾等应急支出和少量年初未确定事项外,一般不追加当年项目预算支出,必须出台的政策通过以后年度预算安排。如部门认为必须追加当年支出的,应首先在已批复的预算额度内,通过调整当年支出结构解决并按程序报批。加强预算执行监管,提高预算资金使用的规范性、安全性和有效性,并将预算执行结果与以后年度预算安排相结合。

## 五、其他事项

中国人民解放军和中国人民武装警察部队参照本方案有关规定执行。

各部门要按照本方案要求,认真落实加强和改进中央部门项目支出预算管理的各项工作。对实施中发现的问题,要尽快与财政部沟通,以便及时研究解决。对实施过程中好的经验和做法也要及时总结并向财政部反馈,以便加以推广,共同努力,不断提高项目支出预算编制质量和管理水平。

# 财政部关于进一步做实中央部门预算项目库的意见

财预〔2016〕54 号

党中央有关部门,国务院各部委、各直属机构,军委后勤保障部,武警各部队,全国人大常委会办公厅,全国政协办公厅,高法院,高检院,各民主党派,有关人民团体,新疆生产建设兵团,有关中央管理企业:

近年来,财政部出台了一系列加强和改进项目支出预算管理的改革措施,初步构建起以宏观政策目标为导向、以规范的项目库管理为基础、以预算评审和绩效管理为支撑的项目支出预算管理新模式。随着改革推进,中央部门项目管理的外部环境、基本条件、技术手段发生了深刻变化,在政策导向性、业务关联性、内容合理性、需求真实性、成本经济性等方面对项目管理也提出了更多更高的要求,现行项目管理精准度不够、适用性不强、有效性不足的问题凸显,难以适应改革形势的需要。为了切实提升项目支出预算编制和管理水平,进一步做实中央部门预算项目库,现提出以下意见:

## 一、总体要求

（一）指导思想

以党的十八大和十八届三中、四中、五中全会精神为指导,按照党中央、国务院的决策部署,落实深化预算管理制度改革总体要求,完善项目支出预算管理新模式,着眼于全面提升项目管理效能,拓展管理维度、细化管理尺度、提高管理精度、加大管理力度,综合运用管理手段,充分发挥各方优势,推进项目管理科学化、规范化、标准化,建立与现代预算管理制度相适应的管理精准有效的项目管理体系。

（二）基本原则

实施精准管理。要深入剖析项目构成、充分认识项目特点,遵循项目运行、管理的基本规律,因势利导、分类施策,采取针对性措施,实施差别化管理,提高管理精准度。

创新引导机制。要建立引导和激励机制,调动各方积极性,统筹各类资源、借助各方力量、发挥各自优势,加强协调配合、相互衔接,形成合力,实现共建共管。

覆盖完整流程。要将有针对性的管理要求和措施融入项目立项、入库、申报等管理环节中,落实到编制、审核、评审等管理活动中,体现在文本、规范、标准等管理要素中。

改进薄弱环节。要抓住管理的薄弱环节和关键节点,着重填补空白、补齐短板,管理要向前后端延伸,夯实前端基础,加强后端考核评估,形成更加完善的项目管理链条。

（三）总体思路

遵循项目支出预算管理新框架的基本原则和总体要求,推进项目管理各项改革措施落地,全面做实项目库;细分项目组成的基本单元,为精准管理筑基;推动信息系统联通,促进项目库的共建共管共享;理顺部门内部管理链条,加强业务与预算管理整合;实施差别化项目管理,推进项目的标准化管理;强化绩效目标管理,更加注重项目的产出绩效;扩大预算评审范围,形成项目标准化管理与预算评审互补的模式;探索项目预算公开,逐步向全国人大报送一级项目的预算并公开;建立项目管理考核机制,将管理的实际效果与以后年度预算规模挂钩。通过采取上述措施,力争在1~2年内取得积极成效,实现中央部门项目支出预算编制质量和预算资金使用效果的显著提升。

## 二、主要任务

（一）切实贯彻改革要求,扎实推进项目管理

认真落实《财政部关于加强和改进中央部门项目支出预算管理的意见》（财预〔2015〕82号）和《财政部关于印发〈中央部门预算绩效目标管理办法〉的通知》（财预〔2015〕88号）精神,研究制定具体管理办法和实施细则,推进项目库全面做实。规范项目设置程序,将政策研究、方案论证、行政决策等过程作为项目入库的重要环节。优化一级项目设置,合理控制一级项目数量,更加集中反映部门主要职责。加强项目库建设,全面充实项目信息,提前组织项目编审、储备工作,实现项目滚动管理。发挥项目库的平台功能,统筹优化管理流程,整合部门内部管理。硬化预算约束,严格按照部门三年支出规划控制项目规模,合理排布年度支出结构,依据政策优先次序安排项目。提前预算执行准备工作,加快预算执行进度,加强项目执行监管。

（二）细化规范项目内容,筑实精准管理基础

各部门要立足于自身职责,认真开展战略、机制、规划研究,以前瞻性思路引领项目编制和管理工作。项目单位要加强项目论证,提出充分的立项依据,充实项目的政策内涵,以政策为导向,科学设计实施方案和绩效目标。项目实施方案设计,要力求选择实现绩效目标的最优路径,降低成本消耗,提高产出绩效。从编制2017年预算起,新增二级项目编制要统一按照"项目—活动—子活动—分项支出—标准（价格）—支出计划"的层次加以细化,清晰反映项目内容、具体活动和支出需求。对重大的经常性、专项性项目,要制定统一的项目立项指南、实施方案编写规范和支出计划填报模版,推进立项依据政策化、实施方案合理化、绩效目标科学化、项目活动清单化、支出内容选项化、经费开支定额化,建立健全项目编制的规范体系。

（三）推动信息系统联通,实现共建共管共享

充分发挥信息管理系统在项目管理中的技术支撑作用,优化系统结构,完善系统功能,推动财务、业务、绩效等信息管理系统之间纵横联通,实现项目管理信息的共建共管共享。纵向上,要在财政部、中央部门、预算单位之间建立起便捷、通畅、高效的信息上传下达渠道,逐步实现项目编制、审核、下达、执行、调整等管理工作全部通过信息系统完成,形成与管理流程相适应的垂直管理通道。横向上,要通过统一标准、设置接口、规范分工、整合流程,推动财政部与有关项目主管部门、财务部门与业务部门之间的系统联通、信息交互,建立起统筹业务管理与预算管理的技术支撑平台,形成业务部门与财务部门之间配合协作、相互衔接、共同管理的局面,切实提高信息利用率和项目管理效率。

（四）理顺预算管理链条,加强业务与预算衔接

项目管理要向前端延伸,以职能业务为先导,以项目管理为主线,以信息平台为纽带,

理顺业务部门与财务部门之间关系,有机衔接业务管理与预算管理,分工把口、紧密配合,形成合力。业务部门要发挥专业优势,统筹规划业务,提前工作部署,明确业务规范,制定技术标准,提供专业支撑,指导项目设立和实施方案制定,加强对项目立项必要性、实施方案合理性和可行性的审核、论证,做好项目绩效目标的执行落实。业务部门原则上不直接分配资金,确需参与分配资金的,要与财务部门共同制定管理办法,明确分配方法、严格分配程序、规范分配行为、健全监督机制。财务部门要统筹部门资源,综合平衡预算安排,牵头组织开展项目管理的全面工作,着重指导和规范项目支出计划的编制,以及项目的审核、评审、执行、绩效评价等工作。

(五)实行差别化管理,推进项目的标准化

从编制 2017 年预算起,按照管理模式将项目划分为标准化管理项目和非标准化管理项目。标准化管理项目是指项目活动有明确范围,活动的内容、数量、频率有明确的定性、定量规范,分项支出有明确的定量、定价标准,按照相关规范和标准可直接测算支出需求的项目。标准化管理项目的相关规范和标准,由部门制定后送财政部评审,评审通过后,除相关规范和标准发生变化外,此类项目立项不再纳入部门评审范围。如标准化管理项目的规范和标准发生变化,须重新履行评审程序。非标准化管理项目,且属于评审范围的,立项时应按照相关规定由部门组织评审。具备条件的专项业务费项目要逐步全面实现标准化管理,具备条件但未标准化管理的,实施周期不得滚动顺延。

(六)强化项目绩效管理,提高资金使用效益

所有项目都应设定绩效目标,明确绩效指标,将绩效目标及指标作为项目入库前置条件。把绩效目标审核作为项目审核和安排预算的有机组成部分,根据审核结果提出项目入库建议,未按要求设定绩效目标或审核不合格的项目,不得进入项目库。加强绩效执行监控,逐步推进在预算执行中按照确定的绩效目标及指标实行定期监控。对偏离绩效目标的项目,要及时采取措施加以纠正。资金使用单位要对照项目绩效目标开展绩效自评并形成自评结果,作为部门或单位预、决算的重要内容和申请以后年度预算资金的必要基础。扩大第三方参与绩效评价的范围,逐步建立健全重点民生政策和重大专项支出绩效评价机制,将评价结果作为预算安排和优化支出结构的重要依据,使低效、无效资金退出来。

(七)扩大预算评审范围,加大预算评审力度

改进预算评审工作,规范评审程序和行为,努力提高评审的客观公正性。进一步扩大预算评审覆盖范围,用 4 年时间,分步实现项目预算评审全覆盖。对属于评审范围的项目,包括已纳入预算安排但未经过评审的项目,2016 年各部门开展预算评审的项目支出数额占项目库中应评审项目支出总额的比例要达到 30% 以上,2017 年达到 50% 以上,2018 年达到 80%,2019 年实现百分之百覆盖。2016 年申报的新增项目,属于评审范围的,原则上要全部评审。已纳入 2016 年预算安排但未经预算评审的项目,要对其中的重点项目实施评审,并根据预算评审结果,对项目的当年预算和以后年度支出安排进行调整。从 2016 年起,中央部门要提前组织项目编审、储备等工作,预算评审工作要相应提前,为下年预算编制尽早做好准备。

(八)探索项目预算公开,增强项目透明度

从编制 2017 年预算起,选择部分重点部门的重大一级项目列入预算草案报送全国人大审议,全国人大审议通过预算草案后,由部门向社会公开。以后逐年扩大范围和规模,

通过几年时间,实现除涉密项目外,部门的一级项目全部报送全国人大审议,并向社会公开。试点初期,报送全国人大审议的一级项目,优先选择标准化管理项目、经过评审的重大项目以及有关主管部门管理的通用项目。对报送全国人大审议并公开的一级项目,部门要从政策依据、项目目标、实施方案、支出内容、预期产出、绩效目标等方面对项目进行全面、详细说明,将相关说明一并公开,并积极做好公开后的相关说明解释工作。

(九)建立管理考核机制,调动部门积极性

强化中央部门的主体责任,建立项目管理考核机制,以实质性内容为主,程序性内容为辅,针对项目管理过程中的关键环节和重要管理内容,制定量化考核指标,对中央部门项目管理过程的规范性、编制审核的质量、项目执行的效果等进行考核。项目管理考核将作为部门预算管理考核评价的重要组成部分。项目管理考核的结果,要予以通报,并作为确定部门项目支出预算规模的重要参考因素。中央部门也要建立内部的项目管理考核体系,对下级单位、业务部门、评审机构或团队在项目管理中的工作质量和效果进行考核,并采取措施促进项目管理工作质量提升。

### 三、组织实施

(一)提高认识。要充分认识做实预算项目库对于深化部门预算改革,健全预算管理体系,提升预算管理效能,统筹资源配置,优化支出结构,提高资金绩效,促进部门履职尽责的重要意义。

(二)抓好落实。要发挥中央部门的主体作用,增强责任意识,以改革创新精神,定实策、出实招、求实效,认真落实改革要求。加强组织保障,做好统筹协调,理顺内部关系,形成一致推进改革的合力。

(三)加强指导。要做好对下级单位的指导、示范、督促,指导所属单位做实预算项目库,总结经验、范例加以推广,督促各单位遵守制度规范、落实各项要求,着力提升项目管理的精准度和有效性。

附件:1. 中央部门预算二级项目立项参考程序
      2. 中央部门预算二级项目文本

**财政部**
**2016 年 5 月 5 日**

**附件 1:**

## 中央部门预算二级项目立项参考程序

根据二级项目立项的不同情况,中央部门可参考以下几种立项程序,对本部门的项目立项程序加以细化规范:

### 一、政策类项目

提出政策概念和思路→调查研究→方案论证→行政决策(履行部门、单位集体决策程

序,下同)→政策发布→编制预算项目→项目审核、评审→行政决策(履行部门、单位集体决策程序,下同)→向财政部申报

## 二、履职类项目

提出部门履职需求(以发展规划、部门职能为依据)→确定总体履职目标及绩效目标→拟订工作计划→部署分解工作任务→编制预算项目→项目审核、评审→行政决策→向财政部申报

## 三、运维类项目

提出单位运维需求→业务部门审核需求→编制预算项目→项目审核、评审→行政决策→向财政部申报

除上述几类项目外,基建、科研已明确规定立项程序的,应按规定程序办理。

附件2:

# 中央部门预算二级项目文本

| 立项依据 | 1. 立项依据一般包括:法律法规规定的政府义务、国民经济社会发展五年规划、国务院政策文件、部门(单位)的职责等。<br>2. 无前述立项依据的项目,应对项目立项的意义和必要性进行全面阐述和论证,并对开展相关任务的决策过程进行描述。<br>3. 立项依据中应论述的内容:<br>① 项目(及其政策)是否有利于使市场在资源配置中起决定性作用和更好地发挥政府作用;<br>② 项目是否属于中央本级事权,与地方政府的职责关系;<br>③ 项目对国家安全、政治、经济、外交、文化,以及社会结构等方面的意义和影响;<br>④ 项目是否有利于促进社会公平正义,是否有利于降低社会成本、提高效率;<br>⑤ 项目对于部门(单位)履行职能,完成工作任务的必须性,及推动作用;<br>⑥ 项目是否属于本部门(单位)职能范围,其他部门(单位)是否开展类似项目,与本项目之间如何区分或衔接,其他部门(单位)已有类似项目的情况下,本部门(单位)相关项目立项是否必要等。 |
|---|---|
| 实施方案 | 1. 项目的主要目标、总体思路、实施方式、步骤和计划、开展的主要活动;<br>2. 项目实施与实现项目目标之间的关联性;<br>3. 项目实施方案的路径选择是否最优的说明(是否有其他替代方案,为何选择本方案);<br>4. 与本部门(单位)其他项目的关系(是否与其他项目交叉或互补)。 |

## 二级项目支出计划表

\*\*\*\*信息化系统保障项目

| 项目活动 | 对项目活动的描述 | 子活动 | 对子活动的描述 | 数量/频率 | 分项支出 | 价格/标准 | 支出预算 | 备注 |
|---|---|---|---|---|---|---|---|---|
| 网络光线路租赁 | 总体描述租赁方式、带宽需求、覆盖范围、租赁时间、租赁对象等 | | | | | | | |
| | | 光纤租赁 | 光纤覆盖范围、节点数量、租赁时间、支付方式等 | 12个月 | 租赁费 | \*\*\* | \*\*\* | 价格/标准应说明来源，市场询价、政府采购价、合同价、历史价格等。价格如为有标准，应按标准测算；如为市场询价应有浮动区间，测算时原则上选取区间中值计算 |
| | | 网线租赁 | 线路覆盖范围、节点数量、租赁时间、支付方式等 | 12个月 | 租赁费 | \*\*\* | \*\*\* | |
| | | 线路维护 | 线路维护的范围、内容、方式 | \*\* 人/天 | 维修（护）费 | \*\*\* | \*\*\* | |
| | | …… | | | | | | |

续 表

| 项目活动 | 对项目活动的描述 | 子活动 | 对子活动的描述 | 数量/频率 | 分项支出 | 价格/标准 | 支出预算 | 备注 |
|---|---|---|---|---|---|---|---|---|
| 硬件设备购置 | 总体描述购置方式、购置的需求、使用的对象、范围、购置的对象等 | | | | | | | |
| | | ***服务器购置 | 更新的数量需求、测算的方法和依据、测算过程等 | *** | 信息网络及软件软件购置更新 | *** ~ *** | *** | |
| | | ***服务器购置 | 更新的数量需求、测算的方法和依据、测算过程等 | *** | 信息网络及软件软件购置更新 | *** ~ *** | *** | |
| | | ***通讯设备购置 | 更新的数量需求、测算的方法和依据、测算过程等 | *** | 信息网络及软件软件购置更新 | *** ~ *** | *** | |
| | | ***通讯设备购置 | 更新的数量需求、测算的方法和依据、测算过程等 | *** | 信息网络及软件软件购置更新 | *** ~ *** | *** | |
| | | ***配件购置 | 更新的数量需求、测算的方法和依据、测算过程等 | *** | 信息网络及软件软件购置更新 | *** ~ *** | *** | |
| | | 电脑购置 | 更新的数量需求、测算的方法和依据、测算过程等 | *** | 信息网络及软件软件购置更新 | *** ~ *** | *** | |
| | | …… | | | | | | |

续表

| 项目活动 | 对项目活动的描述 | 子活动 | 对子活动的描述 | 数量/频率 | 分项支出 | 价格/标准 | 支出预算 | 备注 |
|---|---|---|---|---|---|---|---|---|
| 软件维护 | 需要维护的系统范围、维护频率、承接主体 | **应用系统维护 | 维护方式、维护工作的承接主体、数量需求、测算的方法和依据、测算过程等 | ** 人/天 | 维修(护)费 | *** | *** | |
| | | **应用系统维护 | 维护方式、维护工作的承接主体、数量需求、测算的方法和依据、测算过程等 | ** 人/天 | 维修(护)费 | *** | *** | |
| | | **安全系统维护 | 维护方式、维护工作的承接主体、数量需求、测算的方法和依据、测算过程等 | ** 人/天 | 维修(护)费 | *** | *** | |
| | | …… | …… | …… | …… | | | |
| 其他 | | | | | | …… | …… | |

# 关于进一步完善中央部门项目支出预算管理的通知

财预〔2017〕96 号

党中央有关部门，国务院各部委、各直属机构，中央军委后勤保障部，武警各部队，全国人大常委会办公厅，政协全国委员会办公厅，高法院，高检院，各民主党派中央，有关人民团体，有关中央管理企业：

为深化预算管理制度改革，提高中央部门预算管理水平，现就进一步完善项目支出预算管理有关工作通知如下：

## 一、完善专用一级项目

部门应对照"三定"方案，结合业务特点和管理需要，调整完善专用一级项目设置，更加集中、直观反映部门主要职责和工作任务，将一级项目数量控制在合理范围内。部门单项职责涉及支出规模较小的，应将多项职责合并设置一级项目；单项职责涉及支出规模较大的，应对职责适当细化后设置一级项目。

## 二、增设通用一级项目

从编制 2018 年预算起，增设"资产运行维护"和"信息化运行维护"通用一级项目。部门安排用于房屋、设备设施，以及办公电子设备、信息系统等的运行维护支出原则上通过公用经费解决，对于确需通过项目支出安排的大型专用设备设施、专业信息系统的运行维护支出（教育、科学等归口管理的横向支出除外），应分别纳入"资产运行维护"和"信息化运行维护"项目。原通过公用经费安排的相关运行维护支出，仍通过公用经费解决，不得转列项目支出。部门已设置的专用一级项目与"资产运行维护"和"信息化运行维护"项目内容重叠的，从编制 2019 年预算起取消，2017 年已批复执行的二级项目 2017—2018 年继续按原项目执行。

## 三、整合归并同类支出

部门要完善项目预算编制，改进项目管理方式，增强预算统筹能力。支出性质相同的预算事项原则上不按照司（局）、处（室）分别编报二级项目，应进行归类整合后合并编制，具体支出事项作为项目的子活动进行管理，避免对同类支出的管理碎片化。

## 四、规范委托事项管理

除自身不具备实施条件外，机关不得将应由自身承担的工作任务或直接提供的服务委托给所属事业单位或本部门以外的其他单位承担，也不得将相关项目支出直接列入所属事业单位预算。对于确因自身不具备实施条件,需要委托其他单位完成的工作任务,应按照政府采购和政府购买服务有关规定实施,通过合同形式委托受托单位完成相关任务,向其支付合理、必要费用。

## 五、加强项目评审、评估和绩效评价

(一)扩大项目预算评审范围。2017年部门开展预算评审的项目支出数额占项目库中应评审项目支出总额的比例要达到50%以上。申报的新增项目属于应评审范围的,原则上全部评审。

(二)建立动态评估清理机制。财政部将每年选择部分中长期支出政策或重大项目进行滚动评估,评估结果作为安排预算和调整支出政策的重要依据。部门也应建立类似的评估清理机制,取消政策目标已实现或不再具备实施条件的项目;调整条件形势变化、未达到预期效果或支出标准不可持续的项目;整合投向趋同、交叉或政策碎片化的项目。

(三)健全项目绩效评价管理。提高项目绩效目标编报质量,全面开展项目绩效目标执行监控,健全项目绩效自评体系,确保绩效自评结果客观、准确。建立完善重大项目支出绩效评价机制,加强项目绩效信息公开。

## 六、完善激励约束机制

(一)绩效评价结果与项目支出预算安排挂钩。财政部开展绩效评价的结果作为调整预算安排或相关支出政策的重要依据。上年绩效自评和重点绩效评价的结果,部门应在预算编制中充分应用。

(二)预算评审情况与部门整体预算安排挂钩。按10%设置预算评审容忍度,财政部开展的项目预算评审,凡整体审减率超出容忍度的部门,要压减部门下一年度预算,并扣减三年支出规划数。

## 七、严肃追责问责

(一)加强内控机制建设。部门入库项目,除必须满足入库的各项必备立项条件外,必须经过项目单位的内部审核和决策程序,项目立项、编报和审核责任要明确到人,落实到位,有效控制项目支出管理风险。

(二)发现问题严肃问责。在项目支出管理过程中,如发现问题,将要求有关部门按规定对项目单位及相关责任人进行追责问责。

财政部

**2017 年 6 月 21 日**

# 水利部预算项目储备管理办法

水财务〔2017〕145 号

## 第一章　总　则

**第一条**　为进一步推进预算管理的科学化、精细化，提高水利财政资金使用效率和效益，依据《中华人民共和国预算法》及有关法律法规，结合工作实际，制定本办法。

**第二条**　本办法适用于水利部对部机关及直属预算单位申请列入部门预算的项目（以下简称"项目"）的储备管理。

**第三条**　项目储备应遵循以下原则：超前谋划、统筹协调；规划先行、细化规范；科学论证、确保质量；讲求绩效、透明公开。

**第四条**　项目储备是项目支出预算编制的基础和前置条件，各单位开展项目储备至少比预算编制年度提前一年。未纳入储备的项目原则上不得纳入三年滚动规划，不得申请年度预算。

**第五条**　项目储备的主要程序是：项目建议、申报、审查、入库以及项目库管理。

**第六条**　项目按照管理模式划分为标准化管理项目和非标准化管理项目。

标准化管理项目，是指项目活动有明确范围，活动的内容、数量、频率有明确的定性、定量规范，分项支出有明确的定量、定价标准，按照相关规范和标准可直接测算支出需求的项目。

非标准化管理项目，是指除标准化管理项目之外的其他项目。

**第七条**　项目按照管理层次分为一级项目和二级项目。

一级项目按照水利部主要职责设立并由水利部作为实施主体，每个一级项目包含若干二级项目。

二级项目与对应的一级项目相匹配，有充分的立项依据、具体的支出内容、明确合理的绩效目标，其实施主体为项目立项单位。

所有拟申请年度预算和三年滚动规划的二级项目均应申报储备。

## 第二章　储备组织管理

**第八条**　项目储备工作实行"统一领导、分级负责"的管理体制。

项目储备工作由水利部预算管理领导小组统一领导，财务司会同业务主管司局组织实施。水利部委托预算执行中心等单位（以下简称"审查机构"），承担项目储备的相关具体工作。部机关及直属二级预算单位（以下简称"二级预算单位"）负责组织本单位及所属单位的项目储备工作。

纳入部门预算的中央财政专项资金预算项目储备工作，按照本储备办法的程序执行。

纳入部门预算的基建项目储备工作由水利部规划计划司，按照国家发展改革委、财政部的相关规定负责组织实施。

**第九条** 水利部财务司的主要职责：

（一）建立健全项目储备管理制度体系，并对制度执行情况进行监督检查；

（二）指导二级预算单位的项目储备管理工作；

（三）会同业务主管司局组织开展项目建议的征集和审查工作；

（四）会同业务主管司局组织开展储备项目的审查、汇总、入库等工作；

（五）建立和管理水利部项目库，定期对储备项目进行清理。

**第十条** 水利部业务主管司局的主要职责：

（一）建立健全本领域的技术标准、质量要求和业务管理等制度体系；

（二）配合财务司开展项目建议的征集和审查工作，对项目的必要性、可行性进行业务统筹审核把关；

（三）配合财务司组织开展储备项目的审查、汇总、入库等工作。

**第十一条** 二级预算单位的主要职责：

（一）建立健全本单位项目储备管理制度体系；

（二）组织开展本单位项目储备工作；

（三）指导所属单位的项目储备管理工作。

### 第三章 项目建议

**第十二条** 二级预算单位根据下一年度中心工作，申报项目建议并以正式文件报水利部财务司。项目建议应符合以下基本条件：

（一）符合国家有关法律法规、方针政策和财政资金支持方向；

（二）符合水利事业改革发展方向；

（三）符合国家及水利部正式批复、印发的综合规划、专项规划等；

（四）符合单位履行职责和完成中心任务、重点工作的需要。

拟申报储备的非标准化管理项目以及有新增经费需求的标准化管理项目，均需编写项目建议（见附件1）。

**第十三条** 水利部财务司会同业务主管司局，对各单位上报的项目建议进行审核，形成初步审核结果，审核结果分为同意申报和不同意申报。项目建议审核的重点是：

（一）是否符合申报的基本条件；

（二）是否与已储备及以前年度预算已安排的项目重复；

（三）立项依据是否充分、合理；

（四）主要工作内容是否围绕水利中心工作；

（五）绩效目标与项目是否匹配；

（六）经费需求与项目工作内容是否匹配。

**第十四条** 水利部财务司将项目建议初步审核结果提交水利部预算管理领导小组审定后，反馈至二级预算单位。

### 第四章 项目申报

**第十五条** 二级预算单位根据项目建议审核结论，组织项目申报工作。拟申报的项目应有明确的项目目标、组织实施计划和科学合理的项目预算，经过充分的研究、论证，项目绩效显著,风险可控,实施条件成熟。

**第十六条** 标准化管理项目,存量和新增经费需求的申报文本应分别编报。

标准化管理项目以及水利部统一编制实施方案并通过评审的重大项目,二级预算单位应根据审定的项目建议,直接编制项目申报文本。

非标准化管理项目,基层预算单位按照审定的项目建议,编制项目申报文本并逐级上报。二级预算单位应同时编制汇总二级项目申报文本。

**第十七条** 项目申报时,应进行充分的评估论证。

(一)必要性论证。必须符合项目申报基本条件,并详细说明项目实施对完成单位工作任务和促进水利事业发展的意义与作用。

(二)可行性论证。项目总体目标应满足业务工作的要求,并分解到具体的实施阶段。项目工作内容应与目标密切相关,符合单位职责和相关制度规定,细化到具体的工作活动和工作过程,并对每项具体工作活动进行量化说明。详细说明项目单位的实施能力和条件。

(三)绩效目标论证。分析项目实施后的社会效益、经济效益和生态效益,提出明确、可行、量化的绩效目标和绩效指标。

(四)经费预算论证。以国家有关规章制度、资金管理办法和定额标准为依据,按工作内容逐项进行科学合理的测算。没有定额标准的,参照合理的市场价格确定并详细说明。

资产购置应结合配备现状,详细说明购置理由。对单价5万元(含)以上或总价50万元(含)以上的同类设备、物资购置,属于中央政府集中采购协议供货范围的可提供政府采购协议供货报价单,范围外的应提供至少3家供货商的产品报价单。

(五)前期工作论证。对可能制约项目执行的关键环节、条件以及项目实施存在的主要风险及不确定性进行分析论证,提出应对预案和保障措施。部直属预算单位基建项目应说明项目建设用地、城乡规划许可等关键条件落实情况,并提供相关证明材料。

**第十八条** 二级预算单位财务部门会同有关业务主管部门组织所属单位开展项目论证,编报项目申报文本,并将审核通过的项目以正式文件上报水利部。

部直属预算单位基建项目申报程序和相关要求按照基本建设有关规定执行。

**第十九条** 项目申报文本由财政部规定的项目申报文本和项目论证分析报告组成。项目论证分析报告(见附件2)包括项目立项依据、工作内容、实施方案、可行性、经费测算、对外委托分析等六部分,其中"工作内容"和"经费测算"部分应在规划周期内分年度表述。

财政部等主管部门对纳入部门预算的专项资金项目申报文本有特殊规定的,从其规定。

**第二十条** 由多个部直属预算单位协作共同完成的项目,应明确牵头单位,由牵头单位汇总编报项目申报文本,并明确协作的必要性和分工,各协作单位应同时分别编报项目申报文本,以正式文件统一申报。

**第二十一条** 项目申报应严格控制对外委托。申报对外委托必须符合以下条件之一:

(一)属于政府购买服务范围的;

(二)需要委托相关单位进行检验、测量和维护的;

（三）需要具备相应资质的专业机构进行评估、鉴定、审查和验收的；

（四）因地域、行业因素，需要有关单位和地方部门协助开展资料和数据收集整理、服务及技术保障的；

（五）需要专业机构提供政府采购和招标代理服务的；

（六）因其他客观原因不对外委托无法全面完成目标任务的。

**第二十二条** 项目申报应详细说明对外委托的原因，并明确受托单位应具备的专业资质、实施能力与条件等相关要求，细化工作任务和内容，并依据细化的工作内容、定额标准或市场价格进行对外委托经费测算。

项目申报应明确受托单位的确定方式，达到政府采购限额标准的，应遵照政府采购的相关规定。

### 第五章　项目审查

**第二十三条** 项目审查由水利部、二级预算单位根据项目申报支出规模分级组织开展。

申报当年支出规模在 100 万元（含）以上的非标准化管理项目和新增当年支出规模在 100 万元（含）以上的标准化管理项目，由水利部组织审查。

申报当年支出规模在 100 万元以下的非标准化管理项目和新增当年支出规模在 100 万元以下的标准化管理项目，由二级预算单位组织审查，并由水利部组织复核。水利部也可根据项目影响大小、专业技术复杂程度或组织实施难度等情况，重新组织项目审查。

**第二十四条** 水利部组织的项目审查采取机构审查与专家评审相结合的形式。水利部委托审查机构承担专家评审的具体组织和机构审查工作。

**第二十五条** 审查机构应根据工作实际需要，制定年度审查工作计划，明确项目审查的范围、工作程序和时间安排等，报水利部审定。

二级预算单位未按审查工作计划规定的时间申报项目，导致审查机构无法完成审查的，该项目当年不得入库。

**第二十六条** 项目审查包括合规性审查、项目评审、意见反馈和异议处理等环节。

**第二十七条** 审查机构负责项目的合规性审查，重点对申报材料的完整性和申报文本的规范性等进行审查。

审查机构应及时出具并向二级预算单位反馈合规性审查意见，对未按审查意见进行修改完善、或经修改后仍未通过合规性审查，或随意调整、修改文本内容的项目，不得进入下一审查环节。

**第二十八条** 水利部设立项目专家库，委托预算执行中心按照水利部预算项目专家库管理细则（见附件3）的有关规定，具体实施管理工作。

**第二十九条** 审查机构组织成立专家组，人数应为 5 人以上单数。专家组成员应从水利部项目专家库相应专业领域中随机抽取，并指定一名专家担任组长。

**第三十条** 专家评审方式分为函审和会审。申报当年支出规模在 1 000 万元以上的非标准化管理项目或新增当年支出规模在 1 000 万元以上的标准化管理项目必须进行现场、电话或视频答辩。其他项目根据专业技术复杂程度及组织实施难度等情况，也可进行答辩式审查。

**第三十一条** 专家组独立开展项目评审工作,提出修改建议,由各成员分别填制《水利部预算项目专家评审赋分表》(见附件4),经算术平均形成项目最终得分,并出具评审报告。其中,70分(含)以上为通过评审,70分以下为不通过评审。

审查机构根据专家评审意见提出经费审核意见。

**第三十二条** 标准化管理项目存量经费规模由水利部统一组织核定。此后,除相关标准或规范发生变化外,每年度仅进行合规性审查,不再组织专家评审。

对水利部统一编制实施方案并通过评审的重大项目,由审查机构对项目申报文本进行审查,不再组织专家评审。

**第三十三条** 审查机构应加强沟通协调,并及时以正式文件向二级预算单位反馈评审意见及修改建议。

评审通过的项目,二级预算单位应于收到评审意见后5个工作日内按照修改建议进行修改,并报审查机构进行复核。逾期或未通过审查机构复核的,不得进入下一程序。

评审未通过的项目,二级预算单位如有异议,可申请复审,并详细说明申请理由,审查机构审核同意后组织复审。不提出申请的,视为无异议。

**第三十四条** 审查机构负责对二级预算单位组织审查的项目进行复核,主要复核项目申报文本和评审报告的完整性,以及项目是否重复申报等。

**第三十五条** 审查机构根据专家评审报告和复核情况,正式出具机构审查意见报水利部。

### 第六章 项目入库及项目库管理

**第三十六条** 水利部设立项目库,实行开放式滚动管理,符合储备要求的项目应全部纳入项目库管理。

预算执行中心受水利部委托,对项目库进行管理和维护。

**第三十七条** 财务司在收到审查机构的审查意见后,就项目审查结果征求相关业务司局意见,并经预算管理领导小组审定后,将审定通过的项目正式纳入项目库进行储备。项目入库时间以机构审查意见出具的日期为准。

纳入储备的项目应对部直属预算单位公开,便于在预算项目储备申报时查询。

**第三十八条** 已储备入库但尚未安排预算的项目,申报单位可在下一年度对项目申报文本做适当调整和修改后重新申请入库,但必须符合下列条件之一:

(一)因预算申请时间变化,对项目实施时间进行调整的;

(二)因国家规定的经费开支标准或设备采购价格变化(需提供相关证明材料),对经费细化预算进行调整的;

(三)因工作目标或任务变化,对细化的工作内容和经费预算进行压缩的。

符合以上条件的项目,由审查机构进行合规性审查,不再组织专家评审。

**第三十九条** 二级预算单位应每年对水利部项目库中本单位项目进行清理,主动提出清理意见。预算执行中心根据年度预算安排情况、二级预算单位的申请等,每年对水利部项目库进行清理,提出清理建议,经二级预算单位确认后,报水利部财务司审定。

### 第七章 储备项目预算申请

**第四十条** 申请年度预算和三年滚动规划的项目,原则上必须在预算编制年度的5

月 31 日前纳入项目库,并以经审查入库的申报文本上报。

第四十一条 各单位于年中申请追加预算的项目,应按照本办法要求履行项目申报、审查及入库等手续。

因防汛应急抢险或其他突发事件应急处理等需要紧急申请追加预算的,应在申请追加预算的同时编报项目文本,随时申报和审查入库。

除特殊事项外,年中申请追加预算的项目申报的截止期限为当年 7 月 1 日。

第八章 附 则

第四十二条 二级预算单位对所属单位的项目储备管理,参照本办法执行。

第四十三条 涉密项目储备的保密要求按水利部保密工作管理相关规定执行。

第四十四条 本办法自发布之日起施行。《水利部关于印发〈水利部预算项目储备管理暂行办法〉的通知》(水财务〔2012〕498 号)、《水利部办公厅关于印发〈水利部预算项目储备管理暂行办法实施细则〉的通知》(办财务〔2013〕135 号)、《水利部办公厅关于进一步规范和完善水利部预算项目储备管理工作的通知》(办财务〔2013〕238 号)同时废止。

附件1:

# 项目建议表

填报单位:

| 所属一级项目 | | 所属二级项目 | 上年度已安排经费(万元) | 本年度拟申请经费(万元) | 新增经费需求(万元) | 新增经费因素 | 主要绩效目标及产出指标 |
|---|---|---|---|---|---|---|---|
| 例一:防汛抗旱减灾 | 本单位该一级项目年度工作重点和主要工作任务(300字以内) | 防汛业务费 | ** | ** | ** | 请逐项说明每项新增经费的工作内容和经费需求(500字以内)<br>1. ……<br>2. …… | ** |
| | | 抗旱业务费 | | | | | |
| | | | | | | | |
| | | | | | | | |
| | | 防汛工程设施应急修复 | | | | | |
| | | | | | | | |
| | | 全国山洪灾害防治项目运行维护 | | | | | |

注:对于非标准化项目,新增经费因素为本年度拟开展的主要工作内容。

**附件 2：**

# 项目论证分析报告

项目论证分析报告包括项目立项依据、工作内容、实施方案、可行性、经费测算和对外委托分析六部分内容。

## 一、立项依据

立项依据必须围绕如下方面进行简要说明：

1. 立项依据一般包括：法律法规规定的政府义务，国家及水利部正式批复、印发的综合规划、专项规划等相关规划，国务院政策文件，部门（单位）的职能等。

2. 无前述立项依据的项目，应对项目立项的意义和必要性进行全面阐述和论证，并对开展相关任务的决策过程进行描述。

3. 立项依据中应论述的内容：

① 项目对于部门（单位）履行职能，完成工作任务的必要性，促进水利事业发展的意义与作用；

② 项目是否属于本部门（单位）职能范围，其他部门（单位）是否开展类似项目，与本项目之间如何区分或衔接，其他部门（单位）已有类似项目的情况下，本部门（单位）相关项目立项是否必要等；

③ 直接支持项目立项的相关文件的具体条款摘要。

## 二、工作内容

工作内容应在规划周期内分年度以"标题＋内容"形式表述，标题同时注明经费需求情况。

工作内容应细化、量化到具体的工作活动及工作量（如具体的调研、研讨、检查、维修、监测等工作活动及频次、规模等工作量）。

## 三、实施方案

1. 项目的主要目标、总体思路、实施方式、步骤和进度计划；

2. 与本部门（单位）其他项目的关系（是否与其他项目交叉或互补）。

## 四、可行性

1. 项目单位的基础条件、人员条件、技术条件。

2. 分析可能制约项目执行的关键环节、条件以及项目实施存在的主要风险及不确定因素，并提出应急预算和保障措施。

## 五、经费测算

1. 对于以国家有关规章制度、资金管理办法和定额标准为依据的项目，应该先按照制度、办法及定额的要求的方式、方法,对规划周期内分年度项目经费进行测算,形成经费总额,之后根据每一项细化的工作内容对应的经费需求情况,转换为按经济分类科目进行测算。

2. 对于没有明确定额标准为依据的项目,项目应该参照合理的市场价格,根据每一项细化的工作内容对应的经费需求情况,转换为经济分类科目进行测算。

属于政府采购范围的,必须严格按照相关制度填报采购品目、方式和金额。资产购置应说明与项目实施的相关性和必要性,并结合配备现状,详细说明购置理由。

## 六、对外委托分析

项目中的对外委托需详细说明对外委托的原因、内容和经费,并明确受托单位应具备的专业资质、实施能力与条件等相关要求。明确受托单位的确定方式,达到政府采购限额标准的,应按照政府采购的相关规定确定。

对外委托经费应依据细化的工作内容、定额标准或市场价格进行详细的经费测算。

附件3:

# 水利部预算项目专家库管理细则

**第一条** 为加强水利部部门预算项目评审管理,水利部设立预算项目专家库,委托水利部预算执行中心承担相关具体管理工作。

**第二条** 项目专家应具备以下条件:

(一)具有良好的政治素质和职业道德,能够客观、公正、实事求是地提供咨询意见,具备较高的政策水平;

(二)熟悉水利事业发展,在所审查项目业务领域从事专业技术工作或相关管理工作5年以上,有较突出的专业特长;

(三)具有高级及以上专业技术职称或者具有同等专业水平;

(四)年龄不超过70周岁,中国科学院或中国工程院院士、勘测设计大师、政府特殊津贴享受人员的年龄可适当放宽;

(五)身体健康状况良好,能够履行职责,完成相关工作任务;

(六)没有违法违纪等不良记录。

专家组组长除具备以上条件,还应为本专业领域的权威专家,具有主持过本专业领域重大项目的经历或行政领导经验,年龄可适当放宽。

**第三条** 项目专家面向水利行业内外公开征集,由个人提出申请或单位推荐,部财务司审查确定,并在一定范围内公开。审查确定的专家,纳入预算项目专家库,实行动态管理。

**第四条** 项目专家分为工程勘察设计、水文水资源、水利水电工程建设与管理、水环境与水土保持、防洪减灾、工民建、水利信息技术、政策法规、财务经济、综合规划、水利管理及其他等12个专业领域。

每名专家根据技术特长和工作经历,可最多申请 2 个专业领域。

第五条 项目专家资格应每 3 年检验复审一次,符合条件的继续纳入水利部预算项目专家库。对在预算项目管理工作中有违规行为、检验复审不合格的,或者本人提出不再担任评审专家申请的专家,可随时调整出水利部预算项目专家库。

第六条 组织专家评审时,应根据项目工作内容,采用随机抽取的方式,从水利部预算项目专家库相关专业领域中选取。专家组人数应为 5 人以上单数,其中新增投资额度在 1 000 万元以上的项目,专家组人数不少于 7 人;其他项目专家组专业领域构成及人数,由审查机构根据项目主要工作内容确定,但财务经济领域专家不少于 1 名。

第七条 专业技术复杂、涉及面广、经费数额巨大或主要工作内容涉及专家库涵盖领域外专业的项目,经财务司批准,可邀请水利部预算项目专家库外的专家参与项目评审工作,并可直接邀请相关领域的知名专家担任专家组组长。

第八条 项目评审专家的选取实行回避制度,不得选择与被评审项目承担单位及协作单位有利害关系的专家。

第九条 专家审查结束后,应从工作态度、业务能力、客观公正等方面,对专家履职情况进行评价并备案。

第十条 结合评审专家日常评价情况等,开展评审专家资格检验复审工作,主要包括以下内容:

(一)本人专业水平和执业能力是否能够继续满足预算项目管理工作要求;

(二)本人在参加预算项目管理工作中是否严格遵守客观公正等职业道德规范,认真履行自己的职责;

(三)本人有无违反本细则规定或其他违纪违法不良记录。

**预算项目评审专家组成表**

| 序号 | 项目类别 | | 专家组成 | 专家人数 |
|---|---|---|---|---|
| 1 | 防汛抗旱减灾类 | 防汛、抗旱、特大防汛、应急度汛等 | 防洪减灾领域 | ≥2 名 |
| | | | 工程勘察设计、水利水电工程建设与管理、综合规划等领域 | ≥2 名 |
| | | | 财务经济领域 | ≥1 名 |
| | | 防汛(抗旱)物资采购、防汛(抗旱)物资管理等 | 防洪减灾领域 | ≥3 名 |
| | | | 财务经济领域 | ≥2 名 |
| 2 | 水资源管理、节约与保护类 | 水资源管理等 | 水文水资源、水环境与水土保持等领域 | ≥3 名 |
| | | | 综合规划、政策法规等领域 | ≥1 名 |
| | | | 财务经济领域 | ≥1 名 |
| | | 监控能力建设等 | 水文水资源、水环境与水土保持等领域 | ≥2 名 |
| | | | 水利信息技术、工民建等领域 | ≥2 名 |
| | | | 财务经济领域 | ≥1 名 |

| 序号 | 项目类别 | | 专家组成 | 专家人数 |
|---|---|---|---|---|
| 3 | 数据监测类 | 水文测报、水质监测和水土流失动态监测等 | 水文水资源、水环境与水土保持等相关业务领域 | ≥3 名 |
| | | | 综合规划、政策法规等领域 | ≥1 名 |
| | | | 财务经济领域 | ≥1 名 |
| 4 | 水利行政管理类 | 水利行业管理、水利部干部教育培训与人才培养、专项会议等 | 综合规划、水利管理、政策法规等相关业务领域 | ≥3 名 |
| | | | 财务经济领域 | ≥2 名 |
| 5 | 水利执法与监督类 | 水政执法监督、水利稽查与监督、水土保持执法等 | 政策法规、水利水电工程建设与管理、水环境与水土保持等相关业务领域 | ≥4 名 |
| | | | 财务经济领域 | ≥1 名 |
| 6 | 水利科技类 | 技术示范与标准化、基本科研业务费等 | 主要工作内容涉及的相关业务领域 | ≥4 名 |
| | | | 财务经济领域 | ≥1 名 |
| | | 科研单位修缮购置等 | 工民建、水利水电工程建设与管理等领域 | ≥3 名 |
| | | | 综合规划等领域 | ≥1 名 |
| | | | 财务经济领域 | ≥1 名 |
| 7 | 水利国际交流与合作类 | 水利国际交流与合作、国际河流管理等 | 综合规划领域 | ≥2 名 |
| | | | 水利管理领域 | ≥2 名 |
| | | | 财务经济领域 | ≥1 名 |
| 8 | 项目管理类 | 重大项目管理专项等 | 综合规划、水利水电工程建设与管理、防洪减灾等相关业务领域 | ≥3 名 |
| | | | 财务经济领域 | ≥2 名 |
| 9 | 运行维护类 | 水利工程维修养护、水利信息系统运行维护、公益性科研基地设施运行维护、流域机构防汛抗旱调度设施运行维护、水利基层单位房屋维修等 | 水利水电工程建设与管理、水利信息技术、工民建等相关业务领域 | ≥4 名 |
| | | | 财务经济领域 | ≥1 名 |
| 10 | 规划编制与政策研究类 | 水利重大政策研究和制度建设、立法前期研究、规划编制等 | 主要工作内容涉及的相关业务领域 | ≥3 名 |
| | | | 政策法规等领域 | ≥1 名 |
| | | | 财务经济领域 | ≥1 名 |
| 11 | 水利宣传与水文化建设类 | 水利宣传、出版发行、水情教育、水文化建设等 | 水文水资源、水利管理、政策法规等相关业务领域 | ≥3 名 |
| | | | 财务经济领域 | ≥2 名 |

附件 4：

# 水利部预算项目专家评审赋分表

项目名称：

项目单位：

| 一级指标 | 分值 | 二级指标 | 分值 | 三级指标 | 分值 | 打分标准 | 得分 | 备注 |
|---|---|---|---|---|---|---|---|---|
| 项目必要性 | 25分 | 立项依据的充分性 | 20分 | 项目立项依据 | 10分 | 1. 是否有明确的立项依据,是否列出文件名称、文号,并引用具体条款;<br>2. 是否符合财政重点支持方向和范围 | | 对项目存在与单位职责不符,与现行法律法规、规章制度相抵触等重大缺陷的,专家组可直接认定为"不通过评审" |
| | | | | 项目与单位履行职责的关联性和必要性 | 5分 | 是否说明项目与单位行职责的关联性和必要性 | | |
| | | | | 项目对促进水利事业发展的重要性和紧迫性 | 5分 | 是否说明项目对促进水利事业发展的重要性和紧迫性 | | |
| | | 预期效益 | 5分 | 项目预期社会、经济和生态效益 | 5分 | 是否详细说明项目预期社会、经济或生态效益、效益是否显著并细化量化 | | |
| 项目可行性 | 30分 | 目标设置的合理性 | 5分 | 项目总体目标和阶段目标的合理性 | 5分 | 1. 是否分别说明项目总体目标和分阶段目标;<br>2. 项目目标是否符合工作实际 | | |
| | | 工作内容的合理性 | 17分 | 项目工作内容的细化 | 7分 | 1. 是否将工作内容细化、量化到具体的工作活动和过程;<br>2. 是否说明每项工作内容对应的经费需求 | | |
| | | | | 工作量的合理性 | 7分 | 每项工作量是否合理 | | |
| | | | | 工作内容对项目目标实现的支撑度 | 3分 | 1. 工作内容与阶段目标是否匹配;<br>2. 工作内容能否对项目目标实现起到支撑作用 | | |

| 一级指标 | 分值 | 二级指标 | 分值 | 三级指标 | 分值 | 打分标准 | 得分 | 备注 |
|---|---|---|---|---|---|---|---|---|
| 项目可行性 | 30分 | 组织实施能力和条件 | 8分 | 项目单位组织实施能力与条件 | 4分 | 1. 项目单位是否具备专业资质或实施能力；<br>2. 人员条件是否符合项目实施要求，项目负责人是否具备项目实施需要的专业资格和管理职责；<br>3. 技术资源条件是否符合项目实施要求；<br>4. 资产设备等基础条件是否符合项目实施要求 | | |
| | | | | 项目前期工作 | 2分 | 是否具备前期工作基础 | | |
| | | | | 工作进度安排的合理性 | 2分 | 1. 是否说明详细工作进度安排；<br>2. 工作进度安排与阶段性目标、组织实施计划是否匹配 | | |
| 项目绩效目标设置 | 12分 | 绩效目标设定 | 4分 | 绩效目标设定 | 4分 | 绩效目标是否全面、合理，是否与项目工作内容匹配 | | |
| | | 绩效指标设定 | 8分 | 指标内容设定 | 4分 | 指标设定是否全面、科学、合理 | | |
| | | | | 指标值设定 | 4分 | 1. 指标值设定是否合理、科学；<br>2. 指标值是否细化、量化；<br>3. 指标值是否符合相关行业技术规范等要求 | | |
| 经费测算 | 18分 | 经费支出的合理性 | 18分 | 经费测算的合规性 | 10分 | 是否有详细经费测算过程，是否符合相关政策规定 | | |
| | | | | 经费支出与工作内容的相关性 | 5分 | 经费支出是否与工作内容相关，是否按照细化工作内容进行了逐项测算 | | |
| | | | | 项目资金使用与计划与项目实施计划的匹配性 | 3分 | 资金使用与计划与项目实施计划是否匹配 | | |

续表

| 一级指标 | 分值 | 二级指标 | 分值 | 三级指标 | 分值 | 打分标准 | 得分 | 备注 |
|---|---|---|---|---|---|---|---|---|
| 对外委托情况 | 12分 | 对外委托的必要性 | 3分 | 对外委托的必要性 | 3分 | 对外委托的理由是否充分,受托单位的专业资质和实施能力是否符合要求 | | 对外委托不符合条件的,此项直接计0分;项目无对外委托的,此项不扣分 |
| | | 对外委托工作内容细化 | 3分 | 对外委托工作内容细化 | 3分 | 对外委托工作任务和内容是否细化 | | |
| | | 对外委托经费测算 | 3分 | 对外委托经费测算 | 3分 | 是否按照相关规定逐项细化并测算对外委托经费 | | |
| | | 受托单位的选择方式 | 3分 | 受托单位的选择 | 3分 | 是否说明了受托单位选择方式 | | |
| 项目风险点和不确定因素 | 3分 | 风险与不确定因素 | 3分 | 风险与不确定因素 | 2分 | 对项目风险与不确定因素是否进行了充分分析 | | |
| | | | | 应急预案及保障措施 | 1分 | 是否制定了相应的应急预案和保障措施 | | |
| 总分 | 100分 | | 100分 | | 100分 | | | |
| 专家评审修改建议 | | | | | | | | |
| 专家签字 | | | | | | 评审日期: 年 月 日 | | |

# 水利部关于进一步加强项目支出预算管理的通知

水财务〔2018〕66 号

近年来,按照中央深化财政体制改革要求,我部建立预算管理三项机制,出台一系列加强和改进项目支出预算管理的改革举措,项目储备日趋规范,预算编制更为科学,支出绩效稳步提高,有力地保障了新时代水利工作方针和治水新思路的贯彻落实,以及各司局、各单位履行职能的需要。随着近年来部门预算管理内外部环境的深刻变化,我部项目支出预算管理与新的改革形势相比,还存在一些不相适应的地方,在审计中也暴露出部分单位预算项目精准度不够、适用性不强、有效性不足等问题,亟需在实践中不断完善和提高。为进一步深化水利预算管理制度改革,全面提升我部项目支出预算管理水平,现就进一步加强项目支出预算管理工作通知如下。

## 一、充分认识加强项目支出预算管理的重要性和紧迫性

党的十九大确立了加快建立现代财政制度的总目标,明确要改进预算管理制度,建立全面规范透明、标准科学、约束有力的预算制度,全面实施绩效管理。《国务院关于深化预算管理制度改革的决定》对预算改革进行了全面部署,从完善政府预算体系,建立跨年度预算平衡机制,优化财政支出结构,提高财政支出绩效等多个方面提出了今后一段时期的改革目标。为落实党中央国务院精神,近年来,财政部陆续颁布了一系列意见和办法,就中央部门推进中期财政规划、加强部门预算评审、做实预算项目库等提出了明确要求,确定了改革的实施步骤和路线图。

贯彻落实十九大精神和国务院决策部署,深化预算管理制度改革,加强和改进水利部项目支出预算管理,是实施全面规范透明、标准科学、约束有力的预算制度的迫切需要,是优化支出结构,提高财政资金配置效率和绩效的必然要求,是确保水利部尽职履责,实现施政目标的必由之路。水利部党组高度重视部门预算管理工作,对重大问题进行专题研究和部署,明确要求切实加强预算执行管理,提高财政资金使用绩效。各司局、各单位要将思想和行动统一到党中央、国务院和部党组的决策部署上来,充分认识加强水利部项目支出预算管理对于深化部门预算改革,提升预算管理效能,统筹资源配置,优化支出结构,促进部门履职尽责的特殊重要性,进一步提高认识,以高度的责任感、使命感和改革创新的精神,强化组织领导,认真履行职责,加强统筹协调,理顺内部关系,切实保障各项改革措施落到实处。

## 二、强化部门预算项目顶层设计

要按照政府职能转变和财权事权匹配的要求,进一步强化重点领域预算项目的顶层

设计和统筹协调。相关业务司局要会同财务司在现有一级项目框架内,进一步优化二级项目设置,明确二级项目各自功能定位、主要任务和重点工作内容,支出性质相同或相近的预算事项原则上应进行归类整合,避免同类支出的管理碎片化,更加集中反映司局和单位主要职责,增强预算统筹能力。要以信息系统整合为纽带,推动财务管理信息系统与业务管理系统之间的系统联通、信息交互,统筹协调业务管理与预算管理,分工负责、通力协作、有机衔接、形成合力。业务司局要切实履行行业指导职责,紧紧围绕新时代水利工作方针和水利改革发展中心工作,组织编制与中期财政规划相匹配的本领域中期业务规划,充分聚集本领域规划期内的重大改革、重要政策和重点项目,并与水利改革发展规划相衔接,经费规模要控制在我部三年支出规划确定的支出水平之内。要着力推进规划的项目化,提高规划可实施性,对涉及全局的重大支出项目,业务司局要牵头组织编制总体实施方案,明晰项目目标,细化工作任务,科学组织项目。财务司要统筹预算资源,综合平衡预算安排,提出重大项目预算总规模及分年度预算建议,以指导和规范项目支出计划编制,以及项目审核、评审、执行、绩效管理等为重点,全面加强项目管理。

### 三、提升项目承担单位预算申报质量

各直属预算单位要按照财政部、水利部的有关要求,全面做实本单位项目库,提前谋划和组织项目编审、储备工作。要立足于自身职责,紧密围绕水利中心工作,依据水利部编制的相关业务发展规划,超前开展战略、政策、机制研究,切实增强项目申报的前瞻性、战略性和针对性。项目申报原则上不得突破水利部的顶层设计框架,重大支出项目必须严格按照审定的总体实施方案申报,不符合业务发展规划或总体实施方案的项目,一律不得进行申报。对其他保障本单位正常履职和运行维护合理需要的项目,各单位应综合考虑现有工作基础和执行能力,严格按照水利部下达的控制规模,分清轻重缓急,确定优先次序申报。要完善本单位项目申报决策程序,所有申报项目均应由直属预算单位进行初审,并履行行政决策程序,重大支出项目首先要将支出政策的行政决策作为项目申报的前置条件,并由单位明确技术负责人组织进行方案论证和技术审查。要切实提高项目申报文本的编制质量,对重大的标准化管理项目,财务司要会同业务司局加强对项目承担单位的技术指导,组织审查机构制定统一的实施方案编写规范和支出计划模板,推进文本编制标准化。直属单位在具体申报项目时,要统一按照"项目-活动-子活动"的层次细化描述工作内容,按照"分项支出-标准(价格)-支出计划"细化测算预算需求,以清晰反映项目内容、具体活动和支出需求。所有申报的项目要确保立项依据充分,项目目标明确,工作任务明晰,实施方案可行,预算需求合理,支出计划准确,绩效目标科学。

### 四、提高预算项目评审水平

要进一步完善项目评审制度,理顺评审职责,规范评审程序,加强能力建设,切实提高预算项目评审水平。预算项目评审由水利部委托有关直属审查机构具体组织实施,根据审查机构专业特长和项目特点优化审查工作分工,对确有必要的部分重大项目,也可根据项目的实际情况委托第三方中介机构或其他专业评审机构开展评审。审查机构独立开展评审工作,重点加强对项目立项的必要性、实施方案的合理性和可行性、预算需求的合理

性和匹配度、支出计划的真实性和准确性的审核论证,对出具的评审报告负责。研究建立重点评审和分类评审机制,对同类型项目要通过分类评审,形成管理规范和标准;严格落实重点项目现场、电话或视频答辩机制。审查机构要切实加强自身能力建设,抓紧制订内部评审工作规程,规范评审流程,改进评审方法,提升工作人员的专业技能和政策水平,加快与财政部预算评审机构在评审标准、评审程序、评审规范等关键节点的对接。财务司要会同有关业务司局,加强与财政部预算评审机构的沟通协调,全面、真实、准确反映水利部单位实际情况和预算项目支出需求。要强化评审结果运用,建立健全激励约束机制,将评审结果作为预算安排的重要依据,对申报不实、预算审减率较高的单位,将根据审减率的情况扣减下一年度项目支出预算,并以此作为确定今后年度预算规模的参考依据。要加强对审查机构的监督问责,逐步建立审查机构竞争机制,对评审报告质量达不到要求、出现严重差错,以及超过约定评审时间且无正当理由的,相应调整评审分工,并核减下一年度评审经费规模。

## 五、加快定额标准体系建设

要进一步规范预算项目支出定额标准管理,统筹制定定额标准建设计划,加快项目支出定额标准体系建设进度,切实提高预算管理的科学化精细化水平。要按照财政部对部门预算项目实行差别化管理的要求,推动具备条件的经常性专项业务费项目逐步实现标准化管理,推进业务管理标准化,为建立项目支出定额标准提供依据和基础。抓紧制订项目支出定额标准编制工作制度,进一步提高定额标准编制和修订的规范化水平。项目定额标准编制要坚持急用先行的原则,根据业务特点,分类分级制定,编制综合定额标准难度较大的,可先对项目支出中容易量化管理的部分制定标准。要加强定额标准体系建设的基础工作,收集和整理定额标准建设基础数据,依托大数据开展信息技术分析,以提高定额标准编制的科学性、合理性和精准度。创新定额标准的编制和审查方式,标准编制可委托直属单位承担,也可通过政府购买服务的方式委托专业组织承担,并引入专业审查机构开展定额标准审查。健全定额标准应用机制,各单位在申报项目时,对已有定额标准的,必须严格按照定额标准编制预算,审查机构也应按照定额标准开展评审工作。研究建立定额标准定期清理和调整机制,根据国家有关政策及经济社会发展状况,及时调整定额标准。对于前期运行平稳、符合预算实际的定额标准,要积极争取上升为财政部专用定额标准。

## 六、深化预算绩效管理改革

全面实施预算绩效管理,将绩效管理理念贯穿到预算编制、申报和预算执行的全过程。强化项目预算绩效全过程管理,在项目储备环节,应重点对绩效目标进行审核,凡绩效目标不全面准确、不清晰量化,或未能与工作任务、计划安排和预算需求相匹配的,一律不得纳入储备。绩效目标的执行应与预算执行进度相匹配,对绩效监控中发现与预算执行进度严重不匹配的项目,应在年中督促各单位整改或者及时调整预算,因政策变化、突发事件等因素影响绩效目标实现而确需调整的,应按照预算管理程序与预算同步调整。强化评价结果运用,将绩效管理结果纳入预算执行考核,实现评价结果与下年度预算挂钩,并作为调整支出结构和科学安排预算的重要依据。财务司和业务司局应加强在预算绩效目标设定、绩效执行监控、绩效评价等环节的紧密配合,财务司应全面统筹预算绩效管理的各环节工作,并重点对预算项目的投入和过程进行审核评价;业务司局应加快制定相关行业标准和计划标准,合理确定绩效指标和评价指标值,并重点对预算项目的产出、效果和满意度进行审核评价,实现绩效管理与业务管理的深度融合。

## 七、抓好项目支出预算执行

各项目承担单位要切实做好项目支出预算执行的各项前期准备工作,相关工作在部门预算"二上"后即应着手开展。严格按照预算批复抓好项目支出预算执行工作,涉及政府采购的应严格执行政府采购有关规定,变更采购方式、进口产品采购等申报审批手续应在规定时间内上报。严格重大事项变更程序,对确因不可抗力等客观因素导致项目工作目标或内容调整等重大事项,应强化内部审核把关,履行内部行政决策程序,对按照规定需报批的事项,应履行相应审批程序,不得擅自调整,严禁利用预算调整随意变更预定的工作任务和要求。切实加强项目支出预算执行监管,提高预算资金使用的规范性、安全性和有效性,将预算执行考核结果与以后年度预算安排挂钩。

## 八、强化实施保障

各单位要按照通知要求,结合实际抓好落实。要强化制度建设,根据水利部预算项目储备管理办法的要求制定本单位储备管理实施细则。建立健全项目支出预算管理的领导机构和工作机制,安排精干人员,充实工作力量,强化组织保障,并做好对下级单位的指导、示范、督促,着力提升项目管理的精准度和有效性。各司局、各单位要认真履行在项目预算管理各环节的主体责任,将项目储备、绩效管理、定额标准建设等责任明确到人,落实到位,确保各项措施顺利实施。要建立完善覆盖项目决策、管理和实施的考核问责机制,健全责任倒查机制,对出现的问题倒查相关责任人履职尽责和廉洁自律情况,并按规定进行追责问责。